V. F. Nekrassow (Hrsg.)

BERIJA

Henker in Stalins Diensten

Henker in Stalins Diensten
Ende einer Karriere

Herausgegeben von Vladimir F. Nekrassow

Aus dem Russischen von
Barbara und Lothar Lehnhardt

Bechtermünz Verlag

Die Originalausgabe *Berija: konjez karjery* erschien 1991
im Verlag Polititscheskaja Literatura Moskau.

Genehmigte Lizenzausgabe für
Bechtermünz Verlag im
Weltbild Verlag GmbH, Augsburg 1996
© by edition q Verlags-GmbH, Berlin
Umschlaggestaltung: Atelier Höpfner-Thoma, München
Umschlagfoto: Archiv für Kunst und Geschichte, Berlin
Gesamtherstellung: Bercker Grafischer Betrieb GmbH, Kevelaer
Printed in Germany
ISBN 3-86047-167-8

Inhalt

Zum Geleit

Die sehr unterschiedlichen Erinnerungen, Aufsätze und Dokumente in diesem Buch vermitteln authentische Einblicke in das Leben und die Ära des Lawrenti Pawlowitsch Berija. Dieser Mann wurde von einem System absoluter Macht gegen das Volk eingesetzt. Es geht folglich hier nicht nur um einen einzelnen Herrschsüchtigen, der Recht, Gesetz und alle Normen der Moral verletzt und wie ein absoluter Despot über das Schicksal von Millionen bestimmt hat; es geht zugleich um das System und die Umstände, die diesen Menschen hervorbrachten, ihn aufsteigen, seine karrieristischen Ambitionen wie seinen Machthunger befriedigen ließen.

Als die stalinistische Diktatur errichtet wurde, brauchte man zunächst Berijas Vorgänger Jagoda und Jeschow, um den Massenterror zu entfesseln. Dann jedoch war ein Mann vonnöten, der die Konsolidierung der persönlichen Macht Stalins vollenden und zugleich den Partei- und Staatsapparat zu dessen untertänigem Willensvollstrecker machen konnte.

Dafür eignete sich Berija wie kein zweiter. Das Leben anderer Menschen, selbst bester Freunde, hatte ihm seit jeher nichts bedeutet. Unter seiner Leitung entwickelten sich die Straforgane der Sowjetunion nicht nur zu einem gigantischen, allgegenwärtigen Repressionsapparat, dem Hunderttausende unschuldiger Menschen zum Opfer fielen, sondern zugleich in riesige Industrie- und Bauunternehmungen, wo die unentgeltliche Zwangsarbeit von Millionen Insassen des GULAG-Systems gnadenlos ausgebeutet wurde.

Nach dem Tode Stalins war Berija bestrebt, nunmehr die höchste Stufe der Macht im Lande zu erreichen. Doch dazu kam es nicht mehr. Am 26. Juni 1953 wurde er verhaftet und damit seiner Karriere ein Ende gesetzt.

Das vorliegende Buch ist zugleich Dokument und Erinnerung an eine „bleierne Zeit" wie Memento für ihre Opfer.

Vladimir F. Nekrassow

Erster Teil

Karriere eines Henkers

A. Antonow-Owsejenko

Der Weg nach oben. Skizzen zu einem Berija-Porträt

Vor einem Filmtheater, in dem Ende der achtziger Jahre „Die Reue" gezeigt wurde, bot jemand zwei Eintrittskarten an. Junge Leute kamen und fragten:

„Worum geht es in dem Film?"

„Um Berija."

„Wer ist denn Berija?"

Sie nahmen dann doch die Karten. Aber wahrscheinlich gehörten sie zu den Zuschauern, die den Saal wieder vorzeitig verließen.

Welche Beziehung haben sie denn auch zu Berija und zur Berija-Ära? Sie wurden in völliger Unkenntnis über die Tyrannen der Neuzeit erzogen.

Und was hat mich eigentlich veranlaßt, den Lebenslauf Lawrenti Berijas zu recherchieren? Das Gefühl verspäteter und deshalb nutzloser Rache? Oder besonderes Interesse für diesen Mann? Die Notwendigkeit, seine Bluttaten öffentlich zu machen? Jeder Aspekt ist hier wichtig. Als Sohn eines Revolutionärs und namhaften, unter Jeschow verurteilten Führers der Oktoberrevolution geriet ich 1943 in das Innere Gefängnis der Lubjanka. Damals standen die Staatssicherheitsorgane schon fünf Jahre unter Berijas Befehl.

Unmittelbar auf dem Arbat, direkt von der Straße weg, wurde ich verhaftet und in einer schwarzen Limousine zur Lubjanka gebracht.

Das erste nächtliche Verhör fand im Arbeitszimmer von Solomon Milstein, Kommissar der Staatssicherheit und langjähriger Mitarbeiter Berijas noch aus der Zeit in Georgien, statt. Mir wurden antisowjetische Agitation und terroristische Tätigkeit

11

vorgeworfen (Artikel 58, Absatz 10 und 8 des Strafgesetzbuchs der RSFSR). Ich hatte niemanden agitiert; und mich, einen Halbblinden, des Terrors zu bezichtigen, war unsinnig. Doch in diesem Haus verstand man keinen Spaß. Vor allem wollte man niemand wegen fehlenden Straftatbestands freilassen. Das wurde mir während der Ermittlungen klargemacht. Im Frühjahr 1944 legte man mir eine Kopie des Urteils des Sondergerichts zur Unterschrift vor, wonach ich in Abwesenheit zu acht Jahren Lager, nach Absatz 10 des Artikels 58, verurteilt worden war. Zusammen mit bereits vorangegangenen Repressalien bedeutete das für mich fast 13 Jahre Haft.

In den Lagern traf ich Tausende und Abertausende Opfer des stalinistischen Terrors und der Willkür Berijas. Millionen Menschen sind ums Leben gekommen. Sie harren noch immer der Wiederherstellung der historischen Gerechtigkeit. Sie warten seit Jahren auf ihre Rehabilitierung.

Wer erinnert sich heute noch an die Hinrichtung Berijas im Jahre 1953? Wer kennt ihn heute noch? Die Geschichte deckt über manches den Mantel des Vergessens.

Wie kann man die Person dieses Henkers charakterisieren, der selbst in einer Epoche unvorstellbarer Greueltaten alle anderen Handlanger Stalins bei weitem übertraf? Die anderen blieben eine graue Masse, Berija aber war eine Persönlichkeit. Er hat nichts Nützliches vollbracht, nichts gebaut und geschaffen, seinen schlimmen Ruf durch keine einzige gute Tat gebessert. Berija ist einer der berüchtigtsten Todesengel der Geschichte.

Um so wichtiger ist es für uns, ihn heute richtig zu beurteilen. Berija wurde in einer Zeit der blutigen Gewalt groß, überflügelte alle seine historischen Lehrmeister und wurde zum Sinnbild dieser Gewalt.

Er ist ein Produkt der von Genrich Jagoda und Nikolai Jeschow, den Nachfolgern von Dshershinski und Menshinski, erfolgreich umgesetzten Politik. Sie hatten Stalins Absicht, die Partei der Bolschewiki und das Volks zu unterjochen, sofort als dienstliche Pflicht aufgefaßt. Sie halfen dem Generalsekretär, das ganze Land zu einem Zuchthaus zu machen. Doch sie waren lediglich Amateure. Mit der Ernennung Berijas für diese Funktion Ende 1938 zog der wahre Meister in die Lubjanka ein.

12

Seine Verbrechen auf Stalins Geheiß und zusammen mit dem Generalsekretär sind unüberschaubar. Heute, Jahrzehnte später, fragen viele, ob ein normaler Mensch dazu überhaupt fähig sein konnte. Damals war dies schon möglich, denn die Zeit selbst war kriminell. Die Würde des Menschen und das Leben der Untertanen galten absolut nichts. Die Existenz ganzer Völker hing von einer Laune des Tyrannen ab.

Urteile über den pathologischen Geisteszustand von Stalin und Berija überlassen wir besser müßigen Geschichtsschreibern. Die Metastasen der Stalin-Ära und die Folgen des Unterdrückungssystems Berijas belasten uns schwer und behindern uns beim Vorwärtsschreiten.

Erst wenn wir diese Last abgeworfen haben, können wir sicher sein, daß sich das alles niemals wiederholen wird.

Bei der Beschäftigung mit der Biographie Berijas wird ersichtlich, daß er seine wahre Vergangenheit mit Legenden abdecken wollte. Als Datum seines offiziellen Parteibeitritts ließ er beispielsweise März 1917 eintragen.

Bei den Verhören vor seiner Verurteilung weigerte sich Berija, selbst dokumentarisch bewiesene Tatsachen zuzugeben.

Meine Abhandlung beruht auf Fakten, vor allem auf Zeugenaussagen, Erinnerungen von Zeitgenossen und Berichten in Zeitungen und Zeitschriften.

Zum Mitarbeiter der Geheimpolizei kann man aus verschiedenen Beweggründen werden, mancher wird rein zufällig zum Agenten. Lawrenti Berija war für dieses schmutzige Gewerbe faktisch geboren. In der städtischen Lehranstalt von Suchumi gab es keinen Diebstahl und keine Zuträgerei, an denen Berija nicht direkt oder indirekt beteiligt war. Gemeinheit und Niedertracht waren in ihm harmonisch vereint. Er stahl eine Mappe mit Beurteilungen der Schüler, bewirkte die Entlassung des Klassenlehrers und organisierte, natürlich über Strohmänner, den Verkauf dieser Unterlagen.

Nach Abschluß dieser Schule (1915) siedelte Berija nach Baku über und nahm dort ein Studium an der technischen Lehranstalt auf. Im Sommer 1917 erwarb er das Diplom als Architekt und wurde dann in die Armee einberufen. Doch bereits nach einem halben Jahr gelang es ihm, das Kampfgebiet an der rumänischen Front zu verlassen und mit einer amtlich beglaubigten Bescheinigung aus gesundheitlichen Gründen aus der Armee auszuscheiden.

Lawrenti Berija war 1919 als Zwanzigjähriger in die Partei der Bolschewiki eingetreten, doch später ließ er dies auf März 1917 rückdatieren. Sekretär des Kaukasischen Büros der RSDAP(B) in Baku war der erfahrene Illegale Viktor Naneischwili (in Tbilissi hatte ein zweites, gleichgestelltes Kaukasisches Büro seinen Sitz). Das Kaukasische Büro betreute Transkaukasien, darunter Tschetschnija, Inguschetija, Dagestan und den Nordkaukasus. Das illegale Büro befand sich in Baku in der Telefonnaja Uliza neben einer Kirche. Die Räume waren auf den Namen von Miras Dawud Gusseinow, eines zuverlässigen Genossen, gemietet. Naneischwili hielt sich dort selten auf. Er wohnte am Stadtrand hinter der Tschernogorodski-Brücke bei der Familie eines Arbeiters. Die Adresse kannten nur wenige. Das Büro in der Telefonnaja Uliza war ständig besetzt, alle erforderlichen Informationen wurden sofort an Naneischwili weitergeleitet.

Eines Tages brachten zwei junge Mitglieder der Parteizelle an der technischen Lehranstalt, Wasja Jegorow und Shura Kamer, einen unscheinbaren und pickeligen Studenten mit in das Büro. Er hieß Lawrenti Berija und wollte unbedingt Genossen Naneischwili sprechen. Die Diensthabende, Olga Schatunowskaja, antwortete, daß der Sekretär des Büros nicht da sei.

„Was soll ich ihm übermitteln?"

„Nichts. Ich muß ihn persönlich sprechen."

Am Abend informierte die Diensthabende Naneischwili über den Besuch der drei Studenten und die Bitte Berijas.

Nach einigen Tagen fragte Olga Schatunowskaja Naneischwili:

„Was wollte der junge Mann?"

„Er arbeitet beim Mussawat-Geheimdienst und bittet um Aufnahme in die Partei. Er verspricht, wertvolle Informationen zu liefern."

„Aber wir haben doch dort bereits einige Leute – Mussewi und Oschum Alijew. Wir haben sie doch extra dort eingeschleust. Wozu brauchen wir da noch einen Selbstanbieter?"

14

„Überlaß das mal mir", beendete der Ältere den Streit.

Die Befürchtungen der jungen Schatunowskaja sollten sich bald bestätigen: Mussewi und Alijew wurden in einem Restaurant beim Mittagessen aus nächster Nähe durch zwei Schüsse ermordet.

Berija war auf Empfehlung seines Schulfreundes Mirsa Bala in den Mussawat-Geheimdienst aufgenommen worden. Dieser hatte ihn bereits mit Dshafar Bagirow bekannt gemacht, der Verbindung zur Polizei in Baku unterhielt. Mirsa Bala wurde bald ein Führer des unabhängigen Aserbaidshan, und Bagirow war es beschieden, später die Sowjetrepublik als 1. Sekretär des ZK zu leiten. „Beschieden" ist nicht das richtige Wort: Bagirow wie auch Berija schreckten, um ihre Posten zu erlangen, vor nichts zurück und gingen über die Leichen ihrer Konkurrenten. Es ist schwer festzustellen, welchen Herren Berija diente. Der Mussawat-Geheimdienst wurde bekanntlich vom britischen Intelligence Service kontrolliert, und dessen enger Kontakt zum türkischen Geheimdienst bedeutete auch eine Verbindung zum deutschen Geheimdienst. Bagirow gab die von Berija ermittelten Informationen nach Zaryzin, an den Stab der 10. Armee, weiter. Vorsitzender des ZK der Partei in Baku war zu dieser Zeit Anastas Mikojan.

Ein charakteristisches Detail: Berija hält es nicht lange an einem Platz aus. Im Frühjahr 1920 geht er nach Georgien, das sich damals noch nicht Sowjetrußland angeschlossen hatte. Dort aber hatte Berija kein Glück. Er wurde in Kutaisi als vermeintlicher Spion der Sowjets verhaftet. Als Vertreter Moskaus bei der menschewistischen Regierung Georgiens fungierte zu dieser Zeit Sergej Kirow. Am 9. Juli bat dieser Noi Shordanija, den Inhaftierten freizulassen. Wieder auf freiem Fuß, fuhr Berija nach Tbilissi und nahm sofort Verbindung zur Geheimpolizei der menschewistischen Regierung auf. Bagirow war erst stellvertretender Vorsitzender der Tscheka. Er hatte zwar schon zum Sprung auf den höheren Posten angesetzt, doch der Vorsitzende der Tscheka, Baba Alijew, genoß das besondere Vertrauen von Nariman Narimanow, des Vorsitzenden des Rates der Volkskommissare Aserbaidshans.

Narimanow war als Student zur revolutionären Bewegung

gestoßen und hatte sich einen Namen als hervorragender Agitator gemacht. Leider war er von Karrieristen aller Art umgeben. Bagirow, als äußerst geschickter Taktiker, nutzte die politische Vertrauensseligkeit Narimanows voll und ganz aus. Planmäßig begann er, Narimanow zu beeinflussen. So redete er ihm ein, daß Genosse Baba Alijew nie mit den Organen des Geheimdienstes und der Abwehr zu tun gehabt habe und deshalb nicht fähig sei, diesen wichtigen Tätigkeitsbereich abzusichern.

Sofort nachdem Narimanow Baba Alijew von seiner Funktion entbunden und ihn wieder mit Parteiarbeit betraut hatte, übernahm Bagirow den ersehnten Posten und ließ noch am selben Tag seinen Genossen Lawrenti aus dem Gefängnis holen. Der neue Vorsitzende der Tscheka ernannte Berija zunächst zum Leiter des Wirtschaftsressorts. Doch es verging kein Jahr, und Berija wurde Leiter der SPO (Politische Geheimabteilung) und stellvertretender Vorsitzender der Tscheka Aserbaidshans – für einen Zweiundzwanzigjährigen ein beachtlicher Posten. Hier war sprichwörtlich der Bock zum Gärtner gemacht worden.

Im Frühjahr 1921 traf Michail Kedrow, Mitglied des Kollegiums der GPU und ein Führer der Tscheka, in Baku zu einer Revision ein. Auf dem Weg nach Baku hatte Kedrows Kommission die GPU-Organe in Charkow und Rostow am Don kontrolliert. Was stellten Kedrow und das Kommissionsmitglied Kubala in der Tscheka Aserbaidshans fest?

Hier war es üblich geworden, eindeutige Feinde der Sowjetmacht auf freien Fuß zu setzen, Prozesse gegen Terroristen und Banditen einzustellen und Unschuldige zu verurteilen. An all dem hatte Lawrenti Berija einen direkten Anteil. Anfangs war Kedrow bereit, das seltsame Verhalten des jungen stellvertretenden Vorsitzenden der Tscheka dessen Unerfahrenheit zuzuschreiben. Doch hier zeichnete sich eine ganz bestimmte Tendenz ab. Kedrow diktierte unverzüglich seinem ältesten Sohn Bonefati einen Brief, in dem er über die subversive Arbeit der Tscheka Aserbaidshans informierte und sein politisches Mißtrauen Berija gegenüber zum Ausdruck brachte. Bonefati Michailowitsch Kedrow leitete diesen Brief an die GPU in Moskau weiter.

Doch Dshershinski unternahm nichts ...

Von Kindheit an war Berija davon überzeugt, daß man ungeschoren davonkommt, wenn man nur die Leichtgläubigkeit anderer richtig ausnutzt. Wie ein Dieb, der sich Nachschlüssel zu fremden Schlössern beschafft, rüstete sich der junge Berija mit List und Tücke aus. Zu diesen früh erwachten Charaktereigenschaften kamen noch hemmungslose Frechheit und zerstörerischer Elan hinzu. Damit war Berija gleichsam im Besitz eines einmaligen Satzes von Nachschlüsseln, mit deren Hilfe er, ein Agent des Mussawat, in die Gesellschaft der revolutionären Bolschewiki, die mit reinem Herzen für ihre Sache kämpften, eindrang.

Die Tscheka Georgiens war mit der Tscheka Transkaukasiens in einem Gebäude untergebracht.

Im Jahre 1923 war Berija bereits Leiter der Geheimen Operativen Einheit (SOTSCH) der Tscheka Georgiens, trat aber nicht besonders in Erscheinung. In der Komsomolzelle war er allerdings ziemlich aktiv. Er trug die für die Tschekisten übliche Uniform – eine Tuchjacke und Reithosen, die in Lederstiefeln steckten. Auf der Nase hatte er einen Kneifer, von dem er sich bis zu seinem Lebensende nicht mehr trennte. Anfangs hatte Berija eine bescheidene Wohnung in der Uliza Gribojedowa gemietet, später bezog er eine zweigeschossige Villa in der Uliza Matschabeli.

In der Tscheka der Transkaukasischen Föderation und Georgiens stammten viele Mitarbeiter aus Lettland. Sie waren ehemalige Angehörige der 11. Armee, die im Jahre 1921 unter Führung von Ordshonikidse geholfen hatte, in Georgien die Sowjetmacht zu errichten. Nun gehörten sie den Organen an, die das Errungene verteidigen wollten.

Russen, Letten, Georgier, Juden, Armenier und andere – alle waren sie jung und gute Freunde.

In der ersten Zeit brachten sie Lawrenti Berija volles Vertrauen entgegen. Nachdem sie ihn aber näher kennengelernt hatten, konnten sie mit ihm keine gemeinsame Sprache mehr finden: Er war ein Meister der Intrigen und der Denunziation. Wie kein anderer vermochte er im geeigneten Moment gemeine Gerüchte in die Welt zu setzen, um seine Rivalen auf

17

dem Weg zur Macht untereinander zu verfeinden. Dann verfolgte er sie einzeln. Dabei konnte der junger Berija, wenn er es für nötig hielt, ziemlich überzeugend die Rolle des lieben und hilfsbereiten „Kameraden" spielen. So brachte Lawrenti Berija es fertig, Andrej Jerschow, der den Kampf gegen die Wirtschaftsspionage führte, für sich zu gewinnen. Sie wurden Freunde und verbrachten häufig gemeinsame Abende im Familienkreis.

Dennoch erkannte gerade Jerschow den wahren Charakter Berijas früher als die anderen. „Berija hat selbst Machiavelli übertroffen", sagte er zu seiner Frau. Das war 1927, als Berija Stellvertreter von Stanislaw Redens in der GPU Transkaukasiens wurde.

Jerschow wurde nach Moskau in den zentralen Apparat versetzt. Zehn Jahre später schickte man ihn nach Jaroslawl. Dort ereilte ihn die freundschaftlich-strafende Hand des Genossen Berija. Der Chef der Transkaukasischen GPU, Stanislaw Redens, hatte kein Durchsetzungsvermögen. Nachdem Berija sein Stellvertreter geworden war, beherrschte er ihn ziemlich schnell. Er begann, dem Chef die Lösungen für laufende Probleme vorzugeben und handelte immer häufiger auf eigene Faust. Die Tschekisten nannten den Chef untereinander nur „Berens". Berija wollte möglichst schnell die nächste Stufe erklimmen, doch mit Redens, der mit Anna, der Schwester von Nadeshda Allilujewa, verheiratet war, legte er sich zunächst lieber nicht an. Er wartete lange, fast drei Jahre. Als sich dann eine günstige Gelegenheit bot, schlug er zu.

In jener Nacht, nachdem er seinen Chef anläßlich seines Geburtstags volltrunken gemacht hatte, schickte Berija ihn ohne Begleitung nach Hause. Redens torkelte zum nächstgelegenen Haus, klopfte in seiner Trunkenheit an eine fremde Tür und schlug Krach. Auf den Lärm hin liefen die Nachbarn zusammen, jemand alarmierte die Polizei, und Redens wurde aufs Revier gebracht. Dort öffnete er seinen Militärmantel, die Diensthabenden sahen seine Orden und Ehrenzeichen und erkannten den hohen Chef.

Berija rief sofort Stalin in Moskau an und fragte, was er tun sollte. Der Generalsekretär entschied, den Randalierer abzulösen. Redens wurde 1931 zum bevollmächtigten Vertreter der OGPU der UdSSR in Belorußland ernannt. Der Kampfposten des bevollmächtigten Vertreters der OGPU der UdSSR in Transkaukasien wurde damit frei für Lawrenti Berija.

An dieser Stelle möchte ich das Schicksal einiger zu dieser Zeit bekannter Tschekisten Georgiens erwähnen.

Robert Gulbis war in den zwanziger Jahren Mitarbeiter der Tscheka Transkaukasiens und Mitte der dreißiger Jahre Sekretär des ZK Aserbaidshans. Er konnte die gegen ihn gerichteten Intrigen nicht länger ertragen und warf sich vor einen Zug.

Jan Kaunin, Iwan Wolkowski, August Petrowitsch Eglit. Er war der einzige, der in Berijas Arbeitsbereich verblieb, als dieser die GPU Georgiens leitete. Die anderen hatten Transkaukasien verlassen. Bis 1951 war er Innenminister der Lettischen SSR. 1966 starb er.

Michail Wolkow, einer der ersten Tschekisten Transkaukasiens. Nach dem Weggang von Redens im Jahr 1931 wurde er nach Nowosibirsk versetzt.

Jakob Wiener arbeitete in den zwanziger Jahren unter der Leitung von Jerschow.

Sergej Kugler verließ Tbilissi nicht mit den anderen, er war noch 1937 hier tätig.

Andrej Semjonowitsch Schtepa – Mitarbeiter der Tscheka Transkaukasiens.

Tite (Dimitri) Lordkipanidse war Mitarbeiter der Tscheka Georgiens und später bis 1936 Volkskommissar für Inneres in Georgien. Danach arbeitete er auf der Krim. Er wurde von der Straße weg verhaftet und umgebracht. Seine Frau schickte man in verschiedene Lager.

Einige weitere Mitarbeiter der Tscheka und der GPU sollen nicht unerwähnt bleiben: Alexander Ijossilewitsch, Matwej Kutscherow und Matwej Podolski.

Ende der dreißiger Jahre, unter Jeschow und Berija, waren fast alle der hier genannten Tschekisten umgebracht worden. Allein August Eglit überlebte den „eisernen Hüter des Gesetzes".

Sehen wir uns das folgende amtliche Dokument an:

19

Beim Absturz einer ‚Junkers-13' in der Nähe der Rennbahn von Didubiiski sind am 22. März, 12.10 Uhr, der stellvertretende Vorsitzende des Rates der Volkskommissare der Transkaukasischen Sozialistischen Förderativen Sowjetrepublik, Mitglied des Präsidiums des ZIK der UdSSR, Mitglied des RWS der UdSSR und der Kaukasischen Rotbannerarmee (KKA), Alexander Fedorowitsch Mjasnikow, der Vorsitzende der Transkaukasischen Tscheka, Solomon Grigorjewitsch Mogilewski, und der stellvertretende Volkskommissar der RKI in der Transkaukasischen Sozialistischen Föderativen Sowjetrepublik, der Bevollmächtigte des Volkskommissariats für Post und Fernmeldewesen der UdSSR in der Transkaukasischen Sozialistischen Förderativen Sowjetrepublik, Georgi Alexandrowitsch Atarbekow, sowie die beiden Piloten, der Genosse Schpiel und der Genosse Sagaradse, tragisch ums Leben gekommen."

Die Einzelheiten der Havarie sind im Protokoll der technischen Kommission festgehalten. Um 11.50 Uhr startete das Flugzeug. 12.05 Uhr meldete der Diensthabende in der Telefonzentrale: „Die ‚Junkers' ist in der Luft. Das Flugzeug brennt." Um 12.10 Uhr stürzte das Flugzeug ab.

Militärflieger begaben sich auf Lastkraftwagen zum Unglücksort. Vor Ort sagten Zeugen aus: Aus einer Höhe von 20 Metern stürzten nacheinander zwei Passagiere aus dem Flugzeug. Kurz vor dem Aufprall fiel ein Pilot aus der Kabine. Beim Aufprall explodierten die Treibstofftanks. Unter den Trümmern wurden die verkohlten Leichen Mjasnikows und des zweiten Piloten Sagaradse gefunden.

Die technische Expertise ergab, daß Motor und Steuersysteme völlig in Ordnung gewesen waren. Die Brandursache wurde nicht festgestellt. („Sarja Wostoka", 24. März 1925)

Daß Alexander Mjasnikow über Informationen verfügte, die Stalin politisch hätten kompromittieren können, war mehreren langjährigen Parteimitgliedern, seinen Genossen aus der illegalen Tätigkeit vor der Revolution, bekannt. Wie Berija davon Wind bekam, läßt sich unschwer erraten. Mjasnikow wurde zu einer akuten, sogar sehr akuten Gefahr für den Generalsekretär und damit auch für die Karriere Lawrenti Berijas. Mjasnikows Schicksal war damit besiegelt. Gleich, wer mit ihm an diesem Märzmorgen im Flugzeug saß, sie alle mußten sterben.

Noch lange nach Mjasnikows Tod überwachten Mitarbeiter der GPU seine Genossen und Verwandten. Besondere Aufmerksamkeit wurde seiner Witwe zuteil. Obwohl sie krebskrank war und jahrelang im Bett lag, wurde ihr Haus die ganze Zeit von wachsamen Müßiggängern observiert.

Der langjährige Tschekist Suren Gasarjan meinte nach dem XX. Parteitag, daß einmal die Geschichte Licht in diese Sache bringen und dann auch die Rolle Berijas klären werde.

Gleich nach dem Flugzeugabsturz gingen Gerüchte in Transkaukasien um. Die Witwe des Piloten Schpiel erinnerte sich, daß er, von böser Vorahnung geplagt, die Flugleitung gebeten hatte, für ihn jemand anders einzusetzen. Im Flüsterton erzählte man sich, die Opfer seien jemandem im Wege gewesen ... Immer mehr Gerüchte kamen auf.

Die Organisatoren des Anschlags wurden unruhig. Man setzte eine zweite Expertenkommission unter Vorsitz des Kommandeurs der Kaukasischen Rotbannerarmee, August Kork, ein. Doch sie bestätigte lediglich die Feststellungen der ersten. Seltsam erschien das Schweigen des Generalsekretärs. Doch in den letzten Märztagen entsandte er Pauker, den Leiter der Operativen Abteilung der OGPU, den er damals protegierte, nach Tbilissi.

Aber auch die dritte Kommission, der erfahrene Ingenieure angehörten, konnte die Ursachen des Absturzes nicht klären — jemand hatte alle Beweisstücke verschwinden lassen. So beschränkte man sich lediglich darauf, eine Schuld der Junkers-Flugzeugwerke wie auch Bedienungsfehler der Piloten auszuschließen.

Leo Dawidowitsch Trotzki, der sich zu jener Zeit in Suchumi erholte, erklärte bei seiner Ankunft in der georgischen Hauptstadt öffentlich: „Es muß noch geklärt werden, was die Ursache für den Tod der drei Genossen der georgischen Menschewiki ist."

Ach, Leo Dawidowitsch, auch Sie sind in dieser Hinsicht kein

21

unbeschriebenes Blatt! Es wird noch sehr viel Blut fließen. Und auch Ihre Schicksalsstunde wird 1940 im fernen Mexiko schlagen ...

Kaum ein Geschäftsmann jagte jemals mit solchem Eifer seinem Profit nach, wie sich Berija bemühte, aus inszenierten Prozessen politisches Kapital zu schlagen. Fast in jedem Jahr entlarvte er „Gruppen bürgerlicher Nationalisten" und liquidierte „Nester der Konterrevolution".

Im Herbst 1925 fuhr er mit einer Gruppe von Tschekisten in zwei Fahrzeugen in Richtung Tbilissi. Auf dem Gebirgspaß gerieten sie in einen Hinterhalt. Ein Tschekist kam ums Leben, zwei wurden verletzt. Berija jedoch handelte geistesgegenwärtig, schoß um sich und schützte so die anderen.

Wie durch ein Wunder blieb Berija unverletzt, obwohl er im ersten Fahrzeug saß und noch dazu um sich schoß. Warum hatten die Angreifer den Rückzug nicht abgeschnitten und keine Straßensperren errichtet? Diese Frage hat man Berija nicht gestellt. In Moskau wußte man nun, daß Genosse Lawrenti unter Einsatz seines Lebens der Sowjetmacht diente. Natürlich war die Tscheka Transkaukasiens in der Lage, die Sicherheit auf der Grusinischen Heerstraße voll und ganz zu gewährleisten, doch damals waren die Möglichkeiten für einen aufsteigenden Tschekisten, sein Heldentum unter Beweis zu stellen, ziemlich eingeschränkt.

Im Frühjahr 1924 wurde in Tbilissi der Prozeß in Sachen Katholikos Ambrosius inszeniert. In diesem Verfahren beschuldigte man elf Priester, Hochverrat begangen und Wertgegenstände der Kirche versteckt zu haben. Angeblich hatten sie 1922 der Konferenz von Genua ein Memorandum zugeleitet, das „eine Einmischung in die Angelegenheit der UdSSR bewirken sollte". Der Rechtsanwalt, der Katholikos verteidigte, forderte eine Nachermittlung und ein Sachverständigengutachten, denn durch das Ermittlungsverfahren wurden weder der Empfang des Memorandums in Genua bestätigt noch der genaue politische Inhalt dieses Dokuments definiert. Doch entgegen den Gesetzen und dem gesunden Menschenverstand befand das Gericht die Tätigkeit der Gruppe für konterrevolutionär und verurteilte Katholikos zu neun und die übrigen Angeklagten zu je fünf Jahren Haft, einschließlich Vermögensentzug.

Lawrenti Berija war an dieser Intrige aktiv beteiligt, von der Beobachtung und Verhaftung der „Konterrevolutionäre" bis zur Organisation inszenierter Kundgebungen und Demonstrationen.

Das Jahr 1925 brachte den Schauprozeß gegen das Paritätische Komitee, dem verschiedene antibolschewistische Parteien und Gruppen angehörten. Die Hetzkampagne gegen die Angeklagten wurde durch eine Flut von Verwünschungen gegen die „menschewistisch-aristokratische Bande" und die „Verräter" der Revolution angeheizt. Richter, Staatsanwälte und dann auch die Presse behaupteten, daß die georgische Sektion der II. Internationale sich an die Bourgeoisie verkauft habe. Die GPU verhaftete etwa 100 Personen und bot 57 „Zeugen" auf.

Im August 1924 wurde die Militärkommission der Vorbereitung des bewaffneten Aufstands beschuldigt. Den Organen der GPU war es gelungen, Ende 1923 und Anfang 1924 mehrere ihrer aktiven Vertreter zu verhaften. Den Führern der Bewegung wurden Kontakte zu Emigranten und zur Tscholokajew-Bande sowie eine Unmenge weiterer Verbrechen zur Last gelegt, so daß dafür die Artikel des Strafgesetzbuches kaum auslangten – die Vorwürfe reichten von gewaltsamer Loslösung Georgiens bis zu Terror und Spionage.

Die GPU Georgiens hatte ein grandioses Lügengebäude konstruiert. Doch die meisten Beschuldigten wiesen die Verleumdungen völlig oder teilweise zurück. Damals war Foltern noch nicht in Mode, deshalb kamen Ermittlung und Gericht auf Schritt und Tritt ins Stolpern. Diesbezügliche Erfahrungen sollten erst später gesammelt werden. Jetzt kamen noch viele mit dem Leben davon.

Doch damit war die Verfolgung der Menschewiki noch nicht am Ende.

Der Kampf gegen sie sollte der Berija-Clique noch viele Jahre dazu dienen, den Massenterror zu bemänteln. Diese Kampagne wurde auf verschiedenen Großkundgebungen, an denen Berija teilnahm, verkündet. Die Vernichtung andersdenkender Georgier ging mit einer Hetzjagd in der Presse einher. Ende 1928 trat Lawrenti Berija mit der programmatischen Schrift „Wie tief sind die Menschewiki gesunken" an die Öffentlichkeit. Dem

23

Text sind die Worte vorangestellt: „Sie haben nichts dazugelernt und nichts vergessen."

„In der Geschichte der revolutionären Bewegung", vermeldet der Autor, „gibt es oft Menschen, die in ihrem falschen Verständnis für den politischen Kampf jegliche Perspektive verlieren und von revolutionären Persönlichkeiten zu politischen Abenteurern werden ... Sie wollen an die Macht. Dafür sind sie zu allem bereit." Berija zählt die Vergehen der Menschewiki auf und beschuldigt sie, ein direktes Bündnis mit dem Faschismus eingehen zu wollen, Spionage und Sabotage zu betreiben und sich dabei der Kirche zu bedienen.

Berija nutzte die Jagd auf die Menschewiki, um mit allen andersdenkenden Georgiern, vor allem mit der Intelligenz und ehemaligen Adligen, abzurechnen. Nachdem festgestellt wurde, daß in der Finanzabteilung des Stadtsowjets von Kutaisi 25 ehemalige Fürsten und zaristische Beamte beschäftigt waren, wurden sie alle unverzüglich entlassen. Angeblich hatten sie „die Klassenlinie entstellt".

Bei einer solchen Beschuldigung hatte man keine Chance, den Terror der dreißiger Jahre zu überleben ...

Aber bleiben wir noch in den zwanziger Jahren. Obwohl er noch nicht den höchsten Posten in der Transkaukasischen GPU erreicht hatte, war sich Berija bewußt, daß dieser nur eine Stufe auf der Leiter sein würde, die ihn in die Chefetagen des Parteigebäudes führen sollte. Und der Posten des 1. Sekretärs des Regionskomitees war immerhin ein Sprungbrett nach Moskau.

Berija war überzeugt, daß er auch höhere Ämter bewältigen konnte. Einmal bemerkte O. N. Kartwelischwili, eine der ersten Mitarbeiterinnen der Tscheka Georgiens, zu den jüngsten Ereignissen in Moskau:

„Sehen Sie nur, wie entschlossen und autoritär Stalin die Opposition bekämpft ..."

Daraufhin sagte Berija:

„Das ist nichts Besonderes. Wenn ich so viele Jahre im ZK gearbeitet hätte, würde ich auch meine Erfahrungen gesammelt haben und mit diesen Intellektuellen nicht schlechter fertig werden ..."

24

Auf dem Weg zu diesem ersehnten Ziel untergrub Berija mit allen Mitteln die Autorität der Führer des Regionskomitees, inszenierte Provokationen und schwärzte Mamija Orachelaschwili, Amajak Nasaretjan und Lawrenti Kartwelischwili bei Stalin an.

1929. Stalin machte Urlaub in Sotschi. Die Führer des Transkaukasischen Regionskomitees fuhren von Tbilissi aus zu einem Empfang bei ihm. In diesem Herbst machte Lawrenti Kartwelischwili in Gagra Urlaub. Er reiste auch nach Sotschi und kam dort morgens an. Doch der Leiter der Wachmannschaft von Stalins Landhaus in Sensinowka bat ihn, etwas zu warten, da der Generalsekretär beschäftigt sei. Er mußte den ganzen Tag warten. Spät abends setzte er sich ins Auto und fuhr zurück. Berija, der ihn vom Fenster des Landhauses aus beobachtet hatte, sagte zum Hausherren:

„Was für ein störrischer Mensch . . . Ich habe ihn gebeten, lediglich eine halbe Stunde zu warten, aber er wollte nicht . . .“

Wie war es ihm gelungen, Nina Gegetschkori zu heiraten? Sie entstammte einer aristokratischen, allseitig geachteten Familie. Nina hatte ein Hochschulstudium an der Wirtschaftsfakultät absolviert und ihre Laufbahn in einer Bank begonnen. Wie hätte diese hübsche Blondine mit den blauen Augen ahnen können, daß sich ihr Schicksalsweg mit dem eines *solchen* Menschen kreuzen würde? Berija verfolgte sie lange und beharrlich. Die Verwandten von Nina beobachteten mit Abscheu und Sorge die Manöver des aufdringlichen Freiers. Sie betrachteten ihn als einen ausgemachten Schurken. Seine Dienststellung verlieh ihm nahezu unbegrenzte Macht über die Menschen, und das spielte allem Anschein nach hier die entscheidende Rolle.

Im Juni 1925 berief das Transkaukasische Regionskomitee der Partei eine Konferenz zur Bauernfrage ein. Die Bedingungen für die Kollektivierung waren hier, in Transkaukasien, denkbar ungünstig: Landarmut, steile Berghänge, stark veraltete Technik, jahrhundertealte nationale Zwietracht und weitreichende Spaltung der Dorfbewohner in Arme und Reiche als schweres Erbe des Zarismus . . .

Die Regionskonferenz legte ein Programm für die Umgestaltung der Verhältnisse auf dem Lande unter strenger Beachtung des Bodengesetzbuchs und des Rechts der freien Wahl der Landnutzungsformen vor. Administrative Weisungen von oben und auf lokaler Ebene wurden von vornherein entschieden abgelehnt.

Stalin hatte damals das ZK noch nicht völlig im Griff. Berija spielte in Tbilissi in der GPU nur eine zweitrangige Rolle. Die höchsten Parteiposten riß er erst fünf Jahre später an sich. Das vorgeschlagene Programm war ohne Beschränkung, doch die Bauern konnten sich nicht dafür begeistern.

Nachdem die Machthaber zu der Überzeugung gelangt waren, daß es die Masse der Bauern nicht in die Kolchose zog, beschlossen sie einen Vernichtungskrieg gegen das Dorf. Um solchen Pogromen zum Opfer zu fallen, genügte es bereits, auf dem Hof eine Kuh, zehn Schafe und vielleicht noch ein Pferd zu haben und im Haus einen schönen Teppich zu besitzen. Man bekämpfte die wirklichen und die vermeintlichen Kulaken mit Worten und Taten. Eine Unmenge von ihnen wurde ausgesiedelt, kam in Lagern und Gefängnissen um ... Die Verfolgung der Landbevölkerung in Transkaukasien leitete Berija als Vorsitzender der GPU und führender Parteifunktionär. Er war ein Meister in Sachen Demagogie und brachte in die Kampagne der Kollektivierung der Landwirtschaft und der Vernichtung des Kulakentums etwas Eigenes ein – Zynismus, willkürliche Entscheidungen und gnadenlose Grausamkeit.

Binnen knapp zwei Jahren war aus dem freiwilligen Zusammenschluß zu Genossenschaften die Zwangskollektivierung geworden. Die Furcht vor Vergeltung trieb die Bauern in die Kolchose. Die volksfeindliche Agrarpolitik wurde unter der Losung der Treue zur „Leninschen Linie" und des Kampfes gegen die „rechte Abweichung" verwirklicht. Berija verkündete lauthals, die Rechten hätten sich ideologisch mit den Kulaken verbündet.
... Auf dem Feld brennt ein Heuschober. Wer hat ihn angesteckt? Ein Zeuge findet sich, der den Sohn eines wohlhabenden Bauern bei dem Schober gesehen haben will, und er nennt den Namen dieses Bauern. Auf der Gemeindeversammlung wird dann der Ärmste als Kulak oder Halbkulak, als gemeiner Schädling und Brandstifter angeprangert. Alles weitere ist hinlänglich

bekannt. Anwesen, Vieh, Inventar und die Weinberge der ehrlichen Dorfbewohner fallen an die Provokateure.

Mitarbeiter der GPU stifteten zu diesen Pogromen an und wirkten dabei mit. Der Brudermord in Namen von Kollektivierung und Vernichtung des Kulakentums war von oben organisiert.

Die volksfeindliche Direktive Stalins, der das Politbüro einstimmig zustimmte, wurde zur Parteidirektive. Bereits *eine* kritische Äußerung bedeutete, zur Opposition gerechnet zu werden. Und wer wagte es schon, dem Generalsekretär zu widersprechen?

Der erste war Mamija Orachelaschwili. Der 1. Sekretär des Transkaukasischen Regionskomitees schrieb in einem Bericht, die durchgängige Kollektivierung sei in Georgien nicht möglich. Er erinnerte den Generalsekretär daran, daß die durchschnittliche Bauernfamilie nur über ein kleines Stück Land verfügte, das dem steinigen Berghang abgerungen wurde. Hier kann kein Traktor eingesetzt werden, die kleinen Parzellen lassen sich nicht zu einem großen Feld zusammenlegen, durch staatliche Planung kann man die Bauern nicht zusammenschließen ... Der Autor warnte in seinem Bericht auch vor dem möglichen Schaden einer anderen Direktive, nach der überall Zitruskulturen angebaut werden sollten, was auf Kosten der Maisfelder geschehen würde. Auch damit hatte er recht: In Georgien herrschte bald Hungersnot.

Im April 1929 gab es in Aserbaidshan, der rückständigsten Republik Transkaukasiens, 400 Kolchosen; in Armenien waren es 180 und in Georgien 90. Die georgischen Bauern zeigten das stärkste Rückgrat ... Nach den Erhebungen der Zentralen Statistischen Verwaltung von 1929 war Transkaukasien weit im Rückstand, Anlaß für harsche Kritik seitens der zentralen Parteiführung.

Transkaukasien sollte bis zum Herbst 1933 in die Knie gezwungen werden. Die Vorgabe lautete, in den drei Republiken den Durchschnittswert von 80 Prozent zu erreichen. In einigen Rayons sollte die vollständige Kollektivierung abgeschlossen werden.

Bis Mai 1931 waren in Georgien 36,6 Prozent der Bauernwirtschaften in Kolchosen integriert. Anfang 1931 konnten in der Transkaukasischen Republik 200 000 bäuerliche Betriebe zusammengeschlossen werden. Berija wollte das Politbüro möglichst schnell mit Siegesmeldungen erfreuen. Um dies zu erreichen, war er sogar bereit, jeden uneinsichtigen Georgier in Ketten zu legen.

Doch die Bauern zog es nicht in die Kolchosen, viele leisteten gewaltsam Widerstand. Entschiedener Widerspruch gegen Berijas Politik kam von Amajak Nasaretjan, dem 2. Sekretär des Transkaukasischen Regionskomitees. Wie schon Orachelaschwili schrieb er nach Moskau und bestand auf seiner gegensätzlichen Meinung. Die durchgängige Kollektivierung sei eine für Transkaukasien unrealistische, sogar schädliche Kampagne. Alle mittleren und begüterten Bauern, warnte Nasaretjan, werden mit ihrem Vieh und ihrer übrigen Habe über die Grenze gehen. So kam es dann auch. Viele Zehntausende aserbaidshanische und armenische Familien emigrierten illegal nach dem Iran. Die Georgier wären auch gegangen, doch das türkische Ackerland lockte sie nicht.

Dieser sinnlose und himmelschreiende Kampf in den Dörfern war mit Pogromen verbunden, die im Namen einer der Landbevölkerung fremden Ideologie inszeniert wurden.

Während er sich dem Vernichtungsfeldzug gegen die Bauern widmete, vergaß Lawrenti Berija nicht, die Veränderungen in der Hauptstadt genauestens zu verfolgen. Im richtigen Augenblick trat er mit neuen richtungsweisenden Aufrufen an die Öffentlichkeit. Sein Referat vom 3. Januar 1932 auf einer Konferenz des Republikparteiaktivs begann mit der üblichen Lobpreisung des Führers, unter dessen Leitung das ganze Land, und mit ihm auch Georgien, einmalige Erfolge erzielt habe. Doch ein geruhsames Leben werde es nicht geben, erklärte der Redner. Denn dabei störten die „eingefleischten Opportunisten, geschäftsschädigenden Liberalen, die Agenten des Klassenfeindes, die unsere Klassenwachsamkeit untergraben und schwächen wollen".

Ein Abschnitt von Berijas Bericht auf dem 8. Parteitag der KP Georgiens war mit „Die politische Arbeit zur Korrektur der Fehler der alten Führung des ZK" überschrieben. Ihm reichte es nicht, daß die abgelösten Parteifunktionäre zum Tode verurteilt wurden (die letzten ließ er 1937 erschießen), er mußte auch noch ihre Namen in den Schmutz ziehen. Er unterstellte den alten Führern, die Masse der Kolchosbauern mit Betrug und Augenwischerei erzogen zu haben.

Anfang November 1931 wurde Alexander Iwanowitsch Papawa in den Apparat des ZK der KP Georgiens versetzt. Er hatte an der Hochschule für Forstwirtschaft Politökonomie gelehrt. Der Karriere eines Parteifunktionärs konnte er nicht viel abgewinnen, zumal er Lawrenti Berija, der nun an der Spitze des ZK stand, nur zu gut kannte. Die Ernennung Berijas zum 1. Sekretär des ZK der Partei Georgiens und 2. Sekretär des Transkaukasischen Regionskomitees hatte am 14. und 31. Oktober 1931 stattgefunden. (Man kann wirklich von Ernennung sprechen, denn Sekretärswahlen waren schon lange zur Fiktion geworden.)

Seinen ersten Arbeitstag verbrachte der ZK-Sekretär in einem halbleeren Gebäude: Aus Protest war kein einziger Abteilungsleiter zur Arbeit erschienen. Mamija Orachelaschwili, der 1. Sekretär des Transkaukasischen Regionskomitees, bat in diesem Zusammenhang Papawa und eine Gruppe junger Kommunisten zu sich. Er kannte Alexander Papawa seit 1917, als sie sich in Kutaisi begegnet waren. Er kannte auch dessen Frau Maria Platonowa. Orachelaschwili forderte die geladenen Genossen auf, sofort wieder ihre Arbeit im Apparat des ZK aufzunehmen: „Ihr müßt die ablehnende Haltung Lawrenti Berija gegenüber aufgeben. Glaubt mir, ihr müßt eine gemeinsame Sprache mit ihm finden. Er ist vom Genossen Stalin empfohlen worden."

Papawa leitete die Abteilung Kultur und Propaganda. Die Arbeit begann um 11 Uhr. Nach drei bis vier Stunden verließ man der Hitze wegen den Arbeitsplatz. Um 19 Uhr kam man zurück und saß die Zeit bis Mitternacht ab, immer in Erwartung eines Anrufs von Berija. Das ZK Georgiens hatte sich dem Moskauer Arbeitsstil angepaßt.

Die Beziehungen zu Berija verliefen anfangs kameradschaftlich, zumindest dem äußeren Anschein nach. Der 1. Sekretär des ZK unterstützte stets die Vorschläge Papawas. Doch mit der Zeit verschlechterte sich die Lage. Papawa konnte und wollte die Allüren des Henkersknechts nicht länger verheimlichen. Auf einer Sitzung des ZK-Büros im ersten Jahr der Amtszeit als Sekretär hatte Berija einen Mitarbeiter öffentlich abgekanzelt:

„Weißt du, was du dafür zu erwarten hast?"

„Ich habe keinerlei Schuld . . ."

„Das wird sich beim Verhör herausstellen", drohte der 1. Sekretär.

Das Mitglied des Parteibüros, Maria Orachelaschwili, hielt es nicht mehr länger aus: „Bitte, Berija, Sie sind hier nicht bei der Tscheka, sondern im ZK."

Doch weder die von allen geachtete Maria, eine bildhübsche Frau, noch irgend jemand anders konnte den Statthalter Stalins zur Räson bringen. Er traktierte alle Parteimitglieder, junge und alte, und mit besonderem Vergnügen die Mitarbeiter des Apparats. Sehr oft beleidigte er auf Parteibürositzungen Volkskommissare und Mitglieder des Obersten Gerichts. Er verschonte selbst einen treuen Vasallen wie Wladimir Dekanossow nicht. Als Papawa, der einen Plan für die Herausgabe der Werke von Marx, Engels und Lenin aufstellen sollte, auf einer Bürositzung unter den Titeln von Marx die „Heilige Familie" anführte, wurde er von Dekanossow unterbrochen:

„Gibt es neben Marx noch einen anderen Heiligen?"

„Schweig, du Dummkopf", herrschte ihn Berija an.

Ein, zwei Jahre später kam es zu unerwarteten und unglaublichen Verhaftungen von leitenden Mitarbeitern, die mit schönen Frauen verheiratet waren. Lawrenti Berija entließ die Männer erst wieder aus der Haft, nachdem er bei ihren Frauen sein schmutziges Ziel erreicht hatte.

Berija löste einen bewährten Mitarbeiter nach dem anderen ab und ersetzte sie durch ihm ergebene Leute seines Geheimdienstes. Er strebte nach Höherem und setzte zum Sprung an.

Bis August 1933 hatte sich im ZK eine einflußreiche Gruppe herausgebildet, die sich gegen Berijas Willkür wandte. Selbst Mamija Orachelaschwili, der 1. Sekretär des Transkaukasischen Regionalkomitees, sah seinen schweren Fehler ein: Mit Berija konnte man wirklich nicht zusammenarbeiten.

Berija hatte sich bereits frühzeitig zu eigen gemacht, Gedanken und Worte den üblichen Klischees anzupassen. Als er das ZK Georgiens leitete, entsprachen die Berichte und Artikel aus Tbilissi dem sprachlichen Moskauer Stil: ... Die Werktätigen Georgiens haben einmalige Erfolge erzielt ... Wir schreiten vorwärts unter der weisen Führung ... Keine Nörgler und Kleingläubigen werden uns vom Leninschen Weg abbringen ... Erhöhen wir die revolutionäre Wachsamkeit ... Rotten wir das Übel mit der Wurzel aus ... Verwirklichen wir die genialen Weisungen des Führers ...

Mit solchen gängigen Klischees konnte Lawrenti Berija nur zu leicht den Kaukasischen Bergrücken überschreiten und sicher die Moskauer Szene betreten. Sein dortiges Debüt fand im November 1931 auf einer Tagung des ZK der KPdSU (B) statt. Aufgrund der Berichte Berijas und anderer Führer der nationalen kommunistischen Parteien Transkaukasiens wurde ein Sonderbeschluß verabschiedet. Am 16. November sprach Berija zu dieser Frage auf dem Plenum des Parteikomitees von Tbilissi. Es war der übliche Ablauf: ostentative Aufmerksamkeit und vorgetäuschtes Interesse zwei ermüdende Stunden lang. Fröhliches Lachen und stürmischer Beifall an den erforderlichen Stellen. Hochrufe auf den großen Führer und seinen ruhmreichen Bannerträger in Transkaukasien.

Die „Sarja Wostoka" veröffentlichte immer häufiger Beiträge mit der Unterschrift Lawrenti Berijas, die sämtlich „aktuelle Probleme" betrafen und „richtungweisend" waren. Der Artikel „Der 10. Jahrestag der Transkaukasischen Föderation wird auf bolschewistische Art vorbereitet" erschien am 1. März 1932. Berija, 1. Sekretär des ZK der KP (B) Georgiens, setzte bereits zum nächsten Sprung auf den Posten des Leiters des Transkaukasischen Regionskomitees an. Hierfür mußte er sich als Fachmann in der Nationalitätenfrage profilieren. „Zehn Jahre unversöhnlicher Kampf an zwei Fronten für die Generallinie der Partei, für die strikte Durchsetzung der Leninschen Nationalitätenpolitik ... Die Transkaukasische Föderation entwickelte sich im erbitterten Kampf gegen den rechten Opportunismus, der die Hauptgefahr darstellte; gegen ,linkssektiererische Abweichungen' und versöhnlerische Tendenzen ihnen gegenüber, ge-

31

gen die sogenannte ‚linke' vereinigte Opposition Trotzkis und Sinowjews, gegen den konterrevolutionären Trotzkismus, diese Vorausabteilung der internationalen Bourgeoisie, gegen die Menschewiki, die Mussawat- und Daschnak-Anhänger, die schuld daran sind, daß Seiten in der Geschichte der Völker Transkaukasiens mit infolge nationaler Zwietracht vergossenem Blut getränkt sind." Eine bemerkenswerte Triade. Das war keineswegs nur eine einfache Wiederholung der Anschuldigungen Stalins gegen seine politischen Konkurrenten. Dem Leser wird hier ein vollständiges Programm zur Liquidierung *aller* Andersdenkenden vorgelegt.

Im gleichen Beitrag waren auch Aufrufe zum Kampf für die „ideologische Reinhaltung des Leninschen Vermächtnisses" und Reverenzerweisungen gegenüber Mjasnikow, Ordshonikidse und Kirow enthalten. Ersterer wurde bereits 1925 umgebracht, die übrigen sollten wenige Jahre später an die Reihe kommen.

In jeder Rede rief der Parteiführer Georgiens zur Erhöhung der Klassenwachsamkeit des Proletariats auf. Dem Schwall von Siegesmeldungen bei der Überbietung aller geplanten Produktionskennziffern folgten die obligatorische Lobpreisungen des Generalsekretärs, der „dem konterrevolutionären Trotzkismus die Maske vom Gesicht reißt", und dann Zitate aus einer Rede von Kaganowitsch: „... Der Opportunismus versucht, indem er sich anbiedert, sich in unsere Reihen einzuschleichen."

In seinen Träumen ist Lawrenti Berija bereits im Kreml. Er wird Hand in Hand mit dem Genossen Kaganowitsch an der Seite des Generalsekretärs arbeiten. Bis dahin ist es nicht mehr weit. Er hat schon lange begriffen, was man sich dort in Moskau zum Ziel setzt: „Wir führen den letzten Angriff gegen den inneren Kapitalismus."

Und es folgten noch viele solcher Offensiven . . . Tag für Tag, Jahr für Jahr wird immer wieder appelliert, die revolutionäre Wachsamkeit zu erhöhen.

Nachdem Lawrenti Berija 1. Sekretär des Transkaukasischen Regionskomitees der Partei geworden war, nahm er sich der Nachbarrepubliken an. Immer häufiger ging er in seinen Berichten auf die Probleme des Baumwollanbaus und der Erdölförderung ein. Mehrmals im Jahr rief er in Baku zur Erfüllung des Kampfauftrags der Partei auf, die Erdölförderung zu erhöhen. Gleichzeitig entfachte er eine Massenhysterie zu Ehren des „größten Kampfgefährten Lenins", des „Führers des Weltproletariats", des Genossen Stalin.

Berija spielte damals bereits eine anerkannte Rolle in Stalins Plänen. Und geschickt, nahezu professionell, erledigte für ihn dabei Dshafar Bagirow die Handlangerdienste.

Die Berichte Berijas aus jenen Jahren sind angefüllt mit Meldungen über den Anbau von Zitrusfrüchten, Tee, Tabak und Baumwolle. Über die Erdölförderung schweigt er sich aus. Hier beschränkt er sich auf Versprechungen, die die Erdölarbeiter Bakus unbedingt realisieren würden, denn schließlich seien sie ja vom großen Stalin selbst zur Arbeitsheldentaten inspiriert. Er beschäftigte sich persönlich mit der Frage der Dezentralisierung des Trusts ASNEFT. Dabei trat, im Gegensatz zu allen Erfolgsmeldungen, als eine Ursache für den chronischen Rückstand der Erdölförderung, die schlechte Leitungtätigkeit zutage. Aus etwa zweitausend Bohrlöchern im Rayon Baku wurde nicht gefördert, weil sie nur eine Ergiebigkeit von 150 bis 500 Tonnen täglich hatten. Als Berija diese Angaben im Juli 1935 auf einem Plenum des Parteikomitees von Baku nannte, führte er gleichzeitig amerikanische Gesellschaften als beispielgebend an. In den USA, so sagte er, würden alle Bohrlöcher, auch solche mit einer Ergiebigkeit unter 25 Tonnen, ausgebeutet.

Jedoch die Hauptgründe für den Rückstand – die geringe Arbeitsproduktivität, die schlechten Arbeits- und Lebensbedingungen, die geringe Entlohnung und den Mangel an Arbeitskräften – verschwieg Berija natürlich. Diese Mißstände betrafen nicht allein Baku.

Der „Eiserne Wächter" im Kaukasus ergeht sich auch in wissenschaftlichen Belehrungen. Im Bericht auf dem Plenum des ZK der KP(B) Georgiens vom 31. Mai 1935 stellte Berija die These von der „offensiven Wachsamkeit" auf. Danach reicht es nicht aus, zu hören, zu sehen und zu informieren (das heißt zu denunzieren), sondern: „Wir müssen die partei- und klassenfeindlichen Elemente verjagen und unschädlich machen. Hierin besteht bolschewistische Wachsamkeit." Er prägte sogar den Begriff „Stalinsche Wachsamkeit". Das bedeutete seiner Meinung nach: „Wir müssen alle Feinde aus dem üblen trotzkistisch-sinowjewschen Untergrund ans Licht zerren."

Und noch eine Äußerung zur berüchtigten Wachsamkeit, die einem Jesuiten im Mittelalter Ehre gemacht hätte: „Unsere Güte ist klassengebunden, für die Feinde der Arbeiterklasse kennt sie keine Gnade."

Welche Einstellung hatten Stalin und Berija zur Arbeiterklasse? Diese Frage stellte niemand. Erwartet wurde nur Beifall, möglichst stürmischer.

Das Jahr 1935 war wohl das erfolgreichste für „theoretische" Neuerungen Berijas. Sein Artikel „Zur Frage der Prager Konferenz" wurde in der Presse mit einem großen retuschierten Porträt des Verfassers veröffentlicht.

Als Berija noch langsam die Stufen seiner Karriere über Tscheka – GPU – NKWD erklomm, konnten weder seine Untergebenen, seine Anhänger im Regionskomitee und im ZIK noch er selbst eine Kampagne zur Hervorhebung seiner Verdienste starten. Allerdings wurde sein Name bereits im Frühjahr 1931 häufig gleich nach dem 1. Sekretär des Regionskomitees und des Vorsitzenden des ZIK der Transkaukasischen Föderativen Sowjetrepublik erwähnt. Bei der Bestattung von Wano Sturuja im April 1931 stand Berija als Kommissionsmitglied zusammen mit Mamulija Ehrenwache am Sarg des verdienten Parteiführers. Sie beide lösten Kartwelischwili und Macharadse in der Reihenfolge ab. Doch die „Sarja Wostoka" plazierte den von Berija verfaßten Nachruf an erster Stelle.

Die Ernennung („Wahl") Berijas zum 1. Sekretär des ZK der Partei Georgiens verwunderte niemand. Der Generalsekretär stellte Fachleute an die Spitze der Parteiorgane: Bagirow in Baku und Jewdokimow in Rostow am Don . . .

Berija hatte kaum richtig im Sessel des 1. Sekretärs der Georgischen KP Platz genommen, da wurde er auch schon in den Rang eines Führers erhoben. Im Januar 1932 sandte die 14. Parteikonferenz der Hauptstadt Georgiens dem „teuren Lawrenti Pawlowitsch" herzliche bolschewistische Grüße: „Unter Deiner Führung wird die Parteiorganisation von Tbilissi zuversichtlich und schnell neuen Siegen entgegengehen. Deine rechtzeitige Kritik der schlimmsten Fehler der alten Führung der Transkaukasischen Kontrollkommission der KPdSU (B) und des ZK der KP(B) Georgiens ist für uns ein Musterbeispiel für sicheres politisches Gefühl und parteiliche Wachsamkeit."

Von nun an ebneten eilfertige Speichellecker mit derartigen Ergüssen Berija den Weg zur Spitze. 1933 druckte die „Sarja Wostoka" ihre Leitartikel unter der Überschrift „Erfüllen wir die Weisungen der ‚Prawda' und des Genossen Berija". Und 1934 begann man, den Namen von Stalins Statthalter durch Namensgebungen zu verewigen.

Die Ehre, den Namen Lawrenti Berija zu tragen, wurde zuerst dem Reparaturwerk Tbilissi zuteil. Danach folgten die Waggonausbesserungswerke der Hauptstadt Georgiens und in Baku sowie die Zuckerfabrik in Agara. Der Name des Führers Transkaukasiens zierte die Tore des Lokomotiv-Depots in Chaschuri und eines großen Bohrfeldes in Aserbaidshan. Er wurde dem Grenzkommando von Leninakan und dem Schauspielhaus in Poti, einem Fischereibetrieb und einer pädagogischen Fachschule verliehen. Und jedesmal übermittelten die Führer Armeniens, Aserbaidshans und Georgiens dem Genossen Berija herzliche Glückwünsche. Zahllose Schulen, Kolchosen und Sowchosen erhielten als ehrenvolle Auszeichnung den Namen des 1. Sekretärs des Regionskomitees. Die treuen Untergebenen übertrafen sich gegenseitig in Lobhudelei. Im Juni 1936 fand in der georgischen Hauptstadt ein Berija-Geländelauf statt. Mit weißen Lettern prangte der Name Berija an einer Segeljacht. Am Himmel schwebte ein Segelflugzeug namens Lawrenti Berija. Der Jerewan-Platz, einer der schönsten von Tbilissi, und dann auch das Dynamo-Stadion wurden nach Berija umbenannt.

Die Kampagne zur Verherrlichung des „Juniorchefs" verlief nicht spontan. Sie wurde vom „Seniorchef" dirigiert, der die Instrumente auf den Moskauer Kammerton einstimmte. Woroschilow, der anläßlich der Feierlichkeiten zum 15. Jahrestag Sowjetgeorgiens nach Tbilissi gekommen war, umarmte und küßte den treuen Schüler des Genossen Stalin persönlich und im Auftrag des Generalsekretärs.

In jenen Tagen veröffentlichten die Zeitungen viele Fotos

und Zeichnungen, auf denen Berija abgebildet war. Sie prangten schon früher neben Porträts Stalins und sogar Lenins, doch seit 1935 zierte sein Konterfei alle nennenswerten Zeitungsberichte. Nach dem Jubiläumsrummel setzte eine gewisse Stille ein. Ob nun der Kremlchef Unmut wegen der übermäßigen Unterwürfigkeit von Mitgliedern der bolschewistischen Partei Transkaukasiens geäußert oder Berija selbst begriffen hatte, daß eine Pause sein mußte, jedenfalls vergingen März, April und Mai ohne stürmische „Liebesbezeugungen des Volkes". Doch im Juni wurde die Kampagne wieder angekurbelt. Arbeiter eines Bohrfeldes, dem gerade auf Erlaß des ZIK der UdSSR der Name Berija verliehen worden war, priesen seine Führungskunst. Sie brachten alle Erfolge der Erdölindustrie mit seiner unermüdlichen Fürsorge in Zusammenhang.

Die schmeichlerischen Grußschreiben, Erfolgsberichte, Glückwünsche und Versicherungen nahmen kein Ende ... Ab Herbst 1936 war der Personenkult um Berija in Transkaukasien zu einem wichtigen Lebensfaktor geworden. Selbst die einst reine und labende Bergluft wurde dadurch verpestet.

Im November fanden in der georgischen Hauptstadt ein Plenum des Stadtsowjets und anschließend der 8. Gesamtgeorgische Sowjetkongreß statt. Wie üblich wurde ein Ehrenpräsidium gewählt. Der Name Berija stand auf der Kandidatenliste gleich hinter den Politbüromitgliedern, nach Jeschow, Thälmann und der Ibarruri (was für eine Kombination!), doch gemeinsam mit Bagirow vor allen anderen Persönlichkeiten Transkaukasiens.

Es verging noch nicht einmal ein Jahr, da wurde Lawrenti Berija bereits als Mitglied des Politbüros bestätigt.

Das Jahr 1937 begann mit einer Dekade der georgischen Kunst in Moskau. Das war ein neuer Triumph. „Das georgische Volk hat unter der Führung des kampfgestählten treuen Sohnes der Partei der Bolschewiki, Lawrenti Berija, den wirtschaftlichen und kulturellen Aufschwung des Landes erreicht. Sowjetgeorgien stehen noch größere Erfolge bevor." Das ist ein Auszug aus einem Sendschreiben von Kulturschaffenden der Republik (Prawda, 7. Januar 1937).

Bei der Eröffnung der Dekade der georgischen Kunst am 5. Januar saß Berija in der Regierungsloge des Bolschoi-Theaters neben Politbüromitgliedern, in unmittelbarer Nähe des Führers. Nachdem sie sich mit einem Seitenblick der Reaktion des Generalsekretärs vergewissert hatten, spendeten die ordensgeschmückten Kunstfreunde den Darbietungen einträchtig Beifall. Die Oper „Daissa" wurde gegeben. Am nächsten Tag stand „Die hinterlistige Dareshan" auf dem Programm. Tags darauf folgte ein großes Konzert. Der Chor begann mit dem „Lied über Stalin".

Als sich Berija in die hohe Politik begab, war ihm bewußt, daß Schmeichelei sich immer auszahlt. Dieser Maxime mußten sich die georgischen Kulturschaffenden beugen. Als ein Vertreter der Intelligenz auf einem Empfang in der Redaktion der „Sarja Wostoka" äußerte, die nationale Theaterkunst habe unter der Führung des Genossen Lawrenti Berija einen deutlichen Aufschwung erfahren, widersprach niemand.

Nach der Dekade wurden die Künstler reich mit Orden bedacht. Doch der triumphale Erfolg in Moskau hatte keinerlei Einfluß auf die festgelegte Generallinie – die Vernichtung der Intelligenz. Das erste Opfer wurde der mit Orden ausgezeichnete Akaki Tschkonija, der Direktor der Oper. Berija hielt ihn für allzu unabhängig, für zu dreist. Dann liquidierte er den Chefdirigenten des Theaters, Jewgeni Mikeladse. Wieviele hervorragende Musiker, Schauspieler, Künstler und Schriftsteller das gleiche Schicksal ereilte, läßt sich nicht sagen. Mit diesem Vernichtungsfeldzug ging eine Kampagne zur Glorifizierung des ersten Mannes einher.

Aus Batumi trafen Meldungen über die Realisierung der „richtungweisenden Hinweise" aus dem Referat Berijas über Maßnahmen zur weiteren Stärkung der Kolchosen ein, die Verbrauchergenossenschaft informierte über die Erfüllung des Warenumsatzplans, das seinen Namen tragende Lok-Depot bekundete die unverbrüchliche Liebe zu Berija . . .

Nun war es an der Zeit, das Bild des Helden auch in der Malerei zu verewigen. Diese Ehre wurde W. Krotkow zuteil. Sein Bild „K. Woroschilow und L. Berija besichtigen Teeplantagen in Adsharija" wurde in der Tretjakow-Galerie in Moskau bei einer Kunstausstellung georgischer Maler gezeigt.

Das ganze Jahr über schickte Genosse Berija an Genossen Stalin Meldungen zur Übererfüllung der Pläne, und das ganze Jahr über gingen beim Führer der georgischen Bolschewiki Berichte und Grußschreiben von Komsomolzen Tbilissis, Kolchosbauern Armeniens, Erdölarbeitern Bakus und Schafzüchtern Duschetis ein ... Das verhängnisvolle Jahr 1937 war für Lawrenti Berija ein besonders glückliches Jahr. Voller Zuversicht begrüßte er das neue, das Jahr 1938.

Aus den Reden von Lawrenti Berija wird ersichtlich, daß er ein Kind seiner Zeit war. Seine von Referenten nach feststehenden Vorgaben verfaßten Referate und Schriften gleichen einander wie graue Kieselsteine an der Schwarzmeerküste. Die von ihm entsprechend der geltenden Sprachregelung geäußerten hohlen Phrasen, die schier unerträglichen Belehrungen und Weisungen sowie die üblichen Versprechungen des Himmelreichs auf Erden fügten sich in den endlosen Strom von Lobeshymnen auf den Generalsekretär ein. Und entsprechend der jeweiligen Umstände richtete er abwechselnd Beschimpfungen oder Drohungen gegen angebliche Volksfeinde.

Die entfachte Hysterie des ständigen Kampfes gegen äußere Feinde diente als Vorwand für die Vernichtung der inneren Feinde sowie zur Abschreckung für das Volk.

Berija hielt es für äußerst wichtig, ständig die Furcht vor den Feinden anzuheizen. Er leitete persönlich die Kampagne der „totalen Wachsamkeit". So lauteten einige der damaligen Schlagzeilen:

„Vernichten wir die gemeinen Spione!"
„Die Heimtücke der Spione"
„Die Spionageagentur von General Franco"
„Über Wachsamkeit und Handelsinspektoren"
„Der feindliche Spion trachtet nach dem Parteibuch"
„Der Feind unter der Maske des Direktors"
„Die Hand des Feindes im Kombinat für Kunstgewerbe"
„Wie ein Spion ein Geheimnis aufklärt"
„Rotten wir die konterrevolutionäre trotzkistische
Seilschaft bei der Transkaukasischen Eisenbahn aus!".

In der Resolution der Juliversammlung des Parteiaktivs von Tbilissi kommt das Wesen einschlägiger Referate Berijas deutlich zum Ausdruck: „... Zerschlagen wir erbarmungslos die Feinde des Volkes, die gedungenen trotzkistisch-bucharin-schen, menschewistisch-nationalistischen Agenten des Faschis-mus, die dreifach verachteten Feinde und Verräter des georgi-schen Volkes!" (Sarja Wostoka, 12. Juli 1937)

Das war der vorgegebene Kammerton, auf ihn wurden alle Instrumente des Terrors gestimmt.

Anfangs wagten sich Stalin und Berija an die namhaften Par-teifunktionäre noch nicht heran. Doch bereits im Jahre 1936 verschwand einer nach dem anderen.

Um in Transkaukasien den Massenterror zu entfachen, be-diente sich Berija eines bewährten Tricks der Verbrecherwelt, nämlich des Rufs „Haltet den Dieb!". Als in Prag der Prozeß ge-gen Mitglieder der kommunistischen Fraktion des Abgeordne-tenhauses begann, empörten sich die Zeitungen: „Die Faschi-sten läßt man laufen, doch die Kommunisten sperrt man ein." Lauthals wurde gegen das bürgerliche Gericht in Budapest ge-wettert, das Rakoczi erneut zu lebenslanger Zwangsarbeit verur-teilt hatte. Und ein Bericht über den Prozeß gegen rumänische Kommunisten in Bukarest trug die Überschrift „Henker in Richterroben".

In dieser Art und Weise berichteten alle Zeitungen Trans-kaukasiens. Vor solchem internationalen Hintergrund wurde die Kampagne zur Vernichtung der „Volksfeinde" als legitim und sogar äußerst human hingestellt.

Von allen namhaften Parteifunktionären Transkaukasiens hat wohl Budu Mdiwani Stalin am meisten erzürnt. Die Auseinan-dersetzungen zwischen Mdiwani und dem Generalsekretär be-gannen bereits zu Lenins Lebzeiten. Mdiwani wurde später in die diplomatische „Verbannung" geschickt. Doch im Jahre 1936 war die Zeit der Vergeltung gekommen. Berija nahm den Auftrag Stalins bereitwillig an. Er hatte eigene Rechnungen mit dem aufmüpfigen Genossen zu begleichen. Das Kesseltreiben gegen Budu Mdiwani und andere „Abweichler, die sich an die verfluchten Feinde der Sowjetmacht verkauft haben", dauerte das ganze Jahr an und erstreckte sich auch noch auf das erste Halbjahr 1937.

Mit der üblichen einstudierten Empörung wurde Budu Mdiwani auf Versammlungen, Konferenzen und Kongressen in ganz Transkaukasien verdammt. In dieser Verurteilungskampagne gingen Einzelheiten der „konterrevolutionären Tätigkeit" der Mdiwani-Gruppe, Verhaftungsdaten sowie Angaben über den Prozeßverlauf und die Strafbemessung völlig unter. Das Ermittlungsverfahren hatte Mdiwani nicht brechen können. Er stand am 9. Juli 1937 vor der Troika des NKWD. „Wozu braucht Stalin diese Komödie? Mein Todesurteil ist doch längst gesprochen, das weiß ich genau. Und Sie stellen mir sinnlose Fragen, als könnten meine Antworten noch irgend etwas ändern . . ."

Die Lakaien hinter dem Richtertisch wollten Mdiwani zum Schweigen bringen, doch er hatte noch nicht alles gesagt.

„Erschießen ist für mich noch zu wenig, vierteilen müßte man mich. Schließlich bin ich es doch gewesen, der die 11. Armee hierher führte. Ich habe mein Volk verraten und Stalin und Berija, diesen Ausgeburten, geholfen, Georgien zu unterjochen und die Partei Lenins in die Knie zu zwingen."

Der Vorsitzende gab den Begleitposten ein Zeichen. Der „Verbrecher" wurde gefesselt und abgeführt.

Die sechs angeklagten Todeskandidaten wurden in Fesseln zum Hinrichtungsort gefahren. Am Stadtrand von Tbilissi hielt der Fahrer an. Die Verurteilten stiegen aus dem Wagen und wurden zu einer frisch ausgehobenen Grube geführt. Daneben standen zwei Lastkraftwagen mit ungelöschtem Kalk und ein Wasserwagen. Der dienstälteste Begleitposten trat mit der Pistole in der Hand an Mdiwani heran.

„Hör mal, erschieß mich als letzten!"

„Warum denn?" fragte der Henker verwundert.

„Ich möchte meinen Genossen Mut zusprechen . . ."

„Ach, wirklich."

Und er schoß ihm direkt ins Herz und ging zum nächsten. Als der Henker den sechsten niedergestreckt hatte, hörte er hinter sich ein leichtes Stöhnen. Wie er sich umdrehte, sah er, daß Mdiwani noch lebte. Er ging zu dem am Boden liegenden Körper, dessen Finger noch zuckten, lud die Pistole nach und gab dem Opfer den Gnadenschuß. Die Leichen wurden in die Grube geworfen, mit Kalk bestreut und mit Wasser begossen. Zu den in dieser frühen Stunde hingerichteten Personen gehörte auch Michail Okudshawa. Sein Bruder Schalwa war der Vater des namhaften Dichters und Sängers Bulat Okudshawa.

Ein Wachposten, der bei der Sitzung der Troika zugegen und an der Hinrichtung des Bolschewiki beteiligt war, behielt Mdiwanis letzte Worte in Erinnerung. Als Oberst a. D. hat er später einmal drüber gesprochen . . .

Und wieder ein Dokument:

„Bekanntmachung

Das Transkaukasische Regionskomitee der KPdSU(B) gibt den Selbstmord des Sekretärs des ZK der KP(B) Armeniens, Genossen Chandshjan, am 9. Juli 1936 bekannt.

Die Transkaukasische Kontrollkommission der KPdSU(B) betrachtet den Selbstmord als Zeichen von Kleinmut, der besonders für einen leitenden Parteifunktionär unzulässig ist, und hält es für erforderlich, die Parteimitglieder darüber in Kenntnis zu setzen, daß dem Genossen Chandshjan in letzter Zeit mehrere politische Fehler unterlaufen sind, die mangelnde Wachsamkeit bei der Entlarvung nationalistischer und konterrevolutionärer trotzkistischer Elemente zeigen. Genosse Chandshjan erkannte seine Fehler, fand aber nicht den Mut, sie auf bolschewistische Art zu korrigieren. Deshalb beging er Selbstmord.

Das Allgemeinbefinden des Genossen Chandshjan war auch durch seine längere Krankheit – Tuberkulose im fortgeschrittenen Stadium – beeinträchtigt.

Transkaukasische Kontrollkommission der KPdSU(B)"
(„Sarja Wostoka", 11. Juli 1936)

In jenen Tagen befand sich gerade eine Kommission der KPK im Gebäude des Transkaukasischen Regionskomitees, in der Nähe des Arbeitszimmers des 1. Sekretärs. Sie prüfte die Tätigkeit der Parteiorganisationen Transkaukasiens. Die beiden Kommissionsmitglieder – Iwan Korotkow, Kollegiumsmitglied der KPK, als Vorsitzender und Anna Iwanowna, eine bewährte Genossin – waren bereits in Jerewan tätig gewesen. Hier

41

in Tbilissi war noch der Vorsitzende der Parteikommission des ZK der nationalen Republik als drittes Mitglied in die Kommission berufen worden. Der Arbeitstag neigte sich bereits dem Ende zu. Plötzlich ertönte aus dem Arbeitszimmer Berijas ein Schuß. Korotkow rannte in Richtung des Schusses und öffnete die Tür. Lawrenti Berija warf gerade die Pistole auf den Tisch. Auf dem Teppich lag mit durchschossenem Kopf in einer Blutlache Agassi Chandshjan, der 1. Sekretär des ZK Armeniens. Korotkow kehrte zu seinem Arbeitsplatz zurück, informierte Anna Iwanowna und schärfte ihr ein: „Wenn du weiterleben willst, erzähle niemals und nirgendwo jemandem etwas davon." Auf dem Rückweg nach Moskau im Zug wiederholte Korotkow: „Kein Wort, Anna, sonst wird man uns umbringen."

Erst zwanzig Jahre später gelang es, den Mord an Chandshjan aufzuklären. Der Vorsitzende der KPK schickte seinen Berater Kusnezow nach Jerewan, Fachleute öffneten das Grab, exhumierten die sterblichen Überreste und stellten fest, daß die Pistolenkugel die linke Schläfe durchschlagen hatte. Chandshjan war aber kein Linkshänder gewesen, das bestätigten seine Verwandten.

Hier ist die Nachricht, die Agassi Chandshjan seiner Frau angeblich vor dem „Selbstmord" geschrieben hat: „Ich bin in ein Komplott mit Feinden der Partei verstrickt. So kann ich nicht weiterleben. Sei mir bitte nicht böse, lebe wohl." Dieses Schreiben erwies sich als geschickte Fälschung.

„Am 12. Juli 1936 informierte der Sekretär der Transkaukasischen Kontrollkommission der KPdSU(B), Genosse Kudrjawzew, das Aktiv der KP(B) Armeniens über die Umstände des Selbstmords des ehemaligen Sekretärs des ZK Armeniens, Genossen A. Chandshjan. Das Aktiv verabschiedete eine entsprechende Entschließung und sandte Schreiben an die Genossen Stalin und Berija."

Im Schreiben an den Genossen Lawrenti Berija hieß es: „Unter der Last seiner nationalistischen Fehler und Kontakte hat sich Chandshjan zu dieser verräterischen und provozierenden Tat des Selbstmords hinreißen lassen, einer Tat, die gegen die Parteilinie gerichtet ist ..., und trotz der gewaltigen Hilfe, die ihm das Transkaukasische Regionskomitee der Partei und Genosse Berija persönlich gewährten." („Sarja Wostoka", 14. Juli 1936)

Die Leiche Chandshjans wurde in einen Teppich gewickelt und mit einem Wagen in das Gästehaus für hohe Funktionäre des ZK und des Rates der Volkskommissare Armeniens gebracht. Auf dem Dach des gegenüberliegenden Gebäudes arbeitete an jenem Tag ein Dachdecker. Er konnte von oben alles überblicken. Auf Befehl Berijas gab der persönliche Leibwächter Chandshjans in dessen Zimmer im Gästehaus den tödlichen Schuß ab. Danach arrangierte Berija den „Selbstmord" des Sekretärs des ZK Armeniens.

Am Abend zuvor hatte Berija Chandshjan seines Postens enthoben, woraufhin dieser ins Regionskomitee zur Klärung des Sachverhalts fuhr. Tags darauf verunglimpfte dann Berija den Ermordeten öffentlich als Nationalisten und Verräter der Interessen der Arbeiterklasse.

Das Tragische an Chandshjan war, daß er selbst aktiv und initiativreich den Massenterror mit ausgelöst hatte. Zusammen mit anderen verurteilte er die „Volksfeinde" in Bausch und Bogen. Auf einem Treffen von Stachanow-Arbeitern Armeniens im November 1935 forderte er einen „vernichtenden Schlag gegen die Feinde der Stachanow-Bewegung" und pries den Ruhm des „treuen Schülers und erfahrenen Führers der transkaukasischen Bolschewiki, des Genossen Lawrenti Berija". Das alles war nun vergessen – sowohl seine kindlich-naive Ergebenheit gegenüber der Stalinschen Führung als auch sein selbstloser Einsatz für die Partei.

Auf dem Oktoberplenum des ZK der KP(B) Armeniens widmete Amatuni, der neue 1. Sekretär des ZK, „dem Anhänger der nationalen Abweichler", Chandshjan, einen speziellen Abschnitt seines Referats. Danach hatte sich der Tote „direkt mit Terroristen, Trotzkisten und Daschnak-Leuten eingelassen". An anderer Stelle hieß es, unter Chandshjan habe die armenische Literatur die Geschichte der revolutionären Bewegung verfälscht, „indem sie die Rolle des Genossen Stalin ignorierte".

Der Mord an Agassi Chandshjan, die darauf einsetzende Welle des Massenterrors ins Transkaukasien sowie die Kampagne von Verleumdungen und Provokationen liefen nach dem seit der Ermordung Kirows bekannten Szenarium ab. Stalin räumte Berija das Monopol ein, über das Leben der Menschen jenseits des Kaukasischen Bergrückens zu schalten und zu walten. Und Berija, Stalins neuer Günstling, wurde ein sehr eifriger Diener des großen Führers.

Im September 1937 traf Georgi Malenkow in Tbilissi ein. Seine Begegnung mit Berija hatte streng vertraulichen Charakter. Kurz darauf rollten die Köpfe der Führer des ZK und des Rates der Volkskommissare der Republik. Von den im Juni 1935 gewählten 16 Mitgliedern und Kandidaten des ZK blieb kein einziger am Leben. Eine neue Verhaftungswelle setzte ein. Dies jetzt war die wirkliche Konterrevolution.

Der Terror, der das Land in den dreißiger Jahren erschütterte, war dadurch gekennzeichnet, daß niemand wußte, wann die Reihe an ihm war. Der Ankläger von heute konnte das Opfer von morgen sein. So war die Situation in Transkaukasien.

Am 23. September beendete das Plenum des ZK der Partei Armeniens seine Tagung. Alle Sekretäre, auch der 1. Sekretär Amatuni, wurden abgelöst. „Abgelöst" bedeutete damals ein Todesurteil. Sie wurden bereits als „ehemalige konterrevolutionäre Führung" bezeichnet.

Im Juni 1938 waren von den 55 Mitgliedern und Kandidaten des ZK der KP Armeniens nur noch 15 am Leben.

Der Leiter des ZIK und des Rates der Volkskommissare der Abchasischen Autonomen Republik, Nestor Lakoba, genoß bei den Abchasen Achtung und Ansehen. Der Generalsekretär hatte ihm persönlich mehrfach sein Wohlwollen bekundet. Noch am 11. August 1936 empfing Lakoba zusammen mit Berija in Tbilissi Partei- und Komsomolfunktionäre Armeniens. Die „Sarja Wostoka" brachte ein Foto: Berija, Mussabekow und Lakoba inmitten der Delegierten der Bruderrepublik.

Bald darauf bat Berija Lakoba in Tbilissi zu sich, wo er nach einem Essen bei Berija unverhofft verstarb. Seine Frau Sarija, eine hübsche Türkin, wurde von einem zuverlässigen Spezialisten über die wahre Todesursache in Kenntnis gesetzt. Daraufhin flog sie nach Moskau. Im Präsidium des ZKK-RKI in Moskau arbeitete Amajak Nasaretjan, ein langjähriger Freund Lakobas. Diesen suchte Sarija sofort auf. Erschüttert über den gemeinen Mord wandte dieser sich an Molotow und bat ihn, den Generalsekretär zu informieren, eine Untersuchung anzusetzen und die Fragen der Beisetzung zu klären. Molotow reagierte jedoch darauf sehr kurz angebunden: Genosse Lakoba erhält ein Staatsbegräbnis, die Leiche wird auf dem Zentralplatz Suchumis aufgebahrt, Witwe und Sohn erhalten eine Rente. Keinerlei Untersuchung.

Das Verhalten Molotows, des damaligen Regierungschefs, ist nicht weiter verwunderlich. Kein Politbüromitglied wagte es, sich in die Angelegenheiten der Transkaukasischen Republiken einzumischen. Allein Stalin und Berija entschieden über das Schicksal der Georgier, Armenier, Adsharzen, Mingrelen, Dagestaner und Swanen.

Über 30 000 Menschen erschienen am 31. Dezember auf dem Zentralplatz von Suchumi. Der Vorsitzende des Rates der Volkskommissare Georgiens, Mgaloblischwili, der Sekretär des Abchasischen Gebietskomitees, Gobetschija, und andere führende Funktionäre sprachen am Sarg des Verstorbenen Worte der Trauer. Um vier Uhr wurde der Sarg mit der Leiche des verstorbenen Vorsitzenden der ZIK zum Grabgewölbe getragen.

Als Berijas Schergen zur Witwe von Lakoba kamen, riß der vierzehnjährige Sohn Rauf das Bild Stalins von der Wand. Seine innere Stimme hatte ihm gesagt, woher das Unheil kam. Er zerriß Stalins Bild und trat es mit Füßen: „Ihr habt meinen Vater umgebracht, jetzt holt ihr meine Mutter..." Der Junge wurde mitgenommen.

Berija hatte niemals Bedenken bei der Wahl von Anschuldigungen, wie absurd sie auch sein mochten. Lakoba sollte Trotzki 1929 geholfen haben, aus Suchumi in die Türkei zu fliehen. Sarija brauchte nur noch zuzugeben, daß sie bei der Verwirklichung dieses Plans geholfen hatte. Dann würde man sie verschonen, sie nur in die Verbannung schicken, ihr dort beim Seßhaftwerden helfen und sich um ihren Sohn kümmern. Doch Sarija wies die gemeine Beschuldigung zurück und ließ sich auch durch Folterungen nicht einschüchtern. Berija befahl, den

Sohn zu holen. Er wurde vor ihren Augen gefoltert. Der Junge schrie: „Mama, unterschreib nichts! Nichts unterschreiben, Mama!" Die Frau Lakobas wurde schließlich zu Tode gequält. Sie hatte es gewagt, Berija selbst zu verdächtigen, ihren Mann vergiftet zu haben ... Sarijas Schwester schickte Berija nach Ksyl-Tsu, in das abgelegenste Lager Karagandas. Sie überlebte Stalin und Berija und berichtete der Nachwelt vom Schicksal Sarijas.

Im Sommer 1937 wurde in Suchumi angeordnet, den Sarg des Volksfeindes Lakoba aus der Gruft zu entfernen und die Gedenktafel zu vernichten. Am Vorabend dieser Maßnahme stiegen zehn mutige Bergsteiger den Abchasischen Bergrücken hinab. Im Dunkel der Nacht holten sie die sterblichen Überreste von Nestor Lakoba aus der Grabstätte und nahmen sie mit. Ob dies nun Wahrheit oder Legende ist, weiß ich nicht.

... September 1955. Im Saal des Klubs der Eisenbahner in Tbilissi verhört der Generalstaatsanwalt den ehemaligen Chef der Verwaltung der NKWD Abchasiens, Tschitschiko Patschulija.

Rudenko: „Berichten Sie, wie und auf welcher Grundlage Sie den vierzehnjährigen Sohn Nestor Lakobas ins Gefängnis brachten!"

Patschulija: „Ich habe ihn nicht verhaftet. Ich nahm ihn auf besondere Weisung mit und brachte ihn nach Tbilissi. Ich handelte nur auf Befehl."

Der Staatsanwalt informierte darauf die Anwesenden über das Schicksal des Jungen. Er wurde in eine Kinderkolonie, eine der abscheulichsten Arten von Lagern, gesteckt. Rauf wagte es, von dort einen Brief an den Volkskommissar Berija zu senden: „Lieber Onkel Lawrenti! Alle Kinder dürfen lernen, nur ich nicht. Ich flehe Sie an, versetzen Sie mich in eine andere Kolonie mit Schule, damit ich die Oberschule abschließen kann."

Berija erhielt diesen Brief. Rauf wurde an seinem 18. Geburtstag zusammen mit seinem Cousin an die Wand gestellt und erschossen.

Im Mai 1963, anläßlich des 70. Geburtstags von Nestor Lakoba, schrieb die Zeitschrift „Woprossy Istorii KPSS": „Am 28. Dezember 1936 starb Nestor Appolonowitsch Lakoba durch hinterhältige Umtriebe des verachtungswürdigen Abenteurers Berija. Man verunglimpfte ihn außerdem einige Monate später als ‚Volksfeind‘."

Was geschah mit Nasaretjan, der an dem postumen Schicksal des „Volksfeindes" verdächtigen Anteil nahm? Er hatte sehr viel für den Sieg der Revolution in Transkaukasien getan. Deshalb gehörte er zu den Führern der Terskei-Republik und war Anfang der zwanziger Jahre Sekretär des Kaukasischen Büros des ZK der RKP(B) gewesen. Und noch etwas hatte Nasaretjan sich Stalin und Berija gegenüber zuschulden kommen lassen: Er war mit Sergo Ordshonikidse und Kirow befreundet, intelligent und gebildet. Sein größtes Vergehen aber war, daß er die Vergangenheit der selbsternannten Führer kannte und wußte, wie die Genossen Stalin und Berija ohne Maske aussahen.

Sie ließen Amajak Nasaretjan kurz nach dem denkwürdigen Besuch bei Molotow verhaften und beschuldigten ihn des Terrors – eine der üblichen Beschuldigungen, die einem Todesurteil gleichkamen.

Verhaftet wurde auch Klawdija Dimitrijewa, die Frau Nasaretjans, obwohl sie erst vor kurzem einen Sohn geboren hatte. Stalins Frau Allilujewa und deren Schwester setzten sich bei Stalin für sie ein: „Wir kennen Klawa seit ihrer Kindheit und verbürgen uns für sie ... Mußte man sie denn verhaften, noch dazu mit dem Säugling?"

„Nasaretjan hat ein schweres Verbrechen begangen", antwortete der Generalsekretär schroff. „Er hat einen Terrorakt gegen Politbüromitglieder vorbereitet."

„Und was wird seiner Frau vorgeworfen?"

Stalin komplimentierte die beiden naiven Frauen hinaus, veranlaßte aber dann doch Klawdija Nasaretjans Freilassung. Am 1. August, fünf Tage nach ihrer Verhaftung, durfte sie die Lubjanka wieder verlassen. Ein äußerst seltener Fall, wenn nicht sogar der einzige, der auf eine Augenblickslaune des Führes zurückzuführen war. Doch bereits wenige Monate später wurde die junge Mutter erneut verhaftet. Diesmal sollte sie das Licht der Freiheit erst nach siebzehn Jahren wiedersehen.

Ermittlungsverfahren und „Prozeß" fanden wie üblich im Schnellverfahren statt. Im Januar 1938 wurde sie in das Durch-

gangslager in Kotlas gebracht. Ein neuer Häftlingstransport aus Moskau kam an. Beim Abendappell stand ein Neuankömmling neben Klawa. Wie bereits viele andere fragte sie nun auch ihn: „Hast du zufällig Nasaretjan, Amajak Nasaretjan, getroffen?"
„Ich kenne ihn, er saß mit mir in einer Todeszelle in der Butyrka. Mich haben sie zu zehn Jahren begnadigt, ihm aber wird man keine Strafminderung gewähren."

„Warum denn nicht?"

„Er hat etwas über Stalin gesagt . . . Ihn lassen sie nicht wieder raus."

Nach Stalins Tod wurde Klawdija Dmitrijewna Nasaretjan rehabilitiert und im Jahre 1956 vom Generalstaatsanwalt der UdSSR empfangen. Sie wollte wissen, was man Nasaretjan vorgeworfen hatte. Rudenko öffnete die Aktenmappe und sagte: „Sehen wir uns die Prozeßakten zusammen an." Diese Seiten des Vernehmungsprotokolls wird Klawdija Dimitrijewna niemals vergessen:

Untersuchungsführer: „Sie haben in der ZKK eine terroristische Organisation gebildet, um Genossen Stalin und seine Kampfgefährten zu vernichten."

Nasaretjan: „Das ist eine Provokation."

Untersuchungsführer: „Sie haben Basiljewitsch in ihre kriminelle Organisation hineingezogen. Nennen Sie die anderen Mittäter."

Nasaretjan: „Ich sagte bereits, daß dies alles Lüge und Provokation ist. Ich habe niemanden angeworben."

Untersuchungsführer: „Die Beweisaufnahme hat Tatsachen über Ihre terroristischen Verbindungen zu führenden Militärs erbracht. Sie haben sich beispielsweise zweimal mit Armeekommandeur Uborewitsch getroffen."

Nasaretjan: „Nein."

Untersuchungsführer: „Ich kann Ihnen Ort und Tag des Treffens nennen."

Nasaretjan: „Es gab keinerlei Treffen."

Untersuchungsführer: „Sie leugnen vergeblich. Wir werden Sie den Beteiligten gegenüberstellen."

Nasaretjan: „Es gibt keinerlei Beteiligte und keine Organisation. Nein und nochmals nein."

Rudenko schob die Aktenmappe näher zu Klawdija Dimitrijewna und zeigte auf eine Stelle: die Antwort „Nein und nochmals nein" war durchgestrichen worden. Daneben stand eine von berüchtigter Hand gemachte Bemerkung: „Aber ja doch, du Hundesohn! L. Berija." (Aus den Erinnerungen von K. D. Nasaretjan)

Beim Entwirren so manchen blutigen Knäuels glaubt man anfangs, daß Berija damit nichts zu tun gehabt hat. Doch wenn man das Ende des langen Fadens in den Händen hält, sieht man, daß auch diesmal Lawrenti Pawlowitsch beteiligt war. Er hat es sich nicht nehmen lassen, selbst mit Hand anzulegen.

Unterdessen aber strotzten die Grußschreiben an die Adresse des „ruhmreichen Führers der Bolschewiki Georgiens und Transkaukasiens" immer mehr von Lobpreisungen. Von nun an endeten alle Grußschreiben, alle Berichte, jeder Kongreß und jede Kundgebung unbedingt mit dem Ausruf: „Es lebe unser kampferprobter und geliebter Führer, Stalins Kampfgefährte Genosse Lawrenti Berija!" Die „Sarja Wostoka" plazierte seine retuschierten Porträts im Großformat mit und ohne Stalin.

Berija ernannte sich zum Vorsitzenden der Verfassungskommission und hielt in dieser Eigenschaft eine Rede auf der Tagung des Präsidiums der ZIK der Georgischen SSR. Am 15. Februar wurde der Text der Verfassung veröffentlicht, und die Georgier erfuhren, daß ihnen der Artikel 138 Rede-, Presse-, Versammlungs- und Demonstrationsfreiheit garantierte. Erfreulich war auch der Artikel 140: „Die Freiheit jedes Bürgers der Georgischen SSR ist unverletzlich. Niemand darf ohne Gerichtsbeschluß oder Zustimmung des Staatsanwalts verhaftet werden." Artikel 141 garantierte die Unverletzlichkeit der Wohnung und das Briefgeheimnis.

Die Verfassung wurde vom außerordentlichen Gesamtgeorgischen Sowjetkongreß verabschiedet. Im Präsidium saßen außer Lawrenti Berija G. Sturus, S. Lordkipanidse, G. Mgaloblischwili, M. Nioradse, G. Mussabekow. Sie bekamen als erste zu spüren, was diese neue Verfassung wert war, denn der Statthalter des Generalsekretärs verschonte fast keinen von ihnen.

Als im April das Regionskomitee aufgelöst wurde, sicherte sich Berija den Posten des 1. Sekretärs des ZK der Kommunistischen Partei Georgiens. Im Mai übernahm er erneut auch die Führung des Stadtkomitees von Tbilissi.

Wir sind bisher noch nicht auf die sogenannten öffentlichen Gerichtsprozesse eingegangen, die Berija in Georgien nach dem Moskauer Vorbild veranstaltete.

Im August saß man über eine „konterrevolutionäre Organisation" zu Gericht, die sich im Rayon Signachi gebildet hatte. Diese „schädliche subversiv-terroristische Bande" agierte im Auftrag der „gemeinen Volksfeinde" German Mgaloblischwili (des ehemaligen Vorsitzenden des Rates der Volkskommissare) und Pjotr Agniaschwili ... Die Anklageschrift enthielt eine lange Liste von Verbrechen: Nichterfüllung landwirtschaftlicher Aufgaben, Abschlachtung von Vieh und Zerstörung von Maschinen, Erhöhung der Steuern und Herabsetzung der Tarifsätze für Arbeitseinheiten, Abholzen von Weinbergen, Sabotage beim Bau von Wasserleitungen, vorsätzlich falsche Planung und Behinderung des Studiums der Stalinschen Verfassung. Alles läßt sich hier nicht aufzählen. Nicht vergessen werden dürfen auch solche Vergehen wie die Werbung von Aufrührern und Terroristen. Der ehemalige Offizier der zaristischen Armee, Konstantin Abaschidse, sagte aus, daß im Jahre 1936 Agniaschwili in seinem Arbeitszimmer im Volkskommissariat der Transkaukasischen SSR ihm persönlich den Auftrag zu einem Terrorakt gegen den Genossen Berija erteilt habe.

Kaum jemand zweifelt heute daran, daß dieser Prozeß eine Farce war und die Anschuldigungen aus der Luft gegriffen wurden. Doch damals wußten das nur wenige. Das Besondere an diesem Prozeß bestand auch in dem Versuch, alle Fehlschläge und Mißerfolge in der Wirtschaft, in der Nationalitätenpolitik und in anderen Lebensbereichen mit feindlicher Wühltätigkeit zu rechtfertigen. Außerdem konnten mit diesem Prozeß, wenn auch im nachhinein, die Verfolgung und Vernichtung angeblicher Kulaken, ehemaliger Adliger, Menschewiki und Trotzkisten begründet werden.

Und noch etwas: Lawrenti Berija saß bereits fest im Sessel des Führers der Völker Transkaukasiens. Um aber zur höchsten Parteielite aufzusteigen, brauchte er noch ein Attentat auf sein Leben. Das Jahr 1937 bescherte ihm dafür eine einmalige Gelegenheit: Im Januar wurden in dem Prozeß gegen Pjatakow die Partei- und Staatsführer genannt, die von Terroristen umgebracht werden sollten. An erster Stelle dieser Liste stand der Name Stalins, danach folgten Molotow, Kaganowitsch, Woroschilow, Ordshonikidse, Kossjor, Postyschew, Eiche, Jeschow und Berija. Wenn auch noch an letzter Stelle, so war Lawrenti Pawlowitsch doch endlich in die Führungsriege aufgenommen. Da war es nur noch eine Frage der Taktik, Budu Mdiwani in geschlossener Verhandlung oder Pjotr Agniaschwili vor dem öffentlichen Gericht der Vorbereitung des Anschlags auf sein Leben zu bezichtigen.

Um bei dem Prozeß den juristischen Schein zu wahren, verurteilte das Oberste Gericht Georgiens „nur" sieben der zwölf Angeklagten zum Tod durch Erschießen.

Im folgenden Prozeß Ende September in Batumi, der adsharischen Hauptstadt, wurden acht Unschuldige zum Tode verurteilt. Das Szenarium dieses Schauprozesses war durch unübertrefflichen Einfallsreichtum und überdimensionalen zeitlichen und räumlichen Aufwand gekennzeichnet.

Aus den Ermittlungen ging hervor, daß die „Verräterbande" unter der Führung von Sakarija Lordkipanidse bereits von 1928 bis 1931 mit „einer ausländischen Macht" über die Loslösung Adshariens von der UdSSR verhandelt hatte. Im Jahr 1934 nahmen sie „verbrecherische Kontakte" zu dem „Mitglied des antisowjetischen trotzkistischen Zentrums" Serebjakow, der nach Batumi gekommen war, und dem „Vorsitzenden des konterrevolutionären trotzkistischen Zentrums Georgiens" Kurtadse auf. 1935 stellten sie die „Verbindung zu den Rechten" in Person von German Mgaloblischwili und Tengis Shgenti her und „planten einen bewaffneten Aufstand". Im März 1936 bildeten sie in Adsharien ein „vereinigtes Zentrum aus Menschewiki, Trotzkisten und Faschisten". Mit der Ausarbeitung des detaillierten Plans sei Budu Mdiwani beauftragt worden. (Das wurde allen Ernstes behauptet!)

Das „vereinte Zentrum" habe Kontakt zu weißen Emigranten aufgenommen, aber auch seine „subversiven Umtriebe in der Heimat" fortgesetzt. Die Aufzählung der fabrizierten Beweise für Sabotage in der Landwirtschaft füllte einen ganzen Band des „Falls": Vernichtung von Zitrusfrucht-, Tee- und Tabakplantagen, Zulassung von Schmarotzertum und geringer Arbeitsproduktivität, Desorganisation von Planung und Erfassung, Verschärfung der Steuerpolitik, falscher Einsatz von Arbeitsvieh, Verzögerung beim Bau von Schulen und Krankenhäusern, Verringerung der Rentabilität der Kolchosen – kurz gesagt, praktisch alles wurde den „Volksfeinden, Spionen und Schädlingen" angelastet. Sie hätten unter der Führung von Georgi Ramischwili eine Verschwörung und ein Attentat auf den Führer der georgischen Bolschewiki Lawrenti Berija vorbereitet. Budu Mdiwani persönlich erteilte der Terroristengruppe die Aufträge . . .

Dazu muß noch eine abschließende Bemerkung gemacht werden. Der in diesem Fall verurteilte Kurtadse war ein Landsmann des Generalsekretärs. Alte Georgier kannten ihn als Freund Stalins. Somit hatte der große Chef, als er zusammen mit Berija diesen Schauprozeß inszenierte, alle einzelnen Szenen durchdacht und das Schicksal jeder handelnden Person festgelegt.

Ein ähnliches Stück wurde in Abchasien inszeniert. Die Hauptanklagepunkte waren wiederum die gleichen: Loslösung der autonomen Republik von der Sowjetunion, Untergrabung der Kolchoswirtschaft, Spionage und vor allem die nunmehr unerläßliche Anschuldigung der terroristischen Tätigkeit gegen die Führer.

Berija ließ den Schauprozeß Ende Oktober/Anfang November in Suchumi über die Bühne gehen, wo kurz zuvor noch das Denkmal von Nestor Lakoba stand. Unter den 13 Angeklagten war auch dessen Bruder Michail Appolonowitsch. Berija gab sich nicht damit zufrieden, die ganze Familie Lakoba umzubringen. Vor der Vollstreckung des Todesurteils erpreßte er von Michail noch belastende Aussagen gegen seinen toten Bruder, wofür er dem unglücklichen „Zeugen" das Leben versprach.

Die Verhandlung wurde in Russisch, Abchasisch und Mingrelisch über zwei Dolmetscher geführt. Im Zuschauersaal saßen 400 Arbeiter und Kolchosbauern. Auf der Bühne hatten die Richter, der Staatsanwalt, die Anwälte und die 13 Angeklagten Platz genommen. Von Zeit zu Zeit verlas der Vorsitzende Telegramme von Werktätigen mit Forderungen wie „Strafe für die Halunken!", „Vernichtet diese Erzfeinde der abchasischen Heimat!" usw.

In einer Verhandlung, die hinter verschlossenen Türen stattfand, gaben die Angeklagten einmütig Kontakte zu einem „ausländischen Spionagedienst" zu. Der ehemalige Volkskommissar für die Landwirtschaft Abchasiens, Michail Tschalmas, den man nun als Schädling anklagte, sagte aus: „Die gesamte konterrevolutionäre Tätigkeit richtete sich gegen die Politik des ZK der KP(B) Georgiens und des Sekretärs des ZK, Lawrenti Berija, deren Kurs voll und ganz der Generallinie des ZK der KPdSU(B) entspricht."

Alle Angeklagten machten bereitwillig die entsprechend der Inszenierung vorgesehenen Aussagen, auch die Zeugen kannten ihren Text auswendig. Zehn der dreizehn wurden erschossen, die übrigen in ein Vernichtungslager gesteckt . . .

Die angeblichen Mitglieder der von Nestor Lakoba geführten Organisation wurden auch beschuldigt, die Versorgung Abchasiens mit Lebensmitteln sabotiert zu haben. Die katastrophalen Folgen der von Stalin und Berija während der Zwangskollektivierung in den georgischen Dörfern veranstalteten Pogrome waren für alle ersichtlich. Doch immer wieder versuchte man, die Schuld an den ärmlichen Lebensverhältnissen und Engpässen auf Unschuldige abzuwälzen.

Der Orient war schon immer für Schmeicheleien und Liebdienerei gegenüber den Tyrannen bekannt. Man kann nicht sagen, daß Lawrenti Berija mittelalterliche Traditionen wieder eingeführt hat. Er machte sie sich nur zu Beginn seiner Karriere zunutze. Doch dann übertraf er sie bei weitem. Es war wirklich ein ausgeprägter Spürsinn erforderlich, um so viele geschichtsträchtige Daten und Anlässe für die tägliche Glorifizierung des „Vaters der Völker" zu finden.

Ein Anlaß fand sich immer, ob es nun ein lokales Autorennen, der 20. Jahrestag von Lenins „Aprilthesen", die Fertigstellung des Moskwa-Wolga-Kanals oder die Feierlichkeiten zum 1. Mai waren. Dem 20. Jahrestag des VI. Parteitags räumte die „Sarja Wostoka" eine ganze Seite ein. Über den Artikeln prangten Fotos von Lenin und Stalin im Großformat. Stalin war neben Lenin plaziert, doch bereits höher. Er verdrängte ihn in den Hintergrund . . .

In die Vergötterung Stalins wurden alle Fabriken, Bergwerke, Betriebe, Schulen, Wohnheime, Theater, Kolchosen und selbst Kindergärten einbezogen. Berija, der dieses große vielstimmige Orchester dirigierte, entwickelte häufig selbst die Initiative, was dem Generalsekretär nicht verborgen bleiben konnte. Er erklärte beispielsweise Stalin zum Organisator der illegalen Drukkerei in Awlabar und setzte über sein ZK deren Restaurierung durch. Die Eröffnung der Gedenkstätte in der Uliza Kaspiiskaja Nr. 4 wurde mit einer Massenkundgebung begangen.

Im Dezember veranlaßte Berija in Moskau eine Ausstellung der georgischen Kunst, auf der Maler, Schriftsteller, Zeichner und Bildhauer Stalin lobpreisen sollten.

Wir sehen: Berija hatte sich schnell wie kein anderer die Kunst zu eigen gemacht, den größten Genius aller Zeiten und Völker zu preisen.

In Moskau finden Prozesse gegen frühere Kampfgefährten Lenins statt. Jetzt werden sie der Spionage, Diversion und des Terrors angeklagt. Sooft und soviel Presse und Rundfunk auch über Terrorakte gegen die Führer berichten, handfeste Fakten überzeugen mehr. Also muß man sie schaffen . . .

Der durch Bergschluchten, über Hänge und Niederungen führende Weg zum Riza-See steigt schließlich steil nach oben. An dem von majestätischen Gipfeln umsäumten malerischen See verbrachte Stalin manchmal seine Freizeit. Seine Datscha stand direkt an der Einmündung der Laschupse in den See.

Stalin hatte viele solcher staatlichen Datschen im Kaukasus — in Sotschi, bei Gagra, am Chlodnaja-Flüßchen, in Mjuseri (bei Pizunda), in Zchaltubo, in Kislowodsk. In den letzten Jahren hatte sich Berija bei seinem großen Chef als ständiger Begleiter und Beschützer unentbehrlich gemacht. Im Jahr zuvor begleitete er Stalin zum Riza-See. Sie fuhren in einer beeindruckenden Kolonne von fünf SIS. Im ersten Wagen Mitarbeiter des Personenschutzes, danach Stalin, gefolgt von Berija mit dem Volkskommissar des Inneren Georgiens, Sergej Goldidse. Im vierten Wagen saß Dienstpersonal und im letzten Mitarbeiter des Personenschutzes als Rückendeckung. Auf halbem Weg, kurz vor der Einmündung des Gegi-Flusses in den Bsyb, ließ Berija die Kolonne anhalten. Er stieg aus und bat Stalin, mit ihm im vorletzten Wagen Platz zu nehmen. Er habe so eine Vorahnung, einen gewissen Verdacht, jemand von der Sicherheit habe ihm etwas gemeldet... Nein, seiner Mitarbeiter sei er sich vollkommen sicher, aber Vorsicht könne nicht schaden...

Der Weg wechselte vom linken Ufer auf das rechte und zurück. Eine Brücke war bereits überquert, doch bei der zweiten passierte das, was kommen mußte. Der erste Wagen war wohlbehalten ans andere Ufer gelangt, als unter dem zweiten die Brücke zusammenbrach. Die Detonation war nicht übermäßig stark, doch das Echo in den Bergen verstärkte sie erheblich. Der Wagen stürzte in den Fluß und blieb zwischen Gesteinsbrocken hängen. Der Fluß war zu dieser Zeit nicht sehr reißend, so daß sich einer der vier Insassen des Wagens retten konnte. Ein Teil der Sicherheitsleute suchte sofort die Schlucht nach den Attentätern ab, die übrigen blieben am Ort.

Zum See fuhr man dann über einen Umweg. Die erste Woche verlief ruhig. Dann hatte der große Chef Lust zu einem Ausflug mit dem Gleitboot. Als sie das rechte bewaldete Ufer des Sees erreichten, ertönte ein Schuß. Berija sprang sofort auf und stellte sich schützend vor den Führer. Der Bootsführer wendete schnell das Boot. Aus dem Kiefernwald am Ufer wurde noch mehrmals geschossen, doch die Gefahr war bereits vorüber. Berija leitete den Suchtrupp persönlich. Die „Terroristen" wurden noch am selben Tag auf dem Bergpaß gefaßt und nach Tbilissi gebracht.

Mit Hilfe solcher Inszenierungen hatte Berija damals sehr viel erreicht. Nun wußte Stalin, daß auf Genossen Lawrenti in jedem Fall Verlaß war. Berija aber hatte damals nur den ersten Teil seines Plans in die Tat umgesetzt.

Im Sommer 1937 fuhr er dienstlich nach Suchumi. Mit ihm im Wagen saßen der örtliche Parteisekretär, der Fahrer und der Leibwächter Boris Sokolow. Am Stadtrand wurde haltgemacht. Berija wollte aussteigen und sich nach der ermüdenden Fahrt ein wenig die Beine vertreten. Nach wenigen Schritten traten drei Unbekannte mit vorgehaltener Pistole aus dem Gebüsch und bedrohten ihn. Sokolow gelang es, sich schützend vor Berija zu stellen und seine Waffe zu ziehen. Dann kamen auch der Fahrer und der Sekretär Berija zu Hilfe. Die Angreifer flüchteten. Solokow mußte schnell in ein Krankenhaus gebracht werden, denn sein rechter Arm war von vier Kugeln getroffen worden. Stalin wurde natürlich über diesen Vorfall informiert, was dazu beitrug, daß der Wert von Berijas Aktien noch mehr stieg.

Zu denjenigen, die sich schützend vor Stalin stellten, gehörte auch sein engster Kampfgefährte, Sergo (Grigori) Konstantinowitsch Ordshonikidse. Die Politbüromitglieder brachten ihm unterschiedliche Gefühle entgegen. Kirow war ihm freundschaftlich gesinnt, während Molotow seine Feindseligkeit nur schlecht verhehlte. Berija haßte ihn, ließ aber keine Möglichkeit ungenutzt, sich bei ihm anzubiedern.

Im Oktober 1936 wurde Ordshonikidse fünfzig. Das Transkaukasische Komitee und Berija persönlich schickten ein Schreiben mit den herzlichsten Glückwünschen nach Moskau. Die Zeitungen Tbilissis, Bakus und Jerewans brachten einen langen, überschwenglichen Artikel von Lawrenti Berija.

Sie waren in vieler Hinsicht Gegenpole – der energische, von der Idee beseelte, selbstlose und uneigennützige Sergo und der verbrecherisch-zynische, hinterhältige Lawrenti. Seine dunkle Vergangenheit, sein unverfrorenes Auftreten und sein zügelloser Karrierismus waren Ordshonikidse stets zuwider. Er war Berija deshalb bereits in den zwanziger Jahren tunlichst aus dem Weg gegangen. Selbst für den Urlaub suchte er sich Orte aus, wo er ihm nicht begegnete. Als Stalin auf einer Beratung mit Führern des Transkaukasischen Regionskomitees der Partei Berija für den Posten des 2. Sekretärs vorschlug, suchten die empörten Genossen Sergo nachts in seiner Wohnung auf.

„Was soll ich denn machen? Ich habe Stalin so oft gesagt, daß dieser Mann nicht vertrauenswürdig ist, doch er hört nicht auf mich", antwortete Ordshonikidse betrübt.

Während des XVII. Parteitags kamen in dem zweigeschossigen Gebäude am Troizki-Tor des Kreml Sergej Kirow, Robert Eiche, Grigori Petrowski, Stanislaw Kossjor, Boris Scheboldajew, Mamija Orachelaschwili, Ossip Pjatnizki, Wassili Scharangowitsch und Machower, sein Berater, bei Ordshonikidse zusammen und sprachen sich über den Generalsekretär und dessen diktatorischen Führungsstil aus.

Der vertrauensselige und ergebene Sergo gehörte neben Kirow zu den wenigen, die es zuweilen wagten, die Handlungsweise des Generalsekretärs zu kritisieren. Lawrenti Berija beschleunigte die unausbleibliche Entscheidung. Der erfahrene Intrigant ließ auch nicht die geringste Gelegenheit aus, um gegen Sergo, natürlich hinter dessen Rücken, zu sticheln. Als er die wachsende innere Feindseligkeit des großen Chefs gegenüber Ordshonikidse registrierte, stachelte er diese nach besten Kräften noch an. Und er vermochte in dieser Hinsicht viel zu leisten.

Sergo Ordshonikidse hatte einen älteren Bruder, Papulija. Anfang der dreißiger Jahre war dieser Leiter der Politabteilung der Verwaltung der Kaukasischen Eisenbahn. Berija ließ Sergos Bruder zusammen mit Frau und Kindern Ende 1936 verhaften. Ordshonikidse konnte ja nicht ahnen, daß Papulija auf direkte Weisung des Generalsekretärs verhaftet worden war. Er bat Stalin: „Laß meinen Bruder holen, verhöre ihn selbst, und du wirst sehen, daß er völlig unschuldig ist."

„Ich habe volles Vertrauen zum NKWD", antwortete der große Führer, „belästige mich nicht weiter mit diesem Fall."

Papulija, ein humorvoller, immer freundlicher, offenherziger und gutmütiger Mensch, hatte sich viel um den kleinen Sergo gekümmert. Die Verhaftung von Ordshonikidses Bruder war ein genau berechneter Schlag Berijas. Der in der Partei beliebte Ordshonikidse sollte eingeschüchtert werden. Als nach dem Mord an Kirow Massenrepressalien einsetzten, forderte Sergo den Generalsekretär immer häufiger und nachdrücklicher auf, sich zu mäßigen. Zumindest sollte er das Maß nicht überschreiten.

Sergo wies Stalin immer wieder nach, wie absurd die Verhaftung des älteren Bruders war. „Wie kann er denn ein Feind sein? Papulija hat mich zur Partei geführt. Also muß ich auch verhaftet werden."*

* Wiedergabe der Worte Sergos durch S. G. Ordshonikidse und A. M. Semuschkina.

Der Generalsekretär blieb unerbittlich. Beim NKWD lägen mehrfach geprüfte Beweise für die Feindtätigkeit Papulijas vor. Er habe Volksfeinde unterstützt. Die Partei könne Verrat an der Sache der Arbeiterklasse nicht vergeben. Frühere Verdienste wögen dies nicht auf ...

Papulija hat das Gefängnis nicht wieder verlassen. Die Troika des NKWD der Georgischen SSR verurteilte ihn am 9. November 1937 zum Tode. Dann nahm sich Berija auch noch den jüngeren Bruder von Sergo vor. Konstantin Ordshonikidse arbeitete in der Verwaltung des Hydrometeorologischen Dienstes beim Rat der Volkskommissare der UdSSR. Er wurde zunächst zu fünf Jahren verurteilt, doch bis Herbst 1953 kam er nicht wieder frei. Nachfolgende Urteile wurden vom Sondergericht im Fall Konstantin Ordshonikidse gefällt:

26. August 1944 – fünf Jahre

30. November 1946 – zehn Jahre

4. August 1953 – fünf Jahre.

Am 1. September 1953 wurde er rehabilitiert (die Angaben stammen aus Archivdokumenten von G. K. Ordshonikidse).

Repressalien war auch der Neffe Sergos, Georgi Gwacharija, ausgesetzt. Er wurde 1938 verhaftet.

Nachdem Sergo seine besten Berater und Fachleute, die plötzlich „Volksfeinde" geworden waren, verloren hatte, verspürte er bereits 1935, nach Kirows Tod, eine starke innere Unruhe. Das Leben wurde immer unerträglicher. Es nützte auch nichts, daß er sich in die Arbeit stürzte. Was ließ sich Stalin nicht alles einfallen, um Ordshonikidses angeblichen Ehrgeiz zu befriedigen! Fabriken, Kolchosen, Schulen, Institute, Straßen und Plätze wurden nach Sergo benannt. Zu Ehren Sergos ließ der Generalsekretär die Hauptstadt der Nordossetischen Autonomen Republik, Wladikawkas, umbenennen. Ordshonikidse wurde eine beachtliche Geldsumme für die Ausrichtung der Kunstausstellung „Industrie des Sozialismus" zur Verfügung gestellt. Der Volkskommissar lebte kurz wieder auf, doch dann befiel ihn erneut Schwermut.

Immer häufiger redete er bei Gesprächen mit Kalinin, Woroschilow und Mikojan von Selbstmord als dem einzigen Ausweg. Zum letzten Mal ging er mit Mikojan Anfang Februar 1937 auf dem Kremlgelände spazieren. Sergo war sehr deprimiert. Er sagte unumwunden, daß ihm jeder weitere Tag unerträglich sei ...

Am 10. Februar war Sergo spät aufgestanden, da er erst nach zwei Uhr nachts aus dem Volkskommissariat nach Hause gekommen war.

Er unternahm einen letzten Versuch, Stalin, seinem langjährigen Freund, deutlich zu machen, daß hinterhältige Kräfte dessen krankhaftes, lebenslanges Mißtrauen ausnutzten, um die Besten aus der Partei zu entfernen. Das Unheil rückte immer näher. Nach grausamen Folterungen hatte man Sergos Bruder Papulija erschossen. Alescha Swanidse, der mit ihnen oft das letzte Stück Brot geteilt hatte, wurde zum Tode verurteilt. Es kümmerte Stalin wenig, daß Aleschas Schwester mit Sergo verheiratet und Mutter seines jüngsten Sohnes war. Kurz davor war auch Ordshonikidses Wohnung durchsucht worden. Sergo war gekränkt und empört. Er versuchte die ganze Nacht, Stalin telefonisch zu erreichen. Erst gegen Morgen hatte er damit Erfolg, doch Stalins Reaktion bestand lediglich aus den Worten: „Dieses Organ ist berechtigt, auch bei mir eine Durchsuchung vorzunehmen. Das ist nichts Besonderes ..."

Eine Woche später, am Morgen des 17. Februar, sprach er mit Stalin mehrere Stunden unter vier Augen. Daran schloß sich ein zweites Gespräch am Telefon nach Sergos Rückkehr in seine Wohnung. Beide konnten ihren Zorn nicht mehr zügeln und beleidigten sich mit russischen und georgischen Schimpfworten. Liebe und Vertrauen waren dahin, alles war zerstört ...

Sergo konnte und wollte nicht mehr die Verantwortung für etwas mittragen, das er nicht hatte verhindern können. Und zu gemeinen Handlungen wollte er sich nicht hergeben.

Sergo setzte sich an seinen Schreibtisch, einen altertümlichen Sekretär, und schrieb lange.

Er war sehr nervös, stand auf und ging durch sein Arbeitszimmer, dann in das Schlafzimmer, setzte sich wieder an den Tisch und legte sich später auf das Bett. Gegen Abend kam sein Neffe Georgi Gwacharija, Direktor des Hüttenwerks Makajewo. Sergo liebte ihn wie einen eigenen Sohn und freute sich über jeden seiner Besuche.

Der Gast fand Sinaida Gawrilowna völlig aufgelöst vor. „Sergo kommt seit dem Morgen nicht aus dem Zimmer. Er will auch nicht essen und trinken."

„Na, dann setz erst einmal den Samowar an, Gawrilowna, und sag ihm, daß ich gekommen bin."

Sie machte im Wohnzimmer das Licht an. Plötzlich ertönte aus dem Schlafzimmer ein Schuß. Beide stürzten in das Zimmer. Sergo lag auf dem Bett, sein weißes Unterhemd war blutdurchtränkt. Seine Frau rannte zum Telefon, rief den Arzt und dann Sergos Schwester Vera an. Aber der Arzt konnte nicht mehr helfen. Vera kam bald danach. Eine halbe Stunde später erschien Stalin in Begleitung von Molotow, Woroschilow, Kaganowitsch und Jeschow.

Vera stand neben dem Schreibtisch und hielt in der Hand Manuskriptseiten. Sie waren in der Art beschrieben, wie der Verstorbene die Schwerpunkte seiner Referate abzufassen pflegte.

Stalin ging auf Vera zu: „Gib her!"

Mit diesen Worten riß er ihr die Blätter aus der Hand.

„Was nun, Genosse Stalin?" sagte Sinaida Gawrilowna. „Sie haben Sergo weder für mich noch für die Partei vor Schaden bewahrt."

„Halt den Mund, du Närrin."

Der große Führer verließ den Raum, die anderen folgten ihm.

„Was für eine heimtückische Krankheit. Er legte sich auf das Bett, um auszuruhen, und dann dieser Herzinfarkt ... Die Zeitungen sollen eine Meldung bringen."

Die Anweisung des Generalsekretärs wurde wie immer schweigend hingenommen.

Die Frauen kleideten den Verstorbenen an. Er wurde auf dem Tisch im Wohnzimmer aufgebahrt. Sie falteten seine Hände über der Brust und legten unter die Ellenbogen zwei Stapel Bücher. Man gruppierte sich um Sergo. Stalin verlieh seinem Gesicht eine dem Anlaß entsprechende trauervolle Miene und gab dem Fotografen, seinem langjährigen Leibwächter Nikolai Wlassik, ein Zeichen.

Anatoli Semuschkin, Sekretär des Rates der Volkskommissare

für Schwerindustrie, wohnte im Haus der Regierung in der Moskwa-Uferstraße. Er war Parteimitglied seit 1917, Mitarbeiter der Politabteilung der 11. Armee, und kannte gewisse Einzelheiten der verbrecherischen Vergangenheit Lawrenti Berijas. Abends um halb neun wurde er von Wolkow, seinem persönlichen Fahrer, angerufen. „Sergo geht es schlecht, ich hole dich gleich ab." ... Semuschkin betrat das Wohnzimmer und sah den toten Sergo inmitten der Politbüromitglieder. „Ihr habt ihn umgebracht, ihr Schufte!" Dann fiel er in Ohnmacht. Man hob ihn auf und legte ihn auf den Diwan. Seine Schläfenhaare ergrauten zusehends.

In dem geräumigen Haus machten sich bereits Sicherheitskräfte zu schaffen, die leise und unaufdringlich alles durchsuchten. Am Abend des folgenden Tages stellte die Witwe fest, daß im unteren Schreibtischfach die vier Pistolen fehlten, die Sergo als Erinnerung an die Revolutionsjahre aufbewahrte. Sie war zwar niedergeschlagen und ziemlich apathisch, doch das war ihr aufgefallen, ebenso auch die Unordnung in den Papieren. Sinaida Gawrilowna rief Amajak Nasaretjan in der staatlichen Kontrollkommission an:

„Weißt du, was sich hier tut? Die ganze Wohnung ist durchwühlt, selbst Sergos Waffe mit Widmung ist weg."*

Vorsichtshalber beseitigte und verbrannte Sinaida Gawrilowna alle Fotos von Sergo. Sie wickelte die blutgetränkte Wäsche ein und versteckte sie. Erst nach dem XX. Parteitag im Jahre 1956 zeigte sie diese engsten Freunden.

Am 21. Juli wurde eine sechsköpfige Kommission des ZK für die Erfassung des Nachlasses von Sergo Ordshonikidse gebildet, der u. a. Anatoli Semuschkin und Lew Mechlis angehörten. Stalin ernannte Lawrenti Berija zum Kommissionsvorsitzenden. Eine Woche später wurde Semuschkin in die Lubjanka gebeten. Er fuhr dorthin, weil er von den Genossen Tschekisten wirksame Unterstützung bei der Suche nach Material für die

* Nach Erinnerungen von K. D. Nasaretjan

Biographie Sergos erhoffte. Von dort kam Semuschkin nicht wieder zurück.

Am nächsten Tag wurde seine Frau Anna vom Untersuchungsführer gefragt:

„Wußten Sie, daß Ihr Mann Genossen Ordshonikidse ermordet hat? Natürlich waren Sie informiert. Warum haben Sie das nicht sofort angezeigt?"

„Was sagen Sie da . . .? Fragen Sie doch Stalins Sohn Jascha. Wir waren an diesem Tag zusammen auf der Datscha!"

„Hier gibt es nichts zu fragen, alles ist klar. Unterschreiben Sie diese Aussage!"

„Das kann ich nicht . . ."

Der Untersuchungsführer rief den Wachposten aus dem Korridor:

„Die Bürgerin Semuschkina weigert sich, ihre eigene Aussage zu unterschreiben. Sie sind Zeuge, daß ich für sie unterschreibe."

Und er unterschrieb, offensichtlich war er genau instruiert worden.

Semuschkin mußte sterben, und Anna Michailowna standen acht Jahre Lagerhaft bevor.

Im Jahre 1956, nach dem XX. Parteitag, bat die Witwe Semuschkins um einen Termin beim Generalstaatsanwalt der UdSSR. Von Rudenko erfuhr sie, daß Anatoli Semuschkin 1938 in der Lubjanka von Berija persönlich erschossen worden war.

Die Geschichte des Feldzugs gegen die georgische Literatur und Kunst ist für immer mit dem Namen Lawrenti Berija verbunden. Überall hatte er seine Hände im Spiel – bei der Vernichtung ehrlicher Schriftsteller und Dichter wie bei der Verfolgung von Künstlern, die nicht zu Kreuze kriechen wollten. Lawrenti Berija betrachtete die Ausrottung der georgischen Intelligenz als einen Erfolg und brachte das auf einer Kundgebung in Tbilissi sogar öffentlich zum Ausdruck. „Bei uns hat sich eine völlig neue sowjetische Intelligenz herausgebildet", stellte er befriedigt fest. „Sie ist zu 80 bis 90 Prozent aus der Arbeiterklasse, der Bauernschaft und den anderen Schichten der Werktätigen hervorgegangen." Demnach haben also nur zehn bis zwölf Prozent der Intelligenz den Vernichtungsfeldzug überlebt . . .

Es ist unmöglich, alle Opfer der Willkür Berijas in diesen zwei Jahren zu nennen, doch einige dürfen einfach nicht verschwiegen werden.

Wladimir Iwanow-Kawkaski, Parteimitglied schon in der Zeit der Illegalität und aktiver Revolutionsteilnehmer, war im Jahr 1937 Sekretär des ZK der KP Georgiens. Berija fällte über ihn, seine Frau (sie kam in einem Lager ums Leben) und seine Schwestern das Todesurteil. Als erste wurde Jelena umgebracht, danach Maria, die mit dem ehemaligen 1. Sekretär des ZK Armeniens, Aikas Konstantjan (er wurde in Moskau verhaftet), verheiratet war. Nur Tamara, die jüngste Schwester Iwanows, überlebte im Lager. Ihren Ehemann Michail Kachiani, den ehemaligen Sekretär des ZK der KP Georgiens, hatte Berija 1936 festnehmen lassen.

Zweimal innerhalb von drei Jahren (1935 bis 1937) ließ Lawrenti Berija die Parteispitze des Transkaukasischen Regionskomitees ablösen, d. h. umbringen. Auch die Wirtschaftsfunktionäre der Föderation wurden zweimal ausgewechselt. Der ehemalige Vorsitzende des Wirtschaftsrats der Transkaukasischen Föderativen SSR, G. Kurulow, wurde mit allen seinen Mitarbeitern ins Gefängnis geworfen. Berija suchte mit wachsamem Auge ständig Feinde unter den Lehrern und der wissenschaftlichen Intelligenz. Den Direktor des Botanischen Gartens von Batumi beispielsweise entlarvte er als „dreisten bürgerlichen Nationalisten".

Olga Kartwelischwili erinnert sich zu dem „Fall" ihres Mannes: „Ich wurde am 27. Februar 1937 als Frau eines Führers des sektiererischen trotzkistischen konterrevolutionären Zentrums verhaftet. Daß mein Mann Lawrenti niemals der Opposition angehört hatte, interessierte überhaupt nicht. Im Ermittlungsverfahren wurde mir vorgeworfen, daß alle trotzkistischen Kontakte Kartwelischwilis über mich gelaufen seien. Dem Untersuchungsrichter war eine Korrespondenz Lawrentis mit Arbeitern der Mongolischen Volksrepublik in die Hände gefallen. In einem Brief fanden sie den ‚schlüssigen Hinweis': Besondere Grüße an Olga."

Dugin, ein Mitarbeiter von Lawrenti Kartwelischwili, hatte

unter Folter ausgesagt: „Olga hatte großen Einfluß auf ihren Mann. Alle trotzkistischen Kader waren von ihr augesucht worden. Wenn ihr ein Mitarbeiter im Regionskomitee nicht paßte, wurde er sofort abgelöst . . ."

Nach dem XX. Parteitag wurde Lawrenti Kartwelischwili als einer der ersten posthum rehabilitiert. Seine Frau Olga wurde im Mai 1956 vom Vorsitzenden des Militärkollegiums des Obersten Gerichts der UdSSR, Generalleutnant der Justiz Tschepzow, empfangen. Nikita Chrustschow hatte in der Ukraine mit ihrem Mann zusammengearbeitet und veranlaßt, der Witwe Einblick in die Unterlagen des „Falls" zu gewähren. Von Tschepzow erfuhr sie, daß Lawrenti dorthin zum Verhör verschleppt worden war, wo er Parteiorgane geleitet hatte. Überall wurde er geschlagen und gefoltert.

„Wessen wurde er damals in Kiew beschuldigt?" fragte Olga Nikititschna.

„Er soll versucht haben, die Ukraine von Rußland loszulösen", erklärte der Kollegiumsvorsitzende. „Von Kiew brachte man Kartwelischwili nach Tbilissi, wo er unter Folter zu dem Geständnis gezwungen wurde, er habe versucht, in feindlicher Absicht die Republik Georgien von Rußland loszulösen. Auch den Fernen Osten wollte er den Feinden ausliefern. Außerdem beschuldigte man das verdiente Parteimitglied der Spionage für Japan."

Tschepzow legte der Witwe die mehrere Bände umfassenden Unterlagen des „Falls" vor, riet ihr aber ab, sie zu lesen. Sie würde dies schwerlich verkraften. Olga Nikititschna nahm deshalb auch davon Abstand . . .

Bald darauf erhielt die Witwe Kartwelischwilis eine offizielle Benachrichtigung von der Staatsanwaltschaft der UdSSR: „Der Fall Ihres Mannes Lawrenti Kartwelischwili wurde von L. Berija und B. Kobulow persönlich, unter technischer Mitwirkung von Krimjan und Sawitku, gefälscht. Die genannten Personen erhielten ihre verdiente Strafe."

Olga Nikititschna schreibt am Schluß ihres Berichts:

„In der Parteikontrollkommission, welche die Rehabilitierung vornahm, wunderte man sich, daß ich angesichts so vieler Anschuldigungen nicht erschossen worden bin. Ich hätte wahrscheinlich meine Rehabilitierung nicht mehr erlebt, wenn man mich nicht auf der Krim, sondern in Moskau gefangengehalten hätte. Der verantwortliche Mitarbeiter der PKK Tikunow stellte mich der Kommission vor: ‚Genossen, diese Frau hat als eine der wenigen das Gefängnis überlebt. Nahezu drei Jahre saß sie in der Zelle ...‘ Ich wurde nicht gefoltert, ich mußte nur ganze Nächte in einem kalten feuchten Waschraum, ohne Bett und Schlaf, verbringen.“

Berija war gnädig zu ihr gewesen ...

Mamija Dmitrijewitsch Orachelaschwili, ein Arzt, der als junger Mann der Partei der Bolschewiki beigetreten war, galt als unerschrockener Illegaler und gebildeter Marxist. Unter der Sowjetmacht leitete er die Regierung und dann auch die Parteiorganisation der Transkaukasischen Föderation. Seine Frau Maria Platonowna war Volkskommissar für Bildung in Georgien.

Als Berija führende Positionen zunächst in Georgien und dann in Transkaukasien innehatte, unternahm Maria Orachelaschwili etwas, das den „Eisernen Wächter“ des Kaukasus in Bedrängnis brachte. Da ihr einiges über die dunkle Vergangenheit dieses Günstlings Stalins bekannt war, versuchte sie herauszufinden, welche Parteiorganisation diesen namhaften Tschekisten in die Partei aufgenommen hatte. Das konnte nicht gutgehen.

1937 wurde Mamija Orachelaschwili, der Kampfgefährte Lenins, zum „Volksfeind“ erklärt. Er und seine Frau wurden verhaftet und im Gefängnis grausam gefoltert. Nach jedem Verhör wurde Maria Platonowna bewußtlos und blutüberströmt in ihre Zelle gebracht. Am letzten Tag ließ sie ein Wächter in eine Spiegelscherbe blicken. Als ihr daraus ein fremdes entstelltes Gesicht mit grauen und verklebten Haaren entgegenblickte, fiel sie in Ohnmacht. Die Gefangene wurde dann auf den Korridor gezerrt und vor der Zellentür erschossen.

Ihre Tochter Ketawan, die zwei kleine Kinder hatte, kam ins Lager. Deren Mann Jewgeni Mikeladse, Chefdirigent des Opern- und Balletttheaters „Sachari Paliaschwili“, wurde im Gefängnis zu Tode gequält. Berija hatte ihn direkt im Theater nach einer triumphalen Premiere, im Frack und mit Blumen in den Händen, abführen lassen.

Ketawan Orachelaschwili kam 1955 aus dem Lager zurück. Im September des gleichen Jahres war sie bei dem Prozeß gegen die Handlanger Berijas zugegen, die die Erde Georgiens nicht nur in den dreißiger Jahren mit Blut getränkt hatten. Im Kulturhaus der Eisenbahner erfuhr sie die Umstände des Todes ihrer Eltern.

Nachdem man Mamija Orachelaschwili und alle Mitglieder seiner Familie rehabilitiert hatte, wurde an seinem Wohnhaus eine Gedenktafel angebracht.

In dem Film „Die Reue" verdient sich Ketawan Barateli ihren Lebensunterhalt durch das Backen von Torten. Mit dieser Filmgestalt erinnerte Regisseur Tengis Abuladse an Ketawan Orachelaschwili. Sie war nach 18 Jahren Lager in ihre Heimatstadt Tbilissi zurückgekehrt und versuchte nun, sich auf diese Weise durchzuschlagen.

Der tägliche Weg zum Filmstudio führte den Regisseur durch Straßen, die nach Mamija Orachelaschwili, Jewgeni Mikeladse und Sandro Achmeteli benannt sind. Doch Straßen in Tbilissi, Moskau und Leningrad sind nicht nur nach Opfern benannt. Es gibt immer noch Straßen und sogar Städte, die die Namen von Personen tragen, die, obwohl sie damals Macht besaßen, der Willkür nicht Einhalt geboten haben. Die Glocke aus dem Film „Die Reue" darf nicht schweigen.

Als einer der ersten hatte Kaganowitsch den damaligen Geschehnissen seine Zustimmung gegeben. Bereits 1929 erklärte er den Generalsekretär zum Führer. Auf seine Initiative hin wurde in Moskau, Leningrad, Kiew, im Ural und in Sibirien die überschwengliche Lobpreisung Stalins immer lauter. Im großen Chor fehlte nur noch die Stimme Transkaukasiens, wo verdiente Parteimitglieder verwundert und besorgt die Ereignisse verfolgten.

Hier erinnerte man sich auch noch daran, wie die alte Garde der Sozialdemokraten Stalin eingeschätzt hatte. Noi Shordanija hielt Stalin immer für einen Barbaren. Und echte Bolschewiki wie Micha Zchakaja, Filip Macharadse, Schalwa Eliawa und Mamija Orachelaschwili fragten sich erstaunt: „Was soll denn das für ein ‚Führer' sein?"

Stalin hatte das Bedürfnis, sich vor allem in Transkaukasien, in seiner Heimat Georgien, zu rehabilitieren und seine Vergangenheit zu glorifizieren. Einer der ersten, dem er zu verstehen gab, daß die Geschichte der revolutionären Bewegung in Georgien neu geschrieben werden mußte, war Mamija Orachelaschwili. Dieser durchschaute sofort die Absicht des Generalsekretärs und lehnte die zweifelhafte Ehre ab, an einer solchen Heldenbiographie mitzuwirken.

Rektor der Universität Tbilissi war im Jahre 1935 Malakija Toroschelidse, ein Historiker und Experte für dialektischen Materialismus. Er hatte zuvor einige Jahre das Staatliche Plankomitee der Transkaukasischen Föderativen Sowjetrepublik geleitet und Vorlesungen zum dialektischen Materialismus gehalten. Das ZK der KP(B) Georgiens beauftragte ihn, die Herausgabe der Werke von Marx, Engels und Lenin in georgischer Sprache zu leiten.

Im Herbst 1934 bat Berija Toroschelidse zu sich und schlug ihm vor, ein Buch über die ersten bolschewistischen Organisationen in Transkaukasien zu schreiben und dabei natürlich die führende Rolle des Genossen Stalin herauszustellen. Der Vorschlag war in einem Ton formuliert, der keine Widerrede duldete. Damit war nun auch der Autor des künftigen Buches gefunden – ein Historiker, Universitätsprofessor, Sachverständiger in Sachen Marxismus–Leninismus und bewährter Genosse.

Stalin instruierte Toroschelidse ausführlich, worüber und wie er zu schreiben hatte, was hervorzuheben und was zu verschweigen war.

Zum Chefberater Toroschelidses wurde Erik Bedija ernannt. Es gab nur wenig Archivunterlagen, denn in der Illegalität wurden natürlich keine Protokolle, Journale und Karteien geführt. Daher dienten die Erinnerungen von Teilnehmern der Ereignisse dem Autor als Hauptquelle. Die Materialsammlung hatte er Bedija übertragen und ihm dafür einige anstellige Aspiranten, darunter eine Aspirantin aus Moskau, zur Seite gestellt.

Es fanden sich bereitwillige und bedürftige alte Genossen, „Zeugen" und „Teilnehmer" des revolutionären Kampfes. Bedija überreichte jedem einen Briefumschlag mit 200 bis 300 Rubeln, mit dem Hinweis, daß Stalin sie nicht vergessen habe und ihnen etwas Geld zukommen lassen möchte.

Bald waren ganze Mappen auf dem Schreibtisch Toroschelidses mit lobpreisenden Erinnerungen gefüllt. Stalin war schon damals, zu Beginn des Jahrhunderts, der große Führer gewesen. Die übrigen behinderten ihn nur, da sie „der menschewistischen Ideologie zum Opfer fielen". Genosse Koba aber war von Geburt an Bolschewik, Leninist wurde er bereits lange vor dem Studium von Lenins Werken und der persönlichen Begegnung mit ihm.

Zwei Monate vergingen. Kirow war ermordet worden. Diesen tragischen Vorfall nahm der Führer zum Anlaß, um hemmungslosen Terror zu entfachen. Doch trotz aller Trauer vergaß er das Buch nicht. Berija trieb seine Truppe zur Eile an, und Anfang Januar brachte Toroschelidse, wie befohlen, das 250 Seiten umfassende Manuskript nach Moskau.

Stalin behielt das Manuskript. Nach einigen Tagen bat er Toroschelidse zu sich und gab es ihm mit seinen Anmerkungen zurück. Der Autor zeigte einem Freund die vom Führer redigierten Seiten. Stalin hatte überall dort, wo sein Name erwähnt wurde, schmeichelnde Beiworte wie „mit einer hervorragenden Rede", „von außerordentlicher Prinzipienfestigkeit", „mit schonungslosem Einsatz" usw. eingefügt. Mehrfach ergänzte er auch: „auf Initiative des Genossen Stalin", „Genosse Stalin initiierte den Kampf" ...

Um dem Generalsekretär zu Gefallen zu sein, griff der Autor auch Awelija Jenukidse heftig an und beschuldigte ihn, historische Tatsachen entstellt und seine eigene Rolle in der revolutionären Bewegung überbewertet zu haben. Stalin schien dies aber nicht genug zu sein. Vor „überbewertet" setzte er noch „außerordentlich" ...

Am Schluß des Gesprächs stand der große Führer von seinem Schreibtisch auf und fragte scheinbar beiläufig:

„Hör mal, was ist mit dem Namen des Verfassers? Laß doch Lawrenti Berija als Autor auftreten. Er ist jung und aufstrebend ... Malakija, du bist doch deshalb nicht böse?"

Der Führer klopfte Toroschelidse freundschaftlich auf die Schulter. Die Frage war damit entschieden.*

* Nach Erinnerungen von A. I. Papawa

Berija trug am 21. Juli 1935 auf einer Zusammenkunft des Parteiaktivs von Tbilissi das Ergebnis der Recherchen anderer vor. Der Vortrag dauerte fünf Stunden. Der Redner mußte seine Worte wiederholt unterbrechen, um zusammen mit allen Anwesenden in Ovationen zu Ehren des großen Führers auszubrechen. Das Aktiv beauftragte das Parteikomitee von Tbilissi, in allen Parteiorganisationen, allen Zirkeln und Lehranstalten das gründliche Studium des Referats des Genossen Berija zu veranlassen. Es wurde in zwei Nummern der „Sarja Wostoka", am 24. und 25. Juli, veröffentlicht.

Doch das war erst der Anfang. Die Presse reagierte entsprechend mit Leitartikeln: „Für das bolschewistische Studium der Geschichte der Transkaukasischen Parteiorganisationen!", „Studienmaterial für ein ganzes Jahr!" . . . Und die „Prawda" vom 10. August 1935 titelte: „Beitrag zur Chronik des Bolschewismus." Die Erkenntnisse Lawrenti Berijas wurden im Artikel als besonders wertvoll bezeichnet. Dem schlossen sich die „Leninskaja Prawda" und weitere Zeitungen an. Dann erschien auch noch eine Sonderbroschüre.

Um der offenen Fälschung den Anschein von Glaubwürdigkeit zu geben, wurden Arbeiterveteranen aufgeboten. Tengis Shgenti informierte die Leser der „Sarja Wostoka" über die Ereignisse im Jahre 1903, als Koba im Gefängnis von Kutaisi dem Gouverneur furchtlos eine Petition überreichte . . . Er hatte stets als erster die „Marseillaise" angestimmt, und als er nach Batumi verlegt wurde, protestierten alle Gefängnisinsassen gegen die Trennung von dem geliebten Führer.

Ein anderer Augenzeuge berichtete über das Baila-Gefängnis. Genosse Koba rief Verurteilten, die nach Baku gebracht werden sollten, zum Abschied zu: „Hebt die Ketten auf. Die werden noch für die zaristische Regierung gebraucht!"

Es muß gesagt werden, daß 1917 weder im Februar die zaristischen Minister noch im Oktober die Mitglieder der Provisorischen Regierung in Ketten gelegt wurden. Stalin ließ statt dessen ehrlichen Patrioten Ketten anlegen, die sich mit seiner Willkür nicht abfinden wollten. Ich selbst habe diese Gefangenen zu Ende des Krieges 1945 in Lagern bei Workuta gesehen.

W. Bibineischwili schilderte die ritterliche Furchtlosigkeit und die überwältigende Bildung des Genossen Koba. Im Baila-Gefängnis (Baku 1908) diskutierte Stalin unermüdlich mit Sozialrevolutionären und Menschewiki, wobei „die zwingende Logik seiner Argumente und Gegenbeweise die politischen Gegner vernichtete". Koba konnte dort im Gefängnis eine Art Parteischule organisieren . . .

Wir wissen genau, daß Stalin zu besagter Zeit in der Gefängniszelle eng mit dem Menschewik Andrej Wyschinski befreundet war, der auch noch 1917 auf menschewistischen Positionen beharrte. Als Generalstaatsanwalt wurde er später Erfüllungsgehilfe Stalins, sozusagen der Generator des Terrors.

Doch da gab es auch noch die Erinnerungen und Äußerungen so anerkannter Revolutionäre wie Filip Macharadse, Awel Jenukidse und Mamija Orachelaschwili. Ihre Aussagen paßten absolut nicht in Berijas Konzept. Auf seine Weisung hin erschien in der „Sarja Wostoka" ein Artikel über die „Fehler" von M. Orachelaschwili. Zur Diskreditierung Orachelaschwilis und folglich aller ehrlichen Marxisten genügte natürlich eine Zeitungsnummer nicht. Der von Berija in Auftrag gegebene Artikel wurde noch in der nächsten Ausgabe über zweieinhalb Spalten fortgesetzt („Sarja Wostoka", 11. und 12. November 1935).

Filip Macharadse, ein langjähriger Sozialdemokrat, wollte nicht warten, bis die Reihe an ihn kam. Er meldete sich am 4. Januar 1936 mit einem umfangreichen reuevollen Artikel „Selbstkritik" zu Wort. Vor seinem Offenbarungseid stimmte der Autor ein Loblied auf den Generalsekretär und den örtlichen Parteiführer an. Er pries die großen Verdienste des Genossen Berija, war er es doch, der „als erster das Studium der Geschichte der Bolschewiki Transkaukasiens in wirklich bolschewistische Bahnen lenkte", „die außerordentliche Rolle des Genossen Stalin in den transkaukasischen Organisationen beleuchtete", und ihm, dem begriffsstutzigen Filip, mit dem „Abriß der revolutionären Bewegung in Transkaukasien" die Augen öffnete, welche Fehler er durch sein versöhnlerisches Verhalten gegenüber den Menschewiki und durch das Verschweigen der Rolle Stalins als Führer des revolutionären Widerstands in der Illegalität begangen hatte.

Feierliche Lobpreisungen ertönten allerorts. Die Zeitschrift

„Proletarskaja Revoljuzija" (Nr. 6) führte in dem Beitrag „Eine außerordentliche Bereicherung der Schatzkammer des Bolschewismus" die Qualitäten der Broschüre Berijas an, wobei sie nicht mit euphorischen Anmerkungen und Ausrufezeichen sparte. „Die heldenhafte Chronik des Bolschewismus", vermeldete die Redaktion, „wurde hier durch einen herausragenden Beitrag bereichert. Der Autor enthüllt und entlarvt die Geschichtsverfälschung in den Werken von Macharadse, Jenukidse und Orachelaschwili. Doch das Hauptverdienst Berijas besteht darin, daß er die außerordentlich bedeutungsvolle und vielseitige Tätigkeit des Genossen Stalin deutlich macht, der stets im Sinne Lenins handelte."

Millionen Exemplare dieser Broschüre waren für Millionen einfacher Menschen bestimmt. Von nun an wurde Lawrenti Berija in den Rang eines Historikers erhoben. Als ein Lehrer die Redaktion der „Sarja Wostoka" bat, die Stelle der Broschüre zu erläutern, in der der Autor auf die Prager Konferenz einging, reagierte Berija sofort mit dem Beitrag „Zur Frage der Prager Konferenz", der natürlich nicht von ihm stammte.

Dieser Artikel erschien zuerst in der „Prawda" (26. Oktober), dann in der „Sarja Wostoka" (1. November) und nochmals im Jahre 1937 zum 25. Jahrestag der Konferenz („Sarja Wostoka", 18. Januar 1937).

Bald darauf gehörte es zum politischen Stil, Berija zu zitieren. Erik Bedija empfahl euphorisch, solche klassischen Werke Lawrenti Pawlowitschs wie „Über Maßnahmen zur weiteren Stärkung der Kolchosen Georgiens", die Schriften „Die neue Verfassung und die Transkaukasische Föderation" und „Vernichtet die Feinde des Sozialismus!" zu erläutern und zu verbreiten. Auf Erik Bedija, einen der Verfasser dieser „Werke" Berijas, wartete bereits die Folterkammer, doch vorläufig schrieb und redete er noch unentwegt...

Für Berijas Werke wurde ständig die Propagandatrommel gerührt – auf Versammlungen, Konferenzen und Kongressen, in Periodika, in Lehranstalten und Museen. Eine typische Eintragung im Gästebuch der als Gedenkstätte eingerichteten illegalen Druckerei in Awlabar, einem Vorort von Tbilissi, lautete: „Die Besichtigung der Druckerei verstärkt das Interesse für das Buch des Genossen Berija ... und den Wunsch, es noch eingehender und gründlicher zu studieren."

Überall fanden auch entsprechende Ausstellungen statt. Im Januar 1937 wurde in der Galerie des Künstlerverbands eine Schau unter dem Motto „Zur Geschichte der bolschewistischen Organisationen Georgiens und Transkaukasiens" gezeigt, eine andere wurde im Gebäude der Zweigstelle des Marx-Engels-Lenin-Instituts eröffnet. Auf Schritt und Tritt, auf jedem Meter Ausstellungsfläche – Stalin und nochmals Stalin. Im Mittelpunkt der Aufmerksamkeit danach vor allem das Buch Berijas, des Kampfgefährten des Führers.

In Anlehnung an das Buch Berijas stellten nun alle Zeitungsrezensionen Stalin in den Mittelpunkt der entscheidenden Ereignisse der revolutionären Bewegung Transkaukasiens. Etwa zehn Jahre zuvor, im April 1924, waren in der „Sarja Wostoka" noch ganz andere Auffassungen zu lesen.

Im Jahre 1936 wurden die von Berija zu Fälschungen angestifteten Autoren verhaftet und wegen einer „terroristischen Verschwörung gegen Stalin" zum Tode verurteilt. Nur die Aspirantin aus Moskau kam mit dem Leben davon. Als sie im Jahre 1955 aus dem Lager zurückkehrte, ging sie zum ZK und schilderte die Entstehungsgeschichte des berüchtigten Buches.

Vor uns liegt die zweite, die Prachtausgabe des Buches aus dem Jahre 1936. Sie zeichnet sich durch Papier bester Qualität, hervorragenden Satz, dutzende Fotos und vorzügliche farbige Reproduktionen aus:

Genosse Stalin als Leiter eines Arbeiterzirkels 1899 in Tbilissi. Eine konspirative Versammlung auf dem Friedhof von Chodshewan in Tbilissi unter Leitung von Genossen Stalin. Genosse Stalin inmitten seiner Kampfgefährten. Eine Arbeiterdemonstration in Batumi 1902 unter Führung von Genossen Stalin. Genosse Stalin entlarvt 1905 auf einer Kundgebung in Tschiatura die Menschewiki.

Erstaunt, bewundernd und aus gebührender Distanz schauen erfahrene Revolutionäre auf den noch jungen, aber so genialen Führer. Graubärtige Kaukasier machen ihm Platz, und die Arbeiter laufen auf ihn zu. War dies wirklich so? Hier auf diesem Bild hat K. Chuzischwili Stalin als Organisator des Eisenbahnerstreiks 1902 in Tbilissi dargestellt. Doch diesen Streik kann er schon deshalb nicht organisiert haben, weil er sich zu dieser Zeit in Batumi aufhielt. Ebenso glaubwürdig sind auch alle anderen Illustrationen in Berijas Machwerk.

Im November 1901 begibt sich Stalin von Tbilissi nach Batumi, und sofort entstehen hier aus dem Nichts sozialdemokratische Zirkel. In der Neujahrsnacht schließen sie sich zu einer Parteiorganisation zusammen, wird das „Komitee" mit dem jungen Führer an der Spitze gebildet. Anfang 1902 organisiert er mehrere siegreiche Arbeiterstreiks. Dann die Demonstration am 9. Mai, bei der 6000 Arbeiter durch die Straßen marschieren. Sie wird durch Schüsse aufgelöst, Hunderte Aufständler kommen ins Gefängnis. Die Beisetzung der Opfer der Repressalien wird zu einer machtvollen politischen Manifestation. Es folgen neue Verhaftungen und neue Opfer. Allein der Initiator und Führer bleibt verschont. Die angeblich von ihm gegründete illegale Druckerei vervielfältigt seine politischen Aufrufe. Es fehlt nicht mehr viel ... und Batumi wäre zum Zentrum der revolutionären Weltbewegung geworden.

Anläßlich des 25. Jahrestags der Demonstration in Batumi organisierte Berija in Georgien grandiose Feierlichkeiten. Die Museen, Lehranstalten, Parteikomitees, alle Betriebe und Kolchosen begingen diesen historischen Tag mit Festveranstaltungen. Die Zeitungen brachten riesige Porträts des Führers und glorifizierten seine in Batumi vollbrachten Heldentaten. Aber von Heldentaten kann überhaupt nicht die Rede sein. In den Erinnerungen von Teilnehmern dieser Ereignisse, die noch vor der Epoche der totalen Geschichtsfälschung niedergeschrieben wurden, wird Stalin kaum erwähnt.

Das im Jahre 1934 erschienene Buch von Awel Jenukidse „Die illegale Druckerei im Kaukasus" wurde von Berija buchstäblich zerfetzt. Es sei „in liberal-menschewistischem Geist" geschrieben und voll von „gröbsten Entstellungen". Die Erinnerungen Jenukidses sind durchaus nicht fehlerfrei, doch Berija ging es nicht um kritische Anmerkungen. Ihm ging es darum, Jenukidse – vorerst nur mit Worten – auszuschalten und dessen Verdienste Stalin zuzuschreiben.

Auf Drängen des Marx-Engels-Lenin-Instituts gestand Awel

Jenukidse am 16. November 1935 in der „Prawda" seine Fehler öffentlich ein. Doch dem hinter den Kulissen agierenden Generalsekretär genügte diese Reue nicht. So ist denn in Berijas Buch jedes Kapitel ein Schlag gegen den Ruf Jenukidses. Diesem wird vorgeworfen, daß er seine eigene Person in den Vordergrund stelle und die Rolle und Bedeutung des Genossen Kezchoweli schmälere. Doch das entsprach nun wirklich nicht dem Charakter des bescheidenen und selbstlosen Awel Safronowitsch.

Berija entstellte auch Ereignisse im Leben von Lado Kezchoweli, eines anerkannten Führers der georgischen Sozialdemokraten, der 1903 im Gefängnis starb. Er avanciert plötzlich zum Kampfgefährten Stalins, auf dessen Weisung hin er im Januar 1900 von Tbilissi nach Baku übersiedelt. Ebenfalls im Auftrag Stalins reorganisiert und stärkt er die sozialdemokratischen Zirkel, gründet eine illegale Druckerei, gibt die Zeitung „Brdsola" („Kampf") heraus und agitiert unter den Arbeitern. In Wirklichkeit arbeitete Kezchoweli mit Jenukidse in Baku in der Illegalität.

Um seinem Machwerk den Anschein von Glaubwürdigkeit zu geben, zitiert Berija die Erinnerungen des Arbeiters Wano Bolkwadse, der Stalin als „hervorragenden" und „kämpferischen" Führer schildert.

E. Bedija hatte seinerzeit mit Drohungen und Versprechungen alte Arbeiter veranlaßt, in ihren „Erinnerungen" die Verdienste des Generalsekretärs hervorzuheben. Diese Aussagen werden im Buch Berijas bereits im ersten Kapitel den Memoiren Jenukidses und anderer ehrlicher Revolutionäre gegenübergestellt.

Bedija und Berija sind nicht die Urheber dieser Form von Geschichtsfälschung, doch sie gaben ein Beispiel, dem sofort die einflußreichen Institute und Akademien folgten. Ein ganzes Heer von Pseudohistorikern machte sich daran, die Vergangenheit „aufzuarbeiten". In Millionenauflagen erschien Pseudoliteratur, die den Zugang zur wirklichen Geschichte hermetisch abriegelte. Dafür wurde das Sortiment an unwahren Biographien und legendären Beschreibungen der Revolution und des Bürgerkriegs immer größer. Dazu kamen noch Filme, Theaterstücke und Lieder . . .

Das letzte Kapitel von Berijas Buch ist dem Kampf gegen die nationalen Abweichler gewidmet. Wenn man Lenins Schriften zur Nationalitätenpolitik liest, wird offensichtlich, daß eigentlich nur Stalin mit seinem Autonomie-Projekt, seiner Politik des Völkermords und der Unterjochung der Grenzvölker vom leninistischen Kurs abgewichen ist. Doch gerade ihn schildert Berija als unbeirrten orthodoxen Leninisten, der erfolgreich die Feinde im Innern bekämpft. Er bezeichnet die Nationalitätenpolitik des Generalsekretärs sogar als leninistisch-stalinistisch. Alle in Wirklichkeit abenteuerlichen und volksfeindlichen Neuerungen werden mit dem Namen eines Genius – dem Namen Stalin – verbunden.

Die sogenannten georgischen nationalen Abweichler protestierten im Jahre 1922 gegen die geplante Bildung der Transkaukasischen Föderation und befürworteten die unmittelbare Eingliederung Georgiens in die UdSSR. Berija erwähnt in seinem Buch ihre Namen. Noch werden sie hier lediglich „entlarvt" und verleumdet, doch diesem Rufmord folgte ein bis zwei Jahre später ihre Ermordung. Vor ihrer Verhaftung und Hinrichtung wurden sie als Spione, Diversanten und Volksfeinde diffamiert. Nur zwei von ihnen gewährte man hoheitsvoll das Recht, in dem befreiten Land am Leben zu bleiben.

Berijas Buch wurde (gemeinsam mit Woroschilows Artikel „Stalin und die Rote Armee") zur Pflichtliteratur für alle, die die Geschichte der Partei studierten. Fast in jeder Nummer der „Sarja Wostoka", aber auch in anderen Zeitungen und Zeitschriften, wurde das Buch Berijas allen Historikern als nachahmenswertes Beispiel empfohlen.

Da die Gerüchte über die wirklichen Autoren von Berijas Buch nicht verstummten, mußte Lawrenti handeln. Er ließ Erik Bedija, den er selbst in die Partei aufgenommen und zu seinem engsten Vertrauten gemacht hatte, über die Klinge springen. Aber die Frau Bedijas, die schwatzhafte und eigensinnige mingrelische Fürstentochter Nina Tschitschua, war noch in Freiheit. Als man sie holen wollte, zog sie einen Browning unter dem Kopfkissen hervor und befahl den Leuten Berijas: „Hände hoch!" Lachend sagte sie darauf: „Auf solche wie euch schieße ich nicht. Wie ihr seht, habe ich meine Sachen bereits gepackt ..."

Bei den Verhören wurde sie so heftig geschlagen und gefoltert, daß man sie in die Zelle tragen mußte. Berija selbst verhörte sie, wobei er immer mit derselben stereotypen Frage begann: „Wer hat das Buch über die revolutionäre Bewegung in Transkaukasien geschrieben?" Unbeirrt antwortete Nina: „Erik, mein Mann."

Daraufhin wurde sie geschlagen. Bei ihrem letzten Verhör riß sie einen schweren, in Metall gefaßten Glasaschenbecher vom Tisch und warf ihn nach ihrem Peiniger ... Berija erschoß sie auf der Stelle. (Erinnerungen von Katwan Orachelaschwili.)

Im Jahre 1937 leitete Alexander Papawa die Pädagogische Hochschule in Kutaisi. Im Herbst wurde er per Telegramm ins ZK nach Tbilissi gerufen. Dort sagte der Leiter der Abteilung Kultur und Propaganda zu ihm: „Ich habe dich nicht rufen lassen, dich hat man zum NKWD bestellt."

Der Leiter der Geheimen Politischen Abteilung (SPO), Sulchanschwili, ein Altersgenosse und Freund von Papawa, war wie immer freundlich: „Sascha, komm herein und setz dich. Wir brauchen deine Hilfe. Ich spreche im Namen von Lawrenti Pawlowitsch. Du weißt, was die Trotzkisten vorhatten. Hilf der Partei, diese Terroristen- und Mörderbande zu entlarven. Du kennst doch alle alten Oppositionellen ..."

Sulchanschwili nannte ihm die Namen von zehn bis fünfzehn bekannten Parteimitgliedern, die Stalin von Anfang an nicht als Führer akzeptierten und sich mit Berijas Diktat in Georgien auf keinen Fall abfinden wollten. Doch Alexander Papawa wollte nicht den Provokateur spielen. Er konnte und wollte nicht am Tod von Genossen beteiligt sein ... Sein Freund redete auf ihn ein: „Sie werden bald alle verhaftet, wir verfügen über unwiderlegbare Beweise. Du hast doch Toroschelidse und auch Mdiwani gut gekannt ... Sascha, du bist immer der Generallinie der Partei gefolgt. Sie aber waren dagegen. Vielleicht haben sie sich einmal verraten ... Fällt dir nicht etwas ein ...?"

Papawa schwieg. Er schwieg und überlegte, wozu man ihn verurteilen würde – zehn, acht oder fünf Jahre? Ein Todesurteil würde Lawrenti Pawlowitsch nicht zulassen. Wofür sollte er auch bestraft werden?

In der Stimme des Abteilungsleiters klang nun bereits ein drohender Ton: „Vergiß auch nicht, wie du gegen Genossen Berija gekämpft hast. Wolltet ihr ihn nur absetzen oder noch weiter gehen?"

„Ich weiß nichts. Für die Weigerung, unter der Leitung Berijas zu arbeiten, habe ich bereits eine Parteistrafe erhalten. Lawrenti Pawlowitsch selbst hat mir verziehen."

„Gut, wir wollen jetzt nicht aufrechnen. Versuche, dich an alles zu erinnern, und schreib es auf. Komm morgen wieder."

Am nächsten Tag bekannte Papawa in einer schriftlichen Aussage, daß er die Ablösung Berijas gewollt hatte.

Sulchanschwili verhielt sich nun nicht mehr freundlich: „Du schilderst jetzt deine feindliche subversive Tätigkeit!" Er nahm eine Mappe aus dem Tischkasten:

„Hier ist deine Akte. Du warst offensichtlich ein geheimer Trotzkist. Wir haben alle erforderlichen Beweise."

Der Leiter der SPO verließ das Zimmer und kehrte einige Minuten später mit einem Haftbefehl zurück.

Gegenüber Alexander Papawa ließ Berija erstaunliche Milde walten. Er verhörte ihn kaum und ließ ihn auch nicht foltern. Papawa wurde das Urteil des OSO in kürzester Frist, schon nach 40 Tagen, verkündet. Bei der Anklage nach Artikel KRTD (konterrevolutionäre trotzkistische Tätigkeit) waren fünf Jahre die Mindeststrafe. Lawrenti Pawlowitsch ging in seiner Milde sogar so weit, daß Papawa seine Haftstrafe überleben durfte. Und auch eine zweite Lagerhaft.

Das neue Jahr begann in Georgien wie immer mit Meldungen an das ZK der Partei über die Vorbereitung der Frühjahrsbestellung. Einige Tage später fuhr der Deputierte Berija nach Moskau zur 1. Tagung des Obersten Sowjets der UdSSR. Der georgischen Abgeordnetengruppe wurde dort die hohe Ehre zuteil, mit Mitgliedern des Politbüros fotografiert zu werden. Berija saß in der ersten Reihe mit Stalin, Woroschilow, Kalinin, Molotow, Kaganowitsch und Jeschow – dem Generalkommissar für Staatssicherheit. Nur der Führer wußte, was den einen und den anderen erwartete. Stalin bereitete insgeheim die Ablösung Jeschows vor.

„Rehabilitierung der unter falscher Anschuldigung aus der Partei Ausgeschlossenen und strenge Bestrafung der Verleumder!" Diese Überschrift des Leitartikels der „Prawda" vom 26. Januar klingt wie ein Vorspiel zur Verurteilung der „Politik Jeschows". „Besonders gerissenen Karrieristen und Betrügern war es gelungen, auch Zeitungen für ihre verleumderischen Ziele zu mißbrauchen", meldete die „Prawda". Berija wußte mit seinem feinen Gespür die jüngsten Direktiven des Führers richtig zu deuten und gab Ende Januar seine Zustimmung zu dem Prozeß gegen „Feinde" aus dem Georgischen Forschungsinstitut.

Schalwa Dadiani, Alexander Sanadse, Jeremija Garsiaschwili, Schalwa Kaspiani, Dimitri Mtschedlischwili, Nikolai Dshaparidse und Michail Timofejewski – alle sieben hofften auf die Gnade des Henkers, als sie Verbrechen eingestanden, die sie niemals begangen hatten. Wie schon bei den Moskauer Prozessen wurden fünf zum Tode und zwei zu je 20 Jahren Haft verurteilt.

Die Umstände, unter denen Berijas Übersiedlung nach Moskau stattfand, sind sehr verworren. In der damaligen Führung des NKWD nahestehenden Kreisen wurde von einer bevorstehenden Verhaftung Berijas gemunkelt. Erst vor kurzem hat ein General, der nicht genannt werden will, ausgesagt, daß ein verantwortlicher Mitarbeiter Jeschows im Mai mit einem gegen Berija erlassenen Haftbefehl nach Tbilissi unterwegs war. Lawrenti Pawlowitsch flog zur gleichen Zeit nach Moskau, um mit dem großen Chef zu sprechen. Wer Stalins Charakter und seine Vorliebe für Provokationen kannte, dem war so ziemlich klar, daß er, der bereits die Ablösung Jeschows durch einen ihm enger seelenverwandten Menschen beschlossen hatte, damit wieder einmal seine Macht über Leben und Tod von Untergebenen, einschließlich seiner Günstlinge, demonstrieren wollte.

Stalin beruhigte seinen georgischen Statthalter: Dieser kleine Volkskommissar sei eben allzu mißtrauisch. Das Zentralkomitee werde den Genossen Jeschow zurechtweisen.

Doch damit war die Sache noch nicht beendet. Im Jahre 1964 berichtete F. T. Konstantinow, Doktor der Philosophie, im engen Kreis seiner Aspiranten eine Episode von historischer Bedeutung. Im Juli 1938 fand im Arbeitszimmer des Generalsekretärs ein Treffen zwischen Berija und Jeschow statt. Das Gespräch nahm eine gefährliche Wende. Der Volkskommissar des Inneren war, wie er sagte, im Besitz von Dokumenten, die Berija als Verräter entlarvten. Er müsse deshalb seiner Pflicht nachkommen ... Der Urheber dieser Intrige saß als unbeteiligter Beobachter dabei. Dann setzte Stalin die Maske des Friedensstifters auf und gab seinen Willen kund: Er vertraut dem Genossen Berija trotz allem und empfiehlt ihn als ersten Stellvertreter des Volkskommissars.

Das hatte F. T. Konstantinow von Georgi Dimitroff erfahren, bei dem er als Sekretär arbeitete.

Im Sommer 1938 wurde Berija zum ersten Stellvertreter des Volkskommissars des Inneren und zum Leiter der Hauptverwaltung für Staatssicherheit ernannt.

Als Stalin Jeschows Zeit für abgelaufen hielt, bildete er eine neue Kommission zur Überwachung der Tätigkeit des NKWD. Jeschow hatte faktisch schon lange vor seiner offiziellen Ablösung im Jahr 1938 die Leitung des Geheimdienstes nicht mehr völlig in der Hand.

Stalin hatte den schwerwiegenden Schritt, Berija mit dem entscheidenden Posten seines Systems zu betrauen, genau überlegt. Dshershinski, Menshinski, Jagoda und Jeschow, die ihn bisher versehen hatten, waren im Prinzip Amateure. Nun sollte ein Profi in der Lubjanka Einzug halten. Deshalb war Berija nach Moskau geholt worden.

Der Repressionsapparat, die Aufklärung und die Abwehr wurden vollkommen reorganisiert. Die verhängnisvolle Tätigkeit dieser Organe erreichte ein Ausmaß, welches das ganze Land von den Limanen Odessas bis zu den Vulkanen Kamtschatkas erbeben ließ.

In einer Sommernacht des Jahres 1938 verhafteten NKWD-Mitarbeiter die Leitung einer Rohrgießerei, die im ersten Fünfjahresplan in Mogiljow errichtet worden war. Die Ingenieure wurden der Anstiftung zur Diversion, der Spionage, des Terrors und antisowjetischer Agitation beschuldigt. Man brachte sie in eine enge Zelle, schloß die Fenster und die Tür hermetisch ab und überheizte den Raum bis zur Unerträglichkeit. Nach einigen Tagen verloren die Eingesperrten das Bewußtsein, sechs verfielen dem Wahnsinn. Die örtlichen Untersuchungsführer waren erfinderisch in ihren Foltermethoden: Wer sich nicht fügen wollte, dem wurde eine Gasmaske aufgesetzt, bevor man ihn mit Gummiknüppeln gnadenlos verprügelte. In den nächtlichen Verhören mußte sich der Angeklagte auf das Bein eines umgedrehten Schemels setzen. Nach zwei Wochen Verhör unterschrieben sie alle Protokolle, mit denen sie rücksichtslos ihre konterrevolutionäre Tätigkeit eingestanden.

In der Sonderzelle Nr. 6 waren auf 16 Quadratmeter sechzig Personen untergebracht. Tagelang standen sie so eng beisammen, daß niemand zu Boden fallen konnte. Die kleinen Pritschen an den Wänden waren mit Kriminellen belegt. Sie verprügelten die „Politischen" und nahmen ihnen das letzte Stück Brot weg.

Im Frühjahr 1939 wurden die Leitungsmitglieder der Gießerei in ein großes dreigeschossiges Gefängnis gebracht und einzeln der Troika vorgeführt. Die erste Frage an jeden lautete:

„Bestätigen Sie Ihre Aussage während der Voruntersuchung?"

Was sollte man da schon antworten? Bestätigt man, wird man erschossen, weigert man sich, wird man totgeschlagen. Trotzdem widerrief der Leiter des chemischen Labors der Gießerei seine Aussage. Er wurde sofort ins Gefängnis zurückgebracht. Doch für alle stand das Ende bevor – den Direktor, den Chefingenieur, die Konstrukteure, die Meister und auch den Laborleiter.

Der Vorfall von Mogiljow wiederholte sich tausendfach in allen Städten des Landes. Überall funktionierten Troikas, die Filialen des OSO – des Sonderausschusses des NKWD. Nachdem Berija zum ersten Stellvertreter des Volkskommissars ernannt worden war, leitete er den OSO, von dem Millionen Bürger zum Tode oder zu Lagerhaft verurteilt wurden. Lawrenti stand am Fließband des Todes.

Im Sommer 1938 übertrug Stalin Berija die nicht ungewöhnliche Aufgabe, eine Gruppe von Volksfeinden ausfindig zu machen und zu liquidieren, die in den Apparat des ZK eingedrungen waren. Die Opfer hatte er wie gewöhnlich vorausbestimmt. A. I. Stezki, A. S. Jakubow und A. B. Chalatow wurde nach ihrer Verhaftung anhand der üblichen Beschuldigungen nachgewiesen, daß sie bereits 1932 kriminelle Kontakte zu den Oppositionsführern Rykow, Bucharin, Tomski, Kamenew und Sinowjew aufgenommen und im ZK selbst ein „konterrevolutionäres rechtstrotzkistisches Zentrum" organisiert hatten.

Die Tatsache, daß Jeschow, damals noch bevollmächtigter Volkskommissar, von diesem Fall ausgeschlossen war, besagt alles. Berija ging mit großer Vorsicht ans Werk: Er mußte einstigen Mitarbeitern des Generalsekretärs Geständnisse abringen, doch der Machthaber war in seinen Launen unberechenbar ...

Ende 1938 wurde der ehemalige Redakteur der „Iswestija", Iwan Michailowitsch Gronski, der jahrelang das besondere Vertrauen Stalins genossen hatte, der Verschwörergruppe zugeordnet. Berija selbst wagte es noch nicht, zur Führungsspitze gehörende Genossen ohne den direkten Befehl des großen Chefs in den Strudel der politischen Provokationen hineinzuziehen. Doch durch die Sammlung von Material über untergeordnete Funktionäre und frühere Mitarbeiter Stalins konnte sich Lawrenti Pawlowitsch einen Vorrat an Aussagen gegen Politbüromitglieder anlegen. Schließlich war jeder von ihnen ein potentieller Konkurrent auf dem Weg zur höchsten Macht. Der Generalsekretär wurde bald sechzig, und wenn er mal das Zeitliche segnete, dann mußte ja nicht unbedingt Molotow oder Kaganowitsch seinen Platz einnehmen. Kurz gesagt, Lawrenti Berija hatte sich für seine Chance gewappnet.

Während der Verhöre verlangte man von Gronski ausführliche Aussagen, welche Versuche er unternommen habe, um die Politbüromitglieder Molotow, Kalinin, Woroschilow und Mikojan für das „Zentrum" zu gewinnen; und welche Aufgaben ihnen übertragen werden sollten. Man wollte wissen, welche wertvollen Parteifunktionäre – ZK-Mitglieder und Volkskommissare – durch Intrigen bloßgestellt und zum Schaden des Staates aus ihren Funktionen entfernt werden sollten.

Der Untersuchungsgefangene durfte sich die Haare schneiden und rasieren lassen, sogar ein Bad nehmen. Nach dieser notwendigen Körperpflege wurde Iwan Gronski Berija vorgeführt. Der Volkskommissar saß in seinem riesigen Arbeitszimmer, im Sessel neben ihm Bogdan Kobulow. Diesen Experten sah Gronski zum erstenmal, während er sich an Lawrenti Pawlowitsch noch aus dem Jahre 1932 erinnerte, als er im Auftrag des Politbüros nach Georgien fuhr, um dort „Ordnung zu schaffen". Der Untersuchungsführer sagte Gronski, daß der neue Volkskommissar von ihm eine sehr hohe Meinung habe. Das war nur zu verständlich, denn der Generalsekretär hatte nur sehr wenige Vertraute. So hielt es Berija für angebracht, sich dem ehemaligen Günstling Stalins gegenüber abwartend zu verhalten.

Gronski wurde ins Zimmer geführt. Man begrüßte sich wie Gleichgestellte. Berija bat den Verhafteten, Platz zu nehmen, und fragte ihn: „Wie geht es?"

„Sehr schön ist es gerade nicht in diesem Haus."

„Schikaniert man Sie etwa? Behandelt Sie der Untersuchungsführer schlecht?"

„Nein, über den Untersuchungsführer kann ich mich nicht beklagen. Doch es wäre langsam an der Zeit, in meinem Fall Klarheit zu schaffen, zumal es für die Anschuldigungen keinerlei Beweise gibt. Es kann ja auch keine geben."

„Ich verspreche Ihnen, Iwan Michailowitsch, daß ich mich persönlich Ihrer Sache annehmen werde. Ich werde für Sie tun, was ich kann . . ."

Natürlich konnte Berija nicht über das Schicksal Gronskis bestimmen. Kein Chef in der Lubjanka, von Dshershinski bis Jeschow, konnte dort uneingeschränkt schalten und walten. Stalin ließ das Hauptinstrument seiner persönlichen Macht keine Stunde aus dem eigenen eisernen Griff. Die Entscheidungen über Leben und Tod wurden nicht in der Lubjanka gefällt.

In den ersten Tagen nach dem denkwürdigen Gespräch mit dem Volkskommissar war der Untersuchungsführer noch sehr entgegenkommend. Doch dann änderte er plötzlich die Taktik und ließ Gronski überhaupt nicht mehr zum Verhör holen. Einen Monat später forderte er ihn barsch auf, das Schlußprotokoll der Untersuchung zu unterschreiben. Die Seiten waren nur

halb beschrieben und nicht numeriert. Doch Gronski unterschrieb. Sollten sie sich doch etwas aus den Fingern saugen und
aus dem Fall machen, was sie wollten. Es war ja doch alles
egal . . .

Später wurde Gronski die Anklageschrift vorgelegt. Darin
hieß es, er habe ständig an den Sitzungen des Politbüros teilgenommen und dessen Aufträge ausgeführt, dabei jedoch das
sorgfältig getarnte rechtstrotzkistische Zentrum organisiert. Er
habe Verrat geübt und konspiriert . . . Seine Vergehen fielen unter Artikel 58 Punkt 1-A, 7, 8–17 sowie Punkt 11 des Strafgesetzbuches – Verrat, feindliche Tätigkeit, Terror, Mitglied einer
antisowjetischen Organisation . . . (Erinnerungen von I. M.
Gronski)

In der Kampagne zur Vernichtung der Armeeführung hatte
man es besonders auf Marschall Blücher abgesehen. Nach der
erfolgreichen Operation am Chasan-See im August 1938 wurde
Blücher nach Moskau gerufen. Die Zeitungen beschrieben in
großer Aufmachung die siegreichen Schlachten und nannten die
Namen der Helden, doch Blücher als Oberbefehlshaber der
Truppen wurde nicht erwähnt. Der Marschall ahnte, was dies zu
bedeuten hatte . . .

Stalin schwieg, als Blücher im Kriegsrat wegen zu langen Zö-
gerns bei der Abwehr der Intervention und wegen der hohen
Verluste kritisiert wurde. Nach der Sitzung beruhigte Woroschilow Wassili Konstantinowitsch und lud ihn aus alter
„Freundschaft" zur Erholung auf seine Datscha in Sotschi ein.
Blücher telegrafierte seiner Frau und ließ sie mit den Kindern
nach Moskau kommen. Ende September fuhr man zusammen
ans Meer.

Die Datscha des Volkskommissars für Verteidigung lag in
Botscharow Rutschej, hinter dem Riviera-Park von Sotschi.
Ganz in der Nähe hatte man ein großes zweigeschossiges Vier-
familienhaus für Marschälle gebaut. Es stand zu jener Zeit leer.
Die Fensterscheiben waren getüncht, um jeden Einblick zu ver-
wehren.

Blücher las nach alter Gewohnheit die Zeitungen. „Feinde,
des Volkes, deutsche Spione aus Berlin, haben alle Anstrengun-
gen unternommen, um das eiserne Rückgrat der Roten Armee

zu brechen ..." Das schrieb die „Prawda" am 13. Oktober. Mitte Oktober begann die Veröffentlichung des Erlasses über die Auszeichnung der Helden in den Kämpfen am Chasan-See. Der Name des Oberkommandierenden der Front war bereits geächtet. Anders ließ sich nicht erklären, daß man ihn beharrlich verschwieg.

Man holte ihn am Morgen des 22. Oktober. Der Marschall schlief noch. Er war mit seiner Familie spät zu Bett gegangen, sie hatten bis in die Nacht Domino gespielt. Es herrschte Sturmwetter, deshalb hatten sie auf den Abendspaziergang verzichtet.

Die drei Leute Berijas betraten forsch und selbstsicher das Schlafzimmer, weckten Blücher, durchsuchten seine Kleidung und nahmen ihm den Revolver ab. Seine Frau fütterte gerade ihren acht Monate alten Sohn. Sie bemerkte die Fremden und ging zum Schlafzimmer, doch der Wachposten Lemeschko verweigerte ihr den Zutritt. Er war Blücher als Personenschutz in Sotschi zugeteilt worden. Der Marschall hatte ihn in seine Familie aufgenommen, sie speisten gemeinsam und unternahmen zusammen Spaziergänge am Meer und im Park. Blücher nannte ihn „Genosse Lemeschko". Sein Schlafzimmer lag im zweiten Stock. Nun stand Lemeschko mit verschränkten Armen in der Tür und wollte damit der Frau Blüchers offensichtlich zu verstehen geben, daß sie hier nichts zu suchen habe.

Wassili Konstantinowitsch, sein Bruder und seine Frau wurden getrennt zum Bahnhof gebracht. Blücher wurde in einem Sonderwagen nach Moskau und dort sofort ins Lefortowo-Gefängnis gefahren. Seine Frau kam in die Lubjanka, in das Innere Gefängnis Nr. 2.

Blücher wußte, was ihn erwartete. Bereits im Sommer 1936, als zahlreiche Feldherren, seine Kampfgefährten aus dem Bürgerkrieg, hingerichtet wurden, war er sich dessen bewußt. Ende Juni 1938 kamen Mechlis und Frinowski nach Chabarowsk und traten im Haus des Marschalls überaus selbstsicher auf. Wassili Konstantinowitsch meinte damals zu seiner Frau:

„Da sind Haie gekommen, die mich fressen wollen. Ich weiß noch nicht, wer wen schaffen wird – sie mich oder ich sie. Letzteres ist unwahrscheinlich."

Wenige Tage vor seiner Verhaftung sagte er seiner Frau: „Wenn mir etwas geschieht, die Geschichte wird mich rehabilitieren."

Doch ganz andere Haie, viel schlimmere als die beiden Besucher von Chabarowsk, hatten es auf Blücher abgesehen. Sechzehn Tage lang wurde er im Gefängnis gefoltert. Unter der persönlichen Aufsicht Berijas versuchten vier Untersuchungsführer einzeln und gemeinsam, ihn zu Aussagen zu zwingen.

Marschall Blücher, den Helden des Bürgerkriegs, Träger des ersten Rotbannerordens, den Feldherrn, der erst vor kurzem die japanischen Aggressoren am Chasan-See besiegt hatte, bezichtigte man der Spionage für Japan! Außerdem beschuldigte man ihn, die Angliederung des Fernen Ostens an Japan vorbereitet zu haben. Die Fluchtvorbereitungen habe der Flieger Pawel Blücher, der Bruder Wassili Konstantinowitschs, getroffen. Dies war ein weiteres Komplott Stalins und Berijas nach dem üblichen Schema.

Einen Tag nach Woroschilows großspuriger Rede, in der es hieß, daß „das sowjetische Volk unter der Führung der Partei Lenins und Stalins im vergangenen Jahr die verbrecherische Tätigkeit feindlicher Agenten, trotzkistisch-bucharinistischer Spione und Verschwörer erbarmungslos durchkreuzte und zunichte machte und dies auch in Zukunft tun wird ...", hat Berija in seinem Arbeitszimmer Blücher erschossen.

Leonid Grigorjewitsch Braun gehörte im Bürgerkrieg der 30. Division Blüchers an. Ihre Familien waren befreundet und verbrachten gemeinsam den Urlaub im Ferienheim „Barwicha". Braun wurde in ein Lager bei Krasnojarsk gebracht, wo er den ehemaligen Leiter des Lefortowo-Gefängnisses und den Gefängnisarzt Olschewski traf, den man ebenfalls dorthin verbannt hatte. Sie berichteten Braun von den letzten Tagen Blüchers.

Lawrenti Berija ließ die Frau des Marschalls am zweiten Tag nach der Verhaftung holen. Er fragte weder nach den feindlichen Plänen Blüchers, noch drohte er mit Strafe. Glafira war gerade 23 Jahre alt. Möglicherweise hat ihre Jugend sie vor dem Schlimmsten bewahrt. Nach fünfeinhalb Monaten Einzelhaft kam sie in das Butyrka-Gefängnis und dann in ein Straflager bei Karaganda. Der Sonderausschuß verurteilte sie zu acht Jahren Haft.

Nach der Verhaftung Blüchers wurden seine Kinder, der fünfjährige Woira und der kleine Wassili, in ein Kinderheim gesteckt. Ebenso die Nichte Nina, Tochter der Schwester des Marschalls. Der älteste Sohn aus erster Ehe, Wsewolod, wurde zweieinhalb Jahre in ein Lager für politische Gefangene bei Naltschik gesteckt, weil er sich weigerte, seinen Familiennamen abzulegen. Im Großen Vaterländischen Krieg kämpfte er als einfacher Soldat, erhielt aber trotz erwiesener Tapferkeit keinerlei Auszeichnungen. Er starb im Jahre 1978.

Die Witwe Blüchers stand nach verbüßter Lagerhaft noch lange unter Beobachtung. 1957 fuhr sie nach Moskau und wurde in der KPK von dem Untersuchungsführer der Partei, Krylow, empfangen. Er hatte 1955 die Dokumente für die Rehabilitierung Blüchers zusammengestellt und kannte den Fall genau. Der Marschall war nicht einmal aus der Partei ausgeschlossen worden, so eilig hatten es gewisse Leute mit seiner Aburteilung. Der Frau drohte ebenfalls die Höchststrafe, doch in letzter Minute ließ jemand Gnade walten. Auch Machthaber sind zuweilen augenblicklichen Stimmungen unterworfen.

Krylow ließ die Personen kommen, die als letzte den Marschall gesehen hatten. Vor seinem Tod war es noch zu einer Gegenüberstellung mit dem Korpskommandeur Chachanjanow und dem Armeebefehlshaber Fedko gekommen. Blücher flehte seine Kampfgefährten förmlich an, gegen ihn auszusagen. Er wollte ihnen und sich weitere Qualen ersparen.

„Wie sah er aus?" fragte die Witwe.

„Blücher ähnelte jemandem, der mehrmals von einem Traktor überrollt worden ist. Die Untersuchungsführer hatten ihn bestialisch gefoltert. Er zeigte mit der Hand auf die leere Augenhöhle: ‚Warum hat man mir das angetan?'"

Am 28. November 1938 tauchte Berija persönlich in der Wohnung von Alexander Kossarew auf. Der Generalsekretär des ZK des Komsomol war damals 30 Jahre alt. Seine Frau Maria Viktorowna hielt sich tapfer. Als der Verhaftete abgeführt wurde, rief sie: „Sascha, komm zurück! Wir wollen uns voneinander verabschieden..."

Berija befahl, auch sie mitzunehmen. Für sie lag kein Haftbefehl vor, dieser wurde dem Staatsanwalt erst zwei Tage später zur Unterschrift vorgelegt.

Maria Viktorowna wurde nach Artikel 58 Paragraph 8 (Terror) und 11 (antisowjetische Agitation in Gemeinschaft) zu zehn Jahren Haft verurteilt. Sie verbrachte 17 Jahre in Arbeitslagern, davon einen Teil in Norilsk. Sie hatte insofern Glück, als sie in ihrem Beruf als Ingenieurökonom beschäftigt wurde. Wahrscheinlich hatte die Achtung gegenüber dem Namen ihres Mannes eine Rolle gespielt, sonst wäre sie in der allgemeinen Arbeitskolonne gelandet. Mit einer Strafe aufgrund Artikel 58 Paragraph 8 überlebten nur wenige...

Maria Kossarewa schrieb sofort nach der Hinrichtung Berijas im Dezember 1953 nach Moskau und wurde bald darauf als eine der ersten rehabilitiert. Zwei Monate später wurde auch Alexander Kossarew postum rehabilitiert. In den Rehabilitierungsunterlagen für ihn und seine Frau steht nur, daß der Fall wegen fehlenden Tatbestandes eingestellt wird. Auf dem Totenschein, den sie brauchte, um Geld vom gemeinsamen Sparkassenkonto abheben zu können, war als Todesursache Lungenentzündung angegeben. In Wirklichkeit ist A. Kossarew am 23. Februar 1939 hingerichtet worden. Maria Viktorowna hat das Protokoll über die Urteilsvollstreckung gesehen, als sie 1956 vom Generalstaatsanwalt der UdSSR, Rudenko, empfangen wurde.

Als es um die Zahlung von Entschädigung für beschlagnahmtes Eigentum ging, kam zutage, daß sich die Leute Berijas durch Diebstahl bereichert hatten. Viele Dinge, die Waffensammlung (Kossarew sammelte alte Pistolen) und wertvolle Bücher, wurden gestohlen. Die Kossarews besaßen eine Bibliothek mit über zweitausend Bänden. Im Beschlagnahmeprotokoll war aber nur vermerkt: Broschüren – 550 Stück, Bücher mit festem Einband – 700 Stück. Auch den Pkw Kossarews hatte sich jemand angeeignet. Ein Mitarbeiter der Finanzabteilung des MWD fragte sie (1954!): „Wissen Sie vielleicht, wer Ihr Auto genommen hat und wo es geblieben ist?"

Auch 1938 nahm die grausame Rechtsbeugung kein Ende. Viele Militärs, Partei- und Staatsfunktionäre, die man 1937 verhaftet hatte, wurden nun unter Lawrenti Berijas Oberherrschaft zum Tode verurteilt.

Stalin lieferte Berija allerdings nicht alle alten Bolschewiki aus. Grigori Petrowski, Maxim Litwinow, Jelena Strasowa, Gleb Krshishanowski und Jemeljan Jaroslawski ließ er am Leben. Letzterer verdingte sich schließlich als Fälscher der Parteigeschichte und umgab den Führer mit einem Glorienschein.

Pjotr Ananjewitsch Krassikow blieb ebenfalls lange unbehelligt. Er war ein Altersgenosse Lenins und seit 1892 Mitglied der Partei. Unter der Sowjetmacht übte er verantwortungsvolle Funktionen aus: Vorsitzender der Untersuchungskommission und stellvertretender Vorsitzender des Obersten Gerichts. „Gegenüber den Klassenfeinden kannte er keine Gnade", schrieb Jaroslawski über ihn. Doch im Herbst 1938 war seine Zeit abgelaufen. Als Berija die Hauptverwaltung für Staatssicherheit des NKWD übernahm, wurde Krassikow ohne Angabe von Gründen vom Dienst suspendiert und in den Ruhestand versetzt. Am 20. August 1939 verstarb er in Shelesnogorsk und wurde in aller Stille auf dem Friedhof der Stadt beigesetzt.

Zwei Jahre nach der Bildung der Gesamtrussischen Tscheka nahm Salpeter den Dienst in dieser Kommission auf. In Tbilissi leitete er den Sonderausschuß der Tscheka Transkaukasiens. Mit seinem anständigen und ehrlichen Charakter paßte er überhaupt nicht in Berijas Konzept. Als Stalin und Berija die ehemaligen führenden Funktionäre der Region ihrer Ämter enthoben, wurde Salpeter als Stellvertreter des bevollmächtigten Vorsitzenden der OGPU, Sakawski, nach Nowosibirsk versetzt. Zwei Jahre später kam er dann nach Moskau und wurde unter Jeschow Leiter des Sonderausschusses.

1937 mußte er für seine ehrliche und lautere Diensterfüllung zahlen. Nach einem Vorwand für seine Verhaftung brauchte nicht lange gesucht zu werden. In lustiger Gesellschaft hatte Salpeter den Volkskommissar „Wassili den Einfältigen" genannt. Tatsächlich handelte Nikolai Jeschow wie im Rausch, tat alles das, was man ihm sagte ...

Am Tisch saßen nur sechs Personen, alle seine Vertrauten. Doch einer hatte geredet. Salpeter wurde verhaftet, dann auch seine Frau Tasso. Acht Monate wurde sie im Lefortowo-Gefängnis gefoltert. Sie mußte in der Mitte der Zelle Platz nehmen, so daß man sie beobachten konnte. Schatten huschten an ihr vorbei und von oben kam es im Flüsterton: „Verrückte Alte! Verrückte Alte!" Dann erklang Kinderweinen . . . Alles das geschah bereits unter der qualifizierten Leitung Berijas.

Man verlangte von Tasso, daß sie konterrevolutionäre Umtriebe eingestehen und ihren Mann belasten sollte, der sie angeblich für seine „Organisation" angeworben hatte. Der Untersuchungsführer legte ihr die Aussage Salpeters vor. Den letzten Anblick ihres Mannes bei der Gegenüberstellung hat sie niemals vergessen.

Der Untersuchungsführer stand hinter Tasso. Solja (so nannte sie ihren Mann) wurde hereingeführt. Sein Blick war abwesend, die Hände waren verbunden, und an den Füßen trug er zwei verschiedene Schuhe. Er war aber gewaschen und rasiert. Salpeter mußte seiner Frau gegenüber Platz nehmen. Sie fragte:

„Solja, warum soll ich diese falschen Aussagen gegen dich und gegen mich selbst unterschreiben? Schau mich an . . .!"

„Tasso, unterschreibe alles, das fordert die Partei!"

„Was redest du, was ist mit dir los, Solja . . .?"

„Unterschreibe, das ist wichtig für die Partei!"

Salpeter war einer der sieben Millionen Häftlinge, die in den Jahren des „großen Terrors" (1935 bis 1940) in Gefängnissen umkamen. Mit seiner Frau verfuhr das Schicksal etwas gnädiger. Bei Kriegsausbruch war Tasso Salpeter im Lager Burma, einem der größten Lager bei Karaganda in der Nähe der Bahnstation Sharyk. Dort blieb sie bis zum Ende ihrer Haft.

Tasso geriet jedesmal außer sich, wenn sie auf die Grausamkeit und Gemeinheit Berijas zu sprechen kam, mit dem ihr unglücklicher Mann so viele Jahre in den Organen zusammengearbeitet hatte. „Berija ist zum Führer aufgestiegen, lebt in Luxus wie ein Zar", empörte sie sich. „Was macht er mit Rußland . . .? Er erstickt es in Blut. Und dasselbe geschieht mit Georgien."
(Erinnerungen von O. N. Kartwelischwili)

89

Tasso erlebte noch ihre Rehabilitierung, doch sie war erblindet.

Man darf sich den Massenterror nicht als plötzlichen Ausbruch animalischer Grausamkeit von selbsternannten Führern und Parteifunktionären der unteren Ebene vorstellen. Der Terror hatte System: Er sollte das ganze Volk in Angst und Furcht versetzen, es (und mit ihm die Partei) zu absolutem Gehorsam zwingen und gleichzeitig die Partei- und Staatsführung im Zentrum und auf unterer Ebene ersetzen.

Josef Stalin war ein politischer Stratege und kein einfacher Schlächter. Berija war der zuverlässige Vollstrecker der taktischen Schläge und an vielen seiner raffinierten Schachzüge unmittelbar beteiligt.

Zoologen und Jäger sind der Meinung, daß die Natur ein grausames und gefräßiges Raubtier wie den Wolf braucht. Wölfe jagen die Tiere bei Tag und Nacht, halten sie in Schach und damit lebensfähig. Doch die Raubtiere dürfen sich nicht unkontrolliert vermehren, denn Wölfe vernichten alles Leben im Umkreis und fressen sich dann selbst auf. Deshalb gilt der gezielte Abschuß von Wölfen als zweckmäßig.

Die Geschichte kennt die Abschußquote des erlauchten Führers nicht, auf alle Fälle dezimierte er regelmäßig die Reihen der Kommandeure seiner Straf- und Sicherheitsorgane.

Genrich Jagoda hatte nach dem Tod von Menshinski nur wenige Führer der OGPU des NKWD verschwinden lassen. Jeschow liquidierte drei Dutzend Mitarbeiter des zentralen Apparats, darunter verdientermaßen den Stellvertreter Jagodas, Prokofjew, den Vertrauten des Volkskommissars, Moltachnow, und alle Leiter der Verwaltungen. Die Säuberung machte auch vor den Gefängnisleitern nicht halt.

Nachdem Jeschow beseitigt war, nahm Berija in den leitenden Gremien der Organe eine gründliche Säuberung vor. Vollstrecker und Zeugen der blutigen Verbrechen mußten beseitigt werden. Allein 1937 wurden dreitausend operative Mitarbeiter der Außenstellen der Lubjanka umgebracht.

Zweifellos einigten sich Stalin und Berija unter vier Augen über jeden fraglichen Todeskandidaten. Am Tag der Verhaftung

Jeschows wurde sein Stellvertreter Michail Frinowski abgeholt. Dieser hatte seine Karriere in Transkaukasien unter Berija begonnen, arbeitete im Fernen Osten und dann in Moskau. Er war für den Fall Tuchatschewski zuständig. Nach der Liquidierung der Flottenkommandeure ernannte man ihn zum Volkskommissar der Seekriegsflotte und Armeekommandeur ersten Ranges. Diese Kombination war einmalig. Frinowski wurde zusammen mit seiner Frau, Aspirantin am Institut für Geschichte der AdW der UdSSR, und seinem noch schulpflichtigen Sohn hingerichtet. Damals wurde auch der Kommissar ersten Ranges der Staatssicherheit, Stanislaw Redens, einst Berijas Chef, verhaftet. Redens' Frau Anna Allilujewa war die Schwägerin des Generalsekretärs. Doch solche Aspekte waren für Stalin kein Hinderungsgrund. Jeschows Apparat war dem Untergang geweiht. Berija liquidierte ihn ohne Zögern. Was kostete es schon, eine neue Mördergarde zu dingen?

Berija versuchte mit allen Mitteln, die Illusion eines Klimawechsels zu erwecken. Er verfügte, daß den Häftlingen in den Zellen Brettspiele und Bücher erlaubt wurden. In den Gefängnissen tauchten Staatsanwälte auf. Sie gingen von Zelle zu Zelle und stellten Fragen. Wenn jemand wirklich auf die übliche Frage nach Beschwerden auf die schmalen Rationen und fehlenden Zigaretten verwies, dann wurde diese Heldentat noch lange in der stillen Zelle erörtert . . . Man erzählte sich, daß 1939 ein Staatsanwalt zur Überprüfung der Strafvollzugsorgane in das Arbeitszimmer eines Untersuchungsführers gekommen war. Er hatte die Frage nach Beschwerden in einem Ton gestellt, der absolut keine Widerrede duldete. Was aber tat sich in den Lagern? Ende 1938 wurden in den Einzellagern die Häftlinge zusammengeholt, deren Frist im kommenden Frühjahr abgelaufen war. Man verlas einen Beschluß des OSO und erlegte ihnen neue Haftzeiten zwischen fünf und zehn Jahren auf. Im März wurden sie erneut geholt. Wie es hieß, sei dieser Beschluß ein Fehler gewesen. Mit Jeschows Politik sei nun Schluß und laut Gesetz seien sie nun frei.

In jedem Einzellager (OLP) gab es mehrere solcher Glückspilze. Sie alle waren wegen „Feindtätigkeit" (Störungen der Produktion und des Verkehrs, falsche Anweisungen usw.) verurteilt worden. Die übrigen – „Geheimnisverräter" (Artikel 58, Paragraph 10 des Strafgesetzbuchs) und „Kontras" (KRD, KRTD usw.) – bat man, sich noch zu gedulden.

Was veränderte sich am Schicksal der sechzehn Millionen Menschen in den unzähligen Haftlagern? Gönnte man den Häftlingen nach Foltern und Schlägen nun weiche Matratzen, gab es statt der dünnen Wassersuppe vielleicht etwas Gemüse und Fleisch? Durften sie Verwandte wiedersehen? Wurde die mörderische Arbeit zum Wohle des großen Führers auch nur etwas erleichtert? Nein, auf solche materiellen und geistigen Aufwendungen konnten sich weder Stalin noch Berija von Staats wegen einlassen.

Wie alle anderen politischen Kampagnen ging auch diese bald im demagogischen Rauch auf. Stalin beauftragte das Politbüromitglied Andrej Andrejew mit der Rolle des einfühlsamen Hauptinspekteurs. Dieser war einst so unvorsichtig gewesen, sich zeitweise der Plattform Trotzkis anzuschließen. Stalin und seine Umgebung erinnerten ihn ständig daran, daß er ein „Trotzkist" gewesen war, obwohl er später „der Partei gegenüber ehrlich reinen Tisch gemacht hatte". Der zu Tode erschrockene Mann machte sich nun daran, Berijas Dienststellen auf unschuldig Verhaftete zu überprüfen. Es drängt sich die Frage auf, ob Andrejew diese Aufgabe auf Vorschlag Lawrenti Pawlowitschs erhalten hat . . .

Aus einem abgelegenen Gebiet wurde ein Parteifunktionär der unteren Ebene, „Mitglied einer gefährlichen konterrevolutionären Organisation", nach Moskau geholt. Im Arbeitszimmer der Unterschungskommission des NKWD wurde er aufgefordert, dem „Vertreter des ZK" die volle Wahrheit zu sagen. Der sich in den eigenen Aussagen verstrickende, halbtote „Volksfeind", der das Politbüromitglied im dunklen Hintergrund nicht gleich wahrnahm, wußte nicht, wozu er sich entschließen sollte. Er war schon mehrmals auf Provokation hereingefallen. Selbst als er Andrejew erkannt hatte, fürchtete er noch immer eine Falle. „Andrejew geht, aber ich bleibe hier, in ihren Händen . . .", überlegte der Verhaftete. Deshalb bestätigte er seine schlimmen Aussagen und wurde zusammen mit „Komplizen" erschossen. Wie sich J. G. Gnedin erinnerte, spielten sich solche Szenen wiederholt im Beisein Andrejews und anderer Mitarbeiter Berijas ab.

Je mehr in den Zeitungen und Parteigremien die Jeschow-Praktiken angeprangert wurden, um so stärker wuchs bei den Menschen die Hoffnung auf eine Wende zum Guten. Niemand dachte auch nur daran, daß es über zwanzig Jahre dauern würde, um Millionen Todesurteile und Einweisungen in Lager zu revidieren.

Es war einfach unmöglich, auch nur ein Hundertstel der Untersuchungsprotokolle einer Prüfung zu unterziehen. Wer sollte denn den Strom zum Halten bringen, wer jeden Tropfen unschuldig vergossenen Blutes untersuchen?

Alle warteten auf Veränderungen, alle hofften auf den „neuen Besen". Genosse Berija wird schon in seinem Haus in der Lubjanka Ordnung schaffen . . .

Um seine eigene Ohnmacht und die verhängnisvollen Folgen der Gewaltmethoden in der Wirtschaftsleitung zu vertuschen, inspirierte Stalin bereits Ende der zwanziger Jahre die Kampagne zur Entlarvung von Feindtätigkeit in der Industrie. Erinnert sei nur an den „Fall der Bergarbeiter".

„Volksfeinde" wurden überall gesucht und gefunden – in Bergwerken, Fabriken, in der chemischen und der Rüstungsindustrie. Nachdem die alte technische Intelligenz vernichtet worden war, begann man jetzt in den dreißiger Jahren eine Kampagne gegen die neue. Berija entfaltete dabei höchsten Diensteifer. Kein Volkswirtschaftszweig blieb verschont. Die für Wirtschaft zuständige Verwaltung des NKWD durchforstete, zum wievielten Male schon, alle Industriebetriebe des Hohen Nordens, des Urals, Mittelasiens und des Fernen Ostens. In Mitleidenschaft gezogen wurde vor allem die Schwerindustrie der Ukraine: Nach dem Tod von Sergo Ordshonikidse wurden fast alle Direktoren und Chefingenieure der großen metallurgischen Betriebe und Kombinate verhaftet.

In Baku wütete Bagirow. Er lieferte die besonders gefährlichen Schädlinge in der Erdölindustrie an Moskau aus. Auch die Energiewirtschaft kam nicht ungeschoren davon. Selbst in abgelegenen Kraftwerken wurden immer wieder Direktoren als Spione „entlarvt".

Im Jahre 1939 fiel die Kommission für staatliche Kontrolle beim Rat der Volkskommissare der UdSSR einem Pogrom zum Opfer. An die Kommissionsvorsitzende Rosalija Semljatschka wagte sich Berija nicht heran. Offensichtlich hatte dem großen Führer ihr engagierter Einsatz im Kampf gegen die „Volksfeinde" gefallen. Berija ließ ihren Stellvertreter Burow- Schub verhaften. Der Volkskommissar des Inneren ordnete dazu an, ihn zu Aussagen über die konterrevolutionäre Tätigkeit von Rosalija Semljatschka zu veranlassen. Im Fall Burow zeigte sich eine bemerkenswerte Tatsache: die eindeutig antisemitische Ausrichtung der Verhöre. Jewgeni Gnedin, sein Zellennachbar, hat diesen Fall schriftlich festgehalten.

Der Eisenbahntransport im Lande war ein einziges Chaos. Selbst Stalins Volkskommissar Lasar Kaganowitsch konnte hier keine Ordnung schaffen. Fast täglich kam es zu Unfällen, Zusammenstößen und Bränden. Berija beschloß, ein altbewährtes Mittel einzusetzen – den Terror. Die Unfälle nahmen zwar nicht ab, dafür erhöhte sich aber die Zahl der Lagerinsassen. In der Presse war über Feindtätigkeit und Spionage im Verkehrswesen zu lesen.

Berija stellte einen alten Bekannten aus Tbilissi, den Kommissar der Staatssicherheit Solomon Milstein, an die Spitze der Transportverwaltung des NKWD. Dieser wußte genau, was er zu tun hatte. Es rollten die Köpfe der Leiter des Volkskommissariats für Verkehrswesen und sämtlicher Verantwortlichen der Eisenbahndirektionen – sowohl jener alten Experten, die Jeschow überlebt hatten, als auch der neuen Leiter. Ob Dienst- oder Stationsleiter, leitender Ingenieur oder Rangiermeister – faktisch niemand war sich seines Lebens sicher. Milstein holte sie einen nach dem anderen, selbst seine eigenen Mitarbeiter.

Nach der Veröffentlichung des Gesetzes über die allgemeine Wehrpflicht im September 1939 setzte die Einlieferung von

Gläubigen, die aus religiöser Überzeugung den Wehrdienst verweigerten, in die Haftlager ein. Das bereits 1919 (am 4. Januar) erlassene Dekret des Rates der Volkskommissare der RSFSR über die Befreiung vom Wehrdienst aus religiöser Überzeugung wurde praktisch schon lange nicht mehr eingehalten, doch die Gläubigen konnten sich zumindest damit rechtfertigen und vor den Behörden verteidigen. Nun standen sie vor der Alternative – entweder Wehrdienst oder Gefängnis. Im September 1939 erklärte Marschall Woroschilow auf der Tagung des Obersten Sowjets, in der Sowjetunion gäbe es keinen einzigen Wehrdienstverweigerer.

Es existiert ein Foto, das wahrscheinlich erstmals in den Memoiren Nikita Chrustschows veröffentlicht wurde. Darauf ist Woroschilow in brüderlicher Umarmung mit Berija abgebildet.

Gegenüber gutinformierten „Volksfeinden" – verantwortlichen Mitarbeitern des Staats- und Parteiapparats – wandte Berija eine besondere Technik an. Schläge und Folter blieben ihnen zwar auch nicht erspart, doch die Verhafteten wurden nicht zu Tode geprügelt. Diese Kategorie von Verfolgten konnte nämlich wertvolles Ausgangsmaterial für Variationen zu den Themen „Verschwörung", „antisowjetisches Zentrum", „Spionagenest" usw. liefern ...

Lawrenti Berija hatte noch einen weiteren, für ihn wichtigen Grund, ihr Leben (zumindest vorerst) zu schonen. Diese leitenden Mitarbeiter, die häufig mit Volkskommissaren und sogar Parteiführern verkehrten, konnten Aussagen zu den engsten Vertrauten Stalins machen. Auch über diesen schwebte ständig ein Damoklesschwert. Das wußte Berija genau. Er war bereit, dem großen Führer zu jeder Zeit Material über in Ungnade gefallene Funktionäre zu liefern.

Für diese Aufgabe wurden gebildete Untersuchungsführer ausgewählt, die sogar zu höflichen Umgangsformen fähig waren. Einigen brachte man im Schnellverfahren psychologische Untersuchungsmethoden bei. Vertrauenerweckend erklärten sie: „Wir wissen *alles* über Sie. Uns interessieren nur Einzelheiten. Also sprechen Sie."

Und sie ließen durchblicken: „Die Lager sind unterschiedlich, manche sind abgelegen und andere in der Nähe, in manchen sind die Bedingungen hart, in anderen weniger. Verstehen Sie mich nicht falsch, Sanatorien sind die Lager alle nicht. Von Ihnen selbst hängt es ab, ob wir Sie in den Norden zum Holzfällen oder noch weiter, hinter den Polarkreis, schicken, wo es keine Bäume mehr gibt."

Mitfühlend warnten sie: „Denken Sie bitte an Ihre Frau, sie hat mich erst gestern angerufen, und an die Kinder. Schauen Sie mich nicht so an, als sei ich ein verfluchter Feind. Ich habe auch Kinder, die mir am Herzen liegen. Ich erfülle nur ehrlich meine Pflicht, meine Dienst- und Parteipflicht."

Man redete den Vorgeführten ins Bewußtsein: „Sie sind doch auch Mitglied der Partei, Sie müssen mich doch verstehen. Ich bin schließlich nur der Untersuchungsführer, der Kommissar will von mir Unterlagen . . ."

Und man beruhigte die Häftlinge: „. . . Lassen Sie Ihre Angst. Ja, wir wenden mitunter auch physische Gewalt an. Dazu sind wir berechtigt, um gefährlichen feindlichen Plänen auf die Spur zu kommen. Ihnen aber wird kein Haar gekrümmt. Sie sind schließlich Patriot geblieben. Ich glaube, daß Sie einen Fehler gemacht haben, aber bereit sind, dem Vaterland zu helfen . . . Ist es nicht so? Wie ich sehe, können Sie sich nicht beruhigen. Ich lasse Ihnen einige Blatt Papier und einen Federhalter hier. Hier sind auch Zigaretten und Streichhölzer. In einer Stunde komme ich wieder."

Trotzdem wagten es manche Opfer Berijas, während der Ermittlungsverfahren und vor Gericht von Folterungen zu sprechen. Einige Staatsanwälte, die die neueste Technik des Staatsterrors noch nicht begriffen hatten, ließen diese Aussagen von Gefolterten zu Protokoll nehmen. Als der Volkskommissar des Inneren davon erfuhr, verlangte er von Wyschinski, alle Versuche, die Organe in Mißkredit zu bringen, zu verhindern. Es existiert ein Schreiben Wyschinskis an Berija, in dem der Generalstaatsanwalt mitteilt, daß er angewiesen habe, keine provokatorischen Erklärungen zu protokollieren.

Vor dem Krieg wurden in den Gefängnissen Abhöranlagen installiert. Die eingeweihten Mitarbeiter Lawrenti Berijas hörten auf, sich frei und ungezwungen zu unterhalten. Lediglich über Frauen, Theater, Bestseller, Konfekt- und Zigarettensorten, Ferienorte und dergleichen wurde noch gesprochen ... Doch die ahnungslosen Häftlinge machten oft zwischen zwei Verhören ihrem Herzen Luft. Und beim erneuten Verhör durch den Untersuchungsführer mußten sie für einen unvorsichtigen Satz teuer bezahlen.

Das Volkskommissariat des Äußeren (NKID) wurde wie die übrigen Volkskommissariate 1937 bis 1938, noch vor dem Einzug Lawrenti Berijas in die Lubjanka, gesäubert. Sehr viele alte Parteimitglieder – Botschafter, Berater, Sekretäre und Attachés – fielen den Pogromen zum Opfer. Litwinow konnte manchen noch retten. Mit Nachdruck setzte er sich im Politbüro und bei Stalin für seine Mitarbeiter ein. Doch nun kam auch er an die Reihe.

Um die Öffentlichkeit im Westen zu beruhigen, ließ Stalin die Botschafter der großen Staaten durch ein Sondertelegramm wissen, daß der Rücktritt Litwinows keine Veränderung der sowjetischen Außenpolitik bedeutete und nur auf Meinungsverschiedenheiten zwischen dem ehemaligen Volkskommissar und Molotow in Kaderfragen zurückzuführen sei.

Litwinow hatte wirklich versucht, die alten Kader des auswärtigen Dienstes vor der Liquidierung zu bewahren. Doch wieviel konnte er schon in den acht Jahren, in denen er das Volkskommissariat leitete, retten?

In den Vernehmungsprotokollen verhafteter Mitarbeiter des auswärtigen Dienstes wurden Aussagen gegen den Volkskommissar vermerkt. Sie enthielten nichts Besonderes, nur die üblichen Beschuldigungen der Spionage, des Verrats, trotzkistischer Kontakte, der Konterrevolution, subversiver Tätigkeit – wie eben bei allen „öffentlichen Prozessen". Es fehlte eigentlich nur noch die Festnahme des Verräters.

Berija erwartete täglich den Befehl des Generalsekretärs, Litwinow zu verhaften. Doch der Führer zögerte. Einerseits hielt er es für unangebracht, den Volkskommissar, den Verfechter einer englandfreundlichen Politik, gerade in einem Augenblick hinrichten zu lassen, in dem eine krasse Wende einsetzte. Das hätte bedeutet, den Gerüchten im Westen neuen Auftrieb zu geben.

Andererseits hielt ihn die Erinnerung an die Verdienste Litwinows während der Revolution zurück. Er, der große Führer, konnte es sich erlauben, diesen Mann von allen angreifen und doch unangetastet zu lassen.

Am 2. Mai 1939 trat im Arbeitszimmer Litwinows eine Kommission des ZK mit Molotow als Vorsitzendem und Malenkow, Berija und Dekanossow als Mitgliedern zusammen.

Zu dieser Zeit bahnten die Bevollmächtigten Stalins und Molotows bereits geheime Kontakte zu Berlin an. Das alles geschah ohne Wissen Litwinows, der Stalins Losung, unversöhnlich gegen den Faschismus zu kämpfen, ernst nahm.

Die verantwortlichen Mitarbeiter des Volkskommisariats des Äußeren (NKID) wurden spät abends in die Dienststelle beordert. Der Tonfall des Anrufs hatte sie stark beunruhigt. Das war ihnen anzusehen, als sie nacheinander eintrafen: der Leiter der Rechtsabteilung, Plotkin, der Dienststellenleiter Korshenko, der kurz zuvor vom NKWD zur Erhöhung von Ordnung und Sicherheit hierher abkommandiert worden war, der Mitarbeiter der Sonderabteilung, Tokmakow, der für die streng vertraulichen Personalakten der Mitarbeiter des Volkskommissariats zuständig war, der Leiter der Abteilung Baltikum, Beshanow, und der Leiter der Presseabteilung, Gnedin. Beshanow und Gnedin wurden direkt von offiziellen Empfängen herbeordert.

Molotow verhielt sich schweigsam und machte die ganze Zeit Notizen. Litwinow mischte sich ebenfalls nicht in die Befragung ein. Formell wurde diese Zusammenkunft als Berichterstattung über die Arbeit der Abteilung deklariert, doch tatsächlich war die Kommission an Informationen interessiert, die den Volkskommissar belasteten, indem sie von den Befragten Angaben über Feindtätigkeit im diplomatischen Dienst verlangten. An sich war dies nichts Außergewöhnliches: Wenn es in allen Volkswirtschaftszweigen, in der Wissenschaft und an der sogenannten Kulturfront Feinde gab, so mußte es zwangsläufig im Volkskommissariat des Äußeren doppelt so viele geben.

Jewgeni Gnedin hat die Sitzung der ZK-Kommission in seinen Memoiren geschildert. Besonders prägte sich ihm die schweigsame, doch unheildrohende Figur Berijas ein. Gnedin gab einen Bericht über die Arbeit der Abteilung. Als er zur Einschätzung der Auslandskorrespondenten überging, fiel ihm Berija ins Wort: „Darüber werden wir mit Ihnen später sprechen." Gnedin kritisierte die mangelhafte Auslandspropaganda. Selbst die Propagierung der sowjetischen Errungenschaften war so schlecht organisiert, daß sich ausländische Korrespondenten an die Presseabteilung wenden mußten, um allgemein freigegebene Angaben zur Wirtschaftsstatistik zu erhalten.

„Also auch damit haben Sie sich beschäftigt", warf Berija hinterhältig ein. Er hatte sich bereits die erforderlichen Aussagen über die „Spionagetätigkeit" Gnedins beschafft. Das nächste Thema war noch heikler: Gnedin ging auf die völlig sinnlose Zensur der Meldungen von Auslandskorrespondenten ein. Das Gesicht Molotows wurde zu Stein. Malenkow schaute den Todeskandidaten erstaunt und boshaft an. Berija aber lehnte sich herrisch in seinem Sessel zurück und keifte dann: „Sie sagen da Dinge, die nicht einmal ein Politbüromitglied zu äußern wagt."

Dieser Abend zog sich in die Länge. Aus dem Arbeitszimmer des Volkskommissars eilte Gnedin zu einer Pressekonferenz, beantwortete Fragen von Auslandskorrespondenten, sichtete Telegramme und stellte eine Übersicht für die ZK-Kommission zusammen. Dann mußte er erneut vor der Kommission erscheinen. Bis auf Litwinow waren alle noch anwesend. Berija sah Gnedin durch seinen Kneifer feindlich und schadenfroh an.

Molotow kanzelte Gnedin ungebührlich ab. Damit schien dessen Schicksal besiegelt zu sein, doch er blieb noch eine Woche lang auf seinem Posten. Am 10. Mai bestellte ihn der neue Stellvertreter des Volkskommissars des Äußeren, Dekanossow, für 19 Uhr zu sich. Das war für viele der letzte Abend auf freiem Fuß. Nach einem mit Molotow und Berija abgestimmten Plan richtete Dekanossow im Gebäude des NKID eine Art Durchgangsstelle ein, von wo aus die Mitarbeiter in die Lubjanka, in das Innere Gefängnis, gebracht wurden. Für ihre Überführung wurden nicht einmal Fahrzeuge benötigt, denn die Gebäude des NKID und des NKWD standen sich gegenüber.

Berija vertraute die verhafteten Mitarbeiter des Volkskommissariats des Äußeren seinem langjährigen Untergebenen und Folterknecht Bogdan Kobulow an.

Im ersten nächtlichen Verhör nannte Kobulow Gnedin einen gemeinen Spion. Gegen Morgen führte man ihn in die Zelle, ließ ihn aber nicht einschlafen. Er wurde in das Arbeitszimmer Berijas gebracht.

Nach ersten Schlägen begann das Verhör. Trotz der Schläge blieb Gnedin standhaft. Er weigerte sich, den ihm zur Last gelegten Hochverrat einzugestehen. Daraufhin wurde er mit Gummiknüppeln geprügelt.

„Die Schläge dürfen keine sichtbaren Spuren hinterlassen", wies der Volkskommissar die Folterknechte an.

Gnedin argwöhnte schon lange, daß der Kurs des ZK auf Revision der Fehler Jeschows sowie das Gerede von der Einhaltung der Gesetzlichkeit und der Wiederaufnahme von Verfahren wieder nur eine der üblichen Kampagnen waren, um das Volk zu besänftigen. Stalin dachte nicht im Traum daran, Folter und Schläge abzuschaffen. Jeschow wurde zwar abgelöst, aber der neue Volkskommissar war keinen Deut besser.

Am meisten schmerzten die Schläge auf die Fußsohlen. Gnedin schrie, doch daran war man hier offensichtlich gewöhnt. Sie schlugen ihn so lange, bis sie selbst nicht mehr konnten.

Wie Gnedin vermutete, verfolgte Berija in jenen Tagen das Ziel, Material gegen Litwinow zu sammeln. Berija und Kobulow nannten Litwinow nur den „ehemaligen Chef", den „Oberspion".

Der ausgepeitschte, völlig nackte Diplomat wurde in eine kalte Einzelzelle gesperrt. Nach einiger Zeit wiederholte sich die Tortur im Arbeitszimmer Berijas. Man gönnte ihm keine Atempause, das Verhör lief rund um die Uhr. Sie schleppten ihn von einem Zimmer in das andere und schlugen ihn erbarmungslos. Besonders schlimm war es im Zimmer Kobulows. Mehrmals verlor Gnedin das Bewußtsein. Wahrscheinlich hatte man mit ihm einen Schauprozeß vor, deshalb ließ man ihn am Leben.

Aus dem „ersten Kontingent" von Mitarbeitern Litwinows erpreßte man durch Prügel Aussagen gegen die übrigen. Als dann das zweite Kontingent in der Lubjanka eintraf, lag den Untersuchungsführern bereits ein umfangreiches Material belastender Aussagen vor. Nach der Verhaftung und Hinrichtung Krestinkis als angeblichem Anführer der konterrevolutionären Verschwörung im NKID wurde nun dem Leiter der Presseabteilung die zweifelhafte Ehre des Rädelsführers zuteil. Von dem verhafteten Botschaftsrat in Frankreich, J. W. Girschfeld, erhielt man Aussagen, die dieser Konzeption entsprachen. Gnedin wurde nunmehr als Anführer des „antisowjetischen Zentrums im NKID" verhört.

Das Spitzelnetz im NKID war nicht von Berija gesponnen worden. Stalin hatte seine Informanten und Provokateure bereits unter Jagoda und Jeschow in dieses Volkskommissariat eingeschleust. Von 1938 bis 1939 wurde dies sehr deutlich sichtbar. Im Fall Gnedin hat der stellvertretende Volkskommissar W. P. Potjomkin den ehemaligen Leiter der Presseabteilung denunziert. Potjomkin nannte ihn einen „deutschen Spion" und stellte bedauernd fest, daß sich Litwinow im Politbüro für Gnedin eingesetzt hatte.

Besorgt verfolgte der bewährte Kommunist Michail Kedrow den kometenhaften Aufstieg Berijas. Warum hatte Dshershinski damals 1921 nicht auf seinen Bericht reagiert?

Im Jahre 1939 war Berija Volkskommissar des Inneren mit allen Machtbefugnissen. Zu dieser Zeit arbeitete Kedrows jüngster Sohn Igor in den Organen der Staatssicherheit, die unmittelbar Dekanossow unterstellt waren. Er kam mit seinem Freund und Kollegen Wladimir Golubjow zu seinem Vater und berichtete von den schlimmen Verbrechen in der Lubjanka. Die jungen Tschekisten nannten genaue Fakten. Der alte Kampfgefährte Lenins konnte ja nicht ahnen, wer hinter Berijas Rücken das Blutbad plante.

Auf Ratschlag des Vaters schickten Igor und Golubkow eine Eingabe an das Vorzimmer des Generalsekretärs und gaben eine Kopie des Schreibens an Matwej Schkirjatow, den stellvertretenden Vorsitzenden der Parteikontrollkommission. In ihrer Einfalt ahnten sie nicht, daß Berija in der Hauptkanzlei seine Leute hatte und Schkirjatow auch dazugehörte.

Michail Kedrow schrieb außerdem einen persönlichen Brief an Stalin. Er informierte ihn über sein damaliges Schreiben an Dshershinski und warnte den Führer vor Lawrenti Berija, der trotz des drohenden Krieges die besten Partei- und Militärkader liquidierte.

Stalin hatte mit Kedrow noch eine alte Rechnung zu begleichen, denn dieser ließ in seinen Memoiren allein Lenin alle Ehre zukommen, bedachte aber Stalin als den eigentlichen Begründer der Sowjetmacht und Organisator der Roten Armee mit keinem Wort...

Igor Kedrow und sein Kamerad wurden Ende 1939 verhaftet und ohne viel Federlesens erschossen. Michail Kedrow gab die Hoffnung auf Gerechtigkeit nicht auf und wandte sich erneut an Stalin. Tags darauf, am 16. April, holten sie auch ihn. Einzelheiten der Verhaftung, Untersuchung und Folterung sind nicht bekannt. Lediglich ein einmaliger Fakt ist überliefert: Das Oberste Gericht der UdSSR sprach Michail Kedrow frei. Sein Fall ist wirklich als große Ausnahme bei den Prozessen gegen namhafte Kommunisten vor und nach 1939 anzusehen.

Als die Verhaftung Berijas im Sommer 1953 bekannt wurde, wandte sich Kedrows ältester Sohn Bonefati sofort an Generalstaatsanwalt Rudenko. Bonefati Michailowitsch kannte bereits das Schicksal der zweiundzwanzig Strafgefangenen, die während des Krieges ins Gefängnis von Saratow deportiert worden waren.

„Wir haben immer wieder gefragt, was das für eine Liste ist", sagte Rudenko und nahm ein Blatt aus dem Safe. „Sehen Sie, 21 Namen wurden mit Maschine geschrieben, während der Name Kedrow als letzter von Berija handschriftlich hinzugefügt wurde."

Im Sommer 1941 standen deutsche Armeen kurz vor Moskau. Damals wurden in einem Sonderwaggon zweiundzwanzig angebliche Schwerverbrecher aus der Hauptstadt nach Saratow transportiert und Ende Oktober im Gefängnis erschossen.

Im Dezember 1953 gab die Staatsanwaltschaft der UdSSR bekannt, daß Michail Kedrow ermordet worden war. Berija und seine Komplizen fürchteten diesen Mann, der ihre Verbrechen hätte aufdecken können.

Nun konnte Berija in der Lubjanka ungehindert schalten und walten. Nie zuvor und nie danach saß ein so allgewaltiger Mann wie Lawrenti Berija im Chefsessel des Geheimdienstes. Aber Stalin ließ die Lubjanka, diesen erprobten Schlüssel zur absoluten Macht, keine Minute aus seinem festen Griff. Er blieb Herr über Leben und Tod seiner Untertanen. Genrich Jagoda und Nikolai Jeschow erteilte Stalin nur Befehle, mit Lawrenti Berija aber konnte er sich beraten und mit ihm sogar einzelne Operationen planen. Mit Genossen Berija war ein offenes Gespräch möglich, schließlich gibt es zwischen ehrlichen Partnern keine Geheimnisse. Als Berija nach Moskau kam, hatte Stalin mit Lenins engsten Kampfgefährten bereits abgerechnet: Kamenew, Sinowjew, Serebrjakow, Rykow, Bucharin, Rudsutak, Rakowski ... Die Lage und die Führungsclique hatten sich geändert. Berija wurde unter seinesgleichen aufgenommen. Mit dem gerissenen Mikojan stieß er an, mit dem bornierten Woroschilow ließ er sich in inniger Umarmung fotografieren, und die langweiligen Ausführungen Molotows verfolgte er mit gespieltem Interesse. Erstaunlich schnell und unkompliziert paßte sich Berija seiner Umgebung an. Einen Menschen dieses Schlags brauchte Stalin für den inneren Ausgleich. Sie glichen einzeln Wölfen und waren im Rudel unerbittlich.

Berija fühlte sich auf seinem neuen Posten bald heimisch, arbeiten konnte er ja. Was hatte sich im Prinzip eigentlich geändert? Die Menschen waren die gleichen wie in Tbilissi. Sie denunzierten einander, stiegen gehorsam in die schwarzen Limousinen, die sie abholten, ließen sich verleumden und foltern, verrieten hemmungslos Genossen und Verwandte, starben in Gefängnissen und Lagern. Und rühmten den großen Führer ...

Als Brotwagen getarnte Transportfahrzeuge brachten die Leichen nachts ins Krematorium. Die Öfen brannten Tag und Nacht. Die Mitglieder des Militärkollegiums des Obersten Gerichts der Union der Sozialistischen Sowjetrepubliken blickten jedesmal ungeduldig durch das Guckloch in der Stahltür, hinter der die Reste der „Volksfeinde" von den Flammen vernichtet wurden.

Und noch ein vielsagendes Detail: Die Asche der verbrannten Kommunisten, ungezählter Kampfgefährten Lenins, wurde auf die Felder der Sowchosen im Gebiet Moskau verstreut ...

In der Trauersitzung des Deputiertensowjets von Baku am 27. März 1925, zum Gedenken der Opfer eines Flugzeugunglücks – Mjasnikow, Atarbekow und Mogiljewski –, sagte Dshafar Bagirow im Namen des Volkskommissariats Aserbaidshans: „Wir werden ihr Werk fortsetzen und nicht eher ruhen, bis der Sozialismus endgültig aufgebaut ist!"

Im April 1956, zweieinhalb Jahre nach der Hinrichtung Berijas, wurde Bagirow in Baku verurteilt. Die Vorbereitung des Prozesses und die Vorermittlungen leitete Hauptmilitärstaatsanwalt General Kitajew. Seine Ausführungen und die Aussagen mehrerer Augenzeugen des Prozesses machen einige Angaben zum politischen Werdegang des langjährigen Mitarbeiters von Lawrenti Berija möglich.

Beginnen wir damit, daß er den Namen seines Bruders annahm. Seinen wirklichen Namen kennen wir nicht. In die Geschichte ist er als Mir Dshafar Abbasowitsch Bagirow eingegangen. Er stammt aus der Kreisstadt Kuba. Dort ging er in die Schule und nahm später den Dienst in der Landgendarmerie auf.

Im Prozeß trat Generalstaatsanwalt Rudenko als staatlicher Ankläger auf. Wie sich Olga Schatunowskaja erinnerte, kamen bei der gerichtlichen Ermittlung nahezu sensationelle Einzelheiten zutage.

Staatsanwalt: „Wann wurden Sie in die Partei aufgenommen?"

Bagirow: „1918 in Astrachan."

Staatsanwalt: „Etwas genauer bitte."

Bagirow: „Ich wurde in der Politabteilung eines durchziehenden Truppenteils als Parteimitglied registriert ..."

Staatsanwalt: „Die Ermittlung verfügt über Angaben, daß Sie sich widerrechtlich als Parteimitglied ausgegeben und die Parteiunterlagen gefälscht haben."

Bagirow: „Das ist eine Lüge! Fragen Sie die Schatunowskaja, sie wird meine Aussagen bestätigen."

Olga Grigorjewna Schatunowskaja, Parteimitglied seit 1916, kam nach 17 Jahren Lagerhaft nach Moskau zurück. Als sie von den Aussagen Dshafar Bagirows erfuhr, erklärte sie empört, daß ihr nichts über seinen Parteibeitritt in den Revolutionsjahren bekannt sei.

Bereits während der Voruntersuchung konnten die Umstände des Todes des älteren Bruders von Bagirow geklärt werden. Der wirkliche Mir Dshafar Abbassowitsch Bagirow war Lehrer in einem abgelegenen Bergdorf und den Bolschewiki eng verbunden. Er war aber kein Mitglied der Partei. Er verbarg Illegale aus Baku vor der Verfolgung durch die Behörden. Sein Bruder, der künftige ZK-Sekretär, aber schloß sich zu dieser Zeit der Mussawat-Bewegung an und war ein überzeugter Gegner Lenins. Im April 1920 siegte in Aserbaidshan die Sowjetmacht, und Bagirow stand vor der Wahl, die Heimat zu verlassen oder sich der neuen Macht anzupassen. Eine schwierige Wahl für einen überaus ehrgeizigen Mann, der für Macht über Menschen zu allem bereit war.

Bagirow ging in die Berge zu seinem Bruder. Aus Gesprächen mit ihm entnahm er die notwendigen Informationen über dessen Kontakte zu den Bolschewiki. In Baku kannte man den Lehrer nicht von Angesicht, doch die leitenden Funktionäre der Illegalen vertrauten ihm vorbehaltlos. Bagirow beschloß, den älteren Bruder zu ermorden, und inszenierte einen Unglücksfall in einer Bergschlucht. Dann nahm er die Identität des Toten an. In Baku wurde der angebliche Mir Dshafar Abbassowitsch Bagirow herzlich aufgenommen und in der örtlichen Tscheka als Mitarbeiter der Kommandantur eingestellt. Es war nur noch eine technische Frage, an Blankoformulare von Parteidokumenten heranzukommen und ein Parteibuch auf seinen Namen mit der erforderlichen Vordatierung der Aufnahme auszustellen.

An dem Prozeß nahm der Generalleutnant des MWD, N. K. Bogdanow, teil, der vor dem Staatsanwalt aussagte:

„Bagirow hat eingestanden, noch vor 1917 mit seinem leiblichen Bruder vor den zaristischen Behörden in den iranischen Teil Aserbaidshans geflohen zu sein. Bei einer schweren Auseinandersetzung zwischen den beiden tötete er seinen Bruder und eignete sich dessen Dokumente an. Nach der Februarrevolution kehrte er in die Heimat zurück. Durch die große Ähnlichkeit mit dem ermordeten Bruder konnte er lange unter dessen Namen leben."

Einige Details stimmen mit der ersten Variante nicht überein. Es steht jedoch fest, daß wir es hier mit Brudermord zu tun haben.

Als der Staatsanwalt Bagirow vor Gericht nach dessen Verhältnis zu Berija fragte, antwortete dieser:

„1919 erwies ich ihm einen großen Dienst. Ich ließ ihn aus dem Gefängnis holen und brachte ihn in der Tscheka Aserbaidshans unter. Er machte dann schneller Karriere als ich und half mir später, bereits in Georgien, einmal bei einer schlimmen Sache. Wir haben uns mehrfach gegenseitig unterstützt. Lawrenti Pawlowitsch hat mich auch in Moskau, als er bereits ganz oben war, nicht vergessen …"

Staatsanwalt: „Was wissen Sie über die kriminelle Vergangenheit Berijas?"

Bagirow: „Ich hatte Kopien von Dokumenten über seinen Dienst beim Mussawat-Sicherheitsdienst."

Staatsanwalt: „Und er, war er im Besitz von echten Dokumenten über Ihre konterrevolutionäre Tätigkeit?"

Bagirow schwieg.

Staatsanwalt: „Wo bewahrten Sie diese Dokumente auf? Berija hätte sie schließlich an sich bringen können, und dann …"

Bagirow: „Ich hatte noch weitere Exemplare gut versteckt."

Aus dem Urteil:

„Bagirow, einer der aktivsten und nächsten Komplizen des Vaterlandsverräters Berija, hat zahlreiche Schwerverbrechen begangen. Seit 1921 war Bagirow lückenlos über Berijas Tätigkeit beim Mussawat-Sicherheitsdienst informiert … und half ihm, sich der Verantwortung zu entziehen, indem er aus Archiven Dokumente über die kriminelle Vergangenheit Berijas entwendete und sie ihm aushändigte. Er ließ auch Menschen beseitigen, die Berija gefährlich werden konnten. Berija wußte seinerseits über die verbrecherische Vergangenheit Bagirows Bescheid, der im Bürgerkrieg organisierten Banden angehört hatte, und er half Bagirow aktiv, seine kriminelle Vergangenheit zu verbergen. Er war auch an der Liquidierung von Menschen beteiligt, die Bagirow hätten entlarven können."

In Verbrecherkreisen nennt man dies „gegenseitige Rückendeckung". Aber es gab noch jemanden, der zweifellos Dokumente in der Hand hatte, die Berija wie auch Bagirow als Feinde

der Sowjetmacht hätten entlarven können. Doch beide hatten auch ihrerseits Beweise, um den Generalsekretär zu kompromittieren. Als Stalin die Karrieren von Berija und Bagirow so intensiv förderte, ließ er sich also nicht nur von deren „herausragenden" persönlichen Eigenschaften leiten...
Hier noch einmal die wichtigsten Meilensteine in Bagirows Karriere: Nach dem XVII. Parteitag – Kandidat des ZK, 1937 – Deputierter des Obersten Sowjets der UdSSR, im März 1939 – Mitglied des ZK, und dazu noch viele Orden und Medaillen...
Stalin wußte, daß, solange Bagirow in Baku saß, Aserbaidshan eine zuverlässige Stütze seiner persönlichen Macht sein würde. Im Kampf gegen die Feinde blieb Genosse Bagirow unerbittlich. Er führte nicht nur in Baku besonders wichtige Aufträge des großen Chefs aus. Auf dem Plenum des ZK 1937 beschuldigte er Nikolai Krylenko öffentlich der Pflichtvernachlässigung. Der Volkskommissar für Justiz der UdSSR würde sich weniger mit seinen dienstlichen Pflichten als mit Sport beschäftigen – Bergsteigen und Schach. Diese eindeutig falschen Anschuldigungen führten zur Ablösung Krylenkos, später dann zu seiner Verhaftung und Hinrichtung.
Nach dem Tode Stalins kümmerte sich Berija um die Karriere Bagirows, indem er seinem Gesinnungsgenossen einen Platz im Präsidium des ZK besorgte. Doch diese kriminelle Gemeinschaft sollte nicht lange bestehen...
„Vom 12. bis 16. April 1956 fand in Baku unter Mitwirkung des Generalstaatsanwalts der UdSSR, A. Rudenko, das öffentliche Verfahren gegen D. N. Bagirow und andere statt... Bagirow, Borstschew, Grigorjan und Markajan wurden zum Tode durch Erschießen, Atakischijew und Jemeljanow zu je 25 Jahren verurteilt."

Adolf Hitler hatte Himmler angewiesen, die Judenfrage als endgültig zu lösen. Welche Anweisungen befolgte Berija, als er in den Lagern Millionen Bürger aller Nationalitäten vernichtete?
Bald nach dem Anschluß Estlands, Lettlands und Litauens an die Sowjetunion im August 1940 begann die Deportation von Bürgern des Baltikums. Berija entsandte unverzüglich seinen

Emissär Iwan Serow in diese Region. Ohne die offizielle Unterstellung der Ostseerepubliken unter die sowjetische Rechtssprechung abzuwarten, verfügte Serow bereits am 11. Oktober die Verhaftung und Verbannung aller unerwünschten Bürger. Die zweite Deportationswelle rollte vor der Invasion der Wehrmacht durch die Städte und Dörfer des Baltikums. In der Nacht vom 13. zum 14. Juni 1941 setzten Massenverhaftungen ein. Sonderoperativgruppen des NKWD, jeweils fünf Mitarbeiter pro Transportwagen, holten verdächtige „sowjetfeindliche" Personen ab. 15 Minuten dauerte das Sammeln, dann erfolgte der Abtransport zum Bahnhof. Die Menschen wurden in Gruppen von 65 bis 70 Personen, getrennt von Familie und Angehörigen, in Güterwagen gepfercht. Sie litten unter der unerträglichen Enge, mußten Hunger, Durst und Schmutz ertragen ... Viele starben unterwegs, sie konnten sich nicht wie ihre russischen Brüder an diese Gefängnisse auf Rädern gewöhnen. Nach Angaben westlicher Historiker fielen von 1940 bis 1941 und von 1944 bis 1952 175 000 Esten, 170 000 Letten und 175 000 Litauer diesen ungesetzlichen Repressalien zum Opfer.

Wieviele Wissenschaftler, Arbeiter, Lehrer und Geistliche, Frauen, Kinder und Alte kamen in Jakutien, an der Kolyma, am Jap und in Oimjakon ums Leben? Ich bin später in Lagern an der Petschora und im Gebiet Workuta Menschen aus den Ostseerepubliken begegnet, doch wer nach Jakutien verbannt wurde, hat kaum überlebt ...

Auschwitz, Majdanek und Mauthausen lagen abseits von Großstädten und Hauptverkehrsstraßen. Das diente der Geheimhaltung. Das Prinzip für die Errichtung von Todeslagern war überall gleich. Als Hitler 1934 das Lagersystem einführte, verkündete er als humane Zielstellung die Umerziehung von Verbrechern, vor allem aber ihre Bewahrung vor dem Tod. Er sprach sogar davon, daß der Stacheldraht dabei hilft, die Volksfeinde vor dem gerechten Zorn des Volkes zu schützen. Dieses Argument kommt uns bekannt vor ...

Nach dem Einzug Berijas in die Lubjanka entstanden viele neue Lager. Ihre Errichtung erfolgte nach altbewährter Technologie.

Wenn eine Gruppe Strafgefangener an Ort und Stelle eingetroffen war, bauten die Häftlinge zuerst unter Aufsicht der Begleitmannschaft Wachtürme, sie zäunten das Gelände mit Stacheldraht ein und begannen dann, Baracken zu bauen oder Erdhütten auszuheben. Das geschah in der Hitze Turkmeniens nicht anders als in den Wolgasteppen und in der Tundra jenseits des Polarkreises.

Sind für den Aufbau des Sozialismus wirklich Peitsche, Stacheldraht und Bajonette erforderlich? Nein, der Zweck heiligt nicht *alle* Mittel. Das wurde in den Lagern allmählich den Intellektuellen und danach auch den einfachen Arbeitern und ehemaligen Bauern bewußt. Doch zum Glück für das System fand sich auch in diesen Unglücksstätten eine starke und „kluge" Macht – Leiter, operative Mitarbeiter und Lagerkommandanten. Sie wußten stets, auf wen sie sich in komplizierten Situationen verlassen konnten.

Ich habe viele solcher Spießer gesehen. Sie unterscheiden sich kaum von denen, die in jener Zeit unbehelligt blieben. Manchmal packte sie Überdruß, der noch durch Familie, Schule, Zeitungen, „Gesellschaft" und den stalinistischen Staat genährt wurde. Hurrapatriotismus und Chauvinismus existierten nebeneinander in ihrem Bewußtsein. Sie waren jederzeit bereit, ihren Nächsten zu verkaufen und zu verraten.

In mehreren Planjahrfünften kultivierte Stalin Angst und Zwietracht unter seinen Untergebenen. Der berüchtigte Kollektivismus, die kasernierte Bildung und Erziehung, die Ablehnung jeder Art von Individualismus, die Erweckung von Herdentrieb und die Unterdrückung der Persönlichkeit – all dies bildete den Nährboden für die Auswüchse der Gefängnissituation und des Zuammenlebens in den Lagern.

Wenn dir das Glück beschieden ist, überleben zu dürfen, dann lerne die Erscheinungen des Lebens philosophisch zu sehen, lerne Geduld, Zurückhaltung und Vorsicht.

Solschenizyn bemerkte treffend: Das Lager demoralisiert nur jene, die schon in der Freiheit demoralisiert waren. Selbst im schlimmmsten Lager kann man Mensch bleiben. Man kann ruhig Brigadier werden. Doch darf man sich nicht über die anderen 25 bis 30 Häftlinge erheben, sondern soll nach Möglichkeiten suchen, ihnen ihr Schicksal zu erleichtern und die vollständige Essensration zukommen zu lassen. Solche hochherzigen Menschen gab es in allen Lagern. Doch was konnten sie schon gegen die Diktatur der Intriganten ausrichten.

Den Kriminellen war die patriotische Aufgabe übertragen worden, die „Volksfeinde" zu unterdrücken und zu vernichten. Und obwohl diese armen Teufel ohnehin schon zu Hunderttausenden umkamen, wünschte der Vater der Völker von Herzen, ihre Qualen zu mehren und jeden in der Todesstunde zu erniedrigen.

Von jeher war es üblich, daß die Kriminellen die Wachen bestachen, ungestört mit der Außenwelt und untereinander in den verschiedenen Lagerzonen korrespondierten und mit offensichtlicher Duldung der Aufsichtsorgane alle Güter des Lebens genossen. Nun dehnten sie ihre Macht auch auf die Zusammenstellung von Gefangenentransporten und die Verteilung von Dienstaufgaben aus.

Das größte Häftlingskontingent befand sich in den Lagerzonen des Eisenbahnbaus GULSHDS. Die Häftlinge dechiffrierten die Abkürzung wie folgt: „Gutalinschtik hat das Lagerleben zum Hundeleben gemacht." Die Diensthunde im Lager fristeten allerdings ein freieres und satteres Dasein als die Häftlinge in den Arbeitskolonnen ... Wenn ein Häftling nicht bereits in den ersten Wochen an den Strapazen zugrunde gegangen war, dann ließ ihn der Hunger im Lager auch ohne körperliche Arbeit allmählich völlig abstumpfen. Auf der Suche nach etwas Eßbarem kroch er über den Lehmboden der Baracke und die gefrorene Erde der Lagerzentrale. Er war nur noch ein Wesen, das seine menschliche Würde verloren hatte.

Freiheit ... In der Lagerzone erhält sie einen besonderen Sinn. Wenn du die Familie verlierst, dann nimmt man dir die letzte persönliche Bindung (oder du gibst sie selbst auf). Dein Leben verläuft losgelöst von der Zeit und ohne Pflichten gegenüber Nahestehenden und der Gesellschaft. Wenn dies eintritt, fällt alle irdische Last von dir, die Gedanken und Gefühle werden ungewöhnlich frei. Je länger die Haftzeit, um so gelassener nimmst du Schicksalsschläge hin. Man kann dich nicht weiter erniedrigen, du bist schon ganz unten. Dir droht kein Fall in die

Tiefe, so unwiderruflich bist du aus dem Leben ausgeschlossen. Dich kann man nicht berauben, du hast ja nichts mehr. Du hast die völlige Freiheit erreicht ...

Aber was ereignete sich außerhalb des Stacheldrahts und der Lagerzone?

Als Churchill Ende Juni 1940 Stalin vor einer möglichen deutschen Expansion warnte, ließ der Generalsekretär das Schreiben des Premierministers Großbritanniens unbeantwortet und informierte Hitler über dessen Inhalt. Es trafen wiederholt Meldungen über die Vorbereitung des Überfalls auf die Sowjetunion in Moskau ein. Bis zum Frühjahr 1941 verstärkte sich der Strom der alarmierenden und durchaus glaubwürdigen Informationen.

In den Annalen der Geschichte ist ein beispielloser Fakt vermerkt: Der deutsche Botschafter Graf von Schulenburg ließ dem Botschafter der Sowjetunion in Deutschland, Dekanossow, als dieser sich Mitte Mai in Moskau aufhielt, in einem inoffiziellen Gespräch wissen, daß Hitler in allernächster Zeit Rußland überfallen werde. Obwohl Dekanossow später nie über dieses Thema sprach, hat er zweifellos Berija über diese Warnung Schulenburgs in Kenntnis gesetzt. Schulenburg hat später seine antifaschistische Einstellung mit dem Leben bezahlt. Der Graf war ein weitsichtiger Politiker und hielt die Eroberung der unermeßlichen Weiten Rußlands für irreal. Ein Rußland, das von starken Verbündeten unterstützt würde, war nicht zu bezwingen. Dies würde das Ende für Deutschland bedeuten. Doch das grenzenlose Mißtrauen des Kremlführers spielte seine verhängnisvolle Rolle.

Stalin hoffte auf einen Aufschub des Kriegsbeginns. Und seine Umgebung wagte nicht, dem Führer zu widersprechen.

Formal unterstand die militärische Aufklärung dem Volkskommissar für Verteidigung, Timoschenko, in Wirklichkeit aber kontrollierte Berija auch diese Verwaltung des Volkskommissariats für Verteidigung. Berija trifft besonders schwere Schuld an der militärischen Katastrophe im Jahr 1941. Er verfügte über vollständige und zuverlässige Informationen hinsichtlich der bevorstehenden Invasion. Sein langjähriger Mitarbeiter Wladimir Dekanossow übermittelte dem Chef des Geheimdienstes regelmäßig Berichte aus Berlin. Doch Berija erwies sich als unfähig, die internationale Lage und das Kräfteverhältnis richtig einzuschätzen, und dachte nur daran, es dem Generalsekretär recht zu machen. Wie der Historiker A. Nekritsch richtig feststellt, wurde die Regierung durch den Leiter der Hauptverwaltung Aufklärung des Generalstabs, F. I. Golikow, über die Kriegsvorbereitungen Hitlers nicht informiert, sondern eher desinformiert. In einem Stalin vorgelegten Bericht führte er Einzelheiten des Barbarossa-Plans an, verwies aber darauf, daß dieser Plan eine Provokation der Engländer sei, die sich mit den Amerikanern verschworen hätten, um uns mit Deutschland zu entzweien. Das NKWD hatte Golikow den Stationierungsplan der deutschen Truppen an der deutschen Grenze übergeben, doch als er dem Generalsekretär persönlich Bericht erstattete, gab er die Zahl der Wehrmachtsdivisionen erheblich geringer an. Die Berichte des Volkskommissars Kusnezow wiesen die gleiche Tendenz auf. Aus Informationen des Leiters der Seeaufklärung, M. N. Woronzow, wußte er von den Invasionsvorbereitungen. Trotzdem spielte er auch diese alarmierenden Nachrichten herunter.

Die Sachlage beunruhigte den Leiter der Informationsabteilung der Verwaltung Aufklärung, W. N. Nowobranez, sehr. Bereits im Dezember 1940 hatte er nach gründlichem Studium der Situation einen objektiven Lagebericht ausgearbeitet und in eigener Verantwortung an alle leitenden Kader der Roten Armee geschickt. Stalin versetzte dieser Lagebericht in Wut. Er selbst verließ sich auf die freundschaftlichen Versicherungen Hitlers, während dieser Panikmacher ... Generalstabschef Merezkow wurde abgelöst und, was dienstgradmäßig dem klugen Oberstleutnant nicht gerecht wurde, in „Berijas Kurort" gebracht. So nannte man das Spezialerholungsheim, in das alle „Kriegspanikmacher" gesteckt wurden.

Am 21. Juni überreichte Berija Stalin einen Bericht, in dem er meldete, daß die sowjetische Botschaft in Berlin nach wie vor „Desinformationen" über Vorbereitungen Hitlers zu einem Überfall auf die Sowjetunion schickte. Dieser „Überfall" sollte am folgenden Tag beginnen ... Das gleiche funkte auch Generalmajor W. I. Tupikow, Militärattaché in Berlin, der sich dabei auf seine Quellen berief (die illegale Widerstandsgruppe Schulze-Boysen/Harnack).

In dem alten Aktenordner mit den Meldungen, die vor dem Überfall des faschistischen Deutschland warnen, fällt ein mit Füllfederhalter geschriebener Vermerk ins Auge: „In letzter Zeit erliegen viele Mitarbeiter frechen Provokationen und verbreiten Panik. Diese Geheimdienstmitarbeiter sind wegen systematischer Falschinformation als Helfershelfer internationaler Provokateure, die uns mit Deutschland entzweien wollen, in Lagern unschädlich zu machen . . ." Unterschrift: „L. Berija, 21. Juni 1941."

Stalin ignorierte sämtliche Hinweise auf die Vorbereitung des Überfalls. In allen Informationen der Kundschafter und Diplomaten witterte er die Intrigen Londons. Er war übertrieben vorsichtig, hinterhältig und hatte schreckliche Angst. Bis zur letzten Stunde glaubte er an ein mögliches Komplott mit Hitler auf Kosten der anderen Völker und seines eigenen Volkes, das so großzügig und fügsam war.

Einige Geheiminformationen der militärischen Abwehr und der Kundschafter Berijas gelangten zu Stalin. Doch die Hauptmasse der Meldungen lief über die Lubjanka. Der Hauptschuldige für die Falschinformationen braucht daher nicht gesucht zu werden. Es war Stalins Günstling Lawrenti Berija.

Die Informationen der Aufklärung und die unverhüllten Warnungen westlicher Staatsmänner wurden einfach ignoriert. Es wurden keine Sondermaßnahmen zur Sicherung der Grenzen und zur Mobilmachung der Streitkräfte ergriffen. Der Gegner erhielt sogar noch beträchtliche wirtschaftliche Hilfe, kurz vor der Invasion . . . Stalin, Molotow und Berija haben eine unermeßliche Schuld gegenüber ihrem Volk auf sich geladen.

Nach „Verantwortlichen" für ihre verhängnisvollen Fehler wurde nicht lange gesucht. 1941 machte man den Kundschaftern der sowjetischen Auslandsaufklärung den Prozeß. Der Leiter der Verwaltung Aufklärung und Berija liquidierten einen nach dem anderen, bis der unschätzbare Mechanismus zerschlagen war, den viele der Sache treu ergebene Spezialisten mühsam aufgebaut hatten.

Sorges Heldentat ist auch seine Tragödie . . . Die Verantwortung gegenüber der Geschichte hat Lawrenti Berija zu tragen, der ihn mit Wissen Stalins nicht vor dem Tode bewahrte. Auch die nächsten Angehörigen Sorges ließ Berija verfolgen. Die Verwandten des hingerichteten Helden, die dem Kundschafter geholfen hatten, fristeten ihr Leben in Armut.

Zwei Jahre mühte sich später eine Sondergruppe im Auftrag Nikita Chrustschows, die Spuren von Sorges Frau und seines minderjährigen Sohns zu finden. Doch Berija hatte ganze Arbeit geleistet, das muß man ihm lassen.

Die Jagd auf die Kundschafter dauerte den ganzen Krieg über an. Unter den verschiedensten Vorwänden wurden sie nach Moskau beordert und dort hingerichtet. Nur wenige ließ Berija am Leben. Zwei von ihnen begegnete ich jenseits des Polarkreises an der Petschora in Workuta. David Werner, der jüngere Bruder eines berühmten Schriftstellers (den Familiennamen habe ich geändert, die Brüder sind heute noch am Leben), diente als Adjutant bei dem zu Hitlers Umgebung gehörenden General von F. im Range eines Hauptmanns. Im NKWD hatte er denselben Dienstgrad. Baron von F. inspizierte im Auftrag des Führers die Fronten. Die Informationen, die Werner nach Moskau übermittelte, wurden in den Wind geschlagen . . .

Wie dieser Jude aus Kiew Flügeladjutant eines arischen deutschen Barons wurde und wie er in das Allerheiligste des Oberkommandos der Wehrmacht einzudringen vermochte, wäre Stoff für einen spannenden Roman.

„Wo warst du im April 1940?" wurde Werner in der Lubjanka gefragt.

„Ich begleitete den Stabschef nach Ostpreußen."

„So . . .", fragte der Untersuchungsführer weiter. „Und wer hat ihn im Mai 1941 begleitet?"

„Im Mai 1941 befand ich mich ständig in Begleitung meines Chefs in Prag."

„Das stimmt nicht ganz, du bist für zwei Tage nach Berlin gefahren. Was hast du im März '41 gemacht, und wo warst du?"

Werner erinnerte sich: Am 15. März erhielt er Urlaub, den er in Paris verbrachte. Er fuhr dann an die Mittelmeerküste. Doch wann und für wie lange, das wußte er nicht mehr. Er wollte einfach nur ausspannen, deshalb hatte er sich einmal etwas Besonderes geleistet ...

„Du kannst dich nicht mehr erinnern?" fragte der Untersuchungsführer drohend. „Sag lieber, daß du es nicht willst! Wir wissen genau, daß dich Anfang 1942 ein ausländischer Geheimdienst angeworben hat. In dieser Mappe sind Beweise und Fotos. Hier hast du Papier und Federhalter. Schreibe alles selber auf."

Werner wußte, daß selbst überzeugende Gegenargumente dagegen nichts ausrichten konnten. Ihm war bewußt, daß alles zu Ende war, und deshalb schwieg er. Trotzdem kam er mit dem Leben davon. Das Sondergericht verurteilte ihn zu zwanzig Jahren Lagerhaft, die er in einem Lager mit verschärftem Regime im Gebiet Workuta verbrachte. Seiner Willensstärke und guter körperlicher Verfassung hat er es zu verdanken, daß er als Leiter einer Arbeitsbrigade diese Zeit überlebte.

Glück hatte auch Wladimir N. (Wolodja), ein anderer verdienstvoller Kundschafter und früherer Schauspieler am Zentralen Theater der Roten Armee. In der Siedlung Abes, in einem Lager an der nördlichen Petschora, gründete die Lagerverwaltung ein Laientheater, als dessen Mitglied der ehemalige Kundschafter überlebte.

Wie mir David und Wolodja berichteten, haben viele Kundschafter die Gefängniszellen nicht wieder verlassen ... Die Mitarbeiter der Aufklärungsorgane wurden in aller Stille liquidiert. Doch Stalin, der die Hauptschuld an der militärischen Katastrophe hatte, wollte sich öffentlich entlasten. Deshalb wurden die Kommandeure der zurückweichenden und zerschlagenen Truppenteile für schuldig erklärt. Doch alle konnte man nicht erschießen. Ohne lange zu überlegen, griffen Stalin und Berija auf eine schon früher praktizierte Methode zurück – jeder zehnte wurde erschossen.

Zu Beginn der deutschen Invasion hatte die Armee faktisch keine Kommandeure mehr. Nahezu alle Feldherren waren erschossen worden. Nur Schaposchnikow und Schukow standen noch zur Verfügung. Doch der Generalsekretär entsandte nicht diese erfahrenen Militärs an die Hauptfronten. In der Zeit der militärischen Niederlagen übertrug er Leuten wie Woroschilow, Budjonny und Kulik die Befehlsgewalt.

Als Kommandeure der Roten Reiterarmee im Bürgerkrieg waren sie siegreich gewesen. Stalin schätzte ihre Erfolge und ihre Einsatzbereitschaft. Doch den Bedingungen der modernen Kriegsführung und der Strategie der massierten Panzer- und Luftangriffe waren sie nicht gewachsen.

Ein charakteristisches Beispiel ist das Schicksal von Merezkow.

Als Kirill Merezkow Anfang 1940 verhaftet wurde, warf man ihm Spionage für die Engländer vor. Der unerschrockene Heerführer, ehemaliger Chef des Leningrader Militärbezirks und Spanienkämpfer, verwahrte sich entschieden gegen die gemeine Anschuldigung. Er wurde daraufhin Boris Benjaminowitsch Rodos ausgeliefert, der schon Eiche, Tschubar, Kassorew und Meyerhold gefoltert hatte. Rodos war ein Untersuchungsführer stalinistischer Schule, der den Tod zahlreicher „Terroristen" und „Spione" auf seinem Gewissen hatte. Auch Merezkow wollte er zu einem Geständnis zwingen, indem er ihm die Rippen brach. Der General wälzte sich auf dem Boden und schrie vor Schmerzen ... Das sagte Marschall Merezkow 1955 im Prozeß gegen Rodos aus. Der ehemalige Untersuchungsführer wurde zur Höchststrafe verurteilt, und seine Opfer wurden postum rehabilitiert.

Nach dem Tode Stalins wollte sich Berija als Verfechter der Gerechtigkeit ausgeben und erzählte deshalb Chrustschow, wie es ihm gelungen sei, Merezkow zu retten. Er sei zu Stalin gegangen und habe sich für den erfahrenen Heerführer eingesetzt. Die Sowjetunion befand sich im Krieg mit Finnland, Merezkow werde deshalb dringend gebraucht. Stalin beauftragte den Volkskommissar, mit dem Gefangenen zu sprechen. Der Dialog im Arbeitszimmer Berijas ist bezeichnend.

„Sie sind doch ein ehrlicher Mensch, warum haben Sie sich selbst belastet?"

„Ich habe Ihnen nichts mehr zu sagen, Sie haben doch meine schriftliche Aussage."

„Gehen Sie in die Zelle zurück, überschlafen und überdenken Sie alles. Sie sind doch kein Spion."

Am nächsten Tag fragte er ihn: „Haben Sie nun alles überdacht?"

Merezkow begann zu weinen: „Ich liebe meine Heimat."
Berija entließ Merezkow aus dem Gefängnis, er wurde erneut
in den Rang eines Armeegenerals erhoben. Nach Aussage
Chrustschows konnte er damals kaum laufen. Doch Berija ver-
suchte Chrustschow einzureden, kein anderer als der blutrüstige
Abakumow habe es damals auf Merezkow abgesehen gehabt . . .
Danach fand Merezkow dennoch wieder die Kraft, die Truppen
siegreich zu führen.

Ein schweres Schicksal hatte auch sein Adjutant Degtjarew,
der sich 1938 in den Fängen Berijas befand. Er war zum Glück
nicht hingerichtet worden und kehrte kurz vor Kriegsausbruch
zur Truppe zurück. Bei Tichwin war er Kommandeur der Artillerie. Nachdem die Deutschen die Stadt eingenommen hatten,
erwartete er von Stunde zu Stunde seine Verurteilung . . .

Im Krieg waren Stalin und Berija ein guteingespieltes Team.
Lawrenti Berija war immer in der Nähe des obersten Kriegs-
herrn, stets nur einen halben Schritt von ihm entfernt. Manchmal etwas vor ihm, um jeden seiner Wünsche zu erraten, aber
stets neben ihm.

Als die Erbeutung der Baltischen Flotte drohte, ordnete der
Oberkommandierende die Versenkung der Schiffe an. Doch
weder Admiral Kusnezow noch Marschall Schaposchnikow
wagten es, einen solchen Befehl zu unterschreiben. Sie verfaßten einen Befehl und übergaben ihn Stalin zur Unterschrift.
Dieser konnte sich ebenfalls nicht entschließen . . . Da griff Berija ein. Er beschuldigte den Flottenchef Admiral Tribuz, Panik
zu stiften. Angeblich hätte dieser ohne ausreichenden Grund
entschieden, die Kriegsschiffe zu versenken.

Den Untergang der Flotte, den Tod Tausender Menschen
und die überstürzte Räumung Tallins hat das NKWD dem
Stabschef Admiral Pantelejew und einer Gruppe von Offizieren
angelastet. Pantelejew wurde von Berija persönlich verhört.

Es war auch Berija, der bei Stalin Mißtrauen gegen jede Initiative der Kommandeure der Leningrader Front und der Baltischen Flotte geweckt hatte. Auf sein Betreiben hin lehnte der
Oberkommandierende den von Admiral Tribuz vorgeschlage-
nen effektiven Plan für die Verteidigung Tallins und die Ret-
tung der Flotte ab.

Im Oktober 1941 rollten deutsche Panzerkolonnen auf Moskau zu. Die Aufklärung meldete, daß der Feind Moskau näher komme. Stalin rief eine Sonderberatung ein. Als der Chef der Luftaufklärung der Front, Oberst Sbytow, die Lage darlegte, nannte ihn Berija einen Provokateur und ließ ihn sowie mehrere Offiziere der Aufklärung verhaften.

Für die Niederlage der 4. Armee am Bug mußte der Oberkommandierende, General A. A. Korobkow, mit dem Leben bezahlen. Im tragischen Sommer 1941 wurden die Generale D. G. Pawlow und W. J. Klimowskich erschossen ...

Georgi Shukow sagte Stalin, daß solche Maßnahmen nichts ändern und nur den „Kampfgeist der Gruppe schwer belasten" würden. Pawlow sei höchstens zur Führung einer Division befähigt, man habe ihn aber an die Spitze der Westfront gestellt.

Stalin ließ Konew von der Front ablösen und wollte auch ihn vor ein Militärtribunal stellen. Ohne Shukows mutiges Eintreten für ihn wäre noch ein weiterer General hingerichtet worden. Stalin löste hektisch Kommandeure ab und versetzte sie an andere Frontabschnitte, schickte Vertreter des Hauptquartiers zu Durchbrüchen der Verteidigungslinien und überschüttete die Generäle mit Drohungen.

Wie die sowjetischen Generäle unter diesen Bedingungen Krieg führen konnten, wird ewig ein Geheimnis bleiben. Jedenfalls haben die ständige Furcht um das eigene Leben sowie die Nötigung durch die ständigen Aufpasser Stalins und Berijas die Kommandeure zu Operationen veranlaßt, die unter den Soldaten und Offizieren große Opfer forderten.

Nach den Massenopfern im Krieg gegen das eigene Volk schickten nun Stalin und seine Handlanger – Molotow, Berija, Malenkow, Shdanow u. a. – ganze Korps und Armeen in den sicheren Tod.

In der Schlußetappe seiner Karriere setzte Lawrenti Berija auf Georgi Malenkow, in dem er den künftigen Generalsekretär sah. Einziger Konkurrent war Andrej Shdanow. Berija und Malenkow nutzen die Lage an der Leningrader Front, um Stalin noch mehr aufzubringen.

Im August und September erreichten die Differenzen des

Generalsekretärs mit den Leningrader Führern ihren Höhepunkt. Erst paßte ihm die Zusammensetzung des Kriegsrats nicht, dann fühlte er sich über die Lage falsch informiert und hielt den Plan für die innere Verteidigung der Stadt für völlig ungeeignet... Der Oberkommandierende verwarf den Plan, eine Bürgermiliz zu bilden, und bestand auf der straffen Kontrolle der Front und des Hinterlands durch die Organe des NKWD. Diese Orientierung des Vorsitzenden des Staatlichen Verteidigungskomitees konnte ihm nur Lawrenti Berija eingegeben haben. Dieser schickte häufig auch seine Lockspitzel vor und schreckte vor Provokationen nicht zurück. Leningrader Emissäre des NKWD meldeten nach Moskau, Shdanow und Woroschilow bereiteten die Kapitulation vor und verteilten in Panik Waffen an die Zivilbevölkerung. Diese sei aber ziemlich unzuverlässig...

Im August traf eine Sonderkommission des Staatlichen Verteidigungskomitees unter Leitung von Molotow und Malenkow in der Stadt an der Newa ein. Mitte September ließ der Generalsekretär schließlich Woroschilow durch Shukow ablösen. Shdanow blieb.

Malenkow unterstützte Berija in jeder Hinsicht. Gemeinsam bildeten sie im Staatlichen Verteidigungskomitee eine fast unüberwindliche Macht. Sie allein konnten es wagen, mitunter die Verfügungen des großen Führers zu ignorieren. Marschall Woronow brauchte für eine Truppenverlegung 900 Lastkraftwagen. Obwohl Stalin befohlen hatte, ihm die erforderlichen Fahrzeuge zur Verfügung zu stellen, entschied Berija eigenmächtig, die Zahl auf 400 zu reduzieren. Malenkow gab Berija Rückendeckung. Welche militärische Führung hätte es da gewagt, Einspruch zu erheben oder beim Oberkommandierenden rückzufragen? Doch Woronow tat dies und erklärte, er werde Stalin an den gefaßten Beschluß erinnern. Berija machte daraufhin einen Rückzieher.

Woronow ließ sich im Oktober 1942 auf eine noch riskantere Auseinandersetzung mit Berija ein, als im Hauptquartier über die Bewaffnung der Truppenteile des NKWD gesprochen wurde. Berija verlangte 50 000 Gewehre, und das zu einer Zeit, in der die Truppenteile und Arbeiterbataillone die Waffen dringend brauchten. Stalin fragte Woronow nach seiner Meinung, woraufhin dieser sein Befremden über die unangemessene Forderung des Volkskommissars äußerte. Da begann Berija, mit Stalin georgisch zu sprechen (das war typisch und öfters der Fall). Stalin unterbrach ihn aufgebracht, befahl aber dennoch, für das NKWD 10 000 Gewehre bereitzustellen.

Welche Machtstellungen Berija auch innehatte, er dachte stets nur in Kategorien eines professionellen Henkers.

„Na warte", zischte er Woronow an, „mit dir rechnen wir noch ab . . . "

Berija kannte Woronow seit Herbst 1938. Er hatte damals noch als Stellvertreter Jeschows dessen „Akte" bearbeitet. Ohne das Eingreifen des Generalsekretärs, der aus irgendeinem Grund den erfahrenen Artilleristen für unentbehrlich hielt, hätte Woronow das Schicksal vieler höherer Offiziere geteilt.

Nach Kriegsausbruch holte Stalin ihn ins Hauptquartier und schenkte den Ratschlägen des künftigen Marschalls seine Aufmerksamkeit. Die Zeiten änderten sich. Stalin begann erstmals seit vielen Jahren, die Meinung einiger Berater gelten zu lassen. Woronow äußerte diese unumwunden, und das versetzte das Mitglied des Staatlichen Verteidigungskomitees Berija besonders in Harnisch.

Eine Charaktereigenschaft Berijas war sein Mißtrauen gegen jedermann. Da er wußte, was das sowjetische Volk durch sein Wirken erleiden mußte, traute er auch dem Volk nicht. Schon in den ersten Kriegswochen hintertrieb er mit allen Mitteln die Bewaffnung der Volkswehrbataillone. Der Militärbezirk Leningrad begann als erster mit der Bildung von Partisaneneinheiten. Berija versuchte, auch diese nützliche Initiative zu unterbinden. Doch die Partisanenbewegung wurde ohne den Segen des NKWD und seines Chefs zu einer gefürchteten Kraft. Im Hauptquartier und im Staatlichen Verteidigungskomitee verstand man sehr wohl, wie wichtig die Partisanenbewegung für die Front sein konnte, wenn die Partisanen geführt und wirksam unterstützt wurden. Doch Berija setzte beharrlich seine Linie durch. Als im November 1941 der Zentrale Stab der Partisanenbewegung gebildet wurde, ließ Berija bald darauf unter verschiedenen Vorwänden fast alle Mitarbeiter verhaften. Obwohl sie später von allen staatlichen und militärischen Organen weitestgehend unterstützt wurde, versuchte Berija, die Partisanenbewegung ständig zu unterminieren.

Nach dem Beispiel Stalins mischte sich Berija auch in die operative militärische Führung ein, doch im Unterschied zum Generalsekretär tat er dies konspirativ. Marschall Konew erinnerte sich an eine Fahrt nach Rshew im August 1941. Er plante einen Schlag aus westlicher Richtung auf das Hinterland des Gegners, der Kalinin angriff. Er hatte deshalb General I. I. Maslennikow befohlen, die 29. Armee vom Nord- auf das Südufer der Wolga zu verlegen und im Zusammenwirken mit den Truppenteilen von General Watutin zum Angriff überzugehen. Doch Maslennikow führte den Befehl nicht aus, wobei er sich auf die Erlaubnis von General Shukow berief.

In Wirklichkeit hatte Maslennikow seine Handlungen nicht mit Shukow abgestimmt, sondern sich insgeheim über die Entscheidung Konews bei Berija beschwert, der das eigenmächtige Verhalten Maslennikows billigte. Dies führte dazu, daß diese taktische Operation nicht verwirklicht wurde.

Das wurde im Dezember 1953 in dem Prozeß gegen Berija offenbar, bei dem Marschall Konew den Vorsitz hatte.

Ende August 1942 befahl der Kommandeur der 40. Armee, Wassili Faddejewitsch Sergazkow, einigen Regimentern der 20. Gebirgsjägerdivision, die Gebirgspässe östlich von Tuapse zu besetzen und den Deutschen den Weg zum Meer abzuschneiden. Zu diesem Zeitpunkt traf gerade Berija dort ein und verlangte von dem General eine Erklärung.

„Willst du etwa den Deutschen helfen, von der Krim aus eine Landungsoperation durchzuführen?" fragte er drohend.

Gelassen antwortete Sergazkow:

„Wie sollen sie denn das bewerkstelligen? Nach Angaben unserer Aufklärung brauchen die Deutschen mindestens zwei Monate zur Vorbereitung. Bis dahin sind die Pässe verschneit und wir können einen Teil der Truppen wieder zurückholen."

Es gehörte schon Mut dazu, einem Vertreter des Hauptquartiers zu widersprechen ...

Berija fuhr nach Suchumi auf seine Datscha. Dort berief er

fast täglich eine Beratung von Militärs sowie Parteifunktionären ein. Am ersten Abend fragte er Sergazkow: „Wie ist die Lage?" Der Emissär Stalins war sehr nachtragend, wenn jemand ihm widersprochen hatte. Sergazkow beschrieb kurz die Lage an seinem Frontabschnitt und erklärte, daß die Situation im Bereich des Maruchski-Bergpasses am gefährlichsten sei.

„Was schlagen Sie vor?"

Sergazkow wußte, daß Berija dem Oberkommandierenden der Front, Tjulenow, angedroht hatte, „ihm das Rückgrat zu brechen", wenn er nochmals erwähnten sollte, daß man in Transkaukasien stationierte NKWD-Truppen zum Einsatz bringen könnte. Deshalb bat Sergazkow auch nicht darum, Einheiten des NKWD, die für Operationen in den Bergen ausgebildet wurden, zur Unterstützung der Verteidiger der Pässe einzusetzen. Er verwies vielmehr darauf, daß an der türkischen Grenze die 9. Gebirgsjägerdivision stehe. Der Abschnitt, den sie bewachte, sei relativ klein, so daß sich ständig anderthalb Regimenter dieser Division in Reserve befänden.

„Ich schlage vor, ein Regiment von dort unverzüglich zu den Bergpässen zu verlegen", schloß der Armeekommandeur seinen Bericht. Alle schwiegen. Berija klopfte mit dem Bleistift kaum hörbar auf den Tisch und blickte Sergazkow aufmerksam an.

„Also erst machst du den Deutschen den Weg von der Krim frei und dann überläßt du Batumi den Türken."

„Aber die Front an den Pässen ist doch viermal so breit, Genosse Volkskommissar", argumentierte Sergazkow überzeugend.

In diesem Augenblick zerbrach der Bleistift in Berijas Hand. „Weißt du überhaupt, was du da machst und vorschlägst?" schrie er gehässig. Er warf den zerbrochenen Bleistift auf den Tisch und sagte: „Du, ich mache dich fertig, wenn du so etwas noch einmal vorzuschlagen wagst..."

Da Berija befohlen hatte, ohne sein Wissen keine Truppenbewegungen vorzunehmen, beschlossen die Kommandeure, wenigstens ein Regiment in die Berge zu schicken. Als Berija morgens ins Gebietskomitee unterwegs war, fiel ihm an einem Eisenbahnübergang ein Militärzug aus Batumi auf. Wie man ihm meldete, wurde ein Regiment der 9. Gebirgsjägerdivision verladen. Wütend ließ der Volkskommissar General Sergazkow holen. Er trat ganz dicht an ihn heran und verlangte Rechenschaft. Doch Sergazkow blieb unnachgiebig und erklärte:

„Das habe ich befohlen, weil ich es für erforderlich halte."

„Woher hast du die Eisenbahnwaggons genommen?"

„Besorgen lassen."

„Von wem konkret?"

„Vom Leiter für Militärtransporte, auf meinen Befehl."

„Laß ihn holen."

„Er ist unterwegs und wird erst morgen zurück sein."

„Dann will ich ihn morgen sehen. Und dich mache ich fertig."

Als Berija abgefahren war, kam der Regimentskommandeur zu Sergazkow.

„Wie nun weiter, Genosse General?"

„Habe ich vielleicht meinen Befehl widerrrufen?"

Und das Regiment fuhr weiter in Richtung Paß.

Der Maruchski-Paß war zu diesem Zeitpunkt in den Händen der deutschen Division „Edelweiß", und die sowjetischen Truppen sollten den Gegner von dort vertreiben. Die Soldaten des 810. Schützenregiments kämpften auf den Bergpfaden, in Schnee und Regen, noch in Sommeruniform, ohne Munitionsnachschub und Ersatz. Sie kamen einer nach dem anderen ums Leben. Anfang September brachen die Deutschen zum Südhang durch, nachdem sie zwei Regimenter, die den Paß verteidigten, aufgerieben hatten. Der Chef des Armeekorps, Lesselidse, sprach später von einem Wunder, das diese Helden vollbracht hatten. Der Kommandeur antwortete darauf: „Sie alle sind den Heldentod gestorben, Genosse Generalleutnant. Nur das Wunder ist geblieben . . ."

Das von General Sergazki in Marsch gesetzte Regiment griff bereits zwei Tage später in den Kampf ein. Auf dem Zugangsweg nach Gluchori traf es auf eine Umgehungskolonne der Deutschen, setzte sie außer Gefecht und erreichte dann den Maruchski-Paß. Dorthin wurde auch eine Artilleriebatterie der Division verlegt, die auf Befehl Berijas nicht eingesetzt werden sollte.

Im Kriegsrat der Front gelang es schließlich doch, Berija von der Notwendigkeit zu überzeugen, die Truppen in den Bergen zu verstärken. Abends ging Berija in seiner Datscha auf Sergazkow zu und quälte sich ein Lächeln ab: „Ich habe dir zwar gestern einen Rüffel erteilt, doch es war richtig, daß wir das Regiment zum Paß in Marsch gesetzt haben ... Wie soll es deiner Meinung nach weitergehen?"

Der General schlug vor, zwei weitere Einheiten zum Paß abzukommandieren.

„Wage es nicht, das zu tun!"

Doch Sergazkow ging ein weiteres Mal das Risiko ein und rief den Kommandeur der 155. Brigade zu sich. Nachdem sie sich in eine stille Nebenstraße zurückgezogen hatten („Hier haben die Wände keine Ohren"), erteilte Sergazkow den Befehl, sich noch in dieser Nacht unter strengster Geheimhaltung in Marsch zu setzen. Der folgende Tag wurde furchtbar.

„Stimmt das?" fragte ihn Berija.

„Ja, Genosse Volkskommissar."

„Wie konntest du dich erdreisten?"

„Ich schicke Truppen dorthin, wo gekämpft wird," sagte Sergazkow und zwang sich zur Ruhe. Berija warf dem Oberbefehlshaber der Front vor:

„Siehst du, dein Armeekommandeur macht, was er will."

„Das war alles mit mir abgestimmt", antwortete Tuljenew.

„Ich habe lediglich Ihre Anweisung nicht befolgt, Genosse Volkskommissar", warf Sergazkow ein, „weil ich der Meinung bin ..."

„Halt den Mund!" schrie ihn Berija an. „Ich erschieße dich dafür!"

Doch er wagte es nicht, den unerschrockenen Kommandeur zu liquidieren. Für seine verletzte Eigenliebe rächte er sich dennoch an Sergazkow. Der General wurde zum Divisionskommandeur degradiert. Als Tuljenew dann Sergazkow nach einigen erfolgreichen Operationen zum Kommandeur des 2. Gardekorps machte, ließ Berija den aufmüpfigen General zur Lehrtätigkeit nach Moskau abberufen. Damit verlor die Front einen erfahrenen Heerführer.

Seine Offenheit und Prinzipienfestigkeit sollten Sergazkow noch ein weiteres Mal zum Nachteil gereichen. Als er 1950 in der Mongolei diente, gab ihm ein Mitarbeiter Berijas bei einem heftigen Streit zu verstehen: „Vergiß nicht, daß deine Akte bei Lawrenti Berija liegt!" . . .

Im Dezember 1953 berichtete Wassili Sergazkow als Zeuge im Prozeß gegen Berija über das tragische Schicksal mehrerer Regimenter am Bergpaß. Noch viele Jahre später wurden im Maruchski-Gletscher Tote gefunden, die Stalins Volkskommissar auf dem Gewissen hatte. Vor dem Prozeß konnte der in Ungnade gefallene General Einsicht in Archivunterlagen nehmen. Man zeigte ihm zwei schriftliche Berichte, die Berija nach Moskau übermittelt hatte. Der Vertreter des Hauptquartiers meldete darin aus Suchumi, daß auf seinen, Berijas, Befehl Truppen zur Unterstützung der Verteidiger des Passes in Marsch gesetzt worden seien. Doch vor Gericht konnte er die Wahrheit nicht leugnen. Der Angeklagte Berija gab zu: „Was Sergazkow gesagt hat, ist richtig."

Als Marschall Schukow in einem Gespräch mit Konstantin Simonow auf Berija zu sprechen kam, nannte er ihn „ein Problem für sich". Berija hatte schon 1938, als er in Moskau die Hauptverwaltung für Staatssicherheit übernahm, damit begonnen, „belastende Dokumente" über Schukow zu fabrizieren. Dieser wußte das und war daher auf das Schlimmste gefaßt. Im Jahre 1939 erfolgte die rettende Kommandierung in die Mongolei, zum Chalchin Gol. Der siegreiche Abschluß dieser Operation stärkte die Position des Feldherrn. Er wurde Kommandeur der Truppen des Militärbezirks Kiew. Stalin war Schukow gegenüber nachsichtig, verzieh ihm sogar sein selbständiges und freimütiges Denken. Im Krieg vertraute er ihm die verantwortungsvollsten Posten an. Doch wenn es Berija einmal auf jemanden abgesehen hatte, dann gab er nicht so schnell wieder auf. Er nutzte jede Möglichkeit, den Marschall beim Oberkommandierenden anzuschwärzen.

Schukow wie auch Rokossowski verhielten sich beide gegenüber Vertretern des NKWD und des NKGB sehr reserviert. Doch Berija fand Mittel und Wege, um seine Leute in die Umgebung der Marschälle einzuschleusen. Bis Kriegsende ließ er Georgi Schukow ständig beobachten.

Der Ruhm, den Shukow im Volk genoß, bereitete Stalin nach dem Krieg Verdruß. Berija hielt die Zeit für eine neuerliche Provokation für gekommen. Zusammen mit Abakumow denunzierte er Shukow und bezichtigte ihn der Spionage. Berija erreichte sein Ziel zwar nicht, doch für Stalin war dies ausreichend, um Shukow als stellvertretenden Verteidigungsminister abzusetzen und ihn zum Befehlshaber des zweitrangigen Militärbezirks Odessa zu ernennen, was praktisch einer Verbannung gleichkam. Berija ging sofort daran, neue verhängnisvolle Intrigen zu spinnen, indem er Stalin suggerierte, der in Ungnade gefallene Feldherr sinne auf Rache und bereite mit ihm ergebenen Offizieren einen Militärputsch vor. Einige „Verschwörer" seien bereits verhaftet.

Georgi Konstantinowitsch Shukow sagte später dazu:

„Als Stalin von der Absicht hörte, mich zu verhaften, erwiderte er: ‚Nein, Shukow wird nicht verhaftet. Ich kenne ihn gut, in den vier Kriegsjahren konnte ich mich auf ihn wie auf mich selbst verlassen...' Damit war Berijas Versuch, mit mir abzurechnen, gescheitert."

Doch diese Episode bedarf eines Kommentars. Stalin gefiel sich seinen Untergebenen und Generälen gegenüber in der Rolle eines gütigen und gerechten Vaters. Natürlich war alles mit Berija abgekartet, der auf das Stichwort des Führers hin handelte.

Georgi Shukow schätzte Berijas Charakter und die besondere Rolle, die er unter Stalin spielte, wiefolgt ein: „Er war bereit, alles zu tun, wie und wann es gewünscht wurde. Er war für solche Aufgaben geradezu geschaffen."

Im System der zentralen Haftanstalten kam dem Gefängnis Suchanowka eine besondere Rolle zu. Nicht umsonst drohten die Untersuchungsführer den Arrestanten mit der Suchanowka. In den Kellerzellen dieses Hochsicherheitsgefängnisses wurde modernste Foltertechnik angewandt, obwohl die Henkersknechte auch nicht auf herkömmliche Methoden verzichteten, um Geständnisse zu erpressen.

Als Folterstätte war eine Kirche hergerichtet worden. Diese Art von Gotteslästerung wiederholte sich noch oft... Berija sorgte dafür, daß die Häftlinge in jedem Gefängnis nur bis zur „erträglichen Schmerzgrenze" gequält wurden. Doch diese Grenze wurde, wie hier in der Suchanowka, nur allzuoft überschritten. Diese Haftanstalt war wie ein Kombinat, in dem der Häftling, mit Ausnahme des Gerichtsprozesses, alle Stadien von der Voruntersuchung bis zur Hinrichtung durchlief. Wer in der Suchanowka eine Haftstrafe verbüßte, kam für lange Zeit in eine vergitterte Zelle. Die Pritsche wurde tagsüber hochgeklappt, doch auch dann konnte der Häftling in der Zelle kaum zwei Schritte machen. Hocker, Tisch und Abort waren am Boden festgeschraubt, das winzige Fenster war verhangen. Spaziergänge im Freien gab es nicht. Auch der Nachtschlaf artete zur Folter aus, denn die Pritsche, die den ganzen Raum zwischen Tür und Wand ausfüllte, hatte eine Schrägneigung zum Kopfende hin.

So vergingen Tage, Wochen und Monate ohne Bewegung, ohne frische Luft und Tageslicht, meist in Einzelhaft. Mitunter wurde auf störrische Häftlinge ein Lockspitzel als Zellennachbar angesetzt. In diesem Fall mußte man den ganzen Tag auf der Hockerkante sitzen. Der Aufseher kontrollierte ständig die Ausführung dieser Vorschrift durch den Sehschlitz in der Tür. Für den kleinsten Verstoß gab es Karzer.

Mir blieben diese bitteren Erlebnisse erspart, doch es liegen Aussagen ehemaliger Häftlinge der Suchanowka vor. Der uns bereits bekannte Jewgeni Gnedin, ehemaliger Leiter der Presseabteilung des Volkskommissariats für auswärtige Angelegenheiten, verbrachte dort dreizehn Monate.

Im Mai 1941 begann die Evakuierung der Häftlinge aus der Suchanowka. Während Stalin und Berija in Fragen der Landesverteidigung verbecherisch zauderten, handelten sie in diesem Fall überaus operativ.

Gnedin wurde in das Lefortowo-Gefängnis überführt, wo Troikas residierten. Jede von ihnen wurde als Militärkollegium des Obersten Gerichts bezeichnet. Nach dem gleichen Prinzip wurde auch in den Haftanstalten der Butyrka Recht gesprochen.

Bei der ersten Verhandlung, in der eine ungereimte, juristische völlig haltlose Anklage vorgetragen wurde und die bereits nach fünf Minuten zu Ende war, kam es nicht zu einem

Urteilsspruch. In der zweiten Verhandlung wurde Gnedin zu zehn Jahren Haft in einem abgelegenen Lager verurteilt. Nach der Entlassung aus der Verbannung wurde er rehabilitiert.

Am 16. Oktober 1941 standen die Deutschen vor den Toren Moskaus. Es fehlte an Fahrzeugen für den Abtransport des Staatsschatzes und von Fabrikausrüstungen. Es gab keine Transportmittel für die Evakuierung von Wissenschaftlern, Pädagogen, Künstlern, Schriftstellern und Erfindern ... Doch das kümmerte Lawrenti Berija nicht. Was sollte mit den Häftlingen geschehen? Sollten sie in den Gefängnissen bleiben, alle liquidiert oder evakuiert werden? Das Durchgangsgefängnis Krasnaja Presna, das Bahnanschluß hatte, war mit Strafgefangenen überfüllt. Vor dem Kursker Bahnhof warteten dicht gedrängt bis zu zehntausend Häftlinge der Butyrka auf den Abtransport. Vom Kursker, Kasaner, Pawlezker und Jaroslawler Bahnhof ging ein Transport nach dem anderen nach Norden, an die Wolga, zum Ural usw. ab.

Einige Großtransporte gingen nach Saratow. Michail Semjonowitsch Mickievicz, Doktor der biologischen Wissenschaften, war am fünften Kriegstag verhaftet worden. Als Strafgefangener wurde er mit vierundzwanzig anderen in ein Abteil für vier Personen verfrachtet. Mickievicz berichtete später: „Bis Saratow brauchte der Zug zwei Wochen. Am Ende der Fahrt waren wir zu Skeletten abgemagert."

In einem anderen Abteil waren der Bergbauingenieur Schiffer, die Luftfahrtgenerale Klenow und Ptuchin, der zweifache Held der Sowjetunion, J. W. Smuskievicz, der ehemalige Chef der Luftstreitkräfte der Roten Arbeiter- und Bauernarmee und zwei weitere hohe Wirtschaftsfunktionäre, der Direktor des Moskauer Dynamo-Werks und der Direktor des Flugzeugwerks in Kowrow, zusammengepfercht.

Im Haus 3 der Haftanstalt in Saratow hielt man Persönlichkeiten des gesellschaftlichen und politischen Lebens gefangen. Von 1941 bis 1942 wurden hier der ehemalige Redakteur der „Iswestija", J. N. Steklow, der langjährige Kommunist, Gründer und erste Direktor des Marx-Engels-Instituts, D. B. Rjasanow, der Philosoph und Literaturwissenschaftler, Direktor des

Instituts für internationale Literatur, Akademiemitglied I. K. Luppol, und viele andere interniert. Einige Einzelzellen im Haus 3 standen Untersuchungsführern aus Moskau zur Verfügung. Von früh bis spät waren von dort Prügel und das Stöhnen der Geschlagenen zu hören.

In der Nähe von Kuibyschew wurden auf direkten Befehl Berijas am 28. Oktober 1941 namhafte Militärs erschossen: Grigori Stern, Pawel Rytschagow, Pjotr Pumpur, Ernst Schacht, insgesamt 22 Offiziere.

Der Ausbruch des Krieges diente als Signal für Pogrome in den großen Städten. Erneut war die Intelligenz des leidgeprüften Leningrad Ziel von Verfolgungen. Ende Juni wurde die erste Gruppe von Wissenschaftlern verhaftet, dann folgte eine Verhaftungswelle nach der anderen . . . Zu den ersten Opfern der Repressalien gehörten N. W. Kowaljow, A. I. Malzew und K. A. Flachsberger. Der Zytologe G. D. Lewitski, korrespondierendes Mitglied der AdW der UdSSR, wurde erstmals im Januar 1933 verhaftet. Durch die Intervention von Wissenschaftlern aus aller Welt kam er damals wieder frei. Das zweite Mal wurde er 1937 verhaftet, doch man ließ ihn erneut frei. Am 28. Juni 1941 ereilte ihn endgültig das Schicksal, weil er in der Sonderkartei des Geheimdienstes erfaßt war. Mit anderen namhaften Leningrader Wissenschaftlern wurde er in den Ural, in die Haftanstalt von Slatoustowsk, deportiert. Dort fanden sie bald den Tod.

Lagerhäftlinge waren vor allem Arbeitskräfte. Die Erinnerung an sie ist verbunden mit sogenannter „Besserungsarbeit" von jahrelanger Dauer. In die mit Stacheldraht eingezäunten Betriebe und Baustellen kamen ununterbrochen Arbeitskräfte in unbegrenzter Zahl. Fehlschichten und Arbeitsbummelei gab es nicht. Hier herrschte strenge Disziplin. Zwangsarbeit wurde nicht entlohnt, die Verpflegungsrationen waren sehr gering, und der Aufwand für die Bewachung war klein. Das alles unterschied die Arbeitskräfte in den Lagern von freien Arbeitskräften.

Ein wesentliches Detail darf hier jedoch nicht vergessen werden. Ein Strafgefangener hielt beim Straßen- und Gleisbau, im Steinbruch, im Bergwerk und beim Holzeinschlag höchstens *drei* Monate durch. Nur die Widerstandsfähigsten kamen bei Krankheit ins Lazarett, mußten dann aber wieder zurück in die Brigade. Eine erneute Erkrankung bedeutete das Todesurteil. Ich selbst bin in sechs Lagern gewesen, habe aber die Strapazen überlebt. Die schwere körperliche Arbeit hatte mich oft so sehr entkräftet, daß ich sie keinen weiteren Monat mehr überstanden hätte. Doch das Schicksal war mir jedesmal gnädig.

Ich wiederhole noch einmal: Im Durchschnitt hielten die Arbeitskräfte in der mit Stacheldraht umzäunten Zone die rücksichtslose Ausbeutung nur *drei* Monate durch. Auch die Statistiker Himmlers nannten für seine Konzentrationslager die gleiche Zeitdauer. War das eine zufällige Übereinstimmung?

Seit der Hinrichtung von Lawrenti Berija waren bereits drei Jahrzehnte vergangen, als Geologen und Bauarbeiter, Vertreter der neuen Generation, an die Kolyma fuhren, um Gelände zu erschließen. Überall in dieser riesigen Region, fast auf jedem Kilometer, stießen sie beim Schürfen und Ausheben von Baugruben auf Massengräber. Das ewige Eis hatte die Körper konserviert...

Im Gebiet Workuta wurden die Körper der zu Tode Gequälten, Erschossenen und Verhungerten, nachdem man sie mit Identifizierungsmarken am Fuß versehen hatte, einfach in Gruben geworfen. Wenn in einer Grube zweihundert Leichen lagen, wurde sie mit gefrorenen, steinharten Erdklumpen abgedeckt. Im Gebiet Workuta taut die Erde selbst im Sommer nicht auf...

Der Leningrader Student Sergej Nilin war durch Zufall einem Ökonomen als Helfer zugeteilt worden und konnte sich im Innendienst des Lagers durchschlagen. Er hatte sich gerade mit einem alten kranken Lehrer aus Moskau angefreundet, der wegen seiner Gebrechlichkeit als Gehilfe in der Stabsbaracke arbeitete, als er selbst an einer Lebensmittelvergiftung – durch verdorbenen Fisch oder ranzigen Speck – erkrankte. In der Sanitätsbaracke war jedoch keine Pritsche frei, deshalb kam Nilin ins Lazarett. Nach seiner Rückkehr zwei Wochen später fand er den alten Lehrer nicht mehr vor – sein Freund war tot. Von einem ihm bekannten Begleitposten, einem jungen Burschen aus

Moskau, erfuhr er, daß man den Lehrer als letzten in die Grube geworfen hatte und er daher ganz oben lag. Nilin ließ sich zum Leichentransportkommando einteilen, um den Freund noch einmal zu sehen. Er ließ sich die Stelle zeigen, entfernte die oberste Erdschicht von der Grube und erkannte den Lehrer sofort an seiner Körpergröße. Doch das Gesicht hatte keine Augen mehr. In der Grube huschten Ratten hin und her. Der Begleitposten erklärte teilnahmslos, daß die Ratten vor allem die Augen der Toten fressen würden.

Die Verletzung der Menschenwürde machte auch vor den Toten nicht halt. Weiß die Jugend von heute, was damals geschah? Und wenn man es ihr sagt, glaubt sie es?

Dies alles ist natürlich nicht Berija allein anzulasten. Auch unter Jagoda und Jeschow starben Menschen durch Kugeln, Hunger und Zwangsarbeit. Doch der Vernichtungskrieg gegen das eigene Volk erreichte im Jahr 1937 seinen Höhepunkt und setzte sich dann von 1938 bis 1945 fort. Zum Hauptvollstrecker hatte Stalin Lawrenti Berija erkoren. Unter ihm erhöhte sich die Zahl der Toten unermeßlich. Männer und Frauen wurden in getrennten Lagern liquidiert. Auch Schwangere wurden nicht verschont. Was konnten sie auch anderes zur Welt bringen als neue Volksfeinde? Himmler ist nicht anders verfahren: In seinen Krematorien wurden alle ohne Ausnahme verbrannt – auch Frauen und Kinder.

Ich wurde in das Zentrallager an der nördlichen Petschora gebracht, das in einzelne Lager entlang der Eisenbahnstrecke gegliedert war. Der Stab jedes Lagers bestand aus mehreren Bereichen: Produktion und Technik, Kontrolle und Planung, allgemeine Versorgung usw.

Die Häftlinge wurden auf Kolonnen, Lagerabteilungen und Einzellager (OLP) verteilt. Jedem Lager war eine bewaffnete Wachmannschaft (WSO) zugeteilt.

Die Verwaltungsstruktur des Zentrallagers für Eisenbahnbau an der nördlichen Petschora kann als typisch für alle Lager dieser Art angesehen werden.

Die Politische Abteilung rangierte an erster Stelle und spielte auch die entscheidende Rolle in der Verwaltung. Lange Zeit stand sie unter Leitung von Oberst Kusnezow. Er hatte die Angewohnheit, die anderen Abteilungsleiter in sein repräsentatives, riesiges Arbeitszimmer zu beordern, wo sie in strammer militärischer Haltung angsterfüllt seine Weisungen entgegennahmen. Im Arbeitszimmer Kusnezows hingen Bilder von Dshershinski und Berija. Wie konnte man sie nur auf eine Stufe stellen – den Helden aus der Zeit der Illegalität der Partei und Begründer der Tscheka und den neuen Herrscher in der Lubjanka, einen Berufsmörder.

Der Kultur- und Bildungsabteilung (KWO) unterstand die Redaktion des „Produktionsbulletins" – einer Lagerzeitung, in der die Strafgefangenen aufgerufen wurden, aufopferungsvoll zu arbeiten, den großen Führer zu lieben und Stalins Volkskommissar Lawrenti Berija zu achten. Weiterhin empfahl ihnen die Zeitung, sich im Lager wie zu Hause zu fühlen, denn nur hier würden ihnen alle Möglichkeiten der Besserung und Umerziehung eingeräumt. Das Lager an der Petschora hatte ein eigenes Musiktheater, mehrere Kulturensembles sowie an die zehn mobile Filmvorführanlagen. Für jede Kolonne waren Instrukteure und Erzieher zuständig. In den Wohn- und Produktionsbereichen sowie an der Trasse wurden Agitation und Propaganda betrieben. Die Kultur- und Bildungsabteilung (KWO) lebte somit nicht umsonst auf Kosten des Staates und der hungernden Häftlinge. Doch die Politabteilung mischte sich in alle ihre Angelegenheiten ein und verdrängte sie faktisch. Auch die anderen Abteilungen, sowohl der technische Dienst als auch die Wachmannschaft, wurden ständig von der Politabteilung bevormundet.

Ich will nicht auf Einzelheiten in der Struktur eingehen, sondern nur einige Besonderheiten der Baustelle an der nördlichen Petschora erwähnen, die für die Hauptverwaltung der Lager für den Eisenbahnbau (GULSHDS) typisch waren. An der Petschora-Trasse gab es verschiedene große Werke: ein Holzbearbeitungskombinat, Mühlenbetriebe, ein Bekleidungswerk, zentrale Reparaturwerkstätten (ZRM), Gemüsekolchosen sowie Steinbrüche, Kies- und Kaligruben. In letzteren arbeiteten von jeher Strafgefangene. In den Lagern des Gebiets Workuta mußten Rückfalltäter und besonders gefährliche politische Gefan-

gene im Kalibergbau arbeiten. Im Besserungslager an der Petschora galt die Arbeit im Steinbruch nahe der Bahnstation Dshintui als Todesurteil. Wie die Strafgefangenen dort Steine brachen,
entsprach keinerlei Sicherheitsvorschriften, dafür gab es in
Dshintui für mißliebige Elemente garantiert kein Überleben.
Der Sonderabteilung oblagen der Einsatz der Arbeitskräfte,
die Erfassung der Strafgegangenen und die Dokumentation.
Alle im Polarkreisgebiet eintreffenden Gefangenentransporte
durchliefen die Einweisungszentrale (ZPP). Der Sanitätsabteilung unterstanden die Lazarette und Sanitätspunkte der Arbeitskolonnen. Das riesige Lager und die Baustelle wurden über ein
Netz von Depots, ein Zentraldepot und Umschlagedepots in jedem Abschnitt, versorgt. Dort war nichts vor Dieben sicher, weder Fahrzeugbereifung noch Konserven, Alkohol, Medikamente und Häftlingsbekleidung.
Das UCHTLAG, später UCHTPETSCHLAG genannte
große Lager im Rayon Uchta-Petschora bestand bereits seit
1929. Später wurden das Inta- und das Workuta-Lager, deren
Aufgabe der Kohleabbau war, von ihm abgetrennt. Die Lager
SEWSHELDORLAG und PETSCHOLAG waren beide auf den
Eisenbahnbau spezialisiert.
Die Lagerstruktur variierte in Abhängigkeit von Produk-
tionsprofil und Zielsetzung. Doch auch innerhalb des jeweiligen Wirtschaftszweigs wie Eisenbahnbau, Kohleförderung und
Holzeinschlag änderte sich die Struktur mit der Zeit. Die Führung des GULAG löste bestimmte Abteilungen der Lagerverwaltungen auf, richtete andere ein und erdachte neue Lagerabteilungen. Unverändert blieb in jedem Fall nur die führende
Rolle der OTSCHO – der Operativgruppen. Berijas Tschekisten
hielten die gesamte Kultur- und Erziehungsarbeit der KWO sowie die Tätigkeit der Abteilungen für Erfassung und Verteilung
(URO und WSO) unter strenger Kontrolle. Mit der Politabteilung teilten sie sich die Macht über die anderen Abteilungen
und die Verwaltung. Wenn der OTSCHO ein Lagerleiter nicht
paßte, konnte ihn auch der Chef der Verwaltung nicht retten,
auch nicht, wenn es sich hierbei um seinen Stellvertreter handelte. Lockspitzel der OTSCHO fanden immer einen Vorwand
für die Verhaftung: Machtüberschreitung, Aneignung staatli-

chen Eigentums, Vergewaltigung weiblicher Häftlinge. Und wer von den kleinen und großen Chefs hatte noch nicht geschlagen, sich bereichert oder an Frauen vergangen? Dann saß so ein ehemaliger Offizier oder verantwortlicher Bauingenieur vor dem Untersuchungsführer und wurde zu Lagerhaft verurteilt. Das war an der Tagesordnung. Die Strafgefangenen zitterten vor allen Vorgesetzten, doch auch diese lebten nicht ohne Furcht.

Ich glaube, jeder hat wohl schon von Hitlers Todesfabriken Dachau, Auschwitz und Ravensbrück gehört sowie von Stalins Vernichtungslagern Norilsk, Kolyma, Karaganda und Workuta. Doch es gab auch kleinere, von der Geschichte nicht registrierte Vernichtungslager. Eines dieser halbvergessenen Lager befand sich in Tuloma (heute Gebiet Murmansk). Dort begann 1934 der Bau eines Wasserkraftwerks. Es handelte sich um ein relativ kleines Projekt (mit dem Dnjepr-Kraftwerk nicht zu vergleichen), doch für die Erdarbeiten wurden von Anfang an mehr als 17 000 Gefangene eingeplant. Für die Betonierungsarbeiten zur Errichtung der Staumauer wurden 26 000 eingesetzt, während im letzten Jahr nur noch 5000 benötigt wurden.

Der Kraftwerksbau begann mit dem Ausheben der Grube für das Fundament der Steinmauer. Doch die erste Baumaßnahme war die Einzäunung des Lagers. Alle Bauarbeiten wurden manuell mit Karre, Spaten und Spitzhacke ausgeführt, Technik wurde kaum eingesetzt. Der einzige vorhandene Hebekran war ständig wochenlang außer Betrieb. Als Transportmittel standen lediglich ein Dutzend 1,5- und 3-Tonner vom Typ SIS und zwei veraltete Kleinloks zur Verfügung.

Die fehlende Technik wurde durch große Plakatlosungen ersetzt: „Stachanow-Arbeit ist der beste Weg, um die Haftzeit zu verkürzen!", „Errichten wir eine Musterstadt für das Kraftwerk an der Tuloma!" und „Für Bestarbeiter an der Tuloma beste zusätzliche Versorgung!"

Das Massengrab hinter der Kiesgrube, fünf Werst vom Lager entfernt, vergrößerte sich täglich. Als der Friedhof später unkenntlich gemacht wurde, blieb keine Spur von den vielen Opfern, denen das Schicksal längere kräftezehrende Arbeit und Hunger erspart hatte ...

Wie wir bereits feststellten, unterschied sich die Struktur des

Lagers an der nördlichen Petschora nicht von der anderer Besserungslager der Hauptverwaltung der Lager für Eisenbahnbau. Objekte dieser Verwaltung befanden sich überall: in Turkmenien, jenseits des Polarkreises, in der Ukraine und in der Region Primorje ... Als eine der letzten unter Berija entstand die Baustelle an der südlichen Petschora. Von 1948 bis 1953 wurde das zweite Gleis der Streckenführung Kotlas–Konoscha verlegt. Die Grundprinzipien der Lagerstruktur blieben auch in anderen Wirtschaftszweigen, z. B. im Holzeinschlag (GULESLAG), in der Landwirtschaft, im Hüttenwesen, in der chemischen Industrie, im Flugzeugbau, in der Energiewirtschaft und im Schiffsbau unverändert ... Millionen Strafgefangene förderten Kohle, Gold und Uranerz.

Eine Verwaltung des NKWD war für Bau und Instandsetzung der Straßen zuständig (GUSCHOSDOR). Diese Art Verwaltungen galten als Unterauftragnehmer. Der GULAG stellte ihnen Arbeitskräfte und Technik zur Verfügung und übernahm die Finanzierung. Das NKWD als Verkörperung der Staatsmacht gab den Plan und die Termine für den Abschluß der Arbeiten vor. Jeder Leiter versuchte schonungslos (gebenüber dem Leben der Häftlinge), den Plan und die Termine sogar vorfristig zu erfüllen. Von Kalinin erhielt er dann dafür den Leninorden und vom Volkskommissar eine Gehaltserhöhung und die Delegierung zu einem neuen Objekt.

Wie von Spezialisten ermittelt wurde, machte der Anteil des NKWD an den Gesamtinvestitionen im Jahre 1941 laut Plan ein Fünftel aus. Kein anderes Volkskommissariat konnte in bezug auf Arbeitsergebnisse mit dem GULAG des NKWD konkurrieren. Bei Holzeinschlag und -ausfuhr entfielen auf das NKWD 50 Prozent der Gesamtmenge im Fernen Osten, in der Karelo-Finnischen ASSR und der ASSR der Komi; mehr als ein Drittel in den Gebieten Archangelsk und Murmansk; zwischen einem Fünftel und einem Viertel in den Gebieten Jaroslawl, Gorki, Molotow und Swerdlowsk bzw. in der Region Krasnodar. Das NKWD war außerdem für Holzeinschlag und -ausfuhr in weiteren 32 Gebieten, Autonomen und Sowjetrepubliken zuständig.

Betriebe des NKWD produzierten Ziegel in der Region Chabarowsk und förderten Erdöl an der Uchta (der Plan für 1941 sah 250 000 Tonnen vor). Strafgefangene bauten 40 Prozent der Gesamtmenge an Chromerz in der Sowjetunion ab (150 000 von 370 000 Tonnen).

Doch nicht alle Industriebetriebe konnten in Lagerverwaltungen umgewandelt werden. Die Metallurgie- und Chemiebetriebe, Bergwerke und Schächte im Zentrum und im Süden Rußlands hatten ihren Standort in dichtbesiedelten Rayons. Dort waren Strafgefangenenlager mehr oder weniger eine Ausnahme. Doch im Hohen Norden und in Kasachstan entstanden große Industriestädte wie Workuta, Norilsk, Magadan, Karaganda und Dsheskasgan.

Der GULAG lieferte nicht nur den Lagerverwaltungen, sondern auch einzelnen Betrieben auf Antrag Arbeitskräfte. Die Betriebe überwiesen die entsprechenden Gelder auf das Bankkonto der Hauptverwaltung.

Mit dem Ausbau des Lagersystems wollte Berija das enorme Ausmaß der bestehenden Schattenwirtschaft bemänteln. In der Goldförderung beispielweise waren Millionen Strafgefangene eingesetzt, doch anstelle eines Sonderministeriums gab es nur einzelne Verwaltungen. Dabei konnten es Unternehmen wie z. B. DALSTROI der Größe nach mit europäischen Staatsbetrieben aufnehmen . . .

Berija kümmerte sich um die vorrangige Versorgung der ihm unterstellten Lager. Kein anderer Wirtschaftszweig erhielt so viel kontingentierte Betriebsmittel.

Die Projekte der Häftlingsbaustellen wurden von Spezialinstituten in Moskau, Leningrad und Swerdlowsk ausgearbeitet. Die Behörden des Transportwesens und der Hochseeflotte sorgten für die vorrangige Erledigung der Aufträge für den Transport von Hunderttausenden Strafgefangenen. Dem GULAG wurden auch großzügig Sondertruppen für die Bewachung der Lager zugewiesen.

Für die Lagerinsassen war der Kriegsausbruch mit verschärften Repressalien verbunden. Die Einsatzleiter der Tscheka wollten möglichst schnell nachweisen, daß sie unabkömmlich waren, und sie fabrizierten daher Strafsachen nach Belieben.

Im Lager Karaganda, einem der größten der damaligen Zeit,

betreuten seit 1937 sechs Strafgefangene eine große Schafherde. Die NKWD-Häftlinge hatten bereits mehr als die Hälfte ihrer Zeit abgebüßt, als ihre Haftstrafen wegen „Pflichtvergessenheit" und vorsätzlich falscher Angabe der Herdenzahl verlängert wurden.

Die Strafgefangene W. S. Poleshajewa hatte zwei Kinder zurücklassen müssen. Die vier Kinder des Dagestaners Abdulla Ibragimowitsch wuchsen ohne Vater auf. Er hätte nur noch ein Jahr Haft bis zur Entlassung vor sich gehabt. Der Mann einer anderen Lagerinsassin war ebenfalls in Haft, der einer dritten kämpfte an der Front. Für sie alle wurden neue Haftstrafen von fünf, acht oder zehn Jahren „zuzüglich der Reststrafe des vorangegangenen Urteils" ausgesprochen. (Aus dem Urteil des Gebietsgerichts Karaganda vom 1. Juli 1943.)

Ebenso erbarmungslos wurde mit den in die abgelegenen Regionen verbannten „Kulaken" umgegangen. Bereits Anfang der dreißiger Jahre waren dem Sowchos „Istok" im Ural 17 „entkulakisierte" Strafgefangene aus den Gebieten Rostow, Smolensk, Mogiljow und Molotow sowie aus der Region Krasnodar zugewiesen worden. 1943 verlängerte man ihre Lagerhaft wegen geringfügiger Vergehen um zwei bis drei Jahre. Die Söhne einiger Häftlinge kämpften in der Roten Armee, doch was hatte das schon zu bedeuten ... (Urteil des Gebietsgerichts Swerdlowsk vom 16. August 1943.)

Aus der Geschichte der Repressalien während des Krieges wissen wir, daß nicht allein die „Politischen" hart bestraft wurden. Am 7. August 1932 wurde der Beschluß des ZIK und des SNK der UdSSR über Diebstahl sozialistischen Eigentums erlassen. Darauf stand gewöhnlich die Todesstrafe oder 10 Jahre Haft ohne Hoffnung auf Revision des Urteils. Im September 1942 standen in Kuibyschew fünf Mitarbeiter eines Tanklagers vor Gericht. Sie wurden wegen Abgabe von Petroleum über das Kontingent hinaus an Institutionen (an das Rayonexekutivkomitee und ein Kinderheim) und eigene Mitarbeiter zu je zehn Jahren verurteilt.

Am 22. Januar 1943 erließ das GKO die Direktive zur Strafverschärfung. Von nun an war alles verdächtig: Lebensmittelpakete an Verwandte, Eintauschen von Kleidungsstücken gegen

Brot, Zucker oder Zündhölzer, Vorratskauf von Mehl und Seife...

Im Sommer 1942 wurden in Burjatien vier Kolchosbäuerinnen wegen Weizendiebstahls – jede hatte etwa fünf bis zehn Kilogramm genommen – zu vier Jahren Haft verurteilt. Der Bruder von T. A. Antonowa war an der Front und I. A. Brjanskaja wurde von ihren vier Kindern getrennt. (Urteil des Rayongerichts Iwo der ASSR der Burjatan und Mongolen vom 14. Juni 1942.)

In einem anderen Teil des Landes wurden wegen Lebensmitteldiebstahls vier Frauen zu je fünf Jahren verurteilt. Eine hatte ihren Mann bereits 1939 im finnischen Krieg verloren, alle hinterließen Kinder. Die Verurteilte D. W. Boridulina hatte fünf Kinder zwischen drei Monaten und 13 Jahren. (Urteil des Stadtbezirksgerichts Stalinski/Jaroslawl vom 8. Januar 1943.)

Ich möchte noch einen Fall, einen von hunderttausend üblichen Fällen, erwähnen. Die Witwe eines gefallenen Frontsoldaten holte mit zwei Nachbarinnen von einem abgeernteten Kolchosfeld einen halben Sack gefrorener Rüben. Jede der drei Frauen wurde zu zwei Jahren Haft verurteilt. (Urteil des Gebietsgerichts Poltawa vom 31. April 1944.)

Aus Gesprächen mit Häftlingen in Lagern bei Moskau, im Süden, an der Wolga, der Petschora und im Gebiet Workuta sind mir viele unschuldig Verurteilte in Erinnerung. Als ich später Beschlüsse von Gerichtsinstanzen las, kam ich endgültig zu der Überzeugung, daß es sich nicht um Einzelfälle, sondern um eine ganze Kampagne der Fälschung von Strafsachen handelte. Die einen wollten damit ihren Richtersessel im sicheren Hinterland behaupten, die anderen füllten so das Kontingent billiger Sklavenarbeiter hinter dem Stacheldraht wieder auf. Das begann bereits in den ersten Kriegsjahren.

Während des Krieges wurde Artikel 162 des Strafgesetzbuchs der RFSSR durch Punkt „e" ergänzt. Er erlaubte (empfahl!) den Richtern, geringfügigen Diebstahl in der Produktion mit Lagerhaft bis zu fünf Jahren zu bestrafen. Das vorgesehene Strafmaß für „normale" Eigentumsdelikte wie Taschen- und Einbruchdiebstahl blieb bei einem halben bis zu einem Jahr Gefängnis und nicht mehr! Eine Bäuerin und Mutter, die ihren hungrigen

Kindern aus dem Kolchos einige Maiskolben mitbrachte, erhielt fünf Jahre; ein Berufsdieb und Gauner, der eine ganze Familie bestohlen hatte, dagegen nur ein Jahr. Im Krieg behielt der Beschluß der ZIK und des SNK der UdSSR vom 7. August 1932 weiterhin seine Gültigkeit: 10 Jahre für Diebstahl staatlichen Eigentums. (1947 wurde diese Strafe verdoppelt. Unter den Häftlingstransporten auf dem Weg in die Lager nahm die Zahl der „Zwanzigjährigen" immer mehr zu.)

Den kleinen Gaunern wurde eingeredet: „Ihr seid nur zeitweilig isoliert, doch nützliche Mitglieder der Gesellschaft, nach wie vor Patrioten und Erbauer des Sozialismus. Mit den Volksfeinden habt ihr nichts gemein. Je mehr von ihnen hier hinter Stacheldraht verrecken, um so besser ist es für den Staat."

Diese menschenverachtende Propaganda setzte bereits in den zwanziger Jahren ein, als Berija gerade erst die Führungsebene in Transkaukasien anvisierte. Und als er dann der Befehlshaber der Welt hinter dem Stacheldraht wurde, setzte er unbeirrt den Kurs Stalins durch, vor allem die Intelligenz zu vernichten. Ingenieure, Lehrer, Wissenschaftler und Studenten wurden von Berufsverbrechern – die von den Wachmannschaften dazu noch ermuntert wurden! – ausgehungert, gedemütigt und ermordet. Hunderttausende Letten, Litauer, Esten, Polen, Moldawier, Ukrainer, Zigeuner, Koreaner, Tschetschenen und Juden, die sich vor den Deutschen gerettet hatten, kamen Jahr für Jahr zusammen mit deutschen Kriegsgefangenen und Wolgadeutschen in den Lagern um. Tod den Fremden und Andersgläubigen! Tod der Intelligenz! Tod den Agenten! Tod den Faschisten! Diese Losungen vermischten sich mit den Hetzparolen der Verbrechergilden in den Lagern, dem Gejammer religiöser Fanatiker und dem Geschrei von Rassisten. Noch heute finden Historiker, die den langjährigen Weg der Völker zum stalinistischen Golgatha rekonstruieren wollen, für dieses teuflische Phänomen keine Erklärung.

Doch der Krieg veränderte die bisher unbestrittene Herrschaft der Kriminellen in den Straflagern. In der Durchgangshaftanstalt in Kotlas verließen Häftlinge die Gemeinschaftszelle, um die Toilette aufzusuchen. In der Zelle blieben nur einige Kriminelle zurück, die sich schlafend stellten. Als sie in die Zelle zurückkamen und feststellten, daß aufgesparte Zwiebäcke und Kleidungsstücke fehlten, griffen sich zwei bärenstarke Soldaten die frechen Diebe. Der Anführer der Verbrecherclique schickte einige Schläger vor, doch sie kamen gegen die starken Fäuste der Soldaten nicht an. Hier war Mut erforderlich, allerdings anderer als an der Front. Wer weiß, woher sich die Verbrecher im Überführungsgefängnis und in den Transportwaggons Messer besorgen konnten, die sie dann gegen Widerspenstige einsetzten.

Entflohene Häftlinge wurden von der einheimischen Bevölkerung gnadenlos ausgeliefert. Für die Ergreifung eines Geflohenen setzte man Prämien aus – einige Kilogramm Mehl oder einige Meter Stoff. Wenn die Wachposten Flüchtlinge in der Nähe des Lagers faßten, erschossen sie diese an Ort und Stelle und schleiften ihre Körper zur Wache. Man hetzte Flüchtlinge auch mit Schäferhunden und ließ sie von diesen zerfleischen. Am Morgen mußten dann die Brigaden beim Appell an ihnen vorbeimarschieren ... Flüchtlinge, die es weiter geschafft hatten, ließ man tot in der Tundra liegen. Als Beweis für ihre Ergreifung wurden der Lagerleitung ihre abgehackten Hände übergeben. Da jedoch die Hände als Beweismittel sich nicht lange aufbewahren ließen, erging später aus dem GULAG die Weisung, nunmehr die Ohren der Toten vorzulegen.

Laut Artikel 158 des Strafgesetzbuches der RSFSR standen auf Flucht bis zu zwei Jahre zusätzliche Haft. Im Krieg wurde das Gesetz noch verschärft. Nun verurteilte man die Flüchtlinge nach Artikel 59 Punkt 14 wegen „konterrevolutionärer Sabotage" zum Tode. Trotzdem häuften sich die Ausbrüche. Aus den Lagern flüchteten mitunter Gruppen von zehn bis zwanzig Häftlingen. Sie erkämpften sich mit Waffen den Weg in die Freiheit. Das waren meist Frontsoldaten unter Führung erfahrener Aufklärer und Offiziere. Aus der Nachkriegszeit sind mehrere tollkühne Ausbrüche aus Lagern in der ASSR der Komi, dem Gebiet jenseits des Urals und des Fernen Ostens bekannt.

Wir, die Häftlinge in der Stacheldrahtzone jenseits des Polarkreises, verfolgten mit Hoffnung und Bangen die spärlichen Informationen über den Verlauf der Fahndungen und feierten jeden Mißerfolg der operativen Einsatzkräfte. Den ehemaligen Frontaufklärern gelang die Flucht, und sie behielten ihre Ohren.

In den Kriegsjahren wütete der Hunger unter den Strafgefangenen, aber auch Zivilangestellte und Lohnarbeiter waren davon nicht verschont. Berija ließ alle Baustellen des NKWD vorrangig beliefern. Wachmannschaften, Tschekisten, Ingenieure, Techniker und Bedienungspersonal erhielten die besten Stücke vom unzureichenden staatlichen Kuchen. Doch den Lagerleitern war das immer noch zu wenig. Sie stahlen aus den Speichern Filzstiefel, Medikamente, Fleisch, Alkohol, Wäsche, Wattejacken, Mehl, Trockenobst, Fette und vieles andere mehr, was für die Strafgefangenen bestimmt war. Aus den Lagerbeständen versorgten sie sich mit Brennholz und Kohle, sie ließen Werkzeug, Nägel, Zement und Firnis mitgehen. Warum auch Geld ausgeben, wenn man es umsonst haben konnte? Sie mißbrauchten zugleich Häftlingsarbeit, nahmen die Dienste von Ärzten, Schneidern, Lehrern und Künstlern in Anspruch ... Die Lazarettleiterin des Petschora-Lagers an der Bahnstation Kosju „behandelte" laut ihrer Krankenkartei mehrere Jahre lang zwei Ingenieure aus Moskau. In einem abgelegenen Teil der Baracke mit dem stolzen Namen „Bettenhaus" richtete sie eine Art Werkstatt ein. Dort flochten die beiden aus Draht Gestelle für Lampenschirme, die sie dann mit farbiger Kunstseide bespannten. Die Leiterin schenkte diese Lampenschirme Leuten aus der Sanitätsabteilung und der Wachmannschaft, die ihr gefällig waren. Schneider aus Warschau und Łodz, die mit Tausenden ihrer Landsleute 1939 in den Lagern interniert wurden, nähten Zivilbekleidung für die Tschekisten und das Wachpersonal. Nähmaschinen gab es in den Lagern natürlich nicht. Alles mußte per Hand geschneidert werden. Angehörige des Wachpersonals suchten in den Frauenkolonnen Wäscherinnen, Köchinnen und Kinderfrauen für die Lagerleitung aus. Sie machten mit den Arbeiterinnen, was sie wollten, und wechselten sie nach Belieben aus.

Ärzte und Sanitäter konnten jederzeit Tag und Nacht aus den Lagern gerufen werden. Medizinisches Personal wurde von der Torwache ungehindert durchgelassen, auch wenn ein Arzt als

„Trotzkist" galt und ihm ein „Freigang" ohne Begleitung bis zum Ende der Haftstrafe nicht zustand. Handwerklich begabte Häftlinge fertigten für das Lagerpersonal Stiefel, Halbschuhe, Damen- und Hausschuhe. Sie waren schon damit zufrieden, nicht früh morgens mit der Brigade an die Trasse oder in den Steinbruch zu müssen. Häftlinge wurden für alles mögliche eingesetzt. Sie renovierten Wohnungen, reparierten Radios, arbeiteten in Vor- und Gemüsegärten. Und wenn ein Strafgefangener von zu Hause ein reichhaltiges Paket bekam, dann entnahm so mancher Vorgesetzte ungeniert Dinge daraus.

Statthalter Berijas in Workuta war Michail Mitrofanowitsch Malzew, der sich auch dementsprechend benahm. Als Chef der Verwaltung des Kombinats WORKUTAUGOL und Deputierter des Obersten Sowjets der UdSSR konnte er aufgrund der Vollmachten, die ihm Stalin selbst erteilt hatte, auch Strafgefangene freilassen. Natürlich ging er dabei nicht uneigennützig vor. Er gewährte Fachleuten, die er brauchte, die Freiheit: Mechanikern, Geologen, Ärzten und Künstlern. Der Herrscher über das Gebiet Workuta entließ sogar Häftlinge des Petschora-Lagers und Strafgefangene mit Höchststrafen. Allerdings hatte die Freilassung einen Haken: Ein Strafgefangener, der beispielsweise 10 von 25 Jahren bereits abgebüßt hatte, mußte sich schriftlich verpflichten, das Gebiet Workuta nicht zu verlassen. Von nun an lebte er außerhalb des Lagers wie alle, die dort freiwillig arbeiteten, mußte jedoch die von Malzew festgelegte Freizügigkeitsbeschränkung einhalten.

Ergänzend muß noch gesagt werden, daß die Frau von General Malzew Staatsanwältin von Workuta war. Damit besaß das Paar Malzew absolute Macht über die vor und hinter dem Stacheldraht lebenden Bewohner des Polarkreisgebiets.

Ähnlich war die Situaton an der Petschora, an der nördlichen Dwina, in Kasachstan und in Sibirien ... Die Chefs der großen Lager gehörten dem Büro des Gebietskomitees der Partei an und wurden wie Malzew in den Obersten Sowjet der UdSSR „gewählt". In den Tagungspausen unterhielten sie sich mit namhaften Akademikern, Ingenieuren, Marschällen, Volkskünstlern und nicht weniger volksverbundenen Schriftstellern ...

Während des Krieges lieferten die USA für die „Arbeitslager" in der Sowjetunion (wie sie offiziell genannt wurden) Maschinen, Ausrüstungen und Lebensmittel. An die Petschora gelangte während des Krieges eine Vielzahl an Produkten aus Amerika – von Kraftfahrzeugen, Baggern, Maschinen für die Herstellung von Eipulver bis hin zu Kostümen für das Lagertheater! Die Regierung der verbündeten Macht USA wollte wissen, unter welchen Bedingungen die Arbeiter in den sowjetischen Lagern lebten, aus denen Gold und Holz in die Staaten geliefert wurde. Deshalb traf 1944 eine amerikanische Beobachtergruppe unter Leitung des Vizepräsidenten der USA, Henry Wallace, an der Kolyma ein.

Für die Ankunft der Gäste ließ man eine Sonderzone der Sowchosabteilung entsprechend herrichten: Die Baracken wurden instandgesetzt, eiserne Bettgestelle mit sauberer Bettwäsche aufgestellt und für die Frauen sogar Kopfkissen ausgegeben. Diese erhielten auch Zivilkleidung und durften zum Friseur gehen. Anstelle der kleinen Bude, in der es von Würmern befallene Trockenaprikosen, Zahnpulver und unansehnliche Kämme zu kaufen gab, richtete man eine Verkaufsstelle ein und schaffte Waren heran, von denen zu dieser Zeit selbst die freiwilligen Arbeitskräfte nur träumen konnten. Der zum Lager führende Knüppeldamm wurde erneuert, die rund um die Uhr besetzten Wachtürme wurden abgebaut. Dasselbe spielte sich auch in der fünfzehn Kilometer nördlich des Sowchos gelegenen Männerzone ab. Die Gäste waren mit dem, was sie sahen, voll und ganz zufrieden. Die Mission reiste mit den besten Eindrücken in die Staaten zurück. Dabei könnte man es bewenden lassen, doch es drängt sich die Erinnerung an ein Ereignis aus einem anderen Jahrhundert auf. Offensichtlich lassen sich Potemkinsche Dörfer nicht nur auf der Krim errichten.

Auf der Teheraner Konferenz erörterten 1943 die Staatsoberhäupter der drei alliierten Mächte Probleme der Nachkriegsordnung. Stalin setzte Churchill und Roosevelt von seiner Absicht in Kenntnis, 50 000 deutsche Offiziere erschießen zu lassen. Als er merkte, wie heftig der britische Premier darauf reagierte, tat er dies schnell als einen Scherz ab.

Doch als er im Jahre 1918 in Zarizyn Lastkähne mit Offizieren versenken ließ und in den zwanziger und dreißiger Jahren die Elite des georgischen und russischen Volkes liquidierte, tat er dies bewußt und planmäßig. Auch Katyn im Jahre 1940 ist ein Glied in dieser historischen Kette.

Im August 1939 unterzeichneten Molotow und Ribbentrop den Nichtangriffspakt zwischen der UdSSR und Deutschland. Mit dem am 23. August 1939 unterzeichneten geheimen Zusatzprotokoll ließ Stalin Deutschland freie Hand für die Besetzung eines Teils Polens. Nach der deutschen Invasion in Polen besetzten sowjetische Truppen entsprechend der Absprache mit dem faschistischen Deutschland in der Nacht zum 17. November die Westukraine und Westbelorußland. Die polnischen Truppen leisteten der Roten Armee keinen Widerstand. Eine Viertelmillion polnischer Soldaten, Unteroffiziere und Offiziere gerieten in Gefangenschaft. 180 000 Polen wurden in das Innere der Sowjetunion deportiert. Ihnen folgten dann weitere 1,2 Millionen polnischer Bürger. Viele kamen hinter Stacheldraht. Zu Tausenden starben sie in den Lagern an der Petschora, an der Inta und im Raum Workuta. Ich kann das bezeugen.

Besonderes Interesse bekundete Berijas Behörde für die polnischen Offiziere. Ein Teil von ihnen geriet in deutsche Gefangenschaft. Das Gros aber fiel in die erfahrenen und bewährten Hände des NKWD ... Etwa 15 000 polnische Offiziere wurden in drei schnell errichteten Sammellagern interniert.

Das Lager Kosel befand sich auf dem Gelände eines ehemaligen Klosters, 250 Kilometer von Smolensk entfernt in Richtung Tula; das zweite Lager war ebenfalls in einem Kloster untergebracht, in Starobelsk in der Nähe von Charkow. Südwestlich von Kalinin, in Ostaschkowo, errichtete man das dritte Lager.

Es muß besonders hervorgehoben werden, daß die Deportierten in der Mehrzahl Offiziere der Reserve, polnische Intellektuelle und Vertreter der geistigen Elite Polens waren – über 800 Ärzte, viele Lehrer, Juristen und Ingenieure, mehr als hundert Literaturschaffende und Journalisten, etwa 50 Hochschulprofessoren und Gerichtsbeamte, Beamte der Gendarmerie, Landbesitzer und katholische Geistliche (etwa 200 Kaplane). In

Lagern interniert wurden Mitarbeiter mehrerer Forschungseinrichtungen, sechshundert Piloten sowie mehrere hundert Sergeanten und Hauptfeldwebel.

Die Kriegsgefangenen trafen ab November 1939 in den improvisierten Lagern ein. Im April 1940 begann die Operation zur Liquidierung der Gefangenen. Die Transporte erfolgten in kleinen Kolonnen (nach den Vorgaben des NKWD) aus den drei Lagern zur Bahnstation Gnesdowo in der Nähe von Smolensk. Vor dem Abtransport wurden alle gegen Unterleibstyphus und Cholera geimpft. Damit wollte man auch die mißtrauischsten Skeptiker beruhigen.

Der Wald von Katyn lag am Dnjepr, 15 bis 20 Kilometer westlich von Smolensk. In dem malerischen Ort Kosji Gori waren Datschen für Mitarbeiter des NKWD errichtet worden. Dieses Waldgebiet ging gleich nach der Revolution in die Zuständigkeit der Tscheka über. Schon 1918 wurden hier Offiziere, Geistliche, Menschewiki, Trotzkisten, Zivilisten (als „Feinde") und Militärs (als „Spione") hingerichtet ... Exhumierungen im Jahre 1943 zeigten die Chronologie der Massenexekutionen: 1918 bis 1920, 1927 bis 1929, 1933 bis 1934, 1936 bis 1938 und schließlich 1940.

Nach Beginn des Großen Vaterländischen Krieges wurde die Waldzone um Katyn von den Deutschen okkupiert. Schon bald darauf erreichten die deutsche Heeresführung Gerüchte über Massenerschießungen, zu denen es im Jahr zuvor gekommen sein sollte. Doch man ging diesen Gerüchten erst im Frühjahr 1943 nach. In der Nähe der NKWD-Datschen wurden Massengräber polnischer Offiziere gefunden. Alle waren durch Genickschuß getötet worden. Einige Körper wiesen Todesstiche mit einem vierkantigen Bajonett auf. Die bei der Exhumierung gefundenen Kugeln stammten aus deutscher Produktion vom Kaliber 7,65. Die Firma Ganschow hatte in den zwanziger Jahren Patronen dieser Art in die UdSSR, in das Baltikum und nach Polen exportiert. Die Henker Berijas wandten eine weitere List an. Noch im Jahre 1940 pflanzten sie auf den frischen Gräbern Kiefern und Birken. Doch für Fachleute war es nicht schwer, den Zeitpunkt der Anpflanzung festzustellen.

Die erste Meldung über das Blutbad von Katyn wurde am

13. April 1943 vom Reichsrundfunk Berlin ausgestrahlt. Das NKWD sendete einen Tag später über Radio Moskau eine Gegendarstellung. Bereits zwei Jahre zuvor hatten die polnische Regierung und dann das Oberkommando der neuen Armee Auskunft über das Schicksal ihrer Offiziere verlangt. Doch zwei Jahre lang schwiegen die zuständigen sowjetischen Organe. Erst am 15. April 1943 meldete Radio Moskau, die polnischen Offiziere seien im Sommer 1941 bei Smolensk, wo sie zum Bau von Verteidigungsanlagen eingesetzt waren, von Deutschen gefangengenommen und liquidiert worden.

Anfragen nach dem Schicksal der polnischen Offiziere gingen spätestens im Herbst 1941 ein. In Gesprächen mit Premierminister Władysław Sikorski, General Władysław Anders und anderen offiziellen Persönlichkeiten gab Stalin auf die Frage nach den verschollenen Offizieren die unglaublichsten Auskünfte. Er behauptete, sie seien „alle schon längst frei", dann wieder, sie wären in die Mandschurei „geflüchtet" oder befänden sich auf dem von den Deutschen okkupierten Territorium. Bei einem der letzten Treffen mit General Anders im März 1942 wiederholte Stalin die erste Version über den Verbleib der polnischen Offiziere: „Sie sind alle frei." An diesen Audienzen nahmen gewöhnlich Wjatscheslaw Molotow und unsichtbar der Chef des NKWD teil. Dabei führte der Generalsekretär Telefongespräche mit Berija, etwa folgenden Inhalts:

„Genosse Berija, warum wissen Sie noch immer nichts über den Verbleib der polnischen Offiziere?"

„Genosse Stalin, wir suchen ständig nach ihnen. Wie ich bereits dargelegt habe, ist ein Teil der Kriegsgefangenen während des Transports verstorben, ein anderer Teil erlag Epidemien in den Lagern ..."

„Wie konnte das geschehen? Wie konnten Sie als Volkskommissar (Minister), der mein Vertrauen genießt, dergleichen zulassen?"

„Es ist schließlich Krieg, da gelingt es nicht immer, für normale hygienische Bedingungen zu sorgen ..."

„Diese Einstellung zu unseren Verbündeten ist kriminell. Sorgen Sie dafür, daß die Verantwortlichen streng bestraft werden. Und was ist mit den übrigen Offizieren?"

„Auf Ihren Befehl hin sollten sie freigelassen werden, doch die meisten sind nach Westen geflüchtet . . ."

Stalin blickte die polnischen Fürsprecher vielsagend an und hob nur bedauernd die Arme.

Diese Inszenierungen hörten auf, als die Deutschen die geheimen Massengräber bei Katyn entdeckten. Die Führer des Deutschen Reichs wußten die politische Bedeutung dieser schrecklichen Entdeckung wohl zu schätzen und wandten sich an das Internationale Rote Kreuz. Dieses lehnte jedoch eine Teilnahme an der Untersuchung ab. Den Deutschen gelang es trotzdem, eine Expertenkommission aus Vertretern Belgiens, Bulgariens, Dänemarks, Finnlands, Kroatiens, der Slowakei, Ungarns und Frankreichs zu bilden. Eingeladen wurden auch Experten aus Spanien, Portugal und der Türkei, doch nicht alle konnten zu Beginn der Untersuchung an Ort und Stelle sein. Zeitgleich mit Gerichtsmedizinern traf eine technische Kommission des Polnischen Roten Kreuzes in Katyn ein.

Aus den fünfwöchigen Untersuchungen zogen *alle* Mitglieder beider Kommissionen den eindeutigen und unwiderlegbaren Schluß: Die Leichen lagen etwa *drei* Jahre in der Erde. Und anhand gefundener Dokumente und Gegenstände sowie von Zeugenaussagen kamen sie zu einem weiteren Schluß: Die Exekution hatten Spezialisten des NKWD im Frühjahr 1940 verübt. Die polnischen Behörden konnten die Namen der meisten Ermordeten ermitteln, denn Listen von „Vermißten" waren bereits veröffentlicht worden. In einem Massengrab wurde die Leiche von General Smorawinski gefunden. Am 17. September 1939 hatte er in Erwartung des Befehls von Marschall Rydz-Smigly seinen Truppen untersagt, gegen die Regimenter der Roten Armee zu kämpfen.

Diese Aktion des NKWD konnte enthüllt werden, weil die Mörder eine ganze Reihe von Fehlern begingen. Schuld daran waren wahrscheinlich ihre übermäßige Selbstsicherheit und die unter Stalin garantierte Straffreiheit. Irgendwie überlebten 449 Menschen dieses Massaker, darunter Professor Swianewicz. Er war wenige Stunden vor der Exekution aus dem Transportwagen geholt worden. Er wurde später einer der wertvollsten Zeugen der Anklage. Die NKWD-Mitarbeiter hatten auch den

Wald von Katyn nicht vollständig abgeriegelt, so daß Bewohner der umliegenden Dörfer später wichtige Aussagen zu den Vorgängen machen konnten. In den Jahren des Massenterrors hatte das NKWD bereits reiche Erfahrungen beim Verwischen von Spuren gesammelt: Die Leichen wurden in Fabriköfen verbrannt oder in Gruben geworfen und mit ungelöschtem Kalk bedeckt ... Warum hatte man diesmal die Leichen einfach vergraben? In Katyn fanden sich bei einigen Opfern noch Schmuck, Uhren und Zigarettenetuis. Die Kommission entdeckte in den Uniformtaschen Briefe, Tagebuchaufzeichnungen, Kalender und Zeitungen. Warum ließen die Mörder das alles zurück?

Entweder mißachteten sie diese Kleinigkeiten, oder sie waren sehr in Eile ... Einige Kriegsgefangene waren an den Händen gefesselt. Demnach ließen sich bei weitem nicht alle Offiziere so ohne weiteres zur Hinrichtung führen. Die Stricke hatten alle die gleiche Länge, was auf eine sorgfältige Planung der Exekution hinwies.

Als sehr wahrscheinlich ist auch anzunehmen, daß Berija keinen der an dem Blutbad von Katyn beteiligten Totengräber, Begleitposten und Henker am Leben ließ. Trotzdem konnten einige von ihnen der Liquidation entkommen.

In den letzten beiden Kriegsjahren wurde das Wachpersonal der Lager an der Uchta, der Petschora, der Inta sowie Workutas durch Offiziere verstärkt. Die Neulinge kamen zum Teil von der Front, die meisten aber waren Angehörige von Straforganen – SMERSCH, Militärtribunalen und Truppen des NKWD. Die in den Lagern jenseits des Polarkreises herrschende Willkür kam ihnen sehr gelegen. Ohne Scheu konnten sie trinken, stehlen und Gewalt anwenden.

Nach dem Krieg mußte ich einen Teil meiner Haft im Raum Workuta, in einer der nördlichsten Zonen des Petschora-Lagers, verbüßen. Einmal kam ein schwergewichtiger, stets betrunkener Oberst in die Baracke der Polen. Er schwankte auf seinen kurzen Beinen und schaute die Häftlinge schweigend mit trüben Augen an. Die Polen, die zu Skeletten abgemagert waren, standen in ihren grauen Wattejacken vor dem Vorgesetzten stramm. Schließlich stieß der Oberst eine Mischung von Drohungen und gemeinen Flüchen hervor:

„Viel zuwenig von euch habe ich im Wald von Katyn niedergeschossen ..."

Ich befand mich in dieser Baracke und habe es selbst gehört.

Ähnliches vernahm im Lager Wokuta der Vater des bekannten sowjetischen Historikers N. Eidelman:

„Ein betrunkener NKWD-Mann drohte den Polen, er werde sie eigenhändig umbringen. Er habe in dieser Hinsicht bereits Erfahrungen, da er mehrere Dutzend ihrer Landsleute in Katyn erschossen hätte."

Informationen über die Tragödie von Katyn kamen auch aus vielen anderen Quellen. Nicht von ungefähr unterließ es die sowjetische Regierung, das Internationale Rote Kreuz um die Aufklärung dieser Angelegenheit zu ersuchen. Hier war stümperhaft gehandelt worden, und Berija wußte das.

Berija konnte zufrieden sein, daß über die beiden anderen Lager, Ostaschkow (in der Nähe der Bahnstation Bologoje an der Strecke Moskau–Leningrad) und Starobelsk (bei Charkow) nichts bekannt wurde. In diesen Lagern fanden über 9000 polnische Offiziere den Tod.

Man kann sich vorstellen, wie ungeduldig Lawrenti Berija Ende 1943 auf die Kriegsberichte von der Westfront wartete. Endlich ertönte der Ehrensalut anläßlich der Befreiung von Smolensk. Als ersten schnappten sich Berijas Leute den alten Kolchosbauer Parfeni Kisseljow, einen Zeugen des Blutbades von Katyn. Er hatte schließlich den Deutschen die Hinrichtungsstätte im Wald gezeigt und ausländischen Journalisten berichtet, was er in den Frühlingstagen des Jahres 1940 gesehen und gehört hatte. Nun gelangten aus dem NKWD-Gefängnis angeblich von Kisseljow verfaßte reuevolle Dementis an die Öffentlichkeit. Wahrscheinlich war er schon längst tot, als seine „Briefe" den Presseorganen immer noch neuen Stoff lieferten.

Ein wichtiger anderer Zeuge wurde vier Jahre später liquidiert. Der Schmied Iwan Krowosherzow konnte in den Westen fliehen und dort unter falschem Namen in England seinen Wohnsitz nehmen. Im Oktober 1947 wurde er, erst zweiunddreißigjährig, in einem Londoner Vorort erhängt aufgefunden ...

Washington und London hielten alle Dokumente, die den

eigentlichen Verantwortlichen für die Morde in Katyn bloß-
stellten, streng geheim. Der britische Premier Anthony Eden
verhinderte durch militärische Zensur, daß die Presseorgane der
polnischen Emigration diese Dokumente veröffentlichten.

Doch das sicherste Mittel, um die Geschichte zu fälschen, war
eine neuerliche Untersuchung der Gräber von Katyn. Eine sowjetische Kommission (im Prinzip waren es zwei: eine aus Vertretern der Öffentlichkeit und die andere aus Medizinern) arbeitete im Januar 1944 etwa eine Woche in Katyn.

In einer frostigen Januarnacht des Jahres 1944 fuhr eine Kolonne mit Planen bedeckter Lastkraftwagen auf der Landstraße
nach Minsk. Sie hatten verschiedene Kisten mit quadratischer,
dreieckiger und rhombischer Form geladen. An Särge erinnerten sie keinesfalls. Ziel war das Gerichtsmedizinische Institut.
Die Kisten mit den Leichen erschossener Polen wurden auf dem
Hof entladen und in das Gebäude getragen. Einen Tag später
fuhr die gleiche Kolonne wieder zurück. Nachdem heimlich an
den Leichen, der Bekleidung und dem Inhalt ihrer Taschen ma-
nipuliert worden war, konnte man das „Material" selbst ausländischen Journalisten vorführen.

Eine Zeugin dieser Aktion, Galina Pawlowna Iljipa geb. Mal-
jatnowitsch, hatte in dieser Nacht Dienst im Institut. Was sie
dabei sah, berichtete sie mir 1979 wenige Tage vor ihrem Tod.

Die Kommission legte Eile an den Tag. Der Volkskommissar
des Inneren brauchte das Entlastungsmaterial unverzüglich,
noch am selben Tag. Das war auch die Ursache für viele schwere
Fehler, wobei einige ohnehin nicht hätten vermieden werden
können.

In die Arbeit der Kommission wurde kein einziger ausländischer Experte, nicht einmal ein Vertreter Polens, einbezogen.
Die Exhumierung erfolgte bei Frost, obwohl unter solchen Bedingungen derartige Untersuchungen keine objektiven Ergebnisse bringen können. In dem am 24. Januar 1944 veröffentlichten Kommuniqué wurden 11 000 Opfer genannt. Diese
eindeutig überhöhte Zahl stand auch in den ersten Meldungen
des deutschen Oberkommandos. Die Gestapo und das NKWD
verfolgten unterschiedliche Ziele, doch das übereinstimmende
Ergebnis paßte beiden ins Konzept. Das im Eiltempo erstellte

Kommuniqué erwähnt 925 Leichen, die angeblich zusätzlich exhumiert wurden. Die Kommission gab an, die polnischen Offiziere seien höchstwahrscheinlich im Sommer 1941, als dieser Rayon von den Deutschen besetzt war, ermordet worden.

Die Herkunft der Leichen bleibt rätselhaft. Entweder wurden sie an einem von dem bereits erwähnten Kosji Gori entfernten Ort entdeckt oder schnell aus einem anderen Rayon herbeigeholt. In einem Land, in dem so viele Menschen umgebracht wurden, war es eine Kleinigkeit, ein- bis zweitausend Leichen des entsprechenden Begräbnisjahrgangs zu beschaffen. Doch im Januar 1944 maßen die NWKD-Mitarbeiter der Bekleidung wenig Bedeutung zu. Die Leichen aller „Offiziere" steckten in Soldatenuniformen. Und das guterhaltene Schuhwerk widersprach der Version, daß die Kriegsgefangenen lange Zeit für schwere Bauarbeiten eingesetzt worden waren.

Diese Fakten mußten den ausländischen Journalisten einfach auffallen. Doch keiner durfte von dem Text des offiziellen Kommuniqués abweichen.

Auch der Versuch eines „dokumentarischen Beweises" durch die „Entdeckung" einiger Ansichtskarten, die lange nach dem Mai 1940 angeblich aus den Lagern abgeschickt worden waren, mißlang. Die Absender standen gar nicht in den Listen der toten Offiziere.

Bei dem Versuch, die Spuren des Verbrechens zu tarnen, machten die Handlanger Berijas einen Fehler nach dem anderen. In der Erklärung vom Januar wurden als Schützen im Wald von Katyn Soldaten des deutschen 537. Sonderbataillons unter Oberleutnant Ahrens genannt. Wie sich später während des Nürnberger Prozesses im Herbst 1946 herausstellte, hatte Ahrens tatsächlich den Befehl über eine Einheit mit obengenannter Nummer. Doch alles andere war frei erfunden. Seine Einheit war in Wirklichkeit eine militärische Nachrichteneinheit. Und im Sommer 1941, als nach Aussagen des NKWD und dann der Staatsanwaltschaft der UdSSR die Exekutionen stattfanden, war Oberleutnant Ahrens gar nicht Kommandeur dieser Einheit. Das wurde von ihm während des Nürnberger Prozesses dokumentarisch nachgewiesen.

Dieses Mal lief die Ortsbesichtigung im Wald von Katyn

streng geheim, nicht wie 1943 unter den Deutschen, ab. Nur ausgewählte Personen, die bereit waren, dem NKWD genehme Aussagen zu machen, wurden dazu eingeladen. Darunter befanden sich auch Vertreter der auf sowjetischem Territorium aufgestellten polnischen Armee (unter Führung von General Berling), die offiziell die Falschmeldungen über die Ereignisse bestätigten. Der von der Tochter des amerikanischen Botschafters in Moskau, Kathleen Harriman, verfaßte Bericht über ihren Aufenthalt in Smolensk schadete der Wahrheitsfindung gleichfalls sehr. Sie wies darin die alleinige Schuld an dem Verbrechen dem faschistischen Deutschland zu. Acht Jahre später hat sie dann offiziell ihre früheren Aussagen widerrufen.

Die Ereignisse von Katyn wurden im Nürnberger Prozeß nur ganze drei Tage behandelt. Kein einziger der damals im Westen lebenden Polen wurde als Zeuge geladen. Die Regierungen der USA und Großbritanniens unterbreiteten keine Dokumente über das Verbrechen von Katyn.

Wie war es Stalin und Berija gelungen, die damalige Situation derart zu beherrschen? Als Zeugen der Verbrechen wurden lediglich drei Personen gehört, darunter der bulgarische Professor Markow, der noch 1943 wahrheitsgetreu ausgesagt hatte. Nach der Befreiung seiner Heimat geriet der Professor in Berijas Fänge und widerrief seine früheren Aussagen.

Die polnische Regierung beauftragte den Staatsanwalt von Krakau, Roman Martini, Dokumente für den endgültigen Nachweis der Schuld des faschistischen Deutschland an den Morden in Katyn zu sammeln. Doch seine Nachforschungen ergaben, daß alle Zeugen und alle Unterlagen immer wieder das NKWD der Tat überführten. Der solcherart von Pech verfolgte Staatsanwalt wurde am 28. März 1946 tot in seiner Wohnung aufgefunden. Der Richter, der diesen Fall bearbeitete, stufte Berijas Racheakt als „Raubmord" ein.

Ein weiterer Handlungsort war Washington. Hier hatte man bereits von den Ereignissen in London und Krakau erfahren, deshalb mußte Berija seine Taktik ändern. Zu den Amerikanern, die auf Einladung des deutschen Oberkommandos im Mai 1943 den Wald von Katyn und die Gräber besichtigt hatten, gehörte John H. van Fleet. Bei Kriegsende kehrte er nach Hause zurück. Dort wurde er von einem höheren Offizier des amerikanischen Geheimdienstes über den Fall Katyn befragt und aufgefordert, einen ausführlichen Bericht zu schreiben. Dieser Bericht wurde als streng vertrauliches Dokument verwahrt. Doch einige Jahre später war er verschwunden. Van Fleet mußte seinen Bericht ein zweites Mal schreiben. Ohne die Anfrage eines Mitglieds des Repräsentantenhauses, das sich für die Veröffentlichung des Dokuments im Jahr 1950 einsetzte, wäre der Bericht wohl erneut verschwunden.

Inzwischen hatte sich das internationale Klima geändert. Washington war nicht mehr daran gelegen, das Ansehen des einstigen Verbündeten in der Antihitlerkoalition zu schützen. Im September 1951 begann ein Sonderausschuß des US-Repräsentantenhauses mit Nachforschungen im Fall Katyn. Einundachtzig Zeugen einschließlich Experten der Internationalen Kommission aus dem Jahr 1943, über hundert schriftliche Aussagen und 183 Dokumente erbrachten genügend Material, um den Henkern Berijas den Mord am polnischen Offizierkorps nachzuweisen. Die Kommission empfahl der Regierung in ihrem abschließenden Gutachten vom 22. Dezember 1952, die Sache der UNO vorzulegen. Doch in Washington fanden sich Kräfte, die den Präsidenten von diesem Schritt zurückhielten.

Die vom US-Ausschuß zusammengetragenen Unterlagen wurden der Weltöffentlichkeit bekannt. Noch weitaus vollständiger waren die Dokumente der Internationalen Expertenkommission aus dem Jahre 1943, doch sie verschwanden bei der Evakuierung der deutschen Truppen aus Polen Anfang 1945 für immer ...

Man weiß nun, wer für die Ereignisse im Waldgebiet Katyn im Frühjahr 1940 verantwortlich war. Doch dafür darf man die Sowjetunion nicht generell anklagen. Die Liquidierung der polnischen Offiziere war das Werk Stalins, Berijas und seines Stellvertreters Merkulow.

Es mutet seltsam an, daß unser tragisches 20. Jahrhundert mit seinen unglaublichen Greueltaten auch viele uneigennützige Wohltäter hervorgebracht hat. Der Name Raoul Wallenberg wird niemals in Vergessenheit geraten. Wallenberg wurde zum

Ehrenbürger der USA und Kanadas ernannt und wird in vielen Ländern der Alten und der Neuen Welt für die Menschlichkeit geachtet, die er während der faschistischen Okkupation bewiesen hat.

Im Jahre 1944 war Wallenberg Mitarbeiter der schwedischen Botschaft in Budapest. Der Plan der Faschisten, die europäischen Juden auszurotten, schloß auch Ungarn ein. Dem Schweden Wallenberg war das Schicksal der Todgeweihten nicht gleichgültig. Er nahm Juden in der Botschaft auf, versorgte sie mit Pässen und Lebensmitteln und brachte sie in Sicherheit. Dies waren keine Einzelfälle, sondern ständige Großaktionen, die wirklichen Mut verlangten. Unter Einsatz seines Lebens konnte er 130 000 Menschen vor den Gaskammern retten.

Als die sowjetischen Truppen in Budapest einmarschierten, bat Wallenberg den sowjetischen Stadtkommandanten um Lebensmittel für die Flüchtlinge. Bei ihm warteten noch 20 000 Menschen auf ihre Ausreise. In der Kommandantur (muß noch erläutert werden, daß unter diesem Aushängeschild Agenten von SMERSCH tätig waren?) wurde dem naiven Menschenfreund empfohlen, sich direkt an Marschall Malinowski zu wenden. Wallenberg befolgte diesen Rat und machte sich auf den Weg. Seit dem 17. Januar 1945 sind Wallenberg, sein Fahrer und der Wagen verschollen. Der schwedische Diplomat wurde unverzüglich nach Moskau, in die Lubjanka, gebracht. Ein üblicher Fall ...

Auf offizielle Anfragen zum Verschwinden Raoul Wallenbergs antwortete das MID der UdSSR, er befinde sich unter dem Schutz sowjetischer Truppen. Berijas Behörde hielt an dieser Version lange und unbeirrt fest. Doch die Mutter des Vermißten und die schwedische Regierung fragten immer wieder nach. Auch namhafte Politiker vieler Länder setzten sich für ihn ein. Schließlich informierte Wyschinski, der inzwischen vom Generalstaatsanwalt zum stellvertretenden Außenminister avanciert war, Stockholm offiziell: Raoul Wallenberg befindet sich nicht auf sowjetischem Territorium. Das MID hat keinerlei Informationen über seinen Aufenthalt. Datum: 18. August 1947.

Das Schicksal dieses Mannes hatte viele staatliche Repräsentanten, namhafte Wissenschaftler und Schriftsteller alarmiert. Doch der Minister für auswärtige Angelegenheiten und Stalin selbst antworteten unbeirrt, Wallenberg befinde sich nicht auf sowjetischem Territorium.

Um überzeugend zu wirken, inszenierte Stalin einmal vor dem schwedischen Botschafter folgenden Auftritt: Er rief Lawrenti Berija an und fragte ihn nach dem Schicksal von Wallenberg. Berija antwortete, er habe bereits persönlich in dieser Sache gründlich recherchiert. Leider sei es ihm nicht gelungen, Spuren von Wallenbergs Aufenthalt auf sowjetischem Territorium zu finden . . .

Zehn Jahre später besuchte Nikita Chrustschow Stockholm. Die schwedische Öffentlichkeit bat ihn ausdrücklich, alles zu sagen, was er über das Schicksal des Nationalhelden wußte, und, falls Raoul Wallenberg noch lebte, sich für seine Rückkehr in die Heimat einzusetzen. Chrustschow wurde eine Petition mit einer Million Unterschriften übergeben. Am 6. Februar 1957, zwölf Jahre nach Wallenbergs Entführung durch Mitarbeiter Berijas, ging bei der schwedischen Regierung ein offizielles Schreiben des MID der UdSSR ein. Im Ergebnis sorgfältiger Nachforschungen sei es gelungen, im Archiv des MWD-Gefängnisses den von Oberst A. L. Smolow, Leiter des Sanitätsdienstes, ausgestellten Totenschein für Wallenberg zu finden. Er sei vermutlich am 17. Juli 1947 einem Herzinfarkt erlegen. Dem Bericht des Oberst war zu entnehmen, daß er um Anweisung gebeten hatte, wer die Obduktion vornehmen sollte. Die kurze Entscheidung Abakumows lautete: Die Leiche ist ohne Obduktion zu verbrennen.

„Viktor Abakumow ist vom Obersten Gericht der UdSSR zum Tode verurteilt worden." – So lautete die offizielle Antwort. Mit keinem Wort wurde die maßgebliche Rolle Stalins und Berijas in diesem Fall erwähnt . . .

Die Rivalität zwischen Malenkow und Shdanow endete mit dem Sieg Shdanows im Mai 1946. Stalin schickte Malenkow nach Mittelasien. Mit ihm verloren alle seine engsten Mitarbeiter ihre Funktionen. Shdanow, der nun im Sekretariat des ZK den Ton angab, ließ alle Mitstreiter Malenkows in Moskau und an der Basis ablösen. Dabei unterlief ihm ein verhängnisvoller Fehler. In der Annahme, die Positionen Berijas seien nach dem Abgang Jegors (Lawrentis Bezeichnung für Georgi Malenkow) erschüttert, suggerierte Shdanow Stalin, nunmehr ihm, im Rang eines ZK-Sekretärs, die Oberaufsicht über die Organe der Staatssicherheit und die bewaffneten Kräfte des Landes zu übertragen. Daraufhin begann eine erneute Säuberung des KGB und des MWD – erstmals ohne Mitwirkung Berijas. Andrej Shdanows Leute besetzten Schlüsselpositionen im Staat: Nikolai Wosnessenski wurde stellvertretender Vorsitzender des Ministerrats der UdSSR und Michail Rodinow Vorsitzender des Ministerrats der RSFSR.

Alles das erfolgte nicht nur mit Wissen, sondern auch auf direkte Weisung Stalins. Der Heckenschütze im Kreml wollte, indem er zeitweise Anhänger Shdanows unterstützte, gleichzeitig zwei Ziele treffen – die alten Mitglieder des Politbüros und Berija. Als Treiber bei dieser Jagd hatte der Generalsekretär Shdanow auserkoren. Doch dieser spielte die Rolle nicht lange, denn 1948 verstarb er unverhofft. Es würde uns nicht wundern, irgendwann zu erfahren, daß auch hier Berija seine Hand im Spiel hatte.

Nachdem Malenkow für zwei Jahre in Ungnade gefallen war, wurde er erneut als ZK-Sekretär eingesetzt. Eine Säuberung des Parteiapparats setzte ein. Malenkow und Berija unterschieden schon lange nicht mehr zwischen „Säuberung", „Absetzung" und „Mord". Alle Personen aus Shdanows Umgebung in Moskau, Leningrad und an der Basis wurden liquidiert.

Acht Jahre später erinnert sich Chrustschow: „Berija war über Wosnessenskis und Kusnezows Aufstieg beunruhigt ... Deshalb bot er Stalin an, mit seinen Informanten gegen sie Material in Form von Erklärungen und anonymen Briefen zu fabrizieren."

Zu seinem fünfzigsten Geburtstag hatte Lawrenti Berija den Höhepunkt seiner politischen Karriere erreicht. Er war Mitglied des „unsterblichen" Politbüros und engster Mitstreiter des großen Führers. Von seinem Hauptrivalen Andrej Shdanow war nur eine Gedenktafel an der Kremlmauer übriggeblieben. Die anderen Konkurrenten waren isoliert und stellten keine Gefahr mehr dar. An seinem Geburtstag wurde dem stellvertretenden Vorsitzenden des Ministerrats, Berija, für seine hervorragenden Verdienste gegenüber der Kommunistischen Partei und dem sowjetischen Volk der Leninorden verliehen. Die Zeitungen brachten das Bild des Jubilars in Großformat – das Bild eines korrekten Staatsmannes mit hoher Denkerstirn und scharfem Blick (trotz Kneifer), weichen vollen Lippen und glattrasiertem Kinn, dunklem Anzug und Krawatte.

Berijas Geburtstag wurde im ganzen Land mit viel Aufwand gewürdigt. In Moskau gingen Gratulationen aus Transkaukasien, dem nördlichen Kaukasus, aus der Ukraine und dem Fernen Osten ein... Korrespondenten von „Sarja Wostoka" und „Sowjetskaja Abchasija" suchten Berijas Heimatdorf Mercheuli auf. Doch kein einziger Landsmann des Kampfgefährten Stalins sprach mit den Journalisten über Einzelheiten aus dem Leben Lawrenti Berijas. Man erinnerte sich an die schweren Zeiten unter dem Zaren, sprach von den bedeutenden Veränderungen im Leben des Dorfes, zeigte die nach dem Jubilar genannte Schule und das Denkmal für den teueren Lawrenti Pawlowitsch. Die „Sowjetskaja Abchasija" veröffentlichte ein Lied von Kasim Agumaa über den geliebten Menschen mit dem „scharfen und unerschrockenen Verstand":

Die Gärten und Felder der Heimat besingen Berija,
denn er bewahrte sie vor dem Tod.
Möge dieses glückliche Loblied
stets über unserem sonnigen Land erklingen.

Die georgische Zweigstelle des Marx-Engels-Lenin-Instituts würdigte den Geburtstag Berijas mit einer wissenschaftlichen Konferenz zu seinem Buch „Geschichte der bolschewistischen Organisationen in Transkaukasien".

Auch die Maler wollten nicht zurückstehen. Der Volkskünstler der UdSSR, U. Dshaparidse, schuf das Monumentalgemälde „Stalin, Molotow, Berija und Mikojan an der Schwarzmeerküste". Stalinpreisträger Dimitri Nalbandjan malte das Bild „Für das Glück der Völker": Die Mitglieder des Politbüros, unter ihnen Berija, denken nach... Doch wohl nicht darüber, wie sie das Volk noch glücklicher machen konnten?

Maler, Graphiker und Bildhauer feierten Berija auch nach

dem Jubiläumsjahr in ihren Werken. Um nicht den Unwillen des großen Chefs zu erregen, veröffentlichte Lawrenti Berija bereits 1950 den Sammelband „Der große Inspirator und Organisator der Siege des Kommunismus" – über Stalin, den Landesvater.

Im Kreml befanden sich das Arbeitszimmer Stalins, der Sitzungsraum des Politbüros und Stalins Wohnung. Das Sicherheitssystem im Kreml war schon vor dem Krieg, in der Zeit des zügellosen Terrors, sorgfältig geplant und perfektioniert worden. Es hat daher nie einen Anschlag auf das Leben des Generalsekretärs und seiner Untergebenen auf dem Kremlgelände gegeben.

Für das Arbeitszimmer Stalins und die angrenzenden Bereiche war Alexander Poskrebyschew zuständig. Auf den ersten Blick wirkte er wie einer der üblichen Mitarbeiter des zentralen Apparats, doch er war ein Experte und genoß großes Ansehen. Man konnte ihn für eine Art Wachhund halten, der mit sicherem Instinkt erkannte, wer von den Mitarbeitern noch benötigt und wer nicht mehr gebraucht wurde, wer im Kommen und wer bereits abgeschrieben war. Poskrebyschew leitete die Privatkanzlei des Generalsekretärs und den Sondersektor. Diese im Parteistatut nicht vorgesehenen besonderen Büros existierten schon mehrere Jahrzehnte beim ZK, waren ihm und, was für die damalige Zeit besonders bedeutungsvoll war, dem Geheimdienst übergeordnet. Weder Jeschow noch Jagoda und dann Berija waren sie unterstellt.

Der Schutz der Wohnung Stalins neben dem Dienstgebäude bereitete keinerlei Schwierigkeiten. Doch Stalin hielt sich, besonders in der letzten Zeit, häufig auf seiner Datscha in Kunzewo bei Moskau auf. Sie befand sich ganz in der Nähe des Dorfes Dawydkowo, aber aus Sicherheitsgründen gab man als Standort Kunzewo an. Diese Datscha nannte man auch Blishnaja, um sie von Subalowo zu unterscheiden. Kommandant von Blishnaja war Nikolai Wlassik, der Chef der Leibwache des Generalsekretärs. Wlassik stolzierte in der Uniform eines Generalleutnants umher und erlaubte sich, Amtspersonen und sogar Minister zu belehren. Stalin war auf diesen ergebenen und willfährigen Soldaten während der Verteidigung von Zarzyzin im

Jahre 1919 aufmerksam geworden. Swetlana Allilujewa charakterisierte Nikolai Sidorowitsch Wlassik als dummen und eitlen Söldling.

Es gab jedoch einen wesentlichen Unterschied zwischen Kunzewo und dem Kreml: Für die Auswahl des Wach- und Bedienungspersonals der Datscha war Berija persönlich zuständig. Es war dabei schwierig, Stalin zufriedenzustellen: mal paßten ihm die georgischen Bediensteten, dann wieder die russischen Gärtner nicht.

Doch Berija vermochte seine Kommandoposition auszubauen.

Stalin hatte sich faktisch in einer Art Festung verbarrikadiert, die an den Ecken von vier mächtigen Wachtürmen geschützt wurde – Personenschutz (Wlassik), Privatkanzlei und Sondersektor (Poskrebyshew), Kremlkommandantur (Spiridonow, Kossynkin) und Leibärzte.

General Wlassik kontrollierte in der Regel vor dem Morgengrauen, nach dem üblichen nächtlichen Zechgelage, alle Räume der Datscha in Kunzewo und prüfte, ob alles in Ordnung war und keiner der Teilnehmer etwas vergessen hatte ... Dies tat er auch in der Dezembernacht vor seiner Verhaftung. Vor der Tür des letzten Zimmers fand er auf dem Fußboden ein doppelt gefaltetes Blatt Papier mit dem Stempel des Ministerrats, das er aufhob und in die Tasche steckte. Später im Gefängnis halfen ihm auch keine Beteuerungen, daß er den Text nicht gelesen habe, das Papier am Morgen dem Chef geben wollte und Stalin ihn doch über dreißig Jahre kannte. Der Vorfall wurde dem Chef so präsentiert, daß er selbst befahl, den Verräter nicht zu schonen.

Nach Wlassik fiel auch Alexander Poskrebyschew in Ungnade – der General, der von Stalin ironisch „Bürovorsteher" genannt wurde. Wer Umgang mit dem Generalsekretär hatte, hielt ihn wirklich für Stalins rechte Hand, denn nur Alexander Nikolajewitsch wußte zu jeder Tageszeit, wie der Chef gelaunt, wem gegenüber er nachsichtig war und wen er vom Olymp stoßen wollte.

Berija machte sich nicht die Mühe, die Provokationen zu variieren. Auch der Leiter der Privatkanzlei des Generalsekretärs wurde beschuldigt, für die Preisgabe streng geheimer Informationen verantwortlich zu sein.

Am 15. Februar 1953 starb plötzlich Generalmajor Pjotr Kossynkin. Die „Krasnaja Swesda" gab am nächsten Tag den vorzeitigen Tod des stellvertretenden Kremlkommandanten bekannt. Der kerngesunde General war knapp fünfzig Jahre alt, doch von einem Herzinfarkt bleiben ja auch Jüngere nicht verschont ...

Als letzte Stütze Stalins verblieben die Ärzte. Doch eine große Gruppe von Kremlärzten, einschließlich seines Leibarztes Winogradow, saß bereits drei Monate im Gefängnis. Sie hatten freimütig „terroristische Absichten und Spionage" eingestanden.

Die Ereignisse der letzten Zeit verunsicherten den großen Führer. Er spürte die drohende tödliche Gefahr und beschloß, auf jegliche ärztliche Hilfe zu verzichten. Wen wird man ihm denn diesmal schicken? Und wer wird die neuen Ärzte überprüfen? Die Sicherheitsorgane hatten mit den als Volksfeinden enttarnten Ärzten auch gleich Jegorow, den Leiter des medizinischen Dienstes des Kreml, verhaftet. Der Minister für Gesundheitswesen der UdSSR wurde abgelöst und durch den Stalin bekannten Tretjakow ersetzt.

Alles dies geschah über den Kopf des Generalsekretärs hinweg. Stalin hatte die Zügel nicht mehr fest in der Hand, ihm fehlte der Weitblick. Der in der Inszenierung von Hofintrigen erfahrene Kremlherr wies plötzlich ihm absolut ergebene Helfer wie Molotow, Woroschilow und Kaganowitsch zurück und öffnete Berija und Malenkow um so weiter die Türen seines Hauses. Obwohl er ihren wahren Charakter kannte und die unlauteren Absichten dieses Paares ahnte, gewährte er ihnen Zutritt zu seiner Festung. Er setzte seine Hoffnung auf Chrustschow und Bulganin als eine Art Gegengewicht und hemmender Faktor. Wie in guter alter Zeit schmiedete er Mordpläne. Nach wie vor war er von sich überzeugt, doch die Ereignisse hatten sich bereits seiner Kontrolle entzogen. Seine treuen langjährigen Helfershelfer Wlassik und Poskrebyschew waren entmachtet.

Berija wartete nur auf den Befehl seines Chefs. Er wollte

endlich mit dessen langvertrauten Untergebenen Poskrebyschew und Wlassik seine Rechnung begleichen. Aber Stalin
sorgte dafür, daß beide am Leben blieben. Über die Kartenver-
teilung im Spiel „Leben oder Tod" entschied er immer noch
selbst. Hier duldete er keine Eigenmächtigkeiten.

Das Vierergespann fand sich derweil immer pünktlich auf
Stalins Datscha ein. Wer glaubt, alle vier verfolgten das gleiche
Ziel, der irrt gewaltig. Gleich zu Beginn teilte man sich in Zwei-
gespanne. Doch das am ehesten aufeinander eingespielte Duo,
Berija und Malenkow, war in Wirklichkeit kein Team. Der Po-
lizeischerge konnte einfach seine geheimen Pläne dem Parteifunktionär nicht anvertrauen. Und was den einfachen Nikita
Chrustschow und den eleganten Statisten Bulganin betrifft, wer
nahm sie schon ernst? Sie zitterten vor Lawrenti Berija. Malenkow, dem der Generalsekretär die parteiorganisatorischen Aufgaben übertragen hatte, fürchtete nicht unbegründet den energischen und einflußreichen Berija, der schon ganz andere beseitigt
hatte.

Es besteht kein Zweifel, daß Lawrenti in diesem Quartett der
letzten Mitstreiter Stalins die Führung innehatte. Trotz aller Bemühungen des Generalsekretärs, den Genossen Berija von den
Sicherheitsorganen zu isolieren, befehligte dieser insgeheim
weiterhin den Unterdrückungsapparat. Kein Politbüromitglied
fühlte sich sicher. Man muß schon das außerordentliche Format
von Lawrenti Pawlowitsch einräumen. Seine Tatkraft und Entschlossenheit hoben ihn aus der amorphen Masse hervor. Seine
Charaktereigenschaften und sein immer perfektes Intrigenspiel
machten ihn vor dem geschichtsträchtigen Frühjahr 1953 zweifellos zu einer Führerpersönlichkeit.

Die vier Vertrauten Stalins verbrachten den 28. Februar auf Stalins Datscha. Der Hausherr war bei guter Laune, als ihn seine
Mitstreiter spät in der Nacht, genauer gesagt am frühen Morgen
des 1. März, verließen.

Am Abend des 1. März erlitt Stalin einen Schlaganfall. Er verlor das Bewußtsein und fiel aus dem Bett. Die Wache holte die
vier Vertrauten, doch sie hielten sich nicht lange auf der Datscha
auf und kümmerten sich auch nicht um einen Arzt.

Erst am 2. März, jedenfalls viel zu spät, wurden Ärzte zu dem bewußtlosen Stalin gerufen.

Major A. T. Rybin von der Wachmannschaft sagte dazu aus: „Berija wies uns telefonisch an, kein Wort über den Zustand Stalins zu sagen und keine Telefonate zu führen. Am 2. März, drei Uhr nachts, fuhr ein Wagen vor. Alle dachten, endlich kämen die Ärzte. Aber es waren lediglich Berija und Malenkow. Hocherhobenen Hauptes betrat Berija den Raum. Malenkows Stiefel knarrten, deshalb zog er sie aus, klemmte sie sich unter den Arm und betrat das Zimmer in Strümpfen. Die Kampfgefährten standen einige Zeit schweigend, etwas entfernt von dem Kranken. Stalin fing stark zu röcheln an. Berija sagte daraufhin zu Losgatschow, dem Mitarbeiter des Hauskommandanten: ‚Warum erzeugst du Panik? Du siehst doch, Genosse Stalin schläft fest. Mach kein Theater, laß uns in Ruhe und rege Genosse Stalin nicht auf!'

Losgatschow versuchte klarzumachen, daß Stalin wirklich schwer krank war und dringend ärztliche Hilfe brauchte. Doch Berija und Malenkow hörten nicht zu und verließen schnell das Krankenzimmer. In der Nacht des 2. März wurde kein Arzt zu Stalin gerufen."

Nach Aussagen von Oberstleutnant W. Tukow, Mitarbeiter Stalins im besonderen Auftrag, riefen in der Datscha viele Ärzte an, die Stalin helfen wollten und baten, sie vorzulassen. Sogar aus dem Ausland trafen Anrufe ein. Ein hilfsbereiter Arzt ließ sich einfach nicht abweisen. Schließlich ging Berija ans Telefon und fragte den beharrlichen Anrufer: „Was soll das? Bist du ein Provokateur oder ein Bandit?"

Erst am Morgen kamen dann Ärzte. Man hatte den großen Führer mehr als dreizehn Stunden ohne ärztliche Hilfe gelassen ...

Chrustschow behauptete, Lawrenti Berija habe den Tod Stalins gewollt. Das stimmt voll und ganz mit den Erinnerungen Allilujewas über die letzten Stunden ihres Vaters überein:

„Berija war äußerst erregt ... Sein Gesichtsausdruck brachte ständig die in seinem Inneren tobenden Gefühle zum Ausdruck ... Er trat an das Bett des Kranken und starrte ihn lange an ... Mein Vater öffnete zuweilen die Augen ... Berijas Blick bohrte sich in diese brechenden Augen ... Als alles vorbei war, lief er als erster in den Korridor, wo die anderen in stiller Trauer verharrten, und rief triumphierend seinem Fahrer zu: ‚Chrustawlew! Den Wagen!'"

... Er hatte keine Zeit, den Tod des Diktators zu betrauern. Wozu auch? Warum sollte er trauern? Die Macht galt es nicht zu teilen, sondern zu ergreifen. Berija stürzte in die Lubjanka, wo er ungehindert zum erstenmal den zentralen Apparat als Chef mit allen Machtbefugnissen übernahm.

Nach Tbilissi wurde ein Sonderzug mit ausgewählten Mitarbeitern des Apparats geschickt. Sie sollten die auf Stalins Befehl eingekerkerten Führer (im Migrelsker Fall) aus dem Gefängnis holen und die letzten Günstlinge des Generalsekretärs verhaften. Diese Befreiungs- und Vergeltungsaktion hatte Berija seinem bewährten Helfer Wladimir Dekanossow, einem Henker ohne Furcht und Tadel, übertragen.

Das neue Leben brachte neue Sorgen. Vor allem mußten überflüssige Zeugen beseitigt werden. Als überflüssig galten neben gewissen Ärzten auch alle Mitglieder der Wachmannschaft der Datscha in Kunzewo. Zwei konnten sich, bevor ihnen Schlimmeres widerfuhr, erschießen. Die Offiziere schickte Berija in abgelegene Landesteile. Dem Personal, dem auch Generale angehörten, befahl Berija, seine Sachen zu packen. Das geschah, wie Stalins Tochter sehr betroffen bemerkte, bereits zwei Tage nach der Beisetzung:

„Die Menschen waren völlig fassungslos und verluden unter Tränen ihr persönliches Habe, Bücher, Geschirr und Möbelstücke auf Lastkraftwagen. Alles wurde auf irgendwelche Speicher gebracht ... Menschen, die hier zehn bis fünfzehn Jahre gewissenhaft ihren Dienst versehen hatten, wurden einfach auf die Straße gesetzt."

In den oberen Machtetagen war nach Stalins Tod eine seltsame Situation eingetreten. Chrustschow war noch nicht erster Mann im Politbüro. Dort wurde alles von Berija und Malenkow entschieden. Molotow, Kaganowitsch, Woroschilow und Mikojan, die einstigen Günstlinge Stalins, konnten diesem mächtigen Zweigespann nichts entgegensetzen und die Position Chrustschows nicht stärken. Das lag auch nicht in ihrer Absicht. Die machtbesessenen Intriganten und erfahrenen Karrieristen hatten sich gegenseitig nie vertraut und mißtrauisch jeden Schritt der Rivalen verfolgt. Eines aber verband sie – der Kampf um die Macht und die Furcht, sie zu verlieren.

Im Mai traf aus Kiew ein langjähriger Vertrauter Chrustschows mit der alarmierenden Nachricht ein: Bei den Organen der Staatssicherheit und des Innern der Ukraine ist ein Rundschreiben über die Mobilmachung aller Kräfte und die Herstellung der erhöhten Einsatzbereitschaft eingegangen.

Die Natur hatte Chrustschow mit einem starken Selbsterhaltungstrieb ausgestattet. Er rief unter einem geeigneten Vorwand Leute aus der Provinz zu sich und stellte fest, daß das geheime Schreiben nicht nur in die Ukraine geschickt worden war. Nikita Chrustschow ließ in Gedanken die vielen Jahre an sich vorüberziehen, die er als Parteisekretär unter Stalin zitternd und kriechend, als Hofnarr oder Lakai gelebt hatte.

Sollte sich dies nun unter Berija wiederholen? Wie konnte man dessen Pläne in Erfahrung bringen? Das Schicksal schickte ihm zwei Überläufer aus dem gegnerischen Lager. Der stellvertretende Minister für Staatssicherheit, Iwan Serow, und der Minister des Inneren, Sergej Kruglow, hatten nach Abwägung der Chancen ihres Chefs beschlossen, diesen auszuliefern. Sie sagen Nikita Sergejewitsch alles, was sie über Berijas Absichten wußten, verrieten den operativen Plan des bewaffneten Putsches, die Disposition der Einheiten und die Namen der Verschwörer.

Chrustschow stand vor der Wahl, den Verschwörern zuvorzukommen und unverzüglich zuzuschlagen oder in den Hintergrund zu treten, auf den Kampf und alle Macht zu verzichten. Hier kann man nicht umhin, den Mut Nikita Chrustschows zu würdigen. Er entschied sich für die Tat.

Als erstes galt es, die Präsidiumsmitglieder des ZK zum gemeinsamen Handeln zu veranlassen – das war die wohl schwerste Aufgabe. Wie Chrustschow später berichtete, war keiner der ehemaligen Untergebenen Stalins verläßlich und charakterfest. Die Vergangenheit hatte sie geprägt. Molotow war „ein Typ für sich" (Zitat Chrustschow), Malenkow ein enger Freund von Lawrenti Berija, Woroschilow ein Feigling und Speichellecker. Von Kaganowitsch wußte niemand genau, wem er sich im letzten Moment zuwenden würde, und Lazarew war als Heuchler bekannt. Auf Bulganin konnte man sich eigentlich verlassen, aber was würde er tun, wenn die übrigen abfielen?

Doch schließlich überwog die Angst vor Berija. Damit waren die Fronten geklärt. Bulganin und Shukow begannen, die Kräfte mobilzumachen. Wie aber konnte an den Zufahrtswegen nach Moskau und in der Hauptstadt selbst von den Mitarbeitern Berijas unbemerkt ein schlagkräftiges Truppenkontingent zusammengezogen werden? Es galt, Generaloberst Artjomow, der ein Mann Berijas war und dem die Truppen des Moskauer Militärbezirks unterstanden, aus Moskau zu entfernen. Er war vor dem Krieg Divisionskommandeur der inneren Truppen des NKWD gewesen.

Verteidigungsminister Bulganin schickte ihn unter einem glaubwürdigen Vorwand zu den bereits begonnenen Sommermanövern im Raum Smolensk. Die Festnahme Berijas war für den 16. Juni 1953 festgesetzt. Sobald Lawrenti Berija zur Sitzung im Kreml eintraf, sollte in allen Militärakademien Gefechtsalarm ausgelöst werden. Besonders zuverlässige Divisionen würden dann in Richtung Moskau in Marsch gesetzt werden.

Nahe Moskau war die Division der inneren Truppen des NKWD „Marschall Lawrenti Berija" stationiert. Sie sollte auf Befehl des Verteidigungsministers sofort eingekesselt, zugleich das Regiment von Berijas Truppen in den Lefortowo-Kasernen abgeriegelt werden.

Alle Mitglieder des Präsidiums des ZK waren über die bevorstehende Sitzung im Kreml informiert, doch nur drei – Malenkow, Bulganin und Chrustschow – kannten die Tagesordnung und den genauen Operationsplan. Noch einer war in alle Details eingeweiht – Marschall Shukow, der allerdings nur Kandidat des ZK war.

An dem entscheidenden Tag beorderte Kremlkommandant General Wedenin ein von seinem Sohn geführtes Regiment nach Moskau. Die Kursanten der Offiziersschule „WZIK" wurden bewaffnet. Der Kreml glich einem Truppenlager.

Am 26. Juni 1953 rief Nikita Chrustschow um ein Uhr über das Leitungsnetz des Kreml General Kirill Sergejewitsch Moskalenko, den Chef des Moskauer Militärbezirks, an. Dieser ließ sofort den Offizier zur besonderen Verwendung, Viktor Iwanowitsch Juferew, kommen und setzte ihn über den Auftrag Chrustschows in Kenntnis. Er fragte den Oberstleutnant: „Kann man sich auf Batizki verlassen?"

Juferew kannte den ersten Stellvertreter des Befehlshabers der Luftabwehrtruppen des MWO, Pawel Fedorowitsch Batizki, als verläßlichen und entschlossenen General. Er fügte hinzu, man könne auch auf Alexej Iwanowitsch Baksow, den Stabschef des Militärbezirks, voll und ganz bauen.

„Wen können wir noch nehmen?"

Juferew nannte Iwan Grigorjewitsch Sub, den Leiter der Politabteilung der Luftabwehr des Moskauer Bezirks. Moskalenko wollte mit beiden sprechen. Sub war zum Mittagessen zu Hause. Man beschloß, Oberst Sub auf dem Weg in den Kreml abzuholen.

Im Wagen schlug Moskalenko vor, Sub telefonisch über ihre Ankunft zu informieren. Sie hielten neben dem Kaufhaus „Dynamo" an, und Juferew verließ mit der Mappe in der Hand den Wagen, um aus dem Arbeitszimmer des Kaufhausdirektors bei Sub anzurufen. Später, als alles vorüber war, gestand Moskalenko ein, daß ihn während Juferews Abwesenheit Angst davor ergriffen hatte, die Operation könnte fehlschlagen und man würde sie alle an die Wand stellen ...

Oberst Sub wohnte in der Walowaja Uliza neben dem Pawelezki-Bahnhof. Er stand bereits in der Auffahrt zum Haus. Sie waren zu fünft im Wagen. In dem schweren SIS-110, der zwei zusätzliche Klappsitze hatte, konnten sechs Personen mitfahren.

Im Hof des Generalstabs wurde die Gruppe um Moskalenko von Marschall Bulganin und Oberstleutnant Fedor Timofejewitsch Besruk, dem Chef des Personenschutzes des Verteidigungsministers, erwartet. Sie stiegen in die Limousine des Ministers, ebenfalls einen SIS-110, um. Besruk setzte sich neben den Fahrer, Bulganin links und Juferew rechts dahinter auf die Klappsitze, die übrigen nahmen auf den Rücksitzen Platz. Im Wagen waren sie nun zu acht.

„In den Kreml", befahl Bulganin.

Als sie sich dem Troizki-Tor näherten, warnte Bulganin:

„Lehnt euch zurück!" Das war wirklich angebracht, denn nicht alle Insasssen hatten einen Passierschein.

Nachdem sie die Wachen wohlbehalten passiert hatten, gelangten sie über die Sonderauffahrt für Regierungsmitglieder zum Hintereingang des Regierungsgebäudes und von dort in den ersten Stock. Bulganin betrat das Arbeitszimmer Nr. 1, wo einst Stalin residiert hatte und gegenwärtig das Präsidium des ZK tagte. Die anderen gingen durch das Zimmer des Sekretärs in den angrenzenden Raum, in dem sich bereits fünfzehn bis zwanzig Personen, Mitarbeiter des ZK, mehrere Generale und Marschall Shukow aufhielten. Man unterhielt sich ungezwungen und erzählte Witze.

Nach einer Viertelstunde wurde, wie vereinbart, zweimal anhaltend geläutet. Die Militärs öffneten die Tür, worauf ihnen der Sekretär entgegentrat. Fünf von ihnen gingen zusammen mit Marschall Shukow an ihm vorbei in das angrenzende Zimmer. Auf dem Platz des Vorsitzenden saß Chrustschow, rechts von ihm Malenkow, daneben Bulganin. Nahe der Tür, Malenkow schräg gegenüber, saß Lawrenti Berija, und ihm gegenüber Woroschilow.

Die Eintretenden stellten sich links, in die Nähe von Bulganin, hinter Berija. Malenkow, der die Dokumente verlas, kam zum Ende: „... Wie wir sehen, hat Berija nicht nur Verbrechen am eigenen Volk, sondern auch an der internationalen Arbeiterklasse begangen. Er ist unverzüglich zu verhaften und diesen Genossen zu übergeben."

Batizki zog seine „Parabellum", Juferew seine „TT". Berija saß mit gesenktem Kopf völlig entnervt da und schrieb etwas auf ein Blatt Papier. Wie sich später herausstellte, hatte er nur ein einziges Wort, nämlich „Alarm", neunzigmal aufgeschrieben. Schließlich blickte Berija auf, neben ihm standen bereits Juferew zur Linken und Batizki zur Rechten. Juferew tastete die Taschen des Verhafteten ab.

„Ich bin unbewaffnet", sagte Berija und hob die Hände.

Batizki und Juferew forderten Berija auf, sich in den Ruheraum links vom Arbeitszimmer zu begeben. Der Minister nahm auf dem Diwan Platz. Sie stellten sich daneben, während Moskalenko, Baksow und Sub sich mit griffbereiter Pistole in die

167

Ecke an einen kleinen Tisch setzten. Der Chef des Militärbezirks zog seine „Walther".

„Nehmt ihm seinen Kneifer ab", ordnete Batizki an. Juferew führte den Befehl aus.

„Aber nun kann ich doch gar nichts mehr sehen. Meine Augen sind zu schwach", jammerte Berija.

„Für dich gibt es nichts mehr zu sehen. Zeig her, was du in deinen Taschen hast!"

Berija holte ein Taschentuch und ein Notizbuch heraus. Dann sagte er: „Nimm deine Kanone weg!"

„Warte nur ab, die wird noch gebraucht...", erwiderte Batizki.

Berija verstummte, strich sorgfältig über die Falten seiner Hose und entfernte einige Stäubchen. Er trug einen grauen abgetragenen Anzug und ein weißes Hemd ohne Binder.

Etwas später betraten der stellvertretende Befehlshaber der Panzerarmee, General Andrej Larentjewitsch Getman, und der Befehlshaber der Artillerie der Sowjetarmee, General Mitrofan Iwanowitsch Nedelin, den Raum. Man hatte sie Moskalenko zur Unterstützung geschickt.

Die Militärs saßen bis in die tiefe Nacht bei dem Verhafteten im Ruheraum. In diesen aufregenden Stunden wußte niemand, wie alles enden würde... Moskalenko erteilte als Chef des Moskauer Militärbezirks seine Befehle. Der frühere Oberkommandierende, Generaloberst Artjomow, war abgelöst worden.

Die Mitglieder des Präsidium des ZK der Partei begaben sich an diesem Abend ins Bolschoi-Theater. Gegeben wurde die Oper „Dekabristen"!

Auf Anweisung Chrustschows und Bulganins war seit dem frühen Morgen jedem Offizier der Wachmannschaft ein Offizier der Armee mit der Begründung zugeordnet worden, man probe den Ausnahmezustand. Auf diese Weise standen Doppelposten an jedem Treppenabsatz und vor jeder Tür. Am Abend standen nur noch Armeeoffiziere Wache in Doppelreihen in jedem Korridor. Der verhaftete Berija wurde an ihnen vorbeigeführt und mußte auf dem Rücksitz von Bulganins Wagen Platz nehmen. Batizki und Juferew saßen zur Linken und zur Rechten. Für alle Fälle hatte Juferew seine Pistole Berija auf die Brust gesetzt. Dieser aber schaute durch das Wagenfenster auf die Straße und interessierte sich dafür, wohin man ihn brachte.

Moskalenko hatte neben dem Fahrer Platz genommen, Baksow und Sub saßen auf den Klappsitzen. Die Limousine fuhr die Nabereshnaja Uliza entlang zum Abelmann-Stadttor und bog dann nach links ein. Vor den Aljoschin-Kasernen wartete bereits der neuernannte Stadtkommandant, General Iwan Kolesnikow. Man brachte Berija in eine Arrestzelle und verstärkte die Bewachung. Zum Leiter der Wache wurde General Batizki ernannt, zu verantwortlichen Diensthabenden Getman, Sub, Juferew, Nedelin und Baksow. Die Wachmannschaft bestand aus Offizieren der Luftabwehrtruppen des Moskauer Militärbezirks.

Berija verbrachte die Nacht im Arrestgebäude. Am nächsten Tag trafen Innenminister Kruglow und Generaloberst Serow in der Kaserne ein. Als Moskalenko die hochgestellten Besucher bemerkte, ließ er dem ihn begleitenden Oberstleutnant Juferew gegenüber verlauten:

„Wie ist dieses Gesindel bloß hierher gekommen?"

Der General fragte die Ankömmlinge nach ihrem Anliegen.

„Sie wollen ermitteln", antwortete der Kommandant an ihrer Stelle. Darauf Moskalenko: „Was gibt es denn hier zu ermitteln?" Und zum Kommandanten gewandt: „Bringen Sie die Unbefugten sofort von hier fort!"

Auf Serows Einwand: „Wir sind keine Unbefugten", erwähnte Moskalenko knapp: „Niemand hat Sie bevollmächtigt!"

Serow und Kruglow fuhren wieder weg. Moskalenko und der Oberstleutnant begaben sich auf dem schnellsten Wege zu Malenkow, dem der General über den Zwischenfall Meldung erstattete.

Auf einer Sondersitzung des Präsidiums des ZK wurde beschlossen, Berija in den Stab des MWO (Moskauer Militärbezirk) zu verlegen. Die Untersuchung in Sachen Berija und seiner Komplizen leitete Generalstaatsanwalt Rudenko.

Der Stab des MWO befand sich am Ufer der Moskwa. Am Abend des 27. Juni traf Bulganin dort ein. Er war mit der Räumlichkeit zufrieden, und in der Nacht wurde der ehemalige Minister, das ehemalige Mitglied des Politbüros dorthin verlegt. Wie beim ersten Mal saßen während der Fahrt Moskalenko und seine vier Helfer mit im Wagen.

Berija kam in eine kleine, knapp zwölf Quadratmeter große Zelle, in der als einzige Möbelstücke ein Bett und ein Hocker standen. Dort fand auch das Verhör statt. Dem Generalstaatsanwalt wurde ein Extrazimmer eingeräumt.

Moskalenko hielt sich ständig im Stab des Militärbezirks auf. Er und Juferew übernachteten dort. Zum Schutz des Stabes waren Panzer und Schützenpanzerwagen aufgefahren.

Berija mußte seinen Anzug ablegen und eine baumwollene Soldatenfeldbluse und eine Uniformhose anziehen. Die Mahlzeiten für ihn wurden aus dem Fuhrparkspeisesaal des MWO geholt. Er erhielt das einfache Kantinenesssen der Soldaten, dazu Kochgeschirr und Aluminiumlöffel.

In den ersten Tagen rief Bulganin jede Nacht nach 24 Uhr im Stab an und erkundigte sich:

„Gibt es etwas Neues? Alles ruhig? Wie verhält sich der Häftling?"

Wenn General Moskalenko schlief, wurde Bulganin von Oberstleutnant Juferew informiert, der sich als Diensthabender ständig in einem der unterirdischen Räume aufhielt.

Während der Untersuchung verhielt sich Berija arrogant. Er gab nur die Verbrechen zu, die ihm der Staatsanwalt unwiderlegbar beweisen konnte.

Die Ermittlung dauerte ein halbes Jahr. Dokumente, Zeugenaussagen und Vernehmungsprotokolle füllten neunzehn Bände. Mitangeklagt waren sechs Gesinnungsgenossen Berijas: Wladimir Dekanossow, Wsewolod Merkulow, Lew Wlodsimirski, Pawel Meschik, Sergej Goglidse und Bogdan Kobulow – nur ein geringer Teil von Berijas Bluthunden.

Schließlich wurde Berija aufgefordert, die Anklageschrift zur Kenntnis zu nehmen. Als Rudenko begann, das umfangreiche Dokument von hundert Seiten vorzutragen, hielt sich Berija die Ohren zu. Der Staatsanwalt verlangte eine Erklärung.

„Mich haben Leute verhaftet, die nicht zuständig sind. Ich will von Mitgliedern der Regierung angehört werden!"

„Sie wurden auf Beschluß der Regierung verhaftet, das wissen Sie genau. Wir werden Sie zwingen, die Anklageschrift zur Kenntnis zu nehmen."

Berija wurde in seine Zelle zurückgeführt und mit Essenentzug bestraft. Nur einen Tag hielt der unbeugsame Volkskommissar Stalins durch, dann bat er um Mittagessen und hörte sich die Anklageschrift an.

Die Verhandlung fand im Erdgeschoß des MWO-Stabsgebäudes statt. Vorsitzender des Sonderrichterkollegiums des Präsidiums des Obersten Gerichts der UdSSR war Marschall der Sowjetunion Konew, als staatlicher Ankläger trat Rudenko auf.

Der Prozeß dauerte sechs Tage – vom 18. bis zum 23. Dezember 1953. Aus Georgien war der Vorsitzende des Republikrats der Gewerkschaften, M. I. Kutschawa, geladen. Beim Sichten der Prozeßunterlagen fiel ihm die lange Liste der von Berija vergewaltigten Frauen in die Hände.

„Halten Sie um Gottes willen diese Namen geheim", bat Kutschawa. „Drei Viertel der Frauen auf dieser Liste sind Frauen von Mitgliedern unserer Regierung."

Das Urteil lautete auf Tod durch Erschießen im Bunker des Stabs des Moskauer Militärbezirks. Man zog Berija die Feldbluse aus, ließ ihm aber das weiße Unterhemd an. Dann fesselte man seine Arme auf dem Rücken und band ihn an einem Haken an einer Holzwand fest, die als Kugelfang diente.

Staatsanwalt Rudenko verlas das Urteil.

Berija: „Gestatten Sie mir einige Worte . . ."

Rudenko: „Du hast bereits alles gesagt." Zu den Militärs: „Verbindet ihm den Mund!"

Moskalenko (zu Juferew): „Du bist der jüngste von uns und ein guter Schütze. Schieß du."

Batizki: „Genosse Kommandeur, darf ich schießen?" Er zog seine Pistole. „Hiermit habe ich an der Front so manchen Schuft ins Jenseits befördert."

Rudenko: „Bitte das Urteil vollstrecken."

Batizki legte an. Berijas Augen weiteten sich vor Entsetzen. Batizki schoß und traf mitten in die Stirn. Berijas Körper hing schlaff in den Stricken. Das Urteil wurde in Anwesenheit von Marschall Konew und der Militärs vollstreckt, die Berija verhaftet und bewacht hatten.

Der gerufene Arzt meinte nur: „Was soll ich ihn mir noch ansehen, er ist hinüber. Ich kenne ihn, er ist seit langem verkommen, seit 1943 litt er an Syphilis." Er prüfte trotzdem den Puls und schaute dem Hingerichteten in die Pupillen, um den Tod festzustellen.

Der Körper Berijas wurde in ein Tuch eingewickelt und in das Krematorium gebracht, ebenso wie die Leichen der am gleichen Tag in der Lubjanka hingerichteten sechs Mitangeklagten.

So ruhmlos endete in einem Betonbunker das rastlose Leben eines der schlimmsten Bluthunde der Geschichte. Er hatte die Freiheit und die Wahrheit unterjochen und das werktätige Volk vernichten wollen. Jeden Anflug von Moral und Bildung empfand er als persönliche Beleidigung, weshalb er in erster Linie mit der Intelligenz abrechnete. Am wenigsten duldete er bei Menschen das stolze Gefühl der Würde. Das Handwerk des Henkers hatte dieser eingefleischte Sadist nicht zum Vergnügen gewählt, er beherrschte es perfekt. Der Weg zur höchsten Macht führte über Berge von Leichen, doch Berija hatte keine Skrupel. Er hielt sich allen Ernstes für einen „echten Bolschewiken".

Berija wurde, wie auch sein Lehrer und Freund Josef Wissarionowitsch Stalin, am Ende von seinem bösen Schicksal eingeholt.

Damals erzählte man sich einen Witz:

In der Hölle schmoren Verbrecher im Fegefeuer, andere stehen bis zum Hals in Blut. Dante wandelt durch das Reich Luzifers und sieht, daß einem der schlimmsten Missetäter das Blut nur bis ans Knie reicht. Dante ist erstaunt, tritt näher heran und erkennt Lawrenti Berija:

„Wieso ist es bei dir so flach, Lawrenti Pawlowitsch?"

„Ich stehe auf den Schultern von Josef Wissarionowitsch ..."

Zweiter Teil

Exekutor Stalinscher Verbrechen

A. Maximowitsch

Dossier über Berija

Berija war ein Meisterfälscher. Er verstand es, aus schwarz weiß zu machen und jeweils das Gegenteil zu beweisen. Deshalb ist alles unglaubwürdig, was zu seinen Lebzeiten über ihn geschrieben wurde. Er trat beispielsweise nicht 1917, sondern erst im April 1920 der Partei bei. Staatsanwalt Gennadi Terechnow, der 1953 die Ermittlungen gegen Berija leitete, äußerte hierzu folgendes:

„Er war zuvor (während der englischen Intervention) Agent der konterrevolutionären nationalistischen Organisation ‚Mussawat' in Aserbaidshan gewesen, was er natürlich tunlichst verschwieg. Er hatte auch mit dem Geheimdienst der georgischen menschewistischen Regierung zusammengearbeitet. Ob Stalin davon gewußt hat? Auf alle Fälle meinte Berija, alle Spuren sorgfältig beseitigt zu haben. Was ihn noch beunruhigte, waren die Archive des Mussawat-Sicherheitsdienstes, die irgendwo in Kellern in Baku lagerten. Als er Ende 1938 Chef des NKWD wurde, befahl er deshalb seinem Stellvertreter Merkulow, diese Archive nach Moskau zu bringen. So seltsam es auch klingen mag, aber er bewahrte im Safe seines Arbeitszimmers bis zu seiner Verhaftung ein Dossier über sich selbst auf . . .“

Jeder Schritt in der phänomenalen Karriere dieses Henkers und Abenteurers war hinterhältig und gemein. Berija bereitete sorgfältig und tückisch Intrigen vor, wartete im Hinterhalt geduldig ab, um sich, wenn die Möglichkeit bestand, anzubiedern, oder um vernichtend zuzuschlagen.

Der große Führer und sein Komplice begegneten sich erstmals im Sommer 1930, als Stalin zur Erholung nach Zchaltubo fuhr. Sergei Mikojan, Doktor der Geschichtswissenschaften, gab die Worte seines Vaters Anastas Mikojan, Mitglied des Politbüros, folgendermaßen wieder:

„Berija war zu besagter Zeit bereits Leiter der Staatlichen Politischen Verwaltung (GPU) Georgiens. Als Grund für seinen Besuch in Zchaltubo gab er an, sich um die Sicherheit des Führers kümmern zu müssen, doch eigentlich ging es ihm darum, dessen Vertrauen zu erwerben. Sie verstanden einander sofort und so gut, daß direkt aus Zchaltubo nach Moskau die Verfügung erging, im ZK eine außerplanmäßige Berichterstattung der Partei- und staatlichen Führung des Transkaukasischen Regionskomitees und aller drei Republiken (Georgien, Armenien und Aserbaidshan bildeten damals die Transkaukasische Föderation) vorzubereiten. Niemand verstand die Zusammenhänge. Während der Tagung im Kreml fiel vielen auf, daß Sergo Ordshonikidse fehlte. Als ein Anwesender Mikojan nach dem Grund fragte, flüsterte dieser ihm zu: ‚Sergo wird keinesfalls der Krönung Berijas beiwohnen, denn er kennt ihn zu gut.‘ ... Nachdem verschiedene Fragen erörtert wurden, machte Stalin abschließend den Vorschlag, die neue Führung des Transkaukasischen Regionskomitees mit Kartwelischwili als 1. Sekretär und Berija als seinem Stellvertreter zu bilden. Der Kaukasier Kartwelischwili reagierte daraufhin aufbrausend: ‚Mit diesem Scharlatan werde ich nicht zusammenarbeiten!‘ Doch zu einer demokratischen Entscheidung kam es nicht. Stalin sagte nur wütend: ‚Das werden wir in einem Arbeitsgespräch regeln ...‘"

Swetlana Allilujewa versuchte in ihren im Ausland erschienenen Erinnerungen die Legende in Umlauf zu bringen, daß Berija – diese Ausgeburt des Bösen – Stalin hintergangen und negativ beeinflußt habe. Eine ähnliche Legende gab es übrigens schon im Zusammenhang mit Berijas blutbefleckten Vorgängern Jagoda und Jeschow. Doch angesichts der Situation in jenen Jahren kann man nur zu der Erkenntnis gelangen, daß hinter allen diesen Marionetten lediglich einer stand – Stalin. Während aber Jagoda und Jeschow schnell abgelöst wurden (beide wurden erschossen), konnte sich Berija 15 Jahre halten. Er vermochte es wie kein anderer, die Massenrepressalien gegen mißliebige Personen als Kampf für die Sache des Volkes auszugeben. Unter Berija wurden die Staatssicherheitsorgane zur

Leibgarde Stalins. Mit dem hohen Amt übertrug ihm der große Chef auch definitiv die Rolle, die er als treuer Diener schließlich zu spielen hatte.

„Wer das nicht weiß", schreibt Sergej Mikojan, „kann sich viele paradoxe Erscheinungen nicht erklären. Warum stellte Berija beispielsweise, nachdem er Jeschow abgelöst hatte, im Politbüro folgende befremdende Frage: ‚Ist es nicht doch angebracht, nunmehr weniger Leute einzusperren, sonst gibt es bald niemanden mehr, den man einsperren kann?'

Viele, die in ständiger Furcht lebten, daß man sie als nächste ‚abholte', atmeten erleichtert auf. Es wurden sogar einige aus der Haft entlassen. Damit sicherte sich Berija eine gewisse Unterstützung derjenigen in der Führung, die ihr formal noch angehörten, aber praktisch keinerlei Möglichkeit hatten, den auf Hochtouren laufenden Unterdrückungsapparat zu stoppen. Später baute dann Berija, nachdem er etwas Dampf aus dem Kessel abgelassen und mit seinem Gerede von ‚Übergriffen' die Schuld auf Jeschow abgewälzt hatte, ungestört seinen Strafapparat zu einem allmächtigen und universellen System aus . . ."

Repressalien wurden nicht nur die „Volksfeinde" selbst, sondern auch ihre Familien, Freunde, fernen Verwandten und Kollegen ausgesetzt. Berija hatte in allen Haftanstalten, in denen Politische einsaßen, ein eigenes Arbeitszimmer. Fast jede Nacht war er bei Verhören und Folterungen zugegen. Erst gegen Morgen zog er sich zurück, worauf in seinem Arbeitszimmer dann Richter aus dem Militärkollegium ihres Amtes walteten. Sie brauchten in der Regel nur wenige Minuten, um das Schicksal eines Menschen zu besiegeln.

Glafira Blücher, die Witwe des 1938 erschossenen legendären sowjetischen Marschalls, mußte sieben Monate in einer Einzelzelle verbringen. In der Wochenzeitung „Nedelja" äußerte sie sich dazu:

„Ich werde nie das erste Verhör vergessen, das Berija, wahrscheinlich aus sadistischer Neugier, persönlich leitete. Er verhielt sich hochmütig. Man hatte das Gefühl, wie ein winziges Insekt durch eine Lupe betrachtet zu werden. Von ihm ging Kälte aus. Man merkte, daß ihm alles Menschliche gleichgültig war . . . Unter der Willkür litten damals nicht nur wir, die man physisch gebrochen und moralisch erniedrigt hatte. Es konnte praktisch jeder, ungeachtet seiner Stellung und Verdienste, jederzeit erniedrigt und in den Schmutz getreten werden."

In den dreißiger Jahren war General Douglas wohl jedem ein Begriff. So wurde der berühmte sowjetische Flieger Jakow Smuschkewitsch im Spanienkrieg genannt. 1939 wurde er Chef der Luftstreitskräfte der Roten Armee. Anfang Juni 1941, kurz vor Beginn des Großen Vaterländischen Kriegs, begannen die Verhaftungen bei den Luftstreitkräften. Auch Smuschkewitsch wurde festgenommen, noch dazu direkt im Krankenhaus nach einer schweren Beinoperation. Auf einer Trage brachte man ihn ins Gefängnis. Am 28. Oktober wurden er und weitere neunzehn hohe Militärs auf Befehl Berijas erschossen.

Im August gelang es der Tochter von Smuschkewitsch, von Berija empfangen zu werden. Sie schilderte ihre Erlebnisse wiefolgt:

„Ich ging durch einen langen, düsteren, völlig unbeleuchteten Gang. Dann wurde ich in ein riesiges Zimmer gebeten, in dem ganz am anderen Ende hinter einem großen Schreibtisch ein kleiner Mann mit Kneifer und feistem Gesicht saß. Er sagte sanft, nahezu freundlich: ‚Mach dir keine Sorgen und befürchte nichts. Du weißt doch, daß dein Vater nichts verbrochen hat, also wird er bald freikommen.‘

Doch einige Zeit später wurden meine Mutter und ich verhaftet. Meinen Haftbefehl hatte Berija unterschrieben: ‚Die Oberschülerin Rosa Smuschkewitsch wird als Tochter eines Vaterlandsverräters zu fünf Jahren Freiheitsentzug verurteilt. Diese Zeit hat sie in Arbeitsbesserungslagern von Karaganda zu verbüßen. Hieran schließt sich lebenslängliche Verbannung an.‘"

Die von Berija und seinen Untergebenen geschmiedeten teuflischen Pläne könnten als Farce abgetan werden, wenn sie nicht stets zu blutigen Tragödien geführt hätten. Über eine dieser sorgfältig eingefädelten, aber gescheiterten Provokationen berichtete die Zeitschrift „Ogonjok".

Auf dem Weg zur Arbeit wurde der Leiter von GLAW-SEWMORPUT (Nordmeerschiffahrt) beim Ministerrat der UdSSR, Alexander Afanasjew, von Unbekannten entführt und in eine Villa zu einem Treff mit einem „amerikanischen Spionagechef" gebracht, der ihm die Zusammenarbeit anbot. Als er sich energisch gegen diese „Ehre" verwahrte, riet man ihm, sich dies noch einmal zu überlegen, und vereinbarte einen neuen Treff. Die Ereignisse entwickelten sich dann wiefolgt:

Als man Afanasjew neben dem Gebäude des Mossowjets abgesetzt hatte, ging er sofort in den Kreml zu Stalin. Doch der Führer war beschäftigt. Darauf begab er sich zu Berija, der für Schiffahrt zuständig war. Bei ihm hielt sich gerade der Minister für Staatssicherheit, Abakumow, auf, der diesen Posten von Berija übernommen hatte. Berija lobte Afanasjews Handlungsweise und riet ihm, sich trotzdem mit dem „Spionagechef" zu treffen. Als sich Afanasjew auf der Krimbrücke mit dem Unbekannten aus der Villa traf, verlor er die Beherrschung und schlug ihn nieder. Gleich darauf kamen Mitarbeiter der Staatssicherheit hinzu und führten den „Spion" ab ... (Wie der Minister später erfuhr, handelte es sich um einen Mitarbeiter Abakumows.) Berija versprach daraufhin Afanasjew, daß man ihn für einen Orden vorschlagen werde. Doch kurz darauf wurde er verhaftet und zu 20 Jahren Freiheitsentzug verurteilt.

Mit solchen Methoden wurde damals gearbeitet. Obwohl Berija offiziell bereits andere Posten bekleidete, „kümmerte" er sich nach wie vor um die Sicherheitsorgane. Den Höhepunkt seiner verbrecherischen Tätigkeit als Volkskommissar des NKWD erreichte er in den letzten Jahren vor dem Krieg.

Wenn man das von dem bekannten sowjetischen Journalisten Arkadi Wachsberg gesammelte Material über Berija liest, empfindet man tiefen Schmerz und Wut. In der „Literaturnaja Gaseta" berichtete er über den teuflischen Massenmord, für den Berija verantwortlich war:

„Ihm fielen Menschen zum Opfer, die nicht nur in der Sowjetunion, sondern in der ganzen zivilisierten Welt bekannt waren – der nahmhafte Publizist, Mitglied des Redaktionskollegiums der ‚Prawda' Michail Kolzow; der geniale Bühnenreformator Wsewolod Meyerhold und der herausragende Schriftsteller Isaak Babel. Sie wurden solcher ungeheuerlichen Taten wie antisowjetischer Tätigkeit, Terrorismus und Zusammenarbeit mit nahezu allen ausländischen Geheimdiensten beschuldigt."

Wie später bekannt wurde, bereitete Berija damals einen Schauprozeß gegen Prominente vor. Im voraus verfaßte er Listen von „Schädlingen", „Spionen" und „Terroristen". Opfer seiner Willkür sollten berühmte sowjetische Schriftsteller, Regisseure und Schauspieler werden: Leonid Leonow, Valentin Katajew, Wsewolod Iwanow, Juri Olescha, Sergej Eisenstein, Grigori Alexandrow, Leonid Utessow und viele andere. Da sich aber Meyerhold, Kolzow und Babel weigerten, „Verbrechen" einzugestehen, wurde Berijas ausgeheckter Plan durchkreuzt. Doch wie eine Zeitbombe konnte das gesammelte kompromittierende Material jederzeit aktiviert werden, es bedurfte nur eines Knopfdrucks. Diese vorbereiteten „Fälle" bewahrte Berija in seinem Safe auf, so daß er sie jederzeit, wenn es der große Führer Stalin wünschte, sofort auf den Tisch legen konnte ...

Die Terrorwelle traf auch viele bekannte sowjetische Wissenschaftler. Darüber schreibt die Zeitschrift „Nauka i Shisn":

„Am 6. August 1940 bestätigte Berija den Beschluß, Akademiemitglied Nikolai Wawilow, den Begründer der russischen Genetik, zu verhaften. Als ‚Führer einer antisowjetischen Spionageorganisation' wurde er zunächst zum Tod durch Erschießen verurteilt, dann wurde die Höchststrafe in das mildere Urteil von 20 Jahren Freiheitsentzug umgewandelt. Wawilow starb in der Haftanstalt in Saratow ... Sieben Jahre verbrachte auch der namhafte sowjetische Konstrukteur und Begründer der modernen Raketentechnik Sergej Koroljow im Gefängnis. Er war bereits unter Jeschow verhaftet worden. Berija leitete eine Wiederaufnahme des Verfahrens ein, in der die Anklage nicht mehr wegen Feindtätigkeit, sondern wegen Mitarbeit in einer antisowjetischen Organisation erfolgte. Nach dem zweiten Urteil wandte sich Koroljow an Berija persönlich mit der Bitte, seine Aussage entgegenzunehmen und mehrere Zeugen zu befragen. Doch diese Bitte blieb unbeantwortet. Koroljow wurde allerdings für Forschungs- und Entwicklungsarbeit in Dienststellen des NKWD beschäftigt, wo er unter Haftbedingungen an neuer Technik arbeitete. Offensichtlich hatten der Krieg gegen die Faschisten und die Tatsache, daß so begabte Fachleute wie Koroljow dringend gebraucht wurden, ihm letztendlich das Leben gerettet. 1944 ließ man ihn frei ...“

Es muß erwähnt werden, daß auch innerhalb der Sicherheitsorgane Terror wütete. Vor kurzem veröffentlichte die sowjetische Presse Zahlen, die das Ausmaß verdeutlichen - 20 000 Tschekisten wurden umgebracht. Viele von ihnen ließen sich von ihrem Gewissen leiten, retteten andere und wurden dafür zum Tod durch Erschießen oder zum langsamen Tod in den Lagern verurteilt ...

Wer zuviel weiß, bildet gewöhnlich eine Gefahr. Berija war es sehr lange gelungen, bei Stalin solche Gedanken hinsichtlich seiner Person nicht aufkommen zu lassen. Dennoch kam auch er an die Reihe. Anfang der fünfziger Jahre wurden die engsten Mitarbeiter Berijas verhaftet. Er selbst entging der Vergeltung nur durch den plötzlichen Tod Stalins im März 1953. Nun hielt Berija seine „Sternstunde" für gekommen. Er schmiedete Pläne für die Machtübernahme. Als ersten Schritt besetzte er den Posten des Vorsitzenden des Ministerrats mit Malenkow, einem schwachen und, wie er meinte, von ihm beeinflußbaren Menschen. Stalins Stelle im Sekretariat des ZK nahm Chrustschow ein, den Berija für zweitrangig hielt. Wie wir heute wissen, irrte sich Berija bis zu seinem Ende in seiner Einschätzung der Persönlichkeit und des Charakters von Chrustschow.

Er hatte auch nicht begriffen, daß die Epoche, die ihn hervorgebracht hatte, bereits vorbei war.

Berija wurde am 26. Juni 1953 während einer Sitzung des Präsidiums des ZK im Kreml verhaftet. Man war ihm zuvorgekommen. In Vorbereitung seiner Machtübernahme hatte er bereits den geheimen Befehl erlassen, mehrere ihm unterstehende Divisionen aus zentralen Gebieten der RSFSR nach Moskau in Marsch zu setzen.

Während der Verhöre gab sich Berija hochmütig, sprach nur über das Schicksal seiner Verwandten und bat Chrustschow um Begnadigung. Seine Frau Nina Gegetschkori, Kandidat der Landwirtschaftswissenschaften, galt als ehrlicher Mensch. Gegen den Sohn Berijas, der mit der Enkelin des Schriftstellers Maxim Gorki - Marfa Peschkowa - verheiratet war, lag ebenfalls nichts vor. Doch der Prozeß brachte einige sehr interessante Einzelheiten zutage.

„Wie sich herausstellte", berichtet der für den Fall Berija zuständige Gennadi Terechow, „war Berijas Frau eine Nichte von Noi Shordanija, dem ehemaligen Außenminister der menschewistischen Regierung Georgiens, der den konterrevolutionären Putsch 1924 in Georgien organisierte und später nach Paris emigrierte. Nachweislich stand Berija bis zu seiner Verhaftung mit Shordanija in Verbindung. Möglicherweise hatte er auch Kontakte zu Vertretern des faschistischen Deutschland ...

Der Prozeß gegen Berija fand im Stab des Moskauer Militärbezirks statt, wo er auch inhaftiert war. Was ihm vorgeworfen wurde, ließ selbst uns schaudern, die wir doch von Berufs wegen einiges gewöhnt sind ... Das Urteil wurde schnell, meiner Meinung nach zu schnell, gesprochen. Man hätte diesen Henker zu mehr Aussagen zwingen müssen, das hätte den Historikern heute die Arbeit erleichtert."

Während der Urteilsvollstreckung, so berichtete die Frau von Marschall (damals noch Generalleutnant) Batizki, der diesen Akt der Gerechtigkeit vollzog, flehte Berija auf Knien um Gnade. Sie sagte:

„Meinen Mann widerte dies an. Berija hatte eine Unzahl gemeiner und feiger Verbrechen auf dem Gewissen. Nun fand er nicht einmal den Mut, die verdiente Strafe schweigend zu akzeptieren."

Mitunter wird gefragt, was es denn bringt, in der Vergangenheit zu wühlen und längst aufgedeckte Verbrechen noch einmal anzuprangern. Aber wir müssen endlich erkennen, wie sich ein solcher Apparat herausbilden konnte und welche Rolle in ihm Personen vom Schlage Berijas spielten, damit sich die Fehler der Vergangenheit nicht wiederholen.

N. Kwantaliani

Wie er an die Macht kam

Berija gehört zu den widerwärtigsten Persönlichkeiten unserer
jüngsten Geschichte. Über den Beginn von Berijas Karriere ist
wenig bekannt, so daß dieser Abschnitt seines Lebens von großem Interesse sein dürfte, was meines Erachtens noch dadurch
verstärkt wird, daß man Berija bei seiner Verhaftung in den offiziellen Mitteilungen als langjährigen Agenten imperialisti-
scher Geheimdienste beschuldigte. Bei vielen rief dies Zweifel
hervor, die offensichtlich auf der durch die Schauprozesse in
den Jahren 1936 bis 1938 hervorgerufenen Skepsis beruhten.
Aus den in den Parteiorganisationen verlesenen Informationen
zum Fall Berija ging nichts hervor, was die Anschuldigungen
mit Fakten belegte – mit wem, wie und wann er kriminelle
Kontakte unterhielt. Wie Sergej Mikojan schrieb („Komso-
molskaja Prawda" vom 21. Januar 1988), wurde Berija „im
Handumdrehen" zum Agenten gestempelt. Mikojan erklärte
den Ursprung dieser Behauptung: Es lagen Angaben darüber
vor, daß Berija 1919 in Baku geheimer Informant des Mussawat-Sicherheitsdienstes gewesen war, der Kontakte zum britischen Intelligence Service unterhielt. Diese Angaben dienten als
Beweis für die 1953 getroffene Feststellung. Berija rechtfertigte
sich damit, er habe im Auftrag der Partei gehandelt.

Antonow-Owsejenko beschreibt, daß der Mussawat-Spion
Berija im Jahr 1919 W. Naneischwili, dem Führer der illegalen
bolschewistischen Organisation in Baku, seine Dienste angebo-
ten hatte. Hieraus resultiert die „Parteimitgliedschaft seit 1919".

Die geheime Tätigkeit Berijas für den Mussawat-Sicherheitsdienst seit 1918 ist belegt. Diese Tatsache hat seinerzeit auch
M. D. Gusseinow bezeugt, der später ein bekannter Parteifunk-

tionär in Transkaukasien und 1. Sekretär des ZK der KP Tadshikistans wurde. Auf ihn nimmt Antonow-Owsejenko Bezug.

Als Berija im Jahre 1926 zum erstenmal mit dieser Anschuldigung konfrontiert wurde, bewies er anhand von Dokumenten und Zeugen, daß er im Parteiauftrag gehandelt hatte. Sachkundige hielten damals die Zeugen für Lügner und die Dokumente für gefälscht. Trotzdem schenkte man Berija Glauben, oder besser gesagt, es fanden sich Fürsprecher. Schließlich war er in den Jahren 1918/1919 erst knapp zwanzig Jahre alt gewesen, und konkrete Beweise gab es nicht. Doch nicht alle glaubten Berija. Als man Dshershinski den Fall unterbreitete, sprach er sich gegen Berija aus. Einige Tage später – am 26. Juli 1926 – verstarb er dann plötzlich. Diese Erwägungen sind natürlich subjektiv, denn sie beruhen nur auf Zeugenaussagen und eigenen Jugenderinnerungen. Dennoch könnte ihre Veröffentlichung der Wahrheitsfindung dienen.

Im Jahre 1919 war Berija nur ein kleincr Spion und sein Interesse an der „großen Politik" beschränkte sich eher auf die Frage, wer siegen wird. Als er einsah, daß die Mussawat-Leute gescheitert waren, verlegte er sich auf den „Parteiauftrag". Das einzige, was er wirklich stets bedachte, waren seine eigenen Interessen: Sein Honorar vom Mussawat-Sicherheitsdienst erhielt er regelmäßig, doch die Partei sah davon nichts. Und als Mitarbeiter der Tscheka Aserbaidshans beschlagnahmte er rücksichtslos Wertgegenstände bei Bürgern Bakus, wovon er immer auch seinen Anteil in Sicherheit brachte.

Wie von kompetenten Leuten versichert wird, lernten sich Stalin und Berija Ende der zwanziger Jahre persönlich kennen, als Stalin zur Erholung nach Zchaltubo kam. Berija, damals bereits Vorsitzender der GPU Georgiens, stellte sich ihm unter dem Vorwand vor, die Wache des Führers überprüfen zu wollen. Er versuchte, Stalin auf sich aufmerksam zu machen und dessen Vertrauen zu gewinnen. Stalin hatte schon 1928 von Berijas Fähigkeiten gehört. Als ihm 1929 zu Ohren kam, wie Berija gegen seinen Schwager S. F. Redens intrigierte, amüsierte er sich und meinte anerkennend: „Ein Prachtkerl, das hat er sauber hingekriegt!"

Unmittelbarer Chef Berijas von 1922 bis 1926 war der Vorsitzende der Tscheka und später der GPU Georgiens, Emifan Kwantaliani. Er gehörte der Partei seit 1906 an, hatte sich rege in der revolutionären Arbeit engagiert, mehrere Jahre im Gefängnis und in der Verbannung zubringen müssen. Er war Stalin gut bekannt.

Von 1923 bis 1924 benahm sich Berija seinem Chef gegenüber äußerst zuvorkommend. Er versuchte, ihn zu überreden, gemeinsam in einem Haus zu wohnen (damals waren „Familienkommunen" in Mode), die Frauen sollten sich befreunden usw. Der Chef seinerseits konnte den Diensteifer und die Bemühungen des aufstrebenden jungen Tschekisten einfach nicht übersehen. Zur gleichen Zeit war Berija beharrlich, jedoch unaufdringlich bemüht, zu allen leitenden Funktionären in Tbilissi persönliche Kontakte zu knüpfen. Er fand stets einen Vorwand, um sie zu Hause aufzusuchen und sich ins rechte Licht zu rücken. Besonders war er um Ordshonikidse bemüht.

Als Ordshonikidse im September 1932 in Kislowodsk Urlaub machte, kam Berija aus Tbilissi mit dem Wagen angereist und suchte ihn auf. Mehr als zwei Stunden lang denunzierte Berija den damaligen 1. Sekretär des Transkaukasischen Regionskomitees, Mamija Orachelaschwili. Ordshonikidse, der bekanntlich herzlich, ehrlich und vertrauensselig war, warf ihn nicht hinaus, sondern hörte ihm zu. Berija wußte diese Eigenschaften Ordshonikidses offensichtlich zu nutzen. Berijas 1925 geborener Sohn erhielt den Namen Otar. Doch als Ordshonikidse 1926 nach Moskau versetzt wurde, wurde der Sohn schnell in Sergo umbenannt. Berija umschmeichelte auch Sergos Bruder Papulija, doch später verbannte er ihn auf Befehl von oben (sogar jeglicher Briefwechsel wurde untersagt) . . .

Doch zurück ins Jahr 1926. Kwantaliani erfuhr, daß Berija für den Mussawat-Sicherheitsdienst arbeitete und leitete die notwendigen Schritte ein. Berija aber brachte es fertig, alles auf Kwantaliani abzuwälzen. Die Folgen hatte er genau kalkuliert: Kwantaliani reichte seinen Rücktritt ein, man wies ihm letztendlich eine andere Parteiarbeit zu. Nachdem Berija 1932 in die Führung der Transkaukasischen Parteiorganisation aufgestiegen war, entfernte er ihn unter einem passenden Vorwand aus seiner leitenden Funktion und setzte auf diesen Posten einen seiner

Gefolgsleute. Im Jahre 1937 ereilte den bereits gebrochenen Kwantaliani schließlich das Schicksal der Mehrheit der georgischen Altkommunisten.

Nachdem Berija mit Hilfe seines „Freundes" Genrich Jagoda 1929 Bevollmächtiger der OGPU in Transkaukasien geworden war, rückte er in das Blickfeld Stalins. Als der 1. Sekretär des Transkaukasischen Regionskomitees, Lawrenti Kartwelischwili, 1931 das wahre Gesicht seines Namensvetters erkannte und notwendige Maßnahmen einleiten wollte, war es bereits zu spät. Die Parteielite Georgiens verhielt sich zu jener Zeit sehr zurückhaltend. In vertraulichen Gesprächen wurde, wie beispielsweise von S. Wardanjan, Berija mit dem aufsteigenden Hitler verglichen, doch leider unterschätzte man die wirklichen Potenzen dieses Aufsteigers in der Partei. Berija wurde 1. Sekretär des ZK der KP Georgiens, Kartwelischwili wurde die Erschließung Sibiriens übertragen, und der wieder als Sekretär des Transkaukasischen Regionskomitees eingesetzte Orachelaschwili half Berija auch noch bei seinen ersten Schritten. Doch knapp ein Jahr später sah er sich gezwungen, an das ZK der KPdSU(B) eine vernichtende Beurteilung der Arbeit Berijas zu schicken. Wenn man doch diese Beurteilung noch finden könnte ...

Alle Ereignisse nach 1932 waren, wie es heißt, nur noch ein rein technischer Ablauf. Man kann natürlich zu diesem bereits hinlänglich bekannten Gesamtbild immer neue Fakten hinzufügen. Die entscheidende Frage aber ist, warum Leute wie Berija Ende der zwanziger Jahre aufsteigen konnten. Die Antwort darauf ist eindeutig: Das war das Werk Stalins.

S. Lakoba

Lakoba - Stalin - Berija

In den zwanziger Jahren begann Stalin, dem Führer der Abchasischen Republik, Nestor Lakoba, zunehmend seine Gunst zu
bezeigen. Er setzte auf Lakobas Unterstützung in seinem Kampf
gegen Trotzki.

Ende Mai 1924 kam Lakoba als Delegierter des VIII. Parteitags der RKP(B), des ersten Parteitags nach Lenins Tod, nach
Moskau. Stalin und Dshershinski nahmen sich seiner besonders
herzlich an. Bereits ein Jahr später erklärte Ordshonikidse nach
einem Besuch der Abchasischen Republik: „Auf Stalin und mich
hat Genosse Lakoba von allen anwesenden Genossen den besten
Eindruck gemacht." Auf dem XV. Parteitag der KPdSU(B) im
Jahr 1927 hielt Nestor bereits eine Rede.

Seine Positionen festigten sich von Jahr zu Jahr. Der Führer
bezeigte ihm seine Gunst, während es Berija einfach nicht ge-
lingen wollte, Stalin persönlich kennenzulernen. Wiederholt
versuchte er auf eigenes Risiko, bei Stalin vorstellig zu werden,
doch jedesmal erhielt er eine Absage. Anfangs nervte Stalin Berijas aufdringliche Art. Seine Unverfrorenheit brachte in sogar
in Wut.

Als Berija wieder einmal ungebeten auf Stalins Datscha in
Abchasien auftauchte, fragte dieser seinen Sekretär:

„Kommt der etwa schon wieder angekrochen?"

„So ist es, Josef Wissarionowitsch."

„Sage ihm, daß Lakoba hier der Hausherr ist."

Berija wurde zu verstehen gegeben, daß der Weg zu Stalin
über Nestor Lakoba führte.

Von nun an versuchte Berija beharrlich, sein Ziel über Lakoba
zu erreichen. Interessant ist in diesem Zusammenhang ein kur-

zes Schreiben mit dem Briefkopf des bevollmächtigten Vertreters der OGPU in der Transkaukasischen Föderativen Republik:

„Lieber Genosse Nestor! Ich grüße Dich und sende die besten Wünsche. Vielen Dank für den Brief. Ich möchte sehr gern Genossen Koba (Stalin) vor seiner Abreise treffen. Es wäre schön, wenn Du ihn gelegentlich daran erinnern könntest. Genosse Nodaraja wurde abberufen. Seinen Platz wird ein guter Tschekist einnehmen. Viele Grüße.
Dein Lawrenti Berija. 27. 9. 31."

Auf Fürsprache Lakobas hin empfing Stalin Berija vor seiner Abreise aus Abchasien. Lakoba deutete an, daß es Zeit wäre, diesem jungen, energischen Tschekisten eine leitende Funktion in der Partei anzuvertrauen. Anderthalb Monate später, am 13. November 1931, wurde Berija 2. Sekretär des Transkaukasischen Regionskomitees der KPdSU(B) und 1. Sekretär des ZK der KP(B) Georgiens. Bei einem Treffen auf der Datscha in Abchasien wurde dann auch über den Nachfolger für M. Orachelaschwili auf dem Posten des 1. Sekretärs des Transkaukasischen Regionskomitees entschieden (Nestor hat das Gespräch mitgeschrieben).

Stalin fragte unvermutet:

„Ist Berija geeignet?"

„Ich denke schon", antwortete Lakoba.

Mit diesem Kandidaten war damals auch Ordshonikidse einverstanden. Bald darauf stieg Berija auf der Karriereleiter eine weitere Stufe höher. Auf dem 4. Plenum am 17. Oktober 1932 wurde er zum 1. Sekretär des Transkaukasischen Regionskomitees „gewählt" und blieb gleichzeitig 1. Sekretär des ZK der KP(B) Georgiens.

Nestor konnte die weitere Entwicklung der Ereignisse nicht voraussehen. Er ließ sich bei seiner Empfehlung davon leiten, daß Berija aus Abchasien stammte, jung war, ihm gegenüber Achtung bekundete (was bei den vorherigen 1. Sekretären des ZK in Georgien, mit denen er nicht harmonierte, nicht der Fall gewesen war), zu Stalin keinen persönlichen Kontakt unterhielt und als 1. Sekretär der Transkaukasischen Parteiorganisation für die Abchasische Republik von Nutzen sein konnte. Doch Lakoba hatte sich schwer verrechnet. In einem seiner Notizbücher schrieb er folgenden Satz: „Der Mensch ist mit zwei Gütern gesegnet – der Hoffnung und der Unkenntnis der Zukunft. Letzteres ist sogar noch wertvoller."

Berija fand schnell Geschmack an seiner neuen Stellung und zeigte sich auch gleich „dankbar". Im Dezember 1932 erteilte er Lakoba einen Verweis, den dieser aber von Stalin wieder löschen ließ. Von nun an unternahm Berija alles, um die Autorität Nestors in Transkaukasien zu untergraben und ihn in Stalins Augen zu diskreditieren.

In diesem Kampf war das Jahr 1933 von entscheidender Bedeutung. An einem schönen Sommertag kamen Genossen aus Moskau auf Stalins Datscha Cholodnaja Retschka bei Gagra. Auch der unermüdliche Berija erschien. Alle warteten in der Veranda auf Stalin. Doch dieser tauchte unverhofft in Begleitung Lakobas aus dem Garten auf. Nach einem kurzen Gespräch und einem leichten Frühstück besichtigten die Gäste den Garten. (Nestor hat seinen Vertrauten mehrfach diese Episode erzählt).

„Genug gefaulenzt", sagte Stalin. „Dieses wildwuchernde Gestrüpp muß rausgerissen werden. Es paßt nicht in den Garten."

Die Gäste, die sich noch nicht einmal umziehen konnten, machten sich an die Arbeit. Stacheln bohrten sich in ihre Finger, in Hosen und Ärmel. Stalin rauchte derweil zufrieden seine Pfeife. „Dilletanten", flüsterte er Nestor zu. Für Berija war als Arbeitsgerät eine Harke übriggeblieben, was ihm überhaupt nicht behagte. Er wollte ein anderes Gartengerät. Ein Genosse aus Moskau bearbeitete mit einer Axt verbissen eine verzweigte Wurzel, wurde aber einfach nicht fertig mit ihr. Berija ließ die Harke fallen, nahm dem Moskauer die Axt aus der Hand und rief so laut, daß es der große Führer hören konnte:

„Ich bin imstande, jeden Strauch mit den Wurzeln auszureißen, auf den der Besitzer dieses Gartens, Josef Wissarionowitsch, zeigt."

An diesem Tag wurde auf Cholodnaja Retschka ein symbolisches Foto aufgenommen: Lakoba, Stalin, Woroschilow und

Berija. Auf diesem Foto ist Berija noch von hagerer Gestalt. Er trägt ein breites Armeekoppel, in das er die gewaltige Axt, deren Schneide fast seine Brust berührt, gesteckt hat. Mit hinter dem Rücken verschränkten Armen starrt Lawrenti durch seinen Kneifer herausfordernd Stalin an.

Im August desselben Jahres wurde in Abchasien der angebliche Überfall auf Stalins Schnellboot am Kap von Pizunda inszeniert. Zur großen Verärgerung Berijas hatte dieser „Zwischenfall" aber keinerlei Auswirkung auf die Beziehungen zwischen Koba und Nestor. Doch inzwischen waren die außerordentlichen Intrigen und Provokationen Berijas gegen Lakoba angelaufen. Er versuchte, ihn mit allen Mitteln aus dem Sattel zu heben, wobei er selbst solche primitiven Methoden wie vorgebliche „Attentate" auf den Führer, dessen krankhaftes Mißtrauen er kannte, nutzte.

Trotzdem favorisierte Stalin immer noch Lakoba. Ihm gefiel, wie meisterhaft Gluchoi (das war der Deckname Lakobas) die Waffe beherrschte und wie treffsicher er schoß. Lakoba war wie er ohne Vater aufgewachsen und hatte das gleiche Priesterseminar in Tbilissi besucht. Er wußte zu würdigen, was Lakoba während des Bürgerkriegs in Batumi geleistet hatte, vor allem aber, daß Gluchoi ihm immer willfährig war. Nestor stand nach wie vor hoch in Stalins Gunst. Diese Selbständigkeit und Unabhängigkeit Lakobas trafen Berija tief und versetzten ihn in Wut. Auch noch im Jahre 1931, als Berija auf dem „todbringenden" XVII. Parteitag Mitglied des ZK der KPdSU(B) wurde, hatte Berija im Kampf um Stalins Gunst das Nachsehen.

Einige Jahre später erschien in Abchasien das Buch „Stalin und Chaschim (1901 bis 1902)" mit einem Vorwort von N. Lakoba (das Papier für diese Ausgabe hatte Kaganowitsch persönlich bewilligt). Darin wurde über die revolutionäre Tätigkeit Stalins in Batumi und die Umstände berichtet, unter denen ihn der abchasische Bauer Chaschim Smyrba vor der Polizei in seinem Haus versteckt hatte. In der Zeitschrift „Bolschewik", dem Zentralorgan der KPdSU(B), erschien 1935 eine Rezension des damals noch jungen B. Ponomarjow, des späteren Akademiemitglieds und Sekretärs des ZK der KPdSU.

Bereits im Jahre 1934 war eine sehr schön gestaltete Sondernummer der Zeitschrift „Ogonjok" mit dem Titel „Die sowjetischen Subtropen" erschienen. Sie enthielt Großaufnahmen von Berija und Lakoba, schilderte die Entwicklung eines „sowjetischen Florida" und rief dazu auf, Kalifornien einzuholen und zu überholen. Der Schriftsteller Jefim Sosulja schrieb in einem kurzen Essay unter dem Titel „Menschen der Subtropen": „Sie sind so unterschiedlich wie die Natur der Subtropen, und einige von ihnen leisten Bedeutendes weit über die Region hinaus." Der Schriftsteller charakterisierte Lakoba und Berija als diametral entgegengesetzte Persönlichkeiten. Bei Lawrenti hob er ganz konkrete Charaktermerkmale hervor: „Er hat einen zielbewußten militärischen Arbeitsstil und verfügt über große Erfahrungen. Er strahlt Willensstärke und starkes Einfühlungsvermögen aus. Über die Subtropen spricht er mit großer innerer Anteilnahme und verspricht, daß diese Region eine der besten in unserem Land werden wird. In seinen Ausführungen gibt Berija begeistert wieder, was Stalin über die Subtropen gesagt hat: ‚Genosse Stalin hat uns darauf hingewiesen, daß wir in Transkaukasien mit aller Kraft die subtropischen Kulturen entwickeln müssen. Und das werden wir tun!' Das versicherte Genosse Berija in seiner Rede auf dem XVII. Parteitag."

Ob es Sosulja nun beabsichtigt hatte oder nicht, jedenfalls hat er Berija hervorragend karikiert. Völlig anders bewertete der Schriftsteller Lakoba, indem er schlicht feststellte: „Nestor Lakoba ist der erste Mann in Abchasien, der führende Wirtschaftsexperte dieser bedeutenden Republik. Er verkörpert Vorsicht und Besorgnis. In Gesprächen scheint er sich oft von gewissen Dingen zu distanzieren. Ihn bedrücken Schablonen, die in unseren Apparaten und Organisationen noch vorherrschend sind. Er meint, daß wir andere Methoden brauchen und nicht alle Erscheinungen mit dem gleichen Maß messen dürfen. Genosse Lakoba bereist ständig Abchasien, überlegt, arbeitet, sieht sich bei den Menschen um, zieht Bilanz und ist nie mit den erreichten Erfolgen zufrieden."

Die Sonderausgabe des „Ogonjok" brachte auch einen Beitrag Berijas unter der langen, wenn auch nicht gerade sehr originellen Überschrift „Unsere Zitronen, Mandarinen und Apfelsinen auf den Tisch der Werktätigen des Sowjetlandes". Hierin ist ein Satz besonders markant: „Genosse Stalin hat uns die Aufgabe gestellt, bis 1937 mindestens eine halbe Milliarde Zitrusfrüchte zu liefern." Wie wir wissen, gab es für dasselbe Jahr auch noch eine andere Vorgabe . . .

Das Jahr 1935 gestaltete sich ausgezeichnet für Nestor und gut für Berija. Berija beschwerte sich allerdings ständig darüber, daß Lakoba sich seinen Weg nach Moskau über Sotschi bahnte. Stalin stichelte daraufhin Lakoba gegenüber: „Paß auf, Gluchoi, Lawrenti setzt zum Überholen an . . ." Auf Beschluß des ZIK der UdSSR vom 15. März 1935 wurde die Abchasische ASSR mit dem Leninorden ausgezeichnet. Den Leninorden erhielt auch Nestor Lakoba. Der offizielle Auszeichnungsakt fand allerdings erst ein Jahr später in Suchumi statt, anläßlich des 15. Jahrestags Sowjetabchasiens. Im gleichen Beschluß des ZIK der UdSSR wurde auch die Auszeichnung der Georgischen SSR und L. Berijas mit dem Leninorden verfügt. Im März brachten die Zeitungen ein Foto: „Berija und Lakoba auf der Tagung des 7. Sowjetkongresses der UdSSR." Die vom Führer angestachelte Rivalität ging weiter.

Im Sommer kam Stalin auf Urlaub nach Abchasien. Auf einem in Nowi Afon aufgenommenen Foto sind Jegorow, Woroschilow, Stalin, Tuchatscheswki und Lakoba zu sehen. Abends spielte man Billard. Stalin freute sich darüber, daß Nestor die Armeekommandeure immer besiegte. Lachend bemerkte er: „Er spielt besser als ihr und schießt auch besser." Auch Stalin verlor gegen ihn. Doch Koba klopfte Nestor lediglich auf die Schulter und sagte: „Dafür sei dir verziehen, daß du so klein bist." Nun lachten die Armeekommandeure.

Stalin begann, Lawrenti anzustacheln: „Warum hältst du nicht mit? Hast du Angst vor Gluchoi?"

Berija erinnerte sich noch gut an den Schachzug Nestors mit dem Buch und an die darauffolgende Rezension im „Bolschewik". Darauf war er ihm noch eine Antwort schuldig. Im Jahre 1935 erschien Berijas Buch „Zur Geschichte der bolschewistischen Organisationen in Transkaukasien" (der ungenannte Verfasser war der Historiker Bedija), worin die Rolle Stalins eindeutig übertrieben dargestellt wurde. Doch dieses Buch war ganz nach Kobas Geschmack.

Zur gleichen Zeit ließ Koba Nestor nach Moskau kommen, wo ihm überraschend auf der Tagung des ZIK der UdSSR für seine Verdienste im Bürgerkrieg der Rotbannerorden verliehen wurde. Diese Auszeichnung mit den beiden höchsten Orden des Landes in einem Jahr war schon etwas Besonderes. Am gleichen Tag führte Koba mit Nestor im Kreml ein mehrstündiges Gespräch. Zum Abschied schenkte ihm der Führer ein privates Foto mit einer selten langen Widmung: „Dem Genossen und Freund Lakoba von J. Stalin. 7/XII. 35."

Der Dezember 1935 war für Berija besonders enttäuschend, denn seine Hoffnungen und Erwartungen hatten sich nicht erfüllt. Lakoba lag in der Gunst Stalins nach wie vor vorn, doch das Spiel ging ja weiter. Eines Tages flog Berija von Tbilissi nach Suchumi, um wie in alten Zeiten dem „Freund" seine Aufwartung zu machen. Er sprach sich mit Nestor aus und bedauerte seine Undankbarkeit. Da verlor der Bruder Nestors, Michail Lakoba, die Beherrschung. Mit den Worten „Du Schlange, in Abchasien kommst du mit deinen Intrigen nicht durch!" stieß er Berija die Treppe hinunter und zog seine Pistole. Nestor hielt seinen Bruder mit dem Verweis auf die Gastfreundschaft zurück. Berija aber klopfte ihm, als sei nichts geschehen, auf die Schulter und sagte: „Du bist ja ein ganz schöner Hitzkopf, Mischa . . ."

Das Jahr 1936 stand bevor. Lakoba wurde wiederholt in den Kreml gerufen. Seit dem 7. Dezember 1935 führte Stalin mit ihm lange Gespräche, um ihn zur Übersiedlung nach Moskau zu bewegen. Berija erfuhr davon. Ihm paßte es in sein Konzept, daß Lakoba auf die Vorschläge des Führers nicht einging. Aber Nestor erzielte immer weitere Erfolge. In der Regel widmete die „Prawda" dem Jubiläum einer Unionsrepublik ein bis zwei Spalten und dem einer Autonomen Republik erheblich weniger. Dem 15. Jahrestag der Abchasischen ASSR wurde jedoch ein beachtlicher Teil der Ausgabe vom 4. März 1936 eingeräumt. Auf der ersten Seite der „Prawda" prangte ein Foto mit der Unterschrift „Die Genossen Stalin, Ordshonikidse, Mikojan und der Vorsitzende des ZIK der Abchasischen ASSR N. Lakoba (von rechts) in Suchumi. Das Foto wurde im Jahr 1927 aufgenommen und wird erstmals veröffentlicht." Bild und Text hatte Stalin dem Redaktionsmitglied der „Prawda" Mechlis persönlich übergeben. Den damaligen Parteifunktionären war bewußt, daß das Bild Lakobas auf der ersten Seite der Zeitung inmitten von Politbüromitgliedern kein Zufall war. Alles sprach dafür, daß der Umzug Nestors nach Moskau nun beschlossene Sache war. Und die Jahresangabe 1927 in der Bildunterschrift erinnerte gewissermaßen an die langjährigen freundschaftlichen Beziehungen Lakobas zu Stalin und den anderen führenden Funktionären von Partei und Staat.

Was hatte Stalin mit ihm vor? Der Führer wollte ihn an die Stelle von Genrich Jagoda, des Volkskommissars des Innern, setzen. Als Stalin am 26. November 1935 Jagoda zum Generalkommissar der Staatssicherheit (was einem Marschallsrang entsprach) ernannte, bereitete er bereits dessen Ablösung vor. Doch Lakoba hatte schon am 7. Dezember 1935 sehr diplomatisch, um den Führer nicht zu verletzen, diesen Vorschlag abgelehnt. Er kannte Stalin und sich selbst zu gut. Außerdem wies er einen entscheidenden Mangel auf – er war kein Henker. Er wollte nicht Spielball in den Händen des Mächtigen sein. Auch Sergo hatte ihm von diesem Schritt abgeraten. Trotzdem setzte Stalin noch bis zum August 1936 seine Hoffnungen auf Lakoba. Zur gleichen Zeit rechnete Jagoda mit der „Kamenew-Sinowjew-Gruppe" ab. Während des Prozesses erschien am 19. August 1936 in der „Prawda" ein Artikel Berijas mit der Überschrift „Vernichten wir die Feinde des Sozialismus", der mit folgendem Satz begann: „Unser machtvolles Sowjetland steuert zukunftsgewiß die Höhen eines glücklichen und freudvollen Lebens an." Bis zum „Höhepunkt" verblieb nur noch ein Jahr ...

In der ersten Augusthälfte bot Stalin Lakoba erneut an, nach Moskau überzusiedeln. Lakobas Ablehnung behagte Stalin überhaupt nicht. Lakoba war sich bewußt, daß er Berija bei der Verwirklichung seiner chauvinistischen Politik in Abchasien im Wege stand. Die Versetzung Nestors nach Moskau würde Lawrenti Berija, als Statthalter Stalins, frei Hand gewähren. Ein Grund mehr zum Bleiben.

Als Vergeltung für die abgelehnte Versetzung schmiedete Stalin mit Berija ein Komplott gegen Lakoba. Sein erster Racheakt war, wenn es auch seltsam anmutet, der Beschluß des ZIK der UdSSR vom 17. August 1936 „Über die richtige Schreibweise der Ortschaften". Auf der Grundlage dieses Beschlusses wurde die abchasische Hauptstadt Suchum in Suchumi umbenannt. Der große Führer wollte damit den starrköpfigen Nestor bewußt an seiner empfindlichsten Stelle treffen. Von nun an war Nestors Schicksal besiegelt. Er wußte genau, daß seine Position wankte. Stalin empfing ihn zwar noch im November und Dezember 1936, doch er wollte ihn nur in Sicherheit wiegen. Er sprach von der Zukunft, beschwerte sich über Lawrentis Intrigen und machte Lakoba Mut.

Nestor und seine Frau Sarija stiegen wie immer im Hotel „Metropol" ab. Er nahm am Außerordentlichen 8. Gesamtrussischen Sowjetkongreß (25. November bis 5. Dezember) teil, auf dem die neue Verfassung der UdSSR angenommen wurde. An den Abenden lud ihn Stalin zum Essen ein und schickte einen Wagen. Nachdem der Kongreß seine Arbeit beendet hatte, hielt Nestor sich noch einige Tage in Moskau auf.

Inzwischen nutzte Berija Nestors Abwesenheit in Abchasien und ließ über seine Mittelsmänner Stimmung gegen ihn machen. Anatoli Wardanija, ein Kampfgefährte Lakobas, übermittelte ihm am 1. Dezember 1936 aus Sotschi: „Lieber Nestor! Auch wenn sich schon fast einen Monat lang die Sonne nicht zeigt und Regen fällt, bleibt Abchasien doch ein Land der Sonne. Ich weiß genau, welche Aufgaben Sie aufhalten und wie wichtig Sie für unsere Republik sind, doch im ‚Hinterland' ist nicht alles in Ordnung."

Nach Aussagen von Adile Schachbessowna Abas-Ogla hatte Berija ihn im November, kurz vor Nestors Abreise nach Moskau, in seiner Wohnung in Suchumi aufgesucht. Sie führten damals ein langes und erregtes Gespräch. Wie Lakoba dabei feststellte, wurde Berija immer frecher und selbstsicherer.

Einige Tage nach seiner Rückkehr aus Moskau wurde Nestor aufgefordert, unverzüglich zu Berija in die Parteizentrale zu kommen. Am Abend des 26. Dezember 1936 fuhr Lakoba nach Tbilissi. Er stieg im Hotel „Orient" ab. Am Morgen suchte er Berija auf und sagte diesem gehörig seine Meinung. Nach seiner Rückkehr ins Hotel meinte er: „Wenn jemand anruft, ich bin nicht da." Doch gegen Abend rief die Mutter Berijas, Marta

Wissarionowna, an: „Nestor, ich weiß, daß du gern gebratene Forelle ißt. Komm zum Abendbrot, ich bitte dich."

Beim Abendessen im Hause Berijas kam keine rechte Stimmung auf. Man trank einige Glas Wein. Um acht Uhr schlug Berija vor, sich im Theater ein neues Stück anzusehen. Lakoba kam zu spät. Alle Blicke waren auf die linke Loge gerichtet, wo er immer seinen Ehrenplatz hatte. In Vorbereitung der Dekade der georgischen Kunst in Moskau wurde hier das erste georgische Ballett „Msetschabuki" („Der Sonnenjüngling") gegeben. Nach dem ersten Akt fühlte sich Nestor unwohl und verließ das Theater. Auf dem Weg ins Hotel traf Nestor den Bevollmächtigten der Vertretung Abchasiens in Georgien, A. Engelow. Nestor wurde übel, sein Zustand verschlechterte sich immer mehr. Engelow und eine Krankenschwester wichen nicht von seiner Seite. Er saß am offenen Fenster, um die Winterluft zu atmen, und sagte immer wieder: „Diese Schlange Berija hat mich umgebracht . . ."

Die „Sarja Wostoka" schrieb am nächsten Tag: „Die Premiere des Theaterstücks in Tbilissi war ein voller Erfolg . . ." Und in einer regierungsamtlichen Mitteilung hieß es, daß am 28. Dezember, um 4 Uhr 20, N. A. Lakoba, der Vorsitzende des ZIK der Abchasischen ASSR, Mitglied des ZIK der UdSSR, im Alter von 43 Jahren in Tbilissi an einem Herzanfall gestorben war.

Noch am gleichen Tag, dem 28. Dezember, wurde der Sarg mit Nestors Leichnam aus dem Kamo-Krankenhaus in das Haus der Roten Armee gebracht. Tausende Einwohner Tbilissis nahmen von ihm Abschied. Ein einmaliges Foto ist erhalten geblieben: Das Ehepaar Berija am Sarg Lakobas. Berija lächelt verstohlen und hält einen Kranz mit der Aufschrift „Unserem lieben Freund und Genossen Nestor. Nina und Lawrenti Berija" in der Hand. Am Abend wurde Lakobas Sarg mit einem Sonderzug nach Suchumi und von dort am 29. Dezember zur Bahnstation Kelassuri überführt. Im Schneegestöber trug man Nestor in sein Haus. Sarija bat alle, das Zimmer zu verlassen. Sie ließ Lakobas Leibarzt Iwan Grigorjewitsch Semerdshijew kommen, der nach sorgfältiger Untersuchung feststellte, daß Nestor vergiftet worden war. Berijas Ärzte hatten alle inneren Organe – Magen, Leber, Gehirn – und sogar den Kehlkopf entnommen.

Die „Prawda" vom 29. Dezember meldete, daß „der bewährte, erfahrene Bolschewik und unermüdliche Führer des sozialistischen Aufbaus in Abchasien, Genosse Nestor Apollonowitsch Lakoba, plötzlich verstorben" war. Am Tag der Beisetzung, dem 31. Dezember, sprachen die Zeitungen von einem „starken Kälteeinbruch" in Abchasien. Die Straßen waren voll von Menschen. Die Trauerrede hielt der Vorsitzende des Rates der Volkskommissare Georgiens, German Mgaloblischwili. Berija hat ihm dies nicht verziehen . . .

Lakoba wurde mit großen Ehren im Botanischen Garten in einem für ihn errichteten Grabgewölbe beigesetzt. Aus allen Landesteilen gingen Beileidstelegramme ein. Starke Anteilnahme bekundeten Akademiemitglied N. Wawilow, M. Zchakaja, G. Petrowski, S. Budjonny, die Architekten W. Stschuko und W. Gelfreich . . . Der Führer der Kommunistischen Internationale, Georgi Dimitroff, übermittelte sein Beileid mit folgenden Worten: „Wir beklagen mit Ihnen den Verlust des hervorragenden Kämpfers, unseres Freundes, des gütigen und großherzigen Genossen Nestor. Unser großer Schmerz ist Teil des Schmerzes des ganzen abchasischen Volkes."

Berija erschien nicht zur Beisetzung. Stalin, der genau ein Jahr zuvor Nestor sein Bild mit der rührenden Widmung geschenkt hatte, schickte nicht einmal ein Beileidsschreiben.

Eine Woche nach Lakobas Beerdigung begann in Moskau die Dekade der georgischen Kunst. Im Bolschoi-Theater stand die vom Opern- und Ballettheater Tbilissi inszenierte Oper „Daredshan Zbieri" („Der heimtückische Daredshan") auf dem Programm. An der Aufführung erfreuten sich auch Stalin und Berija – der Chefregisseur und sein Handlanger bei der Ermordung Lakobas.

Ende Januar begann man, die Bilder Nestors zu entfernen. In Abchasien wurden Gerüchte verbreitet, daß er ein „Volksfeind" gewesen war . . .

Dimitri Wolkogonow

Stalins Ungeheuer

Anfang 1938 erreichte die Gewalt ihren Höhepunkt. Stalin erhielt immer häufiger Berichte, in denen die Kadersituation in
bestimmten Betrieben, Volkskommissariaten und bei der Eisenbahn als katastrophal eingeschätzt wurde. Die Repressalien
hatten bereits ihre Eigendynamik entwickelt. Die Verhaftungen
förderten stets neue „Mittäter" zutage. Und die Möglichkeit, als
Denunziant Karriere zu machen, war Anlaß für neue Denunziationen, mit denen mitunter Vergeltung für Repressalien gegenüber Verwandten und Freunden geübt wurde... Die Situation
geriet immer mehr außer Kontrolle. Im Sommer 1938 beschloß
Stalin nach bewährtem Szenarium, die Handlanger abzulösen
und ihnen die Verantwortung für „Übergriffe", „Mißbrauch",
„Machtüberschreitung" usw. anzulasten. Er wollte, wie schon
bei der Kollektivierung der Landwirtschaft, seinen Willensvoll-
streckern alle denkbaren und undenkbaren Sünden anlasten. Jeschow, den er nach dessen Ernennung zum Kandidaten des Politbüros besonders im Auge behielt, hatte sich als völliger
Versager erwiesen. Doch die Presse hatte ihm bereits den Nimbus eines „begabten Tschekisten", „treuen Schülers Stalins" und
„Menschen, der alle durchschaut" verliehen... Selbst Michail
Kolzow war von solcher öffentlichen Meinungsmache angesteckt und charakterisierte diesen moralischen Zwerg in der
„Prawda" als „hervorragenden und unbeugsamen Bolschewik,
der Tag und Nacht, ohne sich Ruhe zu gönnen, tatkräftig die
Pläne der faschistischen Verschwörung aufdeckt und vereitelt".
Was für eine Ironie! In der Geschichte kommt es zuweilen vor,
daß es Jahre, mitunter auch nur Monate dauert, bis jemand oder
bestimmte Dinge richtig gesehen werden. Hier kommt noch

hinzu, daß damals alle (oder fast alle) ihre Umwelt durch eine stalinistisch gefärbte Brille sahen.

Stalin fand sehr bald heraus, daß Jeschow ein notorischer Trinker war, dem jede politische Flexibilität und Durchsicht fehlte. Der Führer stieß sich nicht an Jeschows ausgeprägtem Zynismus, an seiner Bosheit und Grausamkeit (der Volkskommissar führte häufig selbst Verhöre durch), doch einen willenlosen Menschen konnte er nicht neben sich ertragen. Er war zutiefst davon überzeugt, daß Alkoholismus ein Zeichen für Willensschwäche ist. Leute seiner Umgebung (Molotow, Kaganowitsch, Shdanow, Woroschilow, Andrejew, Chrustschow, Poskrebyschew, Mechlis), die er auf seine Weise schätzte und die ihm äußerst ergeben waren, besaßen ihrerseits den entsprechenden Willen, ihm Ergebenheit zu demonstrieren. Nahezu jeder in Stalins Umgebung hatte nahe Verwandte, die in Haft saßen... Doch weder Kalinin, Molotow, Kaganowitsch, Poskrebyschew und einige andere Funktionäre im Umfeld des großen Führers haben es gewagt, sich für ihre Verwandten einzusetzen. Dies wäre als Mangel an politischem Willen ausgelegt worden. Sie wußten, daß Stalin derartiges nicht ausstehen konnte. Politische Willensstärke bedeutete für ihn, daß man bereit war, in Ergebenheit ihm gegenüber alles zu opfern. Als energische und starke Persönlichkeit duldete Stalin neben sich keine „Schwächlinge".

Doch kehren wir zum Ränkespiel des großen Führers zurück. Er brauchte einen neuen „Sündenbock", und diese Rolle war Jeschow zugedacht.

Als Stalin Berija zum Stellvertreter Jeschows ernannte, verfolgte er wie immer natürlich weitreichende Ziele. Bereits im September/Oktober 1938 leitete Berija faktisch den Apparat des NKWD, obwohl Jeschow formal noch im Amt war. Es gibt einige von Ulrich geschriebene Denunziationen, die vom Militärkollegium des Obersten Gerichts der UdSSR bearbeitet wurden und an den „Kommissar der Staatssicherheit ersten Rangs Berija" (noch ohne Angabe seiner Funktion) gerichtet sind. Die Berichte stammen alle vom Oktober 1938. Allerdings tauchte Jeschow, der am 7. Dezember 1938 als Volkskommissar des Innern abgelöst wurde, auf der politischen Szene danach noch einmal als Volkskommissar für Schiffahrt auf. Noch am 21. Januar 1939 saß er während der Gedenkfeier anläßlich des 15. Todestags Lenins neben Stalin. Danach verschwand Jeschow buchstäblich von der Bildfläche.

Bereits auf dem XVIII. Parteitag (März 1939) gehörte Jeschow keinem Führungsgremium der Partei mehr an. Man verhaftete ihn auf einer Beratung im Volkskommissariat für Schiffahrt. Als sich zwei Männer während der Beratung an der Tür postierten, verstand er sofort, daß dies für ihn das Ende bedeutete. Die Tage von Stalins früherem Volkskommissar des Inneren waren gezählt. Er wurde erschossen, doch Zeitpunkt, Ort und Anklageschwerpunkte sind nicht bekannt – ebenso wie bei vielen Tausenden unschuldiger Opfer.

Nachdem Stalin Ende 1938 Berija freie Hand gewährt hatte, stürzte dieser sich voll und ganz in die „Arbeit". Seine erste Maßnahme war die Säuberung des Volkskommissariats von engen Mitarbeitern Jeschows. Solche berüchtigten Personen wie Frinowski, Sakowski und Bermann, die schon unter Jagoda gewütet hatten, wurden nun selbst verurteilt und erschossen. An ihre Stelle traten Berijas Leute vom Schlage Merkulow, Kobulow, Goglidse, Zanawa, Ruchadse und Kruglow, die dem neuen Patron besonders ergeben waren.

Warum war Stalin auf Lawrenti Berija als Nachfolger Jeschows gekommen? Hatte er ihn schon früher gekannt? Warum erhielt dieser Mann so schnell das besondere Vertrauen des Führers? Wie konnte dieser Abenteurer in so kurzer Zeit die höchsten Stufen der Macht erklimmen und Politbüromitglied, 1. Stellvertreter des Vorsitzenden des Ministerrats, Marschall der Sowjetunion und sogar Held der Sozialistischen Arbeit werden?

Stalin begegnete Berija erstmals während seines Kuraufenthals in Zchaltubo in den Jahren 1929 bis 1930. Als damaliger Chef der GPU Transkaukasiens war Berija für die Sicherheit des Führers im Kurort zuständig. Stalin sprach mehrmals mit dem auch äußerlich unsympathischen Menschen, der ihm aber sehr beflissen alle seine Wünsche erfüllte. Zu Beginn seiner Karriere nutzte Berija die Bekanntschaft seiner Frau Nina Gegetschkori (wie auch ihres Onkels, eines bewährten Revolutionärs) mit

Sergo Ordshonikidse. Möglicherweise hat ihm das anfangs geholfen. Doch bald durchschaute Ordshonikidse diesen Abenteurer und verfolgte den weiteren Aufstieg Berijas argwöhnisch und besorgt. Ihre ablehnende Haltung gegenüber Berija verhehlten auch viele andere ehrliche Bolschewiki nicht, die diesen Karrieristen gut kannten. Beispielsweise versuchte Tite Illarionowitsch Lordkipanidse, ein bewährter Mitarbeiter der Tscheka, der OGPU und dann des NKWD, diesen Verbrecher in Moskau zu entlarven. Das endete damit, daß Lordkipanidse auf Vorschlag Stalins als Volkskommissar des Innern Transkaukasiens abgelöst wurde und Berija ihn 1937, da dieser zu viel über ihn wußte, beseitigen ließ. Zurecht kann behauptet werden, daß der Weg Berijas nach oben über unzählige Opfer führte.

Stalin war davon beeindruckt, wie unerbittlich, gebieterisch und entschlossen Berija vorging und wie gut er über die Situation in den Transkaukasischen Republiken Bescheid wußte. Stalin war auch die dunkle Vergangenheit Berijas bekannt – seine Verbindungen zu Mussawat – und Daschnakzytin-Leuten während des Bürgerkriegs (offenbar hatte L. Kartwelischwili ihn in dieser Hinsicht informiert). Man berichtete Stalin auch von dem krankhaften Karrierismus des Chefs der GPU Transkaukasiens. Doch Stalin wertete das in gewisser Hinsicht als positiv, denn gegen solche Leute hatte man immer etwas in Hinterhand. Beispielsweise gegen Wyschinski, einen ehemaligen Menschewik, der sogar Lenins Haftbefehl unterschrieben hatte. Wie willfährig war dieser doch heute! Oder gegen Mechlis, auch ein ehemaliger Menschewik, der heute dem Chef vollkommen ergeben war.

Stalin beeindruckte die in der Presse und als Sonderbroschüre veröffentlichte Abhandlung Berijas „Zur Geschichte der bolschewistischen Organisationen Transkaukasiens", die er im Juli 1935 verfaßt hatte. Darin „entlarvte" Berija A. Jenukidse als Geschichtsfälscher und legte vor allem die besondere, herausragende Rolle Stalins in der revolutionären Bewegung Transkaukasiens dar. Natürlich fand der Führer in der Abhandlung zahlreiche Übertreibungen, ungenaue Fakten und Eigenmächtigkeiten, doch das alles geschah seiner Meinung nach mit dem Ziel, seine Rolle in der Geschichte der bolschewistischen Parteien in der Region deutlicher darzustellen. Der Eifer, die Entschlossenheit und die Kompromißlosigkeit Berijas imponierten ihm.

Stalin selbst hatte im Herbst 1931 Berijas Ernennung zum 2. Sekretär des Transkaukasischen Regionskomitees der Partei befürwortet und ihn einige Monate später für den Posten des 1. Sekretärs vorgeschlagen. Dafür mußten dann allerdings Kartwelischwili, Orachelaschwili, Jakowlew und Dewdariani, die die Kandidatur Berijas ablehnten, abgelöst und versetzt werden. Innerhalb weniger Jahre hatte Berija nach Stalins Meinung in Transkaukasien „Ordnung" geschaffen. Dem Führer schmeichelte, daß Berija auf allen Plenartagungen von 1937 und 1938 Stalins Überlegungen und Reden positiv untermauerte. Stalin erinnerte sich insbesondere (er hatte ein hervorragendes Gedächtnis) an die Bemerkungen Berijas auf dem Februar/März-Plenum 1937:

„Wie konnten Sie Wardanija aufnehmen, nachdem wir ihn aus Transkaukasien herausgeworfen haben?" warf er dem Redner Jewdokimow, Sekretär der Parteiorganisation von Asowo-Tschernomorje, vor. Und: „Warum haben Sie Assilow für die Funktion vorgeschlagen, obwohl wir ihn aus der Partei ausgeschlossen haben?" Dann folgte die stolze Feststellung: „Entsprechend den Weisungen des Genossen Stalin über die Arbeit mit den Kadern haben wir sieben Mitglieder des ZK der KP Georgiens und zwei Mitglieder des Stadtkomitees von Tbilissi entlarvt. Bereits 1936 verhafteten wir 1050 Trotzkisten und Sinowjew-Anhänger . . ."

Die Welle der Repressalien hatte gerade erst begonnen, doch Berija eilte den Ereignissen voraus. Stalin nahm dies zur Kenntnis und stellte hierbei fest, daß Berija trotz seiner mehrjährigen hauptamtlichen Parteiarbeit „Tschekist" geblieben war. Stalin nahm keinen Anstoß daran, Berija für einen Tschekisten zu halten, obwohl man dies heute als Lästerung empfinden kann. Auch Dshershinski war Tschekist gewesen, doch welcher Abgrund trennt den „Ritter der Revolution" von diesem Scheusal, dem Stalin große Macht gegeben hatte! Der Gerechtigkeit willen sei gesagt, daß damals nur wenige den wahren Charakter Berijas kannten. Seine Ernennung war direkt mit dem Beschluß des ZK der KPdSU(B) und des Rats der Volkskommissare der UdSSR vom 17. November 1938 „Über Verhaftungen, staatsanwaltliche und Untersuchungsaufsicht" verbunden.

Nach dem XVIII. Parteitag wurden einige unschuldig Verurteilte rehabilitiert. Doch angesichts der Gesamtzahl unschuldig Verhafteter und Erschossener war das lediglich eine kosmetische Operation. Wie sehr man auch Jeschow die Verantwortung für die gesetzwidrigen Handlungen anlastete, das Eingeständnis ihres Massencharakters mußte zweifellos auch auf Stalin selbst einen Schatten werfen. Das aber durfte der Sekretär des ZK nicht zulassen. Wiedergutmachende Gerechtigkeit ließ man vor allem denen widerfahren, die für die Landesverteidigung wichtig waren. Stalin war zu der Einsicht gekommen, daß angesichts des drohenden Krieges die Armee zu stark geschwächt war. Auf seine Weisung wurde ein Teil der Kommandeure, denen die Ermittlungsorgane sowieso nichts nachweisen konnten, sowie auch Wissenschaftler und Konstrukteure aus Haftanstalten und Lagern entlassen. Dazu gehörten u. a. K. K. Rokossowski, A. W. Gorbatow, I. W. Tjulenew, S. I. Bogdanow, G. N. Cholostjakow, A. I. Berg, A. N. Tupolew, L. D. Landau und W. S. Mjasistschew. Viele, wie der namhafte S. P. Koroljow, mußten noch länger auf ihre Freilassung warten. Koroljow wurde erst 1944 entlassen, während andere, die die körperlichen und moralischen Qualen langjähriger Ungerechtigkeit überlebten, erst mit dem damals noch weit entfernten XX. Parteitag ihre Freiheit erlangten.

Obwohl sich ein solcher Wahnsinn wie in den Jahren 1937 und 1938 in unserem Land nicht wiederholte, blieben die Straforgane nicht untätig. Sie befanden sich außerhalb der Kontrolle von Partei und Staat und waren faktisch Stalin persönlich unterstellt. Sie waren nicht so sehr ein Ausdruck des Personenkults, als vielmehr der *Herrschaft eines Tyrannen*. Alle ehrlichen und den revolutionären Traditionen Feliks Dshershinskis verschriebenen Tschekisten wurden aus dem NKWD entfernt oder liquidiert. Nach belegten Angaben wurden Ende der dreißiger Jahre über 23 000 Tschekisten umgebracht, die sich der eskalierenden Gewalt entgegenstellten.

Wenn von Übergriffen und Rechtsbeugungen jener Jahre

die Rede ist, werden in erster Linie Jagoda, Jeschow und Berija sowie Wyschinski und Ulrich genannt. Diese abgefeimten und durchtriebenen Verbrecher waren Beispiele für geistigen und moralischen Verfall, wirkliche Unmenschen. In dieser Hinsicht ist alles klar. Doch es erhebt sich die Frage, wie solche Menschen derart hohe Funktionen in einem sozialistischen Staat innehaben konnten? Hierzu ist zu sagen, daß das stalinistische Vergeltungssystem Ende der dreißiger Jahre so angelegt war, daß sich zwangsläufig Handlanger finden mußten. Ich will damit sagen, daß die Trennung der Organe des Innern von Partei und Volk und die fehlende elementare Kontrolle von unten und oben diese Organe früher oder später in das Machtinstrument eines Tyrannen verwandeln mußten. Diese Entartung resultierte gesetzmäßig daraus, daß die elementaren demokratischen Grundlagen in der Partei und der Gesellschaft als Ganzes immer mehr abstarben. Totalitäre Führungsmethoden bergen stets die Gefahr von Gesetzesverletzungen und rechtswidriger Gewaltanwendung in sich.

Haben wenigstens einige Kommunisten den Mut und die Zivilcourage aufgebracht, Stalin auf die Gefahren hinzuweisen? Wußte er denn alles über diesen Abenteurer Berija? Mir sind jedenfalls Versuche bekannt, Stalin auf die verhängnisvollen Folgen des von Berija verfolgten Kurses, der mit Sozialismus nichts gemein hatte, aufmerksam zu machen. Doch Stalin mußte nicht erst über die Verbrechen Jeschows und Berijas aufgeklärt werden. Er war genau informiert. Der Führer selbst hatte die schlimmsten Verbrechen sanktioniert. Unterlagen bestätigen, daß er und Molotow etwa vierhundert (!) Listen von Personen abzeichneten, deren „Fälle" von Militärgerichten verhandelt werden sollten. Alle Listen, die mitunter mehrere hundert Namen enthielten, sind mit dem lakonischen „Bestätigt" und den Unterschriften Stalins und Molotows versehen. Mit einem Federstrich löschte Stalin das Leben dieser Menschen aus.

Wie mir der verstorbene Marschall K. S. Moskalenko berichtete, der bei der Verhaftung und dem Prozeß gegen Berija zugegen war, kroch dieser infame Verbrecher nach der Urteilsverkündung am 23. Dezember 1953 auf Knien vor den Mitgliedern des Sonderkollegiums des Obersten Gerichts der UdSSR, das im Stabsgebäude des Moskauer Militärbezirks den Prozeß gegen ihn geführt hatte. Sein erniedrigendes und tränenreiches Gewinsel um Gnade zeigte nur, wie würdelos dieser Mensch war, dem Stalin verbrecherisch gestattet hatte, über das Leben Tausender Menschen zu verfügen. Friedrich Engels hatte seinerzeit scharfsinnig festgestellt, daß man seinem Schicksal, den unausbleiblichen Folgen eigenen Tuns, nicht entgehen kann.

Nach Aussagen, die allerdings schwer dokumentarisch zu belegen sind, trug sich Berija auch mit dem Gedanken, in Anbetracht des hohen Alters Stalins die Macht an sich zu reißen. Möglicherweise fühlte Stalin das, denn in seinen letzten ein bis anderthalb Jahren kam es zu einer merklichen Abkühlung ihrer Beziehungen. Das habe ich von vielen gehört. Interessant sind in dieser Hinsicht die Ausführungen der Ehefrau von Generalleutnant N. S. Wlassik, des ehemaligen Leiters der Hauptverwaltung Personenschutz des Ministeriums für Staatssicherheit. Wlassik war über 25 Jahre Chef der Leibgarde Stalins, wußte viel und war ein Vertrauter des großen Führers. Berija haßte ihn, doch Stalin erlaubte nicht, daß er sich an ihm vergriff. Einige Monate vor Stalins Tod gelang es Berija dennoch, Wlassik wie auch Poskrebyschew zu kompromittieren und aus Stalins Umgebung zu entfernen. Wlassik wurde verhaftet und zu zehn Jahren Gefängnis und Verbannung verurteilt. Nach dem Tode Stalins wurde er wieder freigelassen und sagte seiner Frau voller Überzeugung, daß „Berija Stalin zu seinem Tode verholfen hat". Diese feste Überzeugung äußerte er auch in seinen Memoiren, die er kurz seinem Tod seiner Frau diktierte.

Berija hatte dem großen Führer im letzten Lebensjahr systematisch seine Leibärzte, danach Wlassik und Poskrebyschew sowie mehrere Personen des Bedienungspersonals genommen. Es bleibe dahingestellt, ob nun der Diktator eines natürlichen Todes oder „mit Nachhilfe" Berijas gestorben ist. Auf jeden Fall wäre es unserem Vaterland schlimm ergangen, wenn dieses Ungeheuer seine Pläne hätte verwirklichen können. Bei dem damaligen Machtsystem bestand die Möglichkeit, daß ein Diktator den anderen ablöste. Da Demokratie damals nur auf dem Papier existierte, war dies in dem bestehenden totalitären System denkbar.

Die Partei- und Staatsführung brachte letztendlich den Mut und die Weitsicht auf, dieses Ungeheuer unschädlich zu machen. Ein wichtiger Faktor war meiner Meinung nach die Erkenntnis, daß Berija nicht darauf verzichten würde, mit den meisten von ihnen abzurechnen (nur zu Malenkow unterhielt er engere Beziehungen). Alle hatten Angst vor ihm. Marschall Moskalenko, Mitglied des Militärrats des Moskauer Militärbezirks, berichtete, daß der Prozeß gegen Berija aus seinem Arbeitszimmer über eine Sonderleitung direkt in den Kreml übertragen wurde, wo ihn die höchste Parteiführung verfolgte. Malenkow, Chrustschow, Molotow, Woroschilow, Bulganin, Kaganowitsch, Mikojan, Schwernik und andere Repräsentanten wurde die Möglichkeit gegeben, sich ein wahrheitsgetreues Bild von den Verbrechen zu machen, die Stalin mit Hilfe dieses Scheusals begangen hatte. Vieles wußten sie allerdings bereits, denn ihre Mitverantwortung für die in den Jahren der Gesetzlosigkeit begangenen Verbrechen ist, wie ich schon sagte, ebenfalls unbestreitbar.

Es ist dokumentarisch belegt, daß alle, die an Stalins Gewissen appellierten und Greueltaten Berijas verhindern wollten, recht schnell verschwanden. Stalin blieb taub gegenüber den Mahnrufen. Dieser Henker paßte in sein Konzept, er war Bestandteil des Stalinismus.

Ein Mensch, der aufgrund seines Amtes eigentlich einzig und allein dem Gesetz dienen sollte, verkörperte absolute Gesetzlosigkeit und Willkür. Berija war nichts heilig, er vergötterte nur die Gewalt. Er war sadistisch veranlagt und führte selbst Verhöre durch, die oft tragisch endeten. Dieses Ungeheuer — und Stalin wußte, daß sein Volkskommissar des Inneren ein Monster war — war nicht nur ein notorischer Verbrecher, sondern auch ein Musiknarr. Man sagte, er hätte eine einmalige Schallplattensammlung klassischer Musik besessen. Wenn Berija beispielsweise das Präludium von Rachmaninow hörte, traten ihm die Tränen in die Augen. Aus der Geschichte sind solche paradoxen Fälle bekannt, die die absolute seelische Verkommenheit nur noch unterstreichen.

Stalin, der sich enthaltsam und puritanisch gab, wußte natürlich, daß Berija außerdem ein gemeiner Wüstling war. Der winzige Kneifer und die heruntergezogenen Mundwinkel gaben diesem Mann, der kälter als ein Eisblock war, etwas Eigensinniges. Seine Augen hatten etwas Starres wie bei einer Echse. Moral und Sittlichkeit waren für ihn Fremdworte. Der Chef seiner Leibgarde, Oberst Nadoraja, und sein Adjutant, Oberst Sarkissow, besorgten dem Verbrecher junge hübsche Frauen, auf die er ein Auge geworfen hatte. Der geringste Widerstand führte zu tragischsten Folgen für die Frauen wie auch für ihre Verwandten. Dieser furchtbare Wesenszug des Ungeheuers verweist erneut auf den bestehenden dialektischen Zusammenhang von Politik und Moral. Die Untaten dieses politischen Abenteurers und moralischen Schufts sind auf jeden Fall Stalin anzulasten, der Unmenschen vom Schlage Berijas emporkommen ließ.

J. P. Pitowranow, der schon vor dem Krieg im NKWD arbeitete und danach Chef der Verwaltung und Stellvertreter des Volkskommissars wurde, erzählte mir viel Interessantes über Berija. Übrigens blieb Pitowranow nur deshalb am Leben, weil er wegen „Weichherzigkeit gegenüber Volksfeinden" inhaftiert worden war. Seinen Worten zufolge war Berija nicht nur absolut unmoralisch, sondern auch höchst apolitisch. Laut Pitowranow hatte Berija keine Ahnung vom Marxismus und kannte auch nicht Lenins Werke. Politik machte für ihn nur im Zusammenhang mit seinen eigenen Zielen Sinn. Wichtig war für Berija nur die Macht über Menschen. Es ist schwer zu begreifen, wieso er, über den Stalin sehr viel wußte, sich so lange an der Oberfläche halten konnte. Gewöhnlich wälzte der große Führer die Verantwortung für irgendwelche Mißerfolge, Fehler und Sünden auf solche Leute ab und ließ sie dann gnadenlos verschwinden. Berija aber behauptete sich nicht nur, sondern diskreditierte außerdem noch die sozialistische Gesellschaft und Gesetzlichkeit. Ausschlaggebend war offensichtlich doch, daß sich Stalin Leute vom Schlage Berijas hielt, weil sie willfährig jede seiner Weisungen ausführten. Berija war vor allem in den Methoden der Machtausübung eine exakte Kopie des großen Führers.

Stalin übertrug Berija heikle Aufgaben. An der physischen Vernichtung Trotzkis, Stalins Erzfeind, hatte letztlich Berija einen Anteil. Die völlige Prinzipienlosigkeit dieses Ungeheuers hatte sich schnell in der ganzen Umgebung Stalins herumgesprochen, die den Volkskommissar des Inneren zu fürchten begann. Mitunter spielte Berija in Anwesenheit der anderen Politbüromitglieder auf seine besonderen Beziehungen zu Stalin an, indem er mit diesem einige Worte auf Georgisch wechselte. Dann verstummten alle angsterfüllt, weil sie befürchteten, daß vielleicht gerade über einen der Anwesenden das Urteil gesprochen wurde.

Während des Krieges erteilte Stalin Berijas Institution die Aufgaben, Brücken zu errichten, das Eisenbahnnetz auszubauen, neue Bergwerke zu erschließen usw. Alles das wurde natürlich mit Häftlingen und in äußerst kurzer Zeit bewältigt. Die „militärischen Einsätze" Berijas während des Großen Vaterländischen Krieges beschränkten sich faktisch auf zwei Reisen als Mitglied des GKO in den Kaukasus im August 1942 und im März 1943. Archivunterlagen belegen, daß Berija auch dort in Stalins Namen unliebsame Militärs ablöste, Erschießungen vornahm und Furcht verbreitete. Er wurde von seinen Mitarbeitern Kobulow, Mamulow, Milstein, Pijaschew, Zanawa, Ruchadse, Wlodsimirski und Karanadse begleitet. Ihre Anwesenheit bereitete Tjulenew, Sergazkow, Petrow und anderen Heerführern große Schwierigkeiten. Sie hatten nun nicht nur mit dem Gegner an der Front, sondern auch mit dem Meister der Intrigen im Hinterland zu kämpfen. Seine Telegramme an Stalin entschieden in der Regel über Ernennungen. Berija meldete Stalin beispielsweise am 1. September 1942:

„Ich erachte es für zweckmäßig, Tuljenew zum Oberbefehlshaber der Transkaukasischen Front zu ernennen, da er trotz seiner Mängel dieser Funktion mehr entspricht als Budjonny. Budjonnys Autorität ist infolge seiner Rückzugsoperationen erheblich gesunken, ganz zu schweigen davon, daß seine Unfähigkeit zu Niederlagen führt.   Berija"

Wie Tuljenew nach Moskau meldete, hatte er in einer schwierigen Situation Berija um die Genehmigung ersucht, ein größeres Kontingent der im Kaukasus stationierten Truppen des Inneren einzusetzen. „Berija stellte nur einen kleinen Teil zur Verfügung", schrieb Tuljenew, „und das auch erst auf Weisung Stalins." Durch seine Anwesenheit löste der Volkskommissar des Inneren in den Stäben Spannungen, Nervosität, Mißtrauen und Denunziationen aus. General Koslow sah sich gezwungen, sich bei Stalin über den Leiter der Sonderabteilung, Ruchadse, zu beschweren, der mit Wissen Berijas versucht hatte, die Führung der Front bei operativen Entscheidungen unter Druck zu setzen. Doch alle diese schwachen Proteste fanden in Moskau kein Gehör. Allein schon die Anwesenheit des Ungeheuers lähmte das kreative Denken der Heerführer, denn keiner wollte dessen nächstes Opfer sein. Als Berija mit seinem großen Gefolge abfuhr, atmeten alle erleichtert auf.

Der „Leningrader Fall", der „Migrelische Fall", der „Fall der Ärzte" und viele gleichgelagerte Aktionen veranschaulichen die kriminelle Denkweise Berijas. Er war nicht nur deshalb so mächtig, weil ihm die Straforgane unterstanden, sondern auch, weil er über das gesamte System der GULAG-Arbeitslager verfügte. Als die Amerikaner ihre Atombomben abwarfen, befahl Stalin, Forschungsarbeiten auf diesem Gebiet zu forcieren. Die Gesamtleitung wurde Berija übertragen. Seine Mitarbeiter Merkulow, Dekanossow, Kobulow, Goglidse, Meschik und Wlodsimirski führten widerspruchslos Berijas Aufträge aus. Stalin stimmte ihren Plänen vorbehaltlos zu, in den Gefangenenlagern Forschungseinrichtungen und technische Labors „anzusiedeln". Viele hervorragende Wissenschaftler, die in Lager interniert wurden, suchten fieberhaft nach Lösungen, um möglichst schnell der drohenden Herausforderung der Gegenwart zu begegnen. Daß die sowjetische Atombombe in kürzester Zeit entwickelt wurde, ist natürlich nicht Berijas Verdienst. Unter normalen Forschungsbedingungen hätten die Wissenschaftler in freier schöpferischer Tätigkeit dieses Problem wahrscheinlich schneller lösen können. Berija jedoch glaubte nur an die Allmacht des Zwangs.

Der alte Bolschewik Kedrow aber glaubte an Gerechtigkeit.

Damals hatte es den Anschein, als habe Berija gesiegt. Doch dem war nicht so. Der Glaube an Gerechtigkeit und Humanismus wird nie vergehen. Die Hoffnung, diese Werte mögen den Sieg davontragen, vergeht nicht mit dem Tod eines Menschen, sonst würde sich das Leben nicht lohnen. Ich möchte Auszüge aus dem Brief Kedrows an das Zentralkomitee der Partei zitieren, aus dem nicht zu bezwingender Glaube spricht:

„Mein Hilferuf kommt aus einer dunklen Zelle des Lefortowo-Gefängnisses. Ich hoffe, daß Euch dieser Verzweiflungsschrei erreicht, bitte schenkt ihm Gehör, gewährt mir Schutz. Bitte helft mir, daß diese schrecklichen Verhöre endlich aufhören und nachgewiesen wird, daß alles nur ein Irrtum war.

Ich muß völlig unschuldig leiden, glaubt mir bitte. Die Wahrheit wird ans Tageslicht kommen. Ich bin kein Agent oder Provokateur der zaristischen Geheimpolizei, kein Spion und kein Mitglied einer antisowjetischen Organisation, wie man mir bei den Verhören vorwirft. Ich habe auch keine anderen Verbrechen gegen die Partei und die Regierung begangen. Ich bin ein alter, aufrichtiger Bolschewik. Fast vierzig Jahre habe ich ehrlich in den Reihen der Partei für das Wohl des Landes ge-kämpft ...

Ich ertrage die Qalen nicht länger. Meine Gesundheit ist ruiniert, Kraft und Energie schwinden, mein Ende naht. Nichts kann für einen ehrlichen Menschen schlimmer sein, als in einem sowjetischen Gefängnis unter der verleumderischen Beschuldigung, die Heimat verraten zu haben, zu sterben. Das tut sehr weh, mein Herz ist von Kummer und Schmerz erfüllt. Nein, das wird und kann nicht sein, schreit es in mir. Die Partei, die Sowjetregierung und auch Volkskommissar Berija werden diese grausame und nicht wieder gutzumachende Ungerechtigkeit nicht zulassen. Ich bin fest davon überzeugt, daß es bei einer unvoreingenommenen und objektiven Überprüfung meines Falls, ohne ausfallende Beleidigungen, Zornesausbrüche und furchtbare Foltern, leicht möglich ist, alle diese Anschuldigungen zu entkräften. Ich glaube fest daran, daß Wahrheit und Gerechtigkeit siegen werden. Ich glaube es unerschütterlich."

Berijas Grausamkeit kannte keine Grenzen. Hunderte, tausende solcher Bittgesuche blieben unbeantwortet. Ich möchte aus einem weiteren Brief zitieren, der ein Jahr vor Kriegsende an den Volkskommissar des Inneren geschickt wurde:

„An L. P. Berija

Absender: Strafgefangene Alexandra Iwanowna
Gerassimowa
Besserungsarbeitslager Tjomnikow
Februar 1944

Ich wurde zu acht Jahren Haft verurteilt. Ich wurde für Vergehen meines Mannes W. I. Gerassimow bestraft (ehemaliger
Volkskommissar des Inneren Aserbaidshans, wurde erschossen
– Anm. d. V.). Wessen mein Mann beschuldigt wurde, weiß ich
bis heute nicht. Ich habe mit ihm zwölf Jahre zusammengelebt
und kannte ihn als sehr ehrlichen und fleißigen, der Partei und
unserem Land treu ergebenen Menschen. Ich selbst fühle mich
in jeder Hinsicht frei von Schuld. Nie habe ich an ein Verbrechen gedacht. Seit meinem 16. Lebensjahr habe ich bis zu meiner Verhaftung gearbeitet.

Bei meiner Verhaftung ließ ich zwei kleine Kinder ohne jegliche Existenzmittel bei meiner Mutter zurück. Die Jungen
wachsen heran. Sie brauchen Hilfe und ihre Mutter.

Ich flehe Sie an, überprüfen Sie meinen Fall, gewähren Sie
mir das Recht, mit meinen Kindern zu leben, zu arbeiten und sie
zu erziehen. Ich habe die vielen Jahre im Lager in der Überzeugung verbracht, daß Wahrheit und Gerechtigkeit in unserem
Land Lüge und Unrecht besiegen werden. Diese Zuversicht hat
mir über die Trennung von den Kindern hinweggeholfen.

Gerassimowa"

Dem Brief war eine Auskunft des Untersuchungsführers Ljubi-
mow vom NKWD Aserbaidshans beigefügt, der den Fall bearbeitete: „Kein Geständnis. Im Jahr 1939 wurde von der Sonderkommission das Urteil weiterhin für rechtskräftig befunden."

Berija zeichnete, ohne sich sachkundig zu machen, die
Schlußfolgerungen des Untersuchungsführers einfach ab.

Der alte Bolschewik Kedrow behielt recht: Die Wahrheit
wird siegen. Deshalb war letzten Endes die Niederlage Berijas,
einer der schlimmsten Ausgeburten der Hölle, historisch vorausbestimmt.

Louis Mercader

Leo Trotzki's Ermordung

Nach einem Gespräch des „Trud"-Korrespondenten A. Polonski mit L. Mercader, dem Bruder des Mörders von Trotzki, August 1989.

In den warmen Sommertagen des letzten Jahres vor Kriegsausbruch fiel wahrscheinlich nur wenigen Leuten in dem großen Land eine kurze TASS-Meldung in der „Prawda" vom 24. August 1940 auf. Doch sie ist zumindest an drei Stellen in Moskau mit besonderem Interesse gelesen worden: In Stalins Arbeitszimmer im Kreml, in Berijas Arbeitszimmer in der Lubjanka und in der kleinen Moskauer Wohnung einer der zahlreichen spanischen Familien, die nach dem Sturz der Spanischen Republik im Jahre 1939 in die Sowjetunion emigrierten. Der kurzen Meldung zufolge war Trotzki in Mexiko in einem Krankenhaus an den Folgen eines Schädelbruchs gestorben, den er bei einem Attentat erlitten hatte.

Für Josef Wissarionowitsch und seinen Henkersknecht war das natürlich nicht neu. Schon vier Tage zuvor hatte Lawrenti Pawlowitsch in Stalins Arbeitszimmer dem Vater der Völker triumphierend verkündet, daß einer der wichtigsten „Aufträge von Partei und Regierung" ausgeführt worden war und die Organe erfolgreich die vom Führer persönlich angeordnete Operation abgeschlossen hatten. Der Chef des NKWD erfuhr von den Geschehnissen gleichzeitig aus zwei Quellen – von seinen Agenten aus Mexiko und durch die internationalen Nachrichtenagenturen. Diese meldeten am 20. August 1940: „In der zweiten Tageshälfte wurde Leo Dawydowitsch Trotzki, ein Mitglied der alten Leninschen Garde, Gründer der Roten Armee und der IV. Internationale, in seinem Wohnsitz in Mexiko von seinem Vertrauten Jacques Mornard ermordet."

Dieser hatte übrigens noch einen zweiten Namen, Frank Jacson, doch sein wirklicher Name lautete Jame Ramon Mercader del Rio.

In der „Prawda" wurde der Name des Mörders nicht genannt. In der Moskauer Wohnung der spanischen Familie ließ der 17jährige Louis Mercader die Zeitung sinken und schaute fragend Lena Inbert an, die Braut seines Bruders und Mitarbeiterin des NKWD. Sie gestand schließlich: „Ich weiß, daß Ramon in diese Sache verwickelt ist..."

Das war vor genau fünfzig Jahren. Heute ist Louis Mercader, der Bruder von Trotzkis Mörder, 67 Jahre alt. Er war als Dozent an der Madrider Universität tätig, bezieht eine Pension aus der Sowjetunion und wohnt in der Ortschaft Alluce bei Madrid. Nachdem 50 Jahre seit dem Mord vergangen sind, will Louis nun reden. Sein erstes Interview für die sowjetische Presse gab er dem „Trud"-Korrespondenten in Madrid:

Womit soll man anfangen? Vielleicht mit dem Tag des Attentats, dem 20. August 1940. Es lohnt schon, das Geschehene noch einmal aufzurollen...

„Die Einzelheiten der Ermordung Leo Trotzkis sind inzwischen bekannt. Sie wurden mehrfach und ausführlich in der Weltpresse beschrieben. Deshalb gebe ich nur einen kurzen Überblick. Bei Trotzki, der in einem wie eine Festung bewachten Haus wohnte, tauchte der junge Franzose Jacques Mornard auf. Er sympathisierte mit der trotzkistischen Bewegung, und seine publizistischen Schriften waren Trotzki wiederholt aufgefallen. Dem attraktiven und sympathischen Mornard war es nicht schwergefallen, die Liebe einer engen Mitarbeiterin Trotzkis zu gewinnen, so daß er bald ungehindert im Haus ein und aus gehen konnte. Wenn er Trotzki seine Artikel zur Beurteilung brachte, ließ ihn die Wache als Freund und Vertrauten passieren.

Am 20. August brachte er wieder einen Artikel. Obwohl es draußen ziemlich heiß war, trug Mornard einen Regenmantel über dem Arm. Als sich Trotzki am Schreibtisch über den Artikel beugte, stellte sich Mornard hinter ihn, holte unter dem Regenmantel einen Eispickel hervor und schlug damit Trotzki auf den Kopf. Auf den markerschütternden Schrei hin stürzte die Wache herein.

Hundert Meter vom Haus entfernt wartete eine schwarze Limousine. Darin saßen Ramons Mutter, Caridad Mercader und der sowjetische Tschekist Leonid Kotow. Der Mord war nicht unbemerkt geschehen, und das brachte den geplanten weiteren Ablauf durcheinander. Als sie den Schrei hörten, gerieten sie in Panik und fuhren sofort los. Der Mörder wurde gefaßt. In seiner Tasche hatte er einen Revolver und ein Schreiben, in dem er seine Tat mit ideologischen Motiven begründete.

Während der Untersuchung und vor Gericht leugnete Jacques Mornard beharrlich, daß er der russischen und der spanischen Sprache mächtig war. Auch bestritt er jegliche Verbindung zur UdSSR und zum NKWD. Er betonte immer wieder, daß er Franzose sei. Das Urteil lautete auf 20 Jahre Haft."

Es ist bekannt, daß Ihr Bruder am spanischen Bürgerkrieg teilnahm und Leutnant wurde . . .

„Nein, er wurde zum Major befördert. Dann verschwand er plötzlich. Wohin, weiß ich nicht. Doch 1937 reiste ich nach Frankreich, wo ich sowohl Ramon als auch meine Mutter traf. Wir wohnten dort bis 1939 zusammen. Danach fuhr ich nach Moskau, meine Mutter und mein Bruder blieben noch in Frankreich. Sie arbeiteten beide für den NKWD (Ramon war von meiner Mutter angeworben worden). Führungsoffizier der Gruppe war Leonid Kotow.

Nach seiner Freilassung im Jahr 1961 wurde Ramon ohne viel Aufhebens der Titel „Held der Sowjetunion" verliehen. Er erhielt eine kleine Wohnung in Sokol und 400 Rubel Pension. Außerdem stand ihm im Sommer eine Datscha in Malachowka zur Verfügung."

Als Sie in Moskau lebten, sind Sie doch viel mit Ihrem Bruder zusammengewesen. Er hat Ihnen doch sicher auch über sein Leben im Gefängnis berichtet und darüber gesprochen, ob sich die sowjetische Seite um ihn gekümmert und versucht hat, seine Befreiung zu organisieren. Können Sie etwas dazu sagen?

„Soweit mir bekannt ist, hat Moskau Ramon nicht seinem Schicksal überlassen. Für seine Betreuung wurden etwa fünf Millionen Dollar aufgewendet. Man verpflichtete den besten

Rechtsanwalt und baute in Mexiko eine ganze Hilfsorganisation für Ramon auf. Eine Frau wurde angestellt, die ihm in all den Jahren der Haft Essen zubereitete und täglich in die Zelle brachte. Übrigens hat Ramon die Tochter dieser Indianerin im Gefängnis geheiratet. Ihm standen im Gefängnis eine Bibliothek, ein Radio und die neuesten Zeitungen zur Verfügung. Er las ständig und eignete sich in den Jahren der Haft fundiertes Wissen an."

Stimmt es, daß Ihre Mutter Caridad Mercader wesentlichen Anteil am tragischen Schicksal Ihres Bruders hatte?

„Ja, sie hat Ramon in die Gruppe gebracht, die, wie bereits erwähnt, von General des NKWD Leonid Kotow geführt wurde. Sie hatte zusammen mit diesem in der Limousine vor Trotzkis Haus gewartet, um Ramon sofort nach dem Mord außer Landes zu bringen – zunächst nach Kalifornien, von dort aus mit dem Schiff nach Wladiwostok und mit der Transsibirischen Eisenbahn nach Moskau. Doch diese Reise mußte sie ohne den Sohn, zusammen mit General Kotow, antreten.

Als mein Bruder im Gefängnis saß, schrieb meine Mutter unentwegt an Stalin und Berija und bat, dem Sohn zur Flucht zu verhelfen. Wie Ramon später erzählte, soll in den Jahren 1944 und 1945 ein Fluchtplan ausgearbeitet worden sein, doch die Flucht scheiterte damals durch unvorsichtige und spontane Aktionen der Mutter. Ramon konnte seiner Mutter nicht verzeihen, daß er durch ihre Schuld weitere 15 Jahre im Gefängnis verbringen mußte.

Im April oder Mai 1941 wurde meine Mutter Caridad in den Kreml gebeten. Ich durfte sie begleiten. Michail Kalinin überreichte ihr den Leninorden (was für ein Zynismus!) für ihre Teilnahme an der Operation zur Ermordung Trotzkis. Berija schickte ihr sogar als Geschenk eine Kiste georgischen Weins der Marke „Napareuli", Jahrgang 1907. Auf den Flaschenetiketten prangte der doppelköpfige Zarenadler.

Ramon war ein fanatischer Kommunist, doch in den letzten Jahren, glaube ich, wurde er nachdenklich. Als er im Jahre 1960 in die Sowjetunion zurückkehrte, wußte er bereits, daß viele aktive Mitarbeiter des NKWD, die er persönlich kannte, eingesperrt wurden. Als erstes fragte er nach Leonid Kotow. Schließlich war Kotow der zweite Mann in Spanien gewesen, sein Vorgesetzter in Madrid war damals General Orlow.

Als dieser gegen Ende des Spanienkrieges merkte, daß der Terror Stalins nun auch in den Reihen des NKWD die Köpfe rollen ließ, floh er von Madrid aus in die USA. Von dort warnte er Trotzki in einem Brief vor dem geplanten Attentat. Trotzki hielt diesen Brief jedoch für eine neue Provokation der Sicherheitsorgane. Kotow war nach der ‚Operation Mexiko', d. h. nach Trotzkis Ermordung, nach Moskau zurückgekehrt und mit einem Orden ausgezeichnet worden.

Doch als Ramon zurückkam, war Kotow bereits das zweite Mal im Gefängnis. Das erste Mal kam er im Jahre 1951 in ein Lager. Es war Stalins Prinzip, daß jemand, der zuviel wußte, verschwinden mußte. Und Kotow wußte sogar sehr viel. Außerdem war er Jude, und Stalin hatte gerade die nächste antisemitische Kampagne eingeleitet. Der wirkliche Name Kotows war Naum Eitingon. Mich würde nicht wundern, wenn auch dieser Name ein Pseudonym gewesen ist. Der Tod Stalins im Jahre 1953 rettete Kotow vor der Erschießung. Bald darauf setzte Berija seinen Mitarbeiter auf freien Fuß. Doch im Jahre 1960 ließ ihn Chrustschow erneut und gerade deshalb verhaften, weil er ein Mitarbeiter Berijas gewesen war."

J. Sorja

Der Regisseur der Tragödie von Katyn

Eine Tatsache, die die sowjetisch-polnischen Beziehungen schwer belastet, ist der Tod von etwa 15 000 polnischen Bürgern, die während des zweiten Weltkriegs von 1939 bis 1940 in der UdSSR interniert waren und als Kriegsgefangene in NKWD-Lager in Starobelsk, Koselsk und Ostaschkow gebracht wurden. Das Schicksal dieser Menschen war bis in die jüngste

Zeit ungeklärt, da diesbezügliche Archivunterlagen der Geheimhaltung unterlagen. Erst kürzlich wurde der Schleier des Geheimnisses von einem Teil der Dokumente genommen, die Licht in die Ereignisse vor 50 Jahren bringen. Viele Dokumente sind allerdings vernichtet worden.

Warum es in unserem Land erst nach fünfzig Jahren möglich wurde, die Umstände des Todes der polnischen Bürger offenzulegen, muß besonders untersucht werden. Doch schon heute kann anhand von kürzlich freigegebenen Archivunterlagen der Schluß gezogen werden, daß Lawrenti Berija der Hauptregisseur der Tragödie in den Wäldern bei Smolensk (Katyn), Charkow, Kaliningrad und Twer (im Dorf Mednoje) war. Er hatte alles darangesetzt, Zeugen für immer zum Schweigen zu bringen.

Zeugen, die dennoch überlebt haben, sind heute bereits sehr betagt. Sie erinnern sich zwar noch gut an den Terror der dreißiger Jahre, möchten diese schrecklichen Erlebnisse jedoch verdrängen. Und ehemalige Mitarbeiter der Sicherheitsorgane, die noch etwas Wichtiges wissen könnten, verweigern jede Auskunft.

Unter Berija verstärkten sich die von seinen Vorgängern begonnenen Repressalien immer mehr. Er liquidierte nicht nur Millionen unschuldiger sowjetischer Bürger, sondern organisierte auch die Vernichtung von über 15 000 Angehörigen der polnischen Intelligenz im April und Mai 1940. Die Gräber unserer Landsleute und der polnischen Bürger liegen nebeneinander. Sie wurden auf die gleiche Weise durch Genickschuß umgebracht. Ein Unterschied besteht nur darin, daß die Handlanger Berijas versuchten, die Spuren der Ermordung polnischer Bürger sorgfältig zu verwischen.

Alle diese Massengräber befinden sich in Waldgebieten, in denen auch Datschen von NKWD-Mitarbeitern stehen. Es wirkt schon etwas befremdend, wenn man neben den Gräbern der eigenen Opfer Erholung sucht.

Die Ereignisse hatten etwa folgenden Ablauf:

Bereits im August 1939 erging der von Berija unterzeichnete Befehl Nr. 00931, der die Reihenfolge der Internierung von Kriegsgefangenen festlegte.

Am 17. September besetzte die Rote Armee die Westukraine

und Westbelorußland, die laut Rigaer Vertrag aus dem Jahre 1921 zu Polen gehörten.

Keine der beiden Seiten hatte den Krieg erklärt. Das Oberkommando der Polnischen Armee erließ den Befehl, der Roten Armee keinen Widerstand zu leisten. Dieser Befehl wurde befolgt, und der größte Teil der polnischen Soldaten und Offiziere streckte kampflos die Waffen.

Zwei Tage später, am 19. September 1939, setzte Berija mit dem Befehl Nr. 0308 die „Verordnung über die Verwaltung für Kriegsgefangene beim NKWD der UdSSR" in Kraft. Aber der Status eines Kriegsgefangenen wurde erst am nächsten Tag (!) in der „Verordnung über Kriegsgefangene" definiert. Sie enthielt unter anderem folgende Punkte:

„1. Als Kriegsgefangene gelten Personen, die den Streitkräften von Staaten angehören, die sich mit der Sowjetunion im Krieg befinden und bei militärischen Handlungen gefangengenommen wurden, sowie Bürger dieser Staaten, die auf dem Territorium der UdSSR interniert wurden...

27. Für begangene Verbrechen werden Kriegsgefangene nach den Gesetzen der Sowjetunion und der Unionsrepubliken strafrechtlich zur Verantwortung gezogen...

30. Das zuständige Gericht hat das Exekutivkomitee der Gesellschaft des Roten Kreuzes und des Roten Halbmondes über jedes Urteil spätestens 20 Tage nach der Verkündung in Kenntnis zu setzen. Dieser Information ist im Fall eines Schuldspruches eine Abschrift des Urteils beizulegen.

Wird ein Kriegsgefangener zur Höchststrafe verurteilt, dann ist das Exekutivkomitee der Gesellschaft des Roten Kreuzes und des Roten Halbmondes unverzüglich davon in Kenntnis zu setzen. Das Urteil darf frühestens einen Monat nach Mitteilung dieses Falls vollstreckt werden."

Tatsächlich eingehalten wurde in der Folgezeit jedoch nur Punkt 27.

Ein weiteres grundlegendes Dokument war die „Verordnung über Kriegsgefangenenlager", welche das Arbeitsregime der Lager definierte. Sie enthält den sehr bemerkenswerten

Punkt über Sonderabteilungen im Lager, die nicht der Lagerleitung unterstellt sind. Die Sonderabteilung war für die sogenannte operativ-tschekistische Betreuung des Lagers zuständig. Der Charakter dieser Betreuung wird aus der Direktive des Volkskommissars des Inneren der UdSSR vom 8. Oktober 1939 klar:

„... Die Sonderabteilungen für operativ-tschekistische Betreuung der Kriegsgefangenen haben folgende Aufgaben:
1. Schaffung eines Agentur- und Informatennetzes, um konterrevolutionäre Gruppierungen unter den Kriegsgefangenen aufzudecken und die Stimmung unter den Kriegsgefangenen zu ermitteln ...
4. Die Inhaftierung von Kriegsgefangenen aufgrund von agenturmäßig überprüften Erkenntnissen bedarf der Genehmigung des Leiters der Sonderabteilung und des Militärstaatsanwalts des entsprechenden Militärbezirks.
5. Ermittlungen gegen konterrevolutionäre Gruppen sowie einzelne Spione, Diversanten, Terroristen und Verschwörer führen in der Regel die Sonderabteilungen der entsprechenden Bezirke durch ...
Ermittlungen gegen Kriegsgefangene sind unter genauester Einhaltung der geltenden Rechtsvorschriften vorzunehmen ...
9. Die Leiter der Sonderabteilungen der Lager unterstehen in ihrer operativ-tschekistischen Arbeit den Leitern der Sonderabteilungen der entsprechenden Militärbezirke, den Volkskommissaren des Inneren der Unionsrepubliken und den Leitern der Verwaltungen des NKWD des jeweiligen Territoriums.
Volkskommissar des Inneren der UdSSR   L. Berija.“

Lawrenti Berijas Direktive hatte von Anfang an nur das eine Ziel, „Feinde der Sowjetunion" aufzuspüren, wobei alle in Lager des NKWD geratenen Polen als potentielle Verbrecher angesehen wurden.

Dies betraf in erster Linie Generale und Offiziere sowie alle Angehörigen der Polizei und der Gendarmerie. Diese Personen durften auf Berijas Weisung vom 8. Oktober 1939 unter keinen Umständen aus den Lagern entlassen werden.

Entsprechend den genannten Dokumenten wurden acht Lager errichtet, u. a. in Starobelsk, Koselsk und Ostaschkow. Die Größe dieser drei Lager stabilisierte sich Anfang Dezember 1939, wie in folgendem Dokument zum Ausdruck kommt:

„... An den Vorsitzenden des Wirtschaftsrats beim Rat der Volkskommissare der UdSSR, A. I. Mikojan.
Mit Stand vom 1. 12. d. J. gibt es 2 Lager für Offiziere (in den Gebieten Woroschilowgrad und Smolensk) mit einer Stärke von 9010 Personen und 1 Lager für Polizei- und Gendarmerieangehörige (Gebiet Kalinin) für 5962 Personen ...
Stellvertreter des Volkskommissars des Inneren der UdSSR
Divisionskommandeur Tschernyschow – 2. 12. 1939"

In allen drei Lagern wurde zu dieser Zeit bereits massiv gegen polnische Bürger ermittelt. Untersuchungsrichter des NKWD der UdSSR handelten auf direkte Weisung Berijas und stützten sich auf die Unterlagen, die die Sonderabteilungen der Lager gesammelt hatten. In diesem Zusammenhang ist die Direktive Berijas 5866/B vom 31. 12. 39 interessant:

„An den Leiter der Verwaltung für Kriegsgefangene des NKWD der UdSSR Gen. Major Soprunenko
Kopie: An den Leiter der Gebietsverwaltung Kalinin des NKWD, Gen. Oberst Tokarjew
Fahren Sie nach Ostaschkow mit folgendem Auftrag:
Es ist zu prüfen, in welchem Ausmaß die Untersuchungsführer des NKWD der UdSSR die Verfahren gegen die internierten Polizisten aus dem ehemaligen Polen vorbereitet haben, so daß sich die Sonderberatung des NKWD der UdSSR damit befassen kann.
Es sind alle notwendigen Maßnahmen zur Veränderung der Arbeit der Untersuchungsgruppen einzuleiten, damit im Laufe des Januar die Ausfertigung der Gerichtsunterlagen für alle internierten Polizisten abgeschlossen werden kann.
Über die Ergebnisse ist Bericht zu erstatten ..."

Solche Gruppen wurden auch in andere Lager geschickt. Berija war genauestens über alles informiert, was in den Lagern geschah.

„Streng geheim.
An den Volkskommissar des Inneren der UdSSR
Gen. L. P. Berija
Am 20. November informierten wir Sie über die im Starobelsker Lager aufgedeckte antisowjetische Organisation kriegsgefangener Offiziere der ehemaligen Polnischen Armee.

Die illegale Tätigkeit der Offiziere wurde in gewissem Grade dadurch begünstigt, daß der Politapparat des Lagers, den Kommissar Kirschin leitet, nahezu keine politische, kulturelle und Aufklärungsarbeit leistet.

... Der Lagerkommissar hat durch Tatenlosigkeit dazu beigetragen, daß das antisowjetische Aktiv der kriegsgefangenen Offiziere die Initiative übernehmen konnte.

Die unter den beschäftigungslosen Kriegsgefangenen populären Kultur- und Bildungszirkel wurden erfolgreich für den Aufbau einer illegalen Organisation genutzt.

Bevor wir die Rädelsführer der Organisation in Haft nehmen konnten, ging Kommissar Kirschin eigenmächtig in die Baracken zu den Kriegsgefangenen, verwies in Gesprächen mit einzelnen von ihnen auf ihre illegale Tätigkeit und verriet auf diese Weise, daß wir von der Existenz der Organisation Kenntnis haben ...

Wie wir uns überzeugen konnten, ist Kommissar Kirschin seiner Aufgabe nicht gewachsen. Außerdem genießt Genosse Kirschin unter den Mitarbeitern des Lagers keine Autorität und hat sich gleich zu Beginn durch ein Verhältnis mit einer Angehörigen des medizinischen Personals des Lagers kompromittiert ...

Operativgruppe des NKWD der UdSSR:
(drei Namen)
25. November 1939, Starobelsk.“

Am 25. Februar 1940 ging für Berija ein Bericht von Major Soprunenko ein, in dem dieser anregte, die Ermittlungsunterlagen gegen Offiziere verschiedener Waffengattungen, Mitarbeiter von Gerichten und der Staatsanwaltschaft sowie Gutsbesitzer auszufertigen, damit sie durch die Sonderberatung beim NKWD der UdSSR geprüft werden konnten. Er äußerte außerdem, daß es angebracht sei, die Prozesse gegen diese Kategorien in den Volkskommissariaten des Innern der Belorussischen SSR und der Ukrainischen SSR durchzuführen. Auf dem Bericht stehen folgende Vermerke: „Wurde dem Volkskommissar vorgelegt" und „Ich möchte Gen. Merkulow sprechen. L. Berija."

Diese Unterredung fand am 21. Februar 1939 statt. Das Ergebnis war Merkulows Direktive 641/B, die am darauffolgenden Tag erlassen wurde und in der es hieß:

„... Auf Verfügung des Volkskommissars des Inneren, Gen. Berija, weise ich an, alle in den NKWD-Lagern Starobelsk, Koselsk und Ostaschkow befindlichen ehemaligen Gefängniswärter, Kundschafter, Provokateure, Mitarbeiter von Gerichten, Gutsbesitzer ... in Gefängnisse zu verlegen und sie den Organen des NKWD zu überstellen.

Alle Unterlagen über diese Personen sind den Ermittlungsorganen der Gebietsverwaltung des NKWD zu übergeben.

Über die Modalitäten für die Weiterleitung der Akten wird zusätzlich informiert."

Von März bis Mai 1940 schickte die Verwaltung für Kriegsgefangene beim NKWD der UdSSR an die Leiter der drei Lager mehr als 150 dringende Weisungen mit fortlaufender Numerierung, die alle den gleichen Text hatten:

„Nach Eingang des Schreibens sind der Gebietsverwaltung des NKWD unverzüglich nachstehend genannte Kriegsgefangene aus dem Lager ... zu überstellen" (es folgten dann jeweils etwa hundert Namen).

Zusammen mit den Kriegsgefangenen wurden auch die entsprechenden Ermittlungsunterlagen an die Gebietsverwaltungen des NKWD überstellt, die dann später an die Erste Sonderabteilung des NKWD weitergeleitet wurden. Die Erfassungsunterlagen der Kriegsgefangenen wurden weisungsgemäß an Ort und Stelle vernichtet.

Die Polen wurden heimlich aus den Lagern abtransportiert.

Bis Juni 1940 waren die Lager Ostaschkow, Starobelsk und Koselsk geräumt. Die zuvor in ihnen Eingesperrten tauchten in keinen laufenden statistischen Übersichten und Namenslisten mehr auf. Die allgemeinen Übersichten der Jahre 1941 bis 1943 enthielten lediglich den lapidaren Satz: „Über die Erste Sonderabteilung des NKWD wurden den Gebietsverwaltungen des NKWD 15 131 Personen überstellt."

Bekanntlich liefen über die Erste Sonderabteilung des NKWD die Fälle, die von der Sonderberatung beim NKWD der UdSSR behandelt wurden. Dieses außergerichtliche Organ wurde in den dreißiger Jahren gebildet, um die Urteilssprechung über Personen zu beschleunigen, die a priori als Volksfeinde abgestempelt wurden. Für die meisten von ihnen war die Höchststrafe im voraus festgelegt. Häufig wurde hierbei auch die pauschale Verurteilung nach Listen praktiziert. Vorsitzender dieser Sonderberatung mit Rechtssprechungsbefugnis war im Jahre 1940 Lawrenti Berija.

In den vorliegenden Archivunterlagen ist durchgehend davon die Rede, daß die Prozesse gegen die polnischen Kriegsgefangenen aus den drei Lagern auf Initiative und unter Teilnahme Berijas „unter strenger Einhaltung der geltenden Strafprozeßnormen durchgeführt wurden". Die „Norm" bestand hier allerdings in Sonderberatung und höchstem Strafmaß. Daran schloß sich dann das bewährte System der Urteilsvollstreckung an, dem bereits Millionen sowjetischer Menschen zum Opfer gefallen waren.

Letzteres kann natürlich angezweifelt werden. Bisher wurden keine Unterlagen gefunden, die den Erschießungsbefehl und den Vollzugsbericht enthalten. Doch solcher Zweifel wird durch die Fakten entkräftet.

Bekanntlich haben die Deutschen im Frühjahr 1943 im Wald von Katyn bei Smolensk Massengräber polnischer Bürger entdeckt. Sie konnten sogar etwa 2800 Personen anhand der Überreste identifizieren. Die Faschisten nutzten diesen Umstand natürlich erfolgreich für Propagandazwecke und beschuldigten die Organe des NKWD, polnische Kriegsgefangene liquidiert zu haben.

Stalin und die Führung erklärten unter aktiver Mitwirkung

von Berijas NKWD diese Ausgrabungen für eine Provokation und wiesen jede Anschuldigung zurück. Für sie sprach in diesem Falle das hohe Ansehen der Sowjetunion in der Welt und die weltweite Erschütterung über die Greueltaten der Faschisten in den besetzten Gebieten. Die westlichen Länder hielten es für besser, ihre Beziehungen zur Sowjetunion nicht zu belasten. So wurde der Fall Katyn vertuscht.

Wie ein Vergleich der deutschen Unterlagen mit den kürzlich in Archiven des NKWD gefundenen Dokumenten zeigt, stimmte die Schlußfolgerung der Deutschen, daß das NKWD zumindest an der Liqudierung der kriegsgefangenen Polen aus dem Lager Koselsk beteiligt war. Man verglich eine Liste von identifizierten Personen, die bei der Öffnung eines Massengrabs am 1. und 3. Juni 1943 von den Deutschen aufgestellt wurde, mit der NKWD-Transportliste 052/2 vom 27. April 1940. In dieser Liste waren die Namen von einhundert polnischen Offizieren aus dem Lager in Koselsk aufgeführt. Glaubwürdigen Angaben zufolge wurden sie alle zur Bahnstation Gnesdowo an der Strecke Smolensk gebracht und dann mit Lastkraftwagen unter Bewachung in Richtung Wald abtransportiert. Der Vergleich der beiden Listen ergab, daß die Namen von etwa 40 Perseonen in beiden Listen vermerkt waren. Diese Listen sind zu unterschiedlicher Zeit von verschiedenen Personen völlig unabhängig voneinander aufgestellt worden. Es steht außer Zweifel, daß sich die am 27. April 1940 aus dem Lager Koselsk abtransportierten polnischen Offiziere in dem Massengrab befanden. In der Gegend von Katyn gab es aber keinen Ort (kein Lager), in dem die Polen lange Zeit hätten untergebracht werden können. Demnach wurden sie sofort nach ihrem Eintreffen erschossen. Eine solche Aktion konnten nur die Organe des NKWD durchführen.

Der polnische Offizier Stanislaw Swianewics, der ebenfalls auf der Liste 052/2 aufgeführt war, überlebte. Als Professor an der Universität in Wilno und Spezialist für deutsche Wirtschaft war er offensichtlich für die NKWD-Organe von operativem Interesse. Nur so läßt sich folgendes Dokument erklären:

„28. April 1940, Nr. 0362

... Auf Verfügung von L. Berija veranlassen Sie bitte die Verlegung des Kriegsgefangenen Stanislaw Stanislawowitsch Swianewics, Jahrgang 1899 (Akte Nr. 4287), aus dem Lager in Koselsk nach Moskau in das NKWD-Gefängnis in der Lubjanka.

Ich bitte Sie, mich über das Datum der Verlegung in Kenntnis zu setzen ...“

Das Dokument trägt den Vermerk „Befehl ausgeführt". In der Tat wurde Swianewics in letzter Minute, bereits auf der Bahnstation Gnesdowo, drei Kilometer vor Katyn, aus dem Zug geholt. Er sah, wie seine Kameraden auf Wagen in den Wald gefahren wurden. Später schrieb er seine Memoiren, deren Inhalt sich völlig mit kürzlich gefundenen Archivdokumenten des NKWD deckt.

Außerdem geht aus Dokumenten des NKWD hervor, daß keiner der Kriegsgefangenen dieser drei Lager beim Rückzug der Roten Armee in die Hände der Deutschen gefallen ist.

Das wußten natürlich Stalin und seine Umgebung, in erster Linie Berija. Sein NKWD war aktiv an der Arbeit der Burdenko-Kommission beteiligt, die nach der Befreiung von Smolensk Untersuchungen vornahm. Man wollte das Ansehen der Sowjetunion nutzen, um das Verbrechen zu vertuschen und die Verantwortung für die Ermordung Tausender Polen den Deutschen anzulasten.

Bei der Vorbereitung der Anklageschrift, die den Hauptkriegsverbrechern einen Monat vor Beginn des Nürnberger Prozesses ausgehändigt werden sollte, stimmten die Hauptankläger der USA, Großbritanniens, Frankreichs und der UdSSR im August 1945 eine Textvariante ab, die nach dem Entstehungsort „Londoner Anklageschrift" genannt wird. Unter Paragraph C-2 Punkt 3 wurde das faschistische Deutschland des Mordes an 925 polnischen Offizieren in Katyn beschuldigt. Die Zahl entsprach der Anzahl der sterblichen Überreste, welche die Burdenko-Kommission gefunden hatte. Doch im Verlaufe der weiteren Arbeit an der Anklageschrift wurde die Zahl der Opfer auf 11 000 erhöht. Das kam selbst für den Generalstaatsanwalt der UdSSR, Gorschenin, unerwartet, der unmittelbar an der Vorbereitung des Nürnberger Prozesses mitwirkte.

Die Schrift wurde den Angeklagten am 18. Oktober 1945 ausgehändigt. Die ausführliche Anklage zum Fall Katyn erhob der Stellvertreter des sowjetischen Hauptanklägers, Pokrowski, am 13. Februar 1946. In seinen Ausführungen waren die Unterlagen der Burdenko-Kommission verarbeitet. Das Gutachten der Kommission wurde als Dokument der Anklage deklariert, das nach Artikel 21 des Reglements des Internationalen Militärtribunals keiner zusätzlichen Beweise bedurfte.

Aber die Verteidigung setzte trotz Protests des Hauptanklägers der UdSSR, Rudenko, durch, daß das Tribunal zusätzliche Zeugen berief.

Dieser Umstand versetzte die Führung unter Stalin in große Unruhe. Sie hatte nicht eingeplant, daß der Fall Katyn auf dem Prozeß erörtert würde. Die Vorbereitung zusätzlicher Unterlagen und Zeugen zu dieser Frage war Gegenstand wiederholter Diskussionen auf den Sitzungen der Regierungskommission in Moskau unter Leitung Wyschinskis, die die Arbeit der sowjetischen Delegation auf dem Nürnberger Prozeß koordinierte. Dieser Kommission gehörte auch ein Stellvertreter Berijas an.

Es lohnt, aus einigen Protokollen der Kommissionssitzungen zu zitieren:

„... Nach der Information des Gen. Wyschinski über den Prozeßverlauf beschloß die Kommission, Unterlagen zur Frage Katyn vorzubereiten.

1. Um die bulgarischen Zeugen zu instruieren, schicken wir einen Vertreter nach Bulgarien. Verantwortlich: Gen. Abakumow.

2. Drei bis fünf unserer Zeugen und zwei medizinische Sachverständige sind zu instruieren. Verantwortlich: Gen. Merkulow.

3. Polnische Zeugen und deren Aussagen sind vorzubereiten. Verantwortlich: Gen. Gorschenin (über Gen. Safonow und Gen. Sawizki).

5. Ein Dokumentarfilm über Katyn ist zu drehen. Verantwortlich: Gen. Wyschinski.

6. Gen. Merkulow instruiert einen deutschen Zeugen, der an der Provokation von Katyn teilgenommen hat ..."

Merkulow und Abakumow konnten zwar manches bewirken, doch dies rettete die Situation nicht mehr.

Da die verantwortlichen sowjetischen Vertreter wußten, daß ihre Position anfechtbar war, verließen sie Nürnberg vom 1. bis 3. Juli 1946, als der Fall Katyn verhandelt wurde. Die Vorlage der Unterlagen wurde einem Mitarbeiter des sowjetischen Anklägers übertragen.

Unter den sowjetischen Zeugen im Fall Katyn war B. W. Basiljewski eine besondere Rolle zugedacht. In Smolensk war er unter den Deutschen gewisse Zeit Stellvertreter des Bürgermeisters W. G. Menschagin, eines ehemaligen Rechtsanwalts, gewesen. Basiljewski stützte sich vorwiegend auf Aussagen Menschagins, der, wie die sowjetische Anklage behauptete, in den Westen geflohen und dessen Aufenthalt nicht bekannt war. In Wirklichkeit lief gegen den ehemaligen Rechtsanwalt ein Ermittlungsverfahren der Organe des Ministeriums für Staatssicherheit der UdSSR. 1951 wurde er zu 25 Jahren Freiheitsentzug verurteilt. Nachdem man ihn aus der Haft entlassen und er von Basiljewskis Aussagen auf dem Nürnberger Prozeß erfahren hatte, dementierte Menschagin diese Aussagen.

Trotz aller Versuche der sowjetischen Anklage, die Schuld der Faschisten an der Erschießung von 11 000 polnischen Bürgern nachzuweisen, erkannte das Internationale Militärtribunal in Nürnberg diesen Punkt der Anklage nicht an und nahm ihn nicht ins Urteil auf.

Als 1953 in der Sache Berija ermittelt wurde, fand bezeichnenderweise die Frage Katyn in der vierzigbändigen Anklageschrift mit keinem Wort Erwähnung.

Erst jetzt, Ende der 80er Jahre, sind Dokumente bekannt geworden, die eine zusätzliche Ermittlung im Fall Lawrenti Berija ermöglichen. Doch dafür sind die Juristen zuständig.

Für die Wahrheit ist es nie zu spät. Das trifft auch auf Katyn zu. Und obwohl wir lange auf die Wahrheit warten mußten, können wir zweifellos über die gewonnene Klarheit froh sein. Wir sind zu der bitteren Erkenntnis gelangt, daß viele Mißverständnisse, die aus dem Mißtrauen zwischen Polen und der UdSSR resultieren, erheblich früher hätten ausgeräumt werden können. Das lehrt uns die Geschichte. Und der Henker sei verflucht in alle Ewigkeit.

Konstantin Simonow

Ein schrecklicher Mensch

Wenn ich gegenwärtig Zeitungen vom März und April 1953 durchblättere und sie mit meinen Erinnerungen vergleiche, fällt mir die chronologische Abfolge einiger Meldungen und Fotos auf, die damals keine Aufmerksamkeit erregten, heute aber ins Auge fallen. Beispielsweise die erste Seite der „Prawda" vom 10. März 1953: Die Tribüne des Mausoleums, auf der Stirnseite erstmals nicht ein, sondern zwei Worte: „Lenin. Stalin." Beide Namen sind in Marmor gehauen und stehen untereinander. Am Mikrofon steht Malenkow, mit einer über die Ohren gezogenen Pelzmütze, rechts von ihm Chrustschow mit kaukasischer Pelzkappe und Tschou En-lai mit einer flauschigen chinesischen Mütze. Zwischen beiden Berija, dessen breite Schultern die Nebenstehenden bedrängen. Berija trägt einen Mantel, einen die untere Gesichtshälfte bedeckenden Schal und einen tief ins Gesicht gezogenen Hut mit breiter Krempe. Seine sinistre Erscheinung hebt ihn von allen ab, die auf dem Mausoleum stehen. Er wirkt wie ein Mafiaboß aus einem Gangsterfilm. Auch auf der zweiten Seite der „Prawda" ist er im Trauerzug hinter Stalins Sarg zwischen Tschou En-lai und Chrustschow abgebildet, mit Mantel und Schal sowie dem gleichen, ins Gesicht gedrückten Hut. Wie sich in der Folgezeit herausstellte, hoffte er damals auf eine baldige Machtübernahme. Diese Hoffnungen gründeten sich auf seine langjährige Sonderstellung unter Stalin, seine von ihm beizeiten in entsprechende Positionen lancierte Leute, die ihm ergeben und von ihm abhängig waren, und auf seinen resoluten und unverfrorenen Charakter, der ihn dazu befähigte, eine mögliche kollektive Führung jederzeit in die von ihm gewünschte Richtung zu lenken. Da man generell entschlossen war, an die Stelle von Stalins Einzelleitung ein Kollektiv zu setzen, akzeptable Kompromißlösungen gemeinsam auszuarbeiten und nach Möglichkeit alle inneren Auseinandersetzungen zu vermeiden, machte sich Berija natürlich diese Situation zunutze. Je initiativreicher er wirkte, je mehr Vorschläge er unterbreitete und den allgemeinen Wunsch nach Konsens ausnutzte, umso leichter konnte er das erreichen, was seine Positionen festigte und seine Möglichkeiten für die vorbereitete Machtergreifung verbesserte. Bis auf eine Ausnahme versuche ich alles anhand von Fakten zu dokumentieren, die Zeitungen der damaligen Zeit entnommen sind.

In seinen Plänen setzte er auf Malenkow. Da Malenkow vor wenigen Monaten auf dem XIX. Parteitag den Rechenschaftsbericht im Namen des ZK gehalten hatte, galt er in Stalins letzten Stunden und nach seinem Tode als dessen Nachfolger auf dem Posten des Regierungschefs. Berija machte offensichtlich zusammen mit Malenkow einen ersten Vorschlag für die Zusammensetzung des Präsidiums des Ministerrats und schlug Malenkow auf dem Plenum öffentlich für die Funktion des Vorsitzenden des Ministerrats vor.

Damals konnte das als völlig folgerichtig erscheinen, obwohl es das eben nicht war. Es gab nämlich noch eine Alternative: Unter den alten Politbüromitgliedern war noch Molotow, der auf eine zehnjährige Tätigkeit als Vorsitzender des Rats der Volkskommissare zurückblicken konnte. Er hätte im Falle einer Ämterteilung, wenn Malenkow im ZK zum Nachfolger Stalins auf dem Posten des Generalsekretärs der Partei gewählt werden würde, Nachfolger auf dem Posten des Vorsitzenden des Ministerrats werden können. Molotow war beliebt, bei der Masse hätte diese Ernennung sicherlich ein positives Echo gefunden. Doch Stalin selbst hatte hier Berija einen Gefallen erwiesen, denn in seiner letzten Rede war er (aus welchen Gründen immer, möglicherweise aufgrund lancierter Verleumdungen) derart scharf gegen Molotow zu Felde gezogen, daß alle, die ihn gehört hatten, die Ernennung Molotows für eine der beiden Funktionen als Mißachtung von Stalins Willen gewertet hätten. Warum aber war Berija so daran interessiert, daß Malenkow Stalins Nachfolger gerade auf dem Posten des Ministerpräsidenten würde und ein aus Berijas Sicht zweitrangiger Mann, nämlich Chrustschow (dessen Persönlichkeit und Charakter Berija bis zum Tag seines Sturzes nicht durchschaute), Stalins Nachfolge im ZK antrat? Ganz einfach. Berija setzte darauf, daß der Vorsitzende des Ministerrats und seine Stellvertreter – die fast alle bereits in dem von ihm und Malenkow erarbeiteten Vorschlag für die Zusammensetzung des Präsidiums benannt waren – in der Führung des Landes die Hauptrolle spielen würden. Damit wäre in den Händen der Präsidiumsmitglieder, die ja gleichzeitig die Führung des Ministerrats repräsentierten, die ganze Macht im Lande konzentriert. Und Berija, der als erster Malenkow für den Posten des Vorsitzenden des Ministerrats vorschlug, wurde dann auch prompt von Malenkow zu seinem ersten Stellvertreter ernannt. Die festgelegte Reihenfolge war traditionsgemäß ausschlaggebend für die Wahrnehmung von Vertretung und Amtsnachfolge. Bei Abwesenheit oder Krankheit Malenkows würde demzufolge sein erster Stellvertreter, also Berija, als Vorsitzender des Ministerrats amtieren.

Das war der erste Schritt, worauf der zweite folgte. Schon eine Zeit vor Stalins Tod hatte Berija nicht mehr den Posten des Ministers für Staatssicherheit inne, obwohl er praktisch nach wie vor das Ministerium für Staatssicherheit und das Ministerium des Inneren beaufsichtigte. Stalin hatte einige Monate zuvor den bewährten Mitarbeiter des Parteiapparats Ignatjew als Minister für Staatssicherheit eingesetzt.

Nach dem auf der gemeinsamen Tagung angenommenen Beschluß wurden mehrere Ministerien aufgelöst bzw. zusammengelegt, darunter auch das Ministerium für Staatssicherheit mit dem Ministerium des Inneren. Berija als erster Stellvertreter Malenkows wurde gleichzeitig Chef dieses neuen Ministeriums des Inneren, in das das Ministerium für Staatssicherheit eingegangen war. Der bisherige Minister für Staatssicherheit wurde Sekretär des ZK, aber, wie wir später sehen werden, nicht für lange Zeit.

230

So hatte sich Berija beizeiten eine äußerst günstige Ausgangs-position für die Machtübernahme und seine geplanten Vorha-ben geschaffen, deren Charakter und Dimension, geht man von der Persönlichkeit Berijas aus, ziemlich schlimme und globale Konsequenzen gezeitigt hätten.

Nachdem die Macht bei der Führung des Ministerrats kon-zentriert und dem Sekretariat des ZK nur eine zweitrangige Funktion beigemessen war, wollte Berija die Machtzentren auch in den Republiken aus den Zentralkomitees in die Mini-sterräte verlagern, was ihm in einigen Fällen, beispielsweise in Baku, auch gelang. Als Innenminister schlug er dann eine Am-nestie vor. Schon einmal, als Stalin ihn Ende 1938 an die Stelle von Jeschow gesetzt hatte, wurde dieses probate Mittel ange-wandt. Seine Amtseinführung in Moskau war damals mit zahl-reichen Rehabilitierungen, der Einstellung von Verfahren und der Rückkehr Tausender, wenn nicht gar Hunderttausender, aus Lagern und Gefängnissen verbunden. Diese Rolle hatte ihm Stalin seinerzeit zugedacht, und Berija spielte sie in der Vor-kriegszeit nach allen Regeln der Kunst. Er erinnerte sich gut daran und setzte darauf, daß dies auch andere noch tun würden. Auf alle Fälle wollte er die Erinnerung daran auffrischen. Er hoffte, daß man ihm als Innenminister die vom Präsidium des Obersten Sowjets erlassene Amnestie zuschreiben würde, auf deren Grundlage nicht nur Verurteilte mit einer Höchststrafe bis zu fünf Jahren freigelassen, sondern auch die anhängigen Prozesse mit einem zu erwartenden Strafmaß bis zu fünf Jahren eingestellt wurden. Außerdem wurden Gefangene freigelassen, die wegen Wirtschaftsdelikten, Amtsmißbrauch und einigen militärischen Straftaten verurteilt worden waren. Diese an sich humanen Maßnahmen wurden ungewöhnlich überstürzt durchgeführt. Es entstand der Eindruck, daß sich Berija unter den gegebenen Umständen und durch zielgerichtete propagan-distische Arbeit unter den Betroffenen einen Rückhalt schaffen wollte.

Sechs Tage nach diesem Erlaß, am 4. April 1953, wurde in den Zeitungen eine Mitteilung des von Berija geleiteten Mini-steriums des Inneren der UdSSR veröffentlicht. Darin gab man das Ergebnis der vom Ministerium vorgenommenen sorgfältigen Überprüfung des „Falls der Ärzte" bekannt: „Die Überprüfung ergab, daß die in diesem Fall angeklagten Ärzte ... (es folgt eine lange Namensliste) vom ehemaligen Ministerium für Staatssicherheit der UdSSR unrechtmäßig und ohne jede gesetzliche Grundlage verhaftet wurden. Es wurde festgestellt, daß Mitarbeiter der Ermittlungsorgane des ehemaligen Ministeriums für Staatssicherheit durch unzulässige und nach sowjetischen Gesetzen streng verbotene Untersuchungsmethoden von den Häftlingen Aussagen erzwangen, die die erhobenen Anschuldigungen bestätigen sollten." Somit war also das ehemalige Ministerium für Staatssicherheit an allen Verbrechen schuld und das jetzige Ministerium des Inneren entlarvte dessen dunkle Machenschaften. Zwei Tage später erfährt man dann aus dem Leitartikel der „Prawda", zu den ungesetzlichen Handlungen sei es in erster Linie deshalb gekommen, weil der ehemalige Minister für Staatssicherheit S. D. Ignatjew politisch blind und fahrlässig handelte und verbrecherischen Abenteurern aufgesessen war. Berija als Chef des neuen Ministeriums des Inneren dagegen habe alle diese Gesetzlosigkeiten aufgedeckt. Am gleichen Tag wurde gemeldet, Ignatjew sei von den Pflichten eines ZK-Sekretärs entbunden worden.

Über alle diese Ereignisse wurde in der Presse berichtet, doch erst im Nachhinein wird offenbar, wie systematisch Berija sie als vorbereitende Schritte zur Machtübernahme plante und nacheinander verwirklichte.

Einer dieser Schritte wurde nicht in der Presse publiziert, doch ich gehöre zum Kreis der Personen, die davon wissen. Ich erinnere mich nicht mehr genau, an welchen Tagen dies war, doch das ließe sich ermitteln, denn damals waren gerade Fadejew und Kornejtschuk, ehemalige ZK-Mitglieder, im Auftrag des Ministerrats ins Ausland gereist. Kurz nachdem gemeldet wurde, daß die Mordanklagen gegen die Ärzte inszeniert worden waren, gab man den Mitgliedern und Kandidaten des ZK die Gelegenheit, Einblick in Dokumente zu nehmen (in einem Sonderkabinett im Kreml), die die unmittelbare Mitwirkung Stalins an der ganzen Verleumdungskampagne gegen die „Mörder im weißen Kittel" bezeugten. Unter diesen Dokumenten waren auch Aussagen des verhafteten Leiters der Ermittlungsabteilung des ehemaligen Ministeriums für Staatssicherheit, Rjumin, über seine Gespräche mit Stalin und über dessen Forderungen, die Verhöre zu verschärfen; sowie Aussagen anderer Personen, die in unmittelbarem Zusammenhang mit der Rolle Stalins in dieser Sache standen. Es gab auch Niederschriften von Gesprächen mit Stalin zu diesem Thema. Offensichtlich handelte es sich hierbei um Niederschriften von Tonbandaufnahmen.

Im Verlaufe einer Woche war ich drei- oder viermal in diesen Räumen, um in den Dokumenten zu lesen. Dann wurde die Aktion abrupt eingestellt. Die Idee, die Mitglieder und Kandidaten des ZK mit diesen Dokumenten vertraut zu machen, stammte zweifellos von Berija, denn nur er verfügte über sie. Diese Annahme bestätigte sich in der Folgezeit. Er wollte zusätzliche Popularität erlangen, indem er sich als eigenständigen Menschen darstellte, den Stalin nicht ohne Grund in seinen letzten Lebensmonaten etwas beiseite gedrängt hatte, weil er ihm nicht oder nicht mehr vertraute, und der nicht gewillt war, die Grausamkeiten und schreienden Gesetzlosigkeiten weiter zu dulden, die, wie aus diesen Dokumenten hervorging, auf Stalins Initiative und Forderung hin geschahen. Indem er Einblick in diese Dokumente gewährte, wollte Berija demonstrieren, daß er damit nichts zu tun hatte und sich davon kategorisch distanzierte. Er beabsichtigte nicht, die Schandtaten Stalins zu decken, sondern wollte ihn im wahren Licht zeigen.

Die Lektüre dieser Dokumente war bedrückend. Die Schriftstücke waren glaubwürdig und zeugten von der kranken Psyche Stalins, von Mißtrauen und Grausamkeit, die schon an Geisteskrankheit grenzten. Die Auswahl der Dokumente war so, daß Stalin nur aus diesem einen Blickwinkel gesehen werden konnte.

„Das ist euer wahrer Stalin", schien Berija damit sagen zu wollen. „Ich kenne nicht eure Reaktion, doch ich für meinen Teil sage mich von ihm los. Ich kenne nicht eure Absicht, doch ich will die ganze Wahrheit über ihn sagen."

In diesen Dokumenten enthüllte er natürlich nur die Wahrheit, die ihm nützte und genehm war. Alles andere blieb ausgeklammert.

Etwa eine Woche lang waren diese Dokumente zugänglich, danach hat sie niemand wieder zu Gesicht bekommen. Als ich Kornejtschuk und Fadejew nach ihrer Rückkehr davon berichtete, waren sie sehr interessiert. Doch selbst lesen konnten sie die Papiere nicht mehr.

Abgesehen davon, daß Berija sehr niederträchtig handelte und ich seine Absicht schnell durchschaute, muß doch gesagt werden, daß die Dokumente, obwohl speziell ausgewählt, echt waren. Daher war ich auf den moralischen Schlag, den die Rede Chrustschows auf dem XX. Parteitag bedeutete, wahrscheinlich besser vorbereitet als andere.

Vier Monate nach Stalins Tod, Ende Juni 1953, als ich in der Redaktion der „Literaturnaja gaseta" am Umbruch der Zeitung arbeitete, rief mich der ehemalige verantwortliche Sekretär und spätere Redakteur der „Krasnaja Swesda", Wassili Petrowitsch Moskowski an, der 1953 als stellvertretender Leiter der Abteilung Agitation und Propaganda des ZK tätig war. Er fragte, wie es bei mir mit der Zeitung liefe. Der Anruf kam ziemlich spät, 11 Uhr abends.

Ich sagte, eine Druckseite sei bereits auf der Rolle, die übrigen würden ich und die Nachtschicht noch lesen.

„Stoppen", sagte Wassili Petrowitsch zu mir. „Keine einzige Seite mehr in den Druck."

„Was ist denn los?" fragte ich.

„Ich muß mit dir sprechen."

„Gut, ich lasse stoppen", erwiderte ich. „Ich komme sofort zu dir."

„Nicht nötig, ich komme selbst. Aber laß die Druckmaschinen sofort anhalten."

Ich begründete das Anhalten der Rotationspresse damit, daß ein offizielles Material angekündigt war, über dessen Aufnahme noch entschieden werden mußte. Die Nachtschicht sollte vorläufig die restlichen Seiten zu Ende lesen, später werde dann alles der Reihe nach gedruckt. Einzelheiten teilte ich nicht mit. Bereits nach etwa fünfzehn Minuten betrat Moskowski mein Zimmer und bat, dafür zu sorgen, daß wir nicht gestört würden. Ich schärfte meiner erstaunten Sekretärin Tatjana Alexandrowna ein, unter keinen Umständen jemand vorzulassen.

„Niemand?" fragte sie noch einmal, weil das in unserer Redaktion nicht üblich war.

„Niemand."

Ich ging in mein Zimmer zurück, schloß die Tür, nahm im Sessel Moskowski gegenüber Platz und wartete, was er mir Besonderes mitzuteilen hatte. Es mußte schon etwas Außergewöhnliches sein. Mein erster Gedanke noch vor Moskowskis Ankunft war, daß man mich, wie es schon einmal der Fall gewesen war, plötzlich als Chefredakteur der Zeitung abgesetzt hatte und die laufende Nummer nicht mehr von mir abgezeichnet werden durfte. Aber warum mußten dann alle Seiten gestoppt werden, die letzte hätte doch genügt? Offensichtlich handelte es sich wirklich um etwas Wichtiges, wichtiger als meine Ablösung als Chefredakteur, die mich nicht aus der Fassung gebracht hätte.

„Hör mir aufmerksam zu", sagte Moskowski und wurde offiziell. „Das ZK hat mich beauftragt, dich als Redakteur der ‚Literaturnaja gaseta' persönlich und vertraulich darüber zu informieren, daß Genosse Berija heute aus dem Präsidium des ZK, aus dem ZK und aus der Partei ausgeschlossen, seiner Funktionen als Stellvertreter des Vorsitzenden des Ministerrats und Minister des Inneren enthoben und wegen seiner Verbrechen verhaftet wurde."

Moskowski übermittelte mir diese offizielle Mitteilung in einem Atemzug, wobei er nicht einmal merkte, daß er aus Gewohnheit vor Berijas Namen mechanisch noch „Genosse" sagte.

„Ich habe verstanden", sagte ich. „Aber was ist denn passiert?"

„Das erfährst du morgen, neun Uhr, im ZK-Plenum. Ich habe dich nur informiert, damit du persönlich alle Seiten durchsiehst, so daß der Name Berija nicht mehr in der Zeitung auftaucht."

„Über Berija haben wir nichts geschrieben", sagte ich Moskowski und rief mir alle vier Seiten der heutigen Ausgabe ins Gedächtnis. „Wir bringen keinerlei parteiinternes Material, wie soll er da auftauchen?"

„Ich weiß es nicht", erwiderte Moskowski. „Ich habe jedenfalls offiziell gewarnt. Meine Zeit ist knapp, ich muß noch weiter. Du aber lies alle Seiten persönlich durch. Und zu niemand ein Wort, ist das klar?"

„Klar."

So schwieg ich denn, begab mich zu meinem Stehpult und las nochmals sorgfältig zwei Stunden lang alle vier Seiten, auf denen vielleicht der Name Berija in irgendeiner Meldung über die Landwirtschaft hätte auftauchen können, da es ja Kolchosen und Sowchosen mit seinem Namen gab. Doch auch da fand ich nichts, und um Mitternacht zeichnete ich alle Seiten ab.

Ich versuche gegenwärtig, mich zu erinnern, welchen Eindruck dieses Ereignis, diese krasse Wende im Schicksal Berijas, auf mich an jenem Abend und in jener Nacht gemacht hat. Mich erfüllte ein Gefühl der Erleichterung, daß nun nichts mehr eintreten konnte, was hätte geschehen können, wenn alles beim alten geblieben wäre. Es war ja allgemein bekannt, daß Berija Stalins enger Vertrauter gewesen war und während seiner Zeit in Moskau immer über große Macht als Parteifunktionär und Chef der Aufklärungs- und Abwehrorgane verfügt hatte. Er war nicht nur mit dem Ministerium des Inneren, dem Ministerium für Staatssicherheit und dem Industrie- und Bauministerium beschäftigt gewesen, während des Krieges gehörte er auch dem Staatlichen Verteidigungskomitee an. Zweifellos beruhte ein Teil der Autorität, die er sich durch termingerechte Erfüllung bestimmter staatlicher Aufgaben in der Industrie erworben hatte, auf der Angst und Furcht, die die Menschen angesichts so vieler Machtbefugnisse in der Hand von Berija verspürten. Auch das war ein offenes Geheimnis.

Mit Blick auf die Stellung, die Berija unter Stalin innehatte, war die Tatsache, daß er nach Stalins Tod zur Führungsriege des Staates gehörte, vollkommen verständlich. Eine gewisse Besorgnis entstand allerdings, als er sich sofort zum zweiten Mann im Staat machte und die Initiative an sich riß. Er war es auch gewesen, der Malenkow vorgeschlagen hatte. In den ersten Monaten nach Stalins Tod herrschte noch totale Unterdrückung. Eine spürbare Veränderung setzte erst ein, als man den „Fall der Ärzte" als Verleumdung enthüllte und diese unschuldigen Menschen freikamen. Damals war es nicht ratsam, sich freimütig über gewisse Themen zu äußern. Doch ich erinnere mich, daß man dennoch mit Vorbehalten und Andeutungen seine Befürchtungen hinsichtlich der Machtposition, die Berija nach Stalins Tod eingenommen hatte, zum Ausdruck brachte. Besonders eines klang immer wieder an: Versucht Berija vielleicht, Stalins Erbe im wahrsten Sinne des Wortes anzutreten?

Ich habe von 1948 bis 1953 immer meinen sogenannten zwei- bis dreimonatigen Arbeitsurlaub in Suchumi, bei Suchumi und später in Gulripischi verbracht und dort viele Abchasen und Georgier kennengelernt. Dabei erfuhr ich viel über Berijas Tätigkeit im Kaukasus, seinen Einfluß in dieser Region und vor allem in Georgien, über den er auch nach seiner Versetzung nach Moskau immer noch verfügte. Daher wußte ich viel mehr als andere, die nicht dort gelebt haben. In Gesprächen wurde immer wieder an in Georgien verschwundene Familien und Menschen, ermordete Parteifunktionäre und Intellektuelle erinnert. Diese Erinnerungen reichten in die Zeit zurück, bevor Berija nach Moskau berufen wurde, als einer, der die Fehler Jeschows korrigieren sollte.

Meine Gesprächspartner waren in ihren Äußerungen vorsichtig. Aber bei manchen Dingen konnten sie einfach nicht mehr an sich halten. Mir wurde allmählich klar, daß Berija, bevor er sich nach Jeschows Sturz als Wohltäter der Überlebenden, aus Lagern und Gefängnissen entlassenen Häftlinge aufspielte, in Georgien bedeutend mehr Unheil angerichtet hatte als Jeschow in Rußland. Nach einigen ausführlichen Berichten über Ereignisse der Jahre 1936 und 1937 hat Berija auch persönliche Rachegelüste befriedigt. Zwei oder drei meiner abchasischen Freunde, die mir offensichtlich rückhaltlos vertrauten, berichteten mir schreckliche Dinge im Zusammenhang mit Berijas Willkür in Abchasien, durch die viele Menschen den Tod fanden. Manches davon glaubte ich, anderes schien mir zur damaligen Zeit übertrieben. Doch das war, bevor der Fall Berija auf dem Plenum zur Debatte stand und ihm der Prozeß gemacht wurde, und lange vor dem XX. Parteitag. Mitunter kam mir manches unglaubhaft vor, was ich später ohne weiteres akzeptierte. Während meines Aufenthalts in Gulripischi, das von dem migrelischen Dorf Mercheuli, dem Geburtsort Berijas, etwa zehn Kilometer entfernt liegt, hörte ich viele Gerüchte und Erzählungen aus früherer wie aus jüngster Zeit über ihn. Alle Einzelheiten zeugten davon, daß dieser Mann nicht nur in der Vergangenheit Schrecken verbreitet hatte, sondern auch in Zukunft gefährlich sein würde.

Daher nahm ich die Nachricht, die mir Wassili Petrowitsch Moskowski überbrachte, sofort als eine gewisse, wenn auch noch nicht in ihrem ganzen Ausmaß zu erkennende Erleichterung auf. Ich fühlte, daß eine in der Luft schwebende Gefahr gebannt war ... Erinnerungen an offene Gespräche, Hinweise und Andeutungen gingen mir durch den Kopf, als ich in jener Nacht die Druckfahnen noch einmal las. Dieses erste Gefühl der Erleichterung teilte, wie sich bald herausstellte, die Masse der Menschen mit mir.

Am Morgen nahm ich dann am Plenum teil, das, glaube ich, fünf oder sechs Tage dauerte und auf dem alles, was es über Berija zu sagen gab, gesagt wurde, wobei man mehr oder weniger versuchte, Stalin aus allem herauszuhalten.

Auf dem Plenum berichtete Chrustschow, wie Berija buchstäblich Augenblicke vor der von ihm vorbereiteten Machtübernahme gefaßt wurde. Der Ausdruck „gefaßt" trifft wohl am besten den Charakter der Ausführungen Chrustschows, entspricht seinem Temperament und der leidenschaftlichen Genugtuung, mit der er dies alles erzählte.

Aus seinen Ausführungen, deren Wahrheitsgehalt von niemand auf dem Plenum angezweifelt oder widerlegt wurde, ergab sich zwangsläufig, daß er – Chrustschow – bei der Ergreifung und Entwaffnung dieser Bestie die Hauptrolle gespielt hatte. Als ich seinen Bericht hörte, war mir völlig klar, daß er der Initiator für die Unschädlichmachung Berijas gewesen war, denn er war scharfsichtiger, begabter, energischer und entschlossener als die anderen. Ihm kam hierbei zugute, daß Berija Chrustschow nie für voll genommen hatte, seine Eigenschaften – die natürliche und hartnäckige Bauernschläue, den gesunden Menschenverstand und die Charakterstärke – unterschätzte und ihn für einen ungeschliffenen Hohlkopf hielt, den er – Berija – als Meisterintrigant am leichtesten um den Finger wickeln konnte. Chrustschow erwähnte in seiner Rede nicht ohne Triumph, für wie dumm Berija ihn gehalten hatte.

Ich will nicht ausführlich über dieses Plenum schreiben, auf dem mich neben Chrustschows Rede wohl am meisten die klugen, zutreffenden, konsequenten und fundierten Ausführungen Sawenjagins und Kossygins beeindruckten. Das würde mich vom Hauptthema meiner Aufzeichnungen abbringen.

Mit Berijas Sturz wurde demonstrativ der Schlußstrich unter eine Epoche gezogen. Mit anderen Worten, alle seine Untaten, Absichten und Vorhaben, alle gegen ihn erhobenen Anschuldigungen wegen der über Jahre verübten Verbrechen – all das machte letztlich auf erschreckende Weise die Auswüchse der mit Stalins Namen verbundenen Epoche deutlich.

Wenn man versucht, alles Widerwärtige, Grausame, Tragische, Schreckliche und Schmutzige, was in dieser Epoche geschehen ist, zu erfassen und mit einem Begriff zu beschreiben, so kann hierfür der Name Berija gelten. Berija, seine Untaten und seine langjährige Stellung unter Stalin sind ein beredtes Zeugnis des politischen, moralischen und sittlichen Verfalls in einer Epoche, die mit dem Tod Stalins ihr Ende fand.

Dritter Teil

Opfer und Zeitzeugen
erinnern sich

F. Beresin

Wie gegen Berija ein Haftbefehl erlassen wurde

Wahrscheinlich ist nur mir bekannt, warum im Jahre 1921 eine gegen Berija bereits eingeleitete Untersuchung abgebrochen wurde. Diese damals ihm gegenüber geübte Nachsicht und das Vertuschen seiner Untaten hatten später – im Jahr 1939 – nicht nur für Kedrow und seine Angehörigen sowie für unsere Familie sehr tragische Folgen, sondern stürzten das ganze Volk ins Unglück.

Das Folgende hat mir mein Vater J. D. Beresin im Jahre 1956 anvertraut. Er war von 1918 bis 1921 Sekretär der Moskauer Tscheka und von 1922 bis 1924 Leiter des administrativen Bereichs der GPU-OGPU.

Im Dezember 1921 ließ Dshershinski Beresin zu sich kommen und übergab ihm einen Haftbefehl gegen Berija. Feliks Edmundowitsch sagte in diesem Zusammenhang, Kedrow habe einen Bericht geschrieben, der Fakten über die provokatorische Tätigkeit Berijas, eines verantwortlichen Mitarbeiters der Tscheka Aserbaidshans, enthalte.

Beresin kannte aus der gemeinsamen Arbeit in der Tscheka Kedrow gut. In unserem Familienarchiv befindet sich noch ein Foto der führenden Mitarbeiter der Tscheka und der Moskauer Dienststelle aus dem Jahre 1919, auf dem Kedrow und Beresin nebeneinander abgebildet sind.

Mein Vater hörte damals den Namen Berija zum ersten Mal. Mit der Verhaftung Berijas wurde ein Sonderkommando von vier Tschekisten beauftragt. Weder der Kommandoführer noch die drei anderen wußten, wen sie verhaften sollten.

Wenige Stunden vor Ankunft des Nachtzugs aus Baku ließ Dshershinski Beresin erneut kommen und sagte ihm, daß der

Haftbefehl aufgehoben sei. Er verlangte ihn deshalb zurück und zerriß ihn wütend. „Was ist passiert?" fragte Beresin.

„Stalin hat angerufen. Er berief sich auf Mikojans Fürsprache und bat, die gegen Berija eingeleiteten Maßnahmen zu unterlassen", lautete Dshershinskis Antwort.

Den Bericht Kedrows bewahrte Dshershinski auf, er gab ihn nicht an den Apparat der Tscheka weiter. Was dann mit ihm geschah, ist unbekannt.

Berija kam in jener Nacht nicht nach Moskau, obwohl man ihn zur Tscheka bestellt hatte. Doch sein Fernbleiben hatte kein Nachspiel. Offensichtlich war von Dshershinski oder Stalin so verfügt worden.

Dieser Vorfall hat sich bei meinem Vater für immer eingeprägt. Er meinte, daß Berija im Jahre 1921 wohl kaum von Mitarbeitern der Moskauer Tscheka vor der bevorstehenden Verhaftung gewarnt worden sein konnte. Mein Vater meinte später, als er alles über Berija wußte, daß dieser wohl nach der von Kedrow in Baku vorgenommenen Prüfung die ihm drohende Gefahr gespürt hatte.

Heute sind viele der Meinung, daß sich Stalin und Berija erst seit 1924 kennen. Demnach war also Mikojan, der Berija seit 1919 kannte, der wichtigste Fürsprecher dieses Schurken. Warum setzte er sich aber dafür ein, daß Berijas Provokationen totgeschwiegen wurden? Mein Vater meinte, daß die Zeit auch diese Frage klären wird.

Ende 1931 war Berija überraschend zum 1. Sekretär des ZK der Kommunistischen Partei Georgiens aufgestiegen.

Genau ein Jahr später, im Jahre 1932, wurde Beresin zum zweiten Mal mit dem Titel „Ehrentschekist" ausgezeichnet. Während der Feierlichkeiten zum 15. Jahrestag der Organe der Tscheka-OGPU erwähnte er im kleinen Kreis den von Dshershinski gegen Berija erlassenen Haftbefehl sowie die Rolle Stalins und Mikojans in diesem Fall.

Im November 1938 ernannte Stalin Berija zum Volkskommissar des Inneren. Berija verhaftete damals weder Kedrow noch Beresin, er beließ sogar Igor Kedrow, den Sohn von Michail Sergejewitsch, in seiner leitenden Funktion im zentralen Apparat des NKWD.

Daraufhin hielten viele Berija für einen gutherzigen und nicht nachtragenden Menschen. Doch Beresin war anderer Meinung. Immerhin war Berija noch verpflichtet, die Weisungen Stalins zu befolgen, der sich vorbehalten hatte, allein über das Schicksal ihm bekannter Menschen zu entscheiden. Die Umstände zwangen Berija abzuwarten.

Anfang 1939 teilte Kedrow Beresin mit, er habe sich entschlossen, den ungleichen Kampf mit Berija als erster aufzunehmen, weil es sonst zu spät sein könnte. Beresin entgegnete ihm, daß es naiv sei anzunehmen, Stalin kenne das wahre Gesicht Berijas nicht. Er verwies in diesem Zusammenhang auf eine unangenehme Auseinandersetzung mit Jagoda im Jahre 1932, als er denunziert wurde. Mein Vater räumte Kedrow keinerlei Erfolgschancen ein. Michail Sergejewitsch meinte daraufhin, er wolle lieber im offenen Kampf sterben als abwarten, bis Berija aus dem Hinterhalt zuschlägt.

Am Ende der Unterredung gab Beresin Kedrow sein Wort, ihn unter keinen Umständen zu verraten.

Nach Michail und Igor Kedrow wurde im Juli 1939 auch Beresin verhaftet – der letzte noch in Freiheit befindliche zweifache Ehrentschekist.

Es fällt mir schwer, über das weitere Geschehen zu berichten und zu schreiben. Aber ich muß es tun, das bin ich dem Andenken meiner Eltern schuldig.

Beresin wurde eines Attentats auf Lenin beschuldigt.

An dieser Stelle muß ich kurz ein zurückliegendes Ereignis erwähnen. Im Jahre 1919 wurde Lenins Auto im Stadtbezirk Sokolniki von bewaffneten Banditen angehalten und entführt. Wladimir Iljitsch kam dabei glücklicherweise nicht zu Schaden. Ihm wurden nur persönliche Dinge gestohlen. Kurz danach stellten Moskauer Tschekisten den Bandenchef Jakow Koschelkow und töteten ihn bei einem Schußwechsel. Als man ihn durchsuchte, fand man bei ihm die Dokumente eines getöteten Mitarbeiters der Moskauer Tscheka, Koroljow, 63 000 Rubel, eine Bombe, zwei Pistolen und einen Browning. Anhand der Nummer auf dem Browning stellten die Tschekisten fest, daß es sich um Lenins Waffe handelte. Die Bande wurde von der Moskauer Tscheka unter Beresins Leitung liquidiert. Danach wies

Dshershinski Beresin an, Lenin den Browning wieder auszuhändigen. Die Akte über die Liquidierung der Bande wurde im Archiv verwahrt und den Strafrechtsfällen zugeordnet.

Doch zurück zum Hauptthema. Berijas Untersuchungsführer beschuldigte nun Beresin, er habe Lenin die Waffe im geladenen Zustand übergeben und es sei nur der Wachsamkeit des Personenschutzes zu verdanken, daß mein Vater seinen „Mordplan" nicht habe ausführen können.

War das nicht der Gipfel der Verleumdung? Ja, aber gerade darauf setzte Berija. Beresin sollte durch diese infame Lüge schockiert werden.

Nachdem man Beresin mehrere Tage lang zermürbenden Verhören unterzogen hatte, schlug der Untersuchungsführer ohne Umschweife einen Handel vor:

„Wenn Sie gegen Michail Kedrow aussagen, lassen wir die Anklage wegen versuchten Attentats auf Lenin fallen."

Mein Vater lehnte dies kategorisch ab.

Die Schergen Berijas wandten nun Foltermethoden an. Eine davon war die „fünfte Ecke".

In einem kleinen Zimmer mit dunkelgrünen Wänden und braunem Fußboden hing eine Lampe mit einem Blendschutz, die das Zimmer nur teilweise ausleuchtete. Von den mit dem Rücken zur Wand stehenden Henkersknechten waren nicht die Gesichter, sondern nur ihre Hosen und Stiefel zu sehen. Der durch Verhöre und Schlafentzug geschwächte Beresin wurde von Aufsehern in das Zimmer gestoßen. Die Sadisten machten sich einen Spaß daraus, ihn einander zuzustoßen, mit Stiefeln zu treten und dabei zynisch zu schreien: „Wir hören damit auf, wenn du faschistischer Halunke die fünfte Ecke findest!"

Als man ihn zum zweiten Mal in diesem Zimmer mißhandelte, hörte er unter den Stimmen seiner Peiniger die des Untersuchungsführers heraus. Er sammelte seinen letzten Kräfte und wartete ab, bis man ihn in dessen Richtung stieß. Wie ein Pfeil schnellte er dann hoch, packte den Henkersknecht und versetzte ihm einen vernichtenden Kinnhaken. Er hörte deutlich, wie dessen Knochen brachen. Der Untersuchungsführer blieb am Boden liegen, einige Sekunden lang herrschte Totenstille.

Daraufhin schlug man meinen Vater so zusammen, daß er

erst in der Arrestzelle wieder zu sich kam. Eine Rippe war gebrochen und schmerzte unerträglich. Handschellen schnürten die Blutzufuhr zu den Händen ab. Der neue Untersuchungsführer erweiterte die gegen Beresin erhobenen Anschuldigungen um eine weitere kriminelle Straftat – Körperverletzung eines NKWD-Offiziers während der Erfüllung von Dienstpflichten. Foltern gehörte demzufolge bei ihnen zu den Dienstpflichten.

Weder Berija persönlich noch seine engsten Mitarbeiter verhörten Beresin. Meine Mutter A. I. Fatejewa hatte da entschieden „mehr Glück". Als Berija die Hoffnung aufgegeben hatte, meinem Vater Geständnisse abzuzwingen, schickte er seine Schergen zu ihr. Sie wurde um 1 Uhr nachts zu ihm gebracht. Er begann das Gespräch versöhnlich:

"Ihr Mann ist ein Volksfeind. Wir vertrauen Ihnen als ehemaliger Mitarbeiterin der OGPU und Stellvertreterin des Gebietsstaatsanwalts. Sagen Sie sich von ihm los. Ich verspreche Ihnen und Ihren Kindern Sicherheit."

Bei der ersten sich bietenden Gelegenheit, Berijas gemessene Rede zu unterbrechen, erklärte meine Mutter, daß sie sich auf keinen Fall von ihrem Mann lossage und nicht glaube, daß er ein Volksfeind sei. Berija entgegnete darauf unbewegt:

„Du hast dir dein Schicksal selbst gewählt."

Man führte sie aus der Lubjanka auf die gegenüberliegende Straßenseite und ließ sie dort stundenlang stehen. Meine Mutter war im neunten Monat schwanger, ich war erst zwei Jahre alt und meine ältere Schwester vier.

Tags darauf setzten bei meiner Mutter vorzeitig die Wehen ein, und sie wurde in die Klinik gebracht.

Meine Mutter war nach der Entbindung gerade nach Hause gekommen, als man sie aus dem Bett holte und um Mitternacht ins NKWD brachte. Das „Gespräch" mit ihr führte irgendein enger Mitarbeiter Berijas (er hielt es nicht für erforderlich, sich vorzustellen). Er schrie und drohte sofort. Meine Mutter, die durch die Geburt geschwächt und stark deprimiert war, wiederholte nur immer wieder, daß mein Vater schon vor der Oktoberrevolution Kommunist und ein enger Kampfgefährte Dshershinskis gewesen war. Dann verlor sie das Bewußtsein.

Sie fiel mit Gesicht und Brust vornüber auf den Tisch. Einige

Sekunden später kam sie wieder zu sich. Während ihr Kopf noch auf dem Tisch ruhte, hörte sie, wie jemand fragte: „Was soll ich mit dieser Frau?" Der Diensthabende fuhr mit dem Zeigefinger über die weiße Flüssigkeit, die über den Tisch lief, roch daran, kostete und stellte fest: „Ja, das ist Muttermilch." Der Vernehmungsführer sagte verächtlich: „Schafft sie sofort raus."

Daraufhin brachte man sie wieder auf die der Lubjanka gegenüberliegende Straßenseite und befahl ihr, diesmal nach Hause zu gehen.

Mein Vater hatte sich inzwischen zum äußersten entschlossen: Den neuen Untersuchungsführer lehnte er ab, bei Verhören schwieg er und bei Folterungen wehrte er sich und schlug zurück.

Ende März wurde Beresin plötzlich in eine relativ angenehme Zelle gebracht, nicht mehr verhört und in Ruhe gelassen. Einige Tage später ließ ihn der Untersuchungsführer holen und erklärte ihm, auf Beschluß des Volkskommissariats des Inneren werde das Verfahren gegen ihn aus Mangel an Beweisen eingestellt und er sei frei. Doch er glaubte das nicht und blieb vorsichtig.

Man ließ ihn erneut holen und informierte ihn, daß er noch am selben Tag seine Sachen erhalten würde und nach Hause gehen könne.

Beresin zog die Gefängniskleidung aus und streifte seine Uniformbluse über, an der nur noch Löcher an die Auszeichnungen erinnerten.

„Wo sind mein Parteibuch, der Leninorden und die Ehrentschekisten-Medaillen?" fragte er.

„Die erhalten Sie später, jetzt gehen Sie erst einmal nach Hause", wurde ihm geantwortet.

„Bevor ich das alles nicht zurück habe, gehe ich hier nicht weg", erklärte Beresin.

Er mußte erneut die Häftlingskleidung anziehen und wurde in die Zelle zurückgebracht. Fünf Tage lang tat sich nichts. Am sechsten Tag brachte man ihm seine Sachen und alles, was er verlangt hatte. Beresin sah sich die Dokumente genau an. Sein Parteibuch, das Ordensbuch und die Urkunde über die Verleihung des Titels „Ehrentschekist" aus dem Jahre 1932 – alles

Zweitausfertigungen. Nur die Urkunde für den Titel „Ehrentschekist" Nr. 28 aus dem Jahr 1922, die Feliks Edmundowitsch Dshershinski unterschrieben hatte, war noch das Original.

Er sollte also umgebracht werden, aber wie kam es dann zu seiner Freilassung?

Als erstes erfuhr er nach seiner Haftentlassung, daß G. M. Krshishanowski sich persönlich für ihn bei Stalin verwendet hatte. Die zweite Information war, daß 1939 eine Kommission unter dem Vorsitz von Politbüromitglied Andrejew im NKWD eine Prüfung vornahm, um unschuldig Verurteilte zu rehabilitieren. Schließlich erhielt er Kenntnis von einem Beschluß des Obersten Gerichts der UdSSR über die Rehabilitierung M. S. Kedrows. Doch dieser blieb spurlos verschwunden und niemand kannte seinen Aufenthaltsort.

Beresin empfand, daß all dies keine ausreichende Begründung für seine Freilassung war. Er war täglich auf eine neue Verhaftung vorbereitet. Erst einige Jahre später kam er zu dem Schluß, daß über seine Freilassung zwar im NKWD entschieden wurde, die Rehabilitierung Kedrows durch das Oberste Gericht aber nur auf Stalins Weisung hin erfolgen konnte. Was bezweckte Stalin damit? Stalin hatte nun einmal die Angewohnheit, sich Leute aus seiner nächsten Umgebung durch Wissen um ihre Vergangenheit willfährig zu machen. Stalin hatte ein außerordentlich gutes Gedächtnis, daher war ihm zweifellos noch das Gespräch mit Dshershinski im Jahr 1921 in Erinnerung. Und er wußte auch von der Denuziation gegen Beresin im Jahre 1932. Stalin brauchte einfach M. S. Kedrow und J. D. Beresin als lebende Zeugen, um Berija kompromittieren zu können.

Wahrscheinlich hatte Berija diesen Schachzug Stalins durchschaut und daher ohne dessen Wissen den Beschluß des NKWD über die Erschießung Kedrows unterzeichnet. Berija konnte Kedrow nicht mehr freilassen, so sehr fürchtete er ihn. Als 1941 der Krieg begann und für Stalin andere Sorgen im Vordergrund standen, ermordete er ihn. Für das sowjetische Volk hatte der Große Vaterländische Krieg begonnen, für den Provokateur Berija aber bot sich die Gelegenheit, alte Rechnungen zu begleichen. Natürlich ging er ein großes Risiko ein, denn wenn Stalin von seiner eigenmächtigen Entscheidung erfahren hätte, wäre es ihm möglicherweise schlecht ergangen. Doch die Rechnung des erfahrenen Provokateurs ging auf.

Beresin hatte weder den Bericht Kedrows gelesen, noch kannte er Einzelheiten und konkrete Fakten. Er bedeutete also für Berija eine geringere Gefahr als Kedrow. Außerdem hatte das Sekretariat des ZK Beresin zum Leiter verschiedener Kraftwerksbauten (Stalin-Wärmekraftwerk, Rayonkraftwerk Stalinogorsk u. a.) ernannt. Er befand sich dadurch im Blickfeld der Öffentlichkeit und hatte sogar dienstliche Kontakte zu Stalin.

Berija hielt daher die Liquidierung Beresins für ein zu hohes Risiko.

Beresin konnte nur Mutmaßungen anstellen, was seinen und Kedrows Fall anbelangte, denn alle diesbezüglichen Informationen wurden streng geheimgehalten. Man kann nur hoffen, daß die Zeit mehr Klarheit über Berija, diese unglaubliche Ausgeburt des Stalinismus, schaffen wird.

Ich möchte mit dieser Schilderung jedoch keineswegs den Eindruck erwecken, daß im NKWD nur Schurken gearbeitet haben. Wie meine Mutter erzählte, soll einer der Offiziere, die unsere Wohnung während der Festnahme meines Vaters durchsuchten, zu einem anderen gesagt haben:

„Das kann doch nicht wahr sein! Was passiert denn noch alles auf dieser Welt?"

Und der Gefängnisfriseur, der Beresin rasierte, steckte ihm während der Rasur heimlich 10 bis 15 Dörrpflaumen in den Mund, um die Magensekretion anzuregen. Die Kerne hatte er vorher vorsorglich entfernt. Das war für den Friseur ein hohes Risiko, denn im Fall einer Denunziation hätte er fünf Jahre Lager bekommen.

Die Geschichte stellt schrittweise wieder die Gerechtigkeit her. Junge Moskauer gaben ihrer Pionierfreundschaft der Oberschule Nr. 21 im Stadtbezirk Sewastopol den Namen von Michail Sergejewitsch Kedrow. In der Rayonhauptstadt der Moldawischen Republik, Ryschkany, der Heimat meines Vaters, benannten Landsleute von Jakow Dawidowitsch Beresin eine Straße nach ihm. Damit ehrten sie sein Andenken als Stellvertreter des Vorsitzenden des Bessarabischen ZIK der Sowjets von 1917 bis 1918.

Anna Larina Bucharina

Er war durchweg ein Verbrecher

Das Schicksal lenkt unser Leben und nimmt unberechenbar seinen Lauf. Deshalb sagen wir häufig: „So ist nun mal das Schicksal!"

Ich kannte Berija gut, obwohl er nicht zu meinem näheren Bekanntenkreis, den alten Bolschewiki, gehörte. Unsere Bekanntschaft war rein zufällig, wenn auch jeder Zufall kausal bedingt ist.

Ich sah ihn erstmals im August 1928. Micha Zchakaja, ein alter georgischer Bolschewik, Vorsitzender des ZIK Transkaukasiens, lud meinen Vater Larin, der im Haushaltsausschuß des ZIK der UdSSR arbeitete, nach Tbilissi zur anberaumten Debatte über den Haushalt Transkaukasiens oder nur Georgiens, genau weiß ich das nicht mehr, ein. Meine Mutter und ich begleiteten unseren Vater, weil wir nach den Beratungen gemeinsam unseren Urlaub in Likani, nahe Borshomi, verbringen wollten. (An Likani erinnerte ich mich später wiederholt auch deshalb, weil dort der bekannte georgische Schriftsteller und Bolschewik Torija, als wir einmal zusammen in einem Park von Likani auf einer Bank saßen, zu meinem Vater gesagt hatte: „Ihr Russen kennt Stalin nicht so gut wie wir Georgier. Er wird noch Eigenschaften unter Beweis stellen, von denen ihr heute nicht einmal träumen könnt!")

An der Haushaltsdebatte nahm auch Berija als Leiter der GPU Georgiens teil. Es war beschlossen worden, die Tagung auf seiner Datscha in der malerischen Umgebung von Tbilissi bei Kodshori durchzuführen. Ich erinnere mich deshalb an den Namen dieser Ortschaft, weil mein Vater aufgrund des Gleichklangs von Kodshori und Ishori Verse von Puschkin zitierte:

Als ich mich Ishori näherte,
blickte ich gen Himmel
und erinnerte mich an die Blicke,
an die blauen Augen der Geliebten . . .

Ich war zum erstenmal in Georgien und von der Schönheit des Landes bezaubert. Natürlich konnte ich damals nicht ahnen, daß der Name unseres freundlichen Gastgebers zum Symbol für Menschenvernichtung werden würde.

Nach den langen Diskussionen über Sachfragen setzte man sich an den Mittagstisch. Es wurden georgische Gerichte und Tee gereicht. Berija saß neben meinem Vater und sagte zu ihm:

„Ich wußte ja gar nicht, daß Sie eine so hübsche Tochter haben."

Ich war damals fünfzehn und wurde vor Verlegenheit rot. Mein Vater entgegnete:

„Mir ist noch nicht aufgefallen, daß sie hübsch ist."

Berija wandte sich Zchakaja zu:

„Micha, trinken wir auf das Wohl dieses Mädchens. Möge ihr ein langes und glückliches Leben beschieden sein."

Zum zweiten Mal begegnete ich Berija im Sommer 1932, ein Jahr nach dem Tod meines Vaters. A. I. Rykow, der von meiner Mutter wußte, wie schwer es mir fiel, den Tod meines Vaters zu verschmerzen, lud mich auf die Krim ein, wo er seinen Urlaub verbrachte. Dort traf ich auch W. Kuibyschew, der mit seiner Tochter, seinem Sohn, seinem Bruder Nikolai Wladimirowitsch (er war ebenfalls ein bewährter Rvolutionär und Bolschewik und wurde später zusammen mit seiner Frau erschossen) und seinem persönlichen Sekretär M. F. Feldmann Urlaub machte.

Kuibyschew hielt sich nicht lange auf der Krim auf. Mit einem Dampfer fuhr er nach Batumi, von dort aus ging es nach Tbilissi und Likani. Um mich abzulenken, forderte er mich auf, sich seiner großen und lustigen Gesellschaft anzuschließen.

Kuibyschew wurde in Batumi von Berija empfangen. Mich begrüßte Berija als „alte Bekannte".

„Ach, wen sehe ich denn da! Das Mädchen hat sich aber herausgemacht!" rief er, als er mich sah.

Er begleitete Kuibyschew von Batumi nach Tbilissi. Zusammen fuhren wir dann auf Berijas Datscha nach Likani. Diesmal kam ich mit dem künftigen Chef des NKWD eine Woche lang täglich mindestens einmal zusammen. Er unterhielt sich wiederholt mit mir, meistens über die Schönheiten Georgiens, und nahm Anteil am Tod meines Vaters.

Wäre ich damals, im Jahre 1932, nach meinem Eindruck von Berija gefragt worden, hätte ich selbst angesichts der von ihm begangenen Untaten nichts Negatives über ihn sagen können. Ich hielt ihn für einen klugen und sachlichen Menschen (in Gesprächen mit Kuibyschew, der damals Vorsitzender der Staatlichen Plankommission war, widmete er sich voll und ganz wirtschaftlichen Fragen Transkaukasiens). Wie alle Kaukasier war er natürlich gastfreundlich. Man kann sich leicht vorstellen, wie er einen Ehrengast, ein Mitglied des Politbüros, bei sich in Georgien aufnahm. Nur gut, daß Walerian Wladimirowitsch Kuibyschew nicht einige Jahre später in Berijas „Gefilde" geriet, sondern bereits kurz nach Kirows Tod als zweite bedeutende politische Persönlichkeit starb. Wäre er in der furchtbaren Zeit des Terrors in Berijas Fänge geraten, hätte Berija ihn zweifellos auch fertiggemacht.*

Doch nun zu meiner Begegnung mit Berija im Gefängnis des NKWD.

Der Volkskommissar saß am Schreibtisch und forderte mich auf, ihm gegenüber Platz zu nehmen. Ich fragte, was aus Jeschow geworden sei.

„Was interessiert Sie daran?" entgegnete Berija, ohne auf meine Frage einzugehen. Um mich abzulenken, fragte er ohne jeden Zusammenhang:

„Warum hinken Sie, Anna Jurjewna?"

Ich wußte nicht, was ich mit dieser Frage anfangen sollte, denn ich hinkte überhaupt nicht. Ich erklärte ihm, daß mich möglicherweise die unerwartete Nachricht von der Ablösung des „ruhmreichen Volkskommissars" etwas aus dem Gleichgewicht gebracht hatte.

---

* W. W. Kuibyschew verstarb völlig unerwartet am 25. 1. 35, knapp zwei Monate nach dem Mord an Kirow, mit dem er lange befreundet war. Es wurde die Vermutung geäußert, daß er in Stalins Auftrag vergiftet worden sei. Vielleicht ist das der Grund, warum man Bucharin und Rykow in ihrem Prozeß den Tod Kuibyschews anlastete.

„Sie hinken also wirklich nicht? Es ist gut, daß mir dies nur so vorkam."

Er sagte dies in einem Ton, als hätte mir im Leben nichts Schlimmeres widerfahren können.

„Nicht Anna Jurjewna, sondern Anna Michailowna", verbesserte Kobulow den Volkskommissar. Berija schaute in meine „Akte", die vor ihm auf dem Schreibtisch lag. Die Mappe war so dick, daß ich mir nicht vorstellen konnte, was in ihr wohl alles enthalten sein sollte. Auf dem Deckel stand „Bucharina-Larina, Anna Michailowna" (vielleicht auch Larina-Bucharina, das weiß ich nicht mehr genau).

„Das ist in diesem Fall völlig egal", belehrte Berija Kobulow. „Jurjewna stimmt auch." (Der Parteideckname „Juri", den mein Vater hatte, war für ihn wirklich zum zweiten Namen geworden.) Kobulow verstand nicht, worum es ging, sagte aber nichts.

„Anna Jurjewna, Sie sind wirklich noch schöner geworden, seit ich Sie das letzte Mal gesehen habe."

Der Volkskommissar betrachtete durch seinen Kneifer mein blasses abgezehrtes Gesicht. Unaufrichtigkeit war ihm offensichtlich zur Gewohnheit geworden. Das verlogene Kompliment war mir mehr als zuwider und rief in mir Empörung hervor. Deshalb antwortete ich aufgebracht:

„Fein, daß ich noch hübscher geworden bin, Lawrenti Pawlowitsch. Noch zehn Jahre Gefängnis, und Sie können mich zur Schönheitskonkurrenz nach Paris schicken!"

Berija strahlte über das ganze Gesicht.

„Was haben Sie denn im Lager gemacht, als was haben Sie gearbeitet?"

„Ich habe Latrinen saubergekratzt", antwortete ich spontan. Ich hätte ihm sagen können, daß es im Lager von Tomsk, in dem ich die ganze Zeit bis zur Vorladung bei ihm eingesperrt war, keine Produktionsstätten gab. Doch ich wollte dies bewußt sagen und damit betonen, daß von Schönheit keine Rede mehr sein konnte und Komplimente fehl am Platze waren. Übrigens beruhte meine Antwort auf Fakten: Nach dem Prozeß verlangte die Barackenälteste von mir, mit einem Brecheisen die festgefrorenen Fäkalien in der Abortgrube zu lockern, damit sie abtransportiert werden konnten. Ihr bereitete es eine wahre

Freude, diese Arbeit der Frau Bucharins zu übertragen. Doch zu ihrem Ärger hielt ich das nicht lange aus, nach drei oder vier Tagen mußte ich vom „Abortdienst" freigestellt werden. Bedenkt man aber, wieviel Mühe ich darauf verwendet hatte, um diese Latrine benutzbar zu machen, dann müßte man mir eine längere Dienstzeit für diese Arbeit anrechnen.

„Sie haben Latrinen sauber gemacht?" stellte Berija erstaunt fest. „Fand sich denn keine bessere Arbeit für Sie?"

„Wozu denn? Für die Frau eines Oberspions und Oberverräters hat man doch damit die passendste Arbeit gefunden ... Was regt Sie denn daran so auf, Lawrenti Pawlowitsch, wenn schon das ganze Leben nur noch Scheiße ist, dann macht es doch nichts aus, in einem kleinen Haufen davon zu wühlen!"

„Was?!" schrie Berija. Ich wiederholte, was ich gesagt hatte.

Was ich über das Leben gesagt hatte, war so vulgär, daß ich es hier weglassen wollte. Doch dann wäre ich nicht ehrlich gewesen. Nach den groben Beschimpfungen, die ich während der Überführung im Sammeltransport nach Moskau zu hören bekam, war mir nun offensichtlich meine Wortwahl vollkommen egal. Mich interessierte überhaupt nicht, wie Berija darauf reagieren würde. Mir war auch nicht bange, daß mir diese Äußerung eine Anklage wegen konterrevolutionärer Verunglimpfung unserer wunderbaren Wirklichkeit einbringen konnte. Mich interessierte nur, wie der neue Volkskommissar dazu stand, daß ich Bucharin ironisch als Oberverräter und Oberspion bezeichnet hatte. Doch Berija stützte sich nur mit seinen Armen auf den Schreibtisch, fixierte mich wie mit Röntgenaugen und dachte lange nach. Dann sagte er zu Kobulow einige Sätze auf Georgisch, worauf dieser mich anschrie: „Schämen Sie sich nicht, so zu reden?"

„Ich schäme mich jetzt überhaupt nicht mehr", antwortete ich, obwohl ich, ehrlich gesagt, doch Hemmungen hatte.

Infolge der langen Isolierung wußte ich nicht, was gegenwärtig in unserem Land vor sich ging, welche Politik der neue Volkskommissar verfolgte und wie er zu den Gerichtsprozessen stand. Berija ließ nicht lange auf sich warten, verfolgte umsichtig und bedächtig sein Ziel. Nach einer kurzen Pause fragte er unerwartet und ohne jeden Zusammenhang:

255

„Anna Jurjewna, warum haben Sie Nikolai Iwanowitsch geliebt?"

Die Frage machte mich betroffen. Der versöhnliche Ton und die Tatsache, daß der Volkskommissar Bucharin mit Namen und Vatersnamen nannte, gaben mir Hoffnung. Ich nahm an, daß Stalin Berija beauftragt hatte, seinen Vorgänger Jeschow bloßzustellen und die ganze Schuld an den Massenrepressalien, darunter auch am Schicksal meines Mannes, auf ihn abzuwälzen. Dadurch könnte zwar Bucharin nicht wieder zum Leben erweckt werden, doch zumindest die schrecklichen Anschuldigungen würden zurückgenommen werden.

Ich wich einer direkten Antwort aus und erklärte, Liebe sei Privatsache, über die man niemandem Rechenschaft schuldig sei.

„Aber wir wissen doch, daß Sie Nikolai Iwanowitsch sehr geliebt haben."

Berija vermied die sonst von Untersuchungsführern gebrauchte stereotype Feststellung „Wie uns zuverlässig bekannt ist", deshalb entgegnete ich ihm herausfordernd: „Aber das wissen Sie doch zuverlässig."

Berija lächelte nur. Aus einer Eingebung heraus fragte ich den Volkskommissar: „Warum haben Sie Nikolai Iwanowitsch geliebt?"

Berija blickte völlig irritiert.

„Ich soll ihn geliebt haben? Was wollen Sie damit sagen? Ich konnte ihn nicht ausstehen."

Den hintergründigen Sinn meiner Frage hatte Berija offensichtlich nicht verstanden. „Lenin nannte Bucharin in seinem ‚Brief an den Parteitag' den gesetzmäßigen Liebling der Partei. Wenn Sie ihn nicht geliebt haben, waren Sie folglich eine Ausnahme in der Partei."

„Hat Bucharin Ihnen das gesagt?"

„Nein, ich habe den ‚Brief an den Parteitag' gelesen."

Ich erinnere mich nicht mehr, ob ich den Brief wirklich gelesen hatte, doch sein Inhalt war mir bekannt. Berija gegenüber behauptete ich jedenfalls, daß ich den Brief gelesen hatte.

„Was Lenin geschrieben hat, ist lange her und tut jetzt nichts mehr zur Sache", erwiderte Berija.

Ich hoffte noch immer, der neue Volkskommissar würde wenigstens Bucharin nicht als Verräter bezeichnen, zumal er mit seinem Tod nichts zu tun hatte. Doch Berija wechselte das Thema, da das Gespräch eine für ihn unangenehme Wendung genommen hatte.

Er wollte wissen, was ich an diesem Tag zu essen bekommen hatte, worauf ich antwortete, daß für mich nicht extra gekocht werde. Daraufhin bat er Kobulow, für mich belegte Brote und Obst zu besorgen. Aus dem Aktendeckel nahm er ein Schreiben heraus. An der Schrift erkannte ich, daß es die von mir an Jeschow gerichtete Eingabe war.

„Anna Jurjewna, wollen Sie wirklich nicht mehr leben?" fragte mich der Volkskommissar. „Das ist schwer zu glauben. Sie sind doch noch so jung, das ganze Leben liegt noch vor Ihnen . . ."

„Als ich Jeschow das schrieb, war ich völlig verzweifelt und ohne Hoffnung. Nur der langsame Tod war mir geblieben. Alles war wie ein schrecklicher Alptraum, ich lebte wie hinter einer tödlichen Nebelwand. Nikolai Iwanowitsch und alle, für die ich Achtung empfand, waren umgebracht worden. Man hatte mir mein Kind genommen, mich zum Sterben in ein feuchtes Verlies gesteckt und außerdem mehrmals erschossen (damit wollte ich ausdrücken, daß man mir wiederholt mit Erschießen drohte und Scheinexekutionen durchgeführt hat). Warum sollte ich da noch am Leben hängen?"

Berija hörte mir mit gesenktem Kopf zu und schaute mich stirnrunzelnd an. Scheinbar verspürte er eine menschliche Regung.

„Man kann nur einmal erschossen werden, nicht mehrmals. Jeschow hätte Sie erschießen lassen können", entgegnete der neue Volkskommissar.

Ich versuchte nochmals, in Erfahrung zu bringen, was mit Jeschow los war. Doch Berija gab mir zu verstehen, daß hier nur er die Fragen stelle.

„Lassen Sie mich nun erschießen?"

„Das hängt von Ihrem weiteren Verhalten ab."

Wie oft haben Häftlinge diesen stereotypen Satz von Untersuchungsführern gehört. Mein Verhalten gefiel Berija jedenfalls nicht. Schließlich zog er die Akte mit meinem „Fall" näher zu sich heran. Er hatte sie offensichtlich schon vorher gelesen, blätterte sie flüchtig durch und sagte zu mir:

„Die konterrevolutionäre Jugendorganisation, zu der Bucharin über Sie Verbindung unterhielt, ist natürlich Unsinn. Es stimmt auch nicht, daß Bullit Sie nach der Verhaftung Bucharins nach Amerika bringen wollte. Wissen Sie denn wenigstens, mit wem Sie sich in der Zelle unterhalten haben? Bevor man offen redet, sollte man sich vergewissern, wer der Gesprächspartner ist. In Ihrer Lage ist das besonders wichtig . . ."

Der Volkskommissar schien direkt väterlich besorgt zu sein. Ich erzählte ihm, daß ich erst in der letzten Minute erfahren hatte, wer meine Zellennachbarin war, und daß sie mir beim Verlassen der Zelle ins Gesicht geschlagen hatte. Aber nicht deshalb, weil sie mich für die Frau eines Volksfeindes und Konterrevolutionärs hielt. Sie haßte mich vielmehr, weil sie in mir die Frau eines Bolschewiken und Revolutionärs sah. Deshalb hat sie mich derart verleumdet.

„Nicht alles war gelogen", sagte Berija. „Kannten Sie Andrej Jakowlewitsch Swerdlow?"

Mir war bekannt, daß Andrej Swerdlow aufgrund der Verleumdungen durch meine Zellennachbarin in den Akten des „Falls" als Mitglied der konterrevolutionären Jugendorganisation erwähnt wurde.

„Ich kannte ihn", sagte ich schnell, „doch daraus folgt keinesfalls, daß Swerdlow einer konterrevolutionären Jugendorganisation angehörte. Sie haben doch selbst gesagt, daß es diese Organisation überhaupt nicht gegeben hat."

„Ich habe hier nur Ihnen gegenüber meine Meinung geäußert. Das heißt jedoch nicht, daß es bei uns keine konterrevolutionären Jugendorganisationen gibt. Warum stellen Sie sich denn so schützend vor Swerdlow? War er vielleicht in Sie verliebt?"

„Ich verteidige ihn, weil ich überzeugt bin, daß er keinerlei Beziehungen zur Konterrevolution unterhalten hat. Und was die Liebe betrifft, da fragen Sie doch Swerdlow selbst. Mir hat er jedenfalls keine Liebeserklärung gemacht."

Berija entnahm meinen Unterlagen Gedichte, die ich in der

Zelle verfaßt hatte. Doch ich hatte sie nicht aufgeschrieben. Nur meiner Zellennachbarin hatte ich sie vorgetragen.

„Wie ich sehe, Anna Jurjewna, schreiben Sie ganz gute Gedichte. Haben Sie das von Bucharin oder von Larin?"

Ohne meine Antwort abzuwarten, zitierte Berija:
„Er wurde geliebt von seinen Freunden,
doch auch gehaßt von starken Feinden,
denn seine Gedanken waren frei,
widersetzten sich jeder Tyrannei."

„Was wollen Sie mit diesen Zeilen ausdrücken?" fragte er.

„Diese Zeilen enthalten keinerlei Hintergedanken."

„Wir haben die abwegigen Gedanken Bucharins immer durchkreuzt."

Da er Bucharin nur abwegige Gedanken unterstellte, schöpfte ich wieder Hoffnung. Schließlich waren abwegige Gedanken nicht so schlimm wie Beschuldigungen des Verrats, der Spionage, des Terrors oder der Verbindung zu faschistischen Geheimdiensten.

„Doch wer ist dieser Rabe?" fragte der Volkskommissar mit erhobener Stimme und las Zeilen aus einem anderen meiner Gedichte vor:
„Der schwarze Rabe hackt wie ein Geier
tiefe Wunden in Herz und Hirn.
Seine Gier nach Blut ist hemmungslos.
Er nährt sich von Toten, doch seine
Freßgier läßt sich niemals stillen.
Ganz Rußland ist dadurch zu einer Region
der Furcht und Knechtschaft,
der Unterdrückung und der Schande geworden."

„Wer ist dieser Rabe?" fragte Berija erneut.

„Na, eben ein Rabe", entgegnete ich, fest entschlossen, dazu keinerlei Erklärungen abzugeben. „Das ist ein Alptraum, der mich ständig in der Zelle quälte und den ich in diesem Gedicht wiedergegeben habe."

„Das kann man aber auch anders verstehen", entgegnete Berija.

Meine innere Erregung steigerte sich immer mehr. Doch durch die Rückkehr Kobulows blieb es mir erspart, die zitierten

Zeilen kommentieren zu müssen. Auch Berija war offensichtlich nicht mehr auf eine Antwort erpicht.

Kobulow brachte belegte Brote und Obst. Berija wechselte unverhofft den Ton. Ob hierfür die übliche kaukasische Gastfreundschaft oder andere Erwägungen ausschlaggebend waren, konnte ich nicht erkennen.

„Machen wir erst einmal eine Pause, Anna Jurjewna." Er schob mir die belegten Brote, Tee und eine Schale mit Apfelsinen und Weintrauben zu. Ich lehnte ab.

„Greifen Sie doch bitte zu. Warum lehnen Sie ab? Ich möchte mit Ihnen Tee trinken. Wenn Sie nicht essen wollen, ist unser Gespräch beendet . . ."

Die letzten Worte ließen mich aufhorchen.

„Es gibt also keinen besonderen Grund für unser Gespräch? Lawrenti Pawlowitsch, Sie haben damals Kuibyschew gastfreundlich empfangen. Wir saßen gemeinsam am Mittagstisch und unterhielten uns. Doch die Situation ist heute wohl etwas anders . . ."

„Warum erwähnen Sie Kuibyschew? War ich etwa Larin gegenüber ein schlechter Gastgeber? Das haben Sie offensichtlich vergessen."

„Ich habe nichts vergessen. Obwohl es zehn Jahre zurückliegt, erinnere ich mich noch ganz genau an Ihren Toast am Mittagstisch: ‚Trinken wir auf das Wohl dieses Mädchens. Möge ihr ein langes und glückliches Leben beschieden sein!‘ Leider sind diese guten Wünsche nicht in Erfüllung gegangen."

„Ist sie etwa auch noch die Tocher von Larin?" fragte Kobulow abfällig, als er von meiner kompromittierenden Herkunft hörte.

„Nein, ich spreche nicht von diesem Larin*, sondern von Juri Larin, einem einmaligen und phantasievollen Menschen . . . (Nachdem sich Lenin auf dem 11. Parteitag über Larins Zukunftsvisionen geäußert hatte, wurde bei Nennung von Larins Namen immer auf seine Phantasterei angespielt – A. L.) Ich habe

---

* Kobulow meinte offensichtlich Vitali Larin, Sekretär des Gebietskomitees Rostow, der Ende 1937 von einem Gericht unter Ausschluß der Öffentlichkeit zusammmen mit Jenukidse und Karachan zum Tode durch Erschießen verurteilt worden war.

ihn sehr geachtet. Er hat ein Ehrenbegräbnis auf dem Roten Platz erhalten . . .“ (Als ob Berija sich dafür eingesetzt hätte!)

Möglicherweise wollte Berija mit dieser Einschätzung Larins bei mir erreichen, daß ich seine feindselige Haltung gegenüber Bucharin nicht so sehr als persönliche Kränkung empfand.

„Nur gut, daß Larin rechtzeitig gestorben ist. Sonst wäre ihm das Schicksal seiner Genossen nicht erspart geblieben und Sie hätten nicht die Möglichkeit, sich mit so herzlichen Worten an ihn zu erinnern.“

„Warum denken Sie so schlecht von Ihrem Vater? Genosse Larin war ein der Partei treu ergebenes Mitglied.“

„Und die anderen umgebrachten Bolschewiki, wie Bucharin, waren sie der Partei vielleicht weniger treu ergeben als Larin?“

Jetzt war der entscheidende Moment gekommen.

„Meinen Sie nach diesem Prozeß etwa immer noch, Bucharin sei ein ehrliches Parteimitglied gewesen?“ fragte Berija drohend. „Er war ein Volksfeind, ein Verräter, Leiter einer rechtstrotzkistischen Organisation. Über diese Organisation wissen Sie ja Bescheid. Sie konnten sich im Lager aus Zeitungen über den Prozeß informieren.“

Das also verbarg sich hinter der vorgetäuschten Liebenswürdigkeit – alles nur Lüge und Heuchelei. Der Boden schwankte unter meinen Füßen und mir wurde schwarz vor Augen. Berijas Gesicht verschwamm zu einer grauen formlosen Maske. Von nun an empfand ich dem neuen Volkskommissar gegenüber den gleichen Haß wie für seinen Vorgänger. Berija schaute mich aufmerksam an, offensichtlich wollte er die Wirkung seiner gemeinen Worte testen.

Ich wendete mich ab, um seinem durchdringenden Blick auszuweichen. Links von mir war ein Fenster mit zugezogenen Vorhängen. Ich glaubte, von dort Großstadtlärm zu vernehmen – Autohupen und das Quietschen von Straßenbahnen. Vor meinem geistigen Auge erschien der Theaterplatz, der jetzt den Namen von Swerdlow trägt, und das „Metropol“ mit seiner mosaikverzierten Fassade und den kleinen Türmen auf dem Dach. Das „Metropol“ gleicht einem großen Schiff, das für immer an diesem Platz vor Anker gegangen ist. Hier bin ich aufgewachsen und hier war ich glücklich. Dieses Gebäude befand sich gegen-

wärtig in unmittelbarer Nähe und war doch für mich so uner-
reichbar fern. Ich brauchte nur an der Mauer der Chinavorstadt
und dem Denkmal des Altmeisters des Buchdrucks Iwan Fedo-
row vorbei die schmale Straße hinunterzugehen, wo noch Anfang der zwanziger Jahre Chinesen mit langen tiefschwarzen
Zöpfen, in hellblauen Kitteln und Hosen, selbstgefertigtes
Spielzeug, bunte Papierkugeln und kleine Gummibälle verkauf-
ten. Schräg gegenüber vom „Metropol" liegt das Gewerk-
schaftshaus mit dem Säulensaal, in dem die berüchtigten und
schändlichen Gerichtsurteile gefällt wurden.

Während des Verhörs (wenn man mein Gespräch mit Berija
als Verhör bezeichnen kann) wurde ich immer nervöser.
Schließlich fing ich an, hemmungslos zu weinen.

„Weinen Sie immer so schnell?" fragte Berija und schob das
Teeglas zu mir herüber. Ich schob es aber demonstrativ wieder
zurück.

„Der Tee ist gut, Sie sollten ihn nicht ablehnen, Anna Jurjewna. Genosse Larin hat viel Mühe aufgewandt, um bei uns im
Kaukasus den Teeanbau einzuführen. Das ist Tee von dort . . ."

Nachdem Berija Bucharin derart verunglimpft hatte, brachte
ich kein Wort mehr heraus. Was hatte mich denn so aus der Fassung gebracht? Worte wie Verräter, Volksfeind, Vaterlandsver-
räter und ähnliches, mit denen man häufig sowohl bekannte Politiker und Kämpfer der Oktoberrevolution in aller Öffentlichkeit als auch Millionen unbekannter Häftlinge abstempelte,
waren schon so in den Sprachgebrauch unseres Landes eingegangen, daß sie ihre Schockwirkung verloren hatten. Doch aus
dem Munde Berijas versetzten sie mich in Wut. Vielleicht, weil
einige Äußerungen des Volkskommissars durchaus vernünftig
und sogar menschlich klangen. Er verwarf beispielsweise viele
unbegründete Anschuldigungen, die gegen mich in Nowosibirsk erhoben worden waren. Auch seine Bemerkung, daß man
sich zuerst vergewissern sollte, mit wem man es zu tun hat, bevor man etwas sagt, deutete ich so: Berija wertete meine Emp-
findungen als vollkommen natürliche Reaktion auf die Vorfälle, billigte aber nicht meine Offenheit gegenüber anderen,
weil dies meine Lage verschlechterte. Ich hatte immer noch ge-
hofft, daß möglicherweise unsere langjährige Bekanntschaft

Berija veranlassen könnte, Bucharin mir gegenüber nicht als Verräter zu bezeichnen.

Alles, was ich Jeschow sagen wollte, bekam nun Berija von mir zu hören. Ich erklärte ihm, man könne nicht von mir verlangen, etwas zu glauben, wovon man selbst nicht überzeugt sei. Mir erscheine es vollkommen unglaubwürdig, daß so viele Bolschewiki ihre Ideale verraten hätten und in der Sowjetunion den Kapitalismus restaurieren wollten, gegen den sie ihr ganzes Leben lang gekämpft hatten.

„Das ist meine ganz persönliche Meinung. Und als Bucharins Frau kenne ich viele der Beschuldigten und viele Vorgänge. Ich weiß daher genau, was in den Aussagen erfunden und unwahr ist."

„Sehr interessant, und was haben Sie festgestellt?" fragte der Volkskommissar.

Ich führte mehrere Beispiele an, die mir bei den im Lager durchgeführten Zeitungsschauen über den Prozeßverlauf aufgefallen waren. Der ehemalige Sekretär des ZK Usbekistans, Akmal Ikramow, sagte aus, er habe sich 1935 mit Bucharin in einer mir unbekannten Wohnung in der Subowskistraße getroffen, wo sie konterrevolutionäre Gespräche geführt hätten. Auch die Ehefrauen von Bucharin und Ikramow seien dort gewesen. Doch ich kannte diese Wohnung überhaupt nicht.

Ein zweites Beispiel bestärkte mich noch mehr in meiner Auffassung, daß dieser Prozeß inszeniert war. Ikramow gab vor Gericht an, er habe Bucharin auf dem 8. Sowjetkongreß, der die sogenannte Stalinsche Verfassung annahm, getroffen. Auf der Treppe (der größeren Glaubwürdigkeit wegen hatten die Regisseure dieser Farce dem armen Ikramow sogar noch den Treffpunkt vorgegeben) hätten sie ohne Zeugen über konspirative Pläne gesprochen. Bucharin sollte Ikramow gegenüber geäußert haben: wenn es nicht bald zu einer Intervention (durch das faschistische Deutschland!) käme, dann würden sie – die Schädlinge und Spione – allesamt gefaßt werden.

Ich versuchte nicht, Berija zu erklären, daß meiner Meinung nach weder Ikramow noch Bucharin als ihren Idealen treu ergebene Bolschewiki solche Gespräche geführt haben konnten. Ich führte vielmehr die Tatsache an, daß Bucharin am 8. Sowjetkongreß gar nicht teilgenommen hatte. Er gehörte zwar der Verfassungskommission an, doch im Dezember 1936, als der Kongreß tagte, war gegen ihn bereits ein Ermittlungsverfahren anhängig. Er war entrechtet und durfte die Wohnung nicht verlassen, so daß wir beide gemeinsam zu Hause die Rede Stalins im Rundfunk anhörten. Auch über die Ereignisse in Paris berichtete ich Berija. Er hörte mir sehr aufmerksam zu. Ich erklärte ihm den Zweck von Bucharins Dienstreise und sagte, daß ich an den Verhandlungen, die Bucharin und die anderen Kommissionsmitglieder mit dem emigrierten Menschewiken B.I. Nikolajewski über das Marx-Archiv führten, teilgenommen hatte. Daher sei es für mich sehr bedrückend, Bucharins Falschaussage zu hören, Nikolajewski arbeite illegal für den rechtstrotzkistischen Block, und er habe seine Dienstreise genutzt, um eine Verschwörung vorzubereiten und sich für den Fall ihres Scheiterns die Unterstützung der II. Internationale zu sichern. Ich könne aber bezeugen, daß die Verhandlungen mit Nikolajewski rein sachlicher Art waren und nur den Auftrag betrafen. Lediglich einmal sei über Politik gesprochen worden, doch in diesem Gespräch sah Bucharin in Nikolajewski den ideologischen Gegner.

Bucharin erklärte während des Prozesses, Rykow habe die Verbindung zwischen dem rechtstrotzkistischen Block und dem menschewistischen Auslandszentrum über Nikolajewski aufrechterhalten. Darauf verwies auch Jagoda, und Rykow hat dies gezwungenermaßen bestätigt. Da ich aber bei dem Gespräch in Paris zugegen war, wußte ich, daß keinerlei Verbindung zwischen Nikolajewski und Rykow bestanden hat. Sonst hätte Nikolajewski nicht so nachdrücklich versucht, von Bucharin etwas über seinen Bruder Wladimir Iwanowitsch zu erfahren, der mit Rykows Schwester verheiratet war und in Moskau lebte.

„Ich bin fest davon überzeugt, daß Nikolajewski diese Falschaussagen Bucharins und Rykows bereits in der Presse dementiert hat“, sagte ich zu Berija. (Wie ich viele Jahre nach meiner Freilassung erfuhr, hatte ich mich in dieser Hinsicht nicht geirrt.)

„Die Vertreter der II. Internationale dementieren das natürlich aus konspirativen Erwägungen“, sagte Berija.

Seine Antwort zeugte von stalinistischem Dogmatismus.

„Soll ich aufhören?" fragte ich den neuen Volkskommissar.

„Nein, sprechen Sie nur weiter, es ist interessant, wie Sie das alles auffassen . . ."

„Ich sehe dies alles so, wie es jeder andere an meiner Stelle auch auffassen würde."

Ich erzählte ihm dann, wie es zu den Aussagen von Jakowenko gekommen war.

Wassili Grigorjewitsch Jakowenko war ein sibirischer Bauer, der sich im Kampf gegen Koltschak als Kommandeur einer Partisanenabteilung Ruhm erworben hatte. Bucharin erfuhr kurz vor seiner Verhaftung, daß die Aussagen des bereits inhaftierten Jakowenko ihn belasteten. Dieser hatte beim Verhör angegeben, daß er Bucharin in Serebjani Bor, in Larins Datscha, getroffen hatte. Bucharin habe ihm dort den Auftrag erteilt, nach Sibirien zu fahren und Kulakenaufstände mit dem Ziel zu organisieren, Sibirien von der Sowjetunion loszulösen.

Diese Aussagen entsprechen nicht der Wahrheit. Allerdings stimmt es, daß Bucharin zufällig Jakowenko auf Larins Datscha in Serebjani Bor begegnet ist, und zwar unter folgenden Umständen: Bucharin, mein Vater und ich saßen auf einer Bank am Zaun. Wir sahen, wie Wassili Grigorjewitsch Jakowenko den Weg an der Datscha entlang ging. Mein Vater war mit ihm befreundet, während Bucharin ihn nur flüchtig kannte. Früher strotzte Jakowenko vor Gesundheit und Kraft, war ein hochgewachsener und hübscher Sibirier. Nun aber erkannten wir ihn kaum wieder. Er war hohlwangig und abgemagert, sah krank und hilflos aus und stützte sich auf einen Stock. Er mußte dringend ins Krankenhaus, weil er ein verschlepptes Magengeschwür hatte. Mein Vater lud Jakowenko ein, sich zu uns auf die Bank zu setzen. Er hatte starke Schmerzen und blieb deshalb nicht lange. Wir sprachen lediglich über seinen Gesundheitszustand und über die Ernteaussichten.

„Und wie waren die Ernteaussichten?" fragte Berija ironisch und gab mir damit zu verstehen, daß er meiner Schilderung nicht glaubte.

„Daran erinnere ich mich nicht mehr, aber das ist in diesem Fall wohl auch nicht so wichtig."

Mich erschütterten nicht nur die verleumderischen Aussagen

von Jakowenko (Bucharin hatte sie mir vor seiner Verhaftung empört vorgelesen und mich gefragt, ob ich mich an diese Episode erinnerte), sondern auch die Tatsache, daß Bucharin vor Gericht diese Aussagen bestätigte und sogar den Ort der Begegnung – Serebjani Bor – erwähnte (wobei er allerdings Larins Datscha verschwieg, offensichtlich, um dessen Namen aus der Sache rauszuhalten).

Ich regte mich sehr auf und merkte, daß ich mir mit diesen Äußerungen selbst einen Strick drehte. Doch nachdem Berija Bucharin einen Verräter genannt hatte, konnte ich nicht mehr an mich halten. Ich beherrschte mich trotzdem so weit, daß ich verschwieg, wie erschüttert ich über Bucharins Aussage während des Prozesses war, er habe gegenüber anderen Verschwörern M. N. Tuchatschewski als potentiellen Usurpator bezeichnet. Ich wußte von Bucharin seit langem, daß Stalin in einem Gespräch mit ihm Tuchatschewski Usurpationsabsichten unterstellt hatte und Bucharin ihn davon überzeugen mußte, daß Tuchatschewski keinesfalls nach Macht strebte. Doch aus dieser Episode wurde klar, daß Stalin unmittelbar am Szenarium dieses Prozesses mitgewirkt hatte, denn kein anderer hätte Bucharin Stalins Worte unterschieben können.

Ich sagte Berija nicht, wie sehr mich das erzwungene Geständnis Bucharins verwundert hatte, er habe seinen ehemaligen Anhänger Alexander Slepkow in den Nordkaukasus geschickt, um dort Kulakenaufstände zu organisieren. Ich wußte genau, daß Bucharins Anhänger, darunter auch Slepkow, auf Stalins Weisung in entfernte Landesteile geschickt worden waren, um Bucharin zu isolieren. Das betrübte ihn sehr.

Doch ich erwähnte Berija gegenüber noch einen weiteren wesentlichen Fakt, der die Prozeßaussagen widerlegte. Kurz vor der Verhaftung Radeks war ich Zeugin eines Gesprächs zwischen ihm und Bucharin. Sie sprachen unter vier Augen, doch ich hielt mich im Nebenzimmer auf. Durch die offene Tür hörte ich, wie Radek Bucharin versicherte, er sei nicht in eine Verschwörung gegen Stalin oder in andere Verbrechen verwickelt. Doch nach seiner Verhaftung – bei der Vorverhandlung und während des Prozesses – gestand Radek die schlimmsten Verbrechen ein und verleumdete Bucharin.

„Aus der Unterredung zwischen Radek und Bucharin", sagte ich zu Berija, „läßt sich nur folgender Schluß ziehen: Entweder Radek selbst war in konterrevolutionäre Tätigkeit verwickelt und hat mit seiner Aussage Bucharin verleumdet (ich selbst schloß diese Variante kategorisch aus, doch ich wollte logisch beweisen, daß Bucharin an den ihm zur Last gelegten Verbrechen nicht beteiligt war) oder beide sind unschuldig. Eine andere Schlußfolgerung gibt es nicht. Zwei Verschwörer hätten ein solches Gespräch, das ich unfreiwillig mitgehört habe, niemals geführt."

Ich nahm an, daß ich Berija mit dieser letzten Episode Anlaß zum Grübeln gegeben hatte. Doch er schaute mich nur gleichgültig an und sagte ruhig:

„Ihre Argumente sind nicht stichhaltig, Anna Jurjewna. Für Ihre Überlegungen, die auf nur Ihnen bekannten Fakten beruhen, gibt es keine Zeugenaussagen. Warum soll ich Ihnen denn glauben, daß Radek wirklich Bucharin gegenüber seine Unschuld beteuert hat, wo doch beide sowie auch andere Angeklagte vor Gericht ihre gegen den Sowjetstaat begangenen Verbrechen eingestanden haben? Wer garantiert mir, daß alles, was Sie gerade berichteten, nicht Ihrer Phantasie entsprungen ist?"

Natürlich wußte Berija nur zu gut, daß ich das nicht einfach erfunden hatte. Er hörte mir mit unveränderter Aufmerksamkeit zu. Doch seine demagogische Äußerung traf mich zutiefst. Es war natürlich möglich, Zeugen zu finden. Doch ich faßte mich rasch wieder.

„Ich brauche keine Zeugen", entgegnete ich dem Volkskommissar. „Sie zeigen sich verwundert, sogar empört, daß ich auch nach dem Prozeß nicht an Bucharins Schuld glaube. Ich habe Ihnen dargelegt, warum ich es nicht glauben kann, und meiner Meinung nach ziemlich überzeugende Beweise geliefert. Wenn Sie meinen Worten nicht glauben, dann hat unser Gespräch keinen Sinn."

„Es hat schon Sinn, wenn ich mit Ihnen spreche", entgegnete Berija. „Wie ist es denn zu den Schuldbekenntnissen der Angeklagten gekommen, denen Sie keinen Glauben schenken? Hat Ihnen Bucharin etwa eingeredet, daß Geständnisse durch Folterungen erpreßt wurden?"

„Ich habe mit Bucharin vor seiner Verhaftung darüber gesprochen. Er wertete die Aussagen gegen ihn als Verleumdungen, die erzwungen und erpreßt worden waren. Er stellte verschiedene Vermutungen über die Methoden an, mit denen derartige Aussagen erreicht wurden, aber Folterungen schloß er aus. Wie Verleumdungen inszeniert werden, wissen Sie besser als Bucharin."

„Feinde müssen eben wie Feinde behandelt werden, es geht nun einmal nicht anders."

„Ich denke, daß es schon Sinn hat, auch vom Gegner die Wahrheit zu erfahren. Da aber Ihre Untersuchungsmethoden nur zu verleumderischen Aussagen führen, hat die Wahrheit keine Chance."

Ich weiß nicht mehr, was Berija darauf antwortete.

Mir war nicht ganz klar, warum er dieses Gespräch mit mir führte. In einer plötzlichen Anwandlung wollte ich ihn danach fragen. Doch als ich sein finsteres Gesicht sah (sein Gesichtsausdruck wechselte häufig), verzichtete ich darauf. Er hätte mir wahrscheinlich sowieso nicht die Wahrheit gesagt. Andererseits fürchtete ich auch seine Antwort.

Gegen Ende des Gesprächs stellte mir Berija einige recht interessante Fragen. Ich will berichten, woran ich mich noch erinnern kann. Er fragte, ob sich Maxim Maximowitsch Litwinow und Bucharin gut kannten und ob Litwinow Bucharin besucht habe. Ich entnahm daraus, daß man es nun auf Litwinow abgesehen hatte, er aber noch nicht verhaftet war. Ich antwortet, sie seien nicht näher bekannt und Litwinow wäre nie bei Bucharin gewesen.

„Was Sie nicht sagen, sie kannten sich also nicht?" fragte der Volkskommissar lächelnd.

Selbst beim besten Willen konnte ich nicht leugnen, daß sie miteinander bekannt waren.

„Ihre Antwort ist sehr vage. Sie wollen offensichtlich Litwinow decken."

„Meine Antwort entspricht den Tatsachen – sie kannten sich, aber nicht näher. Etwas anderes kann ich nicht sagen."

Dann folgte eine Frage, die mich sehr verwunderte:

„Wie hat Bucharin die führenden sowjetischen Politiker eingeschätzt?"

Es schien mir sehr seltsam, daß sich Berija mehrere Monate nach Bucharins Tod dafür interessierte. Ich antwortete, daß Bucharin darüber mit mir nicht gesprochen habe. Da jedoch, wie er – Berija – es selbst gesagt hatte, der Mensch nur einmal erschossen werden kann, habe diese Frage nach Bucharins Tod ihren Sinn verloren. Berija gab sich damit nicht zufrieden, doch eine andere Antwort erhielt er von mir nicht.

Die nächste Frage betraf mich persönlich. Er wollte wissen, ob ich mich vor meiner Verbannung nach Astrachan in Moskau mit jemandem getroffen hätte. Ich sagte nicht gleich die Wahrheit und antwortete zunächst, das sei nicht der Fall gewesen. Doch ich konnte nicht lügen und „gestand" schließlich, daß das nicht stimmte. „Ich habe mich mit jemandem getroffen, dessen Namen ich Ihnen aber nicht nennen will."

„Warum denn nicht?" wollte Berija wissen.

„Sie werden ihn dann überwachen lassen, ich aber möchte nicht, daß er Unannehmlichkeiten hat. In den für mich schwersten Tagen hat er sich nicht wie viele andere feige benommen, sondern sich um mich gekümmert und mir sehr geholfen.

Daraufhin lachten Berija und Kobulow schallend.

„Nikolai Stepanowitsch Sosykin hat sich auftragsgemäß um Sie gekümmert", bemerkte Berija ironisch und schüttelte den Kopf. „Wie kann man nur so naiv sein . . .? Sie haben sich mit ihm doch im Hotel ‚Moskwa' getroffen, nicht wahr?"

Ich war vollkommen schockiert. Mein Herz klopfte so stark, daß ich es schlagen hörte. Da mußte ich plötzlich meine Einstellung zu einem Menschen ändern, der mir wie ein Retter erschienen war, als für mich eine Welt einstürzte. Ich hatte ihn in guter Erinnerung und immer gedacht, daß es nur wenige wie Kolja Sosykin gab.

Zu der Begegnung mit Kolja Sosykin war es wie folgt gekommen: Vor dem Plenum des ZK im Februar/März 1937 rief mich mein ehemaliger Studienkollege, der Komsomolorganisator unserer Gruppe, Kolja Sosykin, an. Er war zum Studium nach Moskau delegiert worden und nach Abschluß der Ausbildung wieder nach Stalingrad zurückgegangen. Er erklärte mir, man habe ihn jetzt in die Planungsabteilung des neugebildeten Volkskommissariats der Verteidigungsindustrie versetzt und er wohne, bis man für ihn eine Unterkunft gefunden habe, im Hotel „Moskwa". Ich zweifelte nicht an seinen Worten, Bucharin aber meinte: „Wer braucht schon im Volkskommissariat für Verteidigungsindustrie so dringend einen Hochschulabsolventen, der gerade erst sein Studium beendet hat, noch dazu auf einem andersgelagerten Fachgebiet, daß man ihn aus Stalingrad nach Moskau holt und dann auch noch im ‚Moskwa' unterbringt? Mit deinem Sosykin stimmt etwas nicht." Ich schenkte dem keinen Glauben. Bucharin hatte jedoch nichts dagegen, daß wir uns trafen. Er warnte mich lediglich, mich nicht aushorchen zu lassen und nichts Verfängliches zu sagen. Von August 1936 bis zum 27. Februar 1937 war ich ständig mit Bucharin zusammen gewesen. Nur einmal hatte ich schnell meine Mutter besucht, weil er wissen wollte, wie alle diese Vorgänge in der Öffentlichkeit eingeschätzt wurden. Wir beide waren von der Außenwelt bereits vollkommen abgeschnitten.

Vor Bucharins Verhaftung hatte ich Sosykin nur einmal getroffen. Ich fand nichts dabei, daß er sich bei unserem Wiedersehen für Bucharin interessierte, und natürlich drängte es mich, ihm zu sagen, daß Bucharin seine Schuld entschieden bestritt. Und das war eben das „Verfängliche", worüber zu sprechen in jener Zeit gefährlich war. Nach Bucharins Verhaftung traf ich mich erneut mit Sosykin im Hotel „Moskwa". Ich konnte an nichts anderes denken und über nichts anderes sprechen als über das schreckliche Februar/März-Plenum. Sosykin versuchte, mich zu beruhigen. Er kaufte für mein Kind Spielzeug und Süßigkeiten.

„Sie wollten ihn schonen, Anna Jurjewna, während er mit Ihnen keinerlei Mitleid hatte. Er hat sehr schlecht über Sie gesprochen", sagte Berija.

„Mir ist es egal, wie Sosykin über mich gesprochen hat. Für mich ist nur wichtig und sehr schmerzhaft, daß ich ihn irrtümlich für einen anständigen Menschen gehalten habe. Meiner Meinung nach konnte er nichts Schlechtes über mich sagen, es sei denn, er hat gelogen. Ich habe ihm nur über den Verlauf des Februar/März-Plenums und über Bucharins Auftreten auf diesem Forum erzählt. Nur darüber kann er berichtet haben. In dieser Hinsicht gibt es aber noch mehr Berichte über mich, da kommt es auf einen mehr oder weniger nicht an. Sie machen mir zum Vorwurf, daß ich Sosykin über das Plenum informierte. Ich aber meine, daß es gut war, weil ich ihm die Wahrheit über Bucharin sagte."*

„Mit allen haben Sie irgendwie Mitleid", bemerkte der Volkskommissar. „Auch die Verbindungen zwischen Litwinow und Bucharin wollen Sie nicht aufdecken . . ."

„Ich weiß nichts über Verbindungen zwischen Litwinow und Bucharin. Was Sie interessiert, sind doch konterrevolutionäre Kontakte. Und solche hat es zwischen den beiden überhaupt nicht geben können. Welchen Sinn hätte es auch für mich, Litwinow zu decken. Er ist viel zu bedeutend, als daß ich sein Schicksal beeinflussen könnte."

„Über Litwinow werden Sie dem Untersuchungsführer schon noch Angaben machen", sagte Berija und fragte dann unverhofft: „Kannten Sie Astrow? Astrow hat uns in vieler Hinsicht geholfen, und damit rettete er sein Leben."

Ich kannte Astrow nicht, wußte aber, daß er ein Anhänger Bucharins war.

„Astrow hat offensichtlich Bucharin und andere Genossen, die seine Anhänger waren, verleumdet. Ich weiß nicht, wie Sie ihn dazu gebracht haben. Ich bin nicht Astrow, ich werde nie zu Ihrem Helfershelfer."

„So ist das also", sagte Berija völlig ungerührt. „Die Tochter Larins hat nicht nur einen Volksfeind geheiratet, sondern verteidigt ihn auch noch."

Ich mußte an mich halten, um nicht ausfällig zu werden. Er merkte, daß mich jede Erwähnung von Larin sehr aufregte. Möglicherweise bereitete gerade das dem Sadisten Berija Genugtuung.

„Was hat Larin damit zu tun? Lassen Sie seinen Namen aus dem Spiel! Ich habe Bucharin geheiratet, weil ich die Tochter Larins bin. Das wissen Sie doch genauso gut wie ich. Sie waren gute Freunde."

* Nach meiner Freilassung erfuhr ich, daß besagter Sosykin kein einfacher Informant, sondern NKWD-Mitarbeiter war und später engster Mitarbeiter Berijas wurde. Eine gewisse Zeit leitete er das Moldawische NKWD.

Berija schaute mich prüfend an, runzelte die Brauen und schwieg. Ich zitterte vor Erregung, weil ich merkte, daß er gerade eine Entscheidung traf. Schließlich sagte er: „Wen wollen Sie retten, Anna Jurjewna? Nikolai Iwanowitsch lebt doch nicht mehr (er nannte Bucharin erneut mit Namen und Vatersnamen), jetzt müssen Sie sich retten!"

„Ich rette mein reines Gewissen, Lawrenti Pawlowitsch."

„Lassen Sie das Gewissen aus dem Spiel", schrie Berija mich an. „Sie reden zu viel Unsinn! Wenn Sie leben wollen, schweigen Sie über Bucharin. Wenn Sie nicht schweigen, dann..." Berija hielt den rechten Zeigefinger an die Schläfe. „Also versprechen Sie mir, den Mund zu halten?!" sagte er im Befehlston und blickte mich beschwörend an, als habe er dieses Versprechen bereits für mich abgegeben. Ich glaube, dieser Moment entschied darüber, ob ich am Leben bleiben würde. Ich versprach zu schweigen. Außerdem war ich darüber erstaunt, daß ausgerechnet Berija und nicht sein großer Chef aus irgendeinem Grund mein Leben retten wollte. Auch das hat meine Entscheidung sicherlich beeinflußt.

Ich bewahrte meine Würde, doch am Ende konnte ich nicht mehr und gab auf. Dieses erniedrigende Versprechen bedrückte mich tief.

Vorausgreifend möchte ich feststellen, daß ich mein Versprechen bereits am nächsten Tag brach. Ich machte keine Eingabe, sondern verfaßte nur eine kurze Mitteilung an Stalin. Ich wußte nicht, wie ich ihn anreden sollte. „Genosse Stalin" kam für mich nicht in Frage, einfach „Stalin" schien mir unpassend (als hätte er diese Unhöflichkeit nicht verdient). Dann entschied ich mich für Vor- und Vatersnamen:

„Josef Wissarionowitsch! Durch die dicken Mauern dieses Gefängnisses schaue ich Ihnen direkt in die Augen. Dieser schreckliche Prozeß erscheint mir einfach unglaublich. Ich kann nicht verstehen, warum Bucharin sterben mußte."

Andere Worte fand ich nicht. Ich unterschrieb mit meinen beiden Namen und ließ diese Notiz auf dem Tisch im Untersuchungszimmer zurück, als man mich wieder in meine Zelle brachte. Ich weiß nicht, ob mein Zettel Stalin erreicht hat, doch Berija hat ihn zweifellos gelesen. Ich hatte diese Mitteilung deshalb geschrieben, um nach dem ihm gegebenen erniedrigenden Versprechen mein seelisches Gleichgewicht wiederzuerlangen.

„Es ist nun Zeit, unser Gespräch zu beenden", sagte Berija. „Ich hoffe, daß wir noch Tee trinken und Sie die Früchte essen werden. Die Weintrauben sind köstlich, Sie haben doch bestimmt schon lange keine gegessen."

Ich rührte erneut nichts an.

„Die Früchte nehmen Sie mit", sagte Berija, wickelte sie ein und ließ sie mir von einem Wachposten in die Zelle bringen.*

Als sich die Tür von Berijas Arbeitszimmer hinter mir schloß, atmete ich erleichtert auf. Ein weiteres entscheidendes Ereignis in diesen schicksalsschweren Jahren lag hinter mir.

Für mich war dieser Volkskommissar des NKWD nicht mehr der Berija, den ich aus Georgien kannte, aber auch noch nicht das Scheusal, das er wirklich war. Über seine Greueltaten erfuhr ich erst viel später aus zahlreichen Berichten und Erinnerungen von Menschen, die er verhört hatte.

Dieser skrupellose Karrierist diente einzig und allein Stalin. Wäre der Thron dieses Diktators ins Wanken geraten, hätte Berija nicht gezögert, ihm den Dolch in den Rücken zu stoßen. Berija war nicht von Stalin geprägt worden, er war von Anfang an ein Verbrecher. Er hat seine gerechte Strafe erhalten.

* Seltsam und erstaunlich ist auch die Tatsache, daß mir im ersten Jahr meiner Haft in Moskau (ich verbrachte dort über zwei Jahre im Gefängnis) zweimal Geld überwiesen wurde, damit ich mir in der Gefängnisverkaufsstelle etwas kaufen konnte. Ohne Berijas Erlaubnis wäre dies nicht möglich gewesen.

Andrej Gromyko

Unser Himmler

Ich erinnere mich noch deutlich an eine Episode, die mit der Konferenz von Jalta zusammenhängt. Sie betraf Berija und dessen Verhältnis zu Stalin.

Bekanntlich hatte der große Führer einige Gewohnheiten, mit denen er Roosevelt und Churchill zu beeindrucken versuchte. Dazu gehörten auch ostentative Aufrichtigkeit und Offenheit.

Bei einem Essen, das die sowjetische Delegation in Jalta zu Ehren der Amerikaner und Briten gab, wurde Stalin von Roosevelt gefragt:

„Wer ist denn dieser Gentleman, der dem Botschafter Gromyko gegenüber sitzt?"

Berija war Roosevelt offensichtlich nicht vorgestellt worden.

Stalin antwortete darauf:

„Ach, das ist unser Himmler. Das ist Berija."

Mich verblüffte der treffsichere Vergleich Stalins. Diese beiden Scheusale ähnelten sich nicht nur in ihrer Funktion, sondern auch äußerlich: Himmler hatte als einziger von Hitlers engsten Mitarbeitern einen Kneifer, und auch in Stalins Umgebung trug nur Berija ständig einen solchen.

Roosevelt war von diesem Vergleich Stalins unangenehm berührt, zumal Berija alles mitgehört hatte. Stalins Antwort irritierte den Präsidenten. Er wußte nicht, wie er darauf reagieren sollte. Doch er quälte sich ein Lächeln ab.

Berija sagte nichts, lächelte aber, wobei seine gelben Zähne sichtbar wurden. Der Vergleich empörte und kränkte ihn offensichtlich. An diesem Abend schwieg der ohnehin nicht sehr gesprächige Berija und war sehr zurückhaltend. Die ausländischen Gäste übersahen ihn geflissentlich.

Die Natur schien diesen Mann gleichsam für konspirative Tätigkeit geschaffen zu haben. Intrigen, Verleumdung ehrlicher Menschen, Lügen, Hetze und blutiger Terror – in diesem Milieu fühlte er sich wohl.

Die langjährigen Parteimitglieder sahen in ihm einen Emporkömmling. Seine hohe Position in unserem Land hatte er deshalb erreicht, weil er schon während seiner Tätigkeit in Georgien Stalins Gunst erworben hatte. Er genoß das volle Vertrauen des allgewaltigen Diktators, und alle wußten das. Doch meiner Meinung nach haben die Historiker recht, die glauben, daß Berija, wenn Stalin noch länger gelebt hätte, dem von ihm geschaffenen mörderischen Unterdrückungsapparat selbst zum Opfer gefallen wäre.

N. Starostin

Der Fall der Brüder Starostin

Mit den Namen der Brüder Starostin waren die Erfolge und die große Popularität der Fußballmannschaft „Spartak" Moskau verbunden. Berija, als Ehrenvorsitzender von „Dynamo", betrachtete diese Erfolge als persönliche Kränkung und konnte nicht verwinden, daß durch die berühmten Namen der Brüder an die Niederlagen des unter seiner Schirmherrschaft stehenden Fußballklubs erinnert wurde.

1942 wurden Nikolai, Alexander, Andrej und Pjotr verhaftet. Über den „Fall" der Brüder Starostin berichtet der älteste der vier populärsten sowjetischen Fußballer der zwanziger und dreißiger Jahre.

Als man mich in der Spiridonowka abholte, durfte ich nicht einmal meine Sachen zusammenpacken.

Genau zehn Minuten später befand ich mich in der Aufnahmeabteilung des Gefängnisses in der Lubjanka. Nach etwa zwei Stunden wurde eine Tür geöffnet und ein junger Wachposten rief im Befehlston: „Andrej Starostin, herkommen!"

Verwundert entgegnete ich ihm: „Ich heiße zwar Starostin, aber nicht Andrej."

Der junge Bursche erschrak mächtig, offensichtlich hatte er damit einen schweren Fehler begangen. Ich sollte doch nicht wissen, daß man auch meine Brüder geholt hatte. Dadurch aber erfuhr ich, daß Andrej auch hier war.

Er und Pjotr wurden wie ich in der Nacht vom 20. zum 21. März 1942 verhaftet. Etwas später holten sie die Männer unserer Schwestern Vera und Klawdija, die bekannten Fußballer Pjotr Popow und Pawel Tikston, sowie unsere Freunde Jewgeni Archangelskoj und Stanislaw Leutu, die ebenfalls für „Spartak Moskau" spielten. Ein Wachposten flüsterte mir entgegen allen Vorschriften nach geraumer Zeit zu: „Nun haben sie auch Alexander gebracht." Mein Bruder diente damals in der Armee, deshalb hatte es offensichtlich einige Zeit gebraucht, ihn zu finden und die Formalitäten zu erledigen.

Dieser mysteriöse Fall hatte eine durchaus reale Vorgeschichte. Der Generalsekretär des ZK des Komsomol, Alexander Kossarew, setzte darauf, daß der auf seine Initiative und mit seiner Unterstützung geschaffene Fußballklub „Spartak" dazu beitragen würde, dem Komsomol, im Bündnis mit „Dynamo", im sportlichen Wettkampf mit den Gewerkschaften die Führungsposition zu sichern. Doch das Schicksal wollte es, daß von Anfang an die Interessen der potentiellen Verbündeten in Konflikt gerieten und sie zu ewigen Rivalen werden ließen.

Die Konkurrenz begann 1936, wenn auch nicht im Fußballstadion, sondern auf dem Roten Platz. Der Vorsitzende der Regierungskommission für die Feierlichkeiten anläßlich des Unionstags für Körperkultur und Sport schlug vor, eine Neuheit in das Programm aufzunehmen – Fußball vor der Kremlmauer. Der Lieblingssport des Volkes sollte Stalin vorgeführt werden. Diese historische Aufgabe wurde „Spartak" übertragen.

Kossarew stand auf der Tribüne des Mausoleums neben Stalin und hielt in seiner rechten Hand unauffällig ein weißes Taschentuch, mit dem er ein Zeichen geben wollte, falls das Spiel dem „besten Freund der Sportler" nicht gefallen sollte. Auf diesen Wink hin sollte das Spiel dann unverzüglich abgebrochen werden. Während ich über das „Feld" – einen riesigen, 9000

276

Quadratmeter großen Teppich – lief, sah ich immer wieder zum Mausoleum hoch. Da jedoch das Zeichen zum Abbruch ausblieb, war zu erkennen, daß Stalin der Fußball gefiel. Anstelle der vereinbarten 30 Minuten spielten wir fast eine ganze Halbzeit.

Während „Dynamo" zur höchsten Anerkennung seiner Leistungen dreizehn Jahre brauchte, schaffte es „Spartak" in 43 Minuten.

Das Jahr 1937 brachte der Mannschaft noch mehr Popularität, nun wurde sie vom ganzen Volk bejubelt. Die Siegesserie einer baskischen Fußballmannschaft während ihrer Spiele in der Sowjetunion vermochte nur „Spartak" zu stoppen. Dann folgte ein weiterer kleiner, aber doch schmerzlicher Stich. Erstmals in der Geschichte des Sowjetlandes wurden Sportler mit staatlichen Auszeichnungen geehrt. „Dynamo" erhielt natürlich den Leninorden. Aber auch mir händigte Kalinin zwei der höchsten Auszeichnungen aus – eine für „Spartak" und eine für mich.

Berija besuchte praktisch jedes interessante Spiel. Das Unglück bestand nur darin, daß 1938 und 1939 „Spartak" die größeren Erfolge erzielte.

Wahrscheinlich wurde Lawrenti Pawlowitschs Ehrgeiz im Jahre 1939 besonders verletzt. Im Halbfinale um den Pokal der UdSSR traf „Spartak" auf „Dynamo Tbilissi" und siegte. Danach gewannen wir das Finale gegen „Sarja Leningrad". „Spartak" errang den Pokal, auf einem Bankett feierten wir unseren Sieg . . .

Einen Monat später wurde ich unerwartet ins ZK zu Alexandrow, dem Leiter der Abteilung Agitation und Propaganda, gebeten.

„Genosse Starostin, es ist beschlossen worden, das Halbfinale gegen Tbilissi zu wiederholen. Ich hoffe, Sie akzeptieren diese Entscheidung."

„Das ist unmöglich. Eine Wiederholung des Halbfinales nach dem Endspiel hat es in der ganzen Welt noch nicht gegeben."

Am folgenden Tag rief mich Stscherbakow, der 1. Sekretär des Moskauer Parteikomitees, an.

„Nikolai Petrowitsch, das Spiel muß wiederholt werden. Diese Weisung muß unbedingt befolgt werden. Bereiten Sie die Mannschaft darauf vor."

In der zweiten Halbzeit dieses einmaligen Wiederholungsspiels schoß der Stürmer Georgi Glaskow für „Spartak" das 3:0. Ich erinnere mich noch, wie in der Regierungsloge Berija aufsprang, wütend seinen Stuhl in die Ecke schleuderte und das Stadion verließ.

Doch das Gefühl triumphierender Gerechtigkeit wurde von einer gewissen Angst begleitet. Ich wußte damals nicht, woher sie kam und was sie zu bedeuten hatte. Doch jetzt war einfach das eingetreten, wovon ich bisher nur eine dunkle Vorahnung hatte. Der Teufel in Gestalt Berijas griff in mein Leben ein ...

In meiner Naivität ahnte ich damals noch nicht, daß von nun an der weitere Ablauf des Geschehens vorprogrammiert war und auch sonntägliche Begegnungen wie die auf den Patriarchen-Teichen daran nichts mehr ändern konnten.

Im Winter wurde in Moskau auf den Patriarchen-Teichen die Stadtmeisterschaft im Eishockey ausgetragen. Berija, der in einer Villa ganz in der Nähe wohnte, kam ab und zu mit Personenschutz und großem Gefolge zu unseren Eishockeyspielen. Ich erinnere mich noch sehr gut an einen seiner Besuche, auch wenn er schon lange zurückliegt. Ich hatte die Eisfläche verlassen und mich mit ihm über Eishockey und die Erfolgsaussichten der Mannschaften unterhalten. Dann sagte er: „Gehen Sie wieder auf das Eis, Nikolai, und spielen Sie. Sie haben uns alles erklärt, besten Dank." Damals stellte er mich seinem Gefolge vor: „Das ist der gewisse Starostin, der in Tbilissi einmal vor mir weggelaufen ist."

Weder ich noch die anderen wußten, wie wir reagieren sollten. Berija selbst war offensichtlich mit der Wirkung seiner Worte zufrieden. Er erinnerte mich damit an ein Spiel, das ich längst vergessen hatte. Anfang der zwanziger Jahre spielte unsere Moskauer Auswahlmannschaft einmal in Tbilissi.. In der gegnerischen Mannschaft war als linker Läufer ein untersetzter, technisch nicht sehr versierter und rücksichtsloser Spieler eingesetzt – Berija. Als rechter Stürmer befand ich mich ständig mit ihm im Zweikampf. Bei meiner damaligen Laufstärke war es allerdings nicht schwer, ihn stehenzulassen. In der zweiten Halbzeit lief ich ihm tatsächlich davon und schoß ein Tor.

Warum hatte sich Berija dieses Spiel eingeprägt? Vielleicht, weil ich später ein bekannter Fußballspieler wurde und er sich geschmeichelt fühlte, gegen mich gespielt zu haben? Möglicherweise war es eine Ausnahme in seinem Leben, daß er sich, wie alle anderen, einmal an Spielregeln hielt. Später handelte er nach seinen eigenen Regeln. Selbst wenn ich mich an dieses Spiel erinnert hätte, konnte ich in diesem beleibten Mann mit Kneifer beim besten Willen nicht meinen Gegenspieler von damals wiedererkennen. Berija schien meine Gedanken erraten zu haben: „Sehen Sie, Nikolai, wie das Leben so spielt. Sie sind noch in Form, ich aber tauge nicht mehr für sportliche Höchstleistungen." Er schaute mir direkt in die Augen und sagte: „Jetzt können Sie allerdings nicht mehr weit von mir weglaufen." Alle lachten.

Daran mußte ich während meiner ersten Nacht in der Lubjanka denken. Ich fragte mich, warum er mich nicht schon früher hatte verhaften lassen. Als ich über meine damalige Situation nachdachte, ahnte ich nicht, vor welchem Abgrund ich mich befand.

In meiner Akte fand ich später fingierte Aussagen, die mich dahingehend belasteten, daß unter Führung von Nikolai Starostin unter den Sportlern eine Kampfgruppe organisiert worden sei, die Terrorakte gegen die Partei- und Staatsführung plante...

Doch es trat etwas Unvorhergesehenes ein: Molotow hatte den erlassenen Haftbefehl nicht unterschrieben.

Das Schicksal geht manchmal seltsame Wege. Meine Tochter Jewgenija besuchte damals die 175. Schule im Stadtbezirk Swerdlow. In die gleiche Schule, nur eine Klasse höher, ging Swetlana Stalina, und eine Klasse tiefer Swetlana Molotowa. Stalins Tochter war eine Einzelgängerin, während Molotows Tochter Geselligkeit liebte und Jewgenijas Freundin wurde. Von dieser Freundschaft wußte auch Molotows Frau Shemtschuschina, die damals Sekretärin im Parteikomitee des Stadtbezirks Samoskworetschije war und ihre Tocher jeden Tag mit dem Wagen von der Schule abholte.

Vielleicht war das für Molotow ausschlaggebend, als auf seinem grünbespannten Schreibtisch der gegen Starostin erlassene Haftbefehl lag.

Dies war einer der seltenen Fälle, in denen Berija seine Intrigen nicht verwirklichen konnte. Wenn es ihm gelungen wäre, uns im Jahr 1939 „zu überführen", dann wäre das Schicksal der Brüder Starostin ein für allemal besiegelt gewesen.

1942 war nicht 1939. Damals gab es Wichtigeres als Fußball. Ich hatte längst angenommen, daß die Gefahr vorbei war. Doch Berija hatte uns nicht vergessen. Wozu der Vorsitzende des Rates der Volkskommissare sich im Jahr 1939 in einer Anwandlung von Sentimentalität nicht entschließen konnte, vollbrachte 1942 der Sekretär des ZK Malenkow nach bestem Wissen und Gewissen ...

Ich kannte mich in den Einzelheiten der Stalinschen Rechtsprechung nicht aus und mußte erst noch hinter die Gesetze jener Welt kommen, in der ich die nächsten 12 Jahre verbringen sollte. Doch selbst mir Laien fiel auf, wie qualvoll sich die Beweisaufnahme hinzog. Die erste Anklage lautete auf Terrorismus. Dann wurde die Anschuldigung erhoben, einen Eisenbahnwaggon mit Textilien gestohlen zu haben, der sich aber bereits bei der ersten Nachforschung wieder anfand. Schließlich verstieg man sich zu der absurden Beschuldigung, ich hätte Sitten und Moral des bürgerlichen Sports propagiert.

Ich verbrachte zwei Jahre in Einzelhaft im Gefängnis in der Lubjanka. Mir war einfach unverständlich, daß man selbst für das geringfügigste Vergehen zu mindestens zehn Jahren Haft verurteilt wurde. Doch nach dem Prozeß waren wir irgendwie erleichtert, denn zehn Jahre Lager waren zur damaligen Zeit ein sehr mildes Urteil. Die nächsten Stationen meiner zehnjährigen Odyssee durch Stalins Lager waren Uchta, Chabarowsk, Komsomolsk am Amur, Ulajanowski, Akmolinsk und Alma Ata.

Ich will mich hier nicht als Märtyrer hinstellen. Ich habe viel erlebt, doch die meiste Zeit mußte ich nicht unter den schwersten Bedingungen verbringen. Im GULAG wurde zwischen den einzelnen Lagern um die Fußballmeisterschaft gekämpft. Da siegten bei den Generälen, denen die lokalen Mannschaften unterstanden, schon mal Geltungsbedürfnis und Ambitionen über die Angst vor Berija. Ich wurde heimlich, damit ja nichts nach Moskau durchdrang, als Trainer eingesetzt. Der Fußball hat mir das Leben gerettet.

Im Jahre 1954 rief mich Chrustschows Berater Lebedew in Alma Ata an. Er war in Tarassowka geboren und aufgewachsen und hatte sich damals jedes Trainingsspiel von „Spartak" angesehen. Bei der ersten sich bietenden Gelegenheit setzte er sich persönlich für die Revision des „Falls" der Brüder Starostin ein. Bald darauf, nach 12 Jahren, sah ich in Moskau meine Brüder wieder.

W. Nowikow

Berijas Patronat

Der Name Wladimir Nikolajewitsch Nowikow war seinerzeit sehr bekannt. Während des Großen Vaterländischen Krieges leitete er fast die gesamte Schußwaffenproduktion. Danach war er viele Jahre als Stellvertreter des Vorsitzenden des Ministerrats der RSFSR und der UdSSR tätig. Er erhielt den Titel „Held der Sozialistischen Arbeit". Kürzlich erschienen seine Erinnerungen.

Der bittere Kelch der Verhaftungen, Verhöre und Verurteilungen ist auch an mir gut bekannten Kollegen nicht vorübergegangen. Dazu gehörten der Volkskommissar für Verteidigungsindustrie B.L. Wannikow, die Direktoren von Großbetrieben A.I. Barsukow, F.K. Tscharski und S.K. Medwedew, der Leiter des Konstruktionsbüros von ISHMASCH Hesse ... Für einige von ihnen setzte ich mich nach besten Kräften ein und war glücklich, daß ich ihnen helfen konnte und sie ins normale Leben zurückkehrten.

Mir liegt es fern, auch nur ein Wort zur Rechtfertigung der Massenrepressalien gegen Partei-, Militär- und Wirtschaftskader, Arbeiter, Bauern und Geistesschaffende zu sagen. Doch in dem Industriezweig, in dem ich arbeitete, verhielten sich die Sicherheitsorgane vor und besonders während des Krieges relativ gemäßigt. Jahre später, als ich viele tragische Fakten über Unge-

281

setzlichkeiten und politischen Terror in den dreißiger, vierziger und fünziger Jahren erfuhr, fragte ich mich wiederholt: Warum blieben im Krieg die Verteidigungsindustrie oder zumindest die Bereiche, in denen ich arbeitete, von Repressalien weitgehend verschont? Unwillkürlich kam ich zu dem Schluß, daß hier jemand seine Machtstellung ausgenutzt hatte – Lawrenti Berija. Unser Volkskommissariat wurde nämlich Anfang des Krieges dem NKWD oder vielmehr Berija als Mitglied des Staatlichen Komitees für Verteidigung (GKO) unterstellt. Dadurch war er persönlich gegenüber Stalin für uns verantwortlich.

Heute erinnert man sich noch häufig an diesen Menschen, der Stalin wie ein ständiger Schatten begleitete. Doch man macht es sich zu einfach, wenn man ihn nur als „finstere Gestalt" und „blutigen Henker" hinstellt. Der Volkskommissar des Inneren Lawrenti Berija war bei weitem nicht so einfältig und primitiv, wie er von vielen Schriftstellern und Künstlern dargestellt und daraufhin von Millionen Lesern und Betrachtern gehalten wird.

Ich erinnere mich an eine Beratung Ende Juli 1941, die Berija einberufen hatte. D.F. Ustinow und ich waren eingeladen worden, weil es darum ging, die Produktion von Gewehren enorm zu steigern. Wir saßen sieben bis acht Schritte von Berija entfernt. Er machte einen energischen Eindruck, hatte ein glattrasiertes, gepflegtes und etwas blasses Gesicht und trug einen Kneifer. Sein Haar war dunkel und schütter, an den Fingern trug er Ringe. Nach dem Aussehen war seine Nationalität schwer zu bestimmen. Er fragte uns:

„Genosse Ustinow, wann kann das Werk in Ishewsk eine Tagesproduktion von 5000 Gewehren erreichen?"

Dmitri Fedorowitsch schlug vor, daß auf diese Frage am besten sein Stellvertreter Nowikow antworten sollte, der bis vor kurzem Direktor dieses Werkes gewesen und erst vor knapp einem Monat nach Moskau versetzt worden war.

Ich stand auf und legte dar, daß für eine solche Produktionssteigerung mindestens sieben bis acht Monate erforderlich seien, da gegenwärtig die Tagesproduktion bei 2000 Gewehren liege.

Berijas Miene verfinsterte sich: „Also, Genosse Nowikow,

Sie wissen doch, daß an der Front unbewaffnete Soldaten auf die Gewehre von Toten und Verwundeten warten müssen, und Sie reden hier von sieben Monaten … Das ist zu lange, das muß in drei Monaten geschafft werden! Sie kennen das Werk, wer kann uns dabei helfen?"

Ich antwortete, daß die Zeit von drei Monaten unter keinen Umständen eingehalten werden könne.

Daraufhin wurde eine Kommission aus zwei Stellvertretern des Vorsitzenden des Staatlichen Plankomitees, W.W. Kusnezow und P.I. Kirpitschnikow, und mir gebildet. Wir erhielten zwei Tage Zeit, um Vorschläge auszuarbeiten, wie in drei Monaten eine Tagesproduktion von 5000 Gewehren erreicht werden konnte.

Wir berieten zwei Tage und Nächte, waren kaum zu Hause, sprachen mit dem Werk, dem Hauptkomitee usw., doch wir fanden keine Lösung. Kusnezow und Kirpitschnikow wollten dennoch die Frist von drei Monaten akzeptieren. Ich weigerte mich, diesen Beschluß zu unterschreiben, da ich die Entscheidung nicht für real hielt. Das Dokument wurde mit dem Vermerk „Gen. Nowikow verweigerte die Unterschrift" weitergeleitet.

Wir mußten erneut zur Berichterstattung zu Berija. In seinem Arbeitszimmer waren nicht nur die Volkskommissare der Verteidigungsbereiche, sondern auch die Vertreter vieler anderer Industriezweige anwesend. Dann stand unsere Frage zur Diskussion. Berija las das Schriftstück und fragte Kusnezow, warum Nowikow nicht unterschrieben hatte. Wassili Wassiljewitsch antwortete, daß Nowikow den Termin nicht für real hielte.

Berija fragte mich daraufhin ziemlich wütend: „Welchen Termin nennen Sie denn, Genosse Nowikow?"

Ich bekräftigte nochmals die Frist von mindestens sieben Monaten. Berija fluchte nur und sagte dann: „Nowikows Vorschlag wird akzeptiert." Damit war der Fall erledigt.

Wir hatten häufig in der Lubjanka zu tun, denn dort befand sich der für uns zuständige Apparat des GKO unter Leitung von Pjotr Iwanowitsch Kirpitschnikow. Ich versuchte, von den Genossen zu erfahren, warum Berija meinen Vorschlag akzeptiert hatte, obwohl doch die anderen kompetenten Kommissionsmitglieder anderer Meinung gewesen waren. Mir wurde erklärt, daß er nichts so sehr fürchte, wie Stalin zu hintergehen. Stalin übe in vielen Fällen Nachsicht, doch bei Täuschung nie.

Ich muß auch sagen, daß mit unserer direkten Unterstellung unter die Sicherheitsorgane die willkürlichen Verhaftungen von Mitarbeitern praktisch aufhörten, zumindest in den Betrieben, in denen ich während des Krieges zu tun hatte, und das waren viele. Wenn es schon dazu kam, dann wurden auf jeden Fall Ustinow oder einer seiner Stellvertreter darüber informiert. Die Leitung des Volkskommissariats stand unter dem besonderen Schutz Berijas. W.M. Rjabikow, der 1. Stellvertreter des Volkskommissars, machte einmal auf dem Weg in ein Waffenwerk einen Tag in Ishewsk halt. Die ganze Führung Udmurtiens kannte ihn gut. Ich war zu besagter Zeit ebenfalls dort und kurbelte die Produktion von Bordkanonen an. Das muß Ende 1943 oder Anfang 1944 gewesen sein. Der Kriegsverlauf hatte sich bereits zu unseren Gunsten gestaltet, die uns unterstellten Betriebe erfüllten das Produktionssoll vorbildlich. Rjabikow war an einem Sonntag bei uns vorbeigekommen, gegen elf Uhr morgens. Wir beschlossen, zusammen mit der Gebietsleitung zu frühstücken. Anwesend waren der 1. Sekretär des Gebietskomitees der KPdSU(B), A.P. Tschekinow, der Volkskommissar des Inneren der Republik, W.M. Kusnezow, der Direktor des Maschinenbaubetriebs, M.A. Iwanow und ich. Wir hatten etwas getrunken und beschlossen dann, unsere Frauen holen zu lassen, um sie Wassili Michailowitsch vorzustellen. Als die Stimmung auf dem Höhepunkt war, flüsterte mir der Werkdirektor zu, daß in einem Zimmer des Gästehauses, in dem wir feierten, ein Vertreter der KPK im Auftrag von Genossen Schkirjatow wohnte. Ich hielt es aber nicht für angebracht, ihn nachträglich noch einzuladen, nachdem wir schon nicht mehr ganz nüchtern waren. Rjabikow fuhr am gleichen Tag wieder ab.

Zehn Tage später wurden Rjabikow und ich zu Matwej Fedorowitsch Schkirjatow bestellt, den Stalin „das Gewissen unserer Partei" nannte. Er verlas uns einen sehr übertriebenen Bericht, in dem man uns eines Saufgelages während des Kriegs bezichtigte. Drei Tage später erhielten wir beide einen Auszug aus einem von A.A. Andrejew unterschriebenen Protokoll, in dem uns ein

Verweis wegen ungebührlichen Verhaltens ausgesprochen wurde. Das war natürlich sehr unangenehm. Wir schrieben eine Erklärung an Andrejew mit dem Hinweis, man habe uns verleumdet. Wieder wurden wir zu Schkirjatow zitiert.

„Für Sie, liebe Genossen, ist also ein ZK-Beschluß eine Lüge und Verleumdung?" Dieser Ausgang der Geschichte jagte uns natürlich Furcht ein, und wir baten um Rückgabe der Erklärung, was jedoch abgelehnt wurde. Dies steigerte natürlich noch unsere Unruhe. Nach zwei Wochen wurde uns ein neuer Beschluß mit der gleichen Unterschrift bekanntgegeben: Die Verweise wurden aufgehoben. Wir wußten nicht, was Sache war. Dann erfuhren wir, daß Berija M.W. Kusnezow in Ishewsk angerufen und Informationen von seinen Organen in Udmurtien verlangt hatte, wie die Begegnung mit Rjabikow in Ishewsk verlaufen war. Kusnezow stellte natürlich alles in einem völlig anderen Licht dar als der Mitarbeiter der KPK. Daraufhin hatte Berija Andrejew angerufen und mitgeteilt, die Mitarbeiter der KPK hätten diesen Vorfall mit mir und Rjabikow entstellt wiedergegeben, er habe alles über den Volkskommissar des Inneren der Republik überprüfen lassen. Die Verweise seien unberechtigt und müßten aufgehoben werden. Ich denke, Berija war es unangenehm, daß ihm unterstellte Mitarbeiter eine Parteistrafe erhalten hatten. Das bestätigte sich auch in der Folgezeit.

Andererseits wurde jeder von uns sorgfältig überwacht. Wer das organisiert hat, kann ich nicht sagen. Entweder es geschah auf persönliche Weisung Berijas oder auf Initiative seiner Stellvertreter, jedenfalls fühlten wir uns ständig unter Beobachtung. Dabei interessierte sich der Apparat der Staatssicherheit vor allem dafür, wie wir die Erfüllung der Auflagen des GKO organisierten, wie exakt wir die Pläne der Waffenlieferungen für die Front einhielten und welche politischen Ansichten wir vertraten.

Seit 1939 gehörte der 1. Sekretär des Udmurtischen Gebietskomitees, A.P. Tschekinow, zu meinen guten Bekannten. Uns verband nicht nur völlige Übereinstimmung der Ansichten, sondern wirkliche Freundschaft. Damals wurde gerade Michail Wassiljewitsch Kusnezow zum Volkskommissar des Inneren in Udmurtien ernannt. Zwei Umstände trugen dazu bei, daß ich

Kusnezow näher kennenlernte. Erstens bewohnten wir als Nachbarn gemeinsam ein Haus – ich die eine und er die andere Hälfte. Zweitens mußten wir zu dritt – Nowikow, Tschekinow und ich – jeden Tag nach Mitternacht einen Bericht über den Produktionsausstoß aller Waffenarten abfassen und unterschreiben, der an das GKO ging und für Berija bestimmt war. Wir waren gemeinsam gegenüber Partei und Regierung für die gleiche Sache verantwortlich und fühlten uns dadurch eng verbunden. Wir sahen uns häufig, konsultierten einander und hatten auch familiäre Kontakte. In der Regel kamen wir nach 24 Uhr in meinem Arbeitszimmer zusammen, um die Telegramme zu unterschreiben, und saßen dann noch von zwei bis drei Uhr zusammen. Zwischen vier und fünf Uhr morgens endete dann gewöhnlich unser Arbeitstag.

Unsere Freundschaft und unser gegenseitiges Vertrauen charakterisiert am besten folgendes markante Beispiel. Anfang des Krieges wurde alles daran gesetzt, die Verteidigungsindustrie nach Osten zu verlagern. In den Betrieben von Ishewsk kamen in der ersten Novemberhälfte 1941 Ausrüstungen aus den zentralen Landesteilen an (Werkzeugmaschinen, Pressen usw.). Bereits in den ersten Dezembertagen wurden sie in Hallen aufgestellt und in Betrieb genommen. Insgesamt handelte es sich immerhin um etwa 5000 Maschinen.

Ende Dezember 1941 oder vielleicht auch Anfang Januar 1942 rief mich Kusnezow nachts im Betrieb an: „Wladimir Nikolajewitsch, kannst du mal schnell zu mir kommen? Wir müssen dringend miteinander sprechen."

Ich fuhr auf dem schnellsten Weg zu ihm. In seinem Arbeitszimmer empfing er mich mit den Worten: „Hier, lies das mal, es geht um dich ... Ich soll dich überprüfen."

Er reichte mir folgendes Telegramm: „Die Tätigkeit des stellvertretenden Volkskommissars für Rüstung der UdSSR W.N. Nowikow und des Direktors des Maschinenbaubetriebs M.A. Iwanow ist zu überprüfen. Unseren Angaben zufolge lagern neben den Anschlußgleisen zu den Betrieben 7000 aus anderen Fabriken abtransportierte Werkzeugmaschinen und verrotten im Schnee. Die Ergebnisse der Überprüfung sind mir zu melden. Berija."

Ich las das und war schockiert. „Michail, welcher Mistkerl kann so etwas behaupten? Das ist eine glatte Lüge und Provokation."

Kusnezow versicherte mir, daß diese Information auf keinen Fall aus seiner Institution stammte. Woher kam sie dann?

„Wie ich sehe, wirst auch du überwacht, oder nicht?"

„Wahrscheinlich", antwortete Mischa. „Mir fällt ein, daß jemand aus Moskau hier war. Meine Leute sprachen mit einem Kontrolleur, aber bei mir ist er nicht gewesen. Wahrscheinlich hat er hier rumgehorcht und ist dann wieder abgefahren."

„Offensichtlich hat er diese ‚Mißwirtschaft' ausgegraben und gemeldet. Was machen wir nun?"

Wir beschlossen, ins Gebietskomitee zu fahren und mit Tschenikow zu sprechen. Schon über einen Monat lagerten keine Werkzeugmaschinen mehr neben den Anschlußgleisen. Jemand hatte uns also verleumdet.

Tschenikow las das Telegramm. Wir saßen da, überlegten mögliche Maßnahmen und gerieten immer mehr in Rage. Schließlich schlug ich vor: „Am besten ist es, wir fahren morgen früh mit Iwanow und einem Eisenbahner alle Stellen ab, an denen Werkzeugmaschinen abgeladen wurden. Nachdem wir uns an Ort und Stelle von der Sachlage überzeugt haben, werden wir dann darauf antworten."

Am anderen Morgen besichtigten wir alle Orte, an denen Ausrüstungen abgeladen worden waren. Wir fanden nur sechs Werkzeugmaschinen, die den Transport nicht überstanden hatten und sich nicht mehr reparieren ließen. Wir schickten Iwanow und den Eisenbahner wieder zurück zu ihrer Arbeit und begaben uns zu dritt in das Gebäude des NKWD. Dort verfaßten wir das Antworttelegramm:

„An Berija. Auf Ihr Telegramm hin haben wir persönlich alle Entladestellen der verlagerten Ausrüstungen besichtigt. In der Regel wurden alle Werkzeugmaschinen und andere Ausrüstungen innerhalb von drei bis fünf Tagen nach Eintreffen vom Anschlußgleis abgeholt und in den Werkhallen installiert. Ein Teil wurde vorübergehend eingelagert. An den Anschlußstellen und im Schnee fanden wir insgesamt nur sechs Werkzeugmaschinen, die während des Transports zu Bruch gegangen sind und nicht mehr verwendet werden können. Sie wurden falsch informiert."

Und darunter unsere Unterschriften: M. Kusnezow, A. Tschenikow, W. Nowikow.

Der Leser wird verstehen, daß für Kusnezow eine solche Antwort an Berija ein sehr großes Risiko bedeutete. Schließlich wurde die Antwort von jemand mit unterzeichnet, der überprüft werden sollte. Ich wollte nicht unterschreiben, weil ich schlimme Folgen für Michail befürchtete. Doch er und Tschenikow bestanden darauf, mit der Begründung, daß anderen die Lust vergehen sollte, derartige verleumderische Telegramme zu schicken.

Mehrere Tage erwarteten wir vergeblich ein Echo auf unser gemeinsames Telegramm. Dann wurde uns wieder leichter zumute. Jetzt wußten wir, was wahre Freundschaft bedeutet.

Die Zeit verging. Die Produktion von Gewehren und BERESINA-Bordkanonen wurde erhöht, und die beiden Panzerabwehrwaffen PTRD und PTRS wurden in Serie hergestellt. Die aus Tula ausgelagerte Produktion von TT-Pistolen und NAGAN-Revolvern war voll angelaufen, alle Betriebe in Ishewsk wurden rekonstruiert und erweitert. Ich verwendete fast die halbe Arbeitszeit darauf, die Produktion der MAXIM-Maschinengewehre zu steigern, weil ich dies Stalin persönlich versprochen hatte. In besonders schwierigen Situationen rief ich Berija über die Direktverbindung an. Wenn er abwesend war, wurde er offensichtlich sofort verständigt, denn er rief sofort zurück und fragte nach dem Problem. Wenn ich ihn informierte, daß der Kohlevorrat nur noch für 24 Stunden reiche, und um Unterstützung bat, antwortete er gewöhnlich, daß er sich darum kümmern werde. Oder er verband mich mit Wachruschew (dem Volkskommissar der Kohleindustrie), der mir helfen sollte. Berija hatte große Machtbefugnisse. Häufig lenkte er die für die Flugzeugwerke in Kasan bestimmten Kohletransporte aus dem Kusnezbecken nach Ishewsk um. Als nach gewisser Zeit Malenkow, der für den Flugzeugbau verantwortlich war, davon erfuhr, ließ er die Kohlezüge nach Kasan durch Truppen eskortieren.

Im März oder April 1942 tauchte bei mir in Ishewsk unvermutet ein Generalleutnant der Staatssicherheit auf.

„Genosse Nowikow, ich bin im Auftrag und auf persönliche Weisung von Lawrenti Berija hier. Ich soll die Produktion der MAXIM-Maschinengewehre überwachen. Ich heiße Tkatschenko."

Ich rief Kirpitschnikow an und fragte, zu welchem Zweck General Tkatschenko zu uns geschickt worden sei. Er hatte keine blasse Ahnung. Darauf rief ich Ustinow an. Er antwortete mir, daß nicht nur zu mir, sondern auch zu Barsukow jemand geschickt worden war. Welche Aufgabe dieser Tkatschenko hatte, wußte er nicht. Ein Anruf bei Tschekinow half auch nicht weiter. Schließlich fuhr ich zu Kusnezow, denn dieser mußte doch schließlich wissen, warum der General uns beehrte. Von Michail Wassiljewitsch erfuhr ich, daß Tkatschenko bei ihm gewesen war und ihm gesagt hatte, er solle die Produktion des MAXIM-Maschinengewehrs überwachen. Kusnezow hatte sich auch bei Genossen in Moskau erkundigt, die ihm sagten, Tkatschenko sei im Moment ohne Funktion. Zuvor hatte er in Litauen gearbeitet und dort in Überschreitung seiner Befugnisse unschuldige Menschen erschießen lassen. Von seiner dortigen Funktion wurde er entbunden, für eine neue war er bisher nicht ernannt worden.

Für mich begann eine unerträgliche Zeit. Ständig war er um mich herum. Wenn ich früh in mein Arbeitszimmer kam, saß Tkatschenko schon da und sagte jedesmal: „Genosse Nowikow, arbeiten Sie wie immer. Ich werde Sie nicht stören."

Und dann ging es los. Ich ging in eine Werkhalle, er kam hinterher. Ich hielt eine Beratung ab, er saß dabei. Ich fuhr in ein anderes Werk, er folgte mir. Er verfolgte mich wie ein Schatten von früh bis in die Nacht. Nur ins Gebietskomitee, ins Stadtkomitee oder ins NKWD konnte ich noch allein gehen. Im Betrieb sprach er häufig mit Bereichs- und Abteilungsleitern, mit dem Direktor und mit Arbeitern.

Ich setzte eine weitere Beratung über das MAXIM-Maschinengewehr an. Wir lagen gut im Plan, hatten ihn allerdings an einigen Tagen nicht bis 24 Uhr, sondern erst zwischen 4 und 6 Uhr morgens erfüllt.

Nach der Beratung blieb ich mit Tkatschenko allein. Er wollte mich unter vier Augen sprechen. Ich stand vom Schreibtisch auf und setzte mich dem General gegenüber, um ihm zuzuhören. Tkatschenko holte ein Blatt Papier aus der Seitentasche und las mir folgendes vor:

„An Genossen Lawrenti Pawlowitsch Berija. Im Werk Ishewsk, in dem das MAXIM-Maschinengewehr hergestellt wird, habe ich Schädlinge aufgespürt – A.P. Viktorow, Leiter des Bereichs 5, und L.W. Afanasjew, Leiter des Bereichs 8. Sie gefährden durch ihre Tätigkeit den Plan, weshalb ich um Einverständnis bitte, gegen sie repressiv vorgehen zu dürfen. Außerdem ist Dubowoi, der Direktor dieses Werks, unfähig. Ich erbitte Ihre Anweisung, ihn dieses Postens zu entheben und an seiner Stelle Syssojew als Direkter einzusetzen, der gegenwärtig als Chefmechaniker im Maschinenbauwerk Ishewsk tätig ist. Ich bitte ebenfalls, Genossen Nowikow anzuweisen, der Produktion des MAXIM-Maschinengewehrs mehr Aufmerksamkeit zu widmen. Tkatschenko.“

Ich versuchte, ruhig zu bleiben, kochte aber innerlich vor Empörung.

„Erstens verstehen Sie absolut nichts von der Produktion, deshalb haben Sie Feinde dort aufgespürt, wo es gar keine gibt. Die Bereichsleiter, die Sie nannten, sind noch ganz junge Kerle. Wenn es bei ihnen manchmal nicht ganz klappt, dann sind wir schuld, weil wir ihnen die Rohlinge nicht kontinuierlich zuliefern. Doch das wird abgestellt und dann wird es auch keine Produktionsstockungen mehr geben. Direktor Dubowoi arbeitet gewissenhaft. Ihnen ist doch wohl klar, daß ich für ihn in diesen schweren Tagen keinen Ersatz finde. Wenn Sie glauben, einen Direktor ablösen zu müssen, dann doch bitte mich.

Syssojew ist ein sehr guter Arbeiter, aber er wird in seinem Betrieb zehnmal mehr gebraucht als hier, denn er trägt die Verantwortung für 12 000 Werkzeugmaschinen. Kurzfristig ist kein anderer guter Chefmechaniker zu finden.

Ich bin der Auffassung, daß Sie Genossen Berija falsch informieren und, entschuldigen Sie meine Ausdrucksweise, totalen Unsinn schreiben.“

Tkatschenko faltete das Papier zusammen, steckte es in die Tasche und fuhr weg. Das war so gegen drei oder vier Uhr. Danach arbeitete ich weiter. Tschekinow hatte ich telefonisch über

Tkatschenkos Telegramm informiert, worauf dieser als Antwort nur verzweifelt gestöhnt hatte. Nach dem Essen fuhr ich in den Produktionsbereich Panzerabwehrwaffen. Gegen 22 Uhr war ich wieder im Arbeitszimmer von Direktor Dubowoi. Ich sah die Post durch, doch meine Nerven waren zum Zerreißen gespannt. Hatte Tkatschenko das Telegramm abgeschickt oder nicht? Vielleicht hatte er auch nach dem Gespräch mit mir noch irgendeine Gemeinheit hinzugefügt, dem Kerl traute ich alles zu.

Nach drei Uhr nachts kam ein Anruf über die Direktleitung von der Zentrale.

„Nowikow?"

„Ja!"

„Guten Abend, hier ist Berija. Was hast du da für Bereichsleiter ... wie heißen sie doch gleich: Viktorow und Afanasjew?"

Ich erklärte, es handele sich um junge Genossen, die hingebungsvoll arbeiteten und den Plan erfüllten. Ich könne mich über sie in keiner Weise beklagen.

„Und wie arbeitet Dubowoi?"

„Er bemüht sich sehr, ich helfe ihm nach besten Kräften. Ich tue alles, damit die Produktion normal läuft."

„Wer ist denn Syssojew?"

Ich erläuterte, wie wichtig ein Chefmechaniker wie er in einem Riesenbetrieb wie dem Werk 74 war.

„Wo ist den eigentlich Tkatschenko?"

In diesem Moment betrat Tkatschenko gerade den Raum.

Ich antwortete: „Er war nur mal kurz weggegangen, gerade kommt er ins Zimmer."

„Gib ihn mir mal."

Tkatschenko nahm den Hörer. Berija hat ihn regelrecht fix und fertig gemacht, wie ich mithören konnte: „Warum habe ich dich Schuft denn zu Nowikow geschickt? Um ihm nachzuspionieren oder um ihm zu helfen? Für dein Telegramm müßte ich dich an die Wand stellen lassen! Wir sprechen uns noch. Ich habe dir gesagt, du sollst ihm helfen, und womit beschäftigst du dich? Ziehst du immer noch ordentliche Arbeiter in den Dreck? Ich lasse dich erschießen!"

Tkatschenkos Gesicht wurde nicht blaß, sondern aschfahl. Er sagte nur unentwegt: „Zu Befehl, Genosse Volkskommissar."

Dann warf Berija den Hörer auf. In meinem Leben habe ich nie wieder erlebt, daß jemand derart zusammengestaucht wurde. Danach tauchte Tkatschenko etwa zehn Tage lang nicht mehr bei mir auf. Schließlich reiste er wieder ab.

Leben und Arbeit nahmen den üblichen Lauf, und der Krieg ging weiter. Leider galt ein Menschenleben in diesen Jahren sehr wenig.

Ich betrat einmal unangemeldet das Arbeitszimmer des Volkskommissars des Inneren, M.W. Kusnezow. Er war allein und starrte unverwandt die Wand an.

„Was ist los mit dir, Mischa?" fragte ich. „Woran denkst du?"

Er hatte getrunken. Meine Worte ließen ihn etwas zur Besinnung kommen, doch dann winkte er nur hilflos ab:

„Ach, Wladimir, es ist schon traurig. Wir haben die Dienstanweisung, alle Listen zum Tode Verurteilter mit einer kurzen Urteilsbegründung nach Moskau zur Bestätigung zu schicken. Heute habe ich eine solche Liste zurückbekommen. 26 Todesurteile sind bestätigt worden, aber drei Namen wurden von der Liste gestrichen, ich weiß nicht warum. Früher ist das nie passiert, daß jemand gestrichen wurde. Daher sind schon alle erschossen worden."

Ich konnte verstehen, daß Kusnezow langsam aber sicher durch eine solche Tätigkeit zum Trinker wurde und sehr jung starb.

Nach dem Krieg endete Berijas „Patronat" über unsere Rüstungsindustrie und es kam wieder zu zahllosen Verhaftungen. Meine Freunde aus dem Krieg, der stellvertretende Volkskommissar für Waffenproduktion I.A. Mirsachanow und der Marschall der Artillerie N.D. Jakowlew wurden Repressalien unterworfen.

Zum Glück ließ man sie bald wieder frei, doch das Schicksal hat ihnen schwer mitgespielt.

Ich glaube, daß ich mit meinen Ausführungen etwas verdeutlicht habe, wie wir in dieser schlimmen Zeit lebten und arbeiteten. Berija war offenbar bemüht, die Mitarbeiter der Verteidigungsindustrie unbehelligt zu lassen. Er hat uns sogar im Krieg aus zwei Gründen unterstützt. Erstens fürchtete er Stalin und dessen Zorn, den Verlust von Stalins Vertrauen und Gunst, wenn der „Führer aller Zeiten und Völker" plötzlich einen Grund finden würde, an der Ergebenheit und Zuverlässigkeit des treuen Lawrenti zu zweifeln. Also mußte alles, wofür Berija verantwortlich war, mit der Präzision einer Schweizer Uhr ablaufen – leise, exakt und zuverlässig.

Zweitens verfolgte er noch ein langangelegtes, sozusagen strategisches Ziel. Berija wollte sich unbedingt nicht nur bei Stalin, sondern auch bei den Mitgliedern des ZK, des Politbüros und der Regierung Anerkennung als ein unersetzlicher und begabter Organisator, als ein scharfsinniger und weitblickender Führer erwerben. (Berija hat übrigens, als ihm nach seiner Verurteilung das letzte Wort erteilt wurde und er sich schuldig bekannte, darum gebeten, unter Berücksichtigung seiner großen Erfahrungen als Organisator und Führer sein Leben zu schonen.) Mehr als alle anderen spekulierte Berija darauf, daß Stalin nicht das ewige Leben haben würde und früher oder später sich die Nachfolge- und Machtfrage stellen mußte. Er war davon überzeugt, daß dazu Gewalt nötig war. Nicht umsonst hatte er alle NKWD-Truppen ständig verstärkt und beharrlich versucht, seinen Einfluß in der Armee auszubauen (wobei er jedoch nicht unterlassen hat, Schauprozesse gegen namhafte Heerführer und berühmte Feldherren des Bürgerkriegs und des Großen Vaterländischen Kriegs zu inszenieren). Er schloß aber auch nicht ganz aus, daß er friedlich die Macht übernehmen könnte. Warum auch nicht? Schließlich war das NKWD das beste Volkskommissariat des Landes und er arbeitete doch Tag und Nacht, um „den Arbeiter- und Bauern-Staat zu schützen". Unter seiner Leitung befanden sich die erfolgreichsten Zweige der Volkswirtschaft. Kurz gesagt, es gab einfach keinen besseren Kandidaten als ihn, wenn es um den Nachfolger gehen würde.

Ein Glück, daß es anders gekommen ist.

Nikita Chrustschow

Lawrenti

Berijas Übersiedlung nach Moskau bewirkte auch Veränderungen im bisherigen Leben Stalins und seiner Umgebung. Wenn ich manchmal mit Stalin allein war, äußerte er mir gegenüber seinen Unmut:

„Früher, als Berija noch nicht in Moskau war, verliefen unsere Treffen, Mittag- und Abendessen, irgendwie anders. Er animiert uns ständig zu Trinkgelagen. Es ist eine Situation entstanden, in der übermäßig getrunken wird. Unsere ganze bisherige Ordnung ist dahin."

Ich merkte, daß Stalin zuweilen bewußt ein Gespräch über das eine oder andere Thema provozierte, um dem Gesprächspartner eine Meinungsäußerung zu entlocken. Mir war aufgefallen, daß Stalin und Berija sehr freundschaftlich miteinander verkehrten. Wie eng diese Freundschaft war, wußte und verstand ich damals noch nicht. Auf jeden Fall war mir klar, daß Berija nicht zufällig stellvertretender Volkskommissar des Inneren geworden war und schließlich – nach der Absetzung, Verhaftung und Hinrichtung Jeschows – ganz allein die Macht im Volkskommissariat des Inneren ausübte. Er erlangte einen entscheidenden Einfluß auf unser Kollektiv. Mir fiel auf, daß selbst Leute in Stalins Umgebung, die in Partei und Staat höhere Funktionen als Berija innehatten, sich nach ihm richteten, diensteifrig waren und sich anbiederten, was besonders auf Kaganowitsch zutraf. Nur Molotow hat sich nicht derart erniedrigt.

Molotow machte damals auf mich einen unabhängigen und selbstbewußten Eindruck. Er hatte seine eigene Meinung in bestimmten Fragen und vertrat Stalin gegenüber, was er dachte. Stalin schien das offensichtlich nicht zu passen, doch Molotow

294

ließ sich nicht beirren. Er bildete in unseren Reihen eine Ausnahme.

Vor dem Krieg wurde Stalin von einer gewissen Niedergeschlagenheit und Schwermut erfaßt. Er begann, stärker zu trinken und die anderen zum Trunk zu verleiten. Wir animierten uns schließlich gegenseitig zum Trinken, um das Mittag- oder Abendessen möglichst schnell zu beenden.

Manchmal fragte Stalin schon vor dem Abendessen: „Na, machen wir heute einen drauf?"

Wir hofften stets, daß uns dies erspart blieb, weil wir noch arbeiten mußten. Stalin setzte uns durch diese Prozedur immer „außer Gefecht". Die Essen dauerten ganze Nächte, manchmal bis zum Morgengrauen. Sie lähmten die Arbeit der Partei- und Staatsführung, denn wer die ganze Nacht schwer gezecht hatte, war am anderen Tag nicht in der Lage zu arbeiten.

Wodka und Kognak wurden wenig getrunken. Wer wollte, konnte sich unbegrenzt bedienen. Stalin selbst trank nur ein Glas Wodka oder Kognak zu Beginn des Essens, danach nur noch Wein. Doch wenn man fünf oder sechs Stunden lang Wein trinkt, und sei es auch nur aus kleinen Gläsern, dann wird allmählich auch das Maß voll, und man wird schließlich auch vom Wein betrunken. Uns wurde immer richtiggehend übel und schlecht davon, doch Stalin kannte in dieser Frage kein Erbarmen.

Berija trug mit Witzen und lustigen Sprüchen zur Unterhaltung bei. Das lockerte die Abende und Zechgelage bei Stalin etwas auf. Auch Berija betrank sich, aber ich fühlte, daß er das nur widerwillig tat. Manchmal beschwerte er sich sehr ungehalten darüber, daß wir uns derart zum Trinken zwingen ließen. Aber er wollte sich Stalins Gunst nicht verscherzen, nötigte sogar die anderen mit folgenden Worten: „Wir müssen uns möglichst rasch betrinken, dann ist hier schneller Schluß. Er läßt uns sowieso nicht eher gehen."

Ich hatte das Empfinden, daß diese Atmosphäre Ergebnis einer Untergangsstimmung war. Stalin sah die Lawine unaufhaltsam auf uns zukommen, doch sein Glaube, dagegen ankämpfen zu können, war bereits zerstört. Diese Lawine war der Krieg, der unvermeidliche Krieg mit Deutschland.

In dieser Vorkriegszeit ließ man nicht durchgehen, daß jemand bei den Gelagen nicht mittrinken konnte oder wollte. Später wurde noch folgende Trinkordnung eingeführt: Wenn jemand nach einem Toast sein Glas nicht austrank, mußte er zur Strafe ein- oder manchmal mehrere Gläser zusätzlich leeren. Dazu kam noch eine Reihe anderer Einfälle. Bei allen diesen „Späßen" spielte Berija eine große Rolle. Alles lief allein darauf hinaus, zum Trinken zu animieren und andere volltrunken zu machen. Aber warum? Weil Stalin es so wollte.

Man könnte mich fragen, ob Stalin ein Trinker war.

Dies läßt sich nicht eindeutig beantworten. Er war es insofern, daß er in den letzten Jahren ohne Alkohol nicht mehr auskommen konnte. Aber er ließ sich nie so vollaufen, wie er es von seinen Gästen verlangte. Manchmal goß er sich Wein in ein kleines Glas und gab sogar noch Wasser hinzu. Aber Gnade Gott, wenn dies ein anderer gewagt hätte. Das hätte sofort als Strafe ein zusätzliches Glas wegen „Pflichtverletzung und Täuschung der Gesellschaft" nach sich gezogen. Das war als Scherz gemeint, aber es mußte auf jeden Fall ausgetrunken werden. Danach wurde das Opfer noch allen Ernstes solange mit Wein traktiert, bis es nicht mehr konnte. Auslöser hierfür war offensichtlich das seelische Befinden Stalins. In russischen Liedern wird davon gesungen, daß „Kummer im Wein ertränkt wird". Das war hier der Fall.

Nach dem Krieg wurde ich nierenkrank. Ich sagte Stalin, daß mir die Ärzte Alkoholgenuß streng verboten hätten. Er nahm mich deshalb einige Zeit sogar in Schutz, aber die Rücksicht währte nicht lange. Daran hatte Berija Schuld, der erklärte, daß seine Nieren ebenfalls angegriffen seien, er aber trotzdem trinke und ihm das nichts ausmache. Damit war ich meine schützende Ausrede los, ich sei nierenkrank und dürfe nicht trinken. Es galt die Devise: Getrunken wird, solange man lebt und noch kriechen kann ...

Durch unsere Arbeit und bei den häufigen Begegnungen lernte ich Berija näher kennen. In der ersten Zeit unserer Bekanntschaft machte Berija auf mich einen guten Eindruck. Bei Plenartagungen des ZK saßen wir stets nebeneinander, tauschten unsere Meinungen aus und scherzten miteinander, wie es zwischen guten Bekannten üblich ist.

Dann setzten die Repressalien ein. Nach der Entlarvung der Volksfeinde und der Verhaftung der Militärs, insbesondere der Gruppe um Tuchatschewski, äußerte Stalin, daß der Volkskommissar des Inneren, Jagoda, abgelöst werden müsse, weil er seinen Aufgaben nicht gewachsen sei. Ich erinnere mich nicht mehr an die Argumentation, aber er nannte als Nachfolger Jeschow. Jeschow war damals Kaderleiter des Zentralkomitees. Ich kannte ihn schon lange und schätzte ihn sehr. Jeschow war ein Arbeiter aus Petersburg (was ihm von vornherein Ansehen verschaffte) und gehörte seit 1918 der Partei an.

Als Jeschow vorgeschlagen wurde, durchschaute ich nicht, welche Motive und Gründe Stalin hatte. Ich unterhielt gute Beziehungen zu Jagoda und konnte in seiner Tätigkeit nichts Parteifeindliches sehen oder spüren.

Jeschow wurde schließlich für dieses Amt ernannt. Sein Amtsantritt war mit einer Zunahme der Repressalien verbunden. Zuerst wurden Parteifunktionäre sowohl in der Armee als auch im zivilen Bereich buchstäblich an den Pranger gestellt. Dann kam die Reihe an die Wirtschaftsfunktionäre. Verschont wurden auch nicht das Volkskommissariat für Schwerindustrie, das von Sergo Ordshonikidse geleitet wurde, und das von Kaganowitsch geleitete Volkskommissariat für Verkehrswesen. Massenverhaftungen setzten ein.

Jeschow war eng mit Malenkow befreundet. Nach einiger Zeit – an den genauen Zeitpunkt erinnere ich mich nicht mehr, aber er ließe sich feststellen – erkundigte sich Stalin bei Jeschow, ob er zur Unterstützung einen Stellvertreter brauche. Jeschow antwortete: „Das wäre nicht schlecht.“

„Und an wen denken Sie?“

„Ich würde mir Malenkow als 1. Stellvertreter wünschen.“

Über die Ernennung eines Stellvertreters wurde wiederholt gesprochen, doch zu einer Entscheidung kam es nicht. Schließlich sagte Stalin zu Jeschow:

„Mit Malenkow können Sie nicht rechnen. Malenkow geben wir Ihnen nicht, er wird dringend als Leiter der Abteilung Kader des ZK gebraucht.“

Stalin schlug dann Jeschow vor, Berija zu seinem Stellvertreter zu ernennen. Indem er das tat, gab er zu verstehen, daß er mit

Jeschow unzufrieden war. Die Ablösung Jeschows bahnte sich bereits an. Und Jeschow verstand nur zu gut, daß seine Tätigkeit zu Ende ging und er nicht mehr gebraucht wurde. Vielleicht fühlte er auch schon, daß sein Schicksal damit besiegelt war. Er sagte jedenfalls:

„Natürlich ist Genosse Berija dafür sehr geeignet, das steht außer Frage. Er kann nicht nur Stellvertreter, sondern auch Volkskommissar werden."

Stalin erwiderte darauf:

„Volkskommissar kann er meiner Meinung nach nicht werden, aber er wird Ihnen ein guter Stellvertreter sein."

Danach wurde Berija als Stellvertreter Jeschows bestätigt.

Da ich ein gutes Verhältnis zu Berija hatte, gratulierte ich ihm nach der Sitzung zur Ernennung. Doch Berija nahm meine Glückwünsche nicht an. Ich fragte ihn nach dem Grund, worauf er antwortete:

„Du warst doch auch nicht einverstanden, als man dich zum Stellvertreter Molotows machen wollte. Warum soll ich mich freuen, daß man mich zu Jeschows Stellvertreter gemacht hat? Ich wäre lieber in Georgien geblieben."

Ich glaube, daß Berija damals aufrichtig war.

Berija wechselte ins NKWD über. Zu Beginn hatte seine Tätigkeit unter Jeschow gewisse positive Auswirkungen. Damals sagte er wiederholt zu mir:

„Was soll das? Wir verhaften Leute und sperren jetzt sogar schon Sekretäre von Rayonkomitees ein. So kann das doch nicht weitergehen."

Dann wurde der Beschluß zu den Übergriffen der Straforgane angenommen. Es herrschte die Meinung, dieser Beschluß sei Berija zu verdanken. Er habe sich im Volkskommissariat des Inneren sachkundig gemacht und Stalin Bericht erstattet, der daraufhin gehandelt habe.

Ich weiß heute nicht mehr genau, wann das Plenum des Zentralkomitees über Machtmißbrauch und Übergriffe stattfand. (Entweder Ende 1938 oder Anfang 1939, das ließe sich feststellen.) Das Plenum stand ganz im Zeichen von Kritik und Selbstkritik. Alle Teilnehmer lieferten einen Beitrag, jeder einzelne mußte sich kritisch äußern.

Ich erinnere mich noch an die Rede Malenkows. Er kritisierte, wie ich glaube, den Sekretär des Mittelasiatischen Büros (der dann verhaftet wurde) und Berija. Seine Kritik richtete sich gegen mangelnde Bescheidenheit. Bergsteiger hatten den höchsten Berg in Mittelasien bezwungen und ihn nach dem Sekretär des Mittelasiatischen Büros benannt. Die Kritik an Berija zielte ebenfalls in diese Richtung. Anlaß für Kritik an Berija gab es damals mehr als genug.

Dann sprach Grischa Kaminski. Ich glaube, er war Volkskommissar für Gesundheitswesen der Russischen Förderation. Er war ein geachteter Genosse, der schon vor der Revolution Parteimitglied geworden war und Lenin gut kannte. Ich hatte ihn kennengelernt, als ich meine Arbeit in der Moskauer Parteiorganisation aufnahm. Er gehörte damals zu den Sekretären des Moskauer Komitees. Danach war er Vorsitzender des Moskauer Exekutivkomitees und anschließend im Zentralverband der Verbrauchergenossenschaften der UdSSR bzw. im Volkskommissariat für Gesundheitswesen beschäftigt (oder umgekehrt).

Er war sehr offen und aufrichtig, ihm waren Partei und Wahrheit heilig. Er sagte folgendes:

„Alle sprechen hier über Dinge, die sie über andere wissen. Auch ich möchte der Partei etwas mitteilen. Als ich in Baku arbeitete (er war in den ersten Jahren der Sowjetmacht, noch zu Lenins Lebzeiten, Sekretär des Stadtparteikomitees von Baku gewesen), hielten sich damals beharrlich Gerüchte, daß Berija dem Mussawat-Sicherheitsdienst angehört hat und Agent des britischen Geheimdienst war. Während der Okkupation Bakus durch englische Truppen soll er unter der Mussawat-Regierung in der Abwehr gearbeitet haben, die vom britischen Geheimdienst geleitet wurde."

Als Kaminski geendet hatte, äußerte sich niemand zu diesem Vorwurf. Auch Berija schwieg sich aus. Doch gleich nach der Sitzung des Zentralkomitees wurde Grischa Kaminski verhaftet und verschwand für immer. Ich machte mir darüber meine Gedanken, denn ich glaubte Grischa Kaminski. Er hat immer nur die Wahrheit und nur das gesagt, was er genau wußte.

Einige Zeit später lief dann die Aktion gegen Jeschow an. Zunächst ging es um Uspenski, den Volkskommissar des Inneren der Ukraine. Ich kannte ihn und wir unterhielten gute Beziehungen. Er war Russe. Unter Jagoda hatte er im zentralen Apparat gearbeitet, zuvor war er schon für Menshinski tätig gewesen. Er war Bevollmächtigter des NKWD für das Gebiet Moskau und danach Kommandant des Kreml. Anschließend wurde er Volkskommissar des Inneren der Ukraine. Er hatte das volle Vertrauen des Zentralkomitees, was ich für gerechtfertigt hielt. Als ich in die Ukraine kam, war er bereits dort.

Zur damaligen Zeit riefen einige Aktionen des NKWD bei mir gewisse Zweifel hervor. Jeschows endgültigem Fall ging folgende Episode voraus:

Eines Tages rief mich Stalin an und sagte: „Es geht um Uspenski. Wir haben unwiderlegbare Beweise gegen ihn."

Am Telefon hatte ich Ussenko anstelle von Uspenski verstanden. In Kiew gab es einen Komsomolsekretär mit diesem Namen, gegen den ebenfalls Aussagen vorlagen.

Stalin fragte: „Können Sie ihn selbst verhaften?"

„Natürlich, wenn wir den Auftrag erhalten."

„Dann verhaften Sie ihn."

Als er dann Einzelheiten erläuterte, merkte ich, daß ich mich verhört hatte und es um Uspenski, den Volkskommissar des Inneren, ging. Ich hatte gerade den Hörer aufgelegt, da war Stalin erneut am Apparat:

„In Sachen Uspenski brauchen Sie nichts zu unternehmen. Wir machen das selbst. Er wird nach Moskau gerufen und unterwegs verhaftet."

Ich hatte anschließend in Dnepropetrowsk zu tun. Uspenski hatte man zwar nach Moskau bestellt, doch ich glaubte, daß er nicht fahren würde, weil er vermutete, daß man ihn verhaften wollte. Deshalb instruierte ich vor meiner Abreise Korotschenko, den Vorsitzenden des Rates der Volkskommissare in der Ukraine:

„Rufe ab und zu Uspenski dienstlich an und behalte ihn im Auge. Du vertrittst mich in meiner Funktion als Sekretär des ZK."

Ich kam morgens in Dnepropetrowsk an. Dort wurde ich sofort von Berija – nicht Jeschow – angerufen: „Du fährst in der Gegend herum und läßt Uspenski einfach weg."

„Was soll das heißen?"

„Uspenski ist verschwunden."

Ich kehrte auf dem schnellsten Weg nach Kiew zurück. Uspenski war wirklich nicht mehr auffindbar. Er hatte eine Nachricht hinterlassen, daß er Selbstmord verüben und sich im Dnepr ertränken werde. Daraufhin suchten Taucher den Dnepr ab, Boote und Schleppnetze wurden eingesetzt. Doch er wurde nicht gefunden. Später erfuhr ich in Moskau von Stalin, daß Uspenski offensichtlich von Jeschow gewarnt worden war.

Aber es war doch Jeschow gewesen, der Uspenski angerufen hatte, um ihn nach Moskau zu bestellen? Was hier wirklich Sache war, konnte ich nicht beurteilen. Auf jeden Fall war Uspenski geflüchtet. Er wurde später in Woronesh gefaßt und erschossen.

Stalin hatte sich schon mehrfach negativ über Jeschows Arbeit geäußert. Nun hielt er ihn endgültig für einen Volksfeind. Er traute ihm nicht mehr und war fest davon überzeugt, daß Jeschow Uspenski gewarnt hatte. Er ließ Jeschow verhaften. Außer Jeschow wurden auch alle seine Stellvertreter, alle, die mit ihm engen Kontakt hatten, verhaftet. Auch über Malenkow braute sich etwas zusammen, weil Jeschow ihn seinerzeit zum Stellvertreter haben wollte und beide eng befreundet waren. Das wußten alle, auch Stalin.

Ich war seit vielen Jahren mit Malenkow befreundet. Wir hatten schon im Moskauer Komitee zusammengearbeitet. Daß er bereits unter Verdacht stand, schloß ich aus folgender Episode. Als ich einmal aus der Ukraine nach Moskau kam, lud mich Berija zu sich auf seine Datscha ein.

„Komm, fahr mit, ich bin ganz allein. Wir gehen etwas spazieren und du kannst bei mir übernachten."

Ich war einverstanden, denn auch ich war allein. Als wir durch den Park gingen, sagte er zu mir:

„Hör mal, was denkst du über Malenkow?"

„Was soll ich denn denken?"

„Na, Jeschow ist verhaftet worden."

„Es stimmt, die beiden waren miteinander befreundet", sagte ich. „Aber du mit ihm doch auch, ich ebenfalls. Ich halte Malenkow für ehrlich und anständig."

„Denke trotzdem mal darüber nach. Du bist schließlich ja immer noch mit Malenkow befreundet."

Ich sah keinen Grund, unsere guten Beziehungen zu unterbrechen. Wenn ich in Moskau war, verbrachte ich den freien Tag stets bei Malenkow auf der Datscha.

Ich glaube, Stalin hatte Berija beauftragt, mich von Malenkow fernzuhalten. Später entstanden dann neue Freundschaften. Malenkow und Wosnessenski verstanden sich sehr gut. Und aus Malenkow und Berija wurden sogar unzertrennliche Freunde.

Nach der Verhaftung Jeschows übernahm Berija die Macht und setzte überall seine Leute ein. Da wir in der Ukraine nach Uspenskis Verhaftung keinen neuen Volkskommissar des Inneren hatten, schickte uns Berija als amtierenden Volkskommissar einen gewissen Kobulow. Das war der jüngere Bruder von Bogdan Sacharjewitsch Kobulow, Berijas Stellvertreter im Volkskommissariat des Inneren der UdSSR. Beide hatten in Georgien zusammengearbeitet. Dieser Kobulow war ziemlich unbedarft und unerfahren, was aus folgendem Vorfall ersichtlich ist. Er kam zu uns ins ZK und berichtete von einer Gruppe unkrainischer Nationalisten, die sich „antisowjetisch betätigten".

Ich sagte zu ihm:

„Das ist schon möglich. Wen meinen Sie denn? Können Sie Namen nennen?"

Er nannte mir die Namen mehrerer Schriftsteller und Intellektueller. Ich kannte sie natürlich, weiß gegenwärtig aber nicht mehr genau, um wen es im einzelnen ging. Ich glaube aber, er erwähnte u. a. Rylski. Ich sagte:

„Diese Leute sind uns bekannt, aber sie arbeiten nicht gegen die Sowjetunion. Vielleicht äußern sie sich über gewisse Dinge unzufrieden, aber sie sind nicht sowjetfeindlich. Was wird ihnen vorgeworfen, was schreibt Ihr Informant?"

„Sie sitzen oft zusammen, trinken viel und singen."

„Was ist denn daran schlimm und welche Lieder singen sie?"

„Zum Beispiel das Lied ‚Ach, was für ein Schicksal ist uns doch beschieden'."

Ich mußte lachen: „Sie sind Armenier und kennen die ukrainische Kultur nicht. Ihr Informant macht sich über Sie lustig, wenn er solche Sachen schreibt. Dieses Lied singen hier alle.

Wenn wir beide einmal zu einer Feier eingeladen werden, dann garantiere ich Ihnen, daß auch ich dieses Lied mitsingen werde. Es ist ein sehr schönes Volkslied." So war es um die Kompetenz des amtierenden Volkskommissar bestellt ...

Ich sagte bereits, daß Berija überall seine Leute einsetzte. Damals wurde auch Zanawa nach Belorußland geschickt. Zu dieser Zeit wurden alle Anwärter auf eine Stellung im Partei-, Wirtschafts- und Militärapparat vom NKWD „durchleuchtet". Damit erhielt Berija eine entscheidende Position in der Partei und im ganzen Land, denn alle Kader durften nur mit seiner Zustimmung eingesetzt werden.

Die Zeit verging. Ich traf mich oft mit Berija bei Stalin und lernte ihn besser kennen. Anfangs hatte ich ein gutes Verhältnis zu ihm, doch später war ich von seiner Falschheit enttäuscht. Berija vermochte es mit einem erstaunlichen Talent, während des Essens bei Stalin ein Thema anzuschneiden und, wenn dieses Mißfallen erregte, sofort einen von uns vorwurfsvoll anzusehen und ihm zu sagen: „Ich habe dir doch gleich gesagt, daß dieses Thema nicht hierher paßt."

Ich war von soviel Frechheit einfach verblüfft. Doch Stalin schwieg dazu, obwohl er doch genau gehört hatte, daß die Frage von Berija kam. Ich empfand dies als gemein. In dem Maße, wie sich Berijas Position festigte, wurde er immer dreister und hinterhältiger.

Ich wußte, daß Redens früher stellvertretender Volkskommissar der Staatssicherheit in Georgien gewesen war. Die alten Kader kannten ihn noch. Ich lernte ihn in Georgien kennen und kam dann mehrfach mit ihm zusammen, als er Bevollmächtigter des NKWD für das Gebiet Moskau war. Außerdem traf ich ihn häufig bei Stalin im Familienkreis. Redens war mit Anna Sergejewna, der Schwester von Stalins Frau Nadeshda Sergejewna Allilujewa, verheiratet. Berija unternahm gegen Redens alle möglichen Intrigen, um ihn aus Georgien zu verdrängen. Offensichtlich wollte er erreichen, daß Stalin nur von ihm über die dortige Lage informiert wurde.

Sein Vorhaben gelang ihm schließlich. Er ließ Redens von seinen Leuten in eine Schenke locken und dort betrunken machen. Später wurde dann Redens als hilflose Person von der Miliz auf der Straße aufgelesen. Stalin wurde über dieses Vorkommnis informiert. Redens, der sich damit diskreditiert hatte, wurde in Georgien abgelöst und im Gebiet Moskau als Bevollmächtigter des NKWD eingesetzt. Berijas Provokation war gelungen.

Nach Berijas Sturz ging im Zentralkomitee der Brief eines Georgiers ein, dessen Name ich vergessen habe. Dieser ehemalige Häftling zählte in seinem langen Brief auf, wieviele Menschen in Georgien Berijas Provokationen zum Opfer gefallen waren.

Während des Krieges kannte Berijas Impertinenz keine Grenzen mehr. Als unsere Armee auf dem Rückzug war, ließ Stalin willen- und tatenlos alles geschehen. Berija wurde in dieser Zeit zum Schrecken der Parteikader.

Nach dem Krieg wurde Berija Mitglied des Politbüros. Malenkow gewann ebenfalls an Einfluß, durchlebte aber auch gewisse Höhen und Tiefen. Einmal verbannte Stalin ihn sogar aus dem ZK und schickte ihn nach Mittelasien. Berija reichte ihm damals die helfende Hand, worauf sie unzertrennliche Freunde wurden. Stalin bezeichnete sie mitunter als „die beiden Gauner". Manchmal fragte er im Scherz: „Wo sind denn die beiden Gauner?"

Ich merkte, daß sich Berija immer mehr Rechte anmaßte. Es war nicht mehr möglich, Stalin eine Konzeption vorzutragen, wenn man sich nicht zuvor Berijas Unterstützung gesichert hatte. Berija brachte es sonst fertig, durch alle möglichen Zwischen- und Gegenfragen die Konzeption in Stalins Augen zu diskreditieren und damit zu vereiteln.

Auch Berijas „Freundschaft" zu Malenkow war nicht echt. Berija brachte Malenkow keinerlei Achtung und Wertschätzung entgegen, sondern verfolgte nur politische Ziele. Einmal sagte er zu mir:

„Dieser Mann hat absolut keinen Willen. Er ist ein richtiger Esel. Wenn man ihn nicht festhält, rennt er sich noch den Kopf ein. Deshalb nehme ich mich seiner an. Er ist ein kulturvoller russischer Mensch und kann einmal von Nutzen sein."

Auf diesen möglichen Nutzen setzte Berija bei seiner Freundschaft zu Malenkow.

Mit Malenkow und Bulganin war ich schon befreundet, als ich noch in der Moskauer Parteiorganisation arbeitete. Wir verbrachten oft freie Tage miteinander und wohnten zusammen auf der Datscha. Deshalb wankte diese Freundschaft auch nicht während des Krieges, als Stalin mir gegenüber seine Unzufriedenheit äußerte und Malenkow sich nicht gerade fair dabei verhielt.

Nach dem Krieg trafen wir uns wieder bei einer Beratung. Stalin hatte uns rufen lassen. Ich kam damals aus der Ukraine nach Sotschi, Malenkow und die anderen aus Moskau.

Nach den Gesprächen ging ich mit Malenkow spazieren. Damals sagte ich zu ihm: „Siehst du und verstehst du wirklich nicht, wie sich Berija dir gegenüber verhält?"

Malenkow schwieg darauf beharrlich.

„Merkst du denn nicht, daß er dich verhöhnt und verspottet?"

Schließlich antwortete Malenkow: „Ich merke es schon, aber was kann ich denn machen?"

„Machen kannst du im Augenblick wirklich nichts, aber ich wollte erreichen, daß du das siehst und begreifst."

Immer mehr setzte sich bei mir die Überzeugung durch: Wenn Stalin stirbt, muß unbedingt verhindert werden, daß Berija an die Spitze der Partei gelangt, denn das würde das Ende der Partei bedeuten. Ich befürchtete sogar den Verlust der Errungenschaften der Revolution und die Rückkehr des Landes zum Kapitalismus. Das war meine ehrliche Meinung.

Meine Versetzung nach Moskau brachte mich wieder mit Berija zusammen. Durch meine Anwesenheit waren ihm in seinen Plänen die Hände gebunden. Stalin schien mir zu vertrauen und mich zu schätzen, wir hatten zueinander ein gutes Verhältnis.

In den letzten Lebensjahren Stalins äußerte sich Berija im engen Kreis immer abfälliger über Stalin. Ganz offen sprach er darüber mit Malenkow, teilweise aber auch in meiner Gegenwart. Ich wertete die abfälligen und beleidigenden Ausfälle Berijas gegen Stalin als Provokation und Versuch, mich zu Äußerungen gegen Stalin zu verleiten, um mich dann bei ihm als sowjetfeindlich und als Volksfeind anschwärzen zu können. Ich hatte Berijas Falschheit bereits erlebt, deshalb war ich mißtrauisch. Ich hörte aufmerksam zu, beteiligte mich aber nie an solchen Gesprächen und stimmte ihnen nie zu. Trotzdem ließ Berija nichts unversucht. Er war felsenfest davon überzeugt, daß für ihn keine Gefahr bestand. Er wußte natürlich, daß ich kein Zuträger war. Ich war mir aber bewußt, daß sich Stalin und Berija – zwei Kaukasier, zwei Georgier – viel näherstanden als Stalin und ich.

Ich hielt Berijas Ausfälle immer für eine Provokation, um mich in Gespräche zu verwickeln und dann zu verraten und zu vernichten. Berija war ein Meister der Provokation und zur größten Gemeinheit fähig. Deshalb war ich ihm gegenüber sehr vorsichtig. Ich weiß nicht, inwieweit er sich derartige Ausfälle in Gegenwart von Molotow und Woroschilow erlaubte. Kaganowitsch gegenüber wagte er sie jedenfalls nicht. Berija hielt nicht viel von ihm und haßte ihn.

Kaganowitsch hatte einen fiesen Charakter und war ein Speichellecker. Wir wiesen ihn damals zurecht, als er gegen Woroschilow und Molotow ausfällig wurde. Er glaubte, daß Molotow Stalins Vertrauen verloren hatte und er – ohne Gefahr für sich – dem am Boden Liegenden noch einen Tritt versetzen konnte. Das war seine Moral. Ihn interessierte einzig und allein seine Karriere.

Im Februar 1953 erlitt Stalin einen Schlaganfall.

Als sein Ende nahte, hielten immer zwei von uns nachts bei ihm Wache. Als ich mit Bulganin allein war, teilte ich ihm offen meine Befürchtungen mit: „Nikolai Alexandrowitsch, offensichtlich wird Stalin sterben. Auch die Ärzte und Professoren glauben nicht, daß er überleben wird. Weißt du, auf welchen Posten Berija spekuliert?"

„Auf welchen denn?"

„Den Posten des Ministers für Staatssicherheit. (Damals waren das Ministerium für Staatssicherheit und das Ministerium des Innern noch getrennt.) Das muß verhindert werden. Wenn er Minister für Staatssicherheit wird, bedeutet das für uns das Ende. Er will nur deshalb Minister werden, um uns alle zu vernichten und zu beseitigen. Und das wird er auch tun. Wir müssen unbedingt etwas unternehmen."

Bulganin stimmte mir zu. Wir überlegten angestrengt, was wir tun konnten. Ich sagte: „Sprich mit Malenkow. Ich glaube, er ist auch unserer Meinung. Er muß verstehen, daß wir etwas tun müssen, weil es sonst für die Partei eine Katastrophe gibt. Das betrifft nicht nur uns, obwohl auch wir Berija nicht zum Opfer fallen wollen. Die Schrecken der Jahre 1937 und 1938 werden sich sonst wiederholen, vielleicht wird es sogar noch schlimmer."

Ich war zu allem entschlossen. In meinen Augen war Berija kein Kommunist. Für mich stand fest, daß er sich in die Partei eingeschlichen hatte. Mir fielen die Worte von Grischa Kaminski wieder ein, der ihn einen Agenten des britischen Geheimdienstes genannt und gemeint hatte, dieser Wolf im Schafspelz habe in der Partei nur Zuflucht gesucht, sich dann Stalins Vertrauen erschlichen und durch Täuschung eine hohe Stellung erlangt.

Schon damals merkte ich, daß Stalin sich von ihm bedrängt fühlte und Berija zeitweise sogar fürchtete. Dieser Eindruck entstand durch einen Zwischenfall, den ich erzählen möchte. Wir saßen bei Stalin zusammen, als dieser plötzlich Berija fragte:

„Warum bin ich jetzt nur noch von Georgiern umgeben? Wo kommen die denn alle her?"

Berija antwortete Stalin: „Das sind Ihnen treu ergebene Leute."

„Sind etwa nur die Georgier mir treu ergeben, die Russen aber nicht? Ich will sie nicht mehr sehen!"

Mit einem Schlag waren sie alle verschwunden, Berija aber stand da wie ein begossener Pudel. Ich dachte damals (vielleicht dachten andere dasselbe, doch wir sprachen nicht darüber), daß Stalin vielleicht Berija fürchtete, weil dieser durch seine Leute versuchen konnte, was er in Stalins Auftrag auch mit anderen tat – vernichten, vergiften und umbringen. Stalin schlußfolgerte zu Recht (um sich einmal in seine Gedanken zu versetzen), daß Berija, wenn er zu all dem imstande war und bei anderen nicht davor zurückschreckte, dasselbe doch auch mit ihm tun könnte. Deshalb ließ Stalin auch alle Bediensteten, über die Berija Zugang zur Küche hatte, entfernen.

Aufgrund von Altersschwäche durchschaute Stalin nicht, daß ihm der damalige Volkskommissar für Staatssicherheit, Abakumow, immer erst dann Bericht erstattete, wenn Berija mit ihm gesprochen und ihn instruiert hatte, was er Stalin sagen sollte. Stalin aber dachte, daß er einen energischen jungen Mann für diesen Posten ernannt hatte, der ausschließlich seine Weisungen erfüllte.

Ich hatte das Gefühl, daß Stalin sich von Berija bedrängt fühlte und ihn fürchtete. In diesem Zusammenhang ist auch der „mingrelische Fall" zu sehen. Stalin ließ damals einen Beschluß veröffentlichen, in dem die Mingrelier beschuldigt wurden, sich mit den Türken verbündet zu haben, und es unter ihnen Kräfte gebe, die sich auf die Türkei orientierten. Natürlich war das Unsinn. Ich hielt das für eine Aktion, die Stalin gegen Berija – der Mingrelier war – plante. Auf diese Weise bereitete er einen Schlag gegen Berija vor. Damals wurden viele Mingrelier verhaftet, doch Berija zog sich erneut aus der Affäre, indem er zu Stalins Vollstrecker wurde und mit den Mingreliern – den angeblichen Feinden – abrechnete. Das war schrecklich, sie wurden wie Vieh abgeschlachtet.

Ich kann mich jetzt nicht mehr an alles erinnern, doch es gab noch andere Beispiele, die von der Treulosigkeit Berijas und dem Mißtrauen Stalins Berija gegenüber zeugten.

Während besagter Krankenwache bei Stalin sprach ich mit Bulganin über alle diese Dinge.

Als Stalin gestorben war, setzte sich Berija sofort ins Auto und ließ sich nach Moskau bringen. Wir waren auf Stalins Datscha in Kunzewo bei Moskau und beschlossen, unverzüglich alle Mitglieder des Politbüros und auch die Mitglieder des Präsidiums holen zu lassen. Bis zu ihrem Eintreffen ging Malenkow, offensichtlich sehr aufgewühlt, ständig im Zimmer auf und ab. Ich beschloß, mit Malenkow zu reden und ging zu ihm. „Jegor, ich muß mit dir sprechen."

„Worüber?" fragte er abweisend.

„Stalin ist tot. Wir müssen beraten, was weiter wird."

„Was willst du denn beraten? Wenn alle da sind, setzen wir uns zusammen und sprechen darüber. Deshalb holen wir ja alle zusammen."

Das schien eine demokratische Antwort zu sein, doch ich spürte den Hintergedanken. Ich begriff, daß in Wirklichkeit alle Fragen bereits mit Berija abgesprochen waren und alles längst geregelt schien. „Na gut, sprechen wir später darüber", antwortete ich.

Alle kamen und erwiesen Stalin die letzte Ehre. Als Swetlanka kam, ging ich auf sie zu. Ich war so aufgewühlt, daß ich die Tränen nicht zurückhalten konnte. Ich beweinte aufrichtig Stalins Tod. Ich weinte nicht nur um Stalin, mich bewegte die Zukunft der Partei und des Landes. Ich befürchtete, daß Berija nun die Macht übernahm, was das Ende bedeuten würde. Ich traute Berija nicht, betrachtete ihn nicht mehr als Kommunisten. Ich hielt ihn für verlogen und zu allem fähig. Die von ihm angewandten Repressalien machten ihn zu einem Mörder.

Dann begann die Verteilung der Ämter. Berija schlug Malenkow für die Funktion des Vorsitzenden des Ministerrats vor, wobei er von den Pflichten eines ZK-Sekretärs befreit werden sollte. Malenkow schlug seinerseits vor, Berija als seinen ersten Stellvertreter zu bestätigen, das Ministerium für Staatssicherheit und das Ministerium des Inneren zu vereinen und Berija zum Minister dieses neuen Ministeriums zu ernennen. Ich schwieg zu diesem Vorschlag, ebenso Bulganin. Ich hatte schon befürchtet, Bulganin könnte sich nicht beherrschen, was für den Augenblick ein Fehler gewesen wäre.

Ich schwieg, weil ich die Reaktion der anderen sah. Wenn Bulganin und ich dagegen Einwände erhoben hätten, wären wir beschuldigt worden, Disziplin und Ordnung zu verletzen und noch vor Stalins Beisetzung in der Partei einen Streit zu entfachen.

Ich sah, daß alles so verlief, wie ich es vorausgesehen hatte. Warum wollte Berija gerade diesen Posten? Was bedeutete diese falsche Bescheidenheit?

Molotow und Kaganowitsch wurden ebenfalls zu Stellvertretern Malenkows ernannt. Woroschilow sollte anstelle von Schwernik Vorsitzender des Präsidiums des Obersten Sowjets werden. Berija äußerte sich sehr taktlos über Schwernik, indem er sagte, daß niemand im Land ihn kennen würde.

Auch das gehörte zu seinem Plan: Woroschilow sollte durch Verordnungen das sanktionieren, was Berija unternahm, um seine Vernichtungspläne zu verwirklichen.

Berija schlug vor, daß man mich vom Posten des Sekretärs des

Moskauer Komitees entband, damit ich mich ganz der Arbeit im Zentralkomitee widmen könnte. Dann wurden noch andere Posten besetzt. Anschließend besprachen wir die Einzelheiten der Beisetzungsfeierlichkeiten und die Bekanntgabe von Stalins Tod.

So gelangte nach Stalins Tod die Führung des Staates in unsere Hände.

Alexej Adshubej

Das Chamäleon

Äußerlich glich Berija mit seinem fülligen, aufgedunsenen und glatt rasierten Gesicht einem der einfachen Angestellten der dreißiger Jahre. Der Hut saß mit seinem Rand auf den Ohren, der Mantel oder Regenmantel war etwas zu eng. Doch der Schein trog. Hinter dieser Fassade verbarg sich ein prinzipienloser, hinterlistiger und gnadenloser Charakter. Berija wurde von allen gefürchtet, und das aus gutem Grund ...

Berija hatte alles seit langem vorbereitet. Er spielte mit dem Schicksal von Personen, deren Ausschaltung er für notwendig hielt. Er schläferte die Wachsamkeit derer ein, die seine Ambitionen skeptisch verfolgten. Die führenden Positionen in den Organen des Inneren hatte er mit seinen Leuten besetzt. Er begann, sich in die Angelegenheiten der Gebietskomitees der Partei einzumischen und die Sekretäre zu maßregeln, die sich an die Weisungen des ZK hielten und den Anordnungen von Berijas Apparat nicht fügen wollten. Sinowi Timofejewitsch Serdjuk, der Parteisekretär des Gebietskomitees Lwow, informierte Chrustschow, daß Berija ihm als Antwort auf einen Widerspruch über Telefon gedroht habe, er werde ihn im Lager fertigmachen.

Wie Chrustschow berichtete, ließ Berija in den Tagen, in

denen Stalin im Sterben lag, seinen wirklichen Gefühlen freien Lauf. Hemmungslos machte er Stalin schlecht, rannte aber auch zu ihm hin und küßte ihm die Hand, wenn dieser kurz zu Bewußtsein kam. Als Stalin gestorben war, kümmerte sich Berija nicht um die weinende Tochter, sondern stürzte sofort los, um seinen Freunden und Spießgesellen als erster die Nachricht zu überbringen. Nikita Sergejewitsch hat damals zu Bulganin gesagt, daß Berija, wenn er an die Macht käme, sie alle vernichten würde; und daß eine neue Terrorwelle einsetzen würde.

Die Amnestie, die Berija nach Stalins Tod erließ, war ein kluger Schachzug. Sie betraf große Gruppen von Häftlingen. Berija war darüber beunruhigt, daß er nicht mehr automatisch die Haftzeiten derjenigen verlängern konnte, die in den Jahren der Massenrepressalien in die Lager gesteckt wurden und ihre Strafe verbüßt hatten. Sie kamen nun nach Hause und verlangten die Wiederherstellung der Gerechtigkeit. Für Berija aber war es äußerst wichtig, unbequeme Opfer und Mahner erneut zu verbannen oder gar nicht erst aus den Lagern zu entlassen. Entlassen wurden Kriminelle und Rückfalltäter, die sogleich wieder ihrem alten Gewerbe nachgingen. Die dadurch hervorgerufene Unsicherheit und Unzufriedenheit boten Berija die Chance, zu alten Methoden zurückzukehren.

Chrustschow wußte natürlich, was er zu erwarten hat. Spitzel waren überall. Chrustschow ging ein großes Risiko ein, als er sich Berijas Stellvertreter Serow anvertraute, den er aus der Zeit seiner Tätigkeit in der Ukraine gut kannte. Serow war bereit, ihn vorbehaltlos zu unterstützen. Auf seine Motive hierfür will ich nicht näher eingehen, auf jeden Fall war er an der Operation beteiligt.

Ausschlaggebend war natürlich, daß Nikita Sergejewitsch von Marschall Shukow und General Moskalenko uneingeschränkt unterstützt wurde. Sie leisteten die Vorbereitungsarbeit und verhafteten schließlich Berija im Konferenzraum des Präsidiums des ZK im Kreml.

Ende Dezember 1953 verurteilte das Sonderkollegium des Obersten Gerichts der UdSSR, nachdem es die von der Staatsanwaltschaft der UdSSR erhobenen Beschuldigungen geprüft und die Angeklagten angehört hatte, den „Feind des Volkes und der Partei" Lawrenti Berija sowie sechs seiner engsten Mitarbeiter zur Höchststrafe – dem Tod durch Erschießen. Das Urteil wurde am 23. Dezember 1953 vollstreckt. Berija hatte zuvor noch einen Brief an Chrustschow und das ZK geschrieben, in dem er um Gnade und um die Chance bat, seine Schuld durch Zwangsarbeit wiedergutmachen zu können.

J. Krotkow

Ich führte Berijas Befehl aus

Der Journalist und Dramatiker Juri Krotkow, von dem in den vierziger und fünfziger Jahren in der sowjetischen Presse viele Beiträge erschienen sind, veröffentlichte 1990 die Reportage „Das Ende von Marschall Berija". Nachfolgend ein Auszug daraus.

Das war schon eine besondere Aufgabe, und der Befehl kam von Marschall Berija persönlich. Als ich vernahm, was ich tun sollte, bekam ich es mit der Angst zu tun. Einen solchen Auftrag hatte ich bisher noch nie ausgeführt und wollte es auch unter keinen Umständen tun. Das war zu Beginn meiner Zusammenarbeit mit dem MGB vereinbart worden.

Major Kunawin strich mit der Hand über seine von kastanienbraunen Locken umrahmte Stirn und sagte:

„Marschall Berija hat Sie persönlich ausgewählt. Er kannte Ihren Vater. (Kunawin sprach Berijas Namen mit einer gewissen Ehrfurcht aus. Nach Stalins Tod waren das MWD und das MGB zu einem neuen Ministerum des Innern vereint worden, dessen Chef nun Berija war.) Sie können stolz darauf sein, daß die Wahl auf Sie gefallen ist. Er hatte ja auch andere Kandidaten."

Wir saßen an einem runden Tisch in einer konspirativen Wohnung der Organe für Staatssicherheit in der Nähe des Zentralen Telegraphenamts. Ich wollte meine Erregung bezwingen, zündete mir eine Zigarette an und versuchte, Kunawin zu widersprechen: „Aber ich bin doch in Georgien bekannt . . ."

„Deshalb können Sie ja auch den Auftrag besser ausführen als jeder andere", unterbrach mich Kunawin.

Es handelte sich darum, daß der Minister des Inneren der UdSSR, Marschall Berija, einige vertrauenswürdige Leute in die verschiedenen Republiken des Landes schicken wollte, um Stimmungsberichte einzuholen. Für mich hatte er Georgien, meine Heimat, ausersehen. Kunawin gab mir vorsichtig zu verstehen, daß mein „Bericht" zu Berijas Zufriedenheit, d. h. gegen Malenkow, abgefaßt werden müsse. Ich verstand den Wink sofort, denn mir war die geheime Rivalität zwischen Malenkow und Berija seit langem bekannt. Nach Stalins Tod wurde dieser Kampf bereits auf Leben und Tod geführt, obwohl nach außen der Eindruck erweckt wurde, Malenkow und Berija seien gute Freunde und würden das Land gemeinsam führen.

Nach dem Tod des „großen Führers" war Malenkow Vorsitzender des Ministerrats der UdSSR und Erster Sekretär des ZK der KPdSU. Berija hatte den Posten des Ministers des Inneren der UdSSR inne. Es war offenbar, daß sie eine Absprache getroffen hatten, denn Malenkow bestätigte alle neuen Ernennungen, die Berija im MWD vornahm. Die Frau von Dekanossow sagte mir, daß Malenkow ihren Mann, den Berija zum Innenminister der Georgischen SSR ernannt hatte, vor seiner Abreise nach Tbilissi noch zu einem „freundschaftlichen Gespräch" empfangen hatte. Berija setzte damals in alle Schlüsselpositionen des Landes seine Leute ein. General Gwischiani leitete die Staatssicherheitsorgane im Fernen Osten, Goglidse wurde nach Leningrad geschickt, Milstein in das Baltikum oder in die Ukraine, Zanawa nach Belorußland usw. Zu Stalins Zeiten, als er noch das Organisationsbüro des ZK leitete, hatte Malenkow mit allen Mitteln versucht, Berijas Leute loszuwerden. So hatte er auch Dekanossow als stellvertretenden Außenminister abgelöst. Dekanossow blieb eine Weile ohne Funktion, wurde dann aber zum Leiter der Wirtschaftsverwaltung des Unionsrundfunkkomitees ernannt. Übrigens hatte er sich bei Berija über seine Ablösung beschwert. Er hatte Oberst Sarkissow, den Chef von Berijas

Leibwache, in dessen Wohnung (Stadtbezirk Sretenki) aufgesucht und Berija über die Dienstleitung im Kreml angerufen. Berija sagte damals zu ihm: „Jetzt ist nicht die richtige Zeit zum Klagen, Wolodja. Du mußt dich zusammennehmen und abwarten, wahrscheinlich nicht mehr lange."

Daß zwischen Malenkow und Berija ein Kampf auf Leben und Tod geführt wurde, ging auch aus den Worten von Major Kosnikow hervor. Zwei oder drei Wochen nach der Machtübernahme durch Malenkow und Berija sagte er, als er sich einmal spät abends in seiner Küche noch Rührei mit Schinken bereitete, mißmutig zu mir: „In unserem Ministerium herrscht völliges Chaos. Berija erteilt einen Befehl. Dann ruft Malenkow aus dem Kreml an, hebt den Befehl wieder auf und erteilt einen neuen …"

Die Bemerkungen, die Kosnikow über Malenkow machte, waren sehr gewagt. Aber viele Mitarbeiter der Staatssicherheitsorgane vergötterten Berija nahezu und waren bereit, für ihn durchs Feuer zu gehen. Schließlich verdankten sie ihm ihre Sonderstellung und elitäre Behandlung. Sie erhielten ein hohes Gehalt, genossen Vergünstigungen und zweifelten nicht an der Rechtmäßigkeit ihres Handelns. Natürlich standen Kosnikow, Kunawin und alle anderen im Kampf zwischen Malenkow und Berija auf der Seite des letzteren.

Nach dem Treffen mit Kunawin überlegte ich zunächst, wie ich die mir zugefallene „ehrenvolle Mission" erfüllen sollte, die ich nicht ablehnen konnte (das wäre, besonders zur damaligen Zeit, einem Todesurteil gleichgekommen). Es ging dabei nicht nur um mein Leben, sondern auch um das meiner Freunde und Genossen in Georgien. Zweitens dachte ich auch darüber nach, warum Berija die öffentliche Meinung erkunden wollte, für die sich bisher kein einziger sowjetischer Führer interessiert hatte. Da kam mir der Gedanke, daß Lawrenti Pawlowitsch wahrscheinlich auf den Posten Malenkows spekulierte. Ich schloß nicht aus, daß sich Berija aus Eitelkeit und Machtgier dieses Ziel gestellt hatte.

Doch das machte die Sache auch nicht leichter für mich. Ich war in das Schußfeld des sehr gefährlichen Zweikampfes zweier erfahrener Rivalen geraten.

Einige Zeit später erzählten mir Freunde hierzu eine fast unglaubliche Geschichte. Der ehrwürdige sowjetische Filmregisseur Michail Tschiaureli, der ein Freund und sogar Zechkumpan Stalins gewesen war und mehrere Filme über ihn gedreht hatte, schrieb einen Monat nach dem Tod seines Idols zusammen mit dem Dramatiker Semjon Nagorni ein neues Drehbuch über den „großen Führer". Er besuchte Berija, mit dem er auf gutem Fuße stand, auf dessen Datscha, um ihm das Drehbuch zum Lesen zu geben. Früher war Berija ihm gegenüber immer überaus freundlich und zuvorkommend gewesen, weil er sich daraus Vorteile und Stalins Wohlwollen versprach. Jetzt aber schleuderte Berija das Drehbuch zur Seite und beschimpfte ihn unflätig: „Vergiß diesen Hundesohn! Stalin war ein Mistkerl, ein gemeiner Schurke und Tyrann. Er hat uns alle in Angst gehalten, der Blutsauger. Das ganze Volk hat vor ihm gezittert. Das war seine einzige Stärke. Zum Glück sind wir ihn nun los. Der Himmel sei ihm gnädig!"

Tschiaureli schwanden nahezu die Sinne. Zu Hause sagte er zu seiner Frau, der Schauspielerin Weriko Andshaparidse, verzweifelt: „Meine Stunde hat geschlagen. Ich bin verloren . . ."

Er sollte recht behalten. Ein knappes Jahr später wurde Tschiaureli aus der KPdSU ausgeschlossen und nach Swerdlowsk verbannt, wo er nichtige Aufgaben im dortigen Filmstudio zu erfüllen hatte.

Am Tag nach meinem Treffen mit Kunawin erhielt ich von ihm Reisegeld und die Fahrkarte. In Tbilissi wurde ich von meinen Freunden abgeholt. Ich nahm mir ein Zimmer im Hotel „Tbilissi" und sagte ihnen, daß ich hier zwei Wochen Urlaub machen würde. Den wirklichen Zweck meines Besuches konnten sie natürlich nicht ahnen. Wie ich mit Kunawin in Moskau vereinbart hatte, rief ich am nächsten Morgen im MWD der Republik an und traf mich noch am selben Tag gegen elf Uhr mit einem jungen russischen Offizier der Staatssicherheit. (Mir fiel auf, daß unter den operativen Mitarbeitern viele Russen waren. Auich Dekanossow, der das MWD der Georgischen SSR leitete, war kein Georgier, sondern Armenier. Möglicherweise hatte man zu den Georgiern kein Vertrauen.) Dieser junge Mann, der mich in gewisser Weise an meine Moskauer Kollegen erinnerte, war sehr liebenswürdig und zuvorkommend. Wahrscheinlich hatte man ihn aus Moskau entsprechend instruiert. Er gab mir einen Überblick über die Lage. Nebenbei bat er mich, etwas aus dem Privatleben der bekannten georgischen Schauspielerin Nato Waschnadse in Erfahrung zu bringen. Doch Zuarbeit für die örtlichen Organe gehörte nicht zu meiner Mission, ich sollte nur für Berija berichten.

Die zwei Wochen waren mehr als ausreichend, um die Stimmung der georgischen Intelligenz zu ermitteln. Übrigens wäre es nicht notwendig gewesen, deshalb extra nach Georgien zu fahren. Ich hätte diesen Bericht auch in Moskau schreiben können, wenn ich wahrheitsgemäß und objektiv die Situation geschildert hätte. Doch das durfte ich nicht, weil ich erstens mir nahestehende Menschen nicht gefährden wollte und zweitens Marschall Berija damit nicht einverstanden gewesen wäre.

Die Sachlage war so, daß die Intelligenz in jenen Tagen weder von Malenkow noch von Berija etwas wissen wollte und beide gleichermaßen ablehnte. Die georgische Intelligenz trug Lawrenti Berija nach und konnte ihm nicht verzeihen, daß er auf Stalins Befehl grausam mit ihren besten Vertretern abgerechnet und sie gnadenlos umgebracht hatte.

In dem Bericht, den ich nach meiner Rückkehr in Moskau schrieb, versuchte ich nach Möglichkeit, konkrete Angaben, die gefährlich werden konnten, zu vermeiden. Natürlich mußte ich die Namen der bekannten Dichter Tabidse und Leonidse, Nato Waschnadse und viele andere, mit denen ich mich getroffen hatte, erwähnen. Ich verbarg auch nichts, da ich sicher sein konnte, in Georgien unbemerkt von Mitarbeitern des dortigen MWD kontrolliert worden zu sein. Doch ich vermochte, meine Freunde und Bekannten oder vielmehr ihre Meinungen in dem Bericht so darzustellen, daß sowohl Berija als auch Malenkow, falls das Papier in seine Hände fallen sollte, nicht brüskiert wurden. Das war eine sehr komplizierte und, wenn ich ehrlich sein soll, auch unangenehme Arbeit. Doch ich habe ein reines Gewissen. Niemand, den ich erwähnte, hat Schaden erlitten . . .

Mein weiteres Leben in Moskau gestaltete sich wie in einem Spionagefilm mit tragischem Ausgang.

An einem Sommerabend fuhr ich mit dem Trolleybus durch

die Gorkistraße und sah auf dem Puschkinplatz eine Marschkolonne schwerer Panzer, die in Richtung Platz des Aufstandes postiert war. Mir fiel auf, daß die Motoren angelassen und die Mündungsschoner abgenommen waren, d. h. die Panzer waren gefechtsbereit. Am selben Abend erfuhr ich aus einem Telefongespräch mit einem Freund, dem jüdischen Schriftsteller Boris Jampolski, daß auch auf dem Dshershinskiplatz und vor dem MDW-Gebäude Panzer standen und Truppen des Moskauer Militärbezirks alle Bahnhöfe der Hauptstadt bewachten.

„Vielleicht werden amerikanische Landungstruppen erwartet", meinte Boris sarkastisch am Telefon.

„Rede nicht solchen Unsinn . . ."

„Möglicherweise putscht unsere Armee gegen die Partei", sagte er beinahe schon ernst.

„Ich glaube nicht, aber . . ."

„Oder Berija will die Macht an sich reißen", mutmaße Boris. (Er war ein langjähriges Parteimitglied und hatte keine Angst.)

„Vielleicht auch umgekehrt?"

Nach dem Gespräch mit Jampolski bekam ich Kopfschmerzen, das Blut hämmerte in den Schläfen und mit meiner Ruhe war es vorbei.

Gegen Mitternacht rief mich Nora Tigranowna, die Frau Dekanossows, an. Sie klang besorgt und bat mich, unverzüglich zur Ecke Sretenski/Marchlewski-Straße zu kommen, wo sie wohnte. Sie wollte mir etwas Wichtiges sagen. Ich nahm ein Taxi und fuhr hin.

„Berija ist verschwunden", flüsterte mir Nora Tigranowna zu. „Er sollte zusammen mit den anderen Politbüromitgliedern die Premiere der ‚Dekrabristen' im Bolschoi-Theater besuchen, doch in der Regierungsloge war er nicht. Er ist verschwunden . . ."

„Berija ist schließlich keine Nadel, er kann nicht so einfach verschwinden", versuchte ich sie aufzuheitern, obwohl mir selbst nicht zum Lachen zumute war.

„Scharija und Ljudwigow wurden verhaftet. Man hat ihre Datschen in Serebrjani Bor durchsucht. Scharijas Frau Nadja hat mich angerufen. Sie ist allerdings guten Mutes und hofft, daß er bald wieder zuhause ist. Sie hat sogar gescherzt: ‚Petre wurde schon mehrfach verhaftet und wieder freigelassen. Man wird ihn auch diesmal gehen lassen . . ."'

Petre Scharija war der engste Mitarbeiter Berijas, sein persönlicher Referent, in der Vergangenheit der „rote Professor" und Mitverfasser (zusammen mit Erik Bedija) von Berijas berühmt-berüchtigtem Buch „Zur Geschichte der bolschewistischen Organisation in Transkaukasien". Ljudwigow leitete Berijas Sekretariat. Wenn sie beide verhaftet wurden, dann war auch anzunehmen, daß mit Berija etwas Ernstes passierte.

„Ich habe Wolodja in Tbilissi angerufen", fuhr Nora Tigranowna fort. „Ich wollte ihm mitteilen, was sich ereignet hat. Doch er unterbrach mich und sagte mir, er sei nach Moskau beordert worden und würde morgen hierher fliegen. Als ich ihm noch über die Verhaftung von Scharija und Ljudwigow berichten wollte, wurde die Verbindung unterbrochen. Ich werde ihn vom Flugplatz abholen."

Nora Tigranownas Lippen waren blaß, ihr Gesicht war wie versteinert, aber sie weinte nicht. Sie war eine Frau mit starkem Charakter, die viel durchgemacht hatte. Ihre Ehe war kaputt, ihr Mann betrog sie auf Schritt und Tritt. Sie hatte sich an Betrug und Falschheit in der Familie gewöhnt und sich voll und ganz ihrem Sohn Redshi und der Tochter Nana gewidmet. Ihre Kinder waren nun allerdings schon erwachsen und verheiratet. Redshi hatte Scharijas Tochter geheiratet, Nana einen Offizier. Als Dekanossow nach Georgien versetzt wurde, hatte es Nora Tigranowna verständlicherweise vorgezogen, in Moskau zu bleiben.

Wir trafen uns am nächsten Tag, nachdem sie vom Flugplatz zurückgekehrt war. Sie machte einen geknickten Eindruck und war bleich.

„Man hat ihn vor meinen Augen verhaftet", berichtete sie, als wir langsam durch die Sretenskistraße und angrenzende Nebenstraßen gingen. „Er verließ mit Karkadse und anderen georgischen ZK-Mitgliedern das Flugzeug. Als er mich sah, lächelte er und winkte mir zu. Dann traten zwei Männer in Zivil auf ihn zu und führten ihn zu einem bereitstehenden Wagen. Wolodja blickte in meine Richtung. Er war unheimlich bestürzt, denn das hatte er nicht erwartet. Er war vollkommen ahnungslos gewesen.‟

In Moskau kursierten bereits Gerüchte, daß Berija einen Putsch geplant hatte und alle Politbüromitglieder ermordet werden sollten. Malenkow und Chrustschow aber hätten die Pläne des Innenministers, den sie bereits aus dem ZK verdrängt hatten, durchschaut und sie mit Hilfe der Panzer von Marschall Konew und den Truppen von Marschall Moskalenko vereitelt. Gerüchte wurden verbreitet, daß Truppen des MWD aus allen Teilen des Landes in Richtung Moskau auf dem Marsch waren.

Dann erschien in der „Prawda‟ die offizielle Mitteilung, daß Berija und seine Helfershelfer Volksfeinde und Agenten feindlicher Geheimdienste gewesen seien. Das bedeutete, daß man sie verurteilen und erschießen würde.

Man erwartete, daß nun eine gründliche Säuberung des „Augiasstalls‟ erfolgen werde oder, wie es unter Stalin hieß, „eine Ausrottung des Übels mit der Wurzel‟. Doch die Machthaber änderten die Taktik. Natürlich wurden Berija nahestehende Leute, leitende Mitarbeiter auf mittlerer und unterer Ebene, entlassen. Einige wurden aus der Partei ausgeschlossen und kamen hinter Gitter. Doch die Familienangehörigen der zum Tode Verurteilten wurden lediglich vorübergehend nach Mittelasien oder in den Ural verbannt. Nora Tigranowna beispielsweise konnte ein oder zwei Jahre danach wieder bei ihrer Mutter in Tbilissi sein. Dort lebte auch Berijas Frau Nina. Sein Sohn Sergo, der als Oberst Dipl.-Ing. ein militärisches Forschungsinstitut in Moskau leitete, wurde unter anderem Namen in ein analoges Forschungsinstitut irgendwo an der Wolga versetzt, wo ihn seine Frau, eine Enkelin von Maxim Gorki, mit den Kindern zweimal jährlich besuchen durfte. General Gwischiani wurde in den Ruhestand versetzt, erhielt eine gute Pension und kehrte aus dem Fernen Osten in seine Heimat Georgien zurück. Sein Sohn Dshermen blieb weiter mit der Tochter des Vorsitzenden des Ministerrats der UdSSR, Kossygin, verheiratet und machte sogar noch Karriere als Akademiemitglied.

Dieses liberale Verhalten gegenüber den Familienangehörigen unterschied sich wohltuend von der bisherigen Praxis und hat zweifellos viele beruhigt, die zu Berijas näherer Umgebung gehörten (insbesondere seine zahlreichen Geliebten und seine Gesinnungsgenossen).

Auch ich empfand eine gewisse Erleichterung.

Vierter Teil

Die Verhaftung

Nikita Chrustschow

Die Aktion

Während und nach den Beisetzungsfeierlichkeiten für Stalin brachte mir Berija sehr viel Aufmerksamkeit und Achtung entgegen, was mich verwunderte. Er bekundete zwar immer wieder demonstrativ Freundschaft zu Malenkow, begann aber nun auch zu mir freundschaftliche Beziehungen herzustellen.

Wenn Berija und Malenkow auf dem Kremlgelände spazierengingen, luden sie mich ein, sie zu begleiten. Sie wollten mir damit zeigen, daß ich ihnen nahestand. Ich verhielt mich ihnen gegenüber nicht ablehnend, änderte aber meine negative Meinung über Berija nicht. Im Gegenteil, ich wurde in dieser Meinung noch bestärkt.

Berija gewann Tag für Tag mehr an Einfluß und wurde deshalb auch immer dreister. Er nutzte alle seine provokatorischen Tricks.

Es kam zu einer ersten Konfrontation aller Mitglieder des Präsidiums des ZK mit Berija und Malenkow. Nach dem Plenum war das Präsidium verändert worden und bestand nur noch aus elf oder dreizehn Genossen. Wir trafen Entscheidungen im kleinen Kreis. Das von Stalin auf dem Plenum nach dem IX. Parteitag eingeführte Büro hatten wir wieder aufgelöst.

Berija und Malenkow unterbreiteten den Vorschlag, den unter Stalin gefaßten Beschluß über den Aufbau des Sozialismus in der Deutschen Demokratischen Republik außer Kraft zu setzen. Sie verlasen ein Dokument, händigten es uns aber nicht aus, obwohl es Berija schriftlich vorlag. Er verlas es nur in seinem und Malenkows Namen.

Molotow sprach als erster und wandte sich entschieden gegen diesen Vorschlag. Ich unterstützte Molotow. Nach mir sprach

Bulganin, der neben mir saß. Dann äußerten sich die weiteren Präsidiumsmitglieder: Perwuchin, Saburow und Kaganowitsch. Alle sprachen sich gegen diesen Vorschlag Berijas und Malenkows aus.

Daraufhin zogen Berija und Malenkow das Dokument wieder zurück. Wir stimmten auch nicht darüber ab. Die Diskussion über den Vorschlag wurde nicht ins Protokoll aufgenommen, als ob die Frage überhaupt nicht zur Debatte gestanden hätte. Das war ein typischer Winkelzug Berijas.

An diesem Tag sagte Molotow zu mir: „Ich bin sehr angetan von der Position, die Sie bezogen haben. Ehrlich gesagt, das hatte ich nicht erwartet. Ich sehe Sie immer zusammen mit Malenkow und Berija und hatte daher angenommen, daß Sie sich ihnen in dieser Frage angeschlossen haben. Ich habe mich über Ihre feste und unbeirrte Meinung sehr gefreut."

Er bot mir bei dieser Gelegenheit das Du an. Ich sagte ihm, daß mir ebenfalls seine entschiedene und richtige Haltung sehr gut gefalle.

Einige Zeit später rief mich Bulganin an und fragte: „Hat man dich schon angerufen?"

Ich wußte sofort, worauf er hinaus wollte. „Nein, aber bei mir ruft bestimmt auch keiner an."

„Mich haben sie schon angerufen."

„Nun, was wollten sie denn?"

„Sie rieten mir, ich soll mir vor meinen Auftritten auf den Sitzungen überlegen, ob ich noch weiter Verteidigungsminister bleiben will."

Darauf frage ich, wer denn bei ihm angerufen habe.

„Erst der eine, dann der andere. Beide haben angerufen."

„Mich haben sie nicht angerufen. Sie wissen, daß ihnen das schlecht bekommen kann."

Berijas Einstellung mir gegenüber schien unverändert, ich wußte, daß das eine Finte – die berüchtigte „asiatische Falschheit" – war, d. h., daß etwas anderes gesagt als gedacht wird. Mir war klar, daß Berija heuchelte, mit mir spielte und mich in Sicherheit wiegte, dabei aber nur darauf wartete, mit mir abzurechnen, wenn sich die Gelegenheit dazu bot.

Auf einer Sitzung machte Berija folgenden Vorschlag:

„Da für viele Gefangene und Verbannte gegenwärtig die Zeit ihrer Haft und Verbannung abläuft und sie daher zu ihren früheren Wohnorten zurückkehren werden, schlage ich vor, daß ein Beschluß gefaßt wird, der ihnen nur mit ausdrücklicher Genehmigung durch den Minister des Inneren die Rückkehr gestattet und sie zwingt, in den vom Ministerium des Inneren angewiesenen Aufenthaltsgebieten zu bleiben."

Damit war ich nicht einverstanden und erklärte:

„Diese Willkür lehne ich kategorisch ab. Die Willkür muß einmal ein Ende haben. (Wir begannen damals bereits, die Vergangenheit kritischer und realistischer einzuschätzen.) Diese Menschen wurden von der Staatssicherheit verhaftet, die Staatssicherheit leitete die Untersuchungen und die Staatssicherheit hat sie verurteilt. Die Troikas der Staatssicherheit machten, was sie wollten. Es gab weder einen Untersuchungsrichter noch einen Staatsanwalt oder ein Gerichtsverfahren. Die Menschen wurden einfach abgeholt, bestraft und umgebracht. Jetzt sollen also diese Menschen, die ihre von den Troikas verhängte Strafe verbüßt haben, erneut aller ihrer Rechte beraubt und weiter wie Verbrecher behandelt werden. Das Ministerum des Inneren soll darüber bestimmen, wo sie ihren Wohnsitz nehmen dürfen. Das ist unzulässig."

Die anderen waren alle meiner Meinung. Berija zog seinen Vorschlag geschickt zurück. Da Malenkow das Protokoll unterzeichnete, erschien er auch nicht im Protokoll.

Dieser Vorstoß Berijas hatte bereits bedrohlichen Charakter.

Daraufhin machte Berija den scheinbar liberalen Vorschlag, daß der Beschluß (er nannte Datum und Nummer) über von den Troikas verhängte Höchststrafen bis zu 20 Jahren Lager oder Verbannung geändert werden sollte. Er schlug vor, die Strafe zu halbieren – von 20 auf 10 Jahre. Das schien großzügig, doch ich hatte Berijas Absicht verstanden. Deshalb sagte ich:

„Ich lehne das kategorisch ab, weil das gesamte Willkürsystem der Verhaftungen, der Untersuchungen und Prozesse revidiert werden muß. Es geht hier nicht um zwanzig oder zehn Jahre, denn die Strafe kann nach zehn Jahren um weitere zehn Jahre und so fort verlängert werden. Das hat es schon gegeben, uns liegen Dokumente vor, die bestätigen, daß solche Methoden praktiziert wurden. Deshalb bin ich kategorisch dagegen."

Und wieder zog Berija seinen Vorschlag zurück.

Ich war nun bereits in zwei Fragen aktiv gegen Berija aufgetreten. Im ersten Fall unterstützte ich Molotow nachdrücklich und im zweiten Fall pflichteten alle mir bei. Ich zweifelte daher nicht daran, daß mich Berija richtig verstanden und bereits seine Maßnahmen eingeleitet hatte. Er konnte sich einfach nicht damit abfinden, daß ihm jemand im Wege stand. So war die Situation.

Während eines Spaziergangs versuchte Berija, mich für ein Datschenprojekt zu begeistern:

„Die Zeit ist allmächtig, das ist eine sprichwörtliche Wahrheit. Wir werden nun einmal nicht jünger. Jedem von uns kann etwas zustoßen, und was wird dann aus den Familien? Man muß an das Alter und an die Familie denken. Deshalb würde ich vorschlagen, personengebundene Datschen zu bauen, die der Staat dann denen übereignet, für die sie bestimmt sind."

Das war typisch für Berija. Ich wunderte mich bereits nicht mehr über seine Denkweise, die eines Kommunisten unwürdig war. Sie entsprach voll und ganz seinem Charakter.

Ich war aber auch davon überzeugt, daß er damit einen provokatorischen Hintergedanken verfolgte.

Berija fuhr fort: „Ich schlage vor, die Datschen nicht in der Moskauer Umgebung, sondern in Suchumi zu bauen. Ach, ist das eine wunderbare Stadt ... (Er schilderte ihre Schönheiten.) Ich würde vorschlagen, sie nicht am Stadtrand zu errichten, sondern direkt im Zentrum ein großes Areal freizumachen, Gärten anzulegen und Pfirsichbäume anzupflanzen." Er fing an, von Pfirsichen und Weintrauben zu schwärmen, die in Suchumi wachsen.

Berija spann seine Gedanken weiter. Er hatte bereits alles durchdacht – Personalbedarf, Service und privilegierte Versorgung.

„Projektierung und Bau werden vom Ministerum des Inneren übernommen. Die erste Datscha ist für Jegor (d. h. für Malenkow), die nächsten sind dann für dich, Molotow und Woroschilow, dann für die anderen."

Ich hörte mir das widerspruchslos an und sagte lediglich: „Man muß es überdenken."

Einmal fuhren Malenkow, Berija und ich auf unsere Datschen in der Umgebung Moskaus. Zunächst saßen wir zu dritt in einem Wagen. Als war an die Straßenkreuzung in Richtung Rubljow kamen, stiegen Malenkow und ich in ein anderes Fahrzeug um. Wir mußten nach links, Berija aber geradeaus weiterfahren.

Ich fragte Malenkow: „Wie findest du dieses Projekt? Das ist doch die reinste Provokation."

„Willst du ihm dies unterstellen?"

„Für mich ist er ein Provokateur. Er will bewußt Widerspruch gegen uns provozieren. Kann man so handeln? Aber lassen wir ihn in seinem Glauben, daß wir ihn nicht durchschaut haben."

Berija begann, die Idee in die Tat umzusetzen. Er gab zunächst Bauprojekte in Auftrag. Dann zeigte er uns die Entwürfe und schlug vor, mit dem Bau zu beginnen. Ein bekannter Architekt informierte uns über die Einzelheiten. Dieser Genosse (seinen Namen habe ich vergessen) leitet heute den Bau von Kernkraftwerken. Ich kannte ihn bereits vor dem Krieg. Er war ein Vertrauter Berijas, arbeitete unter ihm und in seinem Auftrag.

Nach diesem Treffen sagte ich zu Malenkow: „Begreif doch, Berija hat bereits eine Datscha. Er sagt zwar, er will sich auch eine bauen lassen, aber das wird er nicht tun. Er wird für dich bauen lassen, aber damit will er dich diskreditieren."

„Nein, das kann nicht sein. Er hat mir alles erklärt."

Berijas Hintergedanke war, die Eigentumsdatschen, besonders die für Malenkow, unbedingt in Suchumi bauen zu lassen. Als er uns das Projekt zeigte, lobte er es in den höchsten Tönen. Es handelte sich schon nicht mehr um einen Entwurf, sondern ein ganz konkretes Projekt. Auch der Standort der Datschen in Suchumi lag bereits fest. Dieses Projekt verlangte die Umsiedlung sehr vieler Menschen. Ich wage es nicht, die Zahl zu nennen. Der Minister für Bauwesen, der uns den Plan erläuterte, verwies darauf, daß dieses Bauvorhaben für sehr viele Menschen ein großes Unglück bedeutete. Schließlich handelte es sich um ihr Eigentum, Generationen hatten hier gelebt, aber nun würden sie plötzlich vertrieben.

Berija sagte damals, der Standort sei so gewählt, daß Malenkow von seiner Datscha aus das Schwarze Meer und die Türkei sehen könne. „Der Blick auf die Türkei ist einfach malerisch."

Als ich nach einer dieser Projekterläuterungen mit Malenkow allein war, sagte ich zu ihm:

„Merkst du denn nicht, daß das eine Provokation ist? Welchen Zweck verfolgt denn Berija damit? Er will eine Vertreibung veranstalten, Menschen den heimischen Herd nehmen, sie von ihrem ererbten Besitz verjagen und dir dort einen Palast hinsetzen lassen. Um das Gelände wird ein hoher Zaun gezogen, denn in der Stadt werden die Wogen der Entrüstung hochschlagen. Alle werden wissen wollen, für wen und warum dort gebaut wird. Und wenn dann alles fertig ist und du im Wagen vorfährst, stellen die Leute fest – die Vertreibung haben sie dir, dem Vorsitzenden des Ministerrats, zu verdanken. Es kommt unweigerlich zu Empörung, nicht nur in Suchumi, sondern landesweit. Das ist es, was Berija braucht. Du wirst dann selbst um deinen Rücktritt bitten."

Dieses Gespräch hat Malenkow nachdenklich gemacht.

Berija sprach auch mit Molotow über die Datschen. Ich hatte nicht erwartet, daß Molotow damit einverstanden sein würde. Ich war verwundert, denn ich hatte geglaubt, daß er wütend ablehnte. Doch er wollte lediglich seine Datscha nicht im Kaukasus, sondern in der Umgebung Moskaus haben.

Da niemand direkt widersprach, wurde zur Tat geschritten. Die Entwürfe wurden präzisiert und von Berija begutachtet. Nach der Arbeit fuhr ich mit zu Berija, weil er mir den Entwurf meiner Datscha zeigen wollte.

„Ist das nicht ein schönes Haus? (Er sprach Russisch mit georgischem Akzent.) Sieh es dir genau an."

Ich sagte: „Sehr schön, es gefällt mir."

„Nimm das Projekt mit nach Hause."

Zu Hause wußte ich ehrlich nicht, wohin damit. Meine Frau fragte, was das sei. Ich sagte es ihr, und die wütende Reaktion lautete: „Das ist ja doch wohl der Gipfel!"

Nina Petrowna hatte nicht das geringste Verständnis für dieses Vorhaben, deshalb sagte ich zu ihr: „Legen wir das Projekt erst einmal beiseite und sprechen wir später darüber."

Berija versuchte, den Baubeginn zu forcieren, doch bis zu seiner Verhaftung kam nichts zustande. Dann wurde alles storniert. Aber das Projekt meiner Datscha lag noch lange bei mir herum.

Gleichzeitig mischte sich Berija auch zielgerichtet in das Leben der Parteiorganisationen ein. Er fabrizierte ein Dokument über die Lage in der Führung der Ukraine. Seinen ersten Schlag wollte er gegen die ukrainische Parteiorganisation führen und mich in die Angelegenheit mit hineinziehen. Über das Ministerum des Inneren der Ukraine ließ er Material sammeln, wobei er auch die Leiter der Gebietsabteilungen in die Recherchen einbezog.

Strokatsch, der inzwischen verstorben ist, leitete damals die Verwaltung des Inneren in Lwow. Er war ein ehrlicher Kommunist und guter Offizier. Als Oberst kommandierte er vor dem Krieg Grenztruppen in der Ukraine. Während des Krieges war er Stabschef der ukrainischen Partisanen und informierte mich stets über die Lage in den okkupierten Gebieten. Ich kannte ihn als ehrlichen und anständigen Menschen. Nach dem Krieg wurde er zum Bevollmächtigten des Ministerums des Inneren im Gebiet Lwow ernannt.

Wie wir später erfuhren, hatte der Innenminister der Ukraine von ihm Auskünfte über Parteifunktionäre verlangt, Strokatsch diese aber mit dem Hinweis abgelehnt, daß dafür der Sekretär des Gebietsparteikomitees zuständig sei und sich das ZK an diesen wenden solle. Daraufhin drohte ihm Berija telefonisch, er werde ihn ins Lager stecken, wenn er weiter so klug redete.

Davon erhielten wir erst nach Berijas Verhaftung Kenntnis. Wir hatten damals noch keine Beweise, doch wir spürten, daß die Partei angegriffen und dem Ministerium des Inneren unterworfen werden sollte.

Berijas Lagebericht über die führenden Kader der Ukraine wurde im ZK diskutiert. Das hatte zur Folge, daß Melnikow als ZK-Sekretär abgelöst und dafür Kiritschenko eingesetzt wurde. Berija verfolgte das Ziel, den nationalen Landesvertretern mehr Führungspositionen einzuräumen.

Dann standen, wenn ich mich nicht irre, die Ostseerepubliken und Belorußland zur Debatte. Auch hier lag der Akzent in der gleichen Zielrichtung.

Diese Vorschläge waren ja nicht falsch. Das ZK orientierte in dieser Zeit bereits selbst darauf, nationale Kader zu fördern. Wir hatten den Beschluß gefaßt, daß in den Republiken die Funktion des 1. Sekretärs des ZK mit einem nationalen Vertreter und nicht mit einem von Moskau geschickten Russen besetzt werden sollte.

Berija verfolgte dabei jedoch andere Ziele.

Ich sagte damals zu Malenkow: „Genosse Malenkow, siehst du nicht, wohin das führt? Wir gehen auf eine Katastrophe zu. Berija geht aufs Ganze."

Malenkow antwortete: „Was sollen wir denn tun? Ich sehe es auch, aber was können wir unternehmen?"

„Wir müssen uns widersetzen. Die Vorschläge Berijas sind häufig gegen die Partei gerichtet. Wir dürfen sie nicht akzeptieren, sondern müssen uns dagegen verwahren."

„Willst du, daß ich ganz allein dastehe? Das kann ich nicht."

„Warum denkst du denn, daß du allein bleibst, wenn du als erster widersprichst? Du und ich – wir sind schon zwei. Bulganin denkt ebenso, das weiß ich genau, wir haben schon mehrfach darüber gesprochen. Die anderen sind bestimmt auch unserer Meinung, wenn wir vom Parteistandpunkt aus richtig argumentieren. Du läßt ja bisher niemand zu Wort kommen. Wenn Berija einen Vorschlag macht, pflichtest du ihm sofort bei. Du stimmst sofort zu, fragst nur pro forma nach Gegenstimmen und läßt dann sofort abstimmen. Laß doch die anderen auch einmal ihre Meinung sagen, halte dich zurück und du wirst sehen, daß viele anders denken. Ich bin überzeugt, daß sie in einigen Fragen ganz anderer Meinung sind als Berija."

Ich schlug ihm in diesem Zusammenhang vor: „Wir legen eine Tagesordnung fest und konzentrieren uns auf die Punkte, die aus unserer Sicht von Berija fehlgeleitet werden. Dagegen erheben wir Einspruch und mobilisieren damit die anderen Präsidiumsmitglieder, so daß solche Vorschläge abgelehnt werden."

Er willigte schließlich ein. Ich war froh darüber. Wir legten eine Tagesordnung für die Tagung des Präsidiums des ZK fest. Nach so vielen Jahren weiß ich nicht mehr, um welche Fragen es sich handelte. In der Diskussion führten wir fundierte Gegenargumente an, wobei uns die anderen unterstützten. Jedenfalls wurden die Vorschläge Berijas nicht angenommen. Nachdem sich das auf mehreren Tagungen wiederholt hatte, schöpfte Malenkow Hoffnung und Zuversicht, daß es möglich sei, gegen Berija parteimäßig vorzugehen, die Entscheidung von Fragen zu beeinflussen und Vorschläge zurückzuweisen, die unserer Meinung nach der Partei und dem Land schadeten.

Berija forcierte offensichtlich die Ereignisse. Er fühlte sich bereits über die Präsidiumsmitglieder erhaben, tat sich wichtig und demonstrierte seine Überlegenheit auch nach außen. Wir hatten einen sehr gefährlichen Punkt erreicht. Ich hielt die Zeit zum Handeln für gekommen und sagte Malenkow, daß wir mit den Präsidiumsmitgliedern unbedingt sprechen müßten. Während der Tagungen ging das nicht. Es galt, mit jedem unter vier Augen zu reden, um die Meinung zum Kräfteverhältnis im Präsidium und die Haltung zu Berija in Erfahrung zu bringen.

Bulganins Meinung kannte ich aus früheren Gesprächen. Er vertrat fest die Positionen der Partei und hatte die Gefahr erkannt, die der Partei und dem Zentralkomitee durch Berija drohte.

Schließlich sah auch Malenkow ein, daß gehandelt werden mußte. Wir verabredeten, daß ich zunächst mit Genossen Woroschilow sprechen sollte. Ich arbeitete mit ihm in einer Kommission zusammen und nahm das zum Anlaß, ihn telefonisch um ein Treffen in diesem Zusammenhang zu bitten. Woroschilow wollte sofort zu mir ins ZK kommen.

„Nein, ich komme zu dir."

Er bestand weiter auf seinem Angebot, doch ich überredete ihn schließlich. Ich sagte Malenkow, daß ich nach dem für den Vormittag vereinbarten Gespräch mit Woroschilow gleich zu ihm kommen würde und wir dann zusammen Mittag essen könnten. Malenkow und ich wohnten im selben Haus, sogar im gleichen Aufgang, ich nur eine Etage höher.

Ich fuhr zu Woroschilow, wie wir vereinbart hatten. Doch zu einem offenen Gespräch kam es nicht. Als ich sein Arbeitszimmer im Gebäude des Obersten Sowjets betrat, fing Woroschilow an, sich lobend über Berija zu äußern.

„Genosse Chrustschow, was ist Lawrenti Pawlowitsch doch für ein wunderbarer Mensch!"

Ich erwiderte darauf: „Meinst du wirklich, bewertest du nicht seine Eigenschaften zu hoch?"

Doch nach diesem Empfang konnte ich mit Woroschilow nicht mehr offen über Berija sprechen. Meine Meinung über Berija war genau entgegengesetzt, ich hätte daher Woroschilow bei einem Gespräch über ihn in eine peinliche Lage gebracht. Schon aus Prinzip hätte er mir nicht zustimmen können, nachdem er zuvor Berija über alles gelobt hatte. Er konnte sich daher nicht meiner Position anschließen, die auf eine Entmachtung Berijas hinauslief. Deshalb wechselte ich mit ihm nur einige Worte zu der Arbeit der Kommission, die ich am Telefon als Anlaß gewählt hatte (eine wirkliche Nichtigkeit), und fuhr dann sofort zu Malenkow.

Ich sagte ihm, daß meine Mission fehlgeschlagen war und ich mit Woroschilow nicht offen sprechen konnte.

Ich vermutete, daß Woroschilow sich wegen Abhöranlagen, die von Berijas Leuten installiert worden waren, so geäußert hatte. Andererseits hielt er mich auch für einen Vertrauten Berijas, weil er Berija, Malenkow und mich häufig zusammen gesehen hatte. Seine Worte waren demnach für Berija bestimmt.

Das ist symptomatisch für die damalige Situation, die die Menschen zwang, gegen ihr Gewissen zu handeln.

Wir vereinbarten, daß ich mit Molotow, dem damaligen Außenminister, sprechen sollte. Er hatte mich zuvor selbst angerufen und um ein Gespräch über Kaderfragen des Außenministeriums gebeten. Ich nutzte die Gelegenheit und rief zurück: „Du willst mich sprechen. Gut, komm doch bitte zu mir ..."

Nach seiner Ankunft sagte ich zu ihm: „Wir werden über Kaderfragen sprechen, aber nicht über die des Außenministeriums."

Ich sagte ihm, welche Meinung ich von Berija hatte, was er für ein Mensch war und welche Gefahr der Partei drohte, wenn Berija nicht daran gehindert wurde, ihre Führung zu zerschlagen. Ich schilderte ihm, was er in den Unionsrepubliken bereits eingeleitet hatte.

Molotow hatte sich offensichtlich selbst viele Gedanken darüber gemacht, schließlich hatte er noch zu Stalins Lebzeiten vieles miterlebt und gesehen. Als er noch Stalins uneingeschränktes

Vertrauen genoß, äußerte er sich einmal sehr kritisch über Berija, allerdings nicht in Stalins Beisein.

Molotow stimmte mir sofort zu, als wir auf den Kern der Sache zu sprechen kamen.

„Ja, du hast völlig recht, aber wie denkt Malenkow darüber?"

„Ich spreche mit dir auch im Namen Malenkows und Bulganis. Wir haben unsere Meinung darüber bereits ausgetauscht."

Daraufhin Molotow: „Sehr gut, daß ihr diese Frage anpackt. Ich bin völlig einverstanden und unterstütze euch. Doch was wollt ihr unternehmen und was ist euer Ziel?"

„Vor allem müssen wir ihn von seinen Funktionen eines Präsidiumsmitglieds, des stellvertretenden Vorsitzenden des Ministerrats und des Innenministers entbinden."

Molotow befürchtete, daß dies nicht genug war. „Berija ist sehr gefährlich. Ich glaube, wir müssen noch rigoroser vorgehen."

„Denkst du an eine Festnahme?"

Ich sprach von Festnahme, weil wir Berija keine direkten kriminellen Delikte vorwerfen konnten. Kaminski hatte ihn zwar beschuldigt, daß er Mussawat-Agent gewesen sei. Doch es fehlten die Fakten, mir war auch nichts von einer Untersuchung in diesem Fall bekannt. Ich glaubte zwar Kaminski, weil ich ihn als ehrlichen Genossen kannte. Doch es handelte sich hierbei um eine Erklärung auf einem Plenum, nicht um eine bewiesene Tatsache. Für seine Agententätigkeit gab es nur Vermutungen, doch lediglich aufgrund von Mutmaßungen war eine Verhaftung nicht möglich.

Molotows Unterstützung war uns also gewiß. Darüber informierte ich Malenkow und Bulganin.

Wir beschlossen nun, die Ereignisse zu forcieren. Es war möglich, daß man uns abhörte oder jemand etwas verriet. Offen gesagt, wir befürchteten, daß Berija etwas über unsere Schritte erfahren und uns verhaften lassen konnte.

Wie vereinbart, sprach ich anschließend mit Saburow, der ebenfalls Mitglied des Präsidiums war. Er kam sehr schnell zur Sache: „Ich stimme Ihnen völlig zu, aber wie denkt Malenkow?"

Das fragten alle, mit denen ich sprach.

Kaganowitsch hielt sich damals nicht in Moskau auf. Als Verantwortlicher für Holzeinschlag war er auf einer Inspektionsreise. Nach seiner Rückkehr bat ich ihn ins Zentralkomitee. Er kam noch am gleichen Abend. Wir saßen lange zusammen. Er berichtete ausführlich über Sibirien und die Forstwirtschaft. Ich unterbrach ihn nicht, obwohl mich völlig andere Dinge bewegten, sondern wartete höflich und taktvoll ab, bis er mit seinem Bericht zu Ende war. Dann sagte ich zu ihm:

„Was du da berichtest, ist ja gut und schön. Jetzt will ich dich aber darüber informieren, was sich bei uns tut."

Ich legte ihm die Situation dar und schilderte, zu welchen Schlüssen wir gekommen waren.

Kaganowitsch wurde sofort hellhörig und wollte wissen, wer alles noch mitmachte. Ich sagte ihm, daß Malenkow, Bulganin, Molotow und Saburow einverstanden waren. Demnach wären wir auch ohne ihn in der Mehrheit. Daraufhin gab Kaganowitsch sofort seine Zustimmung und erklärte, er habe einfach nur so gefragt. Doch wir beide hatten uns schon richtig verstanden. Dann fragte er nach Woroschilow. Ich berichtete ihm über meinen Fehlschlag bei Woroschilow.

„Das hat er zu dir gesagt?"

„Ja, er hat ihn über alle Maße gelobt ..."

Er schimpfte auf Woroschilow, aber nicht ernsthaft: „Das ist wirklich ein Schlitzohr. Er hat dich angelogen. Zu mir hat er gesagt, daß das mit Berija nicht so weitergehen kann. Berija sei gefährlich und zu allem bereit. Er kann uns alle vernichten ..."

„Auch ich hatte das Gefühl, daß er nicht die Wahrheit sagte. Aber das waren nun einmal seine Worte."

„Nein, nein, das hat noch nichts zu sagen."

„Wir müssen demzufolge mit ihm unbedingt noch einmal reden", schlug ich vor. „Vielleicht sollte dies Malenkow tun? Ich habe es bereits versucht und sollte mich daher zurückhalten, um Klim (Woroschilow) nicht in eine peinliche Situation zu bringen."

Kaganowitsch stimmte zu und fragte nach Mikojan.

„Mit Mikojan habe ich diese Frage noch nicht erörtert. Das ist ein komplizierter Fall."

Wir wußten alle, daß Mikojan und Berija die besten Beziehungen zueinander hatten. Sie waren immer zusammen und standen immer füreinander ein.

Ich hatte mir schon überlegt, wie man an Mikojan herantreten sollte, hielt aber seine Einweihung in unsere Pläne noch für verfrüht.

Ich setzte Malenkow über mein Gespräch mit Kaganowitsch in Kenntnis. Er fand auch, daß es in der gegebenen Situation am besten sei, wenn er mit Woroschilow sprechen würde.

Nun blieb nur noch Perwuchin übrig.

Malenkow bot mir unverhofft an, daß er selbst mit Perwuchin sprechen wolle.

„Ich habe nichts dagegen, aber Perwuchin ist kompliziert, ich kenne ihn."

„Ich kenne ihn auch."

Er bat Perwuchin zu sich und rief mich dann an:

„Ich habe mich mit Perwuchin getroffen und ihm alles erzählt. Er will die Sache überdenken. Das ist sehr gefährlich. Du mußt mit ihm möglichst schnell sprechen. Wer weiß, wie das sonst endet. Seine Hinhaltetaktik ist gefährlich."

Ich traf mich umgehend mit Perwuchin und schenkte ihm reinen Wein über die Lage ein.

„Wenn mir Malenkow das so dargelegt hätte wie du, wäre alles klar gewesen. Du hast völlig recht, einen anderen Ausweg gibt es nicht."

Was Malenkow ihm gesagt hatte, weiß ich nicht. Doch nun war ich mir der Unterstützung aller Präsidiumsmitglieder – mit Ausnahme Woroschilows und Mikojans, mit denen noch gesprochen werden mußte – sicher.

Malenkow und ich vereinbarten dann, mit der Aktion auf der nächsten Tagung des Präsidiums des Ministerrats zu beginnen. Ich nahm stets an diesen Tagungen teil, das war protokollarisch so festgelegt. Auf den Tagungen fehlte nur Woroschilow.

Wir beschlossen, eine Tagung des Präsidiums des Ministerrats einzuberufen und Woroschilow extra dazu einzuladen. Wenn alle versammelt waren, sollte diese Tagung zu einer Tagung des Präsidiums des ZK umfunktioniert werden, auf der dann Berija zur Debatte stand. Wir vereinbarten, daß ich kurz vor Tagungsbeginn mit Mikojan und Malenkow mit Woroschilow sprechen sollte.

Ich rief Mikojan morgens von meiner Datscha aus an und bat ihn, zu mir zu kommen. Dann könnten wir gemeinsam direkt zur Tagung des Präsidiums des Ministerrats fahren. Mikojan kam zu mir und wir sprachen wohl an die zwei Stunden ausführlich und eingehend über das Problem.

Mikojan war folgender Meinung: Genosse Berija hat zwar wirklich negative Eigenschaften, aber er ist kein hoffnungsloser Fall und kann ins Kollektiv integriert werden. Diese Position hatte bisher noch niemand vertreten. Da die Zeit bereits knapp wurde und wir zur Tagung mußten, diskutierten wir im Wagen während der Fahrt weiter.

Als wir im Kreml eintrafen, sagte mir Malenkow gleich bei der Begrüßung, daß er mit Woroschilow gesprochen habe.

„Nun, hat er Berija wieder gelobt?"

„Als ich Woroschilow informierte, umarmte er mich und küßte mich. Er weinte vor Erleichterung."

Ich weiß nicht, ob das stimmt, aber warum sollte Malenkow lügen?

Nach der Eröffnung der Tagung erklärte Malenkow sofort:

„Wir wollen heute einige Parteifragen erörtern, die keinen Aufschub dulden."

Alle waren einverstanden. Wie abgesprochen, bat ich den Tagungsleiter Malenkow ums Wort und schlug vor, über Genossen Berija zu sprechen. Er saß rechts von mir.

Berija zuckte zusammen, faßte meinen Arm und schaute mich fragend an: „Höre ich richtig, Nikita? Was soll der Unsinn?"

„Das will ich gerade sagen."

Ich begann meine Ausführungen mit dem Schicksal von Grischa Kaminski, der spurlos verschwunden war, nachdem er auf einem ZK-Plenum Ende der dreißiger Jahre über Berijas Verbindung zum Mussawat-Abwehrdienst gesprochen hatte. Diese tragische Geschichte habe ich bereits erwähnt. Dann wies ich darauf hin, welche Schritte Berija bereits nach Stalins Tod gegen die ukrainische, die belorussische und andere Parteiorganisationen unternommen hatte.

Ich erwähnte, daß Berija in seinen Lageberichten (sie sind im Archiv vorhanden) von gegenseitigen Beziehungen in der Führung der nationalen Republiken und insbesondere in der Führung der tschekistischen Organe sprach. Er schlage dabei vor, die nationalen Kader zu fördern. Dies sei im Prinzip richtig und entspreche der Parteilinie, doch Berija verleihe dieser Frage einen antirussischen Inhalt. Ich sagte:

„Wir haben ihn richtig verstanden: Er will die Nationalisten gegen die Russen zusammenschließen. Das ist sehr gefährlich. Die Feinde der Kommunistischen Partei setzten stets auf den Kampf zwischen den Nationalitäten. Auch Berija spekuliert darauf."

Dann sprach ich über seine letzten Vorschläge – Verzicht auf den Aufbau des Sozialismus in der Deutschen Demokratischen Republik und diskriminierende Behandlung der Menschen, die ihre vom NKWD verhängte Strafe abgebüßt haben.

Ich führte an, daß er die unter Stalin praktizierte willkürliche Verhaftung und Verurteilung von Menschen nicht generell beenden wollte, sondern nur die Höchststrafe von 20 auf 10 Jahre zu reduzieren beabsichtigte. Abschließend sagte ich:

„Ich habe den Eindruck, daß Berija kein Kommunist, sondern ein Karrierist ist, der sich aus karrieristischen Gründen in die Partei eingeschlichen hat. Sein Verhalten ist herausfordernd und anmaßend und eines ehrlichen Kommunisten unwürdig."

Nach mir ergriff Bulganin das Wort. Wir beide waren schon zu Stalins Lebzeiten über Berija einer Meinung gewesen. Er äußerte sich in gleicher Weise wie ich.

Auch die anderen sagten ihre Meinung. Molotow vertrat konsequent die Grundsätze der Partei. Das kann auch von den anderen Genossen mit Ausnahme von Mikojan gesagt werden.

Genosse Mikojan sprach als letzter. An Einzelheiten seiner Rede erinnere ich mich nicht mehr, doch er wiederholte praktisch seine in unserem Gespräch vor der Tagung geäußerten Gedanken: Berija würde Kritik annehmen, sich ins Kollektiv einfügen und nützliche Arbeit leisten.

Nachdem alle gesprochen hatten, mußte Malenkow, der den Vorsitz hatte, die Diskussion zusammenfassen und einen Beschluß formulieren. Er war aber sichtlich irritiert, denn der letzte Redner war aus dem Rahmen gefallen. So entstand eine Pause.

Ich wollte die Situation retten und bat Malenkow, mir noch einmal das Wort für einen Vorschlag zu erteilen. Wie wir untereinander vereinbart hatten, schlug ich vor, auf dem Plenum des ZK die Ablösung Berijas von der Funktion des stellvertretenden Vorsitzenden des Ministerrats, des Ministers des Inneren und allen anderen staatlichen Posten, die er innehatte, zu beantragen (dafür war das Plenum des ZK zuständig).

Malenkow war immer noch ganz durcheinander. Wie ich mich erinnere, hat er über diesen Vorschlag nicht einmal abstimmen lassen, sondern gleich durch Knopfdruck das vereinbarte geheime Signal gegeben, um die Militärs zu rufen. Shukow betrat als erster den Raum, gefolgt von Moskalenko und anderen Generalen. Auch ein Oberst ist dabei gewesen.

Zu Shukow, der damals stellvertretender Verteidigungsminister war, hatten wir ein gutes Verhältnis. Ursprünglich hatten wir ihn nicht in die engere Wahl der Militärs gezogen, die dem Ministerrat bei der Verhaftung Berijas helfen sollten. Wir hatten auf die Armee zurückgegriffen, weil wir befürchteten, daß Berija, wenn wir seine Verhaftung und Anklage beschlossen, den unter seinem Kommando stehenden Tschekisten (darunter auch den Angehörigen unserer Leibwache) befehlen würde, uns zu isolieren. Wir wären dann völlig hilflos gewesen, denn im Kreml befand sich eine sehr große Zahl bewaffneter Leute seines Innenministeriums. Deshalb hatten wir beschlossen, uns auf die Hilfe der Armee zu verlassen.

Zunächst beauftragten wir Genossen Moskalenko und vier Generäle mit der Verhaftung Berijas. Bulganin sollte sie in seinem Wagen in den Kreml bringen. Zur damaligen Zeit mußten Militärs beim Betreten des Kreml ihre Waffen in der Kommandantur abgeben. Kurz vor der Tagung hatten sich der Gruppe von Moskalenko noch Marschall Shukow und einige andere angeschlossen. Daher betraten das Tagungszimmer nicht nur fünf, sondern über zehn Offiziere.

Malenkow sagte mit fester Stimme zu Shukow:

„Als Vorsitzender des Ministerrats der UdSSR fordere ich Sie auf, Berija zu verhaften."

Shukow befahl Berija: „Hände hoch!"

Moskalenko und die anderen hatten sogar die Pistole gezogen, um einer möglichen Gegenwehr Berijas zuvorzukommen. Dieser griff nach seiner Aktentasche, die hinter ihm auf dem Fensterbrett lag. Ich umklammerte sein Handgelenk, damit er nicht nach einer Waffe greifen konnte, die möglicherweise in der Aktentasche war. Er hatte aber keine Waffe bei sich, weder am Körper noch in der Aktentasche. Es war einfach eine Reflexbewegung gewesen.

Berija wurde unter Bewachung in einen Raum neben Malenkows Arbeitszimmer im Gebäude des Ministerrats gebracht.

Wir beschlossen, für den nächsten oder übernächsten Tag, je nach den technischen Möglichkeiten, das Plenum des Zentralkomitees einzuberufen, auf dem über Berijas Entbindung von allen Funktionen entschieden werden sollte. Außerdem wurde der Beschluß gefaßt, den Generalstaatsanwalt der UdSSR abzulösen, weil wir ihm nicht vertrauten und an seiner objektiven Beweisaufnahme zweifelten. Zum neuen Generalstaatsanwalt wurde Genosse Rudenko ernannt. Ihm übertrugen wir die Erhebung der Anklage gegen Berija.

Die nächste Frage war, wo wir den verhafteten Berija unterbringen sollten. Das Innenministerium kam dafür nicht in Frage. Wir hätten ihn damit unter Bewachung durch seine eigenen Leute gestellt. Von seinen damaligen Stellvertretern Kruglow und Serow kannte ich letzteren gut und vertraute ihm. Ich halte Serow auch heute noch für einen ehrlichen Menschen. Ihn und die meisten anderen Tschekisten trifft keine direkte Schuld, denn sie wurden Opfer der von Stalin verfolgten Politik. Ich schlug vor, die Bewachung Berijas Serow zu übertragen, doch die anderen mahnten zur Vorsicht. Vor allem Kruglow vertrauten wir nicht.

Wir kamen überein, diese Aufgabe am besten Moskalenko, dem Befehlshaber der Truppen der Luftverteidigung des Moskauer Militärbezirks, zu übertragen. Moskalenko ließ Berija von seinen Leuten in den Luftschutzbunker der Kommandantur bringen. Ich überzeugte mich davon, daß er seinen Auftrag im Interesse unserer Partei und Sache richtig ausführte.

Kurz nach der Tagung kam Bulganin zu mir:

„Stell dir vor, was ich gerade vom Leiter meiner Wache gehört habe. Nachdem er von Berijas Verhaftung erfahren hatte, teilte er mir mit, daß Berija erst kürzlich seine Stieftochter, eine Schülerin der siebenten Klasse, vergewaltigt hat. Sie war ganz allein zu Hause, nachdem vor einem Jahr ihre Großmutter gestorben ist und ihre Mutter mit einem Herzinfarkt im Krankenhaus liegt. Sie wollte abends noch Brot holen und kam in die Nähe von Berijas Haus. Dort erschrak sie vor einem alten Mann, der sie unverwandt anstarrte. Später wurde sie von Tschekisten zu Berija ins Haus gebracht. Berija lud sie zum Abendbrot ein und brachte einen Toast auf Stalin aus. Sie lehnte ab, doch er bestand darauf, daß sie auf Stalin trinken müsse. Nachdem sie getrunken hatte, schlief sie ein und er vergewaltigte sie . . .

Ich habe sofort angeordnet, daß dies vom Staatsanwalt in die Beweisführung gegen Berija aufgenommen wird."

Später erhielten wir eine ganze Liste mit Namen von über hundert Frauen, die von Tschekisten zu Berija geschleppt worden waren. Das Verfahren war immer das gleiche. Alle, die zum erstenmal in das Haus kamen, wurden bewirtet und mußten auf Stalin trinken. In den Wein hatte er ein Schlafmittel hineingetan.

Während der Einzelhaft bat Berija um Papier und Bleistift. Wir berieten ernsthaft, ob wir ihm dies geben sollten, doch dann ließen wir ihm das Gewünschte bringen. Vielleicht wollte er aufrichtig zu den Anschuldigungen Stellung nehmen. Er begann, Zettel zu schreiben.

Zuerst an Malenkow: „Jegor, du kennst mich doch, wir sind doch Freunde. Warum glaubst du Chrustschow? Er hat dich gegen mich aufgehetzt . . ."

Mir schrieb er, daß er ein ehrlicher Mensch sei. Ich erhielt zwei oder drei solcher Zettel.

Malenkow regte sich sehr auf, als er diese Zettel las. Er machte sich darüber Gedanken, daß er zusammen mit Berija den Vorschlag gemacht hatte, den Sozialismus in Deutschland aufzugeben. Darum befürchtete er, die Aktion gegen Berija könnte sich auch gegen ihn wenden. Doch wir beruhigten ihn, daß die Deutschlandfrage derzeit nicht zur Debatte stand und der Fall Berija von dominierender Bedeutung war. Die von ihm mitgetragenen Vorschläge würden lediglich seine politische Haltung ausdrücken.

Die von Rudenko geleiteten Verhöre Berijas enthüllten das Bild eines schrecklichen Menschen – eines Scheusals, dem nichts heilig war. Ihm waren nicht nur kommunistische, sondern jegliche moralischen menschlichen Werte fremd. Es wäre hier müßig, seine Verbrechen aufzuzählen. Er hat unsagbar viele Menschen ins Unglück gestürzt.

Kurze Zeit nach Berijas Verhaftung stand auch Merkulow zur Debatte, der damals Minister für staatliche Kontrolle war. Ich muß bekennen, daß ich Merkulow sehr achtete und als würdiges Parteimitglied ansah. Er war sehr gebildet und mir im hohem Maße sympathisch. Deshalb sagte ich zu den Genossen:

„Merkulows Zusammenarbeit mit Berija in Georgien bedeutet noch nicht, daß er ein Mitschuldiger ist. Berija hatte eine hohe Stellung und suchte sich seine Leute aus. Sie vertrauten ihm und arbeiteten mit ihm zusammen. Man kann aber nicht alle, die für ihn gearbeitet haben, als Mittäter bei den Verbrechen bezeichnen. Sprechen wir erst einmal mit Merkulow. Vielleicht hilft er uns sogar, Berija besser zu durchschauen."

Wir vereinbarten, daß ich mit Merkulow im ZK sprechen sollte. Ich ließ ihn kommen und berichtete ihm, daß Berija verhaftet war und gegen ihn ermittelt wurde. Dann bat ich ihn: „Sie haben doch jahrelang mit Berija zusammengearbeitet, können Sie dem ZK helfen?"

„Ich werde gern tun, was ich kann."

Ich schlug ihm vor, seine Gedanken schriftlich darzulegen. Nach einigen Tagen hatte er einen langen Bericht verfaßt (er wird im Archiv verwahrt). Doch dieses Dokument half uns nicht weiter. Es handelte sich eher um ein schriftstellerisches Werk, als um einen wahrheitsgemäßen Bericht. Über allgemeine Eindrücke und Schlußfolgerungen ging die Schilderung nicht hinaus.

Nachdem ich das Material Rudenko zugeleitet hatte, bat er mich um eine Unterredung. Er sagte, daß Merkulow verhaftet werden müsse, weil sonst die Ermittlungen gegen Berija erschwert würden und unvollständig blieben. Das Zentralkomitee stimmte der Verhaftung Merkulows zu.

Ich mußte leider zur Kenntnis nehmen (schließlich hatte ich ihm vertraut), daß Merkulow tief in die Verbrechen Berijas verstrickt war. Er saß deshalb zusammen mit ihm auf der Anklagebank und erhielt die gleiche Strafe.

In seinem Schlußwort nach der Urteilsverkündung verfluchte Merkulow den Tag und die Stunde, zu der er Berija begegnet war. Berija habe ihn zum Verbrecher gemacht. Es spricht immerhin für Merkulow, daß er zumindest in der letzten Minute sein verbrecherisches Handeln bereute und den Mann verurteilte, der ihn dazu angestiftet hatte.

Georgi Shukow

Eine riskante Operation

Bulganin, der damals Verteidigungsminister war, rief mich zu sich und bat mich, Platz zu nehmen. Er war so aufgeregt, daß er sogar vergaß, mich zu begrüßen. Erst später gab er mir die Hand, ohne ein Wort der Entschuldigung.

Wir schwiegen. Dann sagte Bulganin wortkarg zu mir: „Wir fahren jetzt in den Kreml. Eine dringende Sache."

Wir betraten den Raum, in dem gewöhnlich die Tagungen des Präsidiums des ZK der Partei stattfanden.

Wie ich dann erfuhr, war eine Ministerratstagung angesetzt worden. Die Minister waren vollständig versammelt. Berija sollte Bericht erstatten, er bereitete sich noch vor. Ich schaute mich um. Malenkow, Molotow, Mikojan und die anderen Präsidiumsmitglieder waren anwesend, Berija aber fehlte noch.

Als erster sprach Malenkow. Er sagte, daß Berija die Macht an sich reißen wolle und ich und meine Genossen ihn verhaften sollten.

Dann redete Chrustschow. Mikojan wiederholte lediglich, daß Berija eine Gefahr darstellte und die Macht ergreifen wolle.

342

„Kannst du diese riskante Operation durchführen?"

„Ja", lautete meine Antwort.

Ihnen war bekannt, daß ich mit Berija schon lange verfeindet war, ja ihn haßte. Wir waren schon unter Stalin mehrfach ernstlich aneinandergeraten. Ich möchte nur erwähnen, daß Abakumow und Berija mich seinerzeit verhaften wollten. Die Schlüssel zu meiner Datscha hatten sie sich bereits verschafft. Als ich einmal von einer Dienstreise zurückkam, stellte ich fest, daß mein persönliches Archiv – Tagebücher, Aufzeichnungen und Fotoalben – verschwunden war. Trotz allen Suchens fand ich sie nicht. Erst viel später, nach drei oder vier Jahren, erfuhr ich über ihren Verbleib. Malinowski rief mich damals an:

„Georgi Konstantinowtisch, wir haben im Archiv des MWD zwei Alben mit Bildern gefunden, die dich mit Amerikanern, Franzosen und anderen namhaften Personen zeigen. Willst du sie nicht haben?"

Diese Alben, die ich zusammen mit meinem persönlichen Archiv auf der Datscha aufbewahrte und seither vermißte, bewiesen mir, daß hier Berija und Abakumow ihre Hände im Spiel gehabt hatten. Die ganze Aufmachung und Anordnung der Bilder war verändert worden, um mich in den Augen Stalins zu kompromittieren. Stalin hatte mir übrigens selbst einmal unverblümt gesagt, daß ich verhaftet werden sollte. Berija hatte mich bei Stalin denunzieren wollen, doch dieser hatte ihm entgegnet: „Ich kann nicht glauben, daß der unerschrockene Feldherr und Patriot ein Verräter ist. Schluß mit dieser gemeinen Verleumdung." Sie werden also verstehen, daß ich nach alledem gern bereit war, Berija aus gutem Grund zu verhaften.

Malenkow erläuterte den Ablauf der Operation: Die Tagung des Ministerrats wird abgesagt, statt dessen wird eine Präsidiumstagung einberufen. Ich sollte mit Moskalenko, Nedelin, Batizki und Moskalenkos Adjutant in einem Nebenraum warten, bis aus dem Tagungsraum zweimal geläutet wird.

Man hatte mich gewarnt, daß Berija sehr kräftig war und Judo konnte.

„Wir schaffen das schon, wir sind ja auch keine Schwächlinge."

Wir hielten uns im Nebenzimmer auf und warteten schon

eine geschlagene Stunde. Langsam wurde ich nervös. War vielleicht da drinnen etwas ohne unser Wissen passiert? Hatte Berija, dieser raffinierte Intrigant und Stalin-Intimus, die anderen überlistet?

Gegen ein Uhr läutete es einmal, zweimal. Ich stand als erster auf ... Wir betraten den Raum. Berija saß am Tisch in der Mitte. Meine Generäle gingen um den Tisch herum, als wollten sie sich an der Wand setzen. Ich stellte mich hinter Berija und befahl: „Aufstehen! Sie sind verhaftet."

Bevor Berija aufstehen konnte, riß ich seine Arme nach hinten und drückte ihn hoch. Er war kreidebleich und regungslos. Wir führten ihn durch den Vorraum in ein anderes Zimmer mit Notausgang. Dort nahmen wir eine Leibesvisitation vor.

Ja, noch etwas. Als ich Berija packte, prüfte ich sogleich, ob er bewaffnet war. Von uns hatte nur einer seine Pistole mit. Eine zweite besorgten wir uns dann noch. Wir wußten nicht, warum wir in den Kreml gerufen wurden. Deshalb hatten wir unsere Waffen nicht mit. Auch Berija hatte keine Pistole bei sich. Als er aufstand, gab ich seiner mit Papieren prall gefüllten Aktentasche einen Stoß, so daß sie über den langen polierten Tisch rutschte.

In dem genannten Zimmer bewachten wir ihn bis 22 Uhr. Dann brachten wir ihn aus dem Kreml. Wir verstauten ihn auf dem Rücksitz eines SIS und deckten ihn mit einem Teppich zu. Die Kremlwache, die ihm als Minister des Inneren unterstand, schöpfte keinen Verdacht und ließ uns passieren.

Moskalenko saß am Steuer. Berija wurde in die Hauptwache, genauer gesagt in das Gefängnis des Moskauer Militärbezirks, gebracht. Dort blieb er die ganze Zeit während der Ermittlungen und des Prozesses. Und dort hat man ihn auch erschossen.

Kirill Moskalenko

Wie Berija verhaftet wurde

Um 9 Uhr morgens (am 25. Juni 1953) rief mich Chrustschow über das Telefonnetz des Kreml an. Nachdem er mich kurz begrüßt hatte, fragte er:

„Gibt es in Ihrem Befehlsbereich Ihnen nahestehende Leute, die wie Sie unserer Partei treu ergeben sind?"

Nach kurzem Nachdenken antwortete ich:

„Ja, ich kenne einige, auf die sich die Partei jederzeit verlassen kann."

Danach sagte mir Chrustschow, daß ich mit diesen Leuten in den Kreml zu Genossen Malenkow, dem Vorsitzenden des Ministerrats der UdSSR, ins frühere Arbeitszimmer von Stalin kommen solle. Er fügte noch hinzu, ich solle die Pläne der Luftabwehr, Karten und auch Zigarren nicht vergessen. Ich versprach, alles mitzubringen. Allerdings hatte ich schon während des Krieges, im Jahre 1944, mit dem Rauchen aufgehört. Chrustschow sagte lachend, er meine auch ganz andere Zigarren.

Nun begriff ich, daß er auf Waffen anspielte. Nach dem Gespräch wollte Chrustschow Genossen Bulganin, den Verteidigungsminister, anrufen.

Chrustschows versteckter Hinweis, daß wir bewaffnet sein sollten, machte mir klar, daß ein wichtiger Auftrag des Präsidiums des ZK der KPdSU zu erfüllen war ...

Über unser Signalsystem rief ich sofort Major Juferew, Offizier für besondere Einsätze, Generalmajor Baksow, Stabschef, und Oberst Sub, Chef der Politabteilung, zu mir und informierte sie: Wir sollen in den Kreml kommen und unsere Waffen mitbringen. Da wir unsere Waffen nicht ständig trugen, befahl ich dem Stabskommandanten, Major Chishnjak, Pistolen und Patronen an uns auszugeben. Um unsere kleine Gruppe noch zu verstärken, bat ich telefonisch Generalmajor Batizki, Stabschef der Luftstreitkräfte (ehemals Stabschef des Moskauer Militärbezirks der Luftabwehr), zu mir zu kommen und seine Waffe mitzubringen.

Bald danach rief Verteidigungsminister Marschall Bulganin an. Chrustschow hatte ihn über alles informiert. Bulganin forderte mich auf, zunächst zu ihm zu kommen. Ich begab mich mit meiner nun bereits bewaffneten Gruppe zum Verteidigungsminister. Genosse Bulganin empfing mich allein. Er informierte mich, daß wir Berija verhaften sollten. Allerdings könne sich Berija auf die starke Kremlwache stützen, die ihm ergeben sei. Ich sagte ihm, daß wir fünf kampferfahrene und zuverlässige Frontkämpfer waren, auf die sich die Kommunistische Partei, der Sowjetstaat und das Volk verlassen könnten. Bulganin meinte aber, daß wir noch zu wenige seien und weitere zuverlässige Leute hinzugezogen werden müßten. Ich schlug seinen Stellvertreter Marschall Wassiljewski vor. Doch diesen Vorschlag lehnte er aus irgendeinem Grund rundweg ab. Ich fragte ihn, wen von den bedeutenden Militärs seines Ministeriums, die erreichbar waren, er empfehlen würde. Er nannte daraufhin Shukow, der allerdings unbewaffnet teilnehmen sollte.

Warum sich Chrustschow ausgerechnet an mich wandte, kann ich nicht beantworten. Nach Berijas Verhaftung erfuhren ich und Generalstaatsanwalt Rudenko in diesem Zusammenhang während einer Berichterstattung bei Malenkow, daß man, bevor diese Operation Genossen Moskalenko übertragen wurde, sich an einen Marschall der Sowjetunion gewandt hatte, der aber das Ersuchen ablehnte. Genosse Rudenko und ich fragten nicht nach dem Namen des Marschalls ...

Chrustschow kannte mich noch aus dem Krieg, von den Kampfhandlungen an den Fronten. Nach dem Krieg hatten wir uns nur noch selten getroffen.

Stalins Verhältnis zu mir während des Krieges als auch danach war gut gewesen. Berija kannte ich nicht persönlich, ich war ihm auch nie begegnet. In der Zeitung hatte ich natürlich über ihn gelesen. Deshalb wertete ich Chrustschows Ersuchen, das von Bulganin noch präzisiert wurde, als Auftrag unserer Partei, unseres ZK und seines Präsidiums. Ich möchte betonen, daß auch die anderen Mitglieder des Präsidiums des ZK – Molotow, Malenkow, Woroschilow u. a. – zu mir ein gutes Verhältnis hatten.

Am 26. Juni fuhren wir gegen elf Uhr mit Bulganin in dessen Wagen zum Kreml. Sein Fahrzeug hatte freie Fahrt und wurde von der Kremlwache nicht kontrolliert. Nachdem wir beim Gebäude des Ministerrats angekommen waren, fuhren Bulganin und ich mit dem Fahrstuhl nach oben, während Baksow, Batizki, Sub und Juferew die Treppe benutzten. Mit einem anderen Wagen kamen Shukow, Breshnew, Schatilow, Nedelin, Getman und Pronin an. Bulganin begleitete uns zum Warteraum vor Malenkows Arbeitszimmer und ging dann hinein.

Nach einigen Minuten kamen Chrustschow, Bulganin, Malenkow und Molotow zu uns. Sie informierten uns darüber, daß sich Berija in letzter Zeit den Mitgliedern des Präsidiums des ZK gegenüber herausfordernd benahm, ihre Telefone abhörte und sie observieren ließ, um in Erfahrung zu bringen, wohin sie fuhren, mit wem sie zusammen waren usw. Man teilte uns mit, daß sogleich das Präsidium zusammentreten werde und wir, auf ein vereinbartes Zeichen von Malenkows Berater Suchanow, das Sitzungszimmer betreten und Berija verhaften sollten. Zu diesem Zeitpunkt war Berija noch nicht da. Die vier gingen schnell in Malenkows Arbeitszimmer zurück. Als alle, auch Berija, anwesend waren, begann die Tagung des Präsidiums des ZK der KPdSU.

Obwohl die Tagung kurz war, kam sie uns wie eine Ewigkeit vor. Wir alle waren sehr aufgeregt und machten uns ernste Gedanken. Im Vorzimmer hielten sich ständig 15 bis 17 Zivilisten und Uniformierte auf. Das waren persönliche Berater, Bevollmächtigte und Wachpersonal, zum größten Teil Berijas Leute. Natürlich wußte und ahnte niemand, was gerade vor sich ging. Alle unterhielten sich über allgemeine Themen.

Etwa eine Stunde später, gegen 13 Uhr, wurde das vereinbarte Signal gegeben. Wir fünf mit unseren Waffen und Shukow als sechster betraten unverzüglich den Tagungsraum. Genosse Malenkow erklärte: „Im Namen des Gesetzes ist Berija zu verhaften." Alle zogen ihre Waffe. Ich richtete die Pistole auf Berija und befahl ihm, die Hände zu heben. Shukow durchsuchte ihn. Anschließend brachten wir Berija in den Aufenthaltsraum des Vorsitzenden des Ministerrats. Nur Shukow blieb im Raum, in dem die Mitglieder und Kandidaten des Präsidiums des ZK ihre Tagung fortsetzten.

All das kam für Berija völlig unverhofft, so daß er vollkommen überrumpelt wurde. Bei seiner Verhaftung fand man in seiner Aktentasche ein Blatt Papier, auf dem mit Rotstift von oben bis unten nur das Wort „Alarm, Alarm, Alarm" stand.

Als man auf der Tagung begann, über Berija zu sprechen und seine Handlungen zu kritisieren, war er sich offenbar der drohenden Gefahr bewußt und wollte mit diesem Blatt die Kremlwache alarmieren.

Außer den Präsidiumsmitgliedern Bulganin, Malenkow, Molotow und Chrustschow war offensichtlich niemand über die bevorstehende Verhaftung Berijas informiert gewesen.

Die Tagung dauerte dann noch fünfzehn bis zwanzig Minuten, danach fuhren alle Mitglieder des Präsidiums des ZK, auch Shukow, nach Hause. Nur wir fünf – Batizki, Baksow, Sub, Juferew und ich – blieben allen mit Berija zurück. Vor den Türen den Aufenthaltsraumes hielten die Genossen Breshnew, Getman, Nedelin, Pronin und Schatilow Wache.

Berija war sehr nervös, wollte ans Fenster gehen und bat mehrmals, auf die Toilette gehen zu dürfen. Wir begleiteten ihn jedesmal zu fünft mit gezogener Pistole dorthin und zurück. Offensichtlich wollte er seinen Leuten ein Zeichen geben, die überall im Kreml bewaffnet in Zivil und Uniform Wache standen. Die Zeit verging sehr langsam. Wir verspürten Hunger, Malenkows Berater Suchanow hielt sich ständig im Vorzimmer auf und kochte uns Tee. Wir warteten auf den Einbruch der Dunkelheit, um Berija unbemerkt aus dem Kreml bringen zu können.

In der Nacht vom 26. zum 27. Juni gegen 24 Uhr bestellte ich mit Hilfe von Suchanow (Malenkows Berater) fünf SIS-110 mit Freifahrtschein und schickte sie in den Stab der Luftabwehr des Moskauer Militärbezirks in der Uliza Kirowa. Dort standen 30 parteitreue Stabsoffiziere unter der Leitung des Chefs der Operativen Verwaltung, Oberst Jerastow, auf meinen Befehl zum Einsatz bereit. Sie waren bewaffnet und wurden mit den fünf

Wagen ohne Kontrolle in den Kreml gebracht. Sofort nach ihrer Ankunft lösten sie die Kremlwache im Innern des Gebäudes ab, in dem Berija festgehalten wurde.

Danach wurde Berija unter Bewachung hinausgebracht und auf dem Rücksitz eines SIS-110 von Batizki, Baksow, Sub und Juferew, die bewaffnet waren, in die Mitte genommen. Ich setzte mich neben den Fahrer. In einem zweiten Wagen befanden sich sechs Offiziere der Luftabwehr. Mit diesen beiden Fahrzeugen passierten wir ohne Halt das Spasskitor und brachten Berija in die Arrestanstalt des Militärbezirks Moskau.

Am nächsten Tag, d. h. am Sonnabend, dem 27. 6.1953, befanden sich die Genossen Batizki, Getman und ich im Büro der Arrestanstalt, als Berijas Stellvertreter, Generaloberst Kruglow, und Generaloberst Serow zu mir kamen. Sie hatten von Malenkow und Chrustschow den Auftrag erhalten, zusammen mit mir gegen Berija, der des Machtmißbrauchs und anderer Verbrechen beschuldigt wurde, die Ermittlungen zu führen. Mir war nicht wohl dabei, daß gerade die beiden Stellvertreter gegen ihren Chef ermitteln sollten. Ich verlangte, daß außer mir noch die Genossen Batizki und Getman an dem Verhör teilnahmen. Serow und Kruglow lehnten diese Bedingung kategorisch ab. Wir stritten uns lange und kamen zu keiner Einigung. Ich rief Malenkow im ZK an. Man teilte mir mit, daß alle Mitglieder des Präsidiums des ZK im Bolschoi-Theater eine Premiere besuchten. Also rief ich im Theater an und bat, Malenkow und Chrustschow ans Telefon zu rufen. Malenkow kam, und ich legte ihm die Sache dar. Darauf beriet er sich mit den anderen und sagte dann, wir sollten alle drei ins Theater kommen.

Während der Pause versammelte sich in einem Gästeraum des Bolschoi-Theaters das ganze Präsidium des ZK. Serow und Kruglow beschwerten sich, meine Genossen und ich würden Berija nicht vorschriftsmäßig behandeln und ich wäre nicht bereit, mit ihnen allein die Ermittlungen zu führen.

Ich antwortete darauf, daß ich weder Jurist noch Tschekist sei und auch nicht wüßte, wie Berija zu behandeln sei. Ich sei Soldat und Kommunist. Mir wurde gesagt, daß Berija ein Feind unserer Partei und unseres Volkes ist. Deshalb habe er von uns allen, auch von mir, wie ein Feind, aber korrekt behandelt zu werden.

Dann bestätigten Malenkow und Chrustschow, daß ich mich richtig verhalten hatte und das Präsidium mein Verhalten unterstütze. Sie informierten, daß die Untersuchungen der neuernannte Generalstaatsanwalt Genosse Rudenko in meinem Beisein führen werde.

Nachdem Serow und Kruglow gegangen waren, bat man mich, am Tisch Platz zu nehmen und ein Glas Wein auf die gute, erfolgreiche und, wie Malenkow sagte, ordentliche Arbeit zu trinken. Das Verhalten von Serow und Kruglow gab mir aber zu denken. Ich hatte sowohl zu Stalins Lebzeiten als auch nach seinem Tod ein reines Gewissen gegenüber der Partei, dem Volk und den Streitkräften. Doch ein, zwei Monate nach der Verhaftung Berijas erhielt ich anonyme Briefe, in denen mir mit Vergeltung wegen Berija gedroht wurde. Einen Teil der Briefe habe ich vernichtet, die anderen übergab ich Serow, dem damaligen Vorsitzenden des Komitees für Staatssicherheit. Doch er hat nichts unternommen ...

Nach meiner Rückkehr aus dem Bolschoi-Theater brachten wir Berija aus Sicherheitsgründen in einem unterirdischen Bunker, der auf dem Hof des Stabs des Militärbezirks als Ausweichkommandozentrale eingerichtet war, unter.

Am 29. Juli 1953 kam Generalstaatsanwalt Genosse Roman Andrejewitsch Rudenko zu mir. Sechs Monate lang ermittelten wir Tag und Nacht. Das Hauptverhör führte Rudenko, doch auch ich stellte Berija häufig Fragen. Protokoll führte Genosse Zaregradski, ein Jurist. Die Ermittlungen gestalteten sich langwierig und kompliziert. Weder physische und psychologische Methoden noch Drohungen wurden angewandt. Aussagen machte Berija nur aufgrund handfester Beweise, wenn ihm Dokumente mit seiner Unterschrift oder Bestätigung vorgelegt wurden. Er gestand nur, wenn wir ihn voll und ganz überführt hatten.

Ich will die Verbrechen Berijas nicht ausführlich schildern. Sie sind in der Anklageschrift mit der Nummer 0029–35 dargelegt. Noch ausführlicher werden sie in den 40 Bände umfassenden Prozeßakten, die der Generalstaatsanwalt der UdSSR, R. A. Rudenko, zusammengestellt hat, beschrieben. Ich möchte nur noch einmal erwähnen, daß sich die schwierigen und anstrengenden Ermittlungen über sechs Monate hinzogen. Berija wälzte häufig alle Schuld auf Stalin ab, der ja nicht mehr lebte. Außerdem schrieb er anfangs häufig Briefe an das Präsidium des ZK, in denen er seine Unschuld beteuerte und um die Revision des Beschlusses bat. Schließlich schrieb er nur noch an Malenkow und beklagte sich bei ihm über seine Verhaftung. Er versuchte ihm einzureden, daß man zunächst mit ihm und dann auch mit Malenkow abrechnen wolle. Wir legten alle diese Briefe den Präsidiumsmitgliedern Malenkow, Chrustschow und Bulganin vor. Daraufhin erhielten wir die Weisung, Berija künftig weder Papier noch Bleistift zu geben. Er erhielt Schreibverbot.

Nach sechsmonatiger Beweisaufnahme fand der Prozeß statt, über den die Presse ausführlich informierte.

Am 23. Dezember 1953 wurde Berija zum Tod durch Erschießen verurteilt. Seine Leiche wurde verbrannt.

Zwei Tage später, also am 25. Dezember 1953, bat mich der Verteidigungsminister der UdSSR, Genosse Bulganin, zu sich. Ich sollte Auszeichnungsvorschläge für Batizki, Juferew, Sub, Baksow und mich einreichen. Es war vorgesehen, uns den Titel „Held der Sowjetunion" zu verleihen – den drei Erstgenannten erstmalig und den beiden Letztgenannten zum zweiten Mal. Ich lehnte das kategorisch mit der Begründung ab, daß wir nichts Heldenhaftes vollbracht hatten. Doch er sagte mir, daß wir etwas Großes, ja Revolutionäres geleistet hätten, indem wir einen so gefährlichen Mann wie Berija und seine Clique unschädlich machten. Ich lehnte ein zweites Mal ab. So schlug er dann vor, Auszeichnungsvorschläge für die Verleihung des Rotbannerordens oder des Ordens „Roter Stern" einzureichen.

A. Skorochodow

Wie wir auf den Krieg mit Berija vorbereitet wurden

Für das Gardeflakartillerieregiment, das in einer Siedlung vor Moskau stationiert war, verlief der 20. Juni 1953 wie immer nach Dienstvorschrift.

Im Stab hielten sich die Hauptfeldwebel der Kompanien mit verschiedenen Anliegen auf. Der Gefreite Nigmatullin, unser Schreiber, tippte mit einem Finger einen Bericht in die Maschine. Ich vertrat damals den Regimentskommandeur, der im Urlaub war, und stellte den Plan für die Stabsübungen des kommenden Monats auf.

Das Signal zum Mittagessen ertönte. Die Kompanien marschierten in den Speisesaal. Auch ich verspürte Hunger und ging essen. Doch kaum hatte ich einen Teller Borstsch gegessen, wurde ich zum Telefon gerufen.

„Genosse Gardeoberst", hörte ich die Stimme des diensthabenden Oberleutnants Matus, „Sie werden hier im Gefechtsstand dringend am Apparat verlangt."

Ich verwünschte den unbekannten Vorgesetzten und lief im Eilschritt zum Gefechtsstand. Was bedeutete dieser dringende Anruf? Ich nahm den Hörer der Direktleitung ab und meldete mich. Nach einer Minute hörte ich die bekannte Stimme von Oberst Grib, Stabschef der Artillerie des Militärbezirks:

„Sofort mit 30 MPi-Schützen und drei Offizieren mit einem Fahrzeug in Marsch setzen. Ich erwarte Sie in zwei Stunden im Stab des Militärbezirks. Melden Sie die Abfahrt!"

Nach einer halben Stunde war die Gruppe einsatzbereit. Ich hatte die Soldaten aus der Schule des Regiments geholt. Dann erhielt ich einen neuen Befehl, daß ein weiteres Fahrzeug mit ebenfalls 30 MPi-Schützen mit vollem Kampfsatz in Marsch zu setzen sei. Ich fragte mich, was das eigentlich zu bedeuten hatte.

Darauf der nächste Befehl:

„Kompanien in Feuerstellung bringen! Gefechtsalarm auslösen!"

Das Heulen der Sirene brachte die ganze Militärsiedlung in Bewegung. Der Hauptbeobachtungsposten schwieg, er machte keinerlei Meldungen über die Annäherung feindlicher Luftziele. Aus den Wohnhäusern kamen Offiziere gelaufen. Die Soldaten zogen mit vereinten Kräften die schweren Geschütze aus den Unterständen.

„Die Kolonne befehlige ich selbst. Sie bleiben im Gefechtsstand", wies ich meinen Stellvertreter Mistschenko an.

Ein neuer Befehl: Auch die Batterien im Lager und auf den Schießplätzen sind in Gefechtsalarm zu versetzen. Ich erteilte die entsprechenden Anweisungen ... Ein Unterfeldwebel öffnete weit das Tor. Die Kolonne setzte sich in Bewegung, kam aber gleich wieder zum Stehen.

Auf der Landstraße rollte an uns ein T 34-Panzer vorbei. Er fuhr mit hoher Geschwindigkeit in Richtung Moskau und vernebelte mit schwarzen Abgaswolken die Straße. Wir sahen, daß von der Kanone und dem Maschinengewehr die Schutzhüllen abgenommen waren. In der offenen Turmluke stand der Panzerkommandant in schwarzer Einsatzkombi mit Haube. Diesem Führungsfahrzeug folgte eine lange Panzerkolonne. Das ohrenbetäubende Motorengeheul, die Rauchschwaden und der Dieselgestank weckten Erinnerungen an den Krieg.

Schließlich konnten unsere Fahrzeuge das Kasernengelände verlassen. Nach zehn Kilometern Fahrt kam es zum ersten Halt. Die Straße führte an einer zweigeschossigen Datscha vorbei, die von einem hohen Zaun mit Stacheldrahtkrone umgeben war. Das Tor war verschlossen, doch man hatte das Gefühl, durch Sehschlitze von dort beobachtet zu werden. Vor reichlich einem Jahr hatte uns der Divisionskommandeur verboten, an dieser geheimnisvollen Datscha vorbeizufahren. Doch in Anbetracht des Ausnahmezustandes fuhr ich mit der Kolonne auf der „verbotenen" Straße. Plötzlich tauchten etwa zweihundert Meter vor dem Führungsfahrzeug wie aus dem Boden gestampft zwei

Uniformierte auf – ein Oberst und ein mit einer MPi bewaffneter Leutnant des Innenministeriums, wie an den rosa Schulterstücken zu erkennen war. Der kleine untersetzte Oberst mit rotem Gesicht stellte sich mit erhobenen Händen in den Weg:

„Kehren Sie sofort in die Kasernen zurück! Ich bin von der Regierung bevollmächtigt worden, allen Einheiten mitzuteilen, daß sämtliche Befehle aufgehoben sind." Er gab zu verstehen, daß er nicht aus dem Weg gehen würde.

„Ich habe den Befehl von meinem Kommandeur und ich werde ihn ausführen, sofern er ihn nicht selbst aufhebt", schrie ich ihm entgegen.

„Sie tragen die Verantwortung für ihr Verbrechen", sagte wutschnaubend der Oberst. „Ich warne Sie ... Kehren Sie sofort in die Kasernen zurück!"

Er benahm sich, als stünde hinter ihm mindestens eine Kompanie Soldaten mit MPi und nicht lediglich ein unsicherer Leutnant. Die rosa Kragenspiegel und Schulterstücke konnten in jenen Jahren schon für erhebliche Unannehmlichkeiten sorgen. Doch ich handelte streng nach Vorschrift und fühlte mich absolut im Recht.

„Aus dem Weg, Oberst! Ich führe einen Befehl aus. Ich lasse Sie sonst gewaltsam entfernen."

Ich gab dem Fahrer das Zeichen zum Weiterfahren. Der Oberst sprang an den Straßenrand und drohte ohnmächtig mit der Faust.

Die Batterie hatte bald die Gefechtsstellung erreicht. Es wurde Gefechtsalarm gegeben ... Alles war in Bewegung. Die Geschützbedienungen koppelten die Fliegerabwehrkanonen von den Zugmaschinen ab und schoben sie in die vorbereiteten Stellungen, der Motor des Stromaggregats dröhnte, die Aufklärer suchten bereits mit dem Fernglas aufmerksam den Himmel nach anfliegenden Zielobjekten ab. Doch am blauen Himmel war kein einziges Flugzeug zu sehen.

Im Erdbunker auf dem Gefechtsstand wiederholte der Funker monoton: „Hier ist Kljasma, wie hören Sie mich – eins ... zwei ... drei." Dann sagte er zu mir: „Ich habe Verbindung zu Wassiljok und Romaschka" (mit dem Gefechtsstand der Division und des Bezirks). Über Funk durfte nur verschlüsselt gesprochen werden, doch über die Drahtverbindung konnte ich dem Stabschef der Artillerie melden, daß drei Batterien bereits Gefechtsstellungen bezogen hatten. Darauf kam ein neuer Befehl:

„Alle Gefechtsstellungen der Batterien sind mit vollständigem Kampfsatz auszustatten. Die Munitionslager sind zu öffnen ..."

Innerhalb von 24 Stunden hatten wir ein gewaltiges Arbeitspensum erfüllt, und zwar nicht schlecht. Doch mich quälten Dutzende neuer Fragen: Wie sollen die Leute in den Gefechtsstellungen versorgt werden, da weder Verpflegung noch Feldküchen vorhanden sind? Wie sollen die Notstromaggregate betrieben und die Fahrzeuge aufgetankt werden, da der Kraftstoffnachschub nicht abgesichert ist? Die völlig ungewisse Lage war entnervend. Der Rundfunk übertrug nur friedliche Nachrichten – irgendwo wurde die Ernte eingebracht, Stahl geschmolzen und Fußball gespielt. Klawdia Schulshenko besang die Liebe. Doch wir hatten Gefechtsstellungen vor Moskau bezogen ...

So (in Gefechtsbereitschaft) verbrachten wir drei Tage. Nach drei Tagen wurde schließlich vom Gefechtsstand Entwarnung gegeben. Alle Batterien außer den diensthabenden kehrten in die Garnison zurück.

Erst am 2. Juli drang das Gerücht zu uns durch, daß Berija die Ursache des Alarms gewesen war. Er wurde auf der Tagung des Präsidiums des ZK verhaftet. General Moskalenko und General Batizki, der 1. Stellvertreter des Kommandeurs der Truppen des Moskauer Militärbezirks, waren in den Kreml bestellt worden und hatten an der Verhaftung Berijas teilgenommen. Berija wurde dann in den Stab des Moskauer Militärbezirks überführt und in den als Kommandozentrale eingerichteten Bunker gebracht. Dort wurde er in ein kleines Zimmer gesperrt und von höheren Offizieren bewacht.

In dieser Zeit mußte ich zweimal zu General Batizki in den Stab des Moskauer Militärbezirks fahren.

Nach der Verhaftung Berijas war General Moskalenko zum Befehlshaber der Truppen des Moskauer Militärbezirks ernannt worden. Batizki hatte von ihm das Kommando über die Luftverteidigung des Militärbezirks übernommen.

Zum erstenmal kam ich im Oktober 1953 mit Divisionskommandeur Schestakow in den Bezirksstab. Wir ließen unser Fahrzeug, einen Geländewagen, an der Straßenecke stehen und gingen zu Fuß weiter. Der Eingang zum Stab erinnerte in gewisser Weise an das bekannte Foto vom Smolny im Jahre 1917. Vor dem Portal mit den Säulen standen zwei schwere Maschinengewehre mit eingelegten Patronengurten, daneben saßen je zwei MG-Schützen. An der Eingangstür standen rechts und links vom Einlaßposten zwei MPi-Schützen. Rechterhand neben der Passierscheinausgabe waren weitere bewaffnete Soldaten postiert. Dort muß auch das Wachlokal gewesen sein. Aus einer Tür kamen ein Major mit umgehängter MPi und zwei ebenfalls bewaffnete Oberleutnants heraus.

Nach gründlicher Prüfung unserer Dokumente stellte man uns einen Passierschein aus. Der Einlaßposten verglich sorgfältig unsere Gesichter mit den Paßbildern. Schließlich gelangten wir in den Hof des Stabs. Moskau war in dunkle Nacht gehüllt, doch der weite viereckige Innenhof des ehrwürdigen alten Gemäuers war von an den Bäumen befestigten Scheinwerfern hell erleuchtet. Sie strahlten jeden Stein auf den Wegen, die Parkbänke und den niedrigen gußeisernen Zaun um eine etwas erhöhte Grünfläche in der Hofmitte an. Der Divisionskommandeur wies unmerklich mit den Augen auf den kleinen Hügel und ich verstand, daß dort der Bunker war, in dem der bislang allmächtige Berija saß.

In allen vier Ecken des Hofs standen gefechtsbereite Panzer, die Besatzungen trugen die schwarzen Einsatzkombinationen und Panzerhauben.

Etwa zwei Wochen später war ich das zweite Mal im Stab. An der Bewachung hatte sich nichts geändert ...

Lange Zeit später sagte mir Oberst Sinkin, der damals ein einfacher Wachposten in der Gruppe von General Batizki war:

„Ein verfluchter Dienst war das, wie ich ihn wahrscheinlich in meiner gesamten Dienstzeit nie wieder zu leisten hatte. Wir mußten einen ausgemachten Schurken bewachen. Er führte sich außerordentlich frech auf. Ich mußte neben dem Beobachtungsfenster stehen. Diese Kreatur fluchte und drohte und verlangte sogar nach einem Weib. Was für ein Mistkerl!"

Die Zeit verging. Ich hatte die Ereignisse um Berijas Verhaftung nicht vergessen, doch sie traten angesichts der aktuellen Aufgaben allmählich in den Hintergrund. Dennoch gingen mir gewisse Gedanken nicht aus dem Kopf.

Ich fragte mich, warum Chrustschow die Truppen der hauptstädtischen Luftabwehr in Gefechtsbereitschaft versetzt hatte. Die Berija unmittelbar unterstellten Truppen des MWD und der Staatssicherheit verfügten doch gar nicht über Fliegerkräfte. Erst allmählich begriff ich, daß das wirklich notwendig gewesen war. Schließlich mußte berücksichtigt werden, daß Berija in den Truppen des MWD und der Staatssicherheit viele aufrichtige Anhänger hatte, die nicht nur auftragsgemäß, sondern vollkommen überzeugt das gut funktionierende Vergeltungssystem vertraten.

Was wäre geschehen, wenn es dem prinzipienfesten und entschlossenen General Moskalenko nicht gelungen wäre, seine MPi-Schützen in den Kreml zu bringen, noch bevor Berijas treu ergebene Einheiten dorthin gelangten? War nicht zu befürchten, daß sich dann die Offiziere und Soldaten, Generäle und Marschälle, Minister und Arbeiter beflissen und untertänig dem Diktat Berijas unterworfen hätten? Daß auf den Parteiversammlungen die Kommunisten entrüstet die parteifeindlichen Handlungen der „Opposition" verurteilt und bei der Nennung des Namens des neuen Führers stehend applaudiert hätten?!

Viele Jahre nach diesen Ereignissen wissen wir nun, wie weit wir von jeglicher Demokratie entfernt waren und welche Ausmaße das damalige administrative Kommandosystem hatte.

Im November 1953 wurde ich erneut an das Schreckgespenst Berija erinnert. Ich befand mich mit sechs Batterien des Regiments im Feldlager zum Übungsgefechtsschießen. Am Abend kam ein Anruf aus dem Stab des Feldlagers:

„Kommen Sie so bald wie möglich zu mir, ich habe hier ein sehr interessantes Dokument für Sie."

Am nächsten Tag tobte ein heftiger Schneesturm. Das Übungsschießen auf Flugziele mußte daher ausfallen. Ich hatte Gelegenheit, zum Stabschef zu fahren. Dieser nahm aus seinem Panzerschrank ein Heft in einem weichen grauen Einband. An das Heft war eine Namensliste geklammert. Der Major hakte meinen Namen auf der Liste ab und reichte mir das Heft. „Lesen Sie, Genosse Oberst, Sie werden viel Interessantes erfahren."

Doch dann besann er sich: „Immer diese Vorschriften. Sie müssen erst noch auf der Liste unterschreiben, dann können Sie im Nebenzimmer lesen, solange Sie wollen."

Auf der ersten Heftseite stand in der Mitte mit großen Buchstaben: „Anklageschrift in Sachen Berija nach Artikel ... des Strafgesetzbuchs" (an die einzelnen Artikel kann ich mich nicht mehr erinnern). Da wurde ich natürlich hellwach. Während der Lektüre zitterte ich am ganzen Körper. Ich weiß heute nicht mehr alles, was darin stand, aber die Hauptabschnitte sind mir im Gedächtnis geblieben: Gesetzwidrige Verfolgung und Erschießung der Verwandten von Sergo Ordshonikidse; Unsittliche Ausschweifungen des Marschalls der Staatssicherheit; Vergewaltigung, Drogen, Betrug und Amtsmißbrauch. Unter seinen Opfern waren Studentinnen, junge Mädchen und Frauen, deren Männer verhaftet oder erschossen wurden ...

Ich las wie gebannt, anfangs hastig, dann etwas langsamer. Erschüttert las ich einige Abschnitte ein zweites Mal. Notizen waren nicht gestattet. Ich verließ das Zimmer und übergab die Broschüre dem freundlichen Major, der mich augenzwinkernd fragte:

„Wie finden Sie denn Lawrenti Pawlowitsch?"

„Das war ein Alptraum", antwortete ich.

Ich jagte meinen Wagen über den holprigen Weg zurück ins Lager, trank Tee in einem Unterstand, wälzte mich in meinem Bett hin und her und dachte die ganze Zeit:

„Nein, du unbekannter Untersuchungsführer. Das ist noch längst nicht alles. Du hast den Chef der Staatssicherheit vieles nicht gefragt oder nicht fragen wollen. Vielleicht warst du selbst erschrocken, welcher Abgrund sich da auftat? Natürlich verlangen die von diesem Triebtäter betrogenen und vergewaltigten Opfer nach Sühne, doch sie sind doch nicht die Hauptopfer! Genosse Untersuchungsführer, warum hast du nicht nachgefragt, wohin die Tausenden und Abertausenden ehrlicher Bolschewiki und Parteiloser verschwunden sind?"

Mir kam der ketzerische Gedanke, wie sich doch alles so hervorragend fügte: Als Jeschow an die Macht kam, hat er Jagoda erschießen lassen. Als Berija an die Macht kam, hat er Jeschow beseitigt. Und damit waren alle Spuren verwischt. Nun war die Reihe an Berija gekommen. Wird nun wieder alles mit dem Mantel des Schweigens verhüllt? Hat unser großer Führer wirklich von allem nichts gewußt?

Wie konnte eine derart pathologische Persönlichkeit, ein Henker, ein gemeiner Schuft, der nichts Menschliches mehr an sich hatte, in die Führungsspitze der Partei und neben den großen Führer gelangen? Vielleicht hat Stalin nichts wissen wollen, aber wo waren die anderen Mitglieder des Politbüros gewesen? Die konnten doch nicht alle blind gewesen sein. Warum haben sie dann geschwiegen?

Der Prozeß gegen Berija fand in besagtem Bunker unter Vorsitz von Marschall Konew statt. Der Prozeß als solcher war kurz, das Urteil wurde am gleichen Ort vollstreckt und die Leiche Berijas verbrannt ...

Ich habe eigentlich nichts Neues gesagt. Heute wird viel über die bedrückenden Ereignisse der Vergangenheit veröffentlicht. Trotzdem meine ich, daß Schilderungen eines Zeitzeugen, der unmittelbar an diesen schrecklichen und unvergeßlichen Ereignissen beteiligt war, von gewissem Wert sind.

Fünfter Teil

Das Gericht

M. Kutschawa

Aus dem Tagebuch eines Mitglieds des Sondergerichtskollegiums

Mitrofan Ionowitsch Kutschawa ist das letzte noch lebende Mitglied des Sondergerichtskollegiums des Obersten Gerichts der UdSSR, das den Prozeß gegen Berija geführt hat.
Im Juli 1990 hatte ich Gelegenheit, mit ihm in Moskau über Einzelheiten dieses Prozesses zu sprechen. Von ihm erhielt ich den nachfolgenden Beitrag.
I. Kutschawa ist mit seinen 84 Jahren (Jahrgang 1906) noch immer als wissenschaftlicher Mitarbeiter der Georgischen Zweigstelle des Forschungsinstituts der Verbrauchergenossenschaften tätig. In der Zeit des Prozesses gegen Berija war er Vorsitzender des Georgischen Gewerkschaftsrats, zuvor hauptamtlicher Parteifunktionär. Mitrofan Ionowitsch steht seit 67 Jahren im Berufsleben. Er hat sechs Enkel und fünf Urenkel.

V. Nekrassow

Vom 16. bis 23. Dezember 1953 fand der Prozeß gegen Berija und seine Mitangeklagten statt, an dem ich als Mitglied des Sondergerichtskollegiums teilnahm.

Nicht nur in Georgien, sondern im ganzen Land ging das Gerücht, Berija sei während des Prozesses gar nicht anwesend gewesen, sondern nur ein Doppelgänger. Doch das entbehrt jeder Grundlage. Berija stand vor Gericht und sagte aus. Am 23. Dezember 1953 wurde ihm das letzte Wort erteilt.

Meiner Meinung nach resultierte dieses Gerücht aus den weitverbreiteten Vorstellungen von der „übernatürlichen Willenskraft" Berijas, seiner „Unbesiegbarkeit", seinem „einzigartigen durchdringenden Verstand und Talent". Dazu hatten auch die von Künstlern geschaffenen Werke und der praktizierte Berijakult beigetragen (Gemälde, Werke von Schriftstellern und

Komponisten, viele Denkmäler, die Verleihung seines Namens an Kolcholsen, Sowchosen, Betriebe, Einrichtungen, die Transkaukasische Eisenbahn usw. usf.).

Während des Prozesses konnte ich mich wie alle Anwesenden davon überzeugen, daß wirklich Berija und nicht ein Doppelgänger auf der Anklagebank saß. Ich hatte ihn zuvor wiederholt gesehen. Das erste Mal traf ich ihn 1931 auf dem Bahnhof in Tbilissi, als er und andere Persönlichkeiten die damalige Führung der Republik unter Leitung von L. Gogoberidse nach Moskau verabschiedeten.

Ich und meine Arbeitskollegen vom Eisenbahnknotenpunkt Tbilissi waren bei diesen Verabschiedungen rein zufällig in der Nähe. Auf uns machte Berija den Eindruck eines agilen und gewandten, aber auch durchtriebenen Menschen.

Das zweite Mal sah und hörte ich Berija im Jahre 1936, auf der Wahlberichtsversammlung der Parteiorganisation des Lok- und Waggonausbesserungswerks „Stalin" in Tbilissi. Ich war damals Kandidat der KPdSU. Berija blieb bis zur Wahl und Vorstellung der neuen Parteileitung anwesend.

Persönlich lernte ich Berija im Jahre 1942 in meiner Funktion als 1. Sekretär des Rayonkomitees Gagra der KP Georgiens kennen. Die Kriegsjahre waren schwer, doch das Jahr 1942 besonders. Der Rayon Gagra gehörte zum Frontbereich. Deutsche Flugzeuge warfen Bomben ab, deutsche U-Boote tauchten auf und beschossen die Küstengebiete. Die Front verlief am Berg Antschcha, vierzehn Kilometer vom Rizasee entfernt.

Eines Abends wurde ich im Rayonkomitee angerufen und zu Berija bestellt. Zehn bis fünfzehn Minuten später traf ich bei ihm auf der Datscha ein. Er war nicht allein, Kobulow leistete ihm Gesellschaft. Berija fragte mich nach der Lage im Rayon. Ich berichtete ihm, daß alle Dokumente und Sachwerte der Organisationen und Betriebe des Rayons verlagert worden waren, die Bevölkerung – insbesondere die Bauern – aber nicht evakuiert wurde, sondern aufopferungsvoll weiterarbeitete, keinerlei Panik herrschte und das Volk vom Sieg überzeugt war. Besonders gut lief die Tabakproduktion des Rayons (Tabak wurde als strategischer Rohstoff eingestuft), man produzierte sogar mehr als vor dem Krieg. Das Verteidigungskomitee von Gagra erfüllte seine Pflicht, die Zusammenarbeit mit den Truppen war gewährleistet, eine Kommandoeinheit war gebildet worden, die im Bedarfsfall als Partisanenabteilung kämpfen konnte. Dafür waren Spezialisten geschult worden usw.

Berija hörte aufmerksam zu und stellte Fragen. Das Gespräch dauerte etwa 15 bis 20 Minuten, dann fuhr er weg. Der Chef der KGB-Abteilung in Gagra, N. K. Parzeladse, erzählte mir später, daß Berija, als er auf seiner Datscha eintraf und die für eine Auslagerung vorbereiteten Sachen sah, dem Hausmeister D. Twaltschrelidse befohlen hatte, alles sofort wieder auszupacken.

Ein weiteres Mal habe ich Berija im September 1948 in Moskau gesehen. Damals nahmen wir Studenten der Parteihochschule beim ZK der KPdSU(B) an der Beisetzung von Shdanow teil. Vor uns schritten an der Spitze des Trauerzuges die Mitglieder der Regierung, allen voran das Politbüro (außer Stalin). Berija war sehr agil, trat aus der Gruppe der Formation heraus und unterhielt sich angeregt mit anderen, betrachtete aufmerksam die Häuser und spielte sich irgendwie in den Vordergrund.

Das waren meine Begegnungen mit Berija.

Außer mir kannten ihn viele andere Prozeßteilnehmer, von den Mitangeklagten ganz zu schweigen. Demnach kann ich mit Bestimmtheit sagen, daß wirklich Berija auf der Anklagebank gesessen hat. In den sechs Prozeßtagen antwortete Berija dem Gericht auf unterschiedliche und konkrete Fragen, die ein „Doppelgänger" einfach nicht hätte beantworten können. Und wer hätte sich wohl an seiner Stelle erschießen lassen?

Bei Eröffnung des Prozesses verlas der Vorsitzende I. S. Konew die Namen der Mitglieder des Gerichts. Als er meinen Namen und meine Funktion nannte, blickte Berija auf und schien mich zu suchen. Er war kurzsichtig und hatte seinen Kneifer nicht auf.

Im Unterschied zu den anderen Angeklagten führte sich Berija vor Gericht würdelos auf. Er war nervös, starrköpfig und unaufrichtig. Von den Angeklagten bat er als einziger mehrfach das Gericht, sein Leben zu schonen und diese Bitte Chrustschow zu übermitteln.

Während des Prozesses wurde das ganze schreckliche Ausmaß von Intrigen, Erpressung, Verleumdung und Beleidigung der Menschenwürde der sowjetischen Bürger offenbar.

In den Prozeßakten eines von vielen tausend Opfern Berijas, G. Dolidse, befindet sich das Original seiner letzten Erklärung vor der Erschießung:

„An L. P. Berija und S. A. Goglidse. Meine letzten Worte richte ich an Euch. Wie so viele andere treue Söhne der großen Partei Stalins bin ich vollkommen unschuldig. Wir sterben infolge von Provokationen von Feinden, denen es gelungen ist, angesehene und ergebene Genossen zu verleumden. Das System der Ermittlungen im NKWD ist so angelegt, daß vom Feind geäußerten Verleumdungen geglaubt wird, aber unseren Rechtfertigungen und Gegenbeweisen wird kein Gehör geschenkt. Man erzwingt von uns falsche Geständnisse und Unterschriften. Selbst diejenigen, die nichts gestanden haben, werden erschossen. Das kann doch nur unseren Feinden nützen. Unsere Untersuchungsführer trifft keine Schuld, denn sie müssen sich an dieses verhängnisvolle Untersuchungssystem halten. Sie sind von vornherein davon überzeugt, daß sie es mit Feinden des Volkes zu tun haben. Warum will denn niemand einsehen, daß von den Feinden auch ehrliche und treue Menschen in Mißkredit gebracht werden können? Ein einziger Feind kann Dutzende treue Menschen verleumden. Es ist doch wirklich nicht zu glauben, daß das ganze Parteiaktiv, das wiederholt seine Treue gegenüber der Partei Lenins und Stalins unter Beweis gestellt hat, nun plötzlich zum Feind der Ordnung, für die es bisher gekämpft hat, und zum Feind der Partei, von der es geschaffen und erzogen wurde, geworden ist. Das kann doch nicht wahr sein.

Es geschieht etwas Furchtbares und Schreckliches. Es werden Menschen vernichtet, die der Partei und ihrem Führer – dem großen Stalin – selbstlos ergeben sind.

Vor meinem Tod habe ich noch diese Bitte: Denken Sie über meine Worte nach. Mein Geständnis ist, wie auch das vieler anderer, eine reine Erfindung und wurde mit Gewalt erzwungen. Leben Sie wohl. G. Dolidse. Zelle 21."

Mir sind viele weitere Fälle bekannt. Matikaschwili wurde

von Kobulow und Chasan gefoltert und von Berija mit einem Stock geschlagen, bis er gestand, daß er ein Attentat auf Berija vorbereitet habe. Daraufhin wurde er erschossen. Oragwelidse, der Direktor des Rustaweli-Theaters, wurde im NKWD im Beisein von Berija mit Stöcken, Stricken und Riemen wiederholt bewußtlos geschlagen, bis er schließlich ein „Geständnis" ablegte. Erik Bedija hatte im Kreise von Freunden geäußert, daß sich Berija nicht schämte, dreist Bedijas Arbeit „Zur Geschichte der bolschewistischen Organisationen in Transkaukasien" als sein eigenes Werk auszugeben. Auch gegen Bedija wurde repressiv vorgegangen. Berija leugnete anfangs, daß er Bedija gefoltert hat. Doch nach Kobulows Aussage vor Gericht mußte er auch diese Handlung zugeben.

Auf dem Vernehmungsprotokoll des verhafteten Bürgers Shushunawa steht eine Bemerkung Berijas: „Shushunawa ist durch Schläge gefügig zu machen. Er weiß viel, sagt aber nichts." Auf den Protokollen der folgenden Vernehmungen Shushunawas vom 16. und 17. 11. 1937 hat Berija vermerkt: „Doschojan, Oboloadse, Charadse, Tawartkiladse und Tarkil sind festzunehmen." Auf dem Vernehmungsprotokoll von Mgaloblischwili ist vermerkt: „Kräftig in die Mangel nehmen. Nicht vernehmen, sondern unter Folter verhören. L. B. 9. 7. 1937." Auf dem Vernehmungsprotokoll von Mikeladse (er war künstlerischer Leiter des Operntheaters) vom 3. 7. 1931 steht: „Entsprechend vornehmen, er ist möglicherweise ein Topspion. L. B." Auch Warwara Kewlischwili, die ein Kind erwartete, fiel im Gefängnis der Willkür Berijas zum Opfer. Der ehemalige Lokschlosser David Panzulaja, ein anerkannter Arbeitsführer und Parteisekretär des Lenin-Stadtbezirks in Tbilissi, wurde von Kobulow und Chasan gefoltert und mißhandelt.

Im NKWD gab es eine Sonderverkaufsstelle, in der das bei der Verhaftung von „Volksfeinden" beschlagnahmte Eigentum von Mitarbeitern des NKWD zu Schleuderpreisen erworben werden konnte. Es kam sogar vor, daß sich Stellvertreter des Ministers und deren Frauen um das Vorkaufsrecht bei solchen Sachen stritten. Der Jagdaufseher Montjan wurde erschossen, weil jemand seinen Jagdhund und sein Gewehr haben wollte. Dekanossow und Moros hatten im betrunkenen Zustand einen Arbeiter verprügelt. Als dieser sich beschwerte, wurde er verhaftet und auf Beschluß der Troika erschossen. Der Bürger Sliskow wurde zufällig Zeuge einer Sonderoperation Merkulows und wurde deshalb erschossen. Als das Gericht Merkulow nach dem Grund fragte, antwortete er nur: „Es tut mir leid, daß ein Unschuldiger durch meine Schuld umgekommen ist."

Berija hatte seinen Emissär Nikolai Gegetschkori nach Paris geschickt, um Verbindung zu georgischen Emigranten aufzunehmen. Nach seiner Rückkehr wurde er wegen „Kontakten zu Menschewiki und versuchter Ermordung L. Berijas" erschossen.

Von 1938 bis 1950 gab es unter der Leitung des Arztes Maironowski ein Geheimlabor, das an der Entwicklung einer „Wahrheitsdroge" arbeitete. Dort wurden an Menschen Experimente mit Psychopharmaka in tödlicher Dosis vorgenommen, um hinter das „Geheimnis der Wahrheit" zu kommen. Alle 150 Personen, die in diesem Labor zu Versuchen mißbraucht wurden, sind ums Leben gekommen. Ein Namensverzeichnis der Opfer dieser „Forschungsstätte" gibt es nicht.

Ich werde häufig nach meinen Erinnerungen an den Prozeß gefragt. Man möchte wissen, ob sich die Eindrücke nicht mit der Zeit verändert haben und ob ich damals Mitleid für die Verurteilten empfand.

Der Prozeß lastet noch immer schwer auf meiner Seele. Ich bin immer noch schockiert von den gemeinen Verbrechen, die gegen anständige, der Partei und dem Volk treu ergebene Menschen verübt wurden. Auch heute noch lassen mich meine Eindrücke nicht ruhig schlafen.

B. Popow/W. Oppokow

Die Berija-Zeit
(Nach Unterlagen der Beweisaufnahme)

Vom 18. bis 23. Dezember 1953 fand in Moskau unter Ausschluß der Öffentlichkeit der Strafprozeß des Sondergerichtskollegiums des Obersten Gerichts der UdSSR statt. Vorsitzender des Gremiums war, wie im Sitzungsprotokoll vermerkt ist, Marschall der Sowjetunion I. S. Konew. Zu den Mitgliedern gehörten: N. W. Schwernik, Vorsitzender des Zentralrats der Gewerkschaften der Sowjetunion; J. L. Seidin, 1. Stellvertreter des Vorsitzenden des Obersten Gerichts der UdSSR; Armeegeneral K. S. Moskalenko; N. A. Michailow, 1. Sekretär des Gebietskomitees Moskau der KPdSU; M. I. Kutschawa, Vorsitzender des Georgischen Gewerkschaftsrats; L. A. Gromow, Vorsitzender des Moskauer Stadtgerichts; K. F. Lunew, 1. Stellvertreter des Ministers der Inneren der UdSSR.
Die Verhandlung begann wie folgt:

„18. Dezember 1953, 10 Uhr.
Vorsitzender: Die Sitzung des Sondergerichtskollegiums des Obersten Gerichts der UdSSR ist eröffnet. Angeklagt werden: BERIJA, Lawrenti Pawlowitsch; MERKULOW, Wsewolod Nikolajewitsch; DEKANOSSOW, Wladimir Georgijewitsch; KOBULOW, Bogdan Sacharjewitsch; GOGLIDSE, Sergej Arsenjewitsch; MESCHIK, Pawel Jakowlewitsch; WLODSIMIRSKI, Lew Jemeljanowitsch ...
Wir kommen jetzt zur Beweisaufnahme. Genosse Sekretär, verlesen Sie die Anklageschrift ..."

Aus der Anklageschrift geht hervor, daß der Oberste Sowjet der

UdSSR nach Prüfung des Erlasses des Präsidiums des Obersten Sowjets der UdSSR „Über verbrecherische staatsfeindliche Handlungen L. P. Berijas" am 8. August 1953 folgenden Beschluß gefaßt hat:

„Nach Aufdeckung der verbrecherischen staatsfeindlichen Handlungen von L. P. Berija faßt der Oberste Sowjet der Union der Sozialistischen Sowjetrepubliken den Beschluß:

Bestätigt wird der Erlaß des Präsidiums des Obersten Sowjets der UdSSR, L. P. Berija die Vollmachten eines Deputierten des Obersten Sowjets der UdSSR abzusprechen, ihn von den Funktionen des 1. Stellvertreters des Vorsitzenden des Ministerrats der UdSSR und des Innenministers der UdSSR unter Aberkennung aller seiner Titel und Auszeichnungen zu entbinden und die Unterlagen über die Verbrechen von L. P. Berija an das Oberste Gericht weiterzuleiten."

In der Anklageschrift wurden als Mittäter, die an den Verbrechen aktiv beteiligt waren und sich seit Jahren zusammen mit Berija im NKWD ungesetzlicher Handlungen schuldig gemacht haben, folgende Personen genannt: W. N. Merkulow, ehemaliger Minister für Staatssicherheit, zuletzt Minister für Staatliche Kontrolle der UdSSR; W. G. Dekanossow, ehemaliger Leiter einer Verwaltung des NKWD der UdSSR, zuletzt Minister des Inneren der Georgischen SSR; B. S. Kobulow, ehemaliger stellvertretender Volkskommissar des Inneren der Georgischen SSR, danach stellvertretender Minister für Staatssicherheit der UdSSR und zuletzt stellvertretender Minister des Inneren der UdSSR; S. A. Goglidse, ehemaliger Kommissar des Inneren der Georgischen SSR, später Chef einer Verwaltung des MWD der UdSSR; P. J. Meschik, ehemaliger Chef einer Verwaltung des NKWD der UdSSR, später Innenminister der Ukraininischen SSR, und L. J. Wlodsimirski, ehemals Chef der Sonderuntersuchungsorgane des MWD der UdSSR.

Wir setzen uns nicht das Ziel, ein psychologisches und soziales Porträt aller genannten Angeklagten zu zeichnen, wenn auch einige Charaktermerkmale eines jeden, die in gewisser Weise seine verbrecherischen Handlungen erklären, umrissen werden. Das Schwergewicht legen wir hierbei auf die Reinkarnation von Maljuta Skuratow (ein grausamer und gewissenloser Mörder am Hofe Iwan des Schrecklichen) – auf Lawrenti Berija.

1. Der Mann, der sich selbst blendete

Aus antiker Zeit stammt die Auffassung, daß ein Egoist ein Mensch ist, der sich selbst blendet, weil er sich für etwas Besonderes und Außergewöhnliches hält und über andere erheben will. Wir wollen keine diesbezüglichen Mutmaßungen über Berija anstellen und uns nicht dazu äußern, was er dachte und worauf er spekulierte. Auf ihn trifft wie auf keinen anderen das Sprichwort zu, daß man einem Menschen nicht ins Herz sehen kann. Er hat wenige in seine geheimen Pläne eingeweiht und niemand Zugang zu seiner Seele gewährt. Übrigens waren nicht nur die Seele Lawrenti Pawlowitschs und seine verbrecherischen Handlungen für die Öffentlichkeit ein Buch mit sieben Siegeln und in Dunkel gehüllt, sondern auch seine Person. Dennoch lassen die bei den Verbrechen verfolgten Ziele wie auch die Aussagen von Berijas „Mitstreitern" den Schluß zu, daß Egoismus in höchstem Grade das Hauptmotiv war, das ihn auf den Weg der Gesetzlosigkeit brachte. Um seine krankhafte Selbstsucht, seine übermäßigen Ambitionen und Launen in jeder Hinsicht zu befriedigen, hatte sich L. P. Berija von Anbeginn seiner „politischen und gesellschaftlichen Karriere" das „hohe" Ziel gesetzt, eine bedeutende Stellung und uneingeschränkte Macht zu erlangen. Das machte ihn blind und nahm ihm das Gefühl für die Realität.

Doch lassen wir einige zu Wort kommen, die L. P. Berija gut kannten. Hierbei ist allerdings zu berücksichtigen, daß Berijas Vasallen während der Beweisaufnahme und vor Gericht keineswegs aus Wahrheitsliebe so frei und hemmunglos ihre Aussagen machten, sondern vielmehr mit der Absicht, den größten Teil der Schuld auf Berija abzuwälzen.

Aus den Aussagen B. S. Kobulows vor Gericht:

„... Berija ist ein Karrierist, Abenteurer und Bonaparte. Diese Charakterzüge traten nach dem Tod Josef Stalins noch viel stärker hervor. Ich erkläre mir dies daraus, daß seine Eigenliebe nach

Stalins Tod immer größer wurde. In dieser Zeit war schon nicht mehr von ‚wir‘, sondern immer häufiger von ‚ich‘ die Rede . . . Ich habe ihn einen ‚Bonaparte‘ genannt und möchte meine Meinung begründen. Er war in der Tat ein Verschwörer. Noch bevor ich alle Unterlagen der Anklage kannte, sagte ich, daß Berija innerlich keine Beziehung zur Kommunistischen Partei hatte und faktisch nie Kommunist gewesen ist. Schon allein die gegen ihn erhobenen Beschuldigungen wegen sittlicher Verkommenheit lassen tiefe Scham empfinden. Er handelte schmutzig und gemein. Der moralische und politische Verfall Berijas führte zu seinem logischen Ende.

Diese Charakterzüge prägten Berija von Anfang an. Goglidse und Merkulow sind älter als ich und haben auch länger mit ihm zusammengearbeitet. Sie kennen ihn daher besser. Aber auch ich habe bereits als kleiner Junge gemerkt, daß es Berija an kommunistischer Bescheidenheit mangelt.“

Aus den Aussagen von W. G. Dekanossow über L. P. Berija:

„. . . Ich kenne Berija seit 1921, d. h. 32 Jahre. Als Student arbeitete ich für die Tscheka in Aserbaidshan. Sie wurde damals von Bagirow geleitet, und Berija war sein Stellvertreter. Ich war zeitweilig als Mitarbeiter des Bevollmächtigten für Wirtschaftsfragen tätig. Als ich einmal Bericht erstattete, wurde Berija auf mich aufmerksam und ernannte mich zum Sekretär der von ihm geleiteten Politischen Sonderverwaltung. Während meiner Tätigkeit in Baku hatte ich zu Berija ein sehr gutes Verhältnis. 1922 wurde er nach Tbilissi versetzt. Er nahm mich mit und übertrug mir den gleichen Posten in der Tscheka Georgiens.

In Baku war Berija mit Personen befreundet, die später als Volksfeinde entlarvt wurden. Er protegierte besonders einen gewissen Golikow, einen ehemaligen Spion der Denikin-Leute. Ohne Berijas Hilfe hätte Golikow niemals in die Organe der Tscheka eindringen können. Berija unterhielt auch freundschaftliche Beziehungen zu Morosow, dem Leiter der Sonderabteilung der Tscheka von Aserbaidshan. Morosow wurde später verurteilt, weil aufgrund von Ermittlungsunterlagen, die er hatte fälschen lassen, ein Arbeiter grundlos eines Terroranschlags bezichtigt und erschossen worden war.

Jetzt verurteile ich diese Handlungen Berijas, während ich früher daran keinen Anstoß genommen habe. Berija verhielt sich mir gegenüber immer wohlwollend, deshalb ließ meine Wachsamkeit nach.

Berija handelte stets wie ein Karrierist, ein machtbesessener und boshafter Mensch. Er intrigierte gegen alle Leiter der Tscheka und ließ sie beseitigen. Sein ganzes Verhalten zeugte davon, daß er mit allen Mitteln nach Macht strebte.

1931 wurde Berija Sekretär des ZK der KP(B) Georgiens. Mit ihm wechselte eine Gruppe von Mitarbeitern aus den Organen der Tscheka ins ZK über. Ich wurde Sekretär für Verkehrswesen, übte später noch andere Funktionen aus. Ich war auch Mitglied des Politbüros des ZK der KP(B) Georgiens. Berija hatte nach wie vor ein gutes Verhältnis zu mir, sprach mit mir aber nicht über seine Gedanken und Pläne. Besonders nahe standen ihm Arutjunow und Bagirow.

Alle, die Berija gut kannten, waren regelrecht entsetzt über seine Ernennung zum 1. Sekretär des ZK der KP(B) Georgiens. Er hatte diese Funktion nicht verdient, denn er handelte nicht nach den Prinzipien der Partei, was auch durch den Terror bestätigt wurde, den er von 1937 bis 1938 in Georgien verübte. Zu besagter Zeit arbeitete ich nicht in der Tscheka, sondern war Volkskommissar der Lebensmittelindustrie Georgiens und gleichzeitig Mitglied des Büros des ZK der KP(B) Georgiens. Die Verhaftungen erfolgten einzig und allein auf Berijas Weisung. Im Büro des ZK wurde lediglich über die Verhaftungen von Büromitgliedern gesprochen, aber auch das nur im nachhinein. Berija stützte sich nicht auf das Kollektiv, sondern entschied alle mit den Verhaftungen im Zusammenhang stehenden Fragen allein und keineswegs unter dem Einfluß von Kobulow, Merkulow und Goglidse, wie er bei der Vernehmung behauptete.

Er strebte nach despotischer und diktatorischer Macht und nutzte für seine karrieristischen Ambitionen seine guten Beziehungen zu Sergo Ordshonikidse. Anfangs verwies er stolz darauf, daß er und Ordshonikidse Freunde seien, doch später intrigierte er gegen ihn und ging gegen Ordshonikidses Verwandte repressiv vor."

Auch der bereits erwähnte Kobulow bestätigte diese Auffassung von Berijas Charakter: „Besonders hervorzuheben ist, mit welcher Treulosigkeit und Rachsucht Berija gegen einige ihm nicht genehme Personen vorgegangen ist."

Dieser Meinung Kobulows pflichtete auch Mitschurin-Rawer, einer seiner Mitarbeiter, bei:

„. . . Berija war schon immer machthungrig und herrschsüchtig. Das zeigte sich deutlich während seiner Tätigkeit in Aserbaidshan und Georgien. Berija beseitigte Menschen, die ihm nicht genehm waren. Im nachhinein ist mir jetzt klar geworden, daß es Berija gelungen war, über seine Karriere in den Organen von Tscheka – OGPU – NKWD und dann in der Führung der Partei in Georgien und in Transkaukasien sehr schnell seine Ziele zu verwirklichen und der ‚Führer' des georgischen Volkes zu werden."

Zanawa, ein weiterer Mitangeklagter im Fall Berija, sagte aus:

„Berija war grausam, despotisch und machtbesessen . . . Er ging unerbittlich gegen diejenigen vor, die ihm bei der Erreichung seiner Ziele im Wege standen. Während seiner Tätigkeit in Georgien hat Berija von 1937 bis 1938 alle seine Stellvertreter in der Tscheka Georgiens und Transkaukasiens und viele seiner früheren Vorgesetzten erschießen lassen."

Der Angeklagte Merkulow, der Berija viele Jahre kannte und „am Hofe des Imperators" verkehrte, sagte:

„Wenn man Berija nach seinen Taten beurteilt, dann kann man ihn als einen Menschen mit schroffem und herrischem Charakter bezeichnen, der nach Macht strebte und seine Rivalen aus dem Weg räumte."

Wie Sawizki, einer seiner Vertrauten, erklärte, war Berija von seinem Eigendünkel und Geltungsbedürfnis geblendet. Um seine Autorität auszubauen und seine angeblichen Verdienste gegenüber der Partei und dem Staat beim Aufbau Georgiens hochzuspielen, brachte er auch das Gerücht in Umlauf, er werde täglich und stündlich von Feinden der Sowjetunion bedroht. Über Goglidse und Kobulow, aber auch persönlich, erteilte er die Weisung, daß den wegen rechtstrotzkistischer und nationalistischer Umtriebe verhafteten Personen die Aussage abzuringen sei, sie hätten ein Attentat auf ihn geplant. Sawizki sagte aus, daß von den Untersuchungsführern erpreßte Aussagen über geplante Terroranschläge gegen Berija „entsprechend honoriert wurden". Schließlich waren alle Untersuchungsführer aufgrund dieser Orientierung und der nachdrücklichen Anweisung Berijas eifrig bemüht, solche Aussagen zu erzwingen und jeden Terrorakt mit einem Anschlag auf Berijas Leben in Verbindung zu bringen.

Von Interesse ist schließlich auch, wie Berija selbst seine Verbrechen einschätzte, nachdem er angeblich während der Beweisaufnahme und des Prozesses zur Einsicht gekommen war:

„. . . Die schlimmste Schande für mich als Staatsbürger, Mitglied der Partei und einer ihrer Führer", bekannte er reuevoll, „sind mein amoralisches Verhalten, meine unsittlichen und gewissenlosen Beziehungen zu Frauen. Das alles läßt sich schwer erklären. Ich bin sehr tief gefallen. Ich bin so tief gefallen, daß man mir kaum noch Glauben schenken kann . . ."

L. P. Berija versuchte, als möglichen Hauptgrund dieser „Selbstblendung" den sein Verhalten prägenden Erotismus anzuführen – seine Wollust (er hatte zu mehr als zweihundert Frauen sexuelle Beziehungen). Es ist jedoch nicht auszuschließen, daß es sich hierbei um ein Manöver handelte, um die Beweisaufnahme und das Gericht zumindest teilweise von seiner Hauptschuld abzulenken – der kriminellen Verfolgung und Vernichtung ehrlicher Menschen. Dazu liegen übrigens Geständnisse Berijas vor. Während des Verhörs am 19. Oktober 1953 sagte er aus:

„. . . Ich gestehe, daß es sich hierbei um sehr schwere Gesetzesverletzungen handelt und daß bei diesen zahlreichen Verhaftungen auch unschuldige Personen betroffen waren, gegen die aufgrund von Verleumdungen ungesetzlich vorgegangen wurde."

2. Dem Gesetz zuwider

Die Begebenheit, von der hier die Rede sein wird, begann damit, daß Berija auf eine noch nicht veröffentlichte Schrift „Zur Entstehung der bolschewistischen Organisationen in Transkaukasien" aufmerksam wurde. Das Manuskript hatte es ihm so angetan, daß er beschloß, auf seiner Grundlage einen Vortrag zu halten. Obwohl er sich bei dem Material, den Fakten und der Darlegung strikt an das Original hielt, gab er den Vortrag als sein eigenes Werk aus.

Doch damit nicht genug. Es ging darum, daß sich ein Autorenkollektiv unter Leitung von E. A. Bedija, Redakteur des „Kommunist" und Direktor der Zweigstelle des Marx-Engels-Lenin-Instituts (IMEL) beim ZK der KP(B) Georgiens, mit einer Studie zur Geschichte der bolschewistischen Organisationen in Transkaukasien beschäftigte. Bald erhob Berija neben dem Anspruch auf Autorschaft für den Vortrag nach einem fremden Manuskript auch noch Anspruch auf die Autorschaft für die Studie selbst.

Dieses Plagiat fiel natürlich auf. Gerüchte gingen um, und Berija kam ins Gerede. Am meisten empörte sich natürlich E. A. Bedija, der überhaupt nicht einsehen wollte, daß sich der von seiner Größe und Allmacht geblendete „Führer" nicht nur das Recht anmaßte, fremde Arbeiten als eigene auszugeben, sondern auch erdreistete, über das Leben anderer zu bestimmen. In einem Gespräch mit Oragwelidse beschwerte er sich, daß der Vortrag, den Berija gehalten hatte, im Prinzip sein geistiges Eigentum war. Das äußerte er auch Gorgelidse gegenüber, wobei er noch ironisch hinzufügte, daß er arbeite, während andere Auszeichnungen und Orden erhielten.

Solche Lästerungen konnte der „Führer des georgischen Volkes" natürlich keinem seiner Untergebenen verzeihen. Bedija wurde beschuldigt, ein Volksfeind und Terrorist zu sein, der ein Attentat auf L. P. Berija vorbereitet habe. Kobulow und Goglidse wurden angewiesen, den anmaßenden „Mitverfasser" zu verhaften. Die Ermittlungen wurden anderen getreuen Handlangern – Sawiziki und Paramonow – übertragen.

Doch um allen diesen Fakten größere Authentizität zu geben, lassen wir Berija selbst zu Wort kommen. Wir führen einige Auszüge aus Vernehmungsprotokollen während des Prozesses an. Natürlich hat Berija anfangs alles geleugnet, doch schließlich mußte er zugeben, daß er zweifellos eine dominierende Rolle bei der Abrechnung mit Bedija gespielt hatte. Allerdings sei es dabei nicht um die „fragliche Autorschaft", sondern um „Kontakte zu einem Konterrevolutionär" gegangen.

23. Juli 1953:

Frage: Geben Sie zu, daß Sie, indem Sie sich als Autor des Buches „Zur Geschichte der bolschewistischen Organisationen in Transkaukasien" ausgegeben haben, geistigen Diebstahl begangen und sich die Arbeit eines anderen angeeignet haben?
Antwort: Das stimmt nicht.
Frage: Wie waren Ihre Beziehungen zu Merkulow?
Antwort: Gut.
Frage: Hatten Sie persönliche Rechnungen mit ihm zu begleichen?
Antwort: Nein.
Frage: Sie kennen die Aussagen des Zeugen Merkulow. Stimmen Sie diesen zu?
Antwort: Nein.
Frage: Geben Sie zu, sich ein fremdes literarisches Werk angeeignet zu haben, um Stalin zu täuschen und durch diese Machenschaften den Anschein zu erwecken, daß Sie ihm treu ergeben sind, um sich auf diese Weise in Stalins Vertrauen einzuschleichen?
Antwort: Nein. Ich möchte unterstreichen, daß dieser Vortrag auf meine Initiative hin entstand. Ich hatte den entscheidenden Anteil an der Erarbeitung der Unterlagen für diesen Vortrag, die Zweigstelle des IMEL von Tbilissi hat mir lediglich bei der Materialsammlung geholfen. An der Vorbereitung dieses Vortrags waren etwa 20 Personen beteiligt, etwa 100 Teilnehmer der revolutionären Bewegung jener Zeit wurden befragt. Ich verwahre mich dagegen, daß ich dies getan habe, um mich in Stalins Vertrauen einzuschleichen. Ich hielt vielmehr die Herausgabe dieser Arbeit für sehr notwendig . . .

7. August 1953:

Frage: Kennen Sie Erik Bedija?
Antwort: Ich kenne ihn. Er arbeitete im Transkaukasischen Regionskomitee der Partei als Leiter der Abteilung Agitation und Propaganda.

Frage: Wurde Bedija auf Ihre Veranlassung verhaftet?

Antwort: Nein, keinesfalls.

Frage: Wissen Sie, warum Bedija verhaftet wurde?

Antwort: Ich erinnere mich nicht mehr, warum Bedija verhaftet wurde.

Frage: Ist Ihnen der Name Oragwelidse ein Begriff?

Antwort: Ich kenne einen Karlo Oragwelidse, der als Abteilungsleiter im ZK der Partei Georgiens tätig war.

Frage: Ich verlese aus Archivunterlagen des Falls Berija eine Erklärung von Oragwelidse, die letzten Endes der Grund für die Einleitung des Verfahrens gegen Bedija war. Oragwelidse hatte angegeben: „In meiner Wohnung erklärte im Jahr 1936 E. Bedija auf die prahlerische Behauptung von Sef, er habe den Vortrag L. Berijas geschrieben, daß nicht Sef, sonder er selbst – Bedija – den von Berija vorgelesenen Vortrag verfaßt hat..." Geben Sie zu, daß Sie Bedija aus Rache dafür verhaften ließen, weil er angab, der Verfasser der Arbeit zu sein, die Sie als Ihre eigene ausgegeben haben?

Antwort: Nein. Ich habe die Verhaftung nicht angewiesen, doch über den Fall Bedija wurde mir berichtet, wahrscheinlich von Goglidse.

Frage: Aus der Akte Bedija ist ersichtlich, daß er beschuldigt wurde, einen Terroranschlag auf Sie geplant zu haben.

Antwort: Das höre ich zum erstenmal.

Frage: Warum wurde der Fall Bedija nicht dem Gericht übergeben und auf welcher Grundlage wurde er außergerichtlich vor der Troika verhandelt?

Antwort: Das höre ich zum erstenmal.

Frage: Ist Ihnen bekannt, daß Bedija auf Beschluß der Troika erschossen wurde?

Antwort: Ich höre zum erstenmal, daß Bedija auf Beschluß der Troika erschossen wurde...

Aus den Aussagen L. P. Berijas während der Verhandlung am 21. Dezember 1953:

MITGLIED DES GERICHTS MOSKALENKO: Geben Sie zu, daß Sie die Autorschaft für das Buch „Zur Geschichte der bolschewistischen Organisationen Transkaukasiens" beansprucht haben und dann Bedija, einen der Hauptautoren, wegen Vorbereitung eines Terroranschlags auf Sie von einer Troika unter Vorsitz von Goglidse verurteilen und erschießen ließen?

BERIJA: Mehrere Personen hatten die Absicht, die Geschichte der bolschewistischen Organisationen in Transkaukasien zu schreiben, doch keine hat die Absicht verwirklicht. Dann haben Bedija und andere ein Buch verfaßt, auf dessen Grundlage ich den Vortrag gehalten habe. Das Buch wurde später unter meinem Namen veröffentlicht. Ich habe hier falsch gehandelt, das gebe ich zu. Was Bedijas Verhaftung betrifft, so waren seine Kontakte zu Lominadse ausschlaggebend. Deshalb wurde er verhaftet und erschossen. Das stand in keinerlei Zusammenhang zu seiner Mitarbeit an dem Buch.

Während der Ermittlungen gegen Berija wegen seiner Verbrechen und insbesondere der Verfolgung und Erschießung Bedijas erklärte Sawizki, einer von Berijas Handlangern:

„Berija hat nicht nur von der Verhaftung Bedijas gewußt, sondern sie selbst angeordnet. Bedija arbeitete vor seiner Verhaftung als Redakteur der Zeitung ‚Kommunist‘ und hätte ohne Einwilligung Berijas nicht verhaftet werden können. Die Klage gegen Bedija, der ein verantwortungsvoller Parteifunktionär war, wurde auf Berijas Weisung an die Troika übergeben.

Paramonow und ich verhafteten Bedija am 20. Oktober 1937 aufgrund der Beschuldigung, daß er Mitglied einer rechten antisowjetischen Organisation ist. Zwei Tage lang verweigerte er ein Geständnis. Dann haben auf Anweisung Kobulows mir unterstellte spezielle Schlägertrupps gegen Bedija physische Gewalt angewendet. Am nächsten Tag erhielten Paramonow und ich dann von Bedija eine an Berija und Goglidse gerichtete handschriftliche Erklärung, worin er seine Feindtätigkeit eingestand.“

Sawizki sagte in einem weiteren Verhör aus:

„Nach der damals im NKWD üblichen Praxis mußte in den Aussagen Bedijas auch die Vorbereitung eines Terroranschlags auf Berija vermerkt werden …“

Auf diese Weise wurde die angebliche feindliche und antisowjetische Tätigkeit Bedijas dokumentarisch belegt. Er selbst wurde dann auf gesetzlicher Grundlage, genauer gesagt nach den Buchstaben von Berijas Ungesetzlichkeit, der Mitarbeit in einer antisowjetischen rechten Gruppierung und der Vorbereitung eines Terroranschlags auf Berija beschuldigt.

Doch Berija wollte uneingeschränkt über den „Mitverfasser" triumphieren. Ihm verlangte nach einer sadistischen Gegenüberstellung mit seinem Opfer und nach dessen Eingeständnis unter vier Augen, daß er – Berija – die Autorschaft an dem besagten Buch besitze. Wie später Chasan, ein ehemaliger Abteilungsleiter in der Politischen Sonderabteilung des NKWD Georgiens, aussagte, mußte er Bedija auf Berijas Anweisung zu dieser Gegenüberstellung vorführen. Bedija widerrief bei diesem Verhör alle bisherigen ihn belastenden Aussagen, zu denen man ihn gezwungen hatte. In den Archiven der Ermittlungsorgane ist dieser Widerruf allerdings nicht zu finden.

Dieses „unwürdige" Verhalten Bedijas rief bei dem „Herrn der Lage" verständlicherweise Unmut hervor. Deshalb wurde die Anklage gegen E. A. Bedija nicht dem Gericht, sondern einer „Sondertroika" übergeben, was praktisch schon einem Todesurteil gleichkam.

Die Anklageschrift in Sachen Bedija wurde von Paramonow, Sawizki und Kobulow am 2. Dezember 1937 unterzeichnet und von Goglidse bestätigt. Fünf Tage später tagte die „Sondertroika" unter Vorsitz von Goglidse. Bedija wurde bald danach erschossen.

Viele der Beteiligten, u. a. auch Goglidse, der Vorsitzende der „Sondertroika", bestätigten, daß die Abrechnung mit Bedija mit Wissen und unter Kontrolle Berijas verlief. Goglidse sagte aus, daß sich Berija nicht nur deshalb ständig für die Sache Bedija interessierte, um über den Verlauf der Ermittlungen und die Aussagen auf dem laufenden zu sein, sondern auch wegen seines verstärkten Interesses für „die Fälle und Aussagen von Personen, mit denen Bedija zusammengearbeitet hat und die er näher kannte". Bedija war deshalb für Berija von „besonderem Interesse", weil er das „makellose" Ansehen des „Führers des georgischen Volkes" angetastet und dessen Begabung und Verdienste in Zweifel gestellt hatte.

„Wie ich bereits zuvor dargelegt habe", sagte Goglidse, „ist

Berija vom Charakter her despotisch, rachsüchtig und kleinlich. Das zeigt sich besonders, wenn er sich ein bestimmtes Ziel gesetzt hat. Er duldet keinerlei Widerspruch, keine andere Meinung und Autorität ..."

Es ist anzunehmen, daß die Idee des Plagiats von Merkulow stammte, der an der Redaktion des Buches „Zur Geschichte der bolschewistischen Organisationen in Transkaukasien" beteiligt war. Vor der Bekanntschaft mit Berija war er als Journalist tätig gewesen. Ihm fiel natürlich die Ähnlichkeit der Familiennamen der beiden „Autoren" auf, die er zu nutzen wußte. Während der Ermittlungen versuchte er, diese Anschuldigung von sich zu weisen. Er verurteilte sogar heftig, daß Berija sich eine fremde Arbeit angeeignet hatte, die seinen Worten zufolge von Bedija und anderen Autoren verfaßt wurde. Merkulow bewertete diese Handlungsweise seines Chefs als „schlimmen Diebstahl geistigen Eigentums" und erklärte, daß er sich „für Berija schämt, der seine Unterschrift unter die Arbeit eines anderen gesetzt hat".

Wie sehr Merkulow heuchelte, bestätigen viele Unterlagen der Beweisaufnahme. Seit den zwanziger Jahren, d. h. seitdem Berija der Tscheka Georgiens angehörte, war Merkulow sein engster vertrauter Mitarbeiter gewesen, der heikle konspirative und kriminelle Aufträge ausführte.

Wie die beiden zueinander standen und wie sehr Merkulow Berija ergeben war, bezeugt ein Brief. Er wurde nach Berijas Verhaftung bei einer Haussuchung im persönlichen Archiv des ehemaligen Leiters des MWD der UdSSR gefunden. Merkulow sagte aus, daß er ihn bereits 1930 geschrieben hatte, als er stellvertretender Vorsitzender der OGPU in Adsharien war. Damals ging das Gerücht um, das möglicherweise auf Berijas Betreiben in Umlauf gebracht wurde, ihm – Lawrenti Pawlowitsch – stehe ein hoher Posten in Moskau in Aussicht. Zu dieser Zeit schickte Merkulow seinem Gönner besagte Botschaft:

„Persönlich. Teurer Lawrenti! Bei uns gehen Gerüchte um, daß Du Tbilissi bald verlassen wirst. Ich weiß nicht, inwieweit diesen Gerüchten Glauben zu schenken ist, doch ich bitte Dich in diesem Zusammenhang, mich nicht zu vergessen. Wenn Du Dich wirklich entschließt, Transkaukasien zu verlassen, bitte ich Dich inständig, mich zu Deiner künftigen Arbeitsstelle mitzunehmen.

Ich bin bereit, jede Arbeit auszuführen. Stadt und Funktion sind für mich nicht entscheidend.

Ohne mich überschätzen zu wollen, halte ich mich für fähig, unter großem Einsatz (wozu ich bereit bin) mit jeder Arbeit zurechtzukommen, die Du mir überträgst.

Ich werde Dich niemals enttäuschen. Das schwöre ich Dir in Anbetracht früherer Fehler, die ich zutiefst bereue.*

Ich hoffe, daß Du an mich denken wirst. Das ist die größte Bitte, mit der ich mich an Dich wende.

Mehr will und kann ich im Augenblick nicht schreiben. Ich bin aber überzeugt, daß Du mich verstehst und mir glaubst.

In herzlicher Freundschaft. Dein W. Merkulow."

Dieser Brief und das Verhalten von Merkulow spiegeln deutlich das ganze Wesen von Berijas Gefolgschaft wider. Im Prinzip strebten alle, die mit Berija verkehrten, wie ihr Herr nach Macht und Würde. Das wird auch durch die Tätigkeit der Troikas bestätigt. Die Ermittlungen haben ergeben, daß die Troikas, die dem Gesetz zuwiderhandelten, nicht nur im Fall einer „Gefahr für das Leben Berijas", sondern auch wegen mutmaßlicher terroristischer Anschläge gegen Personen aus Berijas Umgebung Menschen als Konterrevolutionäre abstempelten und bestraften. Auf der Grundlage gefälschter Ermittlungsunterlagen und durch Folter erpreßter Verleumdungen wurden die Opfer zum Tod durch Erschießen verurteilt. Ein Beispiel hierfür ist der Fall der neun Einwohner des Dorfs Mamukin. Sie wurden der Vorbereitung von Terroranschlägen gegen Kobulow und Goglidse beschuldigt und auf Beschluß der Troika erschossen.

Doch kehren wir zum Protokoll der geschlossenen Sitzung des Sondergerichtskollegiums des Obersten Gerichts der UdSSR vom 18. bis 23. Dezember 1953, diesmal zum Verhör des Angeklagten Goglidse, zurück:

---

* Während der Verhandlung am 21. Dezember 1953 wurde Merkulow gefragt, um welche Fehler es sich dabei handelte. Er sagte dazu aus, daß es um eine Verbindung mit Pawlunowski im Jahre 1929 ging, dem Vorsitzenden der Transkaukasischen GPU und Rivalen Berijas.

Vorsitzender: Von wann bis wann waren Sie Volkskommissar des Inneren Georgiens?

Goglidse: Als Volkskommissar des Inneren Georgiens war ich von November 1934 bis November 1938 tätig.

Vorsitzender: Hat Berija von 1937 bis 1938 Massenverhaftungen von leitenden Mitarbeitern der Partei und der Staatsorgane angeordnet?

Goglidse: Eine generelle Weisung hat mir Berija nicht erteilt. Im Verlaufe der Ermittlungen Anfang 1937 legte ich Berija in seiner Eigenschaft als Sekretär des ZK der KP(B) Georgiens täglich die Vernehmungsprotokolle der Verhafteten vor. Nachdem Berija sie gelesen hatte, wies er an, führende Mitarbeiter der Partei und der Staatsorgane festzunehmen, die von den Verhafteten erwähnt wurden. Außerdem veranlaßte Berija auch die Verhaftung leitender Partei- und Staatsfunktionäre, gegen die im NKWD Georgiens keinerlei Belastungsmaterial vorlag.

Vorsitzender: Erhielten Sie von Berija im Jahre 1937 die Weisung, daß die Verhafteten zu schlagen sind, und wie sind Sie diesem Auftrag nachgekommen?

Goglidse: Seit Frühjahr 1937 wurde die Anwendung von physischer Gewalt gegen die Verhafteten zur Regel. Als Berija einmal aus Moskau kam, mußte ich alle Leiter der Rayon- und Stadtabteilungen des NKWD und die Volkskommissare der autonomen Republiken in das ZK der KP(B) Georgiens zu einer Beratung rufen. Als alle erschienen waren, hielt Berija im Gebäude des ZK vor ihnen eine Rede. Darin konstatierte er, daß die Organe des NKWD Georgiens nur zögerlich gegen die Feinde kämpfen, die Ermittlungen verschleppen und die Volksfeinde frei herumlaufen lassen. In selbiger Rede erklärte Berija, daß die Verhafteten zu schlagen sind, wenn sie nicht die erforderlichen Aussagen machen. Seitdem wurden im NKWD Georgiens die Verhafteten generell und nach dem jeweiligen Ermessen geschlagen. In den Vernehmungsprotokollen tauchten nun Aussagen über ganze Gruppen von Menschen auf, von denen immer mehr verhaftet wurden. Dadurch wurden die Tatsachen verfälscht und die Wahrheit entstellt.

Vorsitzender: Waren Sie Vorsitzender der Troika des NKWD Georgiens, die Unschuldige zum Tode verurteilt hat?

Goglidse: Ja, das war ich. Wir erhielten sehr häufig vom NKWD der UdSSR Direktiven für Massenverhaftungen von Feinden der Sowjetunion ... Darüberhinaus muß ich das Gericht darüber informieren, daß von Jeschow dem NKWD Georgiens ein Limit von 1500 Erschießungen vorgegeben wurde. Im Jahre 1937 erteilten Jeschow und Frinowski auf einer Beratung die Weisung, Massenaktionen zur Beseitigung antisowjetischer Elemente durchzuführen ...

Mitglied des Gerichts Seidin: Angeklagter Goglidse, ich möchte auf Ihre Aussagen in der Voruntersuchung zurückkommen. Ich zitiere: ,Ich erinnere mich, daß sich Berija besonders für Personen interessierte, die zuvor leitende Funktionen in und außerhalb Georgiens innehatten. Ich denke dabei an solche Funktionäre wie die ehemaligen Sekretäre des ZK der KP(B) Georgiens Kachiani, Kartwelischwili, Gogoberidse und Mamulija, und den ehemaligen Vorsitzenden des Rates der Volkskommissare Transkaukasiens, Eliawa. Ich weiß, daß der ehemalige Leiter des Sondersektors des ZK der KP(B) Georgiens, Merkulow, im Auftrag Berijas Berichte über diese Personen verfaßte und wir dann von Berija die Weisung erhielten, sie zu verhaften und zielgerichtet zu verhören.'

Bestätigen Sie diese Aussage?

Goglidse: Ja, ich bestätige sie.

Mitglied des Gerichts Seidin: Berichten Sie dem Gericht über die Vorfälle, bei denen Untersuchungsführer, die Ihnen unterstellt waren, während der Verhöre Häftlinge erschlagen haben und sich der ehemalige Sekretär des ZK des Georgischen Komsomol, Aslamasow, aus dem Fenster des Arbeitszimmers des Untersuchungsführers gestürzt hat, weil er die Folterungen nicht mehr ertragen konnte.

Goglidse: Es ist wirklich vorgekommen, daß Häftlinge zu Tode geprügelt wurden. 1937 verhafteten wir Aslamasow, den ehemaligen Sekretär des ZK des Georgischen Komsomol. Die Untersuchung leitete Kowaltschuk aus der Politischen Sonderabteilung des NKWD Georgiens. Bei einem Verhör sprang Aslamasow aus dem Fenster des Arbeitszimmers von Kowaltschuk in den Tod. Ob er sich wegen der Prügel, die ich nicht in Abrede stelle, oder aus anderen Gründen aus dem Fenster stürzte, kann ich heute nicht sagen, weil ich es nicht weiß. Kowaltschuk ist jedenfalls damals nicht belangt worden.

Mitglied des Gerichts Seidin: Ich verlese die Aussagen des Zeugen Wassiljew während der Voruntersuchung: „... Manchmal wurden Verhaftete zu Tode geschlagen und ihr Ableben dann als Herzinfarkt oder anders begründet ... Ich kam einmal in das Arbeitszimmer des operativen Bevollmächtigten Serebrjakow (er wurde verurteilt), der einen Verhafteten verhörte. Auf meine Frage an Serebrjakow, wie er vorankomme, antwortete er, daß der Verhaftete schweige und auf seine Fragen nicht antworte. Ich ging zu ihm hin und stellte fest, daß er tot war. Ich fragte Serebrjakow, was er mit ihm gemacht hatte. Er zeigte mir eine zwei Finger starke Stahlrute, mit der er den Häftling auf den Rücken geprügelt hatte, ohne zu merken, daß dieser bereits tot war. Viele Häftlinge starben nach solchen Verhören in den Zellen.'

Angeklagter Goglidse, was sagen Sie zu diesen Aussagen?

Goglidse: Wassiljews Aussage entspricht der Wahrheit. Dieses Vorkommnis ereignete sich in der NKWD-Abteilung in Gagra.

Mitglied des Gerichts Seidin: Warum wurden viele Fälle, die eigentlich vor Gericht und insbesondere vom Militärkollegium des Obersten Gerichts der UdSSR hätten behandelt werden müssen, der Troika des NKWD Georgiens übergeben, wo man die Beschuldigten gar nicht vorlud? Warum wurden ihre Aussagen nicht überprüft?

Goglidse: Es gab eine Sonderweisung des NKWD und der Staatsanwaltschaft der UdSSR. Das Militärkollegium des Obersten Gerichts der UdSSR konnte wegen der Behandlung dieser Fälle nicht extra nach Georgien kommen.

Mitglied des Gerichts Seidin: Der Verhaftete Chasan hat sich zu dieser Frage völlig anders geäußert. Während der Vernehmung sagte er aus: ,Goglidse war Vorsitzender der Troika, die auf Fürsprache Berijas unter Umgehung der leitenden Organe gebildet wurde. Über diese Troika hatte Berija die Möglichkeit, unkontrolliert mit Menschen abzurechnen. Goglidse war dabei seine rechte Hand.'

Goglidse: Troikas gab es nicht nur in Georgien, sondern allerorts.

Mitglied des Gerichts Seidin: Ich verlese die Aussagen des Zeugen Morosow: ,Von 1937 bis 1938 war ich Sekretär der Troika beim NKWD der Georgischen SSR. Als Vorsitzender der Troika fungierte anfangs Rapaw, der stellvertretende Volkskommissar des Inneren der Georgischen SSR, und dann bis zu ihrer Auflösung der Volkskommissar des Inneren der Georgischen SSR, Goglidse. Die Troika hat über das Schicksal von insgesamt 30 000 Menschen befunden . . . Etwa 10 000 Menschen, deren Fälle von der Troika behandelt wurden, wurden zum Tod durch Erschießen verurteilt.'

Goglidse: Ja, das entspricht der Wahrheit. Aber ich kann nicht bestätigen, daß die genannten Zahlen stimmen.

Vorsitzender: Wieso kennen Sie die Zahl der zum Tode Verurteilten nicht?

Goglidse: Ich verfüge nicht über statistische Angaben.

Vorsitzender: Doch, Sie kannten diese Zahlen und haben kaltblütig sowjetische Menschen umgebracht.

(Keine Antwort)

Mitglied des Gerichts Seidin: Sind Häftlinge bei Verhören im NKWD der Georgischen SSR von Mitarbeitern und Ihnen persönlich geschlagen worden?

Goglidse: Ja. Berija hat in meiner Anwesenheit die Mitarbeiter des NKWD Georgiens angewiesen, die Verhafteten zu schlagen.

Mitglied des Gerichts Seidin: Hat Berija die Weisung erteilt, die Verhafteten auch noch vor ihrer Erschießung zu schlagen?

Goglidse: Ja, er hat solche Weisungen erteilt.

Mitglied des Gerichts Seidin: Ich verlese die Aussagen Goglidses während der Voruntersuchung: ,Ich muß feststellen, daß Häftlinge auf Weisung Berijas nicht nur bei Verhören geschlagen wurden. Er gab mir, Kobulow und meinen Stellvertretern in Anwesenheit anderer Abteilungsleiter wiederholt die Weisung, die Häftlinge vor dem Erschießen noch schlagen zu lassen. Diese Weisungen wurden dann an die Gruppe weitergegeben, die die Urteile und Entscheidungen der Troika des NKWD Georgiens vollstreckte.'

Goglidse: Das bestätige ich.

Die Moral der „Hüter von Gesetz und Ordnung" wurde durch ihre Allmacht und Straffreiheit immer mehr zersetzt. Und von der Möglichkeit, sich auf Kosten anderer bereichern zu können, wurden sie vollends geblendet.

„1937 bis 1938 wurde es zur Regel", sagte Goglidse während der Untersuchung aus, „daß die Wertsachen der Verhafteten beschlagnahmt und in Sonderverkaufsstellen des NKWD an die Mitarbeiter des Volkskommissariats verkauft wurden. Eine solche Regelung gab es schon, bevor Berija Volkskommissar des Inneren Georgiens wurde. Wer sie eingeführt hat, ist mir nicht bekannt . . . Das war nicht allein in Georgien so, sondern überall."

Nadarija, ehemaliger Leiter des NKWD-Gefängnisses Georgiens und später Angehöriger des Personenschutzes von Berija, hat die Zügellosigkeit der Berijazeit in Georgien Ende der 30er Jahre sehr eindrucksvoll geschildert. In den fast drei Jahren seiner Tätigkeit im Gefängnis war er Zeuge, daß Häftlinge auf brutalste Weise geschlagen wurden. Die Menschen wurden mit Stöcken, Stricken und Riemen geprügelt und obendrein noch verhöhnt. Die Opfer mußten mehrere Tage in einer Ecke stehen oder solange Gewichte hochhalten, bis sie vor Erschöpfung umfielen. Manchmal wurde einem Verhafteten ein Tisch, der mit Gewichten beschwert war, auf den Rücken gebunden. Diese Last mußte er tragen, bis er zusammenbrach. Berija kam regelmäßig ins NKWD und verhörte Häftlinge im Arbeitszimmer von Kobulow. Häufig fanden die Verhöre auch im ZK statt.

Die kriminelle Gruppe unter Berija nutzte ihre exklusive Stellung im Apparat der Tscheka aus, zersetzte ihn, machte Ungesetzlichkeit und Willkür zur Regel und setzte diesen Apparat gegen die Partei- und Staatsorgane Transkaukasiens ein. Besonders große Ausmaße nahmen diese ungesetzlichen Handlungen in den 30er Jahren an, doch es gab sie auch schon früher. Das beweist ein Originaldokument vom Mai 1922, ein Brief Berijas (der zu besagter Zeit stellvertretender Vorsitzender der Tscheka Aserbaidshans war) an S. M. Kirow, den Sekretär des ZK der KP(B) Aserbaidshans. Kirow hatte in einem Schreiben die örtlichen Organe der Tscheka beschuldigt, sie würden sich den Parteiorganisationen gegenüber falsch verhalten, Parteifunktionäre bespitzeln und zwischen den Organen der Tscheka und der Partei Konfrontation heraufbeschwören. In seinem Antwortschreiben versuchte Berija, sich nachdrücklich zu rechtfertigen. Daraufhin sah sich das ZK der KP Aserbaidshans gezwungen, ihm am 27. Juni 1922 in einem Schreiben Verhaltensmaßregeln zu erteilen: „Sie haben ständig darauf zu achten, daß die Mitarbeiter Ihrer Organe objektiv handeln und vor allem nicht in das Leben der Parteiorganisationen eingreifen; daß ihre Arbeit nicht konspirativen Charakter annimmt und sie Parteifunktionäre bespitzeln, wie im Schreiben Nr. 90 des Transkaukasischen Regionskomitees der Partei festgestellt wird."

Wie aus der Anklageschrift in Sachen L. P. Berija und seiner Mitangeklagten ersichtlich ist, war dieses Vorgehen keineswegs eine zufällige Handlung der kriminellen Gruppe um Berija. Bis zu ihrer Verhaftung trachteten Berija und seine Komplizen danach, sich der Kontrolle durch die Partei zu entziehen und die Organe des NKWD – MWD über die Partei und die Regierung zu stellen. Sie maßten sich an, die Macht im Lande zu besitzen.

Zaturow, ein Spießgeselle Berijas, ehemals Sekretär der Parteiorganisation der Transkaukasischen und Georgischen GPU, schilderte in seinen Aussagen viele Einzelheiten, wie Berija, Merkulow, Goglidse, Dekanossow, Milstein und viele andere gemein und erniedrigend gegen ehrliche Mitarbeiter intrigierten. Sie haben ihnen nachspioniert, verleumderische Informationen über sie gesammelt und Terroranschläge gegen Leute verübt, die für die verbrecherischen Pläne Berijas eine Gefahr darstellten. Zaturow berichtete beispielsweise, wie Berija und seine Leute gegen Chandshjan, den 1. Sekretär des ZK der KP(B), Ränke schmiedeten:

„Berija lud mich zu sich ein. Nach dem Abendessen eröffnete er mir, es sei beschlossen worden, daß ich in Armenien arbeiten solle. Weiter sagte Berija, daß Chandshjan unbedingt verschwinden müsse, daß jedoch alle, die er bisher auf ihn angesetzt hatte, versagt hätten. Bei Chandshjan müsse geschickt vorgegangen werden. Als ich einwarf, daß es am besten sei, Chandshjan einfach ablösen zu lassen, antwortete Berija, daß für eine Ablösung Gründe gebraucht würden, die ich suchen solle. Während meiner Tätigkeit in Armenien habe ich zusammen mit

Akapow auf den Sitzungen des Büros des ZK stets unter den verschiedensten Vorwänden gegen Chandshjan polemisiert.

Später besuchte ich zufällig einmal Berija in Tbilissi, als Chandshjan bei ihm war. Berija rügte mein Verhalten gegenüber Chandshjan und erklärte, Chandshjan sei krank und müsse geschont werden. Ich war richtiggehend schockiert . . ."

Von der Beweisaufnahme wurden 26 Bände Dokumente oder, genauer gesagt, schriftliche Anweisungen erfaßt, in denen Berija die Verhaftung von Personen angeordnet hatte. In vielen Fällen erfolgten die Verhaftungen aufgrund von Namenslisten, ohne daß irgendwelche stichhaltigen Gründe für die Inhaftierung angegeben wurden. In den Unterlagen befinden sich u. a. überzeugende Beweise, daß Berija für den Tod Ordshonikidses und die Abrechnung mit dessen Verwandten verantwortlich ist.

3. Der Spieler aus der Birshewaja Uliza

Beim Verhör am 13. Oktober 1953 erklärte Bogdan Kobulow, einer der treuesten Vasallen Berijas, daß in den dreißiger Jahren „Berija der uneingeschränkte Herr Georgiens gewesen ist und alle Organisationen und Institutionen, auch das NKWD, widerspruchslos seine Forderungen erfüllt haben". Andere Helfershelfer Lawrenti Pawlowitschs bestätigten diese Feststellung und ergänzten noch, daß bis 1938 in der Republik und wohl in ganz Transkaukasien ein Kult um Berija, um seine „Unfehlbarkeit als Politiker" und „Bedeutung als Organisator des Aufbaus in Georgien" betrieben wurde. Allerdings ist der Ausdruck „Personenkult" in bezug auf Berija sowie andere machtbesessene und sich volkstümlich gebende Diktatoren unserer Meinung nach nicht ganz angebracht und präzise. Kult bedeutet gedankenlose oder gezielte Verehrung, Unterwürfigkeit, Liebedienerei, Heuchelei, Protektion und Gewalt. Für die Karriere Berijas trifft dies voll und ganz zu. Doch der andere Bestandteil des Wortes, nämlich Person oder Persönlichkeit, setzt großes Verständnis, Weisheit, umfassendes Wissen, Selbstlosigkeit und Opferbereitschaft um der gemeinsamen Sache willen voraus. Die Unterlagen, die wir studierten, und die Beschreibung aller Greueltaten sprechen Berija alle diese Eigenschaften ab. Außerdem ist wohl die Verbindung der Worte „Person" und „Kult" bei der Bewertung von Politikern und Staatsmännern eines sozialistischen Landes generell unangebracht, da dem Personenkult Elemente von unmoralischem Verhalten und sittlichem Verfall eigen sind. Wo Kult gedeiht, kann kaum vorbehaltlos von Sozialismus gesprochen werden. So wie Vergötterung und Idealisierung einer Person zur Stagnation von Denken und Handeln führen, kommt es beim Kult zur Verflachung, Entartung und schließlich zum geistigen und politischen Verfall des machtausübenden Individuums und seiner Umgebung. Eine wirkliche Persönlichkeit genießt Autorität, aber Persönlichkeit und Kult schließen einander aus.

Wir wagen zu behaupten, daß Berija in der Geschichte der Sowjetunion keine Persönlichkeit, sondern mehr ein politischer Spieler gewesen ist. Ganz am Anfang, als er kleine und „provinzielle" Ziele verfolgte und nach relativ geringen Ämtern in Partei und Staat strebte, setzte er als Trümpfe noch Verleumdung, Denunziation und Kompromittierung von mißliebigen Personen und Rivalen ein. Doch im Laufe seiner Karriere trieb er sein Pokerspiel nicht nur mit dem Ansehen und dem guten Namen, sondern auch mit der Freiheit und dem Leben anderer Menschen.

Womit hat er angefangen? Was hat seinen verbrecherischen dämonischen Hang genährt? Einige Informationen sind in den zahlreichen Ermittlungsunterlagen und vor allem in einem Lebenslauf enthalten, den L. P. Berija am 22. Oktober 1923 verfaßte und der in seiner Personalakte enthalten ist.

Lebenslauf

Ich wurde am 17. Mai 1899 im Dorf Mercheuli (15 Werst von Suchumi entfernt) in einer armen Bauernfamilie geboren. Da mein Schulbesuch für meine Eltern eine finanzielle Belastung war, habe ich bereits als Schüler der städtischen Lehranstalt von Suchumi Schülern der unteren Klassen Nachhilfeunterricht gegeben und so die Familie unterstützt. Der Unterricht dauerte mit Unterbrechungen bis 1915. In diesem Jahr zog ich nach Baku und stand seitdem auf eigenen Beinen. Bereits während meines Studiums an der technischen Lehranstalt sorgte ich für den Unterhalt meiner alten Mutter, meiner taubstummen Schwester und meiner fünfjährigen Nichte.

Meine Anfang 1907 in Suchumi begonnene Ausbildung setzte ich nach Abschluß der Achtklassenschule (1915) und Übersiedlung nach Baku fort. Ich nahm ein Studium an der technischen Fachschule für Baumechanik auf, die ich nach vier Jahren, also 1919, absolvierte. 1920 wurde diese technische Fachschule zu einer Polytechnischen Hochschule umgestaltet, an der ich mich immatrikulieren ließ. Ich setzte mein Studium mit Unterbrechungen in unregelmäßigen Abständen bis 1922 fort. Ich blieb die ganze Zeit mit der Hochschule in Verbindung und brach erst 1922 im dritten Semester mein Studium ab, weil ich von Baku nach Tbilissi ins Transkaukasische Regionskomitee der Partei versetzt wurde.

So endete meine 1915 in Baku begonnene und mit Unterbrechungen bis 1922 fortgesetzte Ausbildung.

Im genannten Jahr 1915 begann ich, wenn auch noch sporadisch, am Parteileben teilzunehmen. Im Oktober dieses Jahres organisierte eine Gruppe von Studenten der technischen Lehranstalt in Baku, der auch ich angehörte, einen illegalen marxistischen Zirkel, den auch Studenten anderer Lehranstalten besuchten. Er bestand bis Februar 1917. Ich war Kassierer in diesem Zirkel. Er war mit dem Ziel gebildet worden, die Studenten zu organisieren, gegenseitige materielle Unterstützung zu gewähren und das marxistische Selbststudium abzusichern, Referate zu studieren, uns von Arbeiterorganisationen zur Verfügung gestellte Bücher zu analysieren usw. Ich wurde auch zum Klassenvertreter gewählt (illegal).*

Im März 1917 gründete ich mit den Genossen W. Jegorow, Puchowitsch, Awanessow und einem weiteren Genossen, dessen Namen ich vergessen habe, eine Parteizelle der SDAPR (Bolschewiki), deren Büromitglied ich wurde.**

* Schon damals begann Berija, den Illegalen und Untergrundkämpfer zu spielen und seine Selbstverherrlichung, die in Führerambitionen ausartete, mit revolutionären Phrasen zu bemänteln.
** Wie bereits erwähnt, konnte Berija die Dauer seiner Parteimitgliedschaft weder durch Fakten noch durch Dokumente belegen. In Wirklich-

Im Jahre 1916 (in den Semesterferien) arbeitete ich als Praktikant im Hauptkontor von Nobel in Balachany, um für mich und die Familie etwas zum Unterhalt hinzuzuverdienen.

Danach arbeitete ich seit 1917 in Transkaukasien für verschiedene Partei- und staatliche Einrichtungen, was mit sich brachte, daß ich von einem Ort zum anderen, aus der legalen (1918 in Baku) in die illegale Parteiarbeit (1919 und 1920) überwechselte. Diese Tätigkeit wurde durch meine Übersiedlung nach Georgien unterbrochen. Im Juni 1917 meldete ich mich als Praktikant bei der hydrotechnischen Abteilung der Armee an der rumänischen Front und ging mit ihr nach Odessa. Wir wurden nach Rumänien verlegt, wo ich in der Forstwirtschaft des Dorfes Neguliašti tätig war. In dieser Zeit wählten mich die Arbeiter und Soldaten als Deputierten und Vorsitzenden des Abteilungskomitees sowie als Vertreter der Abteilung für die Delegiertenversammlung. In dieser Funktion nahm ich häufig bis Ende 1917 an Versammlungen der Rayonvertreter in Pašcani (Rumänien) teil. Anfang 1918 kehrte ich nach Baku zurück und widmete mich verstärkt meinem Studium an der technischen Lehranstalt, um den versäumten Lehrstoff nachzuholen. Im Januar 1918 wurde ich Mitglied des Sowjets der Arbeiter-, Soldaten- und Matrosendeputierten von Baku, arbeitete im Sekretariat des Sowjets und erledigte mit viel Kraft und Energie die gesamte laufende Arbeit des Sowjets. Ich blieb dort bis September 1918. Im Oktober des gleichen Jahres arbeitete ich für die Kommission der Mitarbeiter des Sowjets, in der ich bis zur Einnahme Bakus durch die Türken blieb. Während der türkischen Okkupation war ich anfangs in Bely Gorod als Kontorist in dem Betrieb „Kaspiiskoje Towaristschestwo" tätig. Da der Unterricht in der technischen Lehranstalt wieder begann und ich einige Zwischenprüfungen ablegen mußte, sah ich mich zur Kündigung gezwungen. Von Feburar 1919 bis April 1920 führte ich als Vorsitzender der kommunistischen Zelle der Technikstudenten unter Leitung älterer Genossen mehrere Aufträge des Rayonkomitees aus und wirkte in anderen Zellen als

keit hat es niemals eine Aufnahme in die Partei gegeben. Er hat sich selbst zum Mitglied zu einem Zeitpunkt erklärt, den er für geeignet hielt.

Instrukteur. Seit Herbst 1919 arbeitete ich im Auftrag der Gummet-Organisation der Partei (sozial-demokratische Organisation innerhalb der Partei der Bolschewiki von Ende 1904 bis Februar 1920, die politische Arbeit unter den mohammedanischen Arbeitern leistete) für den Abwehrdienst. Im März 1920, als mein Verbindungsmann Genosse Mussewi ermordet wurde, gab ich die Arbeit im Abwehrdienst auf und war kurze Zeit beim Zoll in Baku beschäftigt.

Sofort nach dem Aprilputsch in Aserbaidshan wurde ich vom Regionskomitee der Kommunistischen Partei (Bolschewiki) über die Abteilung Aufklärung der Kaukasischen Front beim Revolutionären Kriegsrat der 11. Armee nach Georgien geschickt, um dort illegal* als Bevollmächtigter zu arbeiten. In Tbilissi nahm ich zu dem Vertreter des Regionskomitees Genossen Amajak Nasaretjan Kontakt auf, organisierte ein Netz von Verbindungsleuten in Georgien und Armenien, stellte die Verbindung zu den Stäben der georgischen Armee und der Garde her und schickte regelmäßig Kuriere zur Abteilung Aufklärung nach Baku. In Tbilissi wurde ich mit den anderen Mitgliedern des Zentralkomitees Georgiens verhaftet. Aber im Ergebnis der Verhandlungen zwischen G. Sturua und Noi Shordanija ließ man uns mit der Maßgabe frei, Georgien innerhalb von drei Tagen zu verlassen. Doch ich konnte unter dem Decknamen Lakerbaja untertauchen und in der Vertretung der RSFSR bei Genossen Kirow arbeiten, der zu dieser Zeit nach Tbilissi gekommen war. Im Mai 1920 fuhr ich nach Baku, um mir von der Abteilung Aufklärung Weisungen für den Abschluß des Friedensvertrags mit Georgien zu holen. Auf dem Rückweg nach Tbilissi wurde ich aufgrund eines Telegramms von Noi Ramischwili verhaftet, nach Tbilissi gebracht und trotz aller Bemühungen des Genossen Kirow in das Gefängnis von Kutaissi gesperrt. Von Juni bis Juli 1920 wurde ich gefangen gehalten. Erst nachdem die politischen Gefangenen viereinhalb Tage in den Hungerstreik getreten waren, wurde ich mit anderen in einem Gefangenentransport nach Aserbaidshan ausgewiesen. Nach meiner Rückkehr im August 1920 bewirkte das

* Georgien hatte zu dieser Zeit eine menschewistische Regierung

ZK der RKP meine Freistellung vom Armeedienst und ernannte mich zum Leiter des Büros des ZK Aserbaidshans. Dieses Amt bekleidete ich bis Oktober 1920, danach ernannte mich das Zentralkomitee zum verantwortlichen Sekretär der Außerordentlichen Kommission für die Enteignung der Bourgeoisie und die Verbesserung des Lebens der Arbeiter. Diese Tätigkeit übten ich und Genosse Sarkis (Kommissionsvorsitzender) mit hohem Einsatz bis zur Auflösung der Kommission (Februar 1921) aus. Danach entsprach das Zentralkomitee meiner Bitte, mein Studium an der Hochschule fortzusetzen, in der ich seit ihrer Gründung im Jahr 1920 als Student registriert war, und gewährte mir über den Sowjet von Baku ein Stipendium. Doch knapp zwei Wochen später ersuchte das ZK das Kaukasische Büro, mich nach Tbilissi zu entsenden. Damals unterbrach ich erneut mein Studium. Auf Beschluß des ZK wurde ich stellvertretender Leiter (April 1921) und bald darauf bereits Leiter der Operativen Sonderabteilung und stellvertretender Vorsitzender der Tscheka Aserbaidshans.

Ich will nicht näher auf die anstrengende und nervenaufreibende Arbeit in der Tscheka Aserbaidshans eingehen, die bald darauf positive Ergebnisse zeitigte. Nennen möchte ich nur die Zerschlagung der mohammedanischen Organisation „Ittichat" mit etwa 10 000 Mitgliedern und der Transkaukasischen Organisation der rechten Sozialrevolutionäre, wofür die GPU der Tscheka mit Befehl Nr. 45 vom 6. Februar 1923 mir den Dank aussprach und mich mit einer Waffe auszeichnete. Die Ergebnisse dieser Arbeit wurden vom Rat der Volkskommissare der Aserbaidshanischen SSR in seiner Bestenliste vom 12. September 1922 und von der lokalen Presse gewürdigt. Während meiner Tätigkeit in der Tscheka Aserbaidshans war ich auch von Juli 1921 bis September 1922 Vorsitzender der Aserbaidshanischen zwischenbehördlichen Kommission und dann Mitglied der Kommission des Obersten Wirtschaftsrats und der Kommission zur Kontrolle des Revolutionstribunals. Auf Parteiebene war ich im Auftrag des Komitees Baku der Aserbaidshanischen Kommunistischen Partei einer Parteizelle der Arbeiter und später, aus praktischen Gründen, der Parteigruppe der Tscheka zugeordnet, in der ich Büromitglied wurde und als gewählter Delegierter an

fast allen Konferenzen und Kongressen des Komitees der Aserbaidshanischen Kommunistischen Partei teilnahm. Außerdem
war ich Mitglied des Sowjets von Baku.

Im November 1922 hat mich das Transkaukasische Regionskomitee aus der Aserbaidshanischen Tscheka abberufen und für
eine Tätigkeit im ZK der Kommunistischen Partei Georgiens
vorgesehen, das mich zum Leiter der Operativen Sonderabteilung und stellvertretenden Vorsitzenden der Tscheka Georgiens
ernannte. Da ich mir der Verantwortung und des Umfangs meiner Aufgabe bewußt war, setzte ich all mein Wissen und meine
Kraft ein, wodurch ich in relativ kurzer Zeit nennenswerte Re-
sultate in allen Arbeitsbereichen erzielen konnte. Dazu gehören
die Liquidierung der Banden, die in Georgien immer stärker ihr
Unwesen trieben, und die Zerschlagung der menschewistischen
Organisation und sowjetfeindlichen Partei, obwohl sie sehr
konspirativ tätig waren. Das Zentralkomitee und das ZIK Georgiens würdigten meine Tätigkeit mit dem Rotbannerorden. Als
ich in Georgien in der Tscheka arbeitete, war ich auch Mitglied
des Büros einer kommunistischen Zelle und Mitglied des Sowjets der Arbeiter- und Soldatendeputierten von Tbilissi.

Während meiner Tätigkeit im Dienst der Partei und des Staates, besonders in den Organen der Tscheka, hatte ich wenig Gelegenheit, meine Allgemeinbildung zu vervollkommnen bzw.
meine Fachausbildung abzuschließen. Da ich mich für mein
Fachgebiet sehr interessiere und bereits viel Zeit und Kraft darauf verwendet habe, möchte ich das ZK bitten, mir die Möglichkeit zu geben, mein Studium schnellstmöglich abzuschließen.
Eine abgeschlossene Fachausbildung wird mich in die Lage versetzen, meine Erfahrungen und Kenntnisse auf diesem Gebiet
für den Aufbau der Sowjetunion zu nutzen. Die Partei kann
mich dann dort einsetzen, wo sie es für nötig befindet.

22.10.1923   (Unterschrift)

Der von dem vierundzwanzigjährigen Berija verfaßte Lebenslauf enthält Fakten, die er eindeutig hochspielt. Er ähnelt in dieser Hinsicht einem Pfau, der stolz ein Rad schlägt. Geltungsdrang, Eigenlob und Aufbauschen von Kleinigkeiten sind

offensichtlich Charakterzüge Berijas, die aber mit der Zeit für andere bedrohliche Formen annehmen sollten. Die „pädagogische" Tätigkeit als Halbwüchsiger, die „illegale" Wahl zum Klassenvertreter, seine Tätigkeit als Kassierer in einem „illegalen marxistischen Zirkel" wie auch die hohe Selbsteinschätzung und Überbetonung der eigenen Rolle sind symptomatisch für seinen Geltungsdrang.

In dem Lebenslauf sind aber auch Fakten und Ereignisse enthalten, die man widerlegen oder erst nach Vergleich dieses Dokuments mit anderen wirklich glauben kann.

Eine wichtige Frage ist die Dauer seiner Parteizugehörigkeit. Glaubt man Berija, so war er seit März 1917 ziemlich aktiv in der Partei tätig. Darüberhinaus will er einer der „Gründer" der bolschewistischen Zelle in der technischen Lehranstalt in Baku und sogar Mitglied des Parteibüros gewesen sein (hatte denn eine aus nur wenigen Mitgliedern bestehende Zelle ein Parteibüro?). Während der Verhöre erfand Berija immer neue Versionen und versuchte, sich herauszureden. Am Ende war der „Organisator" der bolschewistischen Zelle nur einer von vielen, die ohne Mitgliedsbuch, Registrierung und Parteiauftrag „in die Partei aufgenommen wurden".

Noch zweifelhafter und verworrener ist der Beginn der „militärischen Karriere" des künftigen Marschalls der Sowjetunion. Im Lebenslauf wirkt alles ziemlich bedeutungsvoll. Da ist vom Aufbau eines Netzes von Verbindungsleuten, von Kontakten zum Regionskomitee und den Stäben der georgischen Armee und Garde sowie der Entsendung von Kurieren, von geschickter illegaler Arbeit, Mut bei der Verhaftung und Standhaftigkeit im Gefängnis die Rede. Seine Funktion hat Berija allerdings, wie viele Nachforschungen bezeugen, richtig benannt – Bevollmächtigter der Abteilung Aufklärung.

Doch als Berija am 17. April 1923 den Fragebogen für Mitglieder der Tscheka und der Sonderabteilung ausfüllte, verließ ihn erneut das Gefühl für das rechte Maß. Auf die Frage nach seinem Dienst in der Roten Armee, nach Zeit, Ort und Funktion antwortete er: „Im Jahre 1920 war ich in der Abteilung Aufklärung der Kaukasischen Front beim Revolutionären Kriegsrat der 11. Armee Bezirksresident für Auslandsarbeit in Georgien und dann außerordentlicher Bevollmächtigter in der Abteilung Aufklärung." Doch in den Untersuchungs- und Gerichtsunterlagen sind Aussagen von Zeugen enthalten, die diese Angaben widerlegen.

Während des Verhörs am 16. Juli 1953 sagte Berija folgendes aus:

Frage: Kennen Sie den Namen Punke?

Antwort: Ich erinnere mich nicht.

Frage: Wer war Leiter der Abteilung Aufklärung der 11. Armee?

Antwort: Der Leiter war Tarassow, an einen Punke als Leiter der Abteilung Aufklärung der 11. Armee kann ich mich nicht erinnern. Vielleicht war er dies später.

Frage: Wurde Ihnen bei der Verhaftung an der Grenze ein auf Seidenstoff gedrucktes Dokument, das der Leiter der Abteilung Aufklärung der 11. Armee unterzeichnet hatte, abgenommen?

Antwort: Nein, mir wurde nichts abgenommen.

Frage: Sagt Ihnen der Name Netschajew etwas?

Antwort: Nein.

Doch diese Angaben werden durch die Aussagen von Netschajew, des ehemaligen Bezirksresidenten der Verwaltung Aufklärung der Kaukasischen Front in Transkaukasien, widerlegt:

„Im Jahre 1920 arbeitete ich als Bezirksresident der Verwaltung Aufklärung der Kaukasischen Front in Transkaukasien. Zu meinem Operationsgebiet gehörte u. a. auch das menschewistische Georgien. In der zweiten Hälfte des Jahres 1920 fiel mir eine in Tbilissi erscheinende georgische menschewistische Zeitung in die Hände, die als große Sensation meldete, daß die Organe des Ministeriums des Inneren der menschewistischen Regierung Georgiens den ‚bolschewistischen Agenten' L. P. Berija auf frischer Tat mit Belastungsmaterial ertappt hatten. Ich erinnere mich noch sehr gut, daß in dieser Meldung der vollständige Text des bei Berija gefundenen geheimen Dokuments, das auf Seidenstoff gedruckt war und ihn als Mitarbeiter der Abteilung Aufklärung der 11. Armee auswies, veröffentlicht wurde. Ich weiß auch noch genau, daß unter diesem Dokument die mir bekannte Unterschrift des Leiters der Abteilung Aufklärung der

11. Armee, Punke, stand. Unverständlich ist mir aber, wieso in den von den Menschewiki veröffentlichten Geheimdokumenten der Name L. P. Berija erscheint, denn es war üblich, daß wir in solchen Fällen mit Decknamen arbeiteten."

Die Erklärung hierfür findet sich in den Ermittlungsunterlagen, aber zuvor noch ein Zitat aus dem genannten Lebenslauf Berijas: „Ich konnte unter dem Decknamen Lakerbaja untertauchen und in der Vertretung der RSFSR ... arbeiten." Mit diesen Worten geht Berija auf seine erste Verhaftung und die Ausweisung aus Tbilissi durch die Menschewiki ein. Somit hat sich Berija selbst einen Decknamen gegeben, allerdings erst nach seiner Verhaftung. Wie andere Zeugen aussagten, hatte er aber die Grenze im Auftrag der Abteilung Aufklärung unter dem Decknamen Lakerbaja überschritten. Bei der Verhaftung hat er wohl um sein Leben gebangt und sowohl seinen richtigen Namen als auch seinen Auftrag und die Treffs preisgegeben.

S. Berischwili machte dazu folgende Aussage: „Als mein Onkel Noi Ramischwili, ehemaliger Minister des Inneren unter den Menschewiki, und ich 1928 oder 1929 im ‚Kommunist' von Tbilissi (wir hatten diese Zeitung abonniert) von der Ernennung Berijas für einen bestimmten Posten lasen, erinnerte sich Ramischwili in meinem Beisein an die Verhaftung Berijas durch die menschewistische Regierung im Jahre 1920. Nach seinen Worten wurde Berija von Meki Kedija, dem Leiter der ‚Sonderabteilung', verhaftet, als er aus Baku im Auftrag der Bolschewiki nach Georgien kam. Ramischwili sagte mir, Berija habe nach seiner Verhaftung alles über seine Aufgabe und seine Verbindungen ausgesagt. Ich wunderte mich, doch Ramischwili wollte, daß ich mir das alles merke, bis ihn Meki Kedija (er ist der Vater des Faschisten Michail Kedija) das nächste Mal besucht. Dieser kam häufig zu uns. Ich lebte mit meinem Onkel bis zu seinem Tod im Jahre 1930 zusammen.

Ich fragte damals Meki Kedija nach der Verhaftung Berijas 1920 und dessen Verhalten während des Verhörs. Kedija gab zum besten, daß Berija geheult und alles über seine Verbindungen und Aufgaben ausgeplaudert habe. Danach wurde er freigelassen. Kedija nannte auch den Namen des Untersuchungsführers, der Berija verhört hatte. Aber ich erinnere mich nicht mehr genau daran. Ich glaube, er hat von Tschiabrischwili gesprochen."

Schwere Beschuldigungen gegen Lawrenti Berija enthielten noch die Aussagen seines Cousins Gerassim, der angeblich in den zwanziger Jahren eine konspirative Wohnung unterhielt. Bei ihm wohnte der Bevollmächtigte der Abteilung Aufklärung der 11. Armee nach seiner Ankunft in Tbilissi. Gerassim Berija gab an, daß ihn das Schicksal seines plötzlich verschwundenen Cousins sehr beunruhigte und er ihn im Gefängnis unter seinem richtigen Namen, nicht aber unter dem Decknamen Lakerbaja, gesucht hatte. Damit hatte er sich selbst und die Treffwohnung gefährdet, in der bald darauf Mitarbeiter der „Sonderabteilung" eine Haussuchung vornahmen. Den Menschewiki fielen dabei der sorgfältig versteckte Plan eines Waffenlagers und eine größere Geldsumme in die Hände.

Überhaupt war einiges an diesem Cousin ungereimt. Gerassim Berijas Tätigkeit in der Abteilung Aufklärung der 11. Armee ist ebenso mysteriös wie der Militärdienst Lawrenti Berijas. Berija jedenfalls hat bei seinem Verhör am 24. Juli 1953 auch nicht zur Klärung des Sachverhalts beigetragen. An diesem Tag wurde ihm seine Personalakte vorgelegt, die über ihn während seiner Tätigkeit als geheimer Mitarbeiter der Abteilung Aufklärung der 11. Armee vom 24. August bis 28. Dezember 1920 geführt wurde. Neben persönlichen Angaben und Korrespondenz befand sich in dieser Akte auch die Kennkarte von Gerassim Dimitrijewitsch Berija, Mitarbeiter der Abteilung Aufklärung beim Revolutionären Kriegsrat der 11. Armee, die von Lawrenti Pawlowitsch Berija ausgestellt und unterzeichnet worden war. Das ergab jedenfalls eine kriminaltechnische Expertise des Unionsforschungsinstituts für Kriminalistik vom 18. Juli 1953. Berija gab zwar die Fälschung zu, doch eine vernünftige Begründung dafür konnte er nicht geben. Auf die Frage, warum er die Kennkarte seines Cousins ausgefüllt und unterschrieben habe, antwortete er:

„Ich kann mich nicht mehr genau erinnern, kann es auch nicht erklären. Gerassim Dimitrijewitsch Berija ist mein Cousin. Er hat mir 1920 als Mitarbeiter der Abteilung Aufklärung der 11. Armee geholfen. Warum ich für ihn die Kennkarte ausgefüllt habe, weiß ich nicht mehr. Er ist Ingenieur und arbeitet gegenwärtig irgendwo in Georgien. Vor 1920 wußte ich zwar, daß ich einen Cousin namens Gerassim Berija habe, doch ich hatte ihn nicht persönlich kennengelernt. Ich hatte von ihm nur Gutes gehört, weiß aber nicht mehr von wem. Wir sahen uns zum erstenmal 1920 in Tbilissi. Ich glaube, es war im Mai. Er half mir bei der Beschaffung von Informationen. Ich wohnte manchmal bei ihm, da er damals in Tbilissi studierte.

Wie ich mich erinnere, wurde dieser Cousin Nikolai – Kolja – genannt. Warum ich in dem von mir ausgefüllten Fragebogen den Namen Gerassim eingesetzt habe, kann ich nicht erklären . . . "

In dieser Antwort ist eine gewisse Unsicherheit zu verspüren. Noch eine Woche zuvor hatte der erfahrene Intrigant und politische Spieler ganz anders geredet, als er über seine damaligen Verhaftungen befragt wurde:

„Zum erstenmal wurde ich im Frühjahr oder Sommer in Tbilissi verhaftet, wo ich mich im Auftrag der Abteilung Aufklärung der 11. Armee aufhielt. Man verhaftete mich im Gebäude des ZK der Bolschewiki, wohin mich Nasaretjan, ein Mitglied des ZK, gebeten hatte. Eine Sonderabteilung der Menschewiki hatte schon vor meiner Ankunft das ZK-Gebäude umzingelt. Betreten konnte man das Gebäude, aber verlassen durfte man es nicht wieder. Wir alle wurden im Gebäude etwa 24 Stunden festgehalten, danach ließ man uns wieder frei . . . "

Hiermit baut L. P. Berija die Version weiter aus, die in seinen Lebensläufen und offiziellen Biographien gegeben wurde. In der von Ljudwigow geschriebenen und von Berija redigierten Biographie heißt es, daß Berija bald nach der Errichtung der Sowjetmacht in Aserbaidshan zur illegalen revolutionären Tätigkeit nach Georgien geschickt wurde. Dort nahm er Verbindung zu illegalen bolschewistischen Organisationen auf und beteiligte sich aktiv an der Vorbereitung des bewaffneten Aufstands gegen die menschewistische Regierung.

Diese ehrgeizige Behauptung wurde von dem bereits erwähnten Netschajew, dem ehemaligen Bezirksresidenten der Abteilung Aufklärung der Kaukasischen Front, widerlegt.

„Ich möchte noch einmal sagen", so Netschajew, „daß die

Organe der Verwaltung Aufklärung zu besagter Zeit ihren Mitarbeitern keinesfalls empfohlen haben, Verbindung zu illegalen Parteiorganisationen aufzunehmen. Jedenfalls hätte man untergeordneten Mitarbeitern wie L. P. Berija von der Abteilung Aufklärung der 11. Armee niemals einen solchen Auftrag erteilt. Soviel ich weiß, war nur ich allein als Resident (des Bezirks) der Abteilung Aufklärung der Kaukasischen Front beauftragt, Verbindung zum Transkaukasischen Regionskomitee zu halten.

Bei meinen damaligen Treffen mit M. Zchakaja, Nasaretjan und Tumanjan sagte keiner von ihnen, daß er noch mit anderen Mitarbeitern der Abteilung Aufklärung Verbindung unterhält, obwohl sie wußten, daß ich der Vertreter der Front war."

Als Berija mit diesen Aussagen konfrontiert wurde, versuchte er sich wie üblich herauszureden und behauptete, er habe niemals erklärt, daß er von der Abteilung Aufklärung der Armee den Auftrag zur Kontaktaufnahme zu illegalen Parteiorganisationen erhalten habe. Doch schließlich mußte er eingestehen, daß er sich die Rolle des „Residenten", „Sonderbeauftragten" und aktiven Organisators bei der Vorbereitung des Aufstands angemaßt hat. Von seiner ganzen revolutionären Prahlerei blieb lediglich übrig, daß er angeblich einen persönlichen Auftrag A. I. Mikojans erfüllt hatte, „dem illegalen ZK, genauer gesagt Nasaretjan, ein Päckchen zu übergeben".

Zu seiner zweiten Verhaftung im Jahre 1920 und seinem Verhalten im Gefängnis machte Berija laut den Vernehmungsprotokollen vom 16. und 21. Dezember 1953 folgende Aussagen:

„Einige Zeit später, ich meine nach meiner Freilassung aus der ersten Haft, fuhr ich als diplomatischer Kurier der RSFSR von Tbilissi nach Aserbaidshan. Als ich im Auftrag der Abteilung Aufklärung auf dem Rückweg nach Georgien war, wurde ich von den Grenztruppen der menschewistischen Regierung verhaftet und nach Tbilissi gebracht. Ich protestierte gegen meine Verhaftung und verwies auf meinen Status als diplomatischer Kurier, wurde aber dennoch nach einigen Tagen ins Gefängnis von Kutaissi überführt. Auf meinen Protest hin erschienen die Vertreter der Botschaft der RSFSR, Andrejew und Beloussow, denen ich alle Dokumente und alles Geld, das ich bei mir hatte, aushändigte. Sie erklärten mir, daß die Botschaft der RSFSR beim Ministerium des Innern der georgischen menschewistischen Regierung gegen meine Verhaftung Protest eingelegt hat."

Was den Hungerstreik betrifft, so leugnete Berija zunächst, daß er die Parteidisziplin verletzt und sich feige benommen hatte. Doch angesichts unwiderlegbarer Beweise sah er sich dann doch zu einem Eingeständnis gezwungen:

„Es stimmt, den Hungerstreik habe nicht ich organisiert, die Anregung dazu kam aus Tbilissi . . . Ich habe mich an der Aktion beteiligt, doch vor Beendigung des Hungerstreiks wurde ich in das Gefängnishospital verlegt . . ."

1920 wurde Berija ein zweites Mal verhaftet, doch nun schon von Mitarbeitern der Tscheka Aserbaidshans. Das hat er sorgsam sowohl in den persönlichen Fragebogen als auch in den Unterlagen der Partei und in den Lebensläufen verschwiegen. Doch dafür gibt es noch Zeugen. N. F. Safronow, Leiter der Gefängnisaufsicht der Staatsanwaltschaft der Aserbaidshanischen SSR in den 50er Jahren, machte dazu am 17. August 1953 eine Aussage.

In den zwanziger Jahren war Safronow bereits mehr als acht Jahre Mitarbeiter der Tscheka Georgiens. Deshalb kannte er Berija gut. Dieser hatte ihn im Juni 1929 für längere Zeit als Leiter der Abteilung Erfassung und Statistik der GPU Aserbaidshans abkommandiert. Als er seine Arbeit antrat, fand Safronow das Archiv in einem chaotischen Zustand vor. Alle Akten mußten neu erfaßt und mit den Registrierkarten verglichen werden. Eines Tages, als Safronow das Archiv betrat, hörte er seine Mitarbeiter lachen. Als er nach dem Grund für ihre Heiterkeit fragte, zeigten sie ihm eine Akte, oder vielmehr die Reste einer Akte, mit der Aufschrift „Anschuldigungen gegen Berija, Lawrenti Pawlowitsch". Das brachte Safronow in Verlegenheit, denn Berija war ja 1. Sekretär des ZK der KP(B) Georgiens. Er vergewisserte sich, daß das alles „seine Richtigkeit hatte", nahm die dünne Mappe und die Karteikarte des alphabetischen Namensregisters mit in sein Arbeitszimmer und machte sich mit dem Inhalt vertraut. Die Mappe enthielt zwei Dokumente – einen von Berija bei seiner Verhaftung ausgefüllten Fragebogen (Safronow kannte die Unterschrift Berijas genau) und ein von

Wano Sturuja, einem namhaften Bolschewiken Transkaukasiens, unterzeichnetes Schreiben auf einem Vordruck des ZK derKP(B) Aserbaidshans. An den Inhalt des Schreibens erinnerte sich Safronow nicht mehr. Er wußte aber noch, daß es an den Vorsitzenden der Tscheka Aserbaidshans gerichtet und darin von der angeblich gesetzwidrigen Verhaftung L. P. Berijas die Rede war, der damals sowohl Parteiorganisationen als auch einzelnen Parteimitgliedern geholfen habe.

„In der Mappe waren keine weiteren Dokumente", sagte Safronow aus. „Aus der Akte war nicht ersichtlich, wie Berija wieder freigekommen ist. Sie enthielt keinerlei Angaben über die Haftdauer und die Umstände seiner Entlassung."

Nachdem Safronow die übergeordnete Dienststelle über diese Dokumente informiert hatte, wurde er zu Frinowski gerufen, der damals die GPU Aserbaidshans leitete und zuvor Kommandeur der Sonderdivision „Stalin" gewesen war, die an der Unterdrückung der Aufstände in einigen Gegenden Aserbaidshans teilgenommen hatte. Frinowski las die Akte, lachte sarkastisch und bemerkte ironisch, er werde diese Mappe Berija für das Revolutionsmuseum überreichen.

Safronow hatte diese Akte nie wieder zu Gesicht bekommen, und er hat Frinowski auch nicht danach gefragt. Dieser wurde bald darauf nach Moskau versetzt und zum Leiter der Hauptverwaltung der Grenztruppen und der Truppen des Inneren der OGPU der UdSSR sowie stellvertretenden Vorsitzenden der OGPU ernannt. Als Berija 1938 Volkskommissar des Inneren des Landes wurde, übernahm Frinowski das Amt des Volkskommissars der Seekriegsflotte. Einige Zeit später wurde er verhaftet.

Im Januar 1950 kam es zu einer Begegnung zwischen Safronow und Berija. Safronow sagte in Erinnerung an dieses Treffen im Jahre 1953 aus:

„Ich fragte Berija, ob ihm damals Frinowski 1931 die im Archiv gefundene Akte über seine Verhaftung im Jahre 1920 gegeben habe. Berija war unangenehm berührt und antwortete konsterniert, daß er sie nie erhalten hätte. Übrigens habe es sich nicht um eine Verhaftung gehandelt, denn er sei nach wenigen Stunden wieder auf freien Fuß gesetzt worden. Dann wollte er von mir wissen, ob in Aserbaidshan noch weitere Unterlagen dazu vorhanden seien. Ich erwiderte ihm, daß sein Name in der Registratur bestimmt noch erfaßt war. Wie ich von Berija erfuhr, war über diesen Vorfall nur ein kleiner Kreis führender Parteifunktionäre informiert."

Berija erläuterte das Vorkommnis wie folgt:

„Mitte 1920 wurde ich in meiner Wohnung von Mitarbeitern der Tscheka Asebaidshans festgenommen. Nach der Haussuchung brachte man mich in der Nacht in das Gebäude der Tscheka. Am nächsten Tag zwischen 11 und 12 Uhr wurde ich in das Arbeitszimmer des Vorsitzenden der Tscheka Aserbaidshans, Baba Alijew, geführt. Außer ihm war noch sein Stellvertreter Kawtaradse im Zimmer. Baba Alijew sprach von einem Mißverständnis und erklärte mir, ich sei wieder frei und man werde mich nach Hause fahren. Ich verzichtete auf den Wagen und ging zu Fuß. Die während der Haussuchung beschlagnahmten Papiere erhielt ich zurück. Ich wurde nicht verhört und niemand nannte mir die Gründe, warum man mich festgehalten hatte."

Auf die Frage, ob sich jemand für seine Freilassung eingesetzt hatte, erklärte Berija: „Wie ich später erfuhr, hat sich Georgi Sturus für mich verwendet. Er war damals Sekretär des ZK Aserbaidshans und kannte mich seit 1918 aus Baku und Tbilissi."

Es ist anzunehmen, daß Berija nach diesen kurzfristigen Festnahmen in den zwanziger Jahren zu dem Schluß kam, daß es viel ungefährlicher und perspektivreicher war, selbst zu verhaften und zu verhören. So wie er in der Jugend, als er sich noch als Postbote seinen Lebensunterhalt verdiente, wahrscheinlich erkannt hatte, daß es bedeutend lukrativer und ehrenvoller war, kraft eines hohen Amtes Telegramme zu verfassen und zu verschicken, als sie zuzustellen. Das wird zwar in seinem Lebenslauf nicht erwähnt, kommt aber in den Erinnerungen von Augenzeugen, die Berija gut kannten, zum Ausdruck.

In den Ermittlungsunterlagen befindet sich auch das Vernehmungsprotokoll seines als Zeugen verhörten Komplizen S. G. Tewsadse, der viele Jahre operativ in den Organen des NKWD und MWD gearbeitet hat:

„1933 mußte ich als operativer Bevollmächtigter der Verkehrsabteilung der OGPU für Transkaukasien im Fall des ehemaligen Leiters der Abteilung Wirtschaftskriminalität im Verkehrswesen in Baku, Alexander Wladimirowitsch Silbermann, und anderer Mitarbeiter ermitteln, denen Amtsmißbrauch und Veruntreuung sozialistischen Eigentums vorgeworfen wurden ... Wie ich mich noch gut erinnere, sagte mir damals Silbermann, daß er Berija gut kenne. Sie hätten beide in Baku in der früheren Birshewaja Uliza gewohnt und seien befreundet gewesen. Berijas Mutter Marta hätte für die Leute genäht ... Wie Silbermann sagte, sei Lawrenti Berija, der heute ein wichtiger Mann und Sekretär des ZK ist, sehr arm gewesen und habe deshalb sogar in Baku als Postbote gearbeitet. Als Berija diese Arbeit als Postbote aufnahm, ging es ihm finanziell besser und seine Mutter brauchte nicht mehr für andere zu nähen."

Es ist nicht auszuschließen, daß diese wie auch andere Aussagen von Neid diktiert waren. Doch vielleicht sprach daraus auch echte Empörung. Wenn man den Aussagen des Zeugen Dozenko Glauben schenken kann, so hat im Jahre 1937 Jerschow-Lurje, der Berater der NKWD-Chefs von Rostow und später auch Jaroslawl, im Beisein des Kaderleiters des NKWD der UdSSR, Balajan, und des Beraters des Leiters der Sonderabteilung des NKWD, Agas, voller Empörung geäußert:

„Was Berija doch für ein Glück hat. Er fällt ständig nach oben. Ich kenne ihn noch aus Transkaukasien. Er ist ein richtiger Intrigant und Karrierist ..."

So wurde aus dem jungen Postboten aus der Birshewaja Uliza ein politischer Hasardeur. Doch das wirklich grausame und rücksichtslose Spiel mit hohem Einsatz sollte erst noch kommen.

4. Philanthropen

Wenn man die Berija-Zeit nicht nur als System des organisierten Verbrechens und gewissen Prototyp einer sowjetischen Mafia-Ära, sondern als soziale und politische Erscheinung sieht, dann muß man allerdings einräumen, daß damals im Prinzip die Mehrheit von einem gewissen Berija-Virus, d. h. gesteigertem

Geltungsbedürfnis, befallen war. Man kann sogar sagen, daß ein maßvolles, den Möglichkeiten und Umständen angepaßtes Streben (beim Lernen, im Sport, in der Kunst, im Arbeitsleben und in der Politik der erste zu sein) die Triebkraft nicht nur für das Individuum, sondern auch für den Fortschritt der Gesellschaft insgesamt war. Wenn aber der natürliche und legitime Drang nach neuen Erfolgen und Ergebnissen zu einer unmäßigen und der Charakter des Individuums zerstörenden Sucht nach Ruhm und Macht wird, dann geraten karrieristische und Führerambitionen in krassen Widerspruch zu den gesellschaftlichen Interessen. Sie rufen dann nicht nur Schaden hervor, sondern stellen sogar eine Gefahr dar.

Hierin bestehen die Grundübel der Berija-Ära – das Streben nach Ämtern und Macht, die Ausübung von Willkür und die Akkumulation von politischem und materiellem Kapital wurden über alles gestellt. Dieser Kult hatte nichts mehr mit Sozialismus, mit dem sowjetischen Gesellschaftsmodell, den Zielen der Kommunistischen Partei und den Interessen des Volkes zu tun. In diesem Stadium war es schwierig und gefährlich, gegen solche Erscheinungen, genauer gesagt, gegen ihre Repräsentanten, zu kämpfen. Das Abgleiten in eine solche Ära muß früh bereits erkannt und verhindert werden, bevor die „Viren" überhandnehmen.

Lawrenti Berija ist ein typisches Beispiel dafür. Viele einflußreiche, von Partei und Volk wirklich geachtete Menschen haben doch mit angesehen, wie er sich in den Partei- und Staatsapparat eingeschlichen hat, wie er die Rolle eines angesehenen Politikers und bedeutenden Militärstrategen spielte. Doch entgegen dem gesunden Menschenverstand fanden sich viele, die sich für Berija einsetzten. Sie sahen über die „Jugendsünden" des aufstrebenden Karrieristen hinweg, wollten nicht zur Kenntnis nehmen, was man über die Schandtaten ihres Schützlings erzählte und taten als belanglos ab, worauf Menschen, die Berija näher kannten, warnend verwiesen haben.

Anfang der zwanziger Jahre, d. h. bereits zu Beginn des kometenhaften Aufstiegs dieses Verbrechers, gab es mehr als genug Hinweise und Berichte, die von der politischen Unzuverlässigkeit Berijas und seinem moralischen Verfall als Persön-

lichkeit (wir möchten wiederholen, daß der Begriff „Persönlichkeit" für ihn nicht angebracht ist) zeugten und eigentlich
ausreichten, um seine verhängnisvolle Karriere zu stoppen.
Teils offen, teils hinter vorgehaltener Hand wurde beispielsweise erzählt, daß Berija im Jahre 1918 als Zugführer einer
Wacheinheit für den Schutz der Kommissare in Baku verantwortlich war. Als es jedoch zum Kampf kam, vermochte er sich
zu retten und der Verhaftung zu entgehen, während jene, die er
eigentlich im Auftrag der Sowjetmacht schützen sollte, verhaftet und erschossen wurden. Von diesem Vorfall wußte auch
Choren Iwanowitsch Grigorjan, der in den dreißiger Jahren im
NKWD der Aserbaidshanischen SSR diente und im Jahre 1918
Schreiber in der Wacheinheit für den Schutz der Kommissare
von Baku war, die damals angeblich unter dem Kommando von
Berija stand.
In der Unterlagen der Beweisaufnahme befindet sich die
Aussage des ehemaligen Tschekisten Georgi Sergejewitsch Dozenko, der vierzehn Jahre in Berijas Lagern zubringen mußte.
1933 hatte er auf dem Weg von Sotschi nach Moskau, wo er als
Sekretär des stellvertretenden Vorsitzenden der OGPU, J. S. Ar-
gonow, tätig war, in Rostow alte Kampfgefährten aus der Zeit
des Bürgerkriegs im Kubangebiet besucht. Wie bei derartigen
Gelegenheiten üblich, kam man auf die alten Zeiten zu sprechen. Der Hauptmann der Staatssicherheit Balanjuk erwähnte in
diesem Zusammenhang unvermittelt: „Du, bei uns liegt übrigens umfangreiches Material über Sachen, die sich Berija geleistet hat . . ."
Die Einzelheiten, die Balanjuk dann zum besten gab, brachten eine ziemlich schmutzige Geschichte zutage. Als Berija die
Politische Sonderabteilung (SPO) der Tscheka Aserbaidshans
leitete, hatte er (im April 1921) zwei Kommunisten gezwungen,
schriftlich zu bezeugen, daß er – Berija – 1919 mit ihnen in der
illegalen bolschewistischen Organisation Bakus gearbeitet habe.
Nachdem die beiden Freunde den Drohungen nachgegeben
und die verlangten Erklärungen unterschrieben hatten, verließen sie Baku auf dem schnellsten Weg, da sie den gemeinen und
rachsüchtigen Charakter ihres „Kampfgefährten" kannten. In
Rostow verspürten sie dann wegen ihrer falschen Angaben Ge-

wissensbisse. Aus Angst vor einer weiteren Verfolgung durch Berija beschlossen sie, den örtlichen Organen des NKWD den Vorfall darzulegen. Offensichtlich machten sie dort auch noch andere Angaben, auf die Balanjuk allerdings nicht näher einging.

Von diesen Unterlagen in der SPO der Gebietsverwaltung Rostow des NKWD wußten auch Jewdokimow, der bevollmächtigte Vertreter der OGPU in Nordkaukasien; Shupachin, der Leiter der SPO der Gebietsverwaltung Rostow des NKWD; sein Stellvertreter Gatow und Jerschow-Lurje, Berater des Chefs der Gebietsverwaltung des NKWD. Wie Balanjuk sagte, hatte Jewdokimow persönlich Jagoda und Stalin über diese Unterlagen Bericht erstattet. Doch Berija ließ man ungeschoren. Im Gegenteil, er stieg sogar noch auf und wurde bald, wie es in seinem Lebenslauf heißt, „Leiter der Operativen Sonderabteilung und stellvertretender Vorsitzender der Tscheka Aserbaidshans".

Besagter Dozenko erinnerte sich an eine lange zurückliegende Begegnung mit Berija, über die er am 29. Juli 1953 aussagte:

„... Im Februar 1922 traf ich mit einer Gruppe Tschekisten, der Dmitri Schlenow, Vorsitzender der Tscheka des Kuban-Schwarzmeergebiets, Jan Pudnis, Leiter einer Operativen Sonderabteilung, Stanislaw Sakrshewski, Mitarbeiter einer Sonderabteilung, und ich als Leiter einer Sonderabteilung zur Bekämpfung antisowjetischer Parteien angehörten, in Tbilissi ein. Wir sollten in der neuen Vertretung der Unions-Tscheka in Transkaukasien arbeiten, in der ich zum Leiter der Abteilung zur Bekämpfung der georgischen Menschewiki und nationalen Föderalisten ernannt wurde.

Es war im Sommer 1922, als ich mit anderen Tschekisten in der Mittagspause das Gebäude der neugegründeten Tscheka Transkaukasiens verließ. Ich wohnte damals in Uliza Kipianowskaja 25 am Fuße des Dawydowbergs. Ein offener Wagen hielt vor der Auffahrt, aus dem ein junger, schlanker Mann mit Kneifer in einer neuen Offiziersuniform heraussprang und uns fragte, ob Pankratow noch da sei. Wir bestätigten dies. Pankratow war damals Leiter der Operativen Sonderabteilung der

Transkaukasischen Tscheka und Stellvertreter von Mogilewski, des damaligen Vorsitzenden der Tscheka.

Auf meine Frage an Sakrshewski und Pudnis, wer dieser Offizier sei, antworteten sie mir, daß es sich um Berija, den Chef der SPO der Tscheka Aserbaidshans, einen Georgier mit den Allüren eines Napoleon, handelte. Später sah ich Berija mehrfach in Tbilissi und Moskau, doch ich habe nie mit ihm gesprochen und ihn nicht näher kennengelernt.

Ich möchte noch hinzufügen, daß Mogilewski, der Vorsitzende der Transkaukasischen Tscheka, bereits 1922, als wir für die Übersetzung der umfangreichen illegalen menschewistischen Literatur einen Georgier in der Transkaukasischen Tscheka brauchten, mir zunächst vorschlug, Berija dafür einzusetzen. Ich antwortete ihm darauf, daß ich Berija nicht kenne und er kaum zu uns als Übersetzer kommen werde, weil er ja Leiter der SPO sei. Mogilewski hielt es dann für besser, Berija nicht zu nehmen, sondern vom ZK Georgiens einen Übersetzer mit kommunistischer Gesinnung anzufordern. Er sagte, daß über Berija üble Gerüchte im Umlauf seien, doch er ging nicht näher darauf ein . . .“

Iskander Rostamowitsch Stepanow, ein weiterer Zeuge, erinnerte sich an eine Äußerung Sergo Ordshonikidses. Sergo war als Sekretär des Transkaukasischen Regionskomitees der KPdSU(B) sehr empört darüber, daß Berija Dokumente vernichtet hatte, die die menschewistische Regierung in Georgien entlarvten. Berija hatte, als die Menschewiki in Georgien an Einfluß verloren und sich diskreditiert hatten, sie aufgefordert, sie sollten Haltung bewahren und nicht vor der Agitation der Bolschewiki zurückweichen . . . In der Folgezeit wurde aber die von Ordshonikidse gegen Berija erhobene Anschuldigung, daß er ein Doppelspiel getrieben hätte, unterdrückt. Im Jahre 1937 stand sie allerdings erneut zur Debatte. Dazu sagte I. R. Stepanow am 4. August 1953 aus:

„Aus Gesprächen mit vielen Menschen, deren Namen ich vergessen habe, erfuhr ich, daß Berija auf Befehl Jeschows verhaftet werden sollte. Doch zu dieser Verhaftung kam es nicht. Angeblich hatte Berija Genossen Stalin angerufen und um eine Unterstützung gebeten, die ihm auch gewährt wurde . . . Mit welchen Unterlagen Berija nach Moskau zu Stalin gereist ist, weiß ich nicht, doch bald nach diesem Besuch Berijas in Moskau wurde Jeschow als Volkskommissar abgelöst und Berija für diesen Posten ernannt."

Wie aus den Ermittlungs- und Prozeßunterlagen hervorgeht, hat Berija bereits in den zwanziger Jahren mit gefährlichen Zeugen und Rivalen abgerechnet. Einige dieser Aussagen sind nicht ganz überzeugend und nicht durch Fakten belegt, aber logisch und glaubwürdig. Der Zeuge Solomon Iljitsch Nowikow beispielsweise erinnerte in seiner Aussage vom 5. August 1953 an die tragischen Ereignisse im Sommer 1925 in Georgien. Damals waren unter rätselhaften Umständen drei namhafte Führer der Parteiorganisation und der Sowjetmacht Transkaukasiens ums Leben gekommen: Mjasnikow (Sekretär des Regierungskomitees der Partei), Mogilewski (Vorsitzender der Tscheka der Region) und Atarbekow (Mitglied der Regierung und des Präsidiums der Transkaukasischen Parteikontrollkommission, ein bekannter Tschekist). Das Flugzeug mit den drei Passagieren verunglückte beim Start von einem Flugplatz bei Tbilissi und brannte aus. Die Untersuchung durch Mitarbeiter der Tscheka unter Leitung Berijas blieb ergebnislos, obwohl die Öffentlichkeit fest davon überzeugt war, daß es sich um Sabotage handelte. Man ließ unmißverständlich durchblicken, daß hier Berija seine Hand im Spiel gehabt hatte. Alle drei Opfer kannten die „hervorragende" Rolle Berijas bei der Errichtung der Sowjetmacht im Kaukasus sowie verschiedene seiner üblen Machenschaften. Sie hätten daher jederzeit seine weitere Karriere stoppen oder sogar ganz und gar vereiteln können. Wir erwähnten bereits, daß Mogilewski schon 1922 unumwunden geäußert hatte, daß über Berija üble Gerüchte im Umlauf seien. Außerdem waren alle drei potentielle Rivalen beim Aufstieg Berijas zur Macht. Wie viele Fakten beweisen, waren solche Leute bei ihm nicht beliebt. Er haßte sie und stufte sie nicht als Rivalen, sondern als Feinde ein. Als solche behandelte er sie auch, wenn sich eine günstige Gelegenheit bot. Seinerzeit wurden Vermutungen über eine Mitschuld Berijas am Tod von Kamo, Michoels und Ives Farge geäußert. Dieser Verdacht wurde noch durch die Umstände ihres Todes verstärkt. Alle drei waren Verkehrsunfällen zum Opfer gefallen, die aber nicht aufgeklärt werden konnten. Außerdem wurde offenbar, daß Berija ein persönliches Interesse an den tragischen Vorfällen gehabt hatte. Das war auch der Fall bei dem geheimnisvollen Tod von Nestor Lakoba, des Vorsitzenden des Rats der Volkskommissare und des ZIK der Abchasischen ASSR.

Dazu sagte der Häftling P. A. Scharija am 15. August 1953 folgendes aus:

„Lakoba war als Vorsitzender des Rates der Volkskommissare Abchasiens nicht nur im eigenen Land, sondern in ganz Transkaukasien populär und bekannt. Dazu hatte meiner Meinung nach auch wesentlich beigetragen, daß er mit einem gewissen Partei- und Staatsführer eng befreundet war, der fast jedes Jahr in der Abchasischen ASSR Urlaub machte. Lakoba beherrschte damals souverän die Situation in Georgien und handelte entschlossen. Berija benahm sich Lakoba gegenüber in jener Zeit sehr ehrerbietig und unterstützte ihn. Jedoch heimlich intrigierte er gegen ihn, weil er in Lakoba einen Gegner sah, der ihm den Zugang zu besagtem Partei- und Staatsführer verwehrte."

Wie sehr sich Berija auch bemühte, mit Unterstützung seiner Komplizen Autorität zu erlangen, so populär wie Lakoba wurde er nicht. Das lag keineswegs daran, daß Nestor Apollonowitsch sechs Jahre älter war. Entscheidend war der Lebenslauf. Lakoba konnte auf ein ehrliches und kämpferisches Leben zurückblikken, da war nichts in Nebel gehüllt wie bei Berija. Er war 1912 der Partei der Bolschewiki beigetreten. Fünf Jahre später, als Lawrenti noch in der Birshewaja Uliza den Villenbesitzern Depeschen ins Haus brachte und sie um ihr Leben und ihre Position beneidete, entschied Nestor mit den anderen Delegierten des 1. Kaukasischen Regionskongresses der Sowjets Fragen der Umgestaltung des Lebens im ganzen Lande. Ein Jahr später wurde er einer der Führer des Aufstands gegen die menschewistische Regierung Georgiens und beteiligte sich aktiv an der illegalen Arbeit und am Partisanenkampf. Es steht natürlich außer Zweifel, daß Lakoba über Berijas Charakter informiert war, zumindest aus den Fragebögen im Archiv des ZK der KP(B) Georgiens waren ihm dessen Vergehen bekannt. Darin wurde ziemlich definitiv erklärt, daß sich Berija in Bewährungssituationen nicht der

Parteidisziplin untergeordnet und feige verhalten hatte, daß er zu Karrierismus und Bürokratismus sowie Linkssektierertum neigte, kein theoretisches und praktisches Wissen besaß und es nicht verstand, Mitarbeiter zu führen und anzuleiten; d. h. daß er für verantwortliche Funktionen nicht geeignet war.

Lakoba war Mitglied des Büros des ZK der KP(B) Georgiens und hätte zweifellos aufgrund dieser Beurteilungen und der zahlreichen negativen Berichte über den unehrenhaften und gewissenlosen Lebenswandel Berijas verhindern können, daß Berija Sekretär des ZK der KP(B) Georgiens und später Transkaukasiens wurde. Lakoba gehörte ja schließlich dem ZIK der Georgischen SSR, der Transkaukasischen SFSR und der UdSSR an. Doch aus philanthropischen oder gewissen persönlichen Erwägungen hat er Berijas Karrierismus nicht behindert, sondern eher noch gefördert.

Am 11. August 1953 gab Berijas Sohn Sergej Lawrentjewitsch während der Vernehmung zu Protokoll:

„Als Berija in Georgien arbeitete, hatte er ein gutes Verhältnis zu Nestor Lakoba, einem verantwortlichen Funktionär in Abchasien. Wenn Lakoba in Tbilissi war, besuchte er uns stets zu Hause. Und wenn Berija mit Familie sich in Suchumi aufhielt, wurden wir von Lakoba immer zu Gast geladen. Ich war damals zehn bis zwölf Jahre alt."

Dieses freundschaftliche Verhältnis bestätigte auch S. S. Goglidse, ein enger Vertrauter Berijas. Goglidse sagte aus, daß er Lakoba im September 1933 auf der Regierungsdatscha in Gagra kennengelernt hatte. Damals war Goglidse Chef der Grenztruppen Transkaukasiens. Lakoba war, wie bereits erwähnt, Vorsitzender des Rats der Volkskommissare Abchasiens. Bald danach wurde Goglidse zum Volkskommissar des Inneren Georgiens ernannt und kam nun häufiger mit Lakoba zusammen. Ihm war bekannt, daß Lakoba seinen Urlaub gemeinsam mit Berija im NKWD–Ferienheim „Schwalbennest" verbrachte. Goglidse sagte dazu aus:

„Ich weiß, daß sie sich oft trafen und Lakoba bei Berija ein und aus ging. Daraus kann geschlußfolgert werden, daß beide eine enge Freundschaft verband. Man hatte jedenfalls diesen Eindruck."

Sehr eigenartig war auch die „Freundschaft" zwischen L. P. Berija und S. I. Kawtaradse, der zu Berijas Karriere aus philanthropischen Erwägungen sogar noch mehr beigetragen hat als Lakoba. Lawrenti Berija revanchierte sich in der Regel für ihm gewährte Unterstützung und Hilfe, indem er den betreffenden Menschen große Unannehmlichkeiten bereitete oder sie sogar umbringen ließ. Es ist schon eigenartig, daß Sergej Iwanowitsch Kawtaradse sowohl das eine wie auch das andere erspart geblieben ist, obwohl auch er verhaftet wurde. Wie Augenzeugen berichteten, war es ausgerechnet Berija, der Sergej Iwanowitsch Kawtaradse das Leben rettete, nach der Haft seine völlige Rehabilitierung erwirkte und ihm den Weg zu hohen diplomatischen Posten (stellvertretender Außenminister, Botschafter im Iran und dann in Rumänien) ebnete. Berija versorgte ihn schließlich noch mit einer hohen personengebundenen Rente. Vielleicht hatte Lawrenti Pawlowitsch in der ihm eigenen hinterhältigen Weise die Verhaftung und Freilassung speziell inszeniert, um an eine bestimmte Episode zu erinnern und die möglichen Folgen aufzuzeigen, falls Kawtaradse über gewisse Dinge sprach?

Wir kommen deshalb noch einmal auf das Vernehmungsprotokoll Berijas vom 17. August 1953 zurück. Berija machte dort folgende Angaben über seine Verhaftung im Jahre 1920:

„Ich mußte bis elf oder zwölf Uhr im Gebäude der Tscheka warten. Dann wurde ich in das Arbeitszimmer Baba Alijews, des Vorsitzenden der Tscheka Aserbaidshans, gerufen. Außer ihm war noch sein Stellvertreter Kawtaradse im Zimmer."

Selbst wenn Sergej Iwanowitsch nicht mit diesem Kawtaradse identisch gewesen wäre, der bei der Verhaftung Berijas zugegen gewesen war und bisher so peinlichst vermieden hatte, darüber zu sprechen, hätte er trotzdem wegen möglicher Verwandtschaftsbeziehungen oder Namensgleichheit mit diesem gefährlichen Zeugen den Zorn und dann die „Gnade" Lawrenti Berijas zu spüren bekommen. So war nun einmal Berijas Charakter.

Übrigens enthalten auch die Aussagen des bereits erwähnten Goglidse vom 14. August 1953 eine ausführliche Schilderung des Racheakts Berijas gegen seinen philanthropischen älteren Genossen. Als man Goglidse fragte, welches Belastungsmaterial gegen Sergej Iwanowitsch Kawtaradse im NKWD Georgiens vorlag, sagte er:

„Es gab Unterlagen im NKWD Georgiens über Kawtaradse, die bewiesen, daß er ein Trotzkist war. Wir verhafteten ihn 1936 oder Anfang 1937. Er wohnte damals in Moskau und arbeitete, glaube ich, im Vereinigten Staatsverlag OGIS.

Während der Untersuchung leugnete Kawtaradse nicht, daß er Trotzkist, war, und er machte interessante Aussagen. Außerdem war bekannt, daß Sergej Kawtaradse von 1921 bis 1923 zu den Führern der Uklonisten (Abweichler) gehörte ... Während seiner Haft wurde er als Gefängnisspitzel eingesetzt. Kawtaradse wurde rehabilitiert und arbeitete dann im MID der UdSSR."

Jedenfalls hat es sich für Kawtaradse doch ausgezahlt, daß er Berija unterstützt (und geschwiegen) hatte.

Gegenüber Bagirow, einem anderen einflußreichen Philanthropen, bekundete Berija nicht nur Toleranz, sondern auch freundschaftliche und, den Fakten nach zu urteilen, sogar dankbare Gefühle. Offensichtlich schien ihm doch nicht alles Menschliche fremd zu sein.

Bagirow gehörte ebenfalls zu denen, die den Beginn der tschekistischen Karriere Berijas nicht nur miterlebten, sondern auch förderten. Im Prinzip hat er den enttarnten Armeeaufklärer und vorgeblichen Parteifunktionär, dessen Parteimitgliedschaft und illegale Tätigkeit nicht einwandfrei geklärt waren, in die von ihm geführte Tscheka Aserbaidshans eingeschleust (Bagirow war in den zwanziger Jahren ihr Vorsitzender). Unter seinen Fittichen wurde Berija, der schon mit den Pflichten des stellvertretenden Leiters der Operativen Sonderabteilung nicht zurecht kam, bald zu deren Chef und zum stellvertretenden Vorsitzenden der Tscheka Aserbaidshans. Diese Protektion währte fast zwei Jahre (von April 1921 bis Januar 1923). In dieser Zeit trugen solche Philanthropen, ganz besonders Bagirow, durch ihr Verhalten dazu bei, daß sich bei Berija die Führerambitionen verstärkten. Das wurde durch viele Fakten bestätigt, die während des Prozesses bekannt wurden, beispielsweise durch eine eigene Aussage Berijas, die er in einem Dokument aus dem Jahr 1922 gemacht hatte. Auf die Frage nach einem anstehenden Parteiverfahren antwortete er damals:

„Ein Parteimitglied hatte sich in einer Eingabe über mich beschwert, daß ich meine Dienstbefugnisse überschreite. Doch die Eingabe wurde dann zurückgezogen und im Archiv des ZK der KP Georgiens abgelegt."

Warum sie zurückgezogen wurde, läßt sich nur ahnen. Aber es gibt zuverlässige Informationen darüber, wie diese Eingabe aus dem Archiv der Aserbaidshanischen Republik in das „georgische Archiv" gelangt ist.

Wir haben hier „georgisches Archiv" in Anführungszeichen gesetzt, weil diese Bezeichnung nur sehr bedingt zutrifft. Außer der erwähnten Beschwerde über Berija lagerten nämlich noch viele andere Dokumente aus zwanzig Jahren statt dessen in den persönlichen Archiven von Merkulow oder Berija, in ihren Safes. Während des Verhörs am 16. Juli 1953 versuchte Berija, sich wie folgt herauszureden:

„Frage: Warum befanden sich die dem ZK der KP(B) Aserbaidshans gehörenden Archivdokumente in Ihrer persönlichen Verwahrung, und wer hat sie dem Archiv entnommen?

Antwort: Ich habe um die Entnahme gebeten, doch wer sie aus dem Archiv des ZK der KP(B) Aserbaidshans genommen hat, weiß ich nicht mehr. Es war nicht richtig, daß ich diese Dokumente bei mir aufbewahrte. Doch der Anlaß dafür war meine Befürchtung, daß die ehemaligen Führer des ZK der KP(B), die dann später als Feinde entlarvt wurden, sie hätten vernichten können. Sie hatten gegen mich als Sekretär des Transkaukasischen Regionskomitees eine Hetzjagd eingeleitet.

Frage: Hier ist der Umschlag einer Akte aus Ihrem Archiv, auf dem die ursprüngliche Aufschrift verändert wurde und nun folgendes vermerkt ist: Persönliches Archiv Nr. 2 des Genossen Berija (Akten zu Baku). Nur auf persönliche Weisung des Genossen Berija öffnen (Unterschrift unleserlich). Wer hat die Änderung vorgenommen und wessen Unterschrift ist dies?

Antwort: Das ist die Unterschrift von Merkulow, er hat auch die Änderung vorgenommen. Merkulow war damals stellvertretender Volkskommissar des Inneren. Ich hatte ihn gebeten, diese Dokumente zu sichten, weil ich volles Vertrauen zu ihm hatte. Außerdem hat er mir 1938 geholfen, als von mir eine Erklärung über meine Tätigkeit im Abwehrdienst verlangt wurde, die für das ZK der KPdSU(B) und Genossen Stalin bestimmt war."

Fünf Monate später (am 21. Dezember 1953), während der Gerichtsverhandlung, brachte Merkulow etwas Licht in diese geheimnisvolle Geschichte. Er sagte aus, daß Berija ihn 1932 zu sich gerufen und ihm aufgetragen hatte, nach Baku zu fahren und in den Archiven nach Dokumenten zu suchen, die ihn – Berija – persönlich betrafen. Dieser befürchtete, sie könnten in die Hände von Feinden fallen oder vernichtet werden. Sie seien für ihn äußerst wichtig, da sie verschiedene gegen ihn erhobene unbegründete Beschuldigungen widerlegten.

Auf die Frage, warum die Dokumente auf diese unübliche Weise dem Archiv des ZK der KP(B) Aserbaidshans entnommen wurden, antwortete Merkulow, daß er nichts Ungewöhnliches daran gefunden hätte:

„Berija war damals Sekretär des Trankskaukasischen Regionskomitees und ich sein Berater. Im ZK der KP(B) Aserbaidshans arbeitete damals Bagirow, der mich kannte. Ich bat ihn, mir bei der Suche nach den Dokumenten behilflich zu sein, was er auch tat. Offensichtlich hielt es Berija nicht für ratsam, die Suche nach den Dokumenten schriftlich anzuweisen, denn dies hätte die Aufmerksamkeit seiner Feinde erwecken können."

Im Laufe der Zeit wurde Bagirow, der Berija bisher protegiert und beschützt hatte, zu seinem zuverlässigen Komplizen. N. F. Safronow berichtete, daß zwischen Georgien und Aserbaidshan, d. h. zwischen den Zuständigkeitsbereichen Berijas und Bagirows (letzterer war zu besagter Zeit Vorsitzender des Volkskommissariats der Aserbaidshanischen SSR und später 1. Sekretär des ZK der KP(B) Aserbaidshans), von 1934 bis 1938 im großen Umfang Kader ausgetauscht wurden. Daran war vor allem Berija interessiert, weil er in ganz Transkaukasien seine Leute einsetzen wollte. Berijas Leute, die von Tbilissi nach Baku geschickt wurden, arbeiteten anfangs in Dienststellen der Tscheka und haben dann höhere Funktionen im Partei- und Staatsapparat übernommen. Dies alles geschah mit Wissen Bagirows. So übernahm Purnis den Posten des stellvertretenden Vorsitzenden der GPU der Republik und dann die Funktion des stellvertretenden Vorsitzenden des Rates der Volkskommissare der Aserbaidshanischen SSR. Gulbis hatte in der GPU dieselbe Funktion und wurde später Leiter von ASNEFT. Sumbatow-Topuridse war stellvertretender Vorsitzender und dann Vorsitzender der GPU und nach dem Krieg bis zu seiner Verhaftung stellvertretender Vorsitzender des Ministerrats der Aserbaidshanischen SSR. Übrigens war dieser „ungebildete Hohlkopf" (wie sich Safronow ausdrückte), der Berija zuliebe von Bagirow unterstützt wurde, zweimal (1937 und 1946) im Wahlkreis Nucha zum Deputierten des Obersten Sowjets der UdSSR gewählt worden. Obwohl Sumbatow-Topuridse in dieser Zeit keinerlei Beziehung zu Aserbaidshan hatte, wurde seine Kandidatur trotzdem unterstützt, weil „Bagirow ihn den Wählern als alten Bolschewik und bedeutenden Staatsfunktionär empfohlen hat."

Nach Aussagen von Augenzeugen, die Berija und Bagirow kannten, beruhte ihre Freundschaft auf übereinstimmenden Charakterzügen: Geringschätzung der Menschen, Brutalität, Rücksichtslosigkeit und Gewissenlosigkeit. Außerdem hat Bagirow Berija nicht uneigennützig unterstützt und „dreißig Jahre mit ihm aufs engste zusammengearbeitet". Dieses Zitat entnahmen wir den Aussagen des Zeugen G. S. Dozenko (29. Juli 1953), der aus dieser langen „Freundschaft" zu recht vermutete: „... Als ich in der Presse von der Wahl Bagirows in das ZK der Partei las, wurde mir klar, daß Berija ihn dafür vorgeschlagen hatte."

Zum Eigennutz kam offensichtlich noch die Furcht vor dem immer stärker werdenden Charakterzug Berijas hinzu, sich an Mitwissern zu rächen. Bagirow kannte sicher viele solche Beispiele. Man kann sich nur über diese abartige Neigung Berijas und ihre mystische Befriedigung wundern. In der Regel ließ Berija alle jene verfolgen und umbringen, die, obwohl sie etwas von ihm wußten, ihm trotzdem die Steigbügel bei seiner Karriere gehalten hatten: Sie gaben Berija ausgezeichnete Referenzen und Beurteilungen, obwohl ihnen gegenteilige Fakten bekannt waren, und sie haben in entscheidenden Situationen geschwiegen oder ihn formal gelobt, obwohl sie ihn zuvor verurteilten und kritisierten. Nun bestrafte der Verbrecher ihre damalige Nachsicht, indem er sich ihrer entledigte.

Die persönliche Akte L. P. Berijas enthält zwei Dokumente vom 22. Oktober bzw. 12. September 1923. Das erste lautet:

„Hiermit wird dem verantwortlichen Parteimitarbeiter Genossen L. P. Berija bestätigt, daß er über hervorragende Fähigkeiten verfügt, die er in verschiedenen Institutionen des Staatsapparats unter Beweis gestellt hat... In seiner Tätigkeit als Sachbearbeiter des ZK der Aserbaidshanischen Kommunistischen Partei, als außerordentlicher Bevollmächtigter des Leiters der Abteilung Aufklärung der Kaukasischen Front beim Revolutionären Militärrat der 11. Armee und verantwortlicher Sekretär der Außerordentlichen Kommission zur Enteignung der Bourgeoisie und zur Verbesserung der Lebensbedingungen der Arbeiter hat er mit der ihm eigenen Energie beharrlich alle Aufgaben der Partei erfüllt und dabei seine vielseitige Einsetzbarkeit hervorragend bewiesen. Er ist als einer der guten, wertvollen und unermüdlichen Mitarbeiter zu würdigen, die wir gegenwärtig so dringend für den Aufbau des Sowjetstaates brauchen.

Sekretär des ZK der Aserbaidshanischen KP
Achundow"

Das zweite Dokument besteht aus zwei Schriftstücken:

„Auszug aus dem Befehl der GPU Nr. 45, 1923

Für ihr energisches und kluges Handeln bei der Liquidierung der Transkaukasischen Parteiorganisation der Sozialrevolutionäre erhalten Genosse Berija, Leiter der Operativen Sonderabteilung des Gouvernementsbereichs Baku, und Genosse Ijossem, Leiter der Sonderabteilung, als Auszeichnung einen Browning mit Widmung als persönliche Waffe, was in ihren Dienstbüchern eingetragen wird.

Stellvertretender Vorsitzender der GPU
(Unschlicht)

Aserbaidshanische Sozialistische Republik
Aserbaidshanischer Rat der Volkskommissare

Der Aserbaidshanische Rat der Volkskommissare überreicht dem Genossen Lawrenti Pawlowitsch Berija, Leiter der Operativen Sonderabteilung der Tscheka Aserbaidshans, in Würdigung

418

seiner Pflichterfüllung gegenüber der proletarischen Revolution, für seine gute Leitungtätigkeit und sein hervorragendes Handeln bei der Liquidierung der Transkaukasischen Parteiorganisation der Sozialrevolutionäre als Auszeichnung eine goldene Uhr mit eingraviertem Monogramm.

Vorsitzender des Rats der Volkskommissare

G. Mussabekow"

Diese Schriftstücke verbindet nicht nur die schwülstige Ausdrucksweise, die möglicherweise der orientalischen Phraseologie und dem Geist der Zeit entspricht und auch sehr an den Stil von Berijas selbstverfaßtem Lebenslauf erinnert, sondern auch das Schicksal ihrer Unterzeichner. Alle drei starben 1938, in dem Jahr, als Berija Volkskommissar des Inneren der UdSSR wurde.

Wie die Unterlagen der Anklage zeigen (einige Beispiele haben wir bereits angeführt), hat er seine Rachegelüste auch schon erheblich früher befriedigen können. Dies war z. B. der Fall mit Mjasnikow, der in einer Beurteilung aus dem „Teufel" nahezu einen „Engel" machte, als er schrieb:

„Berija besitzt hohe Bildung und hat sich in Baku in der Funktion des stellvertretenden Vorsitzenden der Tscheka Aserbaidshans und stellvertretenden Leiters der Operativen Sondergruppe als fähiger Tschekist bewährt. Gegenwärtig ist er Leiter der Operativen Sonderabteilung der Tscheka Georgiens."

Ähnliches kann möglicherweise auch mit Kirow geschehen sein. Wir haben bereits über den „Schriftwechsel" zwischen Kirow und Berija im Mai 1922 und über die Direktive des ZK der KP Aserbaidshans unter Leitung von Kirow an die Organe der Tscheka und Berija persönlich im Juni des gleichen Jahres berichtet. Darin wurde streng darauf verwiesen, daß es unzulässig war, Parteifunktionäre zu bespitzeln und sich in die inneren Angelegenheiten der Parteiorganisationen einzumischen. Doch diese offensichtliche Verletzung der Rechts- und Parteinormen durch Berija und sein Amtsmißbrauch hinderten Kirow nicht daran, ihm folgende Beurteilung zu geben:

„Genosse Berija ist ein guter und energischer Tschekist, er hat sich in seiner Funktion bewährt."

Die Akte Berijas enthält eine auf den ersten Blick unbedeutende Aussage von Berijas Sohn (er war zur Zeit des Geschehens erst zehn Jahre alt), die aber dennoch ein wesentlicher Fakt ist. Beim Verhör am 10. August 1953 sagte Sergej Lawrentjewitsch Berija aus:

„Als Berija in Georgien tätig war, fuhr er häufig nach Moskau. Zweimal haben meine Mutter, Nina Teimurasowna, und ich ihn begleitet. Wir wohnten in der Troizkaja Uliza. Wie ich mich erinnere, hat uns beim ersten Aufenthalt meines Vaters in Moskau, ich glaube es war zum XVII. Parteitag, Jagoda besucht, der später als Volksfeind entlarvt wurde. Er schenkte mir damals ein Fahrrad."

Der XVII. Parteitag fand bekanntlich von Januar bis Februar 1934 statt. Worüber kann Jagoda, der Volkskommissar des Inneren, wohl mit dem 1. Sekretär des Transkaukasischen Regionskomitees der Partei, Berija, in so vertrauter Atmosphäre gesprochen haben? Vielleicht waren sie einfach Freunde? Doch der Zeuge Dozenko, der zu besagter Zeit im Sekretariat des stellvertretenden Volkskommissars des Inneren, Agranow, arbeitete, hatte niemals festgestellt, daß Berija und Jagoda miteinander verkehrten. Allerdings wußte er von Kontakten zwischen ihnen und kam daher zu dem Schluß, daß „möglicherweise eine Art konspirative Verbindung besteht" . . .

Besagter Dozenko erinnerte sich an einen weiteren interessanten Fakt. Immer wenn Berija, der damals Parteichef einer Republik war, nach Moskau kam, wurde ihm aus der Fahrbereitschaft des NKWD ein Wagen zur Verfügung gestellt. Warum eigentlich? Warum kümmerte sich Ostrowski, der Leiter der Wirtschaftsabteilung des Volkskommissariats und engster Vertrauter Jagodas, so penibel darum, daß der Wagen pünktlich am Bahnhof war? Woher wußte Ostrowski überhaupt von Berijas Ankunft? Dozenko stellte sich diese Fragen und dachte dabei auch daran, was ihm Genossen, die er noch aus der Arbeit im Kubangebiet während des Bürgerkriegs kannte, über Affären Berijas und belastendes Material über ihn, das sich in der NKWD-Gebietsverwaltung Rostow befand, berichtet hatten. Diese Kenntnisse und die eigenen Beobachtungen veranlaßten ihn schließlich, gegenüber Oberleutnant Michail Tscherenkow,

Adjutant des stellvertretenden Volkskommissars des Inneren, seiner Empörung über die Privilegien Berijas Luft zu machen: „Warum muß das NKWD für Berija einen Wagen zum Bahnhof schicken?"

Doch Tscherenkow, der seit 1918 im zentralen Apparat der Tscheka – OGPU – NKWD arbeitete, fand daran nichts Besonderes. „Was regst du dich denn auf? Das geht doch seit Jahren so. Berija wird immer vom Bahnhof mit einem Wagen abgeholt..."

Nach der Verhaftung Jagodas nahm Dozenko als Berater von Litwin, des Leiters der Politischen Sonderabteilung, an den Ermittlungen in Sachen Jagoda-Rykow teil. Als er einmal das Arbeitszimmer des Abteilungsleiters betrat, hörte er, wie Zeugen darüber sprachen, daß Jagoda über Berija Aussagen gemacht hatte. Was er geäußert hatte und ob die Aussage protokolliert wurde, wußte er nicht. Auf alle Fälle registrierte er diese Information in seinem „persönlichen Archiv". Er folgerte daraus, daß Jagoda zweifellos über viele Machenschaften seines unredlichen und gerissenen, aber in gewisser Weise doch brauchbaren Schützlings Kenntnis besaß und auch die Unterlagen kannte, die Berijas Lügen über seine frühere illegale und Parteiarbeit enthüllten. Um den Zugang zu diesen Dokumenten zu begrenzen, ließ sie Jagoda nicht im Archiv der Zentrale, sondern in der NKWD-Gebietsverwaltung Rostow aufbewahren. Damit holte er Berija nicht nur aus der Schußlinie, weil er ihn möglicherweise als ein willfähriges Werkzeug verwenden wollte, sondern präsentierte ihn auch seinem direkten Vorgesetzten Menshinski als ehrlichen, engagierten und vielversprechenden Tschekisten. Deshalb wurde Berija auch mit Ehren, Auszeichnungen und Ämtern „überschüttet". Das ließ sich übrigens leicht bewerkstelligen, da die Gesamtleitung der OGPU von 1931 bis 1934, also bis kurz vor dem Tod des schwerkranken Menshinski, in den Händen von Jagoda lag. Man kann sich auch nur schwer vorstellen, daß viele namhafte Tschekisten, die Berija nicht genehm waren oder ihn störten, ohne Jagodas Wissen und Billigung von ihren Leitungsposten abberufen werden konnten. Und ausgerechnet Berija übernahm dann die Posten derer, die ihn behindert hatten und deshalb ausgeschaltet wurden. Jede

Ablösung und Neuernennung wurde, wenn schon nicht von Jagoda persönlich verfügt, so doch von ihm sanktioniert.

Berijas Einstieg in die Parteiarbeit wurde ebenfalls von Jagoda für gut befunden, da er auch im Parteiapparat seine Leute haben wollte. Somit hatte Berija bereits Ende der zwanziger Jahre, als er die Tscheka Georgiens und Transkaukasiens leitete, sehr großen Einfluß und verfügte Anfang der dreißiger Jahre, als er in die Parteiarbeit überwechselte, über außerordentliche Machtbefugnisse. Wenn man diese Fakten und den rachsüchtigen Charakter Berijas berücksichtigt, dann drängt sich die Vermutung auf, daß er an der Ermordung Kirows, die ja in sein Konzept paßte, nicht unbeteiligt war.

Die Aussagen Dozenkos, der über Berija gut informiert war, werden durch ein unserer Meinung nach sehr wichtiges Dokument untermauert. Es spiegelt den verhängnisvollen Fehler falsch verstandener Philanthropie sowie die politische Kurzsichtigkeit und Verantwortungslosigkeit zuständiger Personen wider und gibt wertvolle Auskünfte über eine Zeit, die bereits Geschichte ist und lange voreingenommen und entstellt interpretiert wurde. Doch bevor wir dieses Dokument zitieren, müssen wir noch einmal kurz abschweifen.

In jüngster Zeit (wie schon so oft in der Vergangenheit) richteten Extremisten verschiedenster Orientierung in einigen unserer Republiken schwere Vorwürfe und Anschuldigungen gegen die russische Nation. So unterstellt man ihr verleumderisch, daß sie andere Nationalitäten und Völkerschaften chauvinistisch unterdrückt und ausgerottet habe. Doch der Strafprozeß gegen Berija und seine Komplizen belegt, daß sich die „Führer" und „Helden" der Unionsrepubliken und autonomen Territorien im Kampf um politische Macht und soziale Privilegien nach Kräften nationalistischer Losungen und Flaggen bedienten, um ihre dunklen partei- und volksfeindlichen Machenschaften zu verschleiern. Unter ihrem internen Machtkampf und ihren Mafiamethoden hatten alle sowjetischen Menschen zu leiden.

Berija und seinesgleichen ging es hingegen überhaupt nicht um nationale Identität und Kultur. Ihnen waren die Interessen aller Nationen, auch der eigenen, vollkommen gleichgültig. In ihrem Streben nach Führungspositionen, politischer Macht und materiellen Gütern waren sie sogar bereit, die eigene Mutter zu opfern. Wenn sie also von „Beeinträchtigung der nationalen Interessen ihres unglücklichen Volkes" sprachen, dann nur deshalb, um ihre verräterischen Pläne vor der Öffentlichkeit zu verbergen und die Aufmerksamkeit des Volkes von den eigenen offenkundigen Machenschaften auf angeblich „wichtigere und dringendere Probleme" zu lenken.

Zwischen den Zeilen und im Text des bereits angekündigten Dokuments, das von Menshinski unterschrieben, von Jagoda initiiert und gebilligt und sehr wahrscheinlich von Berija und seinen Helfern erarbeitet wurde, kommt deutlich das eigentliche Wesen der Berijazeit zum Ausdruck – die zielstrebige Durchsetzung von Führungsambitionen im Chaos des Bürgerkriegs und der nachfolgenden Ereignisse unter dem Deckmantel nationaler und internationalistischer Losungen. Dieses Dokument beschreibt auch beredt „markante" Episoden aus der dunklen Vergangenheit Berijas.

„Auszug aus Befehlen der Vereinigten Staatlichen Politischen Verwaltung (GPU) für das Jahr 1931 Nr. 154/93. 30. März 1931, Moskau.

Am 21. März begingen die Organe der GPU Georgiens den 10. Jahrestag ihrer Gründung und ihres heroischen Kampfes.

Die Organe der GPU Georgiens, die in einer komplizierten innenpolitischen Situation geschaffen wurden, als sich in der Republik starker Antisowjetismus, konterrevolutionäre Parteien sowie politisches und kriminelles Bandenunwesen breitmachten, erfüllten mit Unterstützung des Proletariats und der großen Masse der Bauernschaft unter Führung der Kommunistischen Partei, ihres Zentralkomitees und der OGPU ehrenvoll ihre Aufgaben im Kampf gegen die Konterrevolution.

Die Arbeit der GPU Georgiens war schwer. Viele ruhmreiche Kämpfer mußten ihr Leben lassen, doch es wurden große Leistungen vollbracht: Die Menschewistische Partei Georgiens, eine der stärksten und bestorganisierten antisowjetischen Parteien in der UdSSR, wurde zerschlagen. Dutzende Gruppierungen ihres ZK, viele hundert örtliche Komitees und mehrere tausend Parteiaktivisten wurden ausgeschaltet. All ihre technischen

Mittel in Form illegaler Druckereien usw. und Nachrichtenverbindungen wurden zerschlagen, so daß die 80 000 Mitglieder starke Partei der Menschewiki, die von den Interventen und vor allem durch die II. Internationale unterstützt wurde, nur noch eine klägliche Gruppe von Erzkonterrevolutionären darstellte, deren Pläne vor den werktätigen Massen enthüllt worden waren.

Zerschlagen und aufgelöst wurden auch die seinerzeit einflußreichen antisowjetischen bürgerlichen Parteien der Nationaldemokraten und der Sozialföderalisten.

Das Bandenunwesen, das von den Imperialisten unterstützt und von den antisowjetischen Parteien gefördert wurde und eine ernste Gefahr für die wirtschaftliche Entwicklung und das friedliche Leben der Republik Georgien darstellte, wurde zerschlagen.

Nochmals müssen besonders die von den Tschekisten im Kampf gegen Spionage, ökonomische Konterrevolution und andere gegnerische Tätigkeit erzielten großen Erfolge erwähnt werden. Nicht alle können hier genannt werden.

Wenn sich die Lage in der Republik zuspitzte und von den ausländischen Imperialisten aufgewiegelte antisowjetische Kräfte verzweifelt versuchten, die Macht zu ergreifen, waren die Organe der GPU Georgiens stets Herr der Lage. Sie sahen die Gefahr und handelten bei ihrer Abwehr politisch diszipliniert und beherrscht, indem sie das Häuflein Unverbesserlicher vernichteten und die Getäuschten und Irregeleiteten für die Sowjetmacht gewannen.

So war es während des menschewistischen Abenteuers im August 1924, beim bewaffneten Aufstand im Rayon Chulo der Adsharischen ASSR im Jahre 1929 und während der Massenaktionen gegen die Kollektivierung im Frühjahr 1930.

In den zehn Jahren ihres Bestehens haben die Organe der GPU Georgiens die Chronik der Tscheka – OGPU um eine ruhmreiche Seite bereichert, die von dem aufopferungsvollen und heroischen Kampf kündet, den die stählerne tschekistische Kohorte, die begeistert und standhaft dem Vermächtnis unseres Lehrers und Führers F. E. Dshershinski folgte, gegen die Feinde des Proletariats geführt hat.

Das Kollegium der OGPU stellt mit besonderer Freude fest, daß diese enorme, anstrengede Arbeit hauptsächlich *nationale Kader geleistet haben, die im Feuer des Kampfes unter ständiger Führung des Genossen Berija erzogen und gestählt wurden* (von uns hervorgehoben – d. A.), der sich in dieser äußerst komplizierten Situation mit außerordentlichem Einfühlungsvermögen immer zurechtfand und die Aufgaben politisch richtig löste. Er inspirierte durch sein persönliches Beispiel seine Mitarbeiter, vermittelte ihnen seine organisatorischen und operativen Fähigkeiten und erzog sie zu uneingeschränkter Ergebenheit gegenüber der Kommunistischen Partei und ihrem Zentralkomitee.

Hierin besteht die Grundlage aller Erfolge der Tscheka – GPU.

Das Kollegium der OGPU bringt mit seinen Glückwünschen für das gesamte kampfgestählte Kollektiv der Mitarbeiter der GPU Georgiens anläßlich ihres ruhmreichen 10. Jahrestages auch die Überzeugung zum Ausdruck, daß die Mitarbeiter der GPU Georgiens in Zukunft noch wachsamer und aufopferungsvoller erfolgreich gegen die Feinde des Proletariats, für den Aufbau des Sozialismus und den Sieg des Kommunismus kämpfen werden.

Vorsitzender der OGPU
W. Menshinski"

Die glorifizierende Beurteilung Berijas in diesem Dokument ebnete ihm den Weg in den Parteiapparat und zu hohen Funktionen in der Partei sowie in der Regierung Georgiens und Transkaukasiens.

Die Position Berijas kam auch nicht ins Wanken, als nach der Verhaftung von Jagoda Jeschow „oberster Tschekist" des Landes wurde. Obwohl einige Mitarbeiter des NKWD den „Sturz" Berijas voraussagten, besonders nachdem die Vorwürfe Jagodas gegen ihn bekannt geworden waren, blieb alles beim alten. Als Erklärung für diese Unantastbarkeit Lawrenti Berijas ließe sich anführen, daß entweder übertriebene Vorstellungen von Jeschows Säuberungsmaßnahmen bestanden haben oder aber Jeschow selbst davor zurückschreckte, Berija „zu berühren". Einige Erläuterungen hierzu hat Goglidse während des Verhörs am 7. August 1953 gegeben. Auf die Frage nach den Beziehungen zwischen Berija und Jeschow antwortete er:

„Meine Beobachtungen, besonders in der Zeit von 1933 bis 1935, ließen mich zu der Überzeugung kommen, daß zwischen Berija und Jeschow enge und gute Beziehungen bestanden. Ich erinnere mich, daß Jeschow 1933 seinen Urlaub in Georgien, im Erholungsheim „Abastuman" des NKWD Georgiens, verbrachte und Berija sich sehr um ihn bemühte. Er hatte dem NKWD die Weisung gegeben, Jeschow die größte Aufmerksamkeit zuteil werden zu lassen … Nach seiner Ernennung zum Volkskommissar des Inneren rief mich Jeschow wiederholt an und wies mich nachdrücklich darauf hin, den Personenschutz für Berija zu verstärken. Wie ich weiß, hat sich Berija, wenn er in Moskau war, jedesmal mit Jeschow getroffen."

Goglidse machte noch eine weitere bemerkswerte Aussage: „Mir war auch bekannt, daß Berija bereits das Vertrauen Stalins genoß und ihm schon damals schwere Vergehen nachgesehen wurden."

Vor allem Stalins Vertrauen war der wichtigste Trumpf in Berijas Machtkampf gegen seine Rivalen. Während er die ihm von kleinen, mittleren und bedeutenderen Gönnern gewährte zeitweilige Unterstützung nutzte, diese protegierte oder gegebenenfalls vernichtete, beschäftigte er sich beharrlich und rücksichtslos mit dem Ausbau seines Ansehens bei seinem wichtigsten Gönner – Stalin. Als dann, wie von Zeugen behauptet wurde, Jeschow schließlich einen Haftbefehl gegen Berija erwirkte, vermochte dieser mit Hilfe seines allmächtigen Beschützers den Spieß umzudrehen und Jeschow verhaften zu lassen.

5. Das Attentat

Zuweilen wird behauptet, daß Berija nicht nur bestrebt war, schon zu dessen Lebzeiten die Autorität Stalins zu untergraben, sondern ihn auch beseitigt habe. In den Ermittlungsunterlagen finden wir dazu folgende Aussagen von Berischwili:

„Als Berija 1938 zum Volkskommissar des Inneren ernannt

wurde, sagte Noi Shordanija zu mir, daß Berija mit dieser Ernennung bereits sein erstes Etappenziel auf dem Weg zur Macht erreicht habe. Er werde nicht ruhen, bis er Stalins Platz eingenommen habe, und dabei vor nichts zurückschrecken um Stalin und seine Umgebung zu vernichten.

Ich zog diese Meinung von Noi Shordanija in Zweifel und äußerte, daß Berija Stalin nicht verraten werde. Doch Noi Shordanija lachte nur und nannte mich einen einfältigen Thomas. Als ich ihn fragte, worauf sich seine Meinung stütze, sagte er, es gäbe dafür gute Gründe, die er mir aber nicht nannte. Er zeigte mir ein Verzeichnis von Leuten, die Berija aus Georgien mit nach Moskau genommen hatte und die ihm den Rücken stärkten, darunter Dekanossow, Merkulow, Kobulow, Goglidse, Sadelawa, Zanawa, Karanadse und andere, an deren Namen ich mich nicht mehr erinnere. Diese Liste war schon beeindruckend. Shordanija wies mich an, die Unterlagen über diese Leute auf dem laufenden zu halten und ihre Arbeit zu überwachen. Shordanija hatte über jeden führenden Repräsentanten Georgiens eine Akte angelegt, in der alle sie betreffenden Informationen aus verschiedenen Quellen gesammelt wurden. Die menschewistischen Mingrelen trieben damals unter Führung von Gegetschkora und Kedija einen besonderen Kult mit Berija und hielten ihn für den Größten in der Sowjetunion. Sie verherrlichten ihn und verbreiteten seinen Ruhm auch im Ausland. Sie vertraten die Auffassung, daß Berija der unbestrittene Nachfolger Stalins sein werde. Diese Meinung habe ich mehrfach von ihnen selbst wie auch von türkischen Politikern gehört. Wie sehr die Mingrelen auch die Sowjetmacht haßten, Berija klammerten sie davon aus. Sie hielten ihn für ein Genie ..."

Als man Berija während seines Verhörs (22. August 1953) über diese Aussagen in Kenntnis setzte, wies er sie als Provokation zurück. In der Tat kann man nicht allen Aussagen Berischwilis Glauben schenken, vor allem was seine unzweideutige Anspielung auf Stalins Beseitigung betrifft. Während der Ermittlungen und des Prozesses hat jedenfalls niemand aus Berijas Umgebung sich hierzu geäußert. Rafael Semjononwitsch Sarkissow, der 18 Jahre lang Berija ständig begleitete (anfangs als Leibwächter und dann als Leiter der Wache), erinnerte sich allerdings an etwas, was seinen Chef kompromittierte. Dieser Oberst mit Grundschulbildung, der offiziell als Berater des Leiters der 1. Abteilung der Hauptverwaltung des MWD der UdSSR arbeitete, in Wirklichkeit aber treuer Wachhund und Helfer Lawrenti Berijas in Liebesaffären war, berichtete über folgenden Fakt:

Während der Vorbereitung auf die Wahlen zum Obersten Sowjet der UdSSR fuhr Berija von Moskau nach Tbilissi, wo er in einem Wahlkreis kandidierte (das Jahr hatte Sarkissow vergessen, doch durch Vergleich mit anderen Aussagen kann man schlußfolgern, daß es Ende der dreißiger oder Anfang der vierziger Jahre war). Berija wurde von Scharija begleitet, der für ihn ein Wählerforum vorbereitet hatte. Eines Tages besuchte ihn Rapawa (in der Privatwohnung Berijas in der Uliza Matschabeli), der damals das Volkskommissariat des Inneren Georgiens leitete. Ihre Unterhaltung schildert Sarkissow wie folgt:

„Sie saßen einige Zeit in Berijas Arbeitszimmer, dann begaben sich alle drei ins Eßzimmer. Als Berija, Rapawa und Scharija vom Essen zurückkamen, unterhielten sie sich in meiner Anwesenheit auf Georgisch, wobei wiederholt der Name Stalin fiel. Von dem Gespräch verstand ich nur so viel, daß sich Berija negativ über Stalin äußerte . . .“

Bis auf die erwähnte Ausnahme hat sich Berija zu Stalins Lebzeiten ihm gegenüber immer achtungsvoll und ehrerbietig verhalten. Er rechnete grausam mit allen ab, die die Autorität und den Namen des Führers verunglimpften. Er brauchte Stalin lebend und mit Heiligenschein. Er stand felsenfest hinter Stalin, denn im Schatten des großen Führers konnte er unbehelligt seine kriminelle Organisation aufbauen, ein korruptes System schaffen und ungestraft Mafiamethoden anwenden. In einem der zahlreichen Bände der Strafsache Berija und Komplizen ist die Aussage von L. D. Gogoberidse, des ehemaligen Sekretärs des ZK der KP Georgiens, erfaßt, der auf Weisung Berijas wegen „feindlicher Tätigkeit“ verhaftet wurde.

Am 17. März 1937 „bekannte er offen“, daß er von Pawel Meladse, mit dem er in Berlin gewesen war, abfällige Äußerungen über Stalin gehört hatte. Stalin sei schuld daran, daß solche Leute wie Berija protegiert würden und emporstiegen. Natürlich verärgerte Berija in diesem Fall vor allem der Angriff auf seine Person. Nach Aussage von Gogoberidse hatte Meladse Berija beschimpft und ihm vorgeworfen, in der Kommunistischen Partei Georgiens Geheimdienstmethoden eingeführt zu haben. Zur „Entlarvung" von Meladse trug auch Gerassim (Garo) Schugarow, eine ehemaliger Sachbearbeiter im ZK der KP Georgiens, der am 13. Feburar 1937 verhaftet worden war, bei. Während der Verhöre am 16. und 18. März leugnete er noch, daß er oder andere sich gegenüber der Partei und der Sowjetunion schuldig gemacht hätten. Doch drei Tage später, offensichtlich nach entsprechender Bearbeitung, unterschrieb er eine umfassende fünfzehnseitige „Erklärung", die an den Volkskommissar des Inneren, Goglidse, gerichtet war. Darin teilte er mit, daß Gogoberidse, Orachelaschwili, Lominadse, Meladse, Jaschwili, Agniaschwili, Kwirikadse, Dshawachidse und Papulija Ordshonikidse (der Bruder Sergo Ordshonikidses) ihre Unzufriedenheit über Berijas Leitungsstil im ZK der Partei Georgiens geäußert und davon gesprochen hatten, daß „Berija bald abgelöst wird und neue Leute im ZK der Partei arbeiten werden". Gogoberidse habe voller Empörung erklärt, daß „. . . Berija ein Despot und Grobian ist, nur im NKWD Rückhalt genießt . . . und die besten Leute Georgiens verhaftet . . . Das ZK der KPdSU(B) wird dies erkennen, wenn es in Georgien wegen der Politik Berijas zu großen Schwierigkeiten kommen wird."

Meladse hatte sich nicht nur mißbilligend über die Politik Berijas, die „zu nichts Gutem führt", geäußert, sondern gleichzeitig seine Furcht eingeräumt, daß Berija ihn „kaltmacht". Diese Befürchtung war zutreffend: Meladse wurde, wie auch Schugarow, am 28. Juni 1937 auf Weisung Berijas erschossen.

Berija brauchte Stalin bis zu dessen letzter Stunde. Die große Autorität, die der wichtigste Gönner und Beschützer Berijas besaß, war für Lawrenti Pawlowitsch sowohl Ansporn für seine karrieristischen Ambitionen als auch ein erstrebenswertes Ziel, das ihm im Kampf auf Leben und Tod gegen potentielle Anwärter auf das „hohe Amt des Stellvertreters" Kraft und Härte verlieh. Berija war sich bewußt, daß er ohne Stalin gegen die Rivalen nichts ausrichten konnte, solange die Position jedes einzelnen erheblich stärker als seine eigene war. Außerdem schützte ihn Stalins Name zuverlässig davor, für begangene Verbrechen zur Rechenschaft gezogen zu werden.

Die Gerichtsunterlagen, von denen wir bereits einige erwähnten, enthalten viele Hinweise auf Unzufriedenheit mit der „tschekistischen und Parteiarbeit" Berijas in Transkaukasien sowie zahlreiche bei übergeordneten Instanzen eingereichte Eingaben wegen seiner Untaten. Es ist bekannt, wie er mit Michail Sergejewitsch Kedrow, einem bewährten Tschekisten und Parteiveteranen, abgerechnet hat. Zur Bestätigung dieser Fakten führen wir die Aussagen von Kedrows ältestem Sohn und von Bagirow, einem Komplizen Berijas, an. B. M. Kedrow berichtete folgendes:

„1921 befand sich mein Vater als bevollmächtigter Vertreter der Tscheka – OGPU in Baku. Ich begleitete ihn damals. Wie mir bekannt ist, führte mein Vater eine Revision in der Tscheka Aserbaidshans durch und übermittelte die Ergebnisse an Dshershinski nach Moskau. Mein Vater schrieb seine Berichte stets mit einem Durchschlag. In einem dieser Berichte informierte er darüber, daß gewisse Handlungen Berijas (dieser war damals stellvertretender Vorsitzender der Tscheka Aserbaidshans) in politischer Hinsicht zweifelhaft waren. Berija werde seiner Funktion nicht gerecht und sei für eine Führungsposition in den Organen der Tscheka – OGPU nicht geeignet. Dieser Bericht wurde im Herbst oder Winter 1921 an Dshershinski abgeschickt. Die Kopie wie auch Durchschläge von anderen Berichten verblieben bei meinem Vater bis zu dessen Verhaftung. Am Abend vor der Verhaftung besuchte ich meinen Vater zu Hause. Er sagte mir, daß er die Kopien sorgfältig verwahrt habe. Ich wußte aber nicht wo ...

Am 16. April 1939, dem Tag der Verhaftung, zeigte er mir den Text eines Briefes an Stalin, den er dann in seinem Schreibtisch verbarg. Später berichtete mir seine (zweite) Frau R. A. Plastinina, die Mitarbeiter des NKWD hätten bei der Verhaftung sofort den Schreibtisch durchwühlt und nach dem Brief an Stalin gefragt. Nachdem sie ihn gefunden hatten, wurde die Wohnung systematisch auf den Kopf gestellt."

Während des Prozesses (am 21. Dezember 1953) versuchte Berija zu dementieren, daß es sich bei der Reise Kedrows nach Aserbaidshan um einen Dienstauftrag Dshershinskis gehandelt hatte. Er behauptete, Kedrow sei gar nicht bevollmächtigt gewesen, die Tätigkeit der Tscheka Aserbaidshans wie auch ihrer Führer Bagirow und Berija zu überprüfen. Kedrow sei zwar nach Baku gekommen, aber seiner Meinung nach „nicht in Angelegenheiten der Tscheka, sondern aus persönlichen Gründen". Doch diese Version wurde von Bagirow widerlegt, der eindeutig erklärte: „Kedrow kam als Bevollmächtigter Dshershinskis nach Baku und überprüfte die Tätigkeit der Tscheka."

Aus diesem wie auch aus anderen zuvor angeführten Beispielen kann folgender Schluß gezogen werden: Wenn weder Dshershinski noch Ordshonikidse, Kirow, Jagoda, Jeschow und alle anderen, die über belastende Informationen zu Berija verfügten, in der Lage waren, ihn zur Verantwortung zu ziehen und seiner steilen und verbrecherischen Karriere Einhalt zu gebieten, dann muß jemand, der über noch mehr Autorität verfügte und das entscheidende Wort hatte, sie daran gehindert haben. Und dieses letzte Wort fiel meistens zugunsten Berijas aus, weil dieser es verstanden hatte, sich Stalin gegenüber immer als dessen ergebenster und treuester Anhänger auszugeben.

Die Unterlagen, die wir sichteten, enthalten viele Beweise dafür, daß es Berija als seine vorrangige Aufgabe ansah, „Stalins Vertrauen zu gewinnen". Damit hatte er beizeiten angefangen. Nachdem er 1923 aus Baku nach Tbilissi übersiedelte, begann er sich besonders um Stalins Mutter zu kümmern. Erst waren es einfach nur kleine Aufmerksamkeiten, dann schon Privilegien und nahezu fürstliche Ehren. Die Mutter Stalins erhielt ein Appartment am Rustaweli-Prospekt, wo auch der Rat der Volkskommissare seinen Sitz hatte. Jedesmal, wenn sie durch die Stadt ging, wurde nahezu ein Triumphzug veranstaltet. Gleichzeitig setzte Berija seine ungeheure Energie und seinen Einfallsreichtum dafür ein, in Gori ein Stalinmuseum zu schaffen, dieses „nationale Werk" mit allen Mitteln zu propagieren und Ruhmesglocken zu läuten, deren Klang man noch in Moskau hören konnte. Doch den größten Erfolg erzielte er mit dem von anderen verfaßten, aber unter seinem Namen herausgegeben Buch „Zur Geschichte der bolschewistischen Organisationen in Transkaukasien", in dem die Verdienste Stalins im revolutionären Kampf maßlos übertrieben wurden.

Nicht nur aus Zeugenaussagen geht hervor, daß dieses Buch eine ausschlaggebende Rolle für die weitere Karriere Berijas gespielt hat und denjenigen auf ihn aufmerksam machte, für den es hauptsächlich bestimmt war. Im Verlag „Moskowski Rabotschi" erschien beispielsweise 1947 ein Flugblatt anläßlich der Wahlen zu den örtlichen Sowjets. Darin hieß es:

„... Genosse Berija ist ein namhafter Führer der bolschewistischen Partei, engster Schüler und Kampfgefährte des Genossen Stalin ... Das Buch L. P. Berijas ‚Zur Geschichte der bolschewistischen Organisationen in Transkaukasien' ist ein wertvoller Beitrag zur wissenschaftlichen Geschichte der Partei der Bolschewiki."

Um in Stalins Nähe zu kommen, nutzte Berija auch noch andere Wege. Alexandra Nakaschidse, eine Cousine von Berijas Frau, arbeitete beispielsweise lange als Wirtschafterin im Hause Stalins. Berijas Frau bestätigte dies während der Ermittlungen (Protokoll vom 24. Juli 1953).

Angesichts der vielen Fakten, die davon zeugen, mit welcher Beharrlichkeit Berija überall seine Leute unterbrachte, ist nicht anzunehmen, daß seine entfernte Verwandte rein zufällig Stalins Wirtschafterin geworden ist. Nachdem er sie am „Hofe" des Führers eingeschleust hatte, verfügte er damit über ständigen und fast direkten Kontakt zu Stalin. Zuvor war Berija Josef Wissarionowitsch nur sporadisch und meistens aus offiziellem Anlaß begegnet. Nun aber konnte er während seiner Besuche in Moskau, nachdem er sich vergewissert hatte, daß Stalin zu Hause war, vorgeblich seine Verwandte besuchen, um ihr zahlreiche Grüße und Geschenke von ihren Angehörigen zu übermitteln. Dabei rechnete er damit, daß er nach kaukasischer Sitte zum Mittag- oder Abendessen eingeladen wurde. In ungezwungener Atmosphäre ließ sich natürlich anders reden als bei offiziellen Anlässen: Er konnte sich ins rechte Licht rücken und ganz nebenbei und unaufdringlich einen Rivalen, wie beispielsweise Nestor Lakoba oder sogar Sergo Ordshonikidse, denunzieren. Außerdem trug seine Verwandte dazu bei, Stalin unmittelbar zu Berijas Gunsten zu beeinflussen. Tagtäglich bestätigte sie seinen Ruf als untadeliger, zuverlässiger und ergebener Mitarbeiter und hielt außerdem Berija über Stalins Reaktionen auf solche Lobpreisungen auf dem laufenden. Berija konnte dies bei seinen Schritten berücksichtigen. Wahrscheinlich hat Berija seine Cousine Alexandra Nakaschidse über Stalins Mutter, die er mit Aufmerksamkeiten überhäufte und liebedienerisch umsorgte, zu diesem Posten verholfen. Berija tat niemals etwas ohne Berechnung. Diese Feststellung deckt sich jedenfalls voll und ganz mit den Beobachtungen Goglidses, einer seiner engsten Komplizen: „Ich wußte, daß Berija in Stalins Gunst sehr hoch stand. Deshalb wurden ihm auch schwere Vergehen verziehen."

Nein, zu Lebzeiten Stalins hat Berija wohl kaum dessen Funktion und Autorität in Frage gestellt. Dies geschah erst nach dem Tod seines wichtigsten Beschützers und Gönners. Allerdings gab es einen Vorfall, den wir erwähnen müssen, um bis zum Schluß exakt und objektiv zu bleiben. Er ereignete sich lange vor Stalins Tod, im September 1933. In tschekistischen Kreisen war man sich einig, daß es sich hierbei lediglich um eine Inszenierung unter der Regie von Lawrenti Berija handelte, der daraus den größten Nutzen ziehen konnte und weiter in Stalins Gunst stieg, da er eine „kriminelle Gruppe" entlarvte, die ein Attentat auf Stalin geplant haben sollte. Jagoda wurde in den Augen des Führers kompromittiert, was möglicherweise seine Verhaftung und Verurteilung beschleunigte. Und Berija konnte mit Lakoba, einem seiner stärksten Konkurrenten im Kampf um Stalins Gunst, abrechnen oder vielmehr Vergeltung dafür üben, daß dieser ihm im Weg gestanden hatte, indem er ihn postum noch diskreditierte (es ist nicht ausgeschlossen, daß Berija für Lakobas Tod mitverantwortlich ist und seine eigenen Spuren verwischen wollte).

Folgendes hatte sich zugetragen:

Im September 1933 wurde Goglidse, der Chef der Grenztruppen des NKWD in Transkaukasien, nach Gagra auf die Regierungsdatscha gerufen. Er konnte sich schon denken, was der Grund für diesen Befehl war, denn er hatte bereits Meldung erhalten, daß das Motorschiff, mit dem Stalin eine Seefahrt unternommen hatte, von Grenzern beschossen worden war. Seine Vermutung erwies sich als richtig. Auf der Datscha hielten sich Nestor Lakoba, der Vorsitzende des Rats der Volkskommissare

Abchasiens; Lawrenti Berija, 1. Sekretär des Transkaukasischen Regionskomitees der KPdSU(B), und Josef Stalin auf. Sergej Goglidse wurde beauftragt, unverzüglich unter strengster Geheimhaltung dieses besondere Vorkommnis zu untersuchen. Bald darauf erstattete Goglidse Berija Bericht über die Ergebnisse der Untersuchung, die er persönlich geleitet hatte. Die Aktion sollte offensichtlich von Anfang an als Attentat dargestellt werden. Nach diesem Szenarium war auch der Bericht verfaßt. Doch da mischte sich Jagoda ein, der Berija dazu veranlaßte, das Vorkommnis als Mißverständnis, Fahrlässigkeit oder Schlamperei einzelner zu bewerten. Es schadete schließlich seinem Ansehen als Volkskommissar des Inneren, wenn er und seine Leute nicht in der Lage waren, für die Sicherheit des Führers während seines Urlaubs zu sorgen. Auch Berija konnte eine gewisse Schuld angelastet werden. Da er aber in seiner Funktion als 1. Sekretär des Transkaukasischen Regionskomitees Stalin begleitete, trug er weniger Verantwortung als die anderen. Und im Notfall hätte er Sündenböcke gefunden, die als Schuldige in Frage kamen. Wenn schon nicht seinen Komplizen Goglidse, so doch andere verantwortliche Leiter – den Vorsitzenden der GPU Abchasiens und den Leiter der Grenzwache. Was die an diesem Zwischenfall unmittelbar Beteiligten betrifft, so wußten sie nichts von dem hinterlistigen Plan. Ihnen war nicht avisiert worden, daß ein Motorschiff die Sicherheitszone befahren würde, also mußten sie nach Vorschrift handeln. Doch Goglidse, der den Kommandeur der Grenzabteilung Lawrow persönlich verhörte, kam zu einem anderen Schluß. Lawrow hatte folgende Erklärung abgegeben: Als das Motorschiff in die Sicherheitszone, d. h. in das Gebiet der Grenzwache Pizunda, eingefahren war, wurde es durch Signale aufgefordert, die Küste anzusteuern. Da das Motorschiff seinen Kurs nicht änderte, ließ er mehrmals in die Luft schießen. Goglidse aber fand „Zeugen", die aussagten, daß die Schüsse in Richtung Meer, also auf das Schiff, abgegeben worden waren.

Damit war der Beweis für ein Attentat erbracht, wenn man nach dem Bericht Goglidses urteilt. Er befand, daß „die Handlungsweise Lawrows auf jeden Fall ein schwerer Verstoß gegen die Grenzdienstvorschriften war", und übergab ihn dem Gericht.

Doch da mischte sich Jagoda ein. Berija mußte schweren Herzens klein beigeben (er wollte damals noch nicht die Beziehungen zu Jagoda belasten) und erst einmal die bis zum logischen Ende geplante Aktion aufschieben. In die Aussagen Lawrows wurde etwas eingefügt, was die Sache wesentlich änderte: Der Kommandeur der Grenzabteilung habe die Schüsse nicht gezielt, sondern unüberlegt und disziplinlos abgeben lassen. Er habe das Schiff ans Ufer holen wollen, um ihm schmutzige Wäsche für die Reinigung mitzugeben. Lawrow war sicherlich gern bereit, diese Interpretation seiner Handlungsweise zu akzeptieren, da die ursprüngliche Beschuldigung für ihn das Todesurteil bedeutet hätte. So wurde er nur zu fünf Jahren verurteilt. Außerdem wurde der Leiter der Grenzwache Pizunda wegen Verstoßes gegen Disziplin und Dienstvorschriften durch seine Unterstellten bestraft. Das Gericht befand auch den Leiter des Operativen Sektors und Vorsitzenden der GPU Abchasiens, Mikeladse, für schuldig, dem damals die Grenzwache unterstellt war. Er wurde nicht nur seiner Funktion enthoben, sondern auch aus den Sicherheitsorganen entfernt.

Man kann sich vorstellen, wie gekränkt Mikeladse sich damals fühlte. Er konnte ja nicht ahnen, daß ihm eine noch härtere Strafe bevorstand. Das wußte nur Berija.

Wie sehr man auch bemüht war, diesen Zwischenfall geheimzuhalten, er wurde dennoch bekannt, zumindest unter den Tschekisten und Grenzern. Erstere beschuldigten die Grenzer, daß das Ausufern von nationalistischen Leidenschaften in einigen Grenzeinheiten zu diesem besonderen Vorkommnis – dem Attentat auf den Führer – geführt hatte. Die Grenzer rechtfertigten sich mit dem Hinweis, daß sie richtig gehandelt hatten, indem sie ein nicht avisiertes Motorschiff als feindlich einstuften. Außerdem sei das Feuer auf Befehl von oben eröffnet worden.

Es gab aber auch Gerüchte, daß der Beschuß des Motorschiffs mit Stalin an Bord kein Zufall, sondern ein geplanter Terrorakt gewesen sei, hinter dem Berija, Goglidse und Schirokow steckten. Wie Dozenko aussagte, standen sich Schirokow, der „Herr an der Grenze Georgiens" war, und Berija sehr nahe. Schirokow war oft bei ihm zu Hause und feierte mit ihm Orgien. Laut Dozenko „war dieser Schirokow, wie aus der Beurteilung ersichtlich ist, ein Hochstapler, der enge Beziehungen zu Ostrowski, dem Chef der ACHU (Administrative Wirtschaftsverwaltung des NKWD der UdSSR) und zu Jagoda hatte". Dozenko war der Meinung, daß Jagoda die weitere Untersuchung dieses Falls abgewürgt hatte.

Menschen mit dunklen Flecken in der Vergangenheit führten in der Regel Berijas Pläne ohne Zögern durch. Und Schirokow als Stellvertreter Goglidses, eines weiteren Spießgesellen Berijas, war genau der richtige Mann für die Rolle, ein Attentat auf Stalin zu inszenieren und Gerüchte über dieses „Attentat" unter den Tschekisten und Grenzern zu verbreiten. Natürlich entsprachen diese Gerüchte Berijas Konzeption, so daß er sie gegebenenfalls durch „reale Fakten" untermauern und als scharfe Waffe gegen seine Rivalen zur Verwirklichung seiner karrieristischen Ambitionen nutzen konnte.

Doch bevor sich dem politischen Intriganten und Spieler Berija eine Möglichkeit bot, seine Trümpfe in diesem Fall auszuspielen, nutzte er die Gunst der Stunde, um Lakoba, in dessen „Domäne" sich der Zwischenfall ereignet hatte, ständig beobachten zu lassen. Zu diesem Zweck setzte er, nachdem die Untersuchung des Vorfalls abgeschlossen war, Goglidse als Volkskommissar des Inneren der Georgischen SSR mit der Auflage ein, „sich besonders um die NKWD-Organe Abchasiens zu kümmern", d. h. Lakoba nachzuspionieren. Goglidse sollte Belastungsmaterial und „überzeugende" Beweise dafür sammeln, daß das Motorschiff nicht zufällig beschossen worden war. Stalins gute Beziehungen und sein Vertrauen zu Lakoba sollten untergraben werden. Nur ihm allein – Berija – konnte man trauen.

Um Lakobas Ruf zu schaden, nutzte Berija jede Gelegenheit für Intrigen. Selbst unter Verletzung der Regeln der Gastfreundschaft trieb er sein Spiel mit ihm. Einen solchen Fall, bei dem nicht ausgeschlossen ist, daß er organisiert wurde, schilderte Goglidse während des Verhörs am 17. August 1953. Berijas Scherge gab zu Protokoll:

„Entweder 1935 oder 1936, genau weiß ich es nicht mehr, hat sich die Tochter von Rosenholz auf der Datscha Lakobas erschossen. Sie war am selben Tag erst angereist. Als ich Berija, der zur gleichen Zeit auf seiner Datscha in Gagra Urlaub machte, davon in Kenntnis setzte, war er sehr interessiert und beauftragte mich, sorgfältig nachzuforschen, ob nicht vielleicht Lakoba an ihrem Tod schuld war.

Anfangs hatten wir den Verdacht, daß Lakoba die Rosenholz vergewaltigt hatte und sie deshalb ihrem Leben ein Ende bereitete. Doch diese Version konnten wir nicht beweisen. Die Obduktion der Leiche hatte zwar ergeben, daß sie am Tage ihres Selbstmords Geschlechtsverkehr hatte, doch mit wem, ließ sich nicht feststellen, da sie vor ihrem Eintreffen auf Lakobas Datscha in irgendeinem Hotel in Gagra gewohnt hatte. Sie hatte schon vorher einige Male bei Lakoba Urlaub gemacht, doch er bestritt kategorisch jede intime Beziehung zu ihr.

Die Ermittlung ergab, daß die Rosenholz am Tage ihres Selbstmordes zu Lakoba gekommen war und mit ihm und seiner Familie zu Abend gegessen hatte. Sie hatte etwas Wein getrunken und war dann ins Schlafzimmer gegangen, wo sie Lakobas Pistole genommen und sich erschossen hatte. Mehr konnte nicht festgestellt werden.

Als ich Berija über die Ermittlungen und deren Ergebnisse berichtete, gewann ich den Eindruck, daß er die Ermittlungsunterlagen irgendwie gegen Lakoba verwenden wollte. Er behielt sie kurze Zeit, gab sie mir später aber kommentarlos zurück."

Goglidse verschwieg zweifellos vieles, um zu verschleiern, welche Rolle er in dieser dunklen Geschichte gespielt hatte, und die Ermittlungsorgane über das wahre Ziel Berijas zu täuschen, das auch ihn, Goglidse, stark belastet hätte. Doch seine Aussagen reichen völlig aus, um folgenden Schluß zu ziehen: Berija hätte zweifellos nicht nur den Selbstmord mit Lakobas Pistole organisieren, sondern auch „nachweisen" können, daß Lakoba seine „Geliebte" erschossen hat. Aber das wäre zu offensichtlich gewesen. Als zweite Variante bot sich an, Lakoba in gründliche Nachforschungen zu verwickeln und ihn bloßzustellen, woran Berija persönlich sehr interessiert war. Das Ergebnis wäre aber das gleiche gewesen. Lakoba, der sich höchster Gunst erfreute, wäre in beiden Fällen mit einer geringfügigen Ermahnung davongekommen. Deshalb begnügte sich Berija damit, Stalins Glauben an die Unfehlbarkeit seines Lieblings zu erschüttern. Das nächste Mal, wenn sich Lakoba etwas zuschulden kommen lassen würde, das vielleicht noch schlimmer war, wäre ihm der Nimbus seiner Schuldlosigkeit bereits genommen und niemand würde sich mehr für ihn einsetzen. Berija aber konnte sich heraushalten.

Doch dann kam es zu dem mysteriösen Tod Lakobas.

Die Geschichte mit dem Motorschiff, d. h. das „Attentat" auf Stalin, wurde noch einmal aufgerollt. Jagoda befand sich damals bereits in Haft. Seinem Nachfolger Jeschow kam es sehr gelegen, den schrecklichen Vorgänger dadurch noch mehr zu kompromittieren. Er hatte aber offensichtlich nicht vorausgesehen, welche starken Trümpfe er damit dem „Spieler aus der Birschewaja Uliza" in die Hand gab, die dieser nicht nur im Kampf gegen den toten Lakoba, sondern auch gegen noch lebende Mitglieder der angeblichen „illegalen Verschwörergruppe" ausspielte. Jedenfalls lagen Ende 1937 Aussagen vor, daß der Kommandeur der Grenztruppeneinheit, Lawrow, der auf das Motorschiff hatte schießen lassen, an einer Verschwörung beteiligt gewesen war und ein Attentat auf Stalin verüben sollte. Lawrow wurde aus dem Lager, in dem er seine Strafe verbüßte, nach Tbilissi in das Gefängnis des NKWD überführt, wo er nach gründlichem Verhör als Volksfeind und Terrorist „entlarvt wurde". Er wurde zum Tod durch Erschießen verurteilt. Die gleiche Strafe erhielt auch der ehemalige Vorsitzende der GPU Abchasiens, Mikeladse, der wegen des Zwischenfalls mit dem Motorschiff im Jahre 1933 aus den Sicherheitsorganen entlassen worden war. Zu dieser Zeit hatte Berija bereits vollends das Vertrauen Stalins erworben und war als Dank für die „Aufdeckung" der konterrevolutionären Terroristengruppe, die den von Jagoda verheimlichten Anschlag auf den „Führer" verübt hatte, nach Moskau geholt worden. Zunächst war er 1. Stellvertreter Jeschows, der mit Berijas Hilfe Jagoda gestürzt hatte. Doch knapp ein halbes Jahr später räumte Berija auch Jeschow aus seinem Weg.

6. Rache für Unterstützung

Die Ermittlungsunterlagen gegen L. P. Berija enthalten viele widersprüchliche Angaben über die Beziehungen zwischen ihm und Ordshonikidse. Dieser war ein weiterer einflußreicher Philanthrop und „Trumpf" in Berijas politischem Spiel. Auch er fiel Berijas Intrigen, Ränkespiel und Willkür, seiner verbrecherischen Rachsucht zum Opfer.

Aus der Analyse des umfangreichen Faktenmaterials ergibt sich folgender Schluß: Berija hat jahrelang die Autorität Ordshonikidses in der Partei und im Volk sowie dessen Einfluß auf Stalins Umgebung für seine egoistischen Ziele genutzt und gleichzeitig durch Intrigen versucht, diese Autorität und diesen Einfluß zu untergraben. Warum hat er dies getan? Dafür gibt es zwei Versionen.

Erstens: Ordshonikidse, der die dunkle Vergangenheit Berijas kannte, hat ihn häufig öffentlich kritisiert und sich so Berijas Zorn und Haß zugezogen. In den Ermittlungsunterlagen findet sich ein Originalbericht Kobulows an Goglidse vom 16. Dezember 1936, d. h. aus der Zeit des Todes von Ordshonikidse. Darin heißt es:

„Agniaschwili sagte über sein Gespräch mit Lewan Gogoberidse im Jahr 1936 in Suchumi aus, daß dieser konterrevolutionäre verleumderische Äußerungen über die Vergangenheit des Genossen Berija wiedergab, die er von Sergo Ordshonikidse gehört hatte . . ."

Es ist anzunehmen, daß es hierbei nicht in erster Linie um die Berija diskreditierenden Gerüchte ging, sondern um die Sammlung möglichst vieler Anschuldigungen gegen Ordshonikidse. Wie Berijas Komplizen selbst bestätigten, wurden zu diesem Zweck sogar Gerüchte erfunden und in Umlauf gebracht. Sie sagten auch aus, daß Ordshonikidse ein gutes Verhältnis zu Berija hatte und dessen Karriere mit allen Mitteln unterstützte, was dieser bis zu einem gewissen Zeitpunkt auch gern in Anspruch nahm. Berija selbst aber machte im engeren Freundeskreis aus seiner Antipathie gegenüber dem Gönner kein Hehl. Scharija, einer von Berijas Komplicen, sagte beim Verhör aus: „Ich weiß, daß Berija nach außen hin scheinbar auf gutem Fuß mit Sergo

Ordshonikidse stand, doch in Wirklichkeit im Kreis seiner Vertrauten sehr abfällig über ihn gesprochen hat."

Auch Goglidse bestätigte: „Berija hat sich in meinem Beisein und auch gegenüber anderen Personen sehr gemein über Sergo Ordshonikidse geäußert. Ich gewann den Eindruck, daß Berija persönlichen Groll gegen Ordshonikidse hegte und deshalb andere gegen ihn aufhetzte."

Wir halten aber eine zweite Version für überzeugender. Doch bevor wir auf sie eingehen, möchten wir noch die Zeugenaussage M. Bagirows anführen, der einen Hinweis gibt, warum Berija Ordshonikidse haßte:

„Berija benahm sich Sergo Ordshonikidse gegenüber gemein. Anfangs nutzte er das gute Verhältnis zu ihm, um Karriere zu machen. Nachdem er aber mit Ordshonikidses Hilfe eine bestimmte Position erreicht hatte, begann Berija, gegen ihn zu intrigieren. Mir ist folgender Vorfall in Erinnerung: Sergo Ordshonikidse besuchte einige Monate vor seinem Tod das letzte Mal Kislowodsk. Er bat mich telefonisch zu sich. Ich erfüllte Ordshonikidses Bitte und fuhr nach Kislowodsk, wo sich gerade Georgi Dimitroff aufhielt. Ordshonikidse fragte mich eingehend über Berija aus und äußerte sich dabei sehr negativ über ihn. Insbesondere führte er an, daß er nicht an die Schuld seines von Berija verhafteten Bruders Papulija glauben könne. Offensichtlich hatte Ordshonikidse damals bereits erkannt, wie unaufrichtig und falsch Berija war, der anfangs seine Unterstützung in Anspruch genommen hatte, um an die Macht zu kommen, und nun Ordshonikidse mit allen Mitteln denunzierte.

Berija erfuhr über seine Leute, daß mich Ordshonikidse nach Kislowodsk gebeten hatte, und sprach mit mir telefonisch über diesen Besuch. Ich teilte ihm mit, daß sich Ordshonikidse für Fragen der Erdölförderung interessiert hatte.

Die Haltung Berijas gegenüber Sergo Ordshonikidse ist ein besonders markantes Beispiel für die Niedertracht, Treulosigkeit und den Karrierismus Berijas."

Nun zur zweiten Version. Berija konnte Ordshonikidse nicht verzeihen, daß er gewissermaßen von ihm abhängig und in seiner Laufbahn auf die Hilfe und die Unterstützung durch ihn angewiesen gewesen war. Dieses Motiv und die völlig entgegengesetzten Charaktereigenschaften und Lebensprinzipien seines zeitweiligen und mehr oder minder unfreiwilligen Fürsprechers hatten in Berija unüberwindlichen Haß, ja sogar Feindschaft gegenüber Ordshonikidse aufkommen lassen. So reifte in ihm der Entschluß, sich für die Unterstützung zu rächen. Dieses Verlangen wurde von Jahr zu Jahr und mit jeder neu erklommenen Stufe auf der Karriereleiter immer stärker. Als dann Ordshonikidse aus einem imaginären Racheobjekt zu einem realen und potentiellen Rivalen und unüberwindlichen Hindernis für die weitere Karriere und die ersehnte Macht werden konnte, wurden die verräterischen und verbrecherischen Absichten in einen konkreten Plan umgesetzt.

Die Autorität, die Sergo Ordshonikidse nicht nur in Georgien, sondern im ganzen Land genoß, seine Popularität in der Partei und im Volk wie auch seine Verdienste Mitte der dreißiger Jahre lösten nun bei Berija nicht mehr nur emotionale Gefühle – Neid und Zorn – aus. Die Gefühle materialisierten sich und nahmen die Form von strategischen Plänen und taktischen Methoden an. Der lange gehegte Rachegedanke wurde vom erbitterten Machtkampf abgelöst. Einen richtigen Zweikampf hat es allerdings nicht gegeben, denn wirklich aktiv und konsequent hat nur eine Seite gekämpft – Berija.

Berija war nicht gewillt, seine Pläne aufzugeben und zurückzuweichen. Selbst die große Autorität Ordshonikidses schreckte ihn nicht. Er hatte sehr viel Energie und Kraft darauf verwendet, in Transkaukasien der „Führer" zu werden. Sehr viele Menschen waren bereits seinen Machtambitionen zum Opfer gefallen. Außerdem hatte er, um ungestört sein Ziel zu erreichen, im Laufe vieler Jahre eine zuverlässige Gruppe, genauer gesagt eine Bande treuer Helfershelfer um sich geschart, die bereit waren, jeden seiner Befehle auszuführen, jede Gemeinheit und jedes Verbrechen zu begehen. Wie wir bereits berichteten, hat Merkulow Berija geholfen, seine früheren Verbrechen vor der Partei und dem Volk zu verbergen. Mit Hilfe Bagirows brachte er Unterlagen, die seinen „Herrn" kompromittierten, aus Baku nach Tbilissi. Sumbatow, ein anderer aus Berijas Bande, ging noch weiter, stahl aus dem Archiv des Schaumjan-Instituts die Personalakte Berijas und vernichtete sie.

Die Mitglieder dieser Gruppe setzten sich, wie aus der Anklageschrift hervorgeht, vorwiegend aus Untergebenen Berijas zusammen, die Verbrechen oder etwas Unrechtes begangen hatten und einen unmoralischen Lebenswandel führten. Berija hatte sie vor der verdienten Strafe bewahrt, ihre Verbrechen vertuscht und sie beschützt. Er ernannte sie für hohe Funktionen und verlangte dafür von ihnen Gehorsam, Ergebenheit und Schweigen. Während des unter Ausschluß der Öffentlichkeit geführten Prozesses wurden seine engsten Mittäter genannt: Merkulow, Sohn eines Adligen, eines ehemaligen Bezirksleiters in Sakaly in Transkaukasien, der noch zur Zarenzeit zu Gefängnishaft verurteilt worden war, allerdings nicht wegen revolutionärer Tätigkeit; Kobulow, der wegen Willkür und grober Verstöße gegen die revolutionäre Gesetzlichkeit zu einer Gefängnisstrafe verurteilt worden war; Zereteli, ein ehemaliger Offizier der zaristischen Armee, später Oberleutnant in der von den Deutschen und Türken aufgestellten „Georgischen Legion" in Transkaukasien; Milstein, Sohn eines Kaufmanns, dessen Verwandte alle in Amerika lebten und dessen Bruder wegen Spionage erschossen worden war; Sawizki, Sohn eines Adligen, eines emigrierten früheren Obersten der zaristischen Armee; Sumbatow-Topuridse, ein ehemaliger aktiver Menschewik... und viele andere ihresgleichen. Den Kern dieser Gruppe bildeten W. Merkulow, W. Dekanossow, B. Kobulow und S. Goglidse.

Wie Mitschurin-Rawer aussagte, hatte Berija seine Leute, die ihn auf seinem Weg zur Macht unterstützt hatten, bald in ganz Transkaukasien in Führungspositionen gebracht.

„Zu dieser Gruppe von Berijas Vertrauten gehörten in Georgien Sadshaja, Merkulow, B. Kobulow, A. Milstein, Dekanossow, Zanawa, Goglidse, Rapawa, Zereteli und später noch Ruchadse, in den anderen kaukasischen Republiken – Bagirow, Agrba, Mugdussi, Zaturow u. a. Mit Ausnahme Bagirows hatte Berija alle diese Leute selbst in Führungspositionen in den Organen der Tscheka eingesetzt. Als er das Transkaukasische Regionskomitee der KPdSU(B) und das ZK der KP Georgiens leitete, hat er seine Leute für staatliche und Parteifunktionen ernannt. Sadshaja wurde Sekretär des Gebietskomitees der Partei Adshariens, Dekanossow stellvertretender Vorsitzender des Rates der Volkskommissare Georgiens und Vorsitzender des Staatlichen Plankomitees, Zanawa Leiter der Bauverwaltung für die Kolchis und dann Sekretär des Gebietskomitees Poti, Merkulow Leiter des Sondersektors und dann Abteilungsleiter und Mitglied des Büros des ZK der KP(B) Georgiens, Goglidse Volkskommissar des Inneren usw."

Es wurden auch noch andere Namen genannt. Schalwa Georgiejewitsch Tewsadse sagte während des Verhörs am 5. August 1953 aus, daß er während seiner Tätigkeit in den Organen des MWS im Jahre 1946 in einem Auffanglager (bei Rustawi) Iwan Semjonowitsch Kwirkwelija, einen Verwandten Berijas, kennengelernt hatte. Dem Lagerleiter war bekannt, daß Kwirkwelija die Heimat verraten hatte. Doch er hat den Verräter nicht zur Verantwortung gezogen, sondern ihn sogar als „Verantwortlichen für Gebrauchswaren" eingesetzt. Das tat er, weil er ein Mann Berijas war. Als Tewsadse gegen Kwirkwelija Anklage erheben wollte, erhielt er Zettel, die ihn unmißverständlich davor warnten. Tewsadse konnte diesen Fall nicht weiter verfolgen, weil er aus den Sicherheitsorganen entlassen wurde. Es war dabei unerheblich, daß Berijas Name in den Vernehmungsprotokollen von Kwirkwelija nicht erwähnt wurde. In Erinnerung an Erlebnisse von Anfang der dreißiger Jahre sagte Tewsadse aus:

„Ich weiß, daß Michail Semjonowitsch Dsidsiguri, der ehemalige Leiter der Abteilung Eisenbahntransport des NKWD, zu den Vertrauten L. P. Berijas gehörte (er wurde 1937 entlarvt und erschossen) ... 1937 arbeitete ich in der Abteilung 4 des NKWD Georgiens und erhielt Einblick in Unterlagen über Dsidsiguri. Weitere Berija treu ergebene Mitarbeiter waren die Brüder Kobulow, Bogdan und Amjak, Awksenti Narikijewitsch Rapawa, Sergej Arsenjewitsch Goglidse, L. F. Zanawa-Dshandshgawa, Oberst Georgijewitsch Didiani, ein Mitarbeiter des Apparats des MWD Georgiens, und viele andere, die stets und ständig von Berija unterstützt wurden und seine Anweisungen ausführten."

Zaturow, eine der genannten Personen, bestätigte während der Ermittlungen, daß Berija bereits damals versucht hat, die

Tscheka dem Einfluß der Partei zu entziehen, sie zu isolieren und zu einem besonderen Organ zu machen, das nur einem „Herrn" – allein Berija – unterstellt war. Mit Hilfe dieses Apparats wurden die „Verdienste" des „Führers" gepriesen und alle Warnungen unterdrückt.

Zaturow berichtete: „Auch nachdem Berija Sekretär des Regionskomitees geworden war, leitete und lenkte er die Arbeit der Transkaukasischen GPU. Er hat den Parteiapparat mit seinen Leuten durchsetzt, indem er ihnen Posten in der Partei verschaffte. Dekanossow wurde 3. Sekretär des ZK der KP(B) Georgiens, Merkulow Leiter der Sonderabteilung und ich Leiter der Abteilung Organisation des Lenin-Rayonkomitees der KPdSU(B). Außer uns wurden noch weitere Tschekisten in führende Positionen der Partei lanciert. Über den Apparat der GPU kontrollierte Berija jeden verantwortlichen Mitarbeiter. Wenn sich ein Sekretär des Rayonkomitees, ein Mitarbeiter des Apparats des ZK oder des Transkaukasischen Regionskomitees auch nur mißbilligend über Berija äußerte, wurde Berija darüber sofort in Kenntnis gesetzt. Dieses allgegenwärtige Kontroll- oder, besser gesagt, Bespitzelungssystem, verunsicherte die Mitarbeiter, erstickte jede Kritik und erhöhte Berijas Autorität. Alles, was in Transkaukasien und im Apparat der GPU geschah, wurde der Persönlichkeit Berijas zugeschrieben und als sein Verdienst ausgegeben."

Scharija, der persönliche „Ideologe" Berijas, hob während des Verhörs am 9. Juli 1953 Berijas militanten Egoismus und übermäßiges Geltungsbedürfnis hervor. Er sagte, daß Berija schmeichlerisches und unterwürfiges Verhalten liebte:

„Meiner Meinung nach hat Berija am Kult um seine Persönlichkeit in Georgien tatkräftig mitgewirkt. Mit dieser Absicht besetzte er vor seiner Berufung nach Moskau im Jahre 1938 die leitenden Posten im ZK der KP(B) Georgiens mit bis dahin wenig bekannten Mitarbeitern, die sich Berija für ihre Ernennung verpflichtet fühlten und im georgischen Volk einen wahren Kult um ihn betrieben. Auch während seiner Tätigkeit in Moskau vermochte es Berija, seine Rolle als unbestrittener Führer Georgiens zu behaupten, was die Abhängigkeit der führenden Funktionäre Georgiens von seinem Wohlwollen noch mehr verstärkte. Ich möchte nur darauf verweisen, daß die Sekretäre des ZK der KP(B) Georgiens erst nach vorheriger Absprache mit Berija über die Besetzung leitender Positionen im Republiks- und Gebietsmaßstab zu entscheiden wagten. Sehr viele Straßen, Plätze, Parks, Stadien und sogar Betriebe und Kultureinrichtungen wurden nach Berija benannt, und die Republikspresse war voll mit Lobeshymnen über ihn. Von dieser Schmeichelei war er sehr angetan. Mir ist jedenfalls kein Fall bekannt, daß er sich einmal dagegen verwahrt hat. Soweit ich informiert bin, wählte Berija bei einem Führungswechsel in Georgien die leitenden Kader selbst aus, obwohl dafür direkt das Sekretariat des ZK zuständig war ... Als ich 1943 nach Georgien zurückkehrte, gab es bereits den Berijakult. Auch ich stimmte in diesen Chor der Lobredner mit lauter Stimme ein."

Wie Scharija berichtete, wurden in Georgien über Berija Lieder und Gedichte verfaßt, „man huldigte ihm auf Schritt und Tritt". Diese Lobpreisungen wurden zunehmend über den Rundfunk der Republik verbreitet, wodurch sie auch in Emigrantenkreisen sehr bekannt wurden. Scharija sagte dazu aus: „In georgischen Emigrantenkreisen war Berija ein Begriff, besonders nachdem sehr viele sowjetische Kriegsgefangene nach Frankreich gekommen waren."

Diese „Popularität" Berijas kam dem Volk sehr teuer zu stehen. Sawizki, ein Handlanger Berijas, sagte dazu aus, daß die nach dem Tod Sergo Ordshonikidses im Jahr 1937 entstandene Atmosphäre dem „Führer" wie auch Goglidse und Kobulow freie Hand ließ, nicht nur jeden zu verhaften, sondern mit ihm auch abzurechnen und ihn durch Drohungen und Folter zu kompromittierenden Aussagen zu zwingen. Diese Atmosphäre schützte aber gleichzeitig Berijas Leute davor, sich für ihre Verbrechen verantworten zu müssen. Dies bestätigten Kobulow, Goglidse, Chasan und Paramonow. Sie erklärten, daß Berija, als er Sekretär des ZK der KP(B) Georgiens war, sich nicht nur mit der Arbeit der Ermittlungsorgane des Volkskommissariats des Inneren der Republik gründlich vertraut machte und über fast jedes „Verbrechen", vor allem wenn es ihn besonders interessierte, genau Bescheid wußte, sondern auch ihm nicht genehme Personen verhaften ließ und an Verhören teilnahm. Häufig wurden Häftlinge in seinem Beisein gefoltert. In einigen Fällen ließ er es sich nicht nehmen, selbst mit Hand anzulegen.

Eine schwache Vorstellung, wie grausam dabei vorgegangen wurde, vermitteln Auszüge aus dem Vernehmungsprotokoll Kobulows:

Vorsitzender: Sie waren Leiter der SPO (Politische Sonderabteilung) des NKWD Georgiens. Erhielten Sie die Weisung, Massenverhaftungen von führenden Funktionären vorzunehmen, ohne daß wirklich Belastungsmaterial gegen diese Personen vorlag?

Kobulow: Ja. Ich war von Mai bis September 1938 Leiter der SPO des NKWD Georgiens. Goglidse übermittelte mir die Weisungen Berijas, diese Verhaftungen vorzunehmen. Wenn Goglidse abwesend war, erhielt ich die Weisungen direkt von Berija.

Vorsitzender: Antworten Sie dem Gericht, ob Sie Massenverhaftungen von unschuldigen Menschen vorgenommen haben?

Kobulow: Ich nahm Verhaftungen vor, nachdem bereits der größte Teil der Führung des rechtstrotzkistischen Untergrunds liquidiert war, als es nur noch um Einzelfälle ging. Es lagen Aussagen von Personen vor, die anderweitig aber nicht bestätigt wurden. Obwohl die Verhaftung nicht gerechtfertigt war, wies Berija an, die betreffenden Personen zu verhaften und entsprechend zu bearbeiten.

Vorsitzender: Welche Funktion hatte Berija zu besagter Zeit?

Kobulow: Berija leitete faktisch die Ermittlungen, während Goglidse seine Anweisungen ausführte.

Vorsitzender: Was haben Sie gemacht?

Kobulow: Ich war Leiter des Vollstreckungsapparats.

Vorsitzender: Sie sind am Tod unschuldiger Menschen schuld, die während der Ermittlungen gefoltert und geschlagen wurden. Kann man so etwas als Leitungstätigkeit bezeichnen?

Kobulow: Die Gefangenen wurden auf Berijas Weisung geschlagen. Er hatte die alleinige Macht und hat mir über Goglidse die Weisung erteilt, sie entsprechend zu bearbeiten. Wenn Berija dies angewiesen hatte, wußten die Untersuchungsführer, was sie zu tun hatten. Weder ich noch sie wagten, dagegen zu verstoßen ... Überhaupt muß gesagt werden, daß es unter den damaligen Bedingungen sehr schwer war, den Wahrheitsgehalt von Aussagen zu bewerten, die unter Anwendung physischer Gewalt zustande gekommen waren.

Vorsitzender: Was waren das für Bedingungen?

Kobulow: Es war einfach schrecklich. Berija nahm oft an Verhören teil, befragte Häftlinge und befahl, sie zu schlagen. Er erteilte auch mir den Befehl dazu. Ich habe auch Matikaschwili ein- oder zweimal geschlagen, danach schlug ihn der Untersuchungsführer. Die Untersuchungsführer hielten sich strikt an die Weisungen, weil sie fürchteten, sonst selbst Opfer zu werden.

Vorsitzender: Angeklagter Goglidse, wie war der Ablauf des Verhörs von Matikaschwili?

Goglidse: Zuerst hat Berija Matikaschwili geschlagen, dann Kobulow."

Während der Ermittlungen schilderte Goglidse folgenden Fall: „Der Häftling Oragwelidse (er war bis zu seiner Verhaftung Direktor des Rustaweli-Theaters gewesen) hatte seine Aussagen widerrufen, worüber ich Berija Bericht erstattete. Berija kam zu mir ins NKWD und ließ Oragwelidse zum Verhör holen. In Anwesenheit von Berija wiederholte Oragwelidse sein ursprüngliches Schuldbekenntnis. Doch Berija wies daraufhin an, daß der Häftling zu schlagen sei, was dann auch sofort in seinem Beisein geschah. Berija erteilte auch mir und Kobulow wiederholt die Weisung, bestimmte Häftlinge aus konkreten Gründen zu schlagen."

Sowohl die Leiter der verbrecherischen Gruppe unter Berija als auch die meisten Untersuchungsführer hatten sich bereits so an Ungesetzlichkeiten und Straffreiheit gewöhnt, daß sie Grausamkeiten gegenüber Häftlingen, ganz zu schweigen von gesetzwidriger Freiheitsberaubung und Inhaftierung, für normal hielten. Amoralität und Willkür wurden eine alltägliche Erscheinung. Wie Chasan, einer von Berijas Spießgesellen, aussagte, wurde damals Ermittlungtätigkeit unter Einhaltung der Normen des Strafgesetzes für unergiebig gehalten, weshalb auf Berijas Weisung zu den sogenannten harten Untersuchungsmethoden übergegangen wurde.

Als die Staatsanwaltschaft der UdSSR im Archiv des MWD der Georgischen SSR Akteneinsicht in 300 dort abgelegte Fälle nahm, registrierte sie darin mehr als 120 Anmerkungen von Berijas Hand. Diese bestätigen, daß Berija für die ungesetzlichen Massenverhaftungen und Ermittlungsmethoden von 1937 bis 1938 verantwortlich war. Hier sind einige der von ihm gegebenen Weisungen:

„Shushanow ist in die Mangel zu nehmen. L. B." – „Alle Genannten sind zu verhaften" – „Entsprechend vornehmen" – „Gründlich verhören" – „Bearbeiten und alles herauspressen" – „Verhaften ... und gründlich vornehmen" – „Noch einmal vornehmen, um ihn zum Reden zu bringen" – „Genosse Goglidse soll ihn noch einmal bearbeiten, um sein Schweigen zu brechen" – „Er soll hart angefaßt werden" – „Alle sollen verhaftet und gründlich verhört werden" – „Druck ausüben" – „Auf den Zahn fühlen" – „Auseinandernehmen" usw.

Aus zahlreichen Aussagen von Berijas Komplizen geht hervor, daß solche Weisungen wie „Ordentlich verhören" und „Gründlich bearbeiten" gleichbedeutend mit Schlägen und Folter waren. Kobulow gestand freimütig, daß die Untersuchungsführer sich strikt an diese Weisungen Berijas hielten, weil sie damit rechnen mußten, daß der „Herr" plötzlich im NKWD auftauchte. Kobulow äußerte sich voller Mitgefühl über seine Handlanger und Untergebenen, ohne sich Gedanken über diejenigen zu machen, die dieses Mitgefühl und Mitleid dringend gebraucht hätten:

„Sie zeigten Diensteifer und Pflichtbewußtsein, um nicht als ‚Versöhnler' und ‚Doppelzüngler' in Verruf zu geraten und dann selbst zur Verantwortung gezogen zu werden."

Offensichtlich glaubten sie an die Allmacht ihres Chefs und fürchteten nicht, sich vor einem ordentlichen sowjetischen Gericht verantworten zu müssen. Sie begingen Unrecht, um Berijas Popularität und Ansehen zu vergrößern.

Besonders Merkulow, als Verfasser von Lawrenti Pawlowitschs Biographie, war darum bemüht, einen Kult um den neuen „Führer der Völker" zu schaffen. Er schrieb nicht nur Reden und Vorträge für und über den „Führer", sondern verfaßte auch Schriften, in denen das „heldenhafte Leben" und die

„revolutionären Taten" Berijas gewürdigt wurden. Der Beweisaufnahme liegt eine dieser Broschüren vor, die in dem für Sergo Ordshonikidse so verhängnisvollen und dramatischen Jahr 1937 erschienen ist und den einfachen und schlichten Titel „Ein treuer Sohn der Partei Lenins und Stalins" trägt. Wie Merkulow aussagte, sollte diese Schrift die Verdienste Berijas an den Errungenschaften des georgischen Volkes und der sozialistischen Umgestaltung Georgiens „rühmend hervorheben". Berija wurde darin als hervorragender Führer der illegalen kommunistischen Bewegung während der Intervention und des Bürgerkriegs und als Organisator des bewaffneten Aufstands gegen die Menschewiki in Georgien bezeichnet.

Lawrenti Berija hatte also den heimlichen Kampf gegen Sergo Ordshonikidse gut gewappnet begonnen und sich einen verzweigten und zuverlässigen Machtapparat geschaffen. Nach diesen Vorbereitungen stand nun der entscheidende und gefährliche Schritt bevor – Sergo zu verleumden und aus dem Weg zu räumen. Berija setzte bei diesem Schritt bewußt alles bisher Erreichte aufs Spiel. Seine furchtbare Rache nahm ihren Lauf.

Im Jahr 1937 beauftragte Berija seine Komplizen, Belastungsmaterial gegen Ordshonikidse zu beschaffen. Dabei wurde auf eine bereits bewährte Methode zurückgegriffen: Er ließ völlig unschuldige Menschen, die mit Sergo einmal zu tun hatten oder ihn einfach nur kannten, verhaften, aber auch andere, über deren Freundes- und Bekanntenkreis man Informationen abschöpfen konnte. Dabei trieb er seine Rache so weit, daß er sogar nach dem Tod seines prominenten Hauptopfers fanatisch und beharrlich auch weiterhin verleumderische Aussagen beschaffen ließ.

Der Beweisaufnahme liegt ein Protokoll vor, in dem Auskunft über den Prozeß gegen den ehemaligen 1. Sekretär des ZK der KP(B) Georgiens, Mamulija, gegeben wird. Darin wird angegeben, welche Aussagen man den Verhafteten, die im Zusammenhang mit seiner Rache an Ordshonikidse in Berijas Interessensphäre geraten waren, abgezwungen hat.

Mamulija und die von ihm angegebenen Personen wurden während des Verhörs gefoltert. Aufgrund der Aussagen Mamulijas wurde der ehemalige Sekretär des Transkaukasischen Regionskomitees der KPdSU(B), Orachelaschwili, verhaftet, der zu diesem Zeitpunkt Abteilungsleiter im Marx-Engels-Lenin-Institut beim ZK der KPdSU(B) war. Durch Schläge und Folter zwangen ihn Kobulow und Krimjan, Ordshonikidse und andere zu verleumden. Dies geht eindeutig aus den Aussagen Orachelaschwilis vom 9. September 1937 hervor, in denen die „Handschrift" von Kobulow und Krimjan zu erkennen ist. Es folgt ein Ausschnitt aus dem „Geständnis", das Orachelaschwili unter Folter gemacht hat, genauer gesagt, das seine Peiniger ihm abgezwungen haben:

„Ich persönlich habe Sergo Ordshonikidse viel zu verdanken, doch selbst Dankbarkeit und Ergebenheit ihm gegenüber können mich nicht daran hindern, seine wirkliche Rolle während der Ereignisse zu enthüllen, die zur Bildung partei- und sowjetfeindlicher Gruppierungen und konterrevolutionärer Organisationen führten.

Ich muß verantwortungsbewußt eingestehen, daß Sergo Ordshonikidse faktisch unseren konterrevolutionären Kampf gegen die Parteiführung Georgiens und den Sekretär des ZK der KP(B) Georgiens, Lawrenti Berija, inspiriert hat, obwohl er mit unserer konterrevolutionären Arbeit organisatorisch nicht in Verbindung stand.

Von den offenen parteifeindlichen Äußerungen Sergo Ordshonikidses ist mir folgende noch in Erinnerung. Er erzählte mir einmal, daß in Georgien gemunkelt werde, Ordshonikidse habe im August 1924, während der Niederschlagung des Aufstands der Menschewiki, das georgische Volk ohne Führung lassen wollen und nur Berija sei es zu verdanken, daß die zugespitzte Lage in Georgien noch gerettet wurde. Ordshonikidse meinte, daß diese weißgardistischen Gerüchte wahrscheinlich von Berija inspiriert waren, dem Stalin freie Hand ließ.

Ich habe erfahren, daß Sergo Ordshonikidse im Komplott mit Lewan Gogoberidse, Pjotr Agniaschwili und Nestor Lakoba aktiv gegen den Sekretär des ZK der KP(B) Georgiens Lawrenti Berija kämpft und vorsätzlich gegen ihn verleumderische und empörende Gerüchte verbreitet.

Sergo Ordshonikidse beauftragte mich, die Bedeutung Lawrenti Berijas in der Parteiorganisation Transkaukasiens und Georgiens zu schmälern, und forderte mich auf, über ihn nichts zu berichten."

Und noch einige Auszüge aus Orachelaschwilis angeblichem Geständnis: „Ich habe von Anfang an Stalin verleumdet, indem ich ihn als Diktator in der Partei bezeichnete und seine Politik schrecklich nannte. In dieser Hinsicht bin ich stark von Sergo Ordshonikidse beeinflußt worden, der bereits 1936 im Gespräch mit mir über das Verhältnis Stalins zu den damaligen Führern der Leningrader Opposition (Sinowjew, Kamenew, Jewdokimow und Saluzki) behauptete, daß Stalin durch seine übermäßige Härte die Partei spalten und das Land letztlich in eine Sackgasse führen werde ... Da ich sehr enge Beziehungen zu Sergo Ordshonikidse unterhielt, wurde ich auch Zeuge seiner gönnerhaften und versöhnlerischen Einstellung gegenüber den Vertretern parteifeindlicher und konterrevolutionärer Ansichten. Das trifft in erster Linie auf Besso Lominadse zu. In der Wohnung von Sergo Ordshonikidse hat sich Besso Lominadse in meinem Beisein, nachdem er zuvor mehrere konterrevolutionäre Äußerungen gegen die Parteiführung gemacht hatte, zu einer äußerst abfälligen und beleidigenden Bemerkung über Stalin hinreißen lassen. Zu meiner Verwunderung reagierte Ordshonikidse auf diese konterrevolutionäre Frechheit Lominadses nur mit einem Lächeln und unterhielt sich, als ob überhaupt nichts geschehen wäre, weiter mit Lominadse. Ähnlich war auch das Verhältnis zwischen Sergo Ordshonikidse und Lewan Gogoberidse. Ich muß sagen, daß sich in der Wohnung von Ordshonikidse und an Wochenenden auf seiner Datscha (in Wolynsk und später in Sosnowka) häufig Mitglieder unserer konterrevolutionären Organisation trafen, die, während sie auf Sergo Ordshonikidse warteten, ganz offen konterrevolutionäre Gespräche führten, die selbst beim Eintreffen Ordshonikidses nicht eingestellt wurden. Ich war Zeuge, wie sich Budu Mdiwani im Gespräch mit Sergo Ordshonikidse unzufrieden über die Parteiführung äußerte und über den Sekretär des ZK der KP(B) Georgiens Lawrenti Berija konterrevolutionäre provokatorische Bemerkungen machte. Auch ich habe mich häufig an derartigen konterrevolutionären Gesprächen zwischen

Ordshonikidse, L. Gogoberidse und G.D. Kurulow beteiligt ...“

Nach diesem „Geständnis“ wurde Orachelaschwili erschossen. Es wurden eben nicht nur „würdige“ Rivalen, sondern auch gefährliche Zeugen aus dem Weg geräumt.

Wie bereits festgestellt, hat man derartige verleumderische Aussagen über Sergo Ordshonikidse auch noch nach seinem Tod beschafft. Wie Goglidse aussagte, hat man sie in Protokollen an Stalin verwendet, um Ordshonikidse noch posthum zu verleumden, seine Verfolgung zu rechtfertigen und ihr den Anschein von Legitimität zu geben.

Noch berauscht von seinem Sieg über einen Hauptrivalen im Kampf um die Macht, nahm sich Berija nun auch dessen Verwandte vor.

Auch den bereits angeführten Aussagen Bagirows ist dem Leser bekannt, daß Sergos Bruder Papulija noch zu Lebzeiten Ordshonikidses verhaftet wurde. Doch dieser Schachzug Berijas war damals eher ein zaghafter Versuch, um die Reaktion Ordshonikidses sowie auch Stalins und die Stabilität der eigenen Macht zu testen. Papulija war lediglich ein Köder. Doch nun wurde es ernst für ihn.

Wie Goglidse vor Gericht aussagte, wurde Papulija, der im selben Haus wie Berija gewohnt und bei der Eisenbahn gearbeitet hatte, im Jahre 1937 von Rapawa verhaftet. Die Ermittlungen standen unter der persönlichen Kontrolle Berijas. Sein besonderes Interesse erklärte sich daraus, daß er seine Rachegefühle befriedigen wollte und beabsichtigte, Papulija zu dem Geständnis zu zwingen, er habe einen Anschlag gegen den „Führer der transkaukasischen Völker“ vorbereitet. Dieses Geständnis wurde Papulija schließlich auch abgezwungen.

Unter dem Vorsitz von Goglidse fand der Prozeß gegen Papulija Ordshonikidse am 9. November 1937 statt. Das von der Sondertroika ausgesprochene Urteil – Tod durch Erschießen – wurde noch am selben Tag vollstreckt.

Um sich wenigstens teilweise von der Anklage reinzuwaschen, versuchte Goglidse, die ganze Schuld auf Berija abzuwälzen. Während des Ermittlungsverfahrens behauptete er: „Ich bin der Meinung, Berija ließ sich von Rachegedanken leiten, als er persönliches Interesse an den Fällen Papulija Ordshonikidse, Bedija und Oragwelidse zeigte. "

Kobulow bekräftigte Goglidses Meinung: „In Georgien
wußte man, daß Papulija Ordshonikidse sehr redselig und deshalb gar nicht fähig war, ernstzunehmende Feindtätigkeit zu organisieren. Das hat auch Berija gewußt. Trotzdem wurde Papulija auf Berijas Weisung verhaftet und erschossen. Diese
Tatsache läßt auf die Beziehungen Berijas zu Sergo Ordshonikidse und Berijas weitreichende Pläne schließen. "

Doch damit hatte er seinen „Dank" für die ihm gewährte
Hilfe und Unterstützung noch nicht ganz abgestattet. Berija
hielt sich für etwas ganz Besonderes, was sich auch in seiner
Rachsucht zeigte. Nach Papulija Ordshonikidse kam als nächstes
dessen Frau Nina als Feind des Volkes (und Berijas!) an die
Reihe. Als formale Begründung für die Verhaftung diente eine
Bescheinigung, nach der die Inhaftierung Nina Ordshonikidses
als Frau eines Staatsverbrechers, der vom Militärkollegium des
Obersten Gerichts der UdSSR zur Höchststrafe verurteilt
wurde, völlig legitim war ... Erst viele Jahre später wurde offenbar, daß diese Bescheinigung fingiert war. Papulija Ordshonikidse war nämlich nicht auf Beschluß des Militärkollegiums
des Obersten Gerichts, sondern der verbrecherischen Sondertroika erschossen worden.

Nina Ordshonikidse wurde jedenfalls aufgrund eines von
Kobulow unterzeichneten Haftbefehls in das NKWD-Gefängnis gebracht. Sie hielt sich ausgesprochen tapfer und standhaft.
Wie sehr die Schergen sich auch mühten, sie konnten ihren
Willen nicht brechen. Sie gestand weder Mitgliedschaft in einer
konterrevolutionären Organisation noch antisowjetische Tätigkeit und schon gar nicht die Vorbereitung eines Anschlags auf
L.P. Berija. Darüber hinaus verteidigte sie vehement die Unschuld und die Ehre ihres toten Mannes. Das war übrigens der
wichtigste und einzige „Beweis" für ihre „konterrevolutionäre
Gesinnung". Am 29. März 1938 wurde ihr Fall von der Troika
verhandelt und Nina Ordshonikidse als „Konterrevolutionärin"
zu zehn Jahren Arbeits- und Besserungslager verurteilt.

Doch Berijas Rachegefühle waren damit immer noch nicht
befriedigt. Nach zwei Monaten, am 14. Juni des gleichen Jah

res, verhandelte die Sondertroika unter Vorsitz von Goglidse den Fall erneut und verurteilte Nina Ordshonikidse zum Tod durch Erschießen. Einen Tag später wurde das Urteil vollstreckt.

Nachdem Berija Volkskommissar des Inneren der UdSSR geworden war, konnte er seine Rachegelüste schließlich vollständig befriedigen und mit Konstantin Ordshonikidse, Sergos zweitem Bruder, der in Moskau arbeitete, abrechnen. Er ließ ihn am 5. Mai 1941 verhaften. In den reichlich drei Jahren der Beweisaufnahme wurde er dreimal verhört, ohne daß ihm irgendein Geständnis abgerungen werden konnte. Trotzdem wurde Konstantin Ordshonikidse am 25. August 1944 von der Sonderkommission beim NKGB der UdSSR als „gesellschaftsgefährdendes Element" zu fünf Jahren Freiheitsentzug verurteilt. Ein Grund fand sich natürlich: Der Inhaftierte besaß zwei Pistolen, wovon er eine als Geschenk von seinem Bruder erhalten hatte. Wegen unerlaubten Waffenbesitzes kam er in eine Einzelzelle des NKGB-Gefängnisses. Im November 1946 mußte Konstantin Ordshonikidse, der seine Strafe abgebüßt hatte, erneut vor der Sonderkommission erscheinen. Er wurde für das gleiche „Verbrechen" erneut ins Gefängnis gesteckt. Auf diese Weise verbrachte er auf Berijas Weisung 12 Jahre hinter Gefängnismauern. Scheinbar war Berija ihm gegenüber gnädiger gestimmt. Oder er hatte es einfach nicht mehr geschafft, seinen gemeinen Plan bis zum logischen Ende zu führen.

Vladimir Nekrassow

Das Finale der Macht
(Nach Akten des Gerichtsprozesses)

Über Berija wurde bereits viel geschrieben. Ich will hier versuchen, ihn als Volkskommissar (Minister) des Inneren einzuschätzen, wobei ich mich vor allem auf Archivunterlagen stütze.

In diesem Sinne habe ich seine Korrespondenz mit Stalin, die 40 Bände umfassenden Prozeßakten über seine Verbrechen, Dokumente des NKWD aus seiner Amtszeit sowie Unterlagen vom GULAG und anderer Hauptverwaltungen dieses Ministeriums ausgewertet.

Berijas Leben war mit den Organen für Staatssicherheit und des Inneren verbunden. Damit sich der Leser ein Urteil über seinen komplizierten Charakter bilden kann, möchte ich F.A. Scharija zu Wort kommen lassen. Er war Sekretär des ZK der KP Georgiens und wurde dann von Berija zum Leiter des Sekretariats des NKWD (MWD) ernannt. Als Berija den Posten des stellvertretenden Vorsitzenden des Ministerrats der UdSSR innehatte, war Scharija sein Berater. Scharija war Professor, Doktor der Philosophie und ordentliches Mitglied der Akademie der Wissenschaften der Georgischen SSR.

Scharija gehörte zu denen, die für Berija die Schrift zum 70. Geburtstag Stalins, Wahlreden und seine Festansprachen zum 34. Jahrestag der Oktoberrevolution abfaßten. Berija verlangte von ihm, nahezu alle Dokumente, die vom Ministerium des Inneren oder anderen Behörden des Ministerrats als Vorschläge oder Entwürfe unterbreitet werden sollten, zu überarbeiten und zu ändern. Das hatte allerdings keine zweckdienlichen Gründe, sondern zielte darauf ab, Berijas Rolle und Bedeutung hervorzuheben. Während der Voruntersuchungen im Fall Berija im Jahr 1953 schätzte Scharija ihn wiefolgt ein:

„Berija ist ein Staatsfunktionär nichtsowjetischen Typs, für den staatliche Führung vor allem in technischer Organisation sowie Kabinetts- und kaderpolitischen Entscheidungen hinter den Kulissen besteht. In Anbetracht seiner begrenzten theoretischen und politischen Kenntnisse sowie seines zweifellos vorhandenen Organisationstalents ist es nur als logische Folge seiner bisherigen Karriere anzusehen, daß er sich nach Stalins Tod überschätzte, für nahezu allmächtig hielt und zu keiner kritischen Selbsteinschätzung mehr fähig war. Hinzu kommt noch, daß er erneut Minister des Inneren der UdSSR wurde, was ihm jede Hemmung nahm und darin bestärkte, den wahnwitzigen Versuch zu unternehmen, seine ehrgeizigen und maßlosen

Pläne zu verwirklichen. Damit war er für unseren Staat zu einer großen Gefahr geworden."

Dieser Einschätzung kann man im Prinzip zustimmen.

Folgendes äußerte N.S. Chrustschow in seinen Memoiren über Berija:

„Ich wußte schon lange, daß er kein Kommunist ist. Ich hielt ihn für einen heimtückischen Opportunisten, der vor nichts zurückschreckt, um sein Ziel zu erreichen. Alle seine Handlungen widersprechen, ideologisch betrachtet, den kommunistischen Idealen. Er war ein Henker und Mörder."

Wie wir sehen, stimmen diese Meinungen und Einschätzungen weitgehend überein.

Doch nun zwei ganz andere Meinungen:

„Wieviel Schlechtes auch über die Genossen Stalin, Jagoda, Jeschow und Berija gesagt wird, ich werde das niemals glauben. Ja, Genosse Stalin hat hart durchgegriffen und mit Härte regiert. Als er an der Macht war, wurden Menschen erschossen, und das geschah zurecht. Schließlich wurden Volksfeinde erschossen, und dafür danke ich ihm. Kein einfacher Mann aus dem Volk, auch wenn er in den Lagern eingesperrt war, beschuldigt Genossen Stalin der Ungerechtigkeit.

Iljitschewsk, Gebiet Odessa   W. Kalanga"

„Die Presseerzeugnisse sind voll von zweifelhaften Anschuldigungen gegen Stalin. Ich habe früher als Offizier der Leibwache bei ihm gedient.

Stalin hat niemand ein Unrecht zugefügt. Er wurde stets vor vollendete Tatsachen gestellt. So war es auch mit Michail Kolzow, Koroljow und anderen.

Man darf Stalin die Repressalien nicht anlasten. Bei den Verhaftungen hatten die damaligen Führer der Partei Molotow, Malenkow, Kaganowitsch usw. ihre Hand im Spiel. Ich möchte besonders die negative Rolle Jeschows und Berijas hervorheben. Ersterer hat den Apparat des NKWD stark mit Karrieristen durchsetzt, war ohne moralischen Halt, begann zu trinken und hat in betrunkenem Zustand Haftbefehle unterzeichnet. Berija war verlogen und heimtückisch. Er hat Stalin ständig getäuscht.

Es ist an der Zeit, für unseren Führer Lobesworte zu finden. Er hat sie sich durch sein Leben verdient.

Offizier der Reserve, Moskau   A. Rybin"

Die Meinungen gehen eben auseinander. Deshalb wollen wir uns den realen Fakten zuwenden, damit sich jeder Leser selbst ein Urteil bilden kann.

L.P. Berija wurde im März 1899 in Dorf Mercheuli bei Suchumi in einer armen Bauernfamilie geboren. 1915 zog er nach Baku, wo er eine Baufachschule absolvierte. Anschließend nahm er ein Studium an der Polytechnischen Hochschule auf, die er aber nur vier Semester besuchte. Mit dieser Ausbildung trat er den Weg ins Leben an. Sein Vater war Pawel Chuchajewitsch, seine Mutter hieß Marija (nach anderen Quellen Marta). Zur Familie gehörte noch seine taubstumme Schwester Anna. 1912 bis 1920 arbeitete Berija in Georgien und Aserbaidshan als Techniker und beim Zoll. 1921 wurde L.P. Berija zum stellvertretenden Leiter der Operativen Sonderabteilung der Tscheka Aserbaidshans, dann zum Leiter dieser Abteilung und zum stellvertretenden Vorsitzenden der Tscheka Aserbaidshans ernannt. 1923 wurde er in die Tscheka Georgiens versetzt, wo er bis 1931 als Vorsitzender der GPU Georgiens und Vorsitzender der Transkaukasischen GPU tätig war. Von 1931 bis 1938 hatte Berija Parteifunktionen inne, war 1. Sekretär des ZK der KP(B) Georgiens und danach 1. Sekretär des Transkaukasischen Regionskomitees der KPdSU(B).

Im Lebenslauf, der der Akte Berijas beiliegt, verweist er häufig auf seine bereits frühe aktive Teilnahme am Parteileben. Es stimmt, er beteiligte sich am Leben der Partei. Doch in eben diesen Zeitraum fallen auch sein Verrat an den Interessen der Partei und seine Zugehörigkeit zum konterrevolutionären Sicherheitsdienst der Mussawat-Partei. Diese Episode seines Lebens hat Berija tunlichst verschwiegen und erst während seines Prozesses 1953 unter dem Druck mehrfacher Beweise eingestanden.

Berija weist in seinem Lebenslauf darauf hin, daß er von Juni bis Juli 1920 im Gefängnis von Kutaissi inhaftiert war. Er verschweigt aber das wesentliche Detail, daß er nach Aserbaidshan abgeschoben wurde, nachdem die politischen Häftlinge in einen Hungerstreik getreten waren.

Die Personalakte Berijas enthält auch eine Beurteilung in Fragebogenform, die von der Kommission des ZK der KP Georgiens abgefaßt wurde. (Das Datum ist nicht angegeben, doch dem Inhalt nach muß es sich auf die Anfangsperiode seiner Tätigkeit in der GPU Georgiens beziehen.) Nachfolgend werden die Antworten der Kommission auf einem Fragebogen im Zusammenhang mit dem erwähnten Hungerstreik angeführt.

FRAGE	ANTWORT
Wurde in für die Organisation kritischen Momenten Wankelmut festgestellt und worin kam er zum Ausdruck?	Ja. Im Gefängnis ordnete er sich nicht dem Beschluß der Parteiorganisation unter und verhielt sich feige. Er beteiligte sich beispielsweise nicht am Hungerstreik der Kommunisten.
Neigt er zu Karrierismus, Bürokratismus, Intrigen und Sektierertum?	Eine Neigung zu Bürokratismus und Karrierismus wurde festgestellt. Doch in Anbetracht seiner Jugend ist es mit Hilfe älterer Genossen möglich, diese Schwächen zu überwinden.
Wurde eine Neigung zu Nationalismus und Linksradikalismus festgestellt?	Er neigt zu Linksradikalismus.
Ist er bei den Arbeitern und Bauern beliebt?	Da er ein junger Funktionär ist, kennen ihn die Arbeiter und Bauern noch nicht.
Hat er Kenntnisse in der Theorie und Praxis des Marxismus?	Nur geringe praktische Kenntnisse.
Kann er Mitarbeiter gewinnen und anleiten?	Kaum.
Ist er für verantwortungsvolle Leitungsfunktionen geeignet?	Nein.

| Wie ist sein Gesundheitszu-stand? | Nicht besonders. |

Wie wir sehen, ist die Beurteilung geradezu bescheiden. Sie zeigt, daß Berija schon in jungen Jahren mit Fehlern und Schwächen behaftet war, die sich später verstärkten und verhängnisvoll wurden, besonders wenn man bedenkt, daß er hohe Funktionen bekleidete und über das Schicksal sehr vieler Menschen bestimmte.

Berija hatte bereits als Sekretär des ZK der KP Georgiens im Jahre 1937 erklärt, daß man Gefangene, wenn sie nicht die gewünschten Aussagen machen, eben schlagen muß. Um seine Autorität zu vergrößern, wies er die Mitarbeiter der Justizorgane an, von den Verhafteten Aussagen zu erzwingen, daß gegen ihn Terroranschläge vorbereitet wurden.

Um sich bei Stalin einzuschmeicheln, beauftragte Berija eine Autorengruppe unter Leitung des Abteilungsleiters im ZK der KP Georgiens, Bedija, das Buch „Zur Geschichte der bolschewistischen Organisationen in Transkaukasien" zu schreiben. Es erschien 1935 in Millionenauflage. Allerdings maßte sich Berija die Autorschaft an. Als Bedija dann durchblicken ließ, wer das Buch wirklich geschrieben hatte, wurde er unverzüglich als Mitglied einer konterrevolutionären Organisation verhaftet.

Auf ähnliche Weise kam Jahre später Berijas Sohn Sergej (Sergo) zu Ehren. Er wurde 1924 geboren und war mit Gorkis Enkelin Marfa verheiratet. Als der Große Vaterländische Krieg begann und viele seiner Altersgenossen an der Front starben, bewahrte ihn sein Vater vor diesem Schicksal. Im Jahr 1946 absolvierte Sergej Lawrentjewitsch die Militärakademie für Nachrichtenwesen, verteidigte innerhalb von sechs Jahren seine Kandidaten- und Doktordissertation, war mit 28 Jahren Doktor der physikalisch-mathematischen Wissenschaften, Oberst und Chefingenieur im Konstruktionsbüro bei der 3. Hauptverwaltung des Ministerrats der UdSSR, wurde mit dem Leninorden, dem Roten Stern und fünf Medaillen ausgezeichnet – wahrlich ein richtiger Glückspilz. Wie dies zustande kam, erklärte Sergej Berija während der Ermittlungen gegen seinen Vater:

„Die Kandidaten- und die Doktordissertation haben für mich

Mitarbeiter der theoretischen Abteilung des Konstruktionsbüros geschrieben. Heute begreife ich, daß ich falsch gehandelt habe."

Berija hatte sich seit langem auf eine hohe Funktion in den Organen der Tscheka vorbereitet. Bereits am 1. Februar 1922 schrieb er in einem Fragebogen: „Die Arbeit in der Tscheka ist mir zu einem Bedürfnis geworden. Ich habe den Wunsch, mich mit den russischen Arbeitsmethoden gründlich vertraut zu machen und zu diesem Zweck in der Zentrale der Tscheka zu arbeiten." Während seiner Tätigkeit in Transkaukasien hatte er gute Beziehungen zu Jagoda und Jeschow und nannte sie in inoffiziellen Briefen „lieber Genrich" und „lieber Kolja".

So ist es nicht verwunderlich, daß auf Beschluß des ZIK der UdSSR am 5. März 1937 der Grenzabteilung in Leninakan der Name L.P. Berija verliehen wurde und vier Tage später, am 9. März 1937, die Grenzabteilung Slawuta, Trägerin des Rotbannerordens, mit dem Namen N.I. Jeschow ausgezeichnet wurde.

Das in obigem Fragebogen von 1922 genannte Ziel hat er schließlich 16 Jahre später erreicht. Im August 1938 wurde Berija erster Stellvertreter Jeschows und vier Monate später, im November, Volkskommissar des Inneren der UdSSR.

Seit dem XVII. Parteitag war er Mitglied des ZK der KPdSU(B), nach dem XVIII. Parteitag (1929 bis 1946) Kandidat und danach Mitglied des Politbüros (Präsidiums) des ZK der KPdSU(B).

Von 1941 bis zum Ende seiner Karriere war er nicht nur Volkskommissar, sondern auch stellvertretender Vorsitzender des Rates der Volkskommissare (des Ministerrats) der UdSSR, stellvertretender Vorsitzender des Staatlichen Verteidigungskomitees usw. Im Januar 1941 wurde er Generalkommissar der Staatssicherheit, und kurz nach Kriegsende erhielt er den Rang eines Marschalls der Sowjetunion. 1943 wurde ihm der Titel „Held der sozialistischen Arbeit" verliehen. Bis 1949 hatte er bereits vier Leninorden und zwei Rotbannerorden erhalten. Er war sogar mit dem Suroworowworden 1. Stufe ausgezeichnet worden, für, wie es in dem Erlaß hieß, „vorbildliche Erfüllung eines Sonderauftrags der Regierung". Dieser Sonderauftrag bestand in der Aussiedlung der Völker des Nordkaukasus und der Krim. Die

Verleihung des Suworowordens für die Tränen unglücklicher Greise, Frauen und Kinder war schon der Gipfel der Blasphemie. Doch Stalin brauchte Berija als ruhmreichen Helden. Nicht von ungefähr hat ein Doktor der Wissenschaften seine Dissertation dem Thema „Lawrenti Pawlowitsch Berija – ein treuer Freund und Kampfgefährte Stalins" gewidmet.

Berija hat aber noch ein anderes Gesicht. Hier ist ein Ausschnitt aus dem Stenogramm von Berijas Vernehmung. Die Fragen stellte der Generalstaatsanwalt der UdSSR, R.A. Rudenko:

Frage: Gestehen Sie Ihre strafbare moralische Verkommenheit ein?

Antwort: Ja, ich habe gewisse Schuld.

Frage: Gestehen Sie, daß Sie in Ihrer strafbaren moralischen Verkommenheit so weit gegangen sind, sich mit Frauen einzulassen, die Kontakte zu ausländischen Geheimdiensten hatten?

Antwort: Es ist möglich. Ich weiß es nicht.

Frage: Auf Ihre Weisung führten Sarkissow und Nadarija Buch über Ihre Geliebten. Hier sind neun Listen mit den Namen von 62 Frauen. Sind das die Listen Ihrer Geliebten?

Antwort: Mit den meisten Frauen, die in den Listen verzeichnet sind, hatte ich ein Verhältnis.

Frage: Nadarija hatte außerdem noch 32 Listen mit Adressen von Frauen. Hatten Sie auch zu diesen Frauen intime Beziehungen?

Antwort: Ja, das waren ebenfalls Geliebte von mir.

Frage: Hatten Sie Syphilis?

Antwort: Ja, während des Krieges, ich glaube 1943. Ich habe mich kurieren lassen.

Berija wurde angeklagt, eine Schülerin der 7. Klasse vergewaltigt zu haben, die dann einen Sohn von ihm zur Welt brachte. Berija erklärte allerdings, daß er ihr keine Gewalt angetan hatte. Dieser schmutzigen Seite von Berijas Charakter widmete der Schriftsteller Pjotr Wegin das Gedicht „ER":

Ich werde zwar niemals das Rote Tor sehen,
wie oft ich auch durch die Hauptstadt gehe.

Doch dafür braucht meine Tochter nicht zu fürchten,
von Lawrenti Berija mißbraucht zu werden.
Dieser Henker aus der Lubjanka, diese Ausgeburt
der Hölle, fuhr manchmal langsam durch die Gorkistraße
und hielt lüstern Ausschau nach jungen Frauen,
vor allem, wenn sie erst achtzehn waren.
Wie in einem Juwelierladen traf er seine Wahl
und zeigte schweigend auf das von ihm gewählte Schmuck-
stück, das ihm dann seine Gehilfen beschaffen mußten.
Viele der Schönen gaben nach, was blieb ihnen auch übrig.
Diejenigen aber, die sich ihm verweigerten,
zierten fortan die Region Kolyma mit ihrem Glanz.
Die Töchter und Enkelinnen von „Volksfeinden"
machte sich dieser Blutsauger durch Drohungen gefügig.
Er soll sich im Dunkeln entkleidet haben, damit
die unglücklichen und gedemütigten Konkubinen
das an ihm klebende Blut nicht sehen konnten.
Die geschändeten Frauen verfielen wie entweihte Kirchen.
Eine Künstlerin wollte ihn mit einer Schere erstechen,
doch er brach ihren Widerstand.
Wenn seine Geliebten mit neuem, unschuldigen Leben
schwanger gingen, sorgte er für sie.
Er kümmerte sich um Wohnung und Unterhalt
und schickte ihnen Pelzmäntel.
Er zeugte, was erstaunlich ist, nur Knaben.
Knaben aber geraten nach ihren Müttern, das ist gesetzmäßig.
Wahrscheinlich trug Gott Sorge dafür, daß
keiner Mutter verächtlich nachgeredet werden konnte:
Das Kind ist IHM wie aus dem Gesicht geschnitten.

Berija war mit Nina Teimurasowna, geboren 1905, Mitglied
der KPdSU seit 1940, einer Agrochemikerin und Kandidatin
der Landwirtschaftswissenschaften, verheiratet. Nach der Verhaftung Berijas sagte sie aus, daß sie von den Affären Berijas
wußte und deshalb seit 1941 keine intimen Beziehungen mehr
zu ihm unterhielt. Doch um der Familie und des Sohnes willen
hatte sie nicht auf eine Scheidung gedrängt.

Auch Gewinnsucht war eine seiner Charakterschwächen.

Kurz vor der Währungsreform im Jahre 1947, über die Berija informiert war, zahlte er auf sein Sparkassenkonto 40 000 Rubel ein, die er vor einer Abwertung retten wollte. Bei der Haussuchung nach seiner Verhaftung wurden in Berijas Villa in der Uliza Katschalowa 23 mehr als 100 000 Rubel, 40 Feuerwaffen und vier Autos gefunden. Im Safe seines Sohnes befanden sich 269 000 Rubel, viele Obligationen und Wertgegenstände.

Nachdem Berija Volkskommissar des Inneren der UdSSR geworden war, bedachte er mehrere seiner Komplizen aus seiner früheren Tätigkeit in Transkaukasien und Georgien mit leitenden Funktionen. Merkulow beispielsweise wurde Chef der Hauptverwaltung der Staatssicherheit (GUGP) und 1. stellvertretender Volkskommissar, Kobulow – Leiter der Gebietsverwaltung Leningrad des NKWD, Zanawa – Volkskommissar des Inneren Belorußlands, Rapawa – Volkskommissar des Inneren Georgiens, und Zereteli – Leiter der Abteilung Personenschutz des NKWD der UdSSR.

Unter Berija wurden die Befugnisse des NKWD noch mehr erweitert, die Sicherheitsorgane durchdrangen das Leben des Landes immer mehr. 1939 stellte der Volkskommissar die Zentrale Archivverwaltung und alle örtlichen Archive unter seine Kontrolle. Dadurch wurden die Archive natürlich noch schwerer zugänglich. Erst zwanzig Jahre später wurden nach der Auflösung des MWD der UdSSR im Jahre 1960 der Archivdienst des Landes umstrukturiert und das Hauptarchiv beim Ministerrat der UdSSR mit den entsprechenden Zweigstellen eingerichtet. Doch noch heute ist es nicht einfach, Zutritt zu ehemals gesperrten Archiven zu erlangen, obwohl seitdem mehr als 30 Jahre vergangen sind.

Berijas Amtsübernahme im NKWD der UdSSR fiel in eine Zeit, als Stalin und seine Umgebung Maßnahmen trafen, um die Willkür im Lande etwas einzudämmen. Sie wußten, was die Menschen wirklich empfanden. Nachstehend mehrere Auszüge aus anonymen Briefen, die im Herbst 1938 in Moskau im Umlauf waren und ins Blickfeld des NKWD gerieten:

„Werter Genosse!

Für dich und alle Menschen, die sich Gedanken machen, ist das Leben unglaublich schwer geworden. Der mittelalterliche Terror, die Hunderttausende unschuldiger Menschen und der Sowjetmacht treu dienenden Funktionäre, die vom NKWD gequält und erschossen wurden, sind erst der Anfang dessen, was uns noch bevorsteht!

Die Führer des Politbüros sind entweder psychisch Kranke oder Söldlinge des Faschismus, die das ganze Volk zur Abkehr vom Sozialismus bewegen wollen. Sie hören oder wissen nicht, daß sich wegen dieser Leitungsmethoden in den letzten Jahren Millionen Menschen von der Sowjetmacht abgewendet haben und aus Freunden erbitterte Feinde wurden ...“

„Genossen und Landsleute! Entblößt die Häupter und kniet nieder im Gedenken an die Leiden des Volkes und unserer Kampfgefährten. Ihr seid schuld an ihren Leiden, an dem Meer von Blut und Tränen. Helft. Wartet nicht auf Rundschreiben und Instruktionen. Die einzige Direktive des außerordentlichen Parteitags lautet: Stalin und die Stalinisten müssen gestürzt werden!“

„Wir haben keine Macht der Sowjets, sondern eine bolschewistische Macht, eine Macht von Bolschewiki, die sich Stalin gegenüber unterwürfig und schmeichlerisch verhalten. Von den Machthabern wurden und werden immer noch viele ehrliche Verfechter der Sowjetmacht, des Sozialismus und des Kommunismus umgebracht. Diese Macht läßt verfassungswidrig hunderttausende unschuldige Sowjetbürger verhaften, verbannen und erschießen.

Alle Bürger unseres Landes werden in zwei Kategorien eingeteilt – bereits Verhaftete und Verdächtige.

Die verfassungsmäßig verbrieften Rechte auf Unantastbarkeit der Persönlichkeit und der Wohnung, auf Gedanken-, Presse- und Versammlungsfreiheit werden nicht gewährleistet.

Keiner wagt, offen mit dem anderen zu sprechen, alle haben Angst voreinander.

Unsere Macht – das sind Stalin und seine Beamten, Speichellecker und Schergen ohne Ehre und Gewissen ...“

„Ewig werden wir der legendären Helden der Roten Armee,

der Genossen Blücher, Bubnow, Tuchatschewski, Jegorow und anderer gedenken, die vom NKWD umgebracht wurden."

Stalin und seine Handlanger bauten den Repressivapparat immer mehr aus. Davon zeugen auch die im Jahr 1938 verabschiedeten Beschlüsse des ZK der KPdSU(B) zu dieser Frage: „Zur Veränderung der Struktur der GUGB des NKWD der UdSSR" (28. März), „Zur Veränderung der Struktur des NKWD der UdSSR" (13. September), „Zur Registrierung, Überprüfung und Bestätigung der Mitarbeiter des NKWD" (14. November), „Über Festnahmen, staatsanwaltschaftliche Aufsicht und Beweisaufnahme" (gemeinsam mit dem SNK der UdSSR am 17. November), und „Zur Abstimmung von Verhaftungen" (gemeinsam mit dem SNK der UdSSR am 1. Dezember).

Innerhalb eines Jahres wurden somit sechs Beschlüsse zu Repressivmaßnahmen angenommen, wobei wir nicht wissen, ob diese Liste vollständig ist.

In den beiden letztgenannten Beschlüssen wurde eine neue Grundlage für das repressive Vorgehen festgelegt. Der Beschluß „Über Festnahmen, staatsanwaltschaftliche Aufsicht und Beweisaufnahme" verlangte, auch weiterhin schonungslos gegen alle Feinde der UdSSR zu kämpfen, dabei jedoch verfeinerte und zuverlässigere Mittel anzuwenden. Die in der Tätigkeit der Organe des NKWD und der Staatsanwaltschaft festgestellten Unzulänglichkeiten sollten beseitigt werden. Die Mitarbeiter des NKWD hatten bisher die agenturmäßige Aufklärung völlig vernachlässigt und sich auf die einfacherere Methode der Massenverhaftungen verlegt. Der Beschluß verurteilte die eingefahrenen Ermittlungsmethoden, bei denen sich der Untersuchungsführer lediglich darauf beschränkte, von dem Angeklagten ein Schuldbekenntnis zu bekommen, ohne daß dieses Geständnis auch durch Zeugenaussagen, Sachverständigengutachten und substantielle Beweise erhärtet wurde. Der Beschluß prangerte Verstöße gegen die sowjetische Gesetzgebung, Entstellung und Fälschungen von Ermittlungsunterlagen sowie strafrechtliche Verfolgung von Unschuldigen an. Doch alle diese Tatsachen wurden, dem Zeitgeist entsprechend, Volksfeinden zugeschrieben, die sich in die Organe des NKWD und der Staatsanwaltschaft eingeschlichen haben sollten. Massenverhaftungen und -verbannungen wurden von nun an verboten. Für Verhaftungen waren ein richterlicher Beschluß oder ein von einem Staatsanwalt ausgestellter Haftbefehl erforderlich. Die Troikas wurden aufgelöst.

Ein Aufatmen der Erleichterung ging durch das Volk. Am 26. November 1938 unterzeichnete Berija – nun schon als Volkskommissar des Inneren – die Ausführungsbestimmungen dieses Beschlusses. Viele Unschuldige, unter ihnen auch Militärs, wurden aus Gefängnissen und Lagern entlassen. Verstöße gegen die Gesetzlichkeit wurden nunmehr geahndet.

Hierzu ein Beispiel aus der NKWD-Verwaltung des Gebiets Moskau vom 3. Februar 1939:

Bei einer Revision von Ermittlungsunterlagen der Rayonabteilung Sagorsk der Gebietsverwaltung Moskau des NKWD durch Gerichtsinstanzen wurde festgestellt, daß der Leiter der Rayonabteilung, Unterleutnant der Staatssicherheit N.K. Sachartschuk, sträflichst gegen die Ermittlungsvorschriften verstieß. Er hatte der NKWD-Verwaltung fingierte Haftbefehle und gefälschte Vernehmungsprotokolle von Beschuldigten und Zeugen übermittelt, die er durch physische Gewalt zur Unterzeichnung von Falschaussagen nötigte. Sachartschuk wurde seiner Funktion enthoben und dem Gericht übergeben.

Einige weitere Beispiele:

Am 31. Januar 1939 unterschrieb Berija den Haftbefehl gegen 13 Mitarbeiter der für die Eisenbahnstrecke Moskau–Kiew zuständigen Abteilung Verkehr des NKWD, weil sie unbegründet Eisenbahner verhaftet und ungesetzliche Ermittlungsmethoden angewendet hatten. Die Verhafteten wurden dem Revolutionstribunal übergeben.

Aufgrund eines von Berija unterzeichneten Befehls wurde am 5. Februar 1939 eine Gruppe von Mitarbeitern der Sonderabteilung der Baltischen Rotbannerflotte verhaftet und zur Verantwortung gezogen. Sie hatten unbegründete Verhaftungen durchgeführt und ungesetzliche und unerlaubte Ermittlungsmethoden angewendet.

Am 9. November 1939 veröffentlichte das NKWD der UdSSR den Erlaß „Über Mängel in der Ermittlungspraxis der

Organe des NKWD", in dem angeordnet wurde, im ganzen Land ungesetzlich Inhaftierte freizulassen, die Einhaltung der Strafprozeßnormen streng zu kontrollieren usw.

Beispiele dieser Art könnten noch viele angeführt werden.

Doch die allgemeine Orientierung änderte sich nicht wesentlich, was beispielsweise folgender Auszug aus einer Rede Berijas verdeutlicht, die am 15. März 1939 in den zentralen Zeitungen veröffentlicht wurde:

„Beim weiteren siegreichen Vormarsch unseres Landes zum Kommunismus haben die Organe des NKWD sehr verantwortungsvolle Aufgaben zu erfüllen. Unser Land ist von feindlichen kapitalistischen Staaten eingekreist, die unsere Entwicklung stören wollen und Spione, Diversanten und Mörder einschleusen. Die gemeinen Feinde des Volkes werden auch weiterhin beharrlich versuchen, uns zu schaden, zu verleumden und an der weiteren Verwirklichung des Programms der Errichtung des Kommunismus zu hindern.

Die Mitarbeiter des NKWD haben ihre Reihen von eingedrungenen feindlichen Elementen gesäubert und durch bewährte Kader gestärkt. Sie werden alle Feinde des Volkes entlarven und vernichten. Sie sind sich der Aufmerksamkeit und Fürsorge der Partei und des Volkes bewußt und werden in unverbrüchlicher Treue unserer Partei, dem Stalinschen ZK der KPdSU(B) und dem teuren und geliebten Führer – Genossen Stalin – dienen."

Wie diese „Vernichtung der Feinde des Volkes" nach dem genannten Beschluß vonstatten ging, zeigt folgendes Dokument. Es ist ein Auszug aus einem Brief des großen Theatermannes Wsewolod Meyerhold an Wyschinski vom 13. Januar 1940:

„Man warf mich mit dem Gesicht nach unten auf den Boden und schlug mit einem Gummiknüppel auf meine Fußsohlen und meinen Rücken. Auch als ich mich setzen durfte, prügelte man weiter auf mich ein. An den nächsten Tagen schlug man immer wieder auf die blutunterlaufenen Stellen, so daß schließlich großflächige Blutergüsse entstanden. Die Schmerzen waren so unerträglich, daß ich glaubte, man habe mir kochendes Wasser auf die Wunden gegossen. Ich schrie und weinte vor

Schmerz ... Der Untersuchungsführer drohte mir, daß man mich so lange schlagen werde, bis ich unterschreibe. Man wird nur den Kopf und die rechte Hand verschonen, alles andere wird eine blutunterlaufene Masse sein. Am 16. November 1939 unterschrieb ich dann schließlich alles."

Am 2. Februar 1940 wurde W. Meyerhold erschossen.

In dieser Zeit der vermeintlichen Neuorientierung wurden auch weiterhin viele Unschuldige liquidiert.

Der Prozeß gegen Berija hat erneut bestätigt, daß Berija auch selbst geschlagen hat. Nach Aussagen Mamulows bewahrte Berija im Schreibtisch seines Arbeitszimmers Gummiknüppel und andere Schlagwaffen auf.

Berija ließ auch ein streng geheimes Laboratorium einrichten, in dem die Verwendung verschiedener Gifte für heimliche Morde getestet wurde. Die Versuchspersonen waren Todeskandidaten. Auf diese Weise kamen mindestens 150 Verurteilte um.

So war die Lage in der Zentrale in Moskau.

Doch nun ein Beispiel dafür, wie es in den anderen Landesteilen ausgesehen hat. Am 23. Oktober 1938 sandte der 1. Sekretär des Gebietskomitees Stalingrad der KPdSU(B), A. Tschujanow, einen für Stalin bestimmten Brief an das ZK der KPdSU(B), in dem er darüber informierte, daß die Arbeit der Organe des NKWD im Gebiet Stalingrad Anlaß zur Besorgnis gebe. Es folgen einige Auszüge aus diesem Brief:

„Jewduschenko, der Leiter der NKWD-Rayonabteilung Kotelnikowo, berichtete in einer Meldung vom 16. Oktober 1938 über konterrevolutionäre Tätigkeit des Sekretärs des Rayonkomitees der KPdSU(B), des Vorsitzenden und des Sekretärs des Rayonkomitees und anderer Funktionäre des Rayons.

Bei der Auswertung dieser Meldung im Büro des Gebietskomitees kam man zu dem Schluß, daß die Anschuldigungen des Leiters der Rayonabteilung, Jewduschenko, gegen die Rayonführung eine Verleumdung sind, was dieser dann auch zugeben mußte.

Das provokatorische Vorgehen Jewduschenkos bestätigt auch folgendes Beispiel, in dem er einen inoffiziellen Mitarbeiter zu einer eindeutigen Provokation veranlassen wollte. Der inoffizielle Mitarbeiter Wassiljew hatte ihm belastendes Material gegen den Sohn eines Gutsbesitzers geliefert. Jewduschenko forderte ihn auf, sich als Organisator einer antisowjetischen Gruppe auszugeben und andere gegen die Sowjetmacht aufzuhetzen. Alle, die sich dieser Gruppe anschließen, sollte Wassiljew ihm dann melden, damit er sie unschädlich machen konnte. Als der inoffizielle Mitarbeiter Wassiljew ablehnte, vorsätzlich eine antisowjetische Gruppe zu bilden, schlug ihn Jewduschenko und drohte ihm, er werde ihn fertigmachen. Fünf Tage später war dann Wassiljew spurlos verschwunden."

In dem Brief wurde weiter mitgeteilt, daß bei Verhören und Ermittlungen gegen Häftlinge physische Gewalt angewendet wird, sie geschlagen und ununterbrochenen Verhören unter Schlafentzug unterzogen werden oder drei bis vier Tage stehen müssen.

Tschujanow bat darum, eine Sonderkommission des NKWD zu bilden, welche die Arbeit der NKWD-Organe im Gebiet Stalingrad sorgfältig überprüfen sollte. Außerdem äußerte er die Bitte, die Besetzung des Postens des Leiters der Gebietsverwaltung des NKWD zu beschleunigen.

„Alle diese Fakten", hieß es in dem Brief, „sind umso besorgniserregender, weil der frühere Leiter der Gebietsverwaltung, Scharow, der als Feind entlarvt und Ende September verhaftet wurde, Feinden im Büro des Gebietskomitees der KPdSU(B), im Stalingrader Stadtkomitee sowie im Astrachaner Kreis- und Stadtkomitee Rückendeckung gegeben hatte, die im Verlauf der Parteikonferenz enttarnt und unschädlich gemacht wurden."

Dieser Brief A. Tschujanows wurde vom Abteilungsleiter für leitende Parteiorgane des ZK der KPdSU(B), G.M. Malenkow, an den Volkskommissar des Inneren Berija weitergeleitet. Über das weitere Schicksal dieses Briefes ist nichts bekannt, doch er charakterisiert gut die Lage in der Partei, im Land und in den Organen des NKWD zur damaligen Zeit ...

Der Sonderberatung beim NKWD der UdSSR kam eine wichtige Rolle bei der Durchführung von repressiven Maßnahmen zu. Bei Ausbruch des Krieges erhielt sie auf Beschluß des GKO vom 17. November 1941 aufgrund der angespannten Lage im Land das Recht, in Fällen von konterrevolutionären

Verbrechen und bei besonders gefährlichen kriminellen Handlungen gegen die Rechtsordnung der UdSSR Strafen bis zum Höchstmaß – Tod durch Erschießen – auszusprechen.

Nachfolgend einige Beispiele für die Tätigkeit dieses Organs in den Jahren des Krieges.

Am 7. Januar 1944 informierte der Volkskommissar des Inneren, Berija, Genossen Stalin und das ZK der KPdSU(B) darüber, daß die Sonderberatung beim NKWD der UdSSR am 5. Januar 1944 die Strafsachen von 560 Personen verhandelt hatte. Weitere Berichte, die mit pedantischer Gründlichkeit nachgereicht wurden, enthielten folgende Angaben: Am 8. Januar 1944 – Verhandlung der Fälle von 789 Personen; am 12. Januar – 558; am 15. Januar – 654; am 19. Januar – 533; am 29. Januar – 617; am 2. Februar – 404; am 12. Februar – 790 Personen usw. Am Schluß jedes Dokuments stand der Satz, daß Strafen in unterschiedlicher Höhe ausgesprochen wurden. In einigen Dokumenten wurde auch angeführt, wieviel Personen zum Tod durch Erschießen verurteilt wurden.

Vom 1. Juli 1943 bis zum 1. Mai 1945 verhafteten die Organe des NKWD auf dem vom Feind befreiten Territorium 77 152 Personen, darunter 14 254 Deserteure aus der Roten Armee, 10 048 Angehörige der Polizei, 6223 Verräter, die zum Feind übergelaufen waren, 6187 Banditen, 4338 Dorfälteste usw. Der Objektivität wegen muß allerdings gesagt werden, daß darunter nicht nur Unschuldige waren.

Außerdem wurden entsprechend den Beschlüssen des GKO vom 27. Dezember 1941 und des Rates der Volkskommissare der UdSSR vom 24. Januar 1944 alle Angehörigen der Roten Armee, die aus einem Kessel oder der Gefangenschaft geflohen waren, über Sammelstellen in Sonderlager des NKWD zur Überprüfung gebracht. Von dort schickte man sie über die Wehrkommandos in die Rote Armee zurück und teilweise als Arbeitskräfte in die Industrie. Ein Teil wurde auch von den SMERSCH-Organen verhaftet. Bis zum 20. Oktober 1944 wurden 354 590 Personen in Sonderlager des NKWD eingewiesen. Nach der Überprüfung kehrten 249 416 in die Rote Armee zurück, 51 651 wurden weiter überprüft, 36 630 nahmen Arbeit in der Industrie oder in Wachmannschaften auf, 11 566 wurden von den SMERSCH-Organen verhaftet und 5347 Personen starben eines natürlichen Todes, u.a. im Hospital des Volkskommissariats für Verteidigung.

Eine der schmerzlichsten und schlimmsten Aktionen des NKWD der UdSSR in der Kriegszeit, als es unter der Leitung von Berija stand, war die Zwangsumsiedlung der Deutschen aus dem Wolgagebiet sowie der Karatschaier, Tschetschenen, Inguschen, Balkaren, Kalmyken, der Krimtataren und anderer Völker aus ihrer angestammten Heimat. Für viele von ihnen sind die Lebens- und Daseinsbedingungen bis heute nicht geklärt, was die Situation verschärft und Spannung schürt.

Für die Organe des NKWD war es während des Krieges schwierig, die Kriegsgefangenen aufzunehmen, sie in Lagern unterzubringen und produktiv einzusetzen, für ihre Ernährung und Gesundheit zu sorgen. Am 11. Mai 1945 befanden sich insgesamt 2070000 Kriegsgefangene in der Sowjetunion.

Ein enormes Ausmaß nahmen während des Krieges GULAG und andere Hauptverwaltungen des NKWD an, in denen produktive Arbeit hauptsächlich durch Häftlinge geleistet wurde. Zu Beginn des Großen Vaterländischen Kriegs befanden sich in den Lagern und Strafkolonien des NKWD 2300000 Häftlinge, von 1941 bis 1944 kamen 2550000 hinzu (3400000 wurden entlassen). Im Zeitraum von 1941 bis 1942 wurden 900000 ehemalige Häftlinge in die Rote Armee eingegliedert. Am 21. Dezember 1944 betrug die Zahl der Häftlinge 1450000. Dies sind dokumentarisch belegte Zahlen. Sie sind nicht so hoch wie in den Schätzungen und Berechnungen einiger Autoren oder zuweilen in westlichen Quellen – doch immer noch erschreckend genug!

Der Volkswirtschaftsplan für 1941 sah für die Organe des NKWD Investitionsvorhaben in Höhe von 6,8 Milliarden Rubel und eine Industrieproduktion von 1,8 Milliarden Rubel vor. Für die Erfüllung dieser Aufgaben des NKWD wurden 1976000 Häftlinge und 288000 Zivilangestellte, darunter 25000 Hoch- und Fachschulingenieure, eingesetzt.

Im Jahre 1940 erbrachte des Volkskommissariat des Inneren etwa 13 Prozent des Bauvolumens der Volkswirtschaft. Von 1941 bis 1944 errichteten die Baubetriebe des NKWD Investitionsbauten im Wert von 14,2 Milliarden Rubel, das sind 14,9 Prozent oder nahezu ein Siebentel aller in diesem Zeitraum in der sowjetischen Volkswirtschaft realisierten Bauarbeiten.

Von 1941 bis 1944 wurden vom NKWD der UdSSR folgende Objekte gebaut und der Nutzung zugeführt:

– 612 operative Flugplätze und 230 Flugplätze mit Start- und Landebahnen;

– mehrere Flugzeugwerke im Rayon Kuibyschew;

– drei Hochöfen mit einer Jahreskapazität von 980 000 Tonnen Roheisen;

– 16 Martin- und Elektroschmelzöfen mit einer Kapazität von 445 000 Tonnen Stahl;

– Walzstraßen mit einer Gesamtleistung von 542 000 Tonnen Walzstahl;

– 4 Koksofenbatterien mit einer Kapazität von 1 740 000 Tonnen Koks;

– Kohlegruben und Tagebaue mit einer Kapazität von insgesamt 6 790 000 Tonnen Kohle;

– 46 Generatorturbinen mit einer Gesamtleistung von 596 000 Kilowatt;

– 3573 Kilometer neue Bahngleise;

– 4700 Kilometer Landstraßen;

– 1056 Kilometer Erdölleitungen;

– 6 Hydrolyse- und Sulfatspirituswerke mit einer Gesamtkapazität von 3 000 000 Dekaliter Spiritus;

– 19 Kompressorstationen für die Erdölindustrie;

– 2 Chemiewerke für die Produktion von Natriumkarbonat und Brom;

– ein Werk für die Produktion von Nitroglyzerinpulver;

– ein leistungsstarker Rundfunksender.

Bereits am 6. August 1940 hatte die Regierung beschlossen, im Rayon Kuibyschew drei Flugzeugwerke zu bauen. Der Auftrag wurde dem NKWD der UdSSR übertragen.

Anderthalb Jahre nach Kriegsbeginn war der gesamte Komplex der Besymjanski-Werke, zu dem 10 Objekte, ein Wärmekraftwerk, Wohnungen für über tausend Menschen, Wasserleitung, Kanalisation und ein verzweigtes Bahn- und Straßennetz gehörten, fertiggestellt.

Auch in Omsk wurde ein Flugzeugwerk errichtet.

Es ist unbestritten, daß sowohl Berijas Apparat als auch er selbst besonders in kritischen Situationen schnell und effektiv arbeiten konnten. Lawrenti Berija verstand es außerdem noch sehr gut, rechtzeitig und wirkungsvoll darüber zu berichten. Am 15. März 1944 meldete er an Stalin, daß die Bauverwaltung Karaganda des NKWD den Beschluß des GKO zur Erschließung des Kohletagebaus mit einer Jahreskapazität von 1,5 Millionen Tonnen im Karagandabecken termingerecht realisiert hatte. Wie es in dem Dokument heißt, hat eine Kommission des Volkskommissariats für Kohleindustrie und des NKWD den Tagebau am 12. März 1944 für den Abbau freigegeben und dabei hervorgehoben, daß die Bauarbeiten in ausgezeichneter Qualität und äußerst kurzer Zeit ausgeführt wurden.

Am 28. April 1944 erstattete Berija Stalin Bericht darüber, daß die Bauverwaltung Tagil des NKWD im Stahlwerk Nowo Tagil den Bau des Hochofens Nr. 3 mit einer Jahreskapazität von 400 000 Tonnen Roheisen abgeschlossen und den Ofen übergeben hatte. Am 27. April 1944 lieferte der Hochofen das erste Roheisen. Auftragsgemäß wurden auch die Bauarbeiten für die beiden Martinöfen für 75 000 Tonnen Stahl im Jahr, für das Chemiewerk und die Gießerei beendet. Die entscheidenden Bau- und Montagearbeiten für die Koksbatterien konnten in zehn und für den Hochofen in neun Monaten bewältigt werden. Eine staatliche Kommission hatte die Koksbatterie und den Hochofen mit dem Prädikat ausgezeichnet abgenommen.

Doch in keiner dieser Siegesmeldungen finden wir auch nur ein Wort darüber, welchen Preis die Häftlinge für diese Leistungen zahlen mußten.

Auch andere Aufgaben erledigte Berija sehr konzentriert und effektiv. Nach Abschluß der Aussiedlung der Völker des Nordkaukasus teilte er Stalin mit, daß an der Operation 19 000 operative Mitarbeiter des NKWD, des NKGB und von SMERSCH sowie bis zu 100 000 Angehörige der Truppen des Inneren teilgenommen hatten. 650 000 Tschetschenen, Inguschen, Kalmyken und Karatschaier wurden in die östlichen Landesteile der UdSSR zwangsumgesiedelt.

Allerdings gab es auch Fälle, in denen Berija trotz aller Bemühungen eine Fehlleistung erbrachte. Hier ist ein Beispiel dafür:

„... Ich bestehe darauf, unseren Botschafter in Berlin, Dekanossow, abzuberufen und zu bestrafen. Er bombardiert mich ständig mit ‚Informationen' über einen angeblich von Hitler vorbereiteten Überfall auf die UdSSR. Jetzt teilte er mir mit, daß der ‚Überfall' morgen beginnt ...

Jedoch, Josef Wissarionowitsch: meine Leute und ich glauben fest an Ihre weise Voraussage, daß Hitler uns 1941 nicht überfallen wird. L. Berija, 21. Juni 1941."

Aber wozu in alten Geschichten kramen. Der Krieg ist vorbei, über Sieger sitzt man nicht zu Gericht.

Zwei Monate nach dem Ende des Großen Vaterländischen Kriegs, am 7. Juli 1945, unterbreiteten Berija, Merkulow und Chrulew einen an Stalin gerichteten Berschlußentwurf des Rates der Volkskommissare der UdSSR über die Beförderung von insgesamt 201 Mitarbeitern des NKWD und des KGB zu Generalen: 7 zum Generaloberst, 51 zum Generalleutnant und 143 zum Generalmajor. Dieser Beschluß wurde angenommen, Berija selbst erhielt am 9. Juli den Rang eines Marschalls der Sowjetunion.

Berija bekleidete den Posten des Innenministers (NKWD-Chefs) reichlich sieben Jahre, von Anfang November 1938 bis zum 16. Januar 1946.

Anfang 1946 übertrug er die Angelegenheiten des NKWD der UdSSR S. N. Kruglow und widmete sich voll und ganz der Arbeit im Politbüro (Präsidium) des ZK der KPdSU (B) und im Rat der Volkskommissare (Ministerrat) der UdSSR. Doch er war nach wie vor für das MGB und das MWD der UdSSR zuständig. Diese Periode seiner Tätigkeit wurde unter anderem von Nikita Chrustschow ausführlich beschrieben.

Nach Stalins Tod gelang es Berija, der sehr weitreichende Pläne für eine Machtübernahme im Lande hatte, das MGB der UdSSR und das MWD der UdSSR zum vierten Mal in der Geschichte des Landes zu einem Ministerium zu vereinen. Am 15. März 1953 wurde er erneut Innenminister der UdSSR. Es begannen spannungsgeladene Tage.

In erster Linie interessierte er sich natürlich für die Herausbildung eines Kaderstamms, von dem die Verwirklichung jeder Politik abhängt. Wie damals in den Jahren 1938 bis 1939 versuchte er, nun seine Leute möglichst schnell in Schlüsselpositionen zu bringen und unbequeme ehrliche Mitarbeiter loszuwerden.

Aus den Aussagen S. A. Goglidses vor Gericht:

„Nachdem Berija Innenminister geworden war, ignorierte er völlig die bis dahin geltende Ordnung der Ernennung von Mitarbeitern für leitende Positionen, nach der eine Zustimmung des ZK der KPdSU erforderlich war. Unter dem Vorwand, daß die Apparate der beiden Ministerien zusammengelegt werden, wurden nahezu alle Mitarbeiter, die von 1951 bis 1952 aus den Parteiorganen dorthin versetzt worden waren, aus dem zentralen Apparat der Sicherheitsorgane entfernt. Ihre Dienststellungen nahmen Personen ein, die zuvor aus den Organen des MGB – MWD ausgeschlossen worden waren oder jetzt auf Berijas Weisung wieder aus der Haft entlassen wurden. Berija machte unmißverständlich klar, daß er damals im Jahre 1938 mit der Übernahme der Funktion des Volkskommissars des Inneren die Jeschow-Zeit beendet hatte. Jetzt, im Jahre 1953, werde er der Ignatjew-Zeit ein Ende setzen, die sich im Prinzip von der Ära Jeschow nicht unterscheidet." (S. D. Ignatjew leitete das MGB der UdSSR von 1951 bis 1953.)

Natürlich interessierte er sich nicht nur für den zentralen Apparat des Ministeriums, sondern auch für die Leiter in den Republiken, Regionen und Gebieten. Im Prinzip hatte er sie bereits ausgewählt und ernannt, doch der Form halber übergab er am 16. März 1953 folgendes Dokument:

An das ZK der KPdSU, Genossen Nikita Chrustschow. Im Zusammenhang mit der Zusammenlegung der Organe des ehemaligen MGB und des MWD bitte ich darum, als Minister des Inneren der Republiken sowie als Leiter der Regions- und Gebietsverwaltungen des MWD ... (es folgen die Namen von 82 Generalen und Obersten mit Nennung der Funktionen, in die sie eingesetzt werden sollen) zu bestätigen.

In der Folgezeit können noch strukturelle Veränderungen erforderlich sein, doch unabhängig davon sind die genannten Genossen für ihre Funktionen zu bestätigen.

L. Berija (ohne Nennung der Funktion)

Aus diesem kurzen Antrag spricht der Charakter Berijas. Der Ton, in dem er gehalten ist, die Auflistung von 82 Personen und der lakonische Namenszug zeigen deutlich, daß es sich hier lediglich um eine Formsache handelte.

Was waren das für Leute, die auf dieser Liste standen und auf die Berija bei der Verwirklichung seiner Pläne setzte? Für den Posten des Leiters der Gebietsverwaltung Leningrad des MWD schlug er beispielsweise N. K. Bogdanow vor (praktisch hatte er ihn schon ernannt), seit 1948 stellvertretender Innenminister der UdSSR. Als später unschuldig Verurteilte rehabilitiert wurden, zeigte sich, wer er wirklich war.

Die Revision stellte fest, daß im Jahre 1938 durch die Rayonabteilung Lushi des Leningrader NKWD, deren stellvertretender Leiter Bogdanow gewesen war, widerrechtlich 20 Arbeiter und Kolchosbauern als Mitglieder einer konterrevolutionären subversiven Spionagegruppe verhaftet wurden. Die Haftbefehle hatte Bogdanow unterzeichnet. Ohne daß die Genannten verhört wurden, fertigte Bogdanow im Auftrag des Oberbevollmächtigten der Rayonabteilung (1943 an der Front gefallen) ein Protokoll über ihre Schuldbekenntnisse an.

Auf Beschluß der Troika der Gebietsverwaltung Leningrad des NKWD wurden 17 der genannten 20 Personen erschossen.

Die zu Unrecht Verurteilten wurden postum rehabilitiert.

Auf gleiche Weise hatte Bogdanow weitere dreißig Personen umbringen lassen.

Aus Erklärungen ehemaliger Mitarbeiter der Rayonabteilung Lushi des NKWD ist ersichtlich, daß unter Bogdanow in der Rayonabteilung Protokolle über Verhöre angefertigt wurden, bei denen die Angeklagten angeblich ihre Schuld bekannt hatten. Unter Folter und Schlägen wurden sie dann gezwungen, diese Protokolle zu unterschreiben.

Bogdanow wurde im November 1938 zum Leiter der Rotgarde-Rayonabteilung des NKWD Leningrad sowie im Juni

1940 zum stellvertretenden und 1943 zum Volkskommissar des Inneren der Kasachischen SSR ernannt.

Dokumente aus Kasachstan zeigen, daß Bogdanow auch dort weiter wütete. Im sogenannten „Nationalisten-Fall" wurden 130 Staats- und Parteifunktionäre konterrevolutionärer Aktionen beschuldigt und verhaftet. Durch Anwendung der Folter zwang man sie, mehr als 500 weitere Personen als angebliche Mitglieder einer antisowjetischen nationalistischen Organisation zu belasten, u. a. Salin – Sekretär des ZK der KP Kasachstans, Bosjakow – stellvertretender Leiter der Abteilung Kader des ZK der KP Kasachstans, Daulbejew – Volkskommissar für Landwirtschaft, 34 Sekretäre der Rayonkomitees der Partei, 28 Vertreter der Rayonexekutivkomitees, 60 Vertreter der Dorfsowjets und Kolchosen und weitere verantwortliche Funktionäre.

Auch der Redakteur einer Divisionszeitung, S. K. Bekturow, wurde Opfer der Methoden Bogdanows in Kasachstan. Nachdem man ihn rehabilitiert hatte, sagte er später dazu aus:

„Während des gesamten Verhörs kämpfte ich gegen die falschen Anschuldigungen, doch ich konnte meine Unschuld nicht beweisen. Alle Untersuchungsführer, auch die Leiter des Volkskommissariats und Bogdanow, der damalige 1. Stellvertreter des Volkskommissars des NKWD Kasachstans, sagten mir unverhüllt, daß ich hier, auch wenn ich mich nicht schuldig bekenne, nie wieder lebend rauskommen werde. Ein Sanitäter werde bescheinigen, daß ich verreckt bin, und der Sandsturm wird die Grube zuwehen, in die man mich geworfen hat. Diese Worte wurden täglich durch die Handlanger der Untersuchungsführer nachdrücklich bestätigt."

1946 wurde Bogdanow zum stellvertretenden Innenminister der UdSSR und im März 1953 zum Leiter der Gebietsverwaltung Leningrad des MWD ernannt.

Der Angeklagte Mamulow sagte während des Verhörs über die Ernennung Bogdanows für diesen Posten aus:

„Ich war Zeuge eines Telefonats zwischen Berija und W. Adrianow, dem 1. Sekretär des Leningrader Gebietskomitees der Partei, der mit der Ablösung von Jermolajew als Leiter der Gebietsverwaltung des MWD nicht einverstanden war. Berija sprach mit Adrianow in einem beleidigenden und herablassenden Ton und ernannte gegen dessen Willen Bogdanow zum Leiter der Gebietsverwaltung Leningrad des MWD."

In den Archiven wird ein weiteres interessantes Dokument aufbewahrt, aus dem hervorgeht, daß sich der Sekretär des Leningrader Gebietskomitees, W. Andrianow, auch nach diesem Telefonat weiter dafür einsetzte, daß Jermolajew auf seinem Posten bleiben sollte. Am 16. März 1953 schrieb W. Andrianow folgenden Brief an Berija:

„Lawrenti Pawlowitsch! (ohne die übliche höfliche Anrede!)

Telefonisch war es nicht möglich, Ihnen über den Leiter der Gebietsverwaltung des MWD, Genossen Jermolajew, das zu sagen, was Sie unbedingt wissen sollten. Ich möchte Sie bitten, bei Ihrer Entscheidung folgendes zu berücksichtigen. Ich kenne ihn als einen gewissenhaften und fleißigen Mitarbeiter, der ohne Rücksicht auf seine Gesundheit immer einsatzbereit ist. Wenn es zu Schwierigkeiten und Mängeln in der Arbeit der Verwaltung gekommen ist, so resultieren sie daraus, daß bisher vom Ministerium für die Leningrader Verwaltung keine Stellvertreter, auch kein 1. Stellvertreter, zu seiner Unterstützung eingesetzt wurden. Er hat sich jetzt in die Aufgaben der Verwaltung gut eingearbeitet. Deshalb, Lawrenti Pawlowitsch, sollte man ihn nicht ablösen, sondern ihm erfahrene Stellvertreter zur Seite stellen.

W. Andrianow"

Doch auch dieser Appell blieb ergebnislos. Das Dokument wurde kommentarlos zu den Akten gelegt, Bogdanow eingesetzt. (Er wurde erst 1959 aus den Organen entfernt. 1972 ist er gestorben.)

Heute, da weder der Innenminister einer Unions- oder autonomen Republik noch die Leiter der Regions- und Gebietsexekutivkomitees der Verwaltungen des Inneren vom Unionsministerium ohne Absprache mit den örtlichen Machtorganen ernannt werden können (diese müssen ihre Zustimmung geben), sind solche Übergriffe nicht mehr möglich. Doch damals war das gang und gebe. Nur gut, daß man Berija 1953 das Handwerk gelegt hat. Wieviel zusätzliches Leid hätten wir noch erdulden müssen.

Berija unternahm auch Bemühungen, um das neue MWD aus artfremden und schmutzigen Arbeiten herauszuhalten. Warum sollte er sich jetzt, wo er sich so große Ziele gestellt hatte, im MWD noch mit zahlreichen Baustellen und Häftlingen abgeben?

Bereits am 6. März 1953 berichtete S. N. Kruglow Berija, welche Hauptkomitees es im Bereich des MWD der UdSSR gab und wofür sie zuständig waren. Nachdem er sich einen Überblick verschafft hatte, wies Berija Kruglow an, Vorschläge für die Übergabe aller mit Bauwesen befaßten Hauptkomitees auszuarbeiten. Auch die Hauptverwaltung der Arbeitslager GULAG sollte dem Justizministerium der UdSSR unterstellt werden, nur der operative Apparat weiter beim MWD der UdSSR verbleiben.

Am 17. März 1953 unterzeichnete Berija ein diesbezügliches Schreiben an den Vorsitzenden des Ministerrats der UdSSR und unterbreitete einen Beschlußentwurf. Schon am nächsten Tag wurde der entsprechende Beschluß des Ministerrats gefaßt und veröffentlicht. Darin war unter anderem vorgesehen, die Besserungs- und Arbeitslager sowie die Strafkolonien mit allen dazugehörigen Diensten, Bereichen und örtlichen Organen an das Justizministerium zu übergeben.

Doch in diesem komplizierten und wenig ehrenvollen Bereich gab es einen Sektor, auf den der neue Chef des MWD nicht verzichten wollte. Deshalb schrieb Berija in einer Mitteilung an G. M. Malenkow, den Vorsitzenden des Ministerrats der UdSSR:

„Im Zuständigkeitsbereich des MWD der UdSSR verbleiben die Sonderlager für gefährliche Staatsverbrecher und die Lager der Kriegsgefangenen, die wegen Kriegsverbrechen verurteilt wurden."

Erneut fällt der kategorische Ton auf, in dem dieses Schreiben gehalten ist. Hier handelt es sich bereits nicht mehr um ein höfliches Ersuchen, sondern um eine gebieterische Forderung.

Auch in diesen Tagen widmete sich Berija nicht nur dem MWD. Jetzt war er bereits 1. Stellvertreter des Vorsitzenden des Ministerrats, als solcher wollte er sich auch landesweit profilieren. Am 21. März 1953 richtete er folgenden Beschlußentwurf an das Präsidium des Ministerrats der UdSSR:

„In Anbetracht der Tatsache, daß die aufgrund früherer Beschlüsse der Regierung geplante Errichtung einiger Wasserbauwerke, Bahnstrecken, Landstraßen und Betriebe nicht mehr den volkswirtschaftlichen Bedürfnissen entspricht, beschließt der Ministerrat, folgende Bauvorhaben einzustellen:

a) Wasserbauwerke:

– Den Turkmenischen Hauptkanal, den Schiffahrtskanal Wolga–Ural, den Wasserweg Wolga–Ostsee, den Wasserbaukomplex Unterer Don und den Hafen Ust-Donezk;

b) Bahnstrecken und Autobahnen:

– Tschum–Salechard–Igarka, Komsomolsk–Pobedino . . ." usw. usf., insgesamt mehr als 20 Großobjekte.

Berija setzte sich auch nachdrücklich für eine Amnestie ein. Am 24. März 1953 (seit seiner ersten großen Initiative waren kaum drei Tage vergangen) richtete er ein Schreiben an Nikita Chrustschow und die anderen Mitglieder des Präsidiums des ZK der KPdSU. Das kurze sachliche Schreiben auf drei Seiten enthielt als Anlage den Entwurf für einen Beschluß des Präsidiums des ZK der KPdSU.

Das Schreiben informierte die Präsidiumsmitglieder darüber, daß sich gegenwärtig in den Besserungslagern und Strafkolonien 2 526 402 Häftlinge befanden, von denen 500 000 zu fünf, 1 216 000 zu fünf bis zehn, 573 000 zu zehn bis zwanzig und 188 000 zu mehr als 20 Jahren Haft verurteilt worden waren.

In dem Dokument wird erwähnt, daß von der Gesamtzahl der Gefangenen als besonders gefährliche Staatsverbrecher (Spione, Diversanten, Terroristen, Trotzkisten, Sozialrevolutionäre, Nationalisten usw.) in den Sonderlagern insgesamt 221 435 Personen untergebracht sind. (Das Wort „insgesamt" ließ sich natürlich auch so deuten, daß es in dieser Kategorie nur so wenige Häftlinge gab.)

Das Dokument weist darauf hin, daß es staatlicherseits nicht erforderlich ist, so viele Menschen in Haft zu halten, von denen ein erheblicher Teil wegen Straftaten verurteilt wurde, die keine Bedrohung des Staates darstellten.

In Anbetracht dieser Sachlage regte Berija einen Amnestieerlaß des Präsidiums des Obersten Sowjets der UdSSR an. Der Entwurf dieses Erlasses sah vor, etwa eine Million (von insgesamt 2,5 Millionen Inhaftierten) aus der Haft zu entlassen. Zu den Kategorien von Häftlingen, die keine große Gefahr für die Gesellschaft darstellten und deshalb entlassen werden sollten, gehörten alle Häftlinge mit Strafen unter 5 Jahren, Personen, die Amts-, Wirtschafts- und einige militärische Straftaten begangen hatten (unabhängig von der Dauer der ausgesprochenen Haftstrafe), Frauen mit Kindern unter zehn Jahren, schwangere Frauen, Minderjährige unter 18 Jahren, betagte Frauen und Männer sowie Kranke.

Der Amnestieerlaß des Präsidiums des Obersten Sowjets der UdSSR wurde am 27. März 1953 verabschiedet. Aus den Lagern und Strafkolonien sollten 1 181 264 Personen entlassen werden.

Doch die Realisierung dieses Erlasses wirkte sich für das einfache Volk erneut als Plage aus. Entlassene tatsächliche Straftäter überfluteten das Land, verletzten Sitten und Moral der Bevölkerung, verübten Gewalttaten, Einbruchsdelikte und Morde.

Hinzu kam noch, daß in 340 Städten die Reise- und Aufenthaltsbeschränkungen aufgehoben wurden (mit Ausnahme von Moskau, Leningrad, Wladiwostok, Sewastopol und Kronstadt). Ungeachtet dessen wurden bis zum 20. Juni 1953 in Moskau 31 200 und in Leningrad 20 600 Anmeldungen ehemaliger Häftlinge beim Einwohnermeldeamt registriert.

Die nachfolgende Weisung Berijas spiegelt die damalige Situation wider:

„Krasnodar, Verwaltung des MWD, an Genossen M. A. Ussow. Dem MWD der UdSSR wurde gemeldet, daß in Kropotkin viele Verbrechen, Eigentumsdelikte und andere kriminelle Handlungen verübt werden, so daß sich die Einwohner in den Abendstunden nicht mehr auf die Straße wagen.

Treffen Sie die erforderlichen Maßnahmen zur Bekämpfung der Kriminalität und Sicherung der öffentlichen Ordnung in Kropotkin. Über die Ergebnisse ist Bericht zu erstatten.

L. Berija. 21. Mai 1953."

Um den Schein von Liberalisierung zu wahren, stellte Berija im April 1953 den „Ärzte-Fall" ein und unterbreitete im Juni 1953 dem Präsidium des ZK der KPdSU eine Vorlage über die Beschränkung der Rechte der Sonderberatung beim Ministerium des Inneren der UdSSR. Notwendig war aber nicht, dieses zusätzliche und schändliche Instrument des Terrors unter Stalin lediglich zu erneuern, sondern vielmehr seine Beseitigung. Dies geschah erst am 1. September 1953 nach Berijas Sturz.

Nachdem Berija erneut Minister des Inneren geworden war, begann er, sich massiv in die Angelegenheiten der Partei- und Staatsorgane einzumischen. In der Presse ist häufig zu lesen, daß er den Versuch unternommen hat, das MGB – MWD über den Staat und die Partei zu stellen. Doch im Prinzip war dies bereits geschehen. Berija ließ die Arbeit der Mitarbeiter des Partei- und Staatsapparats überwachen. Bei der Verhaftung Berijas wurden zahlreiche Aktenhefter mit Belastungsmaterial gegen Funktionäre der Partei- und Staatsführung gefunden.

Auch die Ereignisse in Litauen sind charakteristisch für Berijas Handeln.

Am 12. Juli 1945 schickte Berija an Stalin, Molotow und Malenkow einen Bericht seiner Gefolgsleute Kobulow und Appolonow aus Litauen. Darin hieß es, daß am 21. Juli 1945 der 5. Jahrestag der Errichtung der Sowjetmacht in Litauen und der Aufnahme der Republik in die Union begangen werde und das ZK der KP (B) Litauens beschlossen habe, in diesem Zusammenhang an Genossen Stalin einen Brief mit Unterschriften der Bevölkerung zu schicken. Diese Aktion verliefe jedoch nicht erfolgreich. Kobulow und Appolonow setzten sich aber nun in ihrem Bericht nicht etwa mit dem Zwangscharakter der Unterschriftensammlung auseinander, sondern beschuldigten stattdessen die verantwortlichen Mitarbeiter an der Basis, dieser Maßnahme nicht die gebührende Aufmerksamkeit geschenkt zu haben, so daß sie in vielen Rayons zum Scheitern verurteilt war.

Im Verwaltungsbezirk Ragomil hatten beispielsweise von 250 000 Einwohnern nur 8000 Erwachsene den Brief unterschrieben. In der Ortschaft Vikuny verbarrikadierte der Bevollmächtigte die Saaltür mit einem Tisch, um von den versammelten Einwohnern die Unterschrift zu erzwingen, doch sie verließen den Raum durch das Fenster. Im Dorfsowjet Schwentschen hatte von hundert Versammlungsteilnehmern einzig und allein der Vorsitzende des Dorfsowjets den Brief unterschrieben. In Shuchowski waren von 600 Erwachsenen nur fünf dazu bereit usw.

Was unternahmen daraufhin die hochgestellten Mitarbeiter des NKWD? In dem Bericht heißt es:

„Den operativen Sektoren wurde die Weisung erteilt, Personen, die die öffentliche Aussprache und die Unterzeichnung des Briefs an Stalin hintertrieben haben, zu verhaften."

Der „Führer aller Zeiten und Völker" und seine Kampfgefährten haben also gewußt, daß man die Menschen mit Gewalt zu ihrem Glück zwang. Sie haben nicht nur dazu geschwiegen, sondern dieses Vorgehen sogar durch Worte und Taten gebilligt. Diese damaligen Verstöße sind auch eine der Ursachen für die Spannungen zwischen den Nationalitäten, die wir gegenwärtig erleben.

Noch ein anderes Beispiel. Im Juli 1945 schickte Tkatschenko, der Bevollmächtigte des NKWD – NKGB der UdSSR für Litauen, an Berija einen Bericht über den Stand der Arbeit der Partei- und Staatsorgane der Litauischen SSR:

„Ich teile mit, daß die Mitarbeiter des Partei- und Staatsapparats durch sowjetfeindliche Elemente korrumpiert werden und die Parteiorganisationen und staatlichen Einrichtungen mangelhaft arbeiten.

Die Dienstauffassung der Partei- und Staatsfunktionäre läßt zu wünschen übrig. Genosse Snetschkus, der Sekretär des ZK der KP (B) Litauens, arbeitet mitunter noch abends. Doch die übrigen – Genosse Gedsilas, der Vorsitzende des Rats der Volkskommissare, seine Stellvertreter, die Mitarbeiter des Apparats des ZK und des Rats der Volkskommissare sowie des Volkskommissariats – sind in der Regel abends nicht mehr an ihrem Arbeitsplatz anzutreffen.

Bereits im Frühjahr wurde diese Frage im Büro des ZK der KP (B) Litauens erörtert. Damals bereitete es viel Mühe, den Apparat zu veranlassen, zumindest acht Stunden täglich zu arbeiten. Genosse Palezkis, der Vorsitzende des Präsidiums des Obersten Sowjets Litauens, erinnerte wehmütig an die gute alte Zeit (unter Smeton), als man nur sechs Stunden arbeitete, niemandem rechenschaftspflichtig war und nicht gestört wurde. Genosse Palezkis plaudert streng vertrauliche Staatsangelegenheiten in seiner Familie aus, von wo dann Informationen zu feindlichen Personen gelangen (es werden Beispiele angeführt – V. N.). In jüngster Zeit wurde von inoffiziellen Mitarbeitern gemeldet, daß Palezkis sowjetfeindliche Äußerungen macht.

Die Reden des Genossen Suslow (M. A. Suslow war zu besagter Zeit Vorsitzender des Büros Litauen des ZK der KPdSU (B) – V. N.) auf den Plenartagungen des ZK und verschiedenen Beratungen haben fast nur belehrenden Charakter. Diese Belehrungen und Reden sind den örtlichen Funktionären nichts Neues, weshalb sie ihnen keine Beachtung schenken und keine Schlüsse daraus ziehen.

Genosse Suslow selbst arbeitet wenig. Als Vorsitzender des Büros Litauen des ZK der KPdSU (B) verbringt er die halbe Zeit in Moskau. Manchmal besucht er für ein bis zwei Tage Verwaltungsbezirke. In der Arbeitszeit liest er häufig schöngeistige Literatur, abends (wenn nicht gerade Kongresse oder Beratungen stattfinden) ist er selten im Dienst."

Auch dieses Dokument unterbreitete Berija Stalin, Molotow und Malenkow. Doch diese nahmen offensichtlich keinen Anstoß an solchem Verhalten. Trotz der nicht gerade positiven Einschätzung machte Suslow Karriere und gehörte viele Jahre der höchsten Führung an.

Im Jahre 1953 setzte Berija diese Sammlung von Informationen verstärkt fort. Wie die Gerichtsunterlagen zeigen, begann er im Mai 1953, Informationen über den zum Innenminister der Ukraine ernannten Meschik und die Parteifunktionäre in den westlichen Gebieten der Ukrainischen SSR einzuholen, ohne davon die Parteiorgane in Kenntnis zu setzen. Als T. A. Strokatsch, der Leiter der Gebietsverwaltung Lwow des MWD, die Parteiorgane der Republik darüber informierte, drohte ihm Berija mit Lagerhaft und Liquidierung. Nach diesem Vorfall wurde Strokatsch seines Postens enthoben.

Kobulow hatte ein Notizbuch, in dem er alle Aufträge Berijas vermerkte. Eine dieser Eintragungen lautete: „Belastungsmaterial über den Stand der Parteiarbeit in Belorußland vorlegen. Zielstellung: Genossen Patolitschew (damals 1. Sekretär des ZK der KP Belorußlands – V. N.) abberufen und Genossen Simjanin einsetzen."

Der ehemalige Innenminister der Litauischen SSR, Kodakow, den Berija im April 1953 nach Moskau kommen ließ, sagte vor Gericht aus: „Berija stellte mir Fragen, die darauf hinausliefen, Informationen über den Apparat des ZK und der Gebietskomitees der KP Litauens und ihre Sekretäre zu erhalten. Ich schätzte alle diese Genossen, was ich auch Berija sagte ... Er fragte mich u. a. folgendes: Wer außer Genossen Snetschkus könnte 1. Sekretär des ZK der KP Litauens sein? Als ich ihm daraufhin sagte, daß ich diese Frage schwer beantworten könne, und mich gleichzeitig noch einmal positiv über Genossen Snetschkus äußerte, geriet Berija in Wut. Er sagte mir, das sei nicht die Antwort eines Ministers, sondern eines Beamten in Uniform. Da ich die mir übertragene Arbeit nicht vorschriftsmäßig erfülle, werde er mich von meinem Posten ablösen.

Berija befahl uns, nach Vilnius zurückzufliegen, Material über den Zustand im Partei- und Staatsapparat zu sammeln und ihm binnen drei Tagen Bericht zu erstatten. Als ,Unterstützung' für uns wurde Sosyskin, Leiter der Verwaltung IV des MWD der UdSSR, abkommandiert, der ,inkognito' in Vilnius beobachten sollte, wie wir den Befehl ausführten. Im Auftrag Berijas stellte Kobulow dann selbst den Entwurf eines Berichts an das ZK zusammen, in dem er die wirkliche Sachlage in der Republik völlig entstellte."

So nutzte Lawrenti Berija seinen Apparat, als er nach der höchsten Macht strebte.

Er kannte keine Grenzen, wenn es um seine hinterhältigen Interessen ging. Den Ermittlungsunterlagen zufolge beauftragte Berija 1953 Kobulow, „die Justizorgane zu diffamieren", d. h. er ging konsequent gegen alle Institutionen vor.

Doch der Krug geht so lange zum Wasser, bis er bricht. Am 26. Juni 1953 wurde Berija verhaftet, danach aus der Partei ausgeschlossen, aller seiner Ämter enthoben und vor Gericht gestellt. Diese Ereignisse wurden bereits ausführlich beschrieben, deshalb erübrigt es sich, hier nochmals darauf einzugehen.

Als der Vorsitzende des Gerichts, Marschall der Sowjetunion Konew, Berija fragte, ob er sich im Sinne der Anklage schuldig bekenne, antwortete dieser:

„Ich weise kategorisch zurück, ein Volksfeind zu sein ... Al-

485

lerdings habe ich während meiner Tätigkeit in Transkaukasien und in Moskau vieles getan, was an Feindtätigkeit grenzt... Eine der schwersten Anschuldigungen betrifft meine Mitarbeit im Mussawat-Geheimdienst. Diese Schuld gestehe ich voll und ganz ein. Es ist auch zutreffend, daß ich als Mitarbeiter des Büros des Sowjets in Baku nach dem erzwungenen Rückzug der Sowjetmacht in Baku geblieben bin. In dieser Zeit geschahen dort auch noch andere Dinge, die mir nicht zur Ehre gereichen...

Die größte Schmach für mich als Bürger, Parteimitglied und Funktionär ist mein moralischer Verfall, mein abstoßender und hemmungsloser Sexualtrieb... Ich bin tief gesunken. Ich hatte Beziehungen zu Frauen, die der Spionage verdächtigt wurden...

Was die Jahre 1937 und 1938 in Georgien betrifft, so muß ich zugeben, daß ich als Sekretär des ZK der Partei Georgiens tatsächlich veranlaßt habe, Menschen zu verhaften und zu schlagen...

Ich hatte zu keiner Zeit Kontakte zu ausländischen Agenten und konterrevolutionären georgischen Menschewiki, um konterrevolutionäre verbrecherische Ziele zu erreichen. Alle Kontakte, die ich unterhielt, entsprachen den Erfordernissen des MWD der UdSSR..."

Es folgen weitere Auszüge aus dem Gerichtsprotokoll:

Mitglied des Gerichts Kutschawa: Sie haben Unschuldige ermordet?

Berija: Ja, ich habe Morde begangen...

Vorsitzender: Warum setzten Sie die 120 000 Mann der Truppen des NKWD, über die Sie verfügten, nicht zur Verteidigung des Kaukasus ein?

Berija: Meiner Meinung nach waren dort ausreichend Truppen vorhanden. Die Pässe waren abgeriegelt. Wir hatten viel getan, um die Verteidigung des Kaukasus zu organisieren. Ich habe die NKWD-Truppen nicht für die Verteidigung des Kaukasus eingesetzt, weil sie bereits für die Deportierung der Tschetschenen und Inguschen eingeplant waren...

Moskalenko: Gestehen Sie ein, daß Sie nach Stalins Tod alles daran setzten, um die Macht zu ergreifen?

Berija: Das weise ich kategorisch zurück. Es stimmt, Bescheidenheit war nicht meine Stärke. Ich habe mich in Arbeitsgebiete eingemischt, die mich eigentlich nichts angingen. Doch bonapartistische Bestrebungen hegte ich nicht . . .

An Strokatsch habe ich Unrecht begangen. Ich habe ihn ungebührlich beschimpft und abgesetzt . . .

Mitglied des Gerichts Lunew: Warum wurde im MWD über die Ablösung Patolitschews und über seinen Nachfolger entschieden?

Berija: In diesem Fall habe ich ebenfalls nicht richtig gehandelt. Ich erteilte Kobulow eine diesbezügliche Weisung, hätte diese Frage aber auch andernorts zur Diskussion stellen können . . . Ich muß gestehen, daß ich mich gegenüber der sowjetischen Heimat und der Partei einzelner Verbrechen schuldig gemacht habe, doch ich war kein Feind des Volkes, kein Verräter. Einige meiner Handlungen sind strafbar, doch ein Schädling bin ich nicht gewesen . . .

Vorsitzender: Angeklagter Berija, Sie haben zum letzten Mal das Wort.

Berija: Ich habe dem Gericht bereits gesagt, welcher Schuld ich mir bewußt bin. Lange habe ich meine Zugehörigkeit zum konterrevolutionären Mussawat-Geheimdienst verschwiegen. Aber ich erkläre, daß ich auch dort nichts getan habe, was anderen geschadet hat.

Aufrichtig gestehe ich auch meine moralische Verkommenheit ein. Die zahlreichen Beziehungen zu Frauen, von denen hier bereits die Rede war, sind für mich als Bürger und ehemaliges Parteimitglied eine Schande.

Ich gestehe, daß ich mich an einer Minderjährigen vergangen habe. Doch das war keine Vergewaltigung.

Ich gebe zu, für die Übergriffe und die Entstellung der sozialistischen Gesetzlichkeit von 1937 bis 1938 verantwortlich zu sein. Doch ich bitte das Gericht in Betracht zu ziehen, daß ich dabei keine konterrevolutionären und sowjetfeindlichen Ziele verfolgte. Meine Verbrechen waren durch die Umstände jener Zeit bedingt.

Meine große Schuld gegenüber der Partei besteht darin, daß ich Informationen über die Tätigkeit der Parteiorganisationen beschaffen und Berichte über die Ukraine, Belorußland und die sowjetischen Ostseerepubliken anfertigen ließ. Doch auch dabei verfolgte ich keine konterrevolutionären Ziele.

Ich fühle mich nicht schuldig, während des Großen Vaterländischen Krieges die Verteidigung des Kaukasus geschwächt zu haben.

Ich bitte Sie, bei der Urteilsfindung meine Handlungen entsprechend zu analysieren und mich nicht als Konterrevolutionär zu betrachten, sondern nach den Paragraphen des Strafgesetzbuches zu verurteilen, gegen die ich wirklich verstoßen habe.

Am 23. Dezember 1953 wurde das Urteil verkündet. In dem Schuldspruch hieß es, daß Berija eine antisowjetische Verschwörergruppe gebildet hat, die das verräterische Ziel verfolgte, die Organe des Inneren gegen die Kommunistische Partei und die Sowjetregierung einzusetzen, das MWD über die Partei und die Regierung zu stellen, die Macht an sich zu reißen, die sowjetische Staatsordnung zu liquidieren, den Kapitalismus zu restaurieren und die Herrschaft der Bourgeoisie wiederherzustellen.

Das Gericht klagte Berija und seine Komplizen an, daß sie mit Menschen, die über ihre Verbrechen Bescheid wußten, grausam abgerechnet hatten.

Jahrelang ließen sie unschuldige Menschen verhaften, denen dann durch Schläge und Folter falsche Geständnisse und Aussagen über geplante oder begangene konterrevolutionäre Verbrechen abgezwungen wurden.

Die Angeklagten schlugen und folterten persönlich unschuldig Verhaftete und wiesen Mitarbeiter des NKWD (MWD) an, diese Methoden umfassend anzuwenden.

Sie nötigten Häftlinge zu Falschaussagen über angeblich geplante Terroranschläge gegen Berija und seine Komplizen. Die gefälschten Strafsachen wurden dann zur Verhandlung an die Troika oder die Sonderberatung weitergeleitet, die die fälschlich beschuldigten Personen zum Tod durch Erschießen oder Freiheitsentzug verurteilten.

Das Gericht konstatierte, daß im Auftrag Berijas zahllose unschuldige Menschen ohne Gerichtsurteil erschossen wurden.

Im Ermittlungsverfahren wurde Berija beschuldigt, daß er Kontakt zu Hitler aufnehmen wollte. Berija sagte aus, daß er im Herbst 1941 tatsächlich im Auftrag Stalins versucht hatte, über andere Länder zu sondieren, zu welchen Bedingungen Hitler bereit war, den Krieg zu beenden. Im Gerichtsurteil wurde dazu gesagt, daß Berija 1941 versuchte, mit Hitler Kontakt aufzunehmen. Er war zu Gebietsverzicht bereit und wollte sogar im Jahre 1943 die Verteidigung des Kaukasischen Bergrückens schwächen, um dem Feind den Einmarsch in Transkaukasien zu ermöglichen.

Für diese und zahlreiche andere schwere Verbrechen wurden die Angeklagten vom Gericht zum Tod durch Erschießen verurteilt. Das Gericht verkündete, daß gegen dieses Urteil keine Berufung eingelegt werden konnte – es war endgültig.

Das Urteil wurde noch am gleichen Tag vollstreckt.

Ich möchte nicht verhehlen, daß mich als Historiker bei der Einsichtnahme in das Aktenmaterial des Prozesses manchmal auch ein zwiespältiges Gefühl überkam.

Berija und seine Mitarbeiter haben so unfaßbare Verbrechen begangen, daß die Strafe ohne jeden Zweifel gerecht war.

Doch an mancher Stelle entsteht der Eindruck, daß Berija auch einiger Verbrechen beschuldigt wurde, deren Tatbestand angezweifelt werden kann. Die Anklageschrift enthält beispielsweise Abschnitte wie „Schutz von Agenten ausländischer Geheimdienste", „Versuch einer geheimen Kontaktaufnahme zu Tito-Rankowitsch" und „Vorschläge Berijas zum Verzicht auf den Aufbau des Sozialismus in der DDR und den Volksdemokratien".

Gibt es hierfür Beweise? Wurde hier nicht versucht, dem Geist des Jahres 1953 gehorchend ein möglichst drastisches Feindbild zu vermitteln? Vielleicht werden diese Fragen im Verlaufe der Zeit beantwortet.

Nochmals aber: Es steht außer Zweifel, daß Berija und die anderen Angeklagten ihre gerechte Strafe erhalten haben.

So endete das Leben eines der berüchtigsten Volkskommissare (Minister) des Inneren der UdSSR. Seitdem sind beinahe vierzig Jahre vergangen. Aber noch heute stellen wir uns die schmerzliche Frage, wie es möglich war, daß ein solcher Mann lange Zeit das NKWD (MDW) der UdSSR leiten und viele andere hohe Funktionen in Partei und Staat innehaben konnte.

Nikita Chrustschow, der den Sturz organisierte, schrieb dazu: „Es steht fest, daß nicht Berija Stalin, sondern Stalin Berija hervorgebracht hat. Zuvor hatte Stalin Jeschow eingesetzt. Und davor war Jagoda, der seine Funktion ebenfalls Stalin verdankte. Sie kamen und gingen einer nach dem andern. Es war ein typischer Charakterzug Stalins, die Hauptakteure, denen er emporgeholfen hatte, ständig abzulösen. Er bediente sich seiner Handlanger, um gegen ehrliche Menschen vorzugehen und sie zu töten, obwohl er genau wußte, daß sie kein Unrecht gegenüber der Partei und dem Volk begangen hatten. Stalin ließ auch ruhig zu, daß der Terror jene verschlang, die ihn ausübten. Wenn sich eine Mörderbande zu stark durch Terror kompromittiert hatte, löste er sie einfach durch eine andere ab – erst Jagoda, dann Jeschow und schließlich Berija. Doch mit dem Tod Stalins riß die Kette, Berija mußte sich für seine Verbrechen vor dem Gericht des Volkes verantworten."

Auch wenn damit der Mechanismus der Macht anschaulich dargelegt wird, ist das Bild doch nicht vollständig. Das Problem der Macht und ihrer Kontrolle ist komplizierter und vielschichtiger. Es wäre naiv, anzunehmen, daß ein so kluger und raffinierter Politiker wie Berija in den Händen des mächtigen Stalin nur ein Werkzeug war. Wer weiß, was mit Stalin passiert wäre, hätte er noch länger gelebt ... Wir verfügen noch nicht über alle Dokumente, um uns ein vollständiges Bild von Lawrenti Berija machen zu können. Ich bin sicher, daß in den Archiven noch viele Entdeckungen und schockierende Enthüllungen auf uns warten.

Verzeichnis der Abkürzungen und Kurznamen

AdW	Akademie der Wissenschaften
Asneft	Zentralverwaltung der Erdölindustrie in Aserbaidshan
Dalstroj	Staatlicher Bautrust des Fernen Ostens
GKO	Staatliches Verteidigungskomitee
GPU	Staatliche Politische Verwaltung (Geheimpolizei 1922–1934)
GULAG	Staatliche Verwaltung der Straf- und Arbeitslager
GULESLAG	Hauptverwaltung der Lager für die Holzbeschaffung
GULCHOSDOR	Hauptverwaltung der Lager für den Straßenbau
GULSHDS	Hauptverwaltung der Lager für den Eisenbahnbau
ITL	Besserungs-Arbeitslager
Koba	Deckname Stalins in der Illegalität
Komsomol	Kommunistischer Jugendverband der Sowjetunion
KP (KPdSU)	Kommunistische Partei der Sowjetunion
KPD	Konterrevolutionäre Tätigkeit
KPK	Parteikontrollkommission
KPTD	Konterrevolutionär-trotzkistische Tätigkeit
KWO	Kultur- und Erziehungsabteilung in den Lagern des GULAG
Lubjanka	Zentrale der politischen Polizei

	(Tscheka, GPU, NKWD) in Moskau. Im Gebäudekomplex befand sich gleichzeitig das sogenannte Innere Gefängnis.
Mussawat	eigentl.: Gleichheit. Bürgerlich-nationalistische Partei in Aserbaidshan von 1911 bis 1920, mit eigenem Geheimdienst.
MWD	Ministerium des Inneren
MWO	Moskauer Militärbezirk
NKID	Volkskommissariat des Äußeren (Außenministerium der UdSSR)
NKWD	Volkskommissariat des Inneren (Innenministerium der UdSSR). Verfügte über eigene Truppen und ab 1935 auch über die Geheimpolizei.
OGPU	Vereinigte Staatliche Politische Verwaltung
OLP	Einzellager im System des GULAG
OSO	Sonderausschuß des NKWD
OTSCHO	Operative Gruppe der Sicherheitsorgane
RKI	Arbeiter- und Bauerninspektion
RSDAP (B), auch SDAPR (B)	Russische Sozialdemokratische Arbeiterpartei (Bolschewiki)
RWS	Revolutionärer Kriegsrat
SIS	Sowjetischer Pkw (Limousine) aus dem Stalin-Autowerk
SMERSCH	Tod den Spionen – Schlagwort im Krieg, auch Bezeichnung von Sonder-Einheiten
SOTSCH	Geheime Operative Einheit
SPO	Geheime Politische Abteilung
Troika	eigtl.: Dreigespann Ungesetzliches Sondergerichts-Gremium, bestehend aus dem 1. Sekretär des jeweiligen regionalen Gebietskomitees der KPdSU, dem 1. Staatsanwalt

	des Gebiets und einem leitenden regionalen Vertreter von GPU/NKWD.
Tscheka/WTscheka	Gesamtrussische außerordentliche Kommission zur Bekämpfung von Konterrevolution und Sabotage (Geheimpolizei 1919–1921)
UNKWD	Verwaltung für die Kriegsgefangenen beim NKWD
URO	Abteilung für Erfassung und Verteilung
WSO	Militärisch organisierte Wachmannschaft
ZIK	Zentrales Exekutivkomitee
ZK	Zentralkomitee
ZKK	Zentrale Kontrollkommission der Partei
ZPP	Einweisungszentrale
ZRM	Zentrale Reparaturwerkstätten

Zu den Beiträgen des Bandes

Antonow-Owsejenko, Anton: Der Weg nach oben
Erstdruck: „Swjesda" Nr. 9/1988, 5/1989
„Junost" Nr. 12/1988
Der Autor ist Sohn des Aktivisten der Oktoberrevolution
W. A. Antonow-Owsejenko. Er hat viele Jahre unschuldig
in Stalins Lagern verbracht und dort überlebt.

Maximowitsch, A.: Dossier über Berija
Erstdruck: „Digest sowjetskoj petschati" Nr. 12/1989

Kwantaliani, N.: Wie er an die Macht kam
Erstdruck: „Newa" Nr. 11/1989
Der Autor ist Sohn des 1937 hingerichteten Vorsitzenden
der Tscheka/GPU Georgiens, Emifan Kwantaliani.

Lakoba, Stanislaw: Lakoba-Stalin-Berija
Erstdruck: „Sowjetskaja Abchasija", 19. April 1990
Der Autor ist ein Enkel von Nestor Lakoba, Vorsitzender
des ZIK der KPdSU Abchasiens, der 1936 von Berija vergiftet wurde.

Wolkogonow, Dimitri: Stalins Ungeheuer
Der Beitrag ist ein Auszug aus der Stalin-Biographie
Triumph und Tragödie.
Erstdruck: „Oktjabr" Nr. 10–12/1988, 7–10/1989

Mercader, Louis: Leo Trotzkis Ermordung
Erstdruck: „Trud", 24. August 1989

Sorja, Juri: Regisseur der Tragödie von Katyn
Originalbeitrag für den vorliegenden Band

Simonow, Konstantin: Ein schrecklicher Mensch
Der Beitrag ist ein Auszug aus den Erinnerungen des bekannten Schriftstellers Simonow (1915–1979) *Nachdenken über Stalin*.
Erstdruck: „Snamja" Nr. 3–5/1988

Beresin, F. J.: Wie gegen Berija ein Haftbefehl erlassen wurde
Originalbeitrag für den vorliegenden Band

Larina Bucharina, Anna: Er war durchweg ein Verbrecher
Der Beitrag ist ein Auszug aus den Memoiren *(Durchlebtes)* der Witwe des 1938 hingerichteten Parteiführers Nikolai Bucharin, die über ein Jahrzehnt in Lagern verbringen mußte und überlebte.
Erstdruck: „Snamja" Nr. 3–5/1988

Gromyko, Andrej: Unser Himmler
Der Beitrag ist ein Auszug aus den Memoiren des langjährigen Außenministers der UdSSR Gromyko (1909–1989): A. A. Gromyko, *Erinnerungen*. Politisdat Moskau 1988

Starostin, Nikolai: Der Fall der Brüder Starostin
Erstdruck: „Moskowskije nowosti", 29. Januar 1989

Nowikow, Wladimir: Berijas Patronat
Der Beitrag ist ein Auszug aus den Memoiren Nowikows *(Vor und während des Krieges)*.
Erstdruck: „Sowjetski woin" Nr. 3/1990

Chrustschow, Nikita: Lawrenti / Die Aktion
Die beiden Beiträge sind Auszüge aus den Erinnerungen von Chrustschow (1894–1971).
Erstdruck: „Snamja" Nr. 9/1989
„Ogonjok" Nr. 27–37/1989

Adshubej, Alexej: Das Chamäleon
Der Beitrag ist ein Auszug aus den Erinnerungen von
Chrustschows Schwiegersohn.
Erstdruck: „Snamja" Nr. 6–7/1988

Krotkow, Juri: Ich führte Berijas Befehl aus
Erstdruck: „Golos rodiny" Nr. 42/1990

Shukow, Georgi: Eine riskante Operation
Der Beitrag ist ein Auszug aus den Memoiren *(Erinnerungen und Gedanken)* des Marschalls der Sowjetunion Shukow (1896–1974), die erstmals 1969 in Moskau erschienen.
Hier wiedergegeben nach der zehnten (aus dem Nachlaß
ergänzten und erweiterten) Auflage Moskau 1990

Moskalenko, Kirill: Wie Berija verhaftet wurde
Der Beitrag stammt aus dem Nachlaß des Marschalls der
Sowjetunion Moskalenko (1902–1985).
Erstdruck: „Moskowskije nowosti", 10. Juni 1990

Skorochodow, A.: Wie wir auf den Krieg mit Berija vorbereitet
wurden
Erstdruck: „Literaturnaja gaseta", 27. Juni 1988

Kutschawa, Mitrofan: Aus dem Tagebuch eines Mitglieds des
Sondergerichtskollegiums
Originalbeitrag für den vorliegenden Band

Popow, Boris/Oppokow, Witali: Die Berija-Zeit
Erstdruck: „Wojenno-istoritscheski shurnal" Nr. 5, 7/
1989 sowie 1, 3, 5/1990

Nekrassow, Vladimir: Das Finale der Macht
Erstdruck: „Shit i metsch" Nr. 7–9/1990

Personenregister

Da sie fast durchgängig im Buch erscheinen, sind Lawrenti Berija und Josef Stalin nicht einzeln verzeichnet.